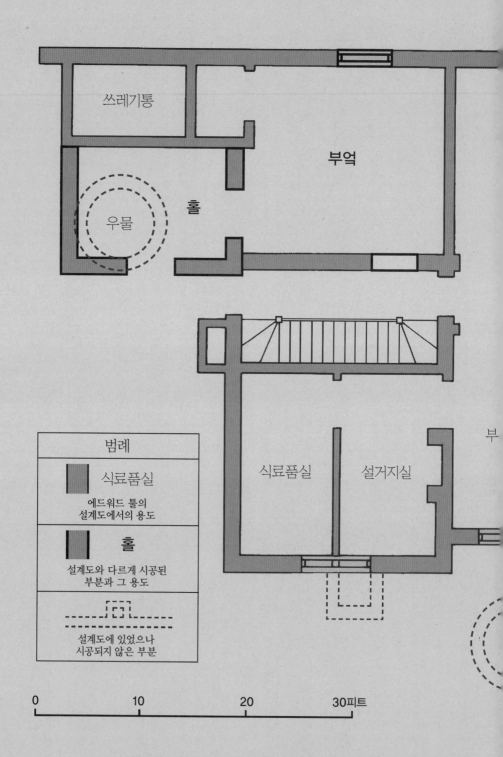

쓰레기통

부엌

홀

우물

범례

식료품실

에드워드 툴의
설계도에서의 용도

홀

설계도와 다르게 시공된
부분과 그 용도

설계도에 있었으나
시공되지 않은 부분

식료품실

설거지실

부

0   10   20   30피트

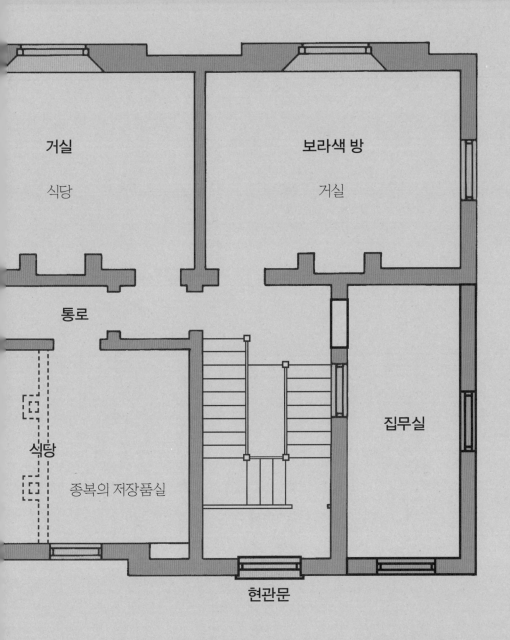

거실

식당

보라색 방

거실

통로

식당

종복의 저장품실

집무실

현관문

물받이 탱크

1층 평면도

거의 모든 사생활의 역사

거의 모든
사생활의 역사

빌 브라이슨

박중서 옮김

까치

역자 박중서
출판기획가 및 번역가로 활동 중이다. 번역서로는 『머니랜드』, 『인간의 본성
에 관한 10가지 이론』, 『지식의 역사』, 『신화와 인생』, 『슈퍼내추럴 : 고대의
현자를 찾아서』, 『소방관 도니가 10년 만에 깨어난 날』, 『거의 모든 스파이의
역사』, 『런던 자연사 박물관』, 『프루스트가 우리의 삶을 바꾸는 방법들』, 『나
무가 숲으로 가는 길』 등이 있다.

거의 모든 사생활의 역사

저자/빌 브라이슨
역자/박중서
발행처/까치글방
발행인/박후영
주소/서울시 용산구 서빙고로 67, 파크타워 103동 1003호
전화/02 · 735 · 8998, 736 · 7768
팩시밀리/02 · 723 · 4591
홈페이지/www.kachibooks.co.kr
전자우편/kachibooks@gmail.com
등록번호/1-528
등록일/1977. 8. 5
초판 1쇄 발행일/2011. 3. 25
2판 1쇄 발행일/2021. 2. 5
    3쇄 발행일/2023. 11. 15
값/뒤표지에 쓰여 있음

ISBN 978-89-7291-731-1 03900

제시와 와이엇에게

차례

서문

우리 부부가 노퍽 주—영국의 최동단(最東端)에 있다—에 있는 한 평화로운 마을에 있는 영국 국교회의 옛 목사관으로 이사 온 지 얼마 되지 않았을 때의 일이다. 나는 어느 날부터 천천히 떨어지는 물방울의 출처가 도대체 어디인지를 찾아보기 위해서 그 집의 다락으로 올라갔다. 우리 집에는 다락으로 올라가는 계단이 없었기 때문에, 거기 올라가려면 높은 발판사닥다리를 이용해야 했다. 그런데 이 발판사닥다리는 천장에 난 뚜껑 문에서 아래로 늘어뜨려진 채 상당히 불안하게 흔들거렸다. 사실 내가 이제껏 다락에 한번도 올라가보지 못했던 (또는 그때 한 번 올라가본 이후에 다시는 올라가지 않았던) 이유가 바로 그것이었다.

어찌어찌 한 끝에 다락의 먼지 자욱한 어둠 속으로 올라가서 똑바로 일어섰을 때, 나는 그곳에서 비밀 문을 하나 발견하고 깜짝 놀랐다. 집 바깥에서는 전혀 보이지 않던 그 문은 다락의 외벽에 나 있었다. 손쉽게 문을 열고 바깥으로 나가보니, 지붕 꼭대기에 좁은 공간이 있었다. 기껏해야 식탁 정도 넓이밖에는 되지 않았으며, 집의 전면 박공과 후면 박공 사이에 해당되는 곳이었다. 빅토리아 시대의 집들 중에는 어딘가 좀 당혹스러운 건축적 요소를 포함한 경우가 종종 있었는데, 이 비밀 문이야말로 참으로 이해 불가능한 것이었다. 이 집을 설계한 건축가는 도대체 무엇 때문에 뚜렷한 필요나 목적도 전혀 없는 이런 공간이며 그리로 접근하는 문 따위를 굳이 만들어놓은 것일까? 설명이 불가능했다. 그러나 그 장소는 마법 같으면서도 전혀 예기치 못했던 효과를 하나 가지고 있었는데, 그것은 바로 아주 멋진 경치를 감상할 수 있다는 것이었다.

우리가 매우 잘 아는 세계를 이전까지는 전혀 바라본 적이 없었던 각도에서 바라보면 언제나 은근히 흥분되게 마련이다. 내가 서 있는 지붕 위의 공간은 지상에서 50피트 정도 높이였는데, 그 정도면 노퍽 중부에서는 어느 정도 파노라마식으로 풍경을 바라볼 수 있었다. 바로 눈앞에는 고색이 창연하고 튼튼한 교회가 있었는데, 지금 우리가 사는 집은 원래 그 교회의 부속 건물이었다. 그 너머, 그러니까 약간 경사진 땅을 사이에 두고 교회와 목사관과 어느 정도 떨어진 곳에 마을이 하나 있었다. 이 교회와 목사관은 원래 그 마을에 속한 것이었다. 반대 방향, 즉 남쪽의 지평선에는 윈덤 예배당이라는 중세의 경이가 우뚝 솟아 있었다. 들판 중간쯤에서는 트랙터한 대가 털털거리며 땅 위에 직선을 긋고 있었다. 그 외의 다른 방향은 모두 조용한, 쾌적한, 그리고 시간을 초월한 잉글랜드 시골이었다.

이 모두가 어딘가 친숙하게 느껴진 까닭은, 바로 전날에 브라이언 에이어스라는 친구와 함께 지금 내가 보는 풍경 가운데 상당수를 함께 둘러볼 일이 있었기 때문이었다. 브라이언은 그 지역 고고학자로 활동하다가 얼마 전에 은퇴한 인물로, 노퍽의 역사와 풍경에 관해서라면 지금 살아 있는 어느 누구보다도 더 잘 알았다. 그런 그가 아직 우리 마을에 있는 교회에는 와본 적이 없었기 때문에, 이번 기회에 한번 구경해보고 싶어했다. 이 멋있고 오래된 건물은 심지어 파리의 노트르담 성당보다 더 오래되었고, 대략 샤르트르나 솔즈베리 성당과 비슷한 시기의 작품이었다. 그러나 노퍽에는 중세의 교회가 워낙 수두룩한 까닭에—모두 659개에 달하며, 전 세계에서 제곱마일당 교회 수가 가장 많은 지역이다—어지간한 교회는 간과되기 십상이었다.

"그거 알아요?" 우리가 함께 교회 묘지 마당에 들어설 무렵, 브라이언이 내게 이렇게 물었다. "왜 이런 시골 교회들은 거의 예외 없이 항상 땅속으로 파고 들어간 모양을 하고 있는지?" 그는 이 교회 역시 약간은 꺼진 듯한 땅 위에 세워져 있음을, 교회가 서 있는 모습이 마치 쿠션 위에 묵직한 물건을 올려놓은 듯한 형국임을 지적한 것이었다. 교회의 기초가 그 주위를 둘러싼 교회 묘지 마당보다 3피트쯤 아래에 있었다. "왜 이렇게 되었는지 알아요?"

브라이언과 함께 이 근방을 돌아볼 때면 늘 그렇듯이, 나는 모르겠다고 이실직고했다.

"교회가 땅속으로 가라앉고 있어서 그런 건 물론 아니에요." 브라이언은 미소를 지으며 말했다. "다만 교회 묘지 마당이 높아진 것뿐이죠. 이 교회 묘지 마당에 묻힌 사람이 대략 몇 명쯤일 것 같아요?"

나는 교회 묘지 마당의 비석을 유심히 바라보다가 이렇게 대답했다. "잘 모르겠는데요. 80명 정도? 아니면 100명?"

"내 생각에 그 숫자는 '상당히' 과소평가된 것 같군요." 브라이언은 여전히 친절하고 침착한 말투로 대답했다. "한번 생각해보세요. 여기랑 유사한 시골 교구라면 평균 주민 수가 250명쯤 되죠. 그 정도면 대략 한 세기에 성인 1,000명이 사망한다고 봐야 할 거예요. 거기다가 성인이 되기도 전에 사망한 불쌍한 영혼들이 수천 명은 더 될 거구요. 거기다가 이 교회가 세워진 이래 몇 세기가 지나갔는지를 곱하면, 여기 묻힌 사람은 80명 내지 100명 정도보다는 훨씬 더 많은 숫자, 그러니까 2만 명쯤 되겠지요."

여기서 한 가지 유념해둘 것은, 이곳이 우리 집 현관에서 몇 발자국 떨어지지 않은 곳이었다는 점이다. "'2만' 명이라구요?" 내가 말했다.

그는 사무적인 태도로 고개를 끄덕였다. "물론 상당히 많은 숫자이긴 하죠. 그건 말할 나위 없어요. 바로 그렇기 때문에 이 땅이 무려 3피트나 솟아오른 거니까요." 그는 내가 이 사실을 숙고할 시간을 잠시 주고 나서, 말을 이었다. "노퍽에는 교구가 1,000개에 달하죠. 인간이 활동한 이래로 지나간 세기의 숫자에다가 그 교구 1,000개의 숫자를 곱하면, 당신은 상당한 양의 유형 문화재를 보고 있다는 것을 알 수 있을 거예요." 그는 근방의 풍경을 장식하고 있는 몇 개의 첨탑을 바라보았다. "지금 여기서만 해도 10개 내지 20개의 다른 교구를 볼 수 있죠. 따라서 당신은 지금 이 풍경에서만 대략 25만 개쯤의 무덤을 바라보는 셈이에요. 그것도 줄곧 조용한 시골 마을이었던 곳, 특별히 대단한 일이라곤 전혀 없었던 곳에서 말이에요."

이것은 노퍽처럼 목가적이고, 인구도 많지 않은 주에서 매년 2만7,000건 이상─영국의 다른 주보다도 훨씬 많은 숫자이다─의 고고학 발굴이 이루어질 수 있는 이유를 설명하는 브라이언 특유의 방법이었다. "오랜 세월에 걸쳐 사람들은 이런저런 물건들을 이곳에 떨어트려왔죠. 잉글랜드(England)가 잉글랜드라는 이름을 갖기보다 훨씬 오래 전부터 말이에요." 그는 우리 교구에서 현재까지 확인된 고고학 발굴 내역을 총망라한 지도를 보여주었다. 거의 모든 들판에서 무엇인가가 나왔다. 석기시대의 도구, 로마 시대의 동전과 도자기, 색슨족의 브로치, 청동기시대의 무덤, 바이킹의 농가 등등. 우리 소유의 땅 경계선 바로 너머 들판에서는 한 농부가 희귀하면서도 의심의 여지가 없이 확실한 로마 시대의 남근 모양 펜던트를 하나 발견했다.

내가 생각하기에 그것은 그야말로 경이로운 일 같았고, 그런 느낌은 지금도 마찬가지이다. 지금은 우리 땅의 경계선이 된 곳에서, 토가 차림의 한 남자가 자기 몸 곳곳을 한참 뒤져보고 나서, 자신이 소중히 간직해왔던 물건을 잃어버렸다는 사실을 깨닫고 소스라치게 놀란다고 생각해보자. 그리고 그 물건이 흙 속에 묻혀서 17-18세기 동안의 세월을 견뎌냈다고 생각해보자. 인간 활동의 끝없이 많은 세대를 거치고, 색슨족과 바이킹과 노르만족의 왕래를 거치고, 잉글랜드 언어가 성립되고, 잉글랜드라는 국가가 수립되고, 연이은 왕조들의 발전이며 그밖의 사건들을 거치고 나서, 20세기 말에 한 농부에 의해서 그것이 발견되었다고 생각해보자. 아마 그 농부 역시 그 물건의 원래 주인 못지않게 소스라치게 놀랐으리라.

그러다가 우리 집 지붕 위에서, 이 예상치 못했던 풍경을 바라보고 있으니, 이 지역에서 벌어진 무려 2,000년에 걸친 인간 활동 중에서 바깥 세상의 주목을 잠깐이나마 받게 되었던 유일한 것이 바로 그 로마 시대 남근 모양 펜던트의 발견 하나뿐이었다는 사실이 오히려 놀랍다는 생각이 들었다. 그 나머지는 다만 여러 세기에 걸쳐 지속된 사람들의 일상적인 업무—먹고, 자고, 성행위하고, 재미를 찾으려고 애쓰는—뿐이었던 셈이다. 그런데 그때 문득, 번쩍 하고 스치는 생각은, 사실 대부분의 역사가 바로 그것 아니었느냐는 것이었다. 즉 대다수의 사람은 일상적인 일을 하게 마련이라는 것이었다. 심지어 아인슈타인조차도 생애의 상당 부분을 휴일에 관해서, 새로 구입한 그물침대에 관해서, 또는 길 건너편에 멈춰선 전차에서 내린 젊은 아가씨의 발목이 얼마나 예쁜지에 관해서 생각하며 보냈을 것이다. 우리의 삶과 생각은 이런 것들로 가득하지만, 우리는 이런 것들을 하나같이 우연적인 것으로, 즉 진지한 고려의 가치가 없는 것으로 간주한다. 우리는 학창 시절에 미주리 협약이나 장미전쟁에 관해서 공부하기 위해서 얼마나 많은 시간을 들이는가? 그런 반면 먹는 것, 자는 것, 성행위하는 것, 재미를 찾기 위해서 애쓰는 것의 역사를 배우거나 또는 거기에 관심을 가지도록 독려받는 경우는 얼마나 드문가?

그리하여 나는 이 주제에 관해서 단행본 한 권 정도의 분량의 책을 쓰면 재미있겠다고 생각했다. 그 책에서는 삶의 일상적인 것들을 살펴보되, 그런 일상적인 것들을 각별히 주목하면서 마치 중요한 것들인 양 간주하게 될 것이다. 우리 집 안을 둘러보기만 해도, 내 주위의 집 안 세계에 관해서 내가 아는 것이 어찌나 없던지, 나는 한편으로는 놀라고 또 한편으로는 약간 섬뜩한 느낌마저 들었다. 가령 어느 날 오후에 부엌 식탁 앞에 앉아서, 소금병과 후추병을 만지작거리며 한가하게 놀다가 문득 이런 생각이 들었다. 이 세상에 있는 온갖 종류의 양념 중에서 왜 우리는 유독 이 두 가지에 대해서만 지속적인 애착을 가지고 있을까? 나로서는 전혀 알 길이 없었다. 왜 후추와 카르다몸, 또는 소금과 계피는 아닌 것일까? 그리고 왜 포크의 날은 세 개나 다섯 개가 아니고 네 개인 것일까? 이런 모든 일에는 뭔가 이유가 있을 것이었다.

의복의 경우, 내가 입는 정장 윗도리에 소매마다 불필요한 단추가 줄지어 달려 있는 이유가 궁금했다. 한번은 라디오에서 누군가가 '방과 판자(room and board)'*에 드는 비용에 관해서 말했는데, 문득 사람들이 '방과 판자'에 관해서 이야기를 할 때에, 나로서는 거기서 사람들이 말하는 '판자'가 도대체 무엇인지 모르고 있다는 것을 깨달았다. 갑자기 집이 내게는 일종의 수수께끼로 가득한 장소가 된 것만 같았다.

그리하여 나는 집 안을 한번 여행해보자는 생각을 품게 되었다. 이 방에서 저 방으로 돌아다니며, 그 각각이 사생활의 진화에서 어떤 역할을 담당했는지를 살펴보려는 것이었다. 욕실은 위생학의 역사가 될 것이고, 부엌은 요리의 역사, 침실은 성행위와 죽음과 잠의 역사가 될 것이고, 뭐, 그런 식이었다. 결국 나는 집구석에 앉아서 세계사를 쓰게 되는 셈이었다.

솔직히 말해서 이 생각은 상당히 매력적인 데가 있었다. 이전에 쓴 책에서 나는 우주를, 그리고 우주가 어떻게 만들어졌는지를 한번 이해해보려고 시도했었는데, 누구나 충분히 짐작하다시피 그것은 보통 일이 아니었다. 그러니 어느 잉글랜드 마을의 오래된 목사관처럼, 경계도 뚜렷하고 한계도 분명한 어떤 대상을 다루는 책을 쓴다는 생각은 당연히 매력적이 될 수밖에 없었다. 이것이야말로 내가 집에서 슬리퍼만 신고 앉아서도 쓸 수 있는 책처럼 보였으니까.

그러나 실상은 그와 전혀 달랐다. 집이란 놀라울 만큼 복잡다단한 일종의 보고(寶庫)였다. 그 와중에 내가 발견한 한 가지 놀라운 사실은, 이 세상에서 벌어지는 사건이란 그것이 무엇이건 간에—뭔가를 발견하건, 뭔가를 만들건, 또는 뭔가를 놓고 피 터지게 싸우건 간에—이런저런 방식으로

---

* 본문에서는 문맥에 맞춰 직역했지만, 지금은 "숙박과 식사," 또는 "숙박과 식사를 제공하는 하숙집"의 의미로 사용된다 / 역주

결국 누군가의 집에서 끝나게 마련이라는 것이다. 전쟁, 기근, 산업혁명, 계몽주의 등등. 이 모두는 누군가의 소파와 서랍장 속에 들어 있었으며, 누군가의 커튼 주름 속에, 누군가의 베개의 폭신한 부드러움 속에, 누군가의 벽에 칠해진 페인트 속에, 누군가의 배관을 따라서 흐르는 물속에 들어 있었다. 따라서 집 안 생활의 역사는 내가 어렴풋이 짐작했던 것처럼 단순히 침대와 소파와 부엌 난로의 역사에 불과한 것이 아니었다. 그것은 괴혈병과 구아노와 에펠 탑과 빈대와 시체 도둑질을 비롯해서 지금껏 일어났던 모든 사건들에 관한 역사였다. 결국 집이란 역사와 동떨어진 대피소가 아니었다. 집이야말로 역사가 끝나는 곳이었다.

역사라는 것은 종류를 막론하고 막 퍼져나가는 경향이 있다는 것은 굳이 지적할 필요도 없는 사실이다. 사생활에 관한 이야기를 단행본 한 권 정도의 분량에 맞춰 쓰기 위해서는 애초부터 고통스러울 정도로 선별적인 태도를 취할 수밖에 없었다. 따라서 비록 때에 따라서는 먼 과거로까지 거슬러올라가는 경우가 있다고 하더라도 (가령 목욕에 관해서라면 로마인에 대해서 언급하지 않을 도리가 없으니까) 지금부터 펼쳐질 내용은 가급적 최근 150년 동안에 벌어진 사건에 가급적 집중될 것이다. 그 시기로 말하면 근대 세계가 진정으로 탄생했다고 말할 수 있는 시기이다. 그리고 그 시기는 우리가 지금부터 거닐어볼 이 집이 이 세상에 생겨난 시기와도 우연히 맞물린다.

우리는 삶에서 갖가지 종류의 편의—깨끗하고, 따뜻하고, 배부른 상태—를 누리는 데에 너무 익숙해진 나머지, 이런 것들 대부분이 얼마나 최근에야 시작되었는지를 그만 망각하기가 쉽다. 사실 우리가 이런 것들을 성취하는 데에는 정말 무한히 긴 시간이 걸렸는데, 일단 성취되고 나면 그야말로 물밀듯이 밀려왔다. 그런 성취가 어떻게 해서 이루어졌는지, 그리고 왜 그런 성취를 얻기까지 그토록 오랜 시간이 걸렸는지에 관해서는 지금부터 자세히 알아보도록 할 것이다.

이 책의 소재가 된 '오래된 목사관'이 있는 마을이 정확히 어디인지를 명시하지는 않았지만, 그 건물은 분명히 실존하며, 또한 그 건물과 관련되어서 언급된 사람들 역시 분명히 실존한다는 (또는 실존했다는) 점을 밝혀두고자 한다. 아울러 이 책의 제1장에서 내가 토머스 베이즈 목사에 관해서 언급한 대목은 『거인들의 생각과 힘 : 과학과 왕립학회 이야기(*Seeing Further: The Story of Science and the Royal Society*)』에 수록된 내 서문에 약간 다른 형태로 이미 들어 있다는 것을 밝혀두고자 한다.

제1장

연도

I

1850년 가을, 런던의 하이드 파크에는 아주 특이하게 생긴 구조물이 하나 세워졌다. 바로 철과 유리로 만든 거대한 온실이었다. 19에이커의 대지에 세워진 그 온실은 세인트 폴 대성당이 4개나 들어갈 정도로 컸다. 비록 그 존재 기간이 짧긴 했지만, 그 기간 동안만큼은 지상에서 가장 큰 건물이었다. 공식 명칭은 '만국 산업 제품 대박람회 궁전(the Palace of the Great Exhibition of the Works of Industry of All Nations)'인 그곳은 논의의 여지가 없이 장엄했으며, 그뿐만 아니라 그토록 갑작스럽게, 그토록 놀라울 만큼 투명하게, 그토록 영광스럽고 전혀 예상치 못한 것이 바로 거기 세워졌다는 점에서 더욱 장엄하게 여겨졌다. 주간지 『펀치(Punch)』의 칼럼니스트인 더글러스 제럴드는 그곳을 수정궁(Crystal Palace)이라고 불렀고, 이후 그 이름으로 아예 굳어졌다.

그 건물을 짓는 데에는 불과 다섯 달밖에는 걸리지 않았다. 건축 자체만으로도 기적이라고 할 만했다. 게다가 수정궁을 짓자는 발상이 나온 지는 불과 1년도 채 되지 않은 상황이었다. 그 건물을 짓게 된 원인이었던 박람회는, 헨리 콜이라는 이름의 한 공무원이 가진 평생의 꿈이었다. 그가 역사의 주목을 받을 만한 이유는 또 한 가지가 더 있다. 그가 바로 크리스

1851년의 대박람회 당시에 조지프 팩스턴이 세운 투명한 수정궁의 내부 광경. 이 출입문은 지금도 켄싱턴 가든스에 서 있다.

마스 카드의 발명자이기 때문이다(당시에 새로 나온 1페니짜리 우편을 사람들이 많이 사용하도록 독려하기 위해서였다). 1849년에 콜은 파리 박람회—프랑스 제조업체들만 참가한 까닭에 비교적 국지적인 행사였다—를 관람하고 나서, 잉글랜드에서도 이와 유사한 행사를 더 대규모로 개최했으면 하는 간절한 희망을 가지게 되었다. 그는 앨버트 공을 비롯한 여러 저명인사를 설득하여 대박람회라는 발상에 크게 흥미를 가지게 만들었으며, 1850년 1월 11일에 첫 회의를 열고 이듬해 5월 1일에 박람회를 개최하는 것을 잠정 목표로 삼았다. 그러기 위해서는 불과 16개월 만에 당시까지 구상된 것 가운데 가장 큰 건물을 설계하고 건립하며, 지구 곳곳에서 출품될 수만 점의 물품을 모으고 설치하며, 식당과 화장실을 마련하고, 진행요원을 채용하고, 보험이며 경찰 보호를 의뢰하고, 전단을 인쇄하는 등등의 오만 가지 일을 해치워야 했다. 그것도 애당초 그렇게 비용도 많이 들고 번거롭기 짝이 없는 일을 무엇 때문에 해야 하는지 전혀 확신하지 못하는 나라에서 말이다. 이것은 누가 봐도 실현 불가능한 야심에 불과했으며, 이후 몇 달이 지나도록 추진 위원회는 그 실현에 줄곧 실패하고 있음이 분명했다. 예를 들면, 전시회장 설계를 위해서 열린 공모전에서는 245종의 안이 접수되었으나, 하나같이 실제로 건축이 불가능하다는 이유로 거부되었다.

재난에 직면한 추진 위원회에서는 이런 절망적인 상황에서 대개의 위원회가 종종 하는 짓을 했다. 즉 더 그럴싸한 명칭을 가진 또다른 위원회에 설계를 의뢰한 것이었다. 그리하여 구성된 '만국 산업 제품 대박람회를 위한 왕립 추진 위원회 산하 건축 위원회'는 4명의 위원—매트 디그비 와이엇, 오언 존스, 찰스 와일드, 그리고 위대한 공학자인 이점바드 킹덤 브루넬—으로 구성되어 있었다. 이 위원회의 목표는 단 하나, 가뜩이나 빠듯하고 줄어든 예산 범위 내에서, 앞으로 10개월 뒤에 시작될 역사상 가장 큰 박람회에 걸맞은 설계도를 만드는 것이었다. 4명의 위원 중에서 비교적 젊은 축인 와이엇만이 정식으로 교육받은 건축가였지만, 그조차도 아직까지는 실제로 지은 건물이 하나도 없었고, 대신 그는 이 당시에 작가로 활동하며 생계를 유지했다. 와일드는 공학자였지만, 그의 경험은 거의 전적으로 선박과 교량에만 집중되어 있었다. 존스는 인테리어 장식 전문가였다. 이 가운데 대규모 프로젝트에 참여했던 경험이 있는 사람은 브루넬 한 사람뿐이었다. 그는 의심의 여지가 없는 천재였지만, 또 한편으로는 사람을 기겁하게 만드는 데가 있는 인물이기도 했다. 그의 드높은 비전과 실행 가능한 현실 사이의 교차점을 찾아내기 위해서는 거의 항상 어마어마한 시간과 현금이 투입되어야 했기 때문이다.

4명의 위원이 제안한 설계는 지극히 부정적인 의미에서 깜짝 놀랄 만한 구조물이었다. 크고, 낮고, 어두운 창고 형태의 건물로, 어딘가 침울한 느낌이었고, 아무래도 도살장 같은 느낌과 분위기 때문에, 마치 네 사람이 따로따로 작업해서 서둘러 설계한 건물처럼 보였다. 비용 자체도 계산이 불가능할 정도였지만, 건물 자체도 짓기가 불가능하기는 마찬가지였다. 그 건물을 짓기 위해서는 3,000만 개의 벽돌이 필요했고, 박람회 개최까지 남은 기간을 고려하면 그렇게 많은 벽돌을 단시일 내에 확보할 수 있으리라는 보장이 없었다. 설령 확보한다고 하더라도, 남은 기간 내에 완공하기는 불가능했다. 그때 브루넬이 한 가지 제안을 해서 이 모든 걱정을 일시에 해소시켰다. 폭이 200피트에 달하는 철제 돔을 만들자는 것이었다. 그것이 놀라운 모습이라는 점에는 의심의 여지가 없었고, 단층 건물 위에 올리는 것으로서는 상당히 기묘한 모습이라는 점도 사실이었다. 이제껏 어느 누구도 철을 가지고 그렇게 거대한 건물을 지었던 적이 없었으며, 브루넬 역시 일단 하부에 전통적인 방식의 건물을 짓는다는 가정하에서 그 위에 그런 구조물을 얹으면 어떨까 한번 생각해본 것이었다. 게다가 이 모두가 불과 10개월 안에 착수되고 완공되어야 했으며, 정작 그 건물을 이용한 박람회는 기껏해야 반 년도 되지 않는 기간에만 개최되고 끝날 예정이었다. 박람회 이후에 이 건물을 어떻게 철거할지, 그리고 그 거대한 돔과 수백만 개에 달하는 벽돌을 어떻게 처리할지 하는 문제는 너무 불편해서 누구도 선뜻 생각하고 싶어하지 않았다.

바로 이때, 점차 모습을 드러내는 재난 한가운데로 걸어들어온 침착한 사람이 하나 있었는데, 그의 이름은 조지프 팩스턴이었다. 당시 데번셔 공작의 주(主) 거처인 채즈워스 하우스의 수석 정원사로 일하고 있었던 팩스턴은 그야말로 경이로운 인물이었다. 1803년에 베드퍼드셔의 가난한 농가에서 태어난 그는 열네 살 때 도제로 들어가 정원사 일을 배우게 되었으며, 그로부터 6년도 지나지 않아서 런던 서부에 새로 결성되어 유명해진 원예학회(머지않아 왕립 원예학회로 개칭된)에서 실험 식물원을 운영함으로써 두각을 나타냈다. 그의 어린 나이를 고려하면, 놀라울 만큼 큰 책임이 따르는 직책을 맡은 것이었다. 그곳에서 일하던 어느 날, 그는 데번셔 공작과 우연히 대화를 나누게 되었다. 공작은 식물원과 이웃한 치즈윅 하우스의 주인인 동시에, 영국에서 상당한 재산—2만 에이커의 생산성 높은 시골 토지와 여러 채의 저택들—을 소유하기도 했다. 공작은 팩스턴을 보자마자 호감을 느꼈는데, 이는 팩스턴이 특별한 천재성을 보인 까닭이라기보다는 그저 말투가 힘차고 또렷한 편이었기 때문이었을 것이다. 공작은 가는귀가 먹은 까닭에 말을 또렷하게 하는 사람을 좋아했다. 공작은 충동적으로 팩스턴에게 채즈워스의 수석 정원사 일자리를 제안했다. 팩스턴은 이에 응했다. 당시 그의 나이는 스물두 살이었다.

이 결정은 역사상 그 어느 귀족이 시행한 것보다도 더 현명한 인사 조치였다. 팩스턴은 그야말로 머리가 아찔해질 듯한 수준의 에너지와 응용력을 발휘하며 이 일에 뛰어들었다. 그는 유명한 황제 분수(Emperor Fountain)를 설계하고 설치했는데, 이 장치를 이용하면 물을 공중으로 무려 290피트까지 쏘아올릴 수 있었다. 지금껏 유럽에서 이보다 더 높이 물을 쏘아올린 경우는 단 한 번뿐이었을 정도이니, 이 분수는 수력 공학의 위업이라고 할 만하다. 또한 팩스턴은 국내 최대 규모의 암석 정원을 건설했고, 사유지

내에 새로운 마을을 설계했고, 달리아에 관해서라면 세계 최고의 전문가가 되었으며, 국내 최고 품질의 멜론과 무화과와 복숭아와 천도복숭아를 생산해서 경진대회에서 우승을 휩쓸었다. 또한 그는 거대한 스토브(Great Stove)라는 이름으로 널리 알려진 거대한 열대 온실을 만들었는데, 면적이 1에이커에 달하고 워낙 여유 공간이 넉넉해서 1843년에 빅토리아 여왕이 이곳을 방문했을 때에는 마차를 타고 그 안을 한 바퀴 돌아볼 수 있었을 정도였다. 사유지 운영의 효율성을 높임으로써 그는 공작의 부채 가운데에서 100만 파운드를 덜어주었다. 공작의 축복 속에서 그는 원예 잡지 두 종과 전국 일간지인 「데일리 뉴스(Daily News)」—찰스 디킨스도 한때 이곳에서 편집자로 일했다—를 창간해서 발행하기 시작했다. 그는 원예에 관한 책을 썼으며, 철도 주식 투자에도 일가견을 보여서 나중에는 철도 회사 세 군데에 이사로 초빙되었으며, 리버풀 인근 버컨헤드에서는 세계 최초의 시립공원을 건설했다. 이곳을 방문한 미국인 프레더릭 로 옴스테드는 어찌나 감명을 받았던지, 훗날 이곳을 모델로 삼아서 뉴욕에 센트럴 파크를 만들었다. 1849년에 큐(Kew, 국립식물원)의 수석 식물학자가 병든 희귀종 백합 한 그루를 팩스턴에게 보내서 혹시 살릴 수 있는 방도가 있는지를 물었다. 팩스턴은 그 꽃을 위해서 특수 온실을 만들었고—이쯤 되면 독자 여러분도 별로 놀라지 않겠지만—불과 석 달도 되지 않아서 백합은 꽃을 피웠다.

대박람회의 위원들이 전시관을 설계하느라고 고심 중이라는 사실을 알게 된 팩스턴은, 일찍이 자신이 만들었던 온실과 유사한 구조물이 적당할지도 모른다고 생각했다. 미들랜드 철도 회사의 이사회의를 주재하는 동안, 그는 압지에 대략적인 설계도를 그렸고, 그로부터 2주일 뒤에 위원회에 제출할 도면을 완성했다. 이는 기존에 실시되던 공모의 규칙을 모조리 깨트린 설계였다. 우선 마감 날짜가 한참 지난 뒤에 제출되었고, 나아가서 유리와 철골뿐만 아니라 당시에는 금지되었던 상당수의 가연성 재료—가령 몇 에이커에 달하는 나무 바닥—를 사용했다. 건축 자문위원들은 팩스턴이 정식 교육을 받은 건축가가 아니며, 또한 이만한 규모의 구조물을 지어본 적은 없다고 지적했는데, 이는 충분히 타당성 있는 지적이었다. 그러나 그런 규모의 건축물을 지어본 적이 없는 것은 어느 누구나 마찬가지였다. 바로 그런 이유 때문에, 어느 누구도 이 계획이 성공을 거둘 것이라고 확신에 찬 주장을 내세울 수가 없었다. 상당수는 뜨거운 햇볕에 수많은 인파가 북적이다 보면, 건물 내부가 정말 버틸 수 없을 정도로 뜨거워지는 것은 아닐까 하고 우려했다. 일각에서는 한여름의 열기로 인해서 높은 곳에 있는 유리창 틀이 벌어지면서, 결국 커다란 유리판이 슬그머니 떨어져나와서 아래에 있는 군중을 강타하는 것은 아닐까 하고 걱정했다. 가장 큰 걱정은 그 전반적으로 허약해 보이는 구조물이 혹시 폭풍에 날아가는 것은 아닐까 하는 것이었다.

이처럼 위험 부담이 상당하고 뚜렷하게 느껴졌음에도 불구하고, 위원회는 며칠 동안의 조바심과 망설임 끝에 결국 팩스턴의 계획을 승인했다. 그 시대의 가장 대담하고 상징적인 건물이 일개 정원사의 손에 맡겨졌다는 사실은 빅토리아 시대의 영국을, 그리고 그 탁월한 능력을 말해주는 최상의—정말 그 이상 가는 것이 없을 정도의—척도라고 할 만하다. 팩스턴의 수정궁은 결국 벽돌을 하나도 쓰지 않고 완공되었다. 그뿐만 아니라 회반죽도, 시멘트도, 기초공사도 없이 완공되었다. 다만 볼트로 결합한 다음에, 마치 텐트처럼 땅 위에 세워놓았을 뿐이었다. 이것은 기념비적인 도전에 대한 천재적인 해결책이었을 뿐만 아니라, 그 이전까지 시도되었던 모든 것과는 근본적으로 다른 것이었다.

팩스턴의 공기처럼 가벼운 궁전이 가진 미덕 중에서도 가장 핵심이 되는 것은 표준형 부품을 가지고 조립식으로 만들 수가 있다는 점이었다. 그 핵심은 하나의 구성요소—폭이 3피트에 길이는 23피트 3인치인 주철 트러스—였는데, 결합용 트러스를 이용해서 부품을 서로 결합하면 이 건물의 유리창을 끼울 수 있는 틀이 하나 완성되었다. 또한 이 건물에 사용된 100

만 제곱피트의 유리는 영국에서 매년 생산되는 유리의 3분의 1가량에 해당했다. 지붕을 따라 움직일 수 있도록 설계된 특수 이동식 플랫폼을 이용함으로써 기술자들은 일주일에 1만8,000장의 유리판을 설치할 수 있었다. 이 정도의 생산성이라면 그때에나 지금에나 정말이지 경이로운 효율성이었다. 아울러 막대한 양의 빗물 홈통도 필요했기 때문에—모두 합쳐서 20마일 길이에 달했다—팩스턴은 아예 홈통 만드는 기계를 고안해서 소규모 전담 제작진을 두고, 매일 2,000피트에 달하는 홈통을 만들었다. 예전에는 이 정도 분량의 홈통을 하루에 만들려면 최소한 300명의 노동자가 필요했다. 이 건축 프로젝트는 하나부터 열까지 경이롭지 않은 것이 없었다.

팩스턴은 시기 면에서도 매우 운이 좋았다. 대박람회 무렵이 되면서부터 갑자기 유리를 이전과는 전혀 다른 방식으로 이용할 수 있게 되었기 때문이다. 유리라는 것은 원래 매우 골치 아픈 물건이었다. 제대로 만들기가 힘들었을 뿐만 아니라, 만드는 방법 또한 결코 용이하지 않음으로써, 역사상 대부분의 기간에 유리는 일종의 사치품으로 여겨졌다. 그러다가 당시의 두 가지 최신 기술적 돌파구가 이런 상황을 완전히 바꿔놓았다. 첫째는 프랑스에서 판유리가 개발된 것이었다. 판유리(plate glass)라는 이름은 용해된 유리를 판(板, plate)이라고 하는 탁자 위에 넓게 펼쳐놓은 것에서 비롯되었다. 이로써 정말로 커다란 유리판을 제작하는 것이 사상 최초로 가능해졌고, 그리하여 상점 진열장의 유리를 만들 수도 있게 되었다. 그러나 판유리는 일단 한번 밀어서 편 뒤에 무려 열흘 동안이나 식혀야 완성되었다. 이는 결국 각각의 판이 대부분의 시간 동안 사용 중 상태였다는 뜻이며, 그렇게 완성된 후에도 유리는 한동안 연마해야 비로소 쓸 만했다. 따라서 유리는 값이 비싸게 마련이었다. 그러나 1838년에 이보다 더 값이 싸고 우수한 제품이 나왔다. 바로 박판유리였다. 박판유리는 기존 판유리의 장점을 거의 모두 가지고 있으면서도, 식는 속도는 더 빠르고 연마는 덜 필요했기 때문에, 훨씬 더 저렴한 비용으로 생산이 가능했다. 갑자기 커다란 판유리를 경제적으로, 또 무수히 많이 만들 수 있었던 것이다.

여기에 오랫동안 지속되어왔던 세금 두 가지가 폐지되는 시의 적절한 사건도 있었다. 바로 창문세와 유리세였다(이는 엄밀한 의미에서 물품세였다). 창문세는 1696년부터 부과되었으며, 너무 부담스러웠기 때문에 사람들은 가능한 한 건물에 창문을 넣지 않으려고 들었다. 오늘날 영국에 있는 여러 역사적인 건물들 가운데 상당수의 특징이라고 할 수 있는 벽돌로 막은 창문 구멍들은, 한때 진짜 창문처럼 보이도록 하려고 벽돌 위에 페인트칠을 했던 자리였다(그것조차도 없으면 일종의 수치로 여겨졌다). 이 세금은 '공기와 빛에 매기는 세금'이라는 이유로, 또한 하인이라든지 재산이 많지 않은 사람은 결국 공기도 통하지 않는 방 안에서 살라고 선고받은 셈이라는 이유로 원성을 크게 샀다.

1746년에 도입된 두 번째 세금은 창문의 숫자가 아니라, 그 창문에 끼워 넣은 유리의 중량을 기준으로 삼아서 매긴 것이었다. 그리하여 조지 시대 [1714-1830] 동안에는 유리가 유난히 얇고 약하게 만들어졌으며, 창문 틀은 이를 보상하는 차원에서 튼튼하게 만들어졌다. 유명한 소눈깔 채광창은 이 시기의 특징이다. 이 채광창은 이른바 왕관유리라고 불리던(유리 자체가 약간 볼록한, 또는 왕관 같은 모양을 하고 있었기 때문이다) 특수한 유리 제작 방식의 결과물이다. 소눈깔은 유리판에서 유리 직공의 대롱—유리를 입으로 불어서 모양을 만드는 도구—이 닿았던, 따라서 볼록하니 튀어나온 부분을 일컫는 명칭이다. 유리의 그 부분은 흠이라고 여겨졌기 때문에 과세 대상이 아니었으며, 따라서 검소한 사람들의 관심을 끌었다. 소눈깔 채광창은 싸구려 술집이나 점포에서 인기를 끌었으며, 품질이 별로 문제되지 않는 개인 주택의 후면에서도 즐겨 사용되었다. 유리세는 만들어진 지 100주년을 조금 앞둔 1845년에 폐지되었고, 이어서 1851년에는 편리하게, 그리고 뜻밖에 창문세도 폐지되었다. 팩스턴이 그때까지의 역사상 어느 누구보다도 더 많은 유리를 필요로 했던 바로 그 순간, 유리의 가격은 평소의 절반 이상으로 뚝 떨어진 상태였다. 여기에다가 여러 가지 기술의 변화로 인해서 유리 생산이 가속화됨으로써, 수정궁의 건립을 가능하게 만들었던 추진력이 생겼다.

완공된 건물은 길이가 정확히 1,851피트(박람회가 개최되는 해를 기념하기 위해서였다), 폭이 408피트, 높이는 그 한가운데 골조(骨組) 부분이 110 피트였다. 워낙 공간이 넉넉하다 보니, 여차 하면 건물이 들어서기 위해서 베었어야 할 유명한 느릅나무 가로수길조차도 거뜬히 덮었다. 그 크기로 짐작할 수 있듯이, 이 구조물에는 상당한 양의 자재—유리 29만3,655장, 철제 트러스 3만3,000개, 길이가 수만 피트에 달하는 나무 바닥재—가 투입되었지만, 팩스턴의 교묘한 방법 덕분에 최종 비용은 누가 보더라도 이의가 없을 금액인 8만 파운드에 불과했다. 착공부터 완공까지 걸린 기간은 겨우 35주일이었다. 그에 비하면 규모가 4분의 1밖에는 되지 않는 세인트 폴 대성당은 무려 35년이 걸린 대공사였다.

거기에서 2마일 떨어진 국회의사당 신축 건물만 하더라도, 무려 10년째 공사 중이었는데 그때까지도 완공은 요원하기만 했다. 『펀치』의 한 기고자는 이제 정부가 팩스턴에게 수정의사당 설계를 위촉해야 한다고 반(半)농담으로 제안했다. 뭔가 어려운 문제가 제기될 때면 이런 구호가 등장했다. "팩스턴에게 물어봐."

수정궁은 한때나마 세계에서 가장 큰 건물이었으며, 또한 세계에서 가장 가볍고 가장 투명한 건물이기도 했다. 오늘날 우리는 온통 유리를 사용한 건물에 워낙 익숙하지만, 1851년에 살던 사람들은 어떤 건물 안에 들어가서 자연광이 가득한 1세제곱 에이커의 공간 속을 거닐 수 있다는 생각만으로도 정말 매혹되지 않을 수 없었으리라. 말 그대로 사람들은 현기증이 났을 것이다. 멀찌감치 떨어진 곳에서 처음 이 전시관, 그 번쩍이고 투명한 건물을 보았을 때 관람객의 기분이 어땠을지는 정말 우리의 상상을 초월한다. 아마 그 건물은 비눗방울처럼 섬세하면서도 일시적인 것처럼, 불가능한 기적인 것처럼 보였으리라. 하이드 파크에 도착하여 나무 위로 둥실 떠서 햇빛에 반짝이는 수정궁을 처음 본 순간, 사람들은 그야말로 무릎이 후들거리는 경이의 순간을 느꼈으리라.

II

런던에 수정궁이 지어지던 바로 그 즈음, 그곳에서 북동쪽으로 110마일 떨어진 노퍽의 넓은 하늘 아래, 어느 오래된 시골 교회 옆에서는 또다른 사람들이 그보다 훨씬 더 소박한 건축물을 한 채 짓고 있었다. 때는 1851년이었고, 장소는 윈덤의 시장이 서는 읍 인근의 한 마을이었다. 그 목사관은 별로 특징이 없었고 산만한 분위기였으며, 위에는 널을 댄 박공으로 이루어진 울퉁불퉁한 지붕 꼭대기와 멋을 낸 굴뚝들이 어딘가 고딕 양식의 느낌을 주었다. "꽤 큰 집이며, 확고하면서도 추악하면서도 존경스러운 방식으로 충분히 편안하다." 빅토리아 시대에 큰 인기를 누리며 많은 작품을 펴낸 소설가 마거릿 올리펀트는 소설 『임시 목사(The Curate in Charge)』에서 이와 같은 유형의 집을 가리켜서 이렇게 말했다.

바로 이 집이 우리가 지금부터 수백 페이지에 걸쳐서 논의할 대상이다. 설계는 에일섬에 사는 에드워드 툴이라는 사람이 맡았는데, 앞으로 차차 밝혀지겠지만 그는 인습적인 재능과는 거의 담을 쌓은 인물이었다. 그 집의 주인은 토머스 J. G. 마셤이라는 교양 있는 젊은 성직자였다. 빅토리아 시대의 체제 덕분에 당시 스물아홉 살이었던 마셤은—또는 그와 유사한 다른 사람들은—극도로 훌륭한 삶을 선사받는 동시에, 그 대가는 거의 지불하지 않아도 그만이었다.

우리의 이야기가 시작되는 1851년에 영국 국교회의 성직자 수는 1만 7,621명이었고, 대략 250명 내외의 영혼을 돌보는 시골 교구목사의 평균 연수입은 500파운드였다. 이 금액은 대박람회의 배후 인물인 헨리 콜 같은 고위 공무원의 수입 못지않게 많은 편이었다. 교회로 진출한다는 것은 귀족이나 신사 계급의 아들들 가운데서도 연소(年少)한 쪽에게는 상당히 일반적인 두 가지 활동 가운데 하나(나머지 하나는 바로 군대 경력이었다)였기 때문에, 가문의 부를 상속한 채로 성직자가 되는 경우가 종종 있었다. 또한 임명과 함께 따라오는 교회 영지, 또는 토지의 임대로 상당한 수입을 올리는 경우도 제법 있었다. 당시에는 가장 혜택을 덜 받은 편에 속하는 성직자조차도 대개 상당히 잘 사는 편이었다. 가령 햄프셔의 스티븐턴에 있는 목사관에 살았던 제인 오스틴은 그 집에는 부끄러울 정도로 부족한 것이 많다고 생각했지만, 막상 그곳에는 거실, 부엌, 응접실, 집무실 겸 서재, 침실 일곱 개가 있었다. 이 정도면 결코 힘겨운 임지라고는 할 수 없었을 것이다. 그중에서도 가장 부유한 생활이 가능한 임지는 케임브리지셔의 도딩턴에 있었는데, 그곳에서는 토지 3만8,000에이커에서 매년 7,300파운드—오늘날의 가치로 환산하면 500만 파운드에 달한다—의 수입이 발생했다. 운 좋은 목사의 독차지였던 이 사유지는 1865년에 이르러서 해체되었다.[*]

영국 국교회의 성직자에는 두 가지 종류가 있었다. 대리목사(vicar)와 교구목사(rector)였다. 그 차이는 교회의 제도적 측면에서는 좁은 편이었지만, 경제적 측면에서는 넓은 편이었다. 역사적으로 보면 대리목사는 교구목사의 대역이었지만(그 단어 자체가 "대신하는[vicarious]"이라는 단어와 관련이 있다), 마섬 씨의 시대에는 그런 구분이 거의 사라졌다. 따라서 어떤 목사(parson)—

---

[*] 1851년의 가치를 오늘날의 가치와 일대일로 비교할 수는 없다. 과거의 가치는 여러 가지 서로 다른 척도를 가지고 계산한 것이며, 또한 지금은 값비싼 것들(가령 토지, 입주 하인)이 과거에는 비교적 값싼 경우도 있었고, 그 반대의 경우도 있었기 때문이다. 더럼 대학교의 레이널드 미치 교수의 조언에 따르면, 가장 정확한 비교는 1851년과 오늘날의 소매가격 지수를 비교하는 것이다. 이 방법으로 계산할 경우, 마섬 씨의 500파운드는 오늘날의 40만 파운드(또는 63만 파운드)에 상응한다. 1851년에 영국 국민 1인당 평균 수입은 20파운드를 약간 넘는 정도였다.

라틴어 페르소나 에클레시아에(persona ecclesiae)에서 비롯되었다——를 대리목사로 부르느냐, 아니면 교구목사로 부르느냐 하는 것은 대체적으로 지역 전통의 문제가 되었다. 그러나 수입에서는 여전히 지속적인 차이가 있었다.

성직자의 봉급은 교회에서 나오는 것이 아니라, 그 임대료와 십일조에서 나오는 것이었다. 십일조에는 두 가지가 있었다. 큰 십일조는 밀이나 보리 같은 주요 농작물에서 나오는 것이었고, 작은 십일조는 채소밭이나 견과류나 다른 비정기적인 식품에서 나오는 것이었다. 교구목사들은 큰 십일조를 가졌고, 대리목사들은 작은 십일조를 가졌다. 이는 결국 둘 중에서 교구목사가 더 부유한 경향이 있고, 때로는 상당히 부유한 경우도 있었다는 뜻이다. 십일조는 교회와 농부 간에 빚어지는 갈등의 고질적인 원인이었고, 빅토리아 여왕이 왕위에 오르기 1년 전인 1836년에 이 문제를 단순화하는 결정이 내려졌다. 그때 이후로 농부는 그 지역의 성직자에게 그해에 수확한 농작물 가운데 일정 부분을 납부하는 것이 아니라, 자기 농토의 일반적 가치에 의거하여 고정된 한 해의 합계액을 납부하게 되었다. 이는 농부가 흉년을 맞았을 때에도 성직자는 애초에 할당된 몫을 차지할 수 있게 되었다는 뜻이었으며, 결국 성직자 쪽에는 오히려 좋은 일이었다.

시골 성직자의 업무는 상당히 느슨한 편이었다. 신앙심은 반드시 요구되지 않았고, 심지어 기대되지도 않았다. 영국 국교회에서 성직을 수임하려면 대학 졸업장이 있어야 했지만, 대부분의 성직자들은 고전만 배웠을 뿐 신학을 공부하지는 않았다. 마찬가지로 설교하는 방법이라든지, 신도들에게 영감이나 위안이나 여타의 의미 있는 기독교적 지원을 제공하는 방법에 관해서는 아무런 훈련을 받지 못했다. 상당수는 심지어 설교를 준비하는 일조차도 번거로워한 까닭에, 기존에 나온 명설교가 수록된 일종의 선집을 하나 사서, 일주일에 하나씩 읽어주기만 했다.

어느 누구도 의도하지 않았지만, 그 결과로 인해서 굉장히 많은 자유시간을 부여받은, 교양 있고 부유한 사람들로 이루어진 계급이 형성되었다.

결국 그들 중 상당수가 정말 자발적으로, 뭔가 주목할 만한 일을 하기 시작했다. 이렇게 수많은 사람들이 자신의 본업과는 사실상 무관한 분야에서 이처럼 다양하고 유익한 활동에 종사했던 경우는 역사상 결코 없었다.

몇 가지 경우를 살펴보자.

요크셔의 외딴 한구석에서 대리목사로 있던 조지 베일던은 자기 본업에 워낙 관심을 기울이지 않은 까닭에, 교회 건물의 절반가량을 닭장으로 바꿔놓았을 정도였다. 그러나 그는 독학을 통해서 언어학의 권위자가 되었으며, 최초의 아이슬란드어 사전을 편찬했다. 거기서 그리 멀지 않은 요크 인근 어느 교구의 대리목사였던 로렌스 스턴은 인기 있는 소설을 몇 편 썼는데, 그중에서도 가장 유명한 작품은 『신사 트리스트램 샌디의 생애와 의견(The Life and Opinions of Tristram Shandy, Gentleman)』이다. 레스터셔의 어느 시골 교구의 교구목사인 에드먼드 카트라이트는 역직기(力織機)를 발명했고, 결국 산업혁명을 진정 산업적으로 만들어놓았다. 대박람회가 열릴 즈음에 이르러, 그의 역직기는 영국에서만 무려 25만 대가 사용되었다.

데번에서는 잭 러셀 목사가 훗날 자기 이름을 따르게 될 테리어 종 개를 길렀다. 옥스퍼드에서는 윌리엄 버클랜드 목사가 공룡에 대한 최초의 과학적 기술을 남겼으며, 어쩌면 당연한 일인지도 모르겠지만, 나중에는 분석(糞石)—동물의 똥 화석—에 관한 세계 최고의 권위자가 되었다. 서리의 토머스 로버트 맬서스는 『인구의 원리에 관한 시론(An Essay on the Principle of Population)』(산술급수적으로 증가하는 식량은 기하급수적으로 증가하는 인구를 결코 따라잡지 못할 것이라고 주장했다는 내용을 여러분도 학창 시절에 배운 기억이 있으리라)을 써서 정치경제학이라는 분야를 사실상 시작했다. 더럼의 윌리엄 그린웰은 근대 고고학의 창시자이기도 했지만, 그보다는 무척 사랑받는 송어 낚시용 파리, 일명 "그린웰의 영광"의 발명가로 낚시꾼들 사이에서 더 유명했다.

도싯에서는 옥타비우스 피카드 케임브리지라는 거창한 이름을 가진 인물이 거미 연구의 세계적인 권위자가 되었으며, 그와 동시대인이었던 윌리엄 셰퍼드 목사는 외설스러운 농담의 역사를 집필했다. 요크셔의 존 클레이턴은 실용적인 가스등의 개발에 최초로 성공했다. 맨체스터의 조지 개릿 목사는 잠수함을 만들었다.* 에식스의 대리목사이며 식물학자였던 애덤 버들(Adam Buddle)은 현화(顯花) 부들레이아(buddleia)라는 식물 이름의 원조였다. 버크셔의 존 매켄지 베이컨 목사는 열기구 개발의 선구자이며 항공사진의 아버지였다. 세이바인 베어링 굴드는 「믿는 사람들은 군병 같으니(Onward, Christian Soldiers)」라는 유명한 찬송가를 썼으며—약간 의외이기는 하지만—사상 최초로 늑대인간이 등장하는 소설도 하나 썼다. 콘월의 로버트 스티븐 호커 목사는 뛰어난 시를 써서 롱펠로와 테니슨의 존경을 받았지만, 분홍색 터키 모자를 쓰고 다니는 바람에 교구민들을 적잖이 놀라게 했고, 생애의 상당 부분을 아편의 강력한 진정 작용에 의존하며 보냈다.

햄프셔의 웨스턴 월드에 살던 길버트 화이트는 당대의 가장 존경받는 박물학자가 되었으며, 『셀번의 자연사(Natural History of Selborne)』라는 훌륭한, 그리고 지금까지도 사랑받는 책을 썼다. 노샘프턴셔에서는 M. J. 버클리 목사가 균류 및 식물 관련 질병의 최고 권위자가 되었다. 불행하게도 그는 여러 가지 유해한 질병의 확산에도 책임이 있어 보인다. 예를 들면, 영국의 식물 마름병 중에서도 가장 유해한 흰가루 병이 그중 하나이다. 더비셔의 교구목사 존 미첼은 망원경 만드는 방법을 윌리엄 허셜에게 가르쳐주

---

* 이 배의 정식 명칭은 "나는 다시 일어나리라"라는 뜻의 레수르감(Resurgam)이었는데, 머지 않아 이것이 적잖이 불운한 이름이었다는 것이 증명되었다. 이 배는 1878년에 진수(進水)된 지 석 달 만에 아일랜드 해에서 폭풍을 만나 침몰된 이후에 결코 다시 일어나지 못했기 때문이다. 개릿 역시 결코 다시 일어나지 못했기는 마찬가지였다. 자신의 실험 결과에 낙심한 그는 설교와 발명 모두를 포기했으며, 미국의 플로리다로 이민 가서 농사를 지었다. 그러나 농사에서도 역시 실패하자, 그는 에스파냐—미국 전쟁 당시에 미군의 보병으로 자원했고, 이후 빈곤에 시달리며 세상에서 잊혀진 채 살아가다가 1902년에 뉴욕 시에서 결핵으로 사망함으로써, 그토록 실망스럽고 줄곧 내리막길을 질주했던 인생을 마감했다.

었으며, 덕분에 허셜은 나중에 천왕성을 발견했다. 미첼은 또한 지구의 무게를 재는 방법을 고안했는데, 이것은 18세기 전체를 통틀어서 가장 교묘하고 실용적인 과학 실험이었다. 그는 이 실험이 실제로 이루어지기 전에 사망했기 때문에, 이 실험은 결국 런던에서 헨리 캐번디시가 수행했다. 캐번디시는 팩스턴의 고용주 데번셔 공작의 친척이며 총명한 인물이었다.

이 가운데서도 가장 비범한 성직자는, 1701년부터 1761년까지 켄트 주의 턴브리지 웰스에 살았던 토머스 베이즈일 것이다. 그는 극도로 소심한데다가 대책 없이 무능한 설교자였지만, 반면 놀라울 만큼 천재적인 수학자였다. 그는 훗날 베이즈의 공리(Bayes' theorem)라고 알려진, 다음과 같은 수학 방정식을 고안했다.

$$p(\theta|y) = \frac{p(\theta)\,p(y|\theta)}{\int p(n)\,p(y|\eta)\,d\eta}$$

베이즈의 공리를 이해하는 사람이라면, 이 방정식으로 확률 분포—또는 가끔 일컬어지듯이 역(逆)확률—에 관한 복잡한 문제들을 해결할 수 있다. 이것은 부분적인 정보에 의거하여 통계적으로 신뢰할 만한 확률에 도달하는 방법이다. 베이즈의 공리가 정말 대단한 업적인 까닭은, 오늘날처럼 컴퓨터가 없으면 이 공리를 이용한 계산을 할 수가 없어서 응용 자체가 거의 불가능하기 때문이다. 그리하여 베이즈가 살아 있을 때에만 해도, 이 공리는 흥미롭기는 하지만 근본적으로는 쓸모없는 것으로 여겨졌다. 베이즈 자신도 십중팔구 이 공리를 보잘것없게 여겼는지, 군이 이를 세상에 발표하려고 들지도 않았다. 베이즈가 사망한 지 2년 뒤인 1763년에야 한 친구가 이 내용을 런던의 왕립학회에 보냈고, 그로 인해서 「확률의 원리에서 문제 해결을 위한 시론(An Essay Toward Soving a Problem in the Doctrine of Chances)」이라는 수수한 제목을 달고, 학회지 『철학 회보(*Philosophical Transactions*)』에게재되었다. 사실 이것은 수학사에서 하나의 이정표였다. 오늘날 베이즈의 공리는 기후 변화의 모델을 만들고, 주식 시장의 움직임을 예견하고, 방사성 탄소 연대를 측정하고, 우주에서 벌어지는 사건을 해석하는 등, 이른바 확률의 해석과 관련된 곳이라면 어디에서나 상당히 많이 사용된다. 그리고 이 모든 것이 18세기에 살았던 잉글랜드의 한 성직자의 사려 깊은 메모들로부터 비롯된 것이다.

비록 자신은 이런 위대한 업적을 이루지는 못했지만, 대신에 위대한 자녀들을 낳은 성직자들도 상당수 되었다. 존 드라이든, 크리스토퍼 렌, 로버트 훅, 토머스 홉스, 올리버 골드스미스, 제인 오스틴, 조슈아 레이놀즈, 새뮤얼 테일러 콜리지, 호레이쇼 넬슨, 브론테 자매, 앨프리드 로드 테니슨, 세실 로즈, 루이스 캐럴은 모두 아버지가 목사였다(루이스 캐럴은 성직을 수임하기는 했지만 실제로 목회를 하지는 않았다). 성직자가 발휘한 현저한 영향력은 『영국 인명사전(*Dictionary of National Biography*)』의 전자판에서 몇 가지 단어만 찾아봐도 쉽게 드러난다. 가령 '교구목사'라는 단어를 입력하면 거의 4,600개의 항목이 등장한다. '대리목사'는 이보다 3,300개나 더 많은 항목이 등장한다. 반면 '물리학자'는 338개로 비교적 적은 편이고, '경제학자'는 492개, '발명가'는 639개, '과학자'는 741개가 나온다. (흥미로운 사실은 이런 숫자가 가령 '엽색가'나 '살인범'이나 '광인' 같은 단어를 입력했을 때의 결과보다 아주 더 많은 것은 아니며, 심지어 '괴짜'를 입력했을 경우에 나오는 1,010개의 항목보다도 더 적다는 점이다.)

이처럼 성직자들 가운데 워낙 돋보이는 인물이 많다 보니, 사실 이런 사람들은 이례적이고 대부분의 성직자는 우리의 마셤 씨와 더 비슷하다는 것을 망각하기가 쉽다. 마셤 씨의 경우, 설령 그에게 어떤 업적이나 야심이라고 할 만한 것이 있었다고 하더라도, 후세에서는 전혀 알 길이 없다. 그가 어떤 명성과 가장 근접한 것이라면, 아마도 그의 증조부인 로버트 마셤이 생물계절학을 창시했다는 사실 정도였을 것이다. 생물계절학이란 계절의 변화—가령 나무의 첫 번째 봉오리, 봄의 첫 번째 뻐꾸기 등등—를 추적하는 과학(물론 이 학문을 과학이라고 지칭하는 것이 지나치게 과도한 표현이 아니라고 한다면)이다. 그거야 어쨌거나 사람들이 자발적으로 하는 일이 아니냐고 생각할 사람이 있을지 모르지만, 체계적인 방법으로 그렇게 한 사람은 마섬이 사상 최초였다. 마섬의 영향력하에서 이 방법은 큰 인기를 누리면서 세계 각지에서 훌륭한 소일거리로 각광받았다. 미국에서는 토머스 제퍼슨이 생물계절학의 헌신적인 추종자였다. 대통령 재직 시절에도 그는 시간을 내서 워싱턴의 시장에 서른일곱 종의 과일과 야채가 나온 처음과 마지막 시기를 기록했으며, 자택인 몬티첼로에 있는 대리인에게도 이와 유사한 관찰을 지시함으로써 두 지역에서 기록된 날짜 사이에 현저한 차이가 있는지를 확인했다. 현대의 기후학자들이 가령 올해 봄에는 사과 꽃이 예전보다 3주일 정도 더 일찍 피었다고 말할 경우, 이들은 로버트 마섬의 기록을 유용한 원천 자료로 사용한 것이다. 마섬은 또한 이스트 앵글리아에서 가장 부유한 지주들 가운데 한 사람으로, 노리치 인근 스트래턴 스트롤리스라는 마을 인근에 큰 사유지를 소유하고 있었다. 토머스 존 고든 마섬은 1821년에 그곳에서 태어나 생애의 대부분을 보내다가, 거기에서 12마일쯤 떨어진 우리 마을로 와서 교구목사가 되었던 것이다.

이곳에서 토머스 마섬이 어떻게 살았는지에 관해서는 사실상 거의 알 도리가 없다. 대신 우리는 시골 목사들의 그 위대한 시대에 그들의 일상생활이 대략 어떠했는지에 관해서는 의외로 많은 것을 알고 있다. 이 모두가 이 마을에서 북쪽으로 5마일쯤 떨어진 (그리하여 우리 목사관 지붕에서도 충분히 보이는) 웨스턴 롱빌 교구에 살았던 어떤 사람이 남긴 기록 덕분이다. 그 사람의 이름은 제임스 우드퍼드 목사이며, 마섬보다는 50년쯤 먼저 살았던 인물이다. 그래도 그 당시 시골 목사들의 일상생활은 반세기 전이나 후나 별 차이가 없었다. 우드퍼드는 특별히 헌신적이지도, 교양이 대단하지도, 재능이 있지도 않았지만, 그래도 삶을 즐기면서 무려 45년 동안이나 활기가 넘치는 일기를 기록했다. 이 일기는 한 시골 성직자의 삶에 대해서 이례적으로 자세한 통찰을 제공한다. 무려 100년 넘도록 잊혀져 있던 이 일기는 뒤늦게 다시 발굴되어 1924년에 『어느 시골 목사의 일기(The Diary of a Country Parson)』라는 제목의 축약본으로 간행되었다. 이 책은 세계적인 베스트셀러가 되었으며, 어느 비평가의 말처럼, "폭음과 폭식의 연대기에서 조금 더 나아간 수준"인데도 불구하고 그러했다.

18세기의 식탁에 올라오는 음식의 양은 어마어마했는데, 우드퍼드는 식사를 할 때마다 잊지 않고 그 내용을 충실하고 자세하게 기록해두었다. 예를 들면 1784년의 어느 전형적인 디너* 때에 그의 앞에 차려진 음식들은 다음과 같았다. 새우 소스를 곁들인 도버 산 혀넙치, 영계, 소 혓바닥, 로스트비프, 수프, 까마종이와 송로를 곁들인 송아지고기 필레 살, 비둘기 파이, 송아지 췌장, 새끼 거위와 콩, 살구 쨈, 치즈케이크, 버섯 스튜과 트리플 과자. 또다른 식사에서 그는 잉어 한 접시, 햄, 닭고기 셋, 오리구이 둘, 돼지고기 목살, 자두 푸딩과 자두 타르트, 사과 타르트, 그리고 여러 가지 과일과 견과를 골라먹고, 레드 와인과 화이트 와인, 맥주와 사과술을 골라 마셨는데, 그 무엇도 훌륭한 식사를 방해할 수는 없었다. 누이가 죽었을 때에 우드퍼드는 일기에 깊은 슬픔을 표시했지만, 그런 와중에서도 다음과 같이 기록하는 것을 잊지 않았다. "오늘 디너는 맛좋은 구이 칠면조(turkey roasted)였다."[원문 그대로 / 저자] 바깥세상의 그 어떤 일도 그를 방해하지는 못했다. 미국 독립전쟁에 관한 언급은 거의 없었다. 1789년에 바스티유가 점거되었을 때, 그는 이 사실을 언급하기는 했지만, 그보다는 아침식사에 관해서 쓴 내용이 더 많았다. 딱 어울리게도, 이 일기의 맨 마지막

---

* 디너(dinner)는 "정찬(하루 중에 가장 중요한 식사)"이라는 의미이며, 이 책의 뒤에서 설명되는 것처럼 원래는 점심식사가 디너였다가, 세월이 흐르면서 저녁식사(만찬)가 디너로 여겨지게 되었다. 이 책에서는 "정찬"과 "만찬" 모두의 의미로 사용되기 때문에 부득이하게 디너로 음역했다 / 역주

항목 역시 식사에 관한 것이었다.

우드퍼드는 매우 버젓한 인물이었지만—그는 때때로 가난한 사람들에게 음식을 나누어주었으며, 흠이 없고 덕행이 있는 삶을 살았다—일기에서는 가령 그가 설교 작성에 조금이라도 신경을 썼다거나, 또는 자기 교구민에게 특별한 애착을 보였다는 흔적은 전혀 찾아볼 수가 없다. 물론 교구민 중 누군가가 그를 디너에 초대했을 때에는 기꺼이 즐거운 마음으로 참석했지만 말이다. 비록 그가 이 당시의 전형적인 시골 목사의 삶을 대변하는 것은 아니라고 해도, 최소한 이 당시의 가능했던 시골 목사의 삶을 대변한다고는 볼 수 있으리라.

마섬 씨가 과연 이런 시골 목사의 모습에 들어맞는지 여부에 관해서는, 한마디로 그 누구도 단언할 수 없다. 만약 그의 평생 목표가 가급적 역사에 아무런 흔적도 남기지 않는 것이었다고 치면, 그는 이 목표를 매우 훌륭하게 완수한 셈이었을 것이다. 1851년에 그는 스물아홉 살이었고 미혼이었다. 그는 평생 독신으로 살았다. 엘리자베스 웜이라는 유별난 이름*을 가진 여자가 그와 한 집에 살면서 무려 50년가량을 가정부로 일하다가 1899년에 사망했다. 적어도 그녀가 보기에 마섬 씨는 비교적 함께 지내기가 수월했던 사람이었던 모양인데, 과연 다른 사람들도 그렇게 생각했는지 여부는 알 수 없다.

그래도 한 가지 긍정적인 단서가 있다. 1851년 3월의 마지막 주일, 영국 국교회에서는 그날 하루 각지의 교회 예배에 실제로 참석하는 사람이 몇 명이나 되는지 알아보기 위해서 전국 조사를 행했다. 그 결과는 참으로 충격적이었다. 잉글랜드와 웨일스에 사는 사람들 가운데 절반 이상이 교회에 전혀 나가지 않았으며, 20퍼센트만이 영국 국교회의 예배에 참석했던 것이다. 제아무리 수학 공리를 만들고, 아이슬란드어 사전을 편찬하는 등의 업

---

* 웜(Worm)은 곧 벌레(worm)라는 뜻이기 때문이다 / 역주

적을 남길 정도로 천재적이었다고 하더라도, 이 당시의 성직자들은 더 이상 과거처럼 그 지역 공동체에서 중요한 위치에 있지 않았던 것이다. 그러나 마섬 씨의 교구에서는 그런 징후가 전혀 드러나지 않았다. 전국 조사 결과에 따르면, 그날 아침 예배에는 79명의 교인이 참석했고, 오후 예배에는 86명이 참석했다. 그 숫자면 그가 담당하는 교구민 전체의 70퍼센트에 가까웠다. 그리고 전국 평균보다 훨씬 더 높은 수치였다. 만약 평소에도 교인의 수가 이 정도였다고 가정한다면, 우리의 주인공 마섬 씨는 아마도 상당히 존경받는 인물이었던 것 같다.

III

영국 국교회에서 교회 예배에 참석하는 교인의 수를 조사한 바로 그 달에, 영국에서는 10년에 한 번 있는 전국 인구조사를 실시했는데, 그 결과 전국 인구는 2,095만9,477명이라고 상당히 정확하게 집계되었다. 비록 그 당시 전 세계 인구의 1.6퍼센트밖에는 되지 않았지만, 영국인보다 더 부유하고 생산적이었던 국민은 세상 어디에도 없었다. 겨우 1.6퍼센트에 불과했던 영국인이 당시 전 세계 석탄과 철 생산량의 절반을 담당했으며, 그 운송의 약 3분의 2를 좌우했고, 전 세계 무역의 3분의 1을 수행했다. 사실상 거의 모든 면 완제품이 영국의 공장에서, 영국에서 발명되고 제작된 기계에 의해서 생산되었다. 런던의 은행들은 전 세계의 다른 주요 금융 중심지에 있는 돈의 총액보다 더 많은 돈을 보유했다. 런던은 거대하고 성장하는 제국의 심장부였으며, 그 절정기에 이 제국의 영토는 무려 1,150만 제곱마일에 걸쳐 있었고, 지구의 4분의 1에 해당하는 지역에서 그 국가(國歌)인 「하느님께서 여왕을 보우하소서(God Save the Queen)」가 울려퍼졌다. 영국은 사실상 거의 모든 분야에서 세계를 선도했다. 영국은 그 시대에 가장 부유하고, 가장 혁신적이고, 가장 성공한 국가였다. 심지어 일개 정원사조차도 출세하여 명성을 떨칠 수 있는 국가이기도 했다.

갑자기, 역사상 처음으로, 대부분의 사람들의 삶에서 모든 물건을 풍부하게 누릴 수 있게 되었다. 당시 런던에 살고 있던 칼 마르크스는 놀란 어조로—그리고 어쩔 수 없는 감탄까지 보이며—이제 영국에서는 무려 500가지 종류의 망치를 구입할 수 있다고 말했다. 어디에서나 활기가 넘쳤다. 현대의 런던 사람들은 거대한 빅토리아 시대의 도시에 살고 있다. 다시 말해서 그곳은 빅토리아 시대의 사람들이 이미 살다간 도시라는 뜻이다. 12년 사이에 8곳의 철도 종착역이 문을 열었다. 도시를 철도와 다리와 하수도와 양수장과 발전소와 지하철과 기타 등등으로 가득 채움으로써 비롯된 혼란—도랑, 터널, 진흙탕의 굴착, 마차와 다른 탈것의 혼잡, 매연, 소음, 오물—의 규모로 미루어볼 때, 빅토리아 시대의 런던은 단순히 세계에서 가장 큰 도시였을 뿐만 아니라, 그때까지 전 세계에서 볼 수 있었던 가장 시끄럽고, 지저분하고, 진흙탕이고, 바쁘고, 숨 막히고, 여기저기 파헤쳐진 도시였다.

1851년의 인구조사는 또한 당시 영국에서는 도시에 사는 사람이 시골에 사는 사람보다 더 많다는 것을 보여주었으며—영국은 이 방면에서도 역시 세계 최초였다—이런 현상으로부터 비롯된 가장 현저한 결과는 이제껏 한 번도 나타난 적이 없었던 대규모의 군중이었다. 이제 사람들은 떼를 지어서 일했고, 떼를 지어서 여행했고, 떼를 지어서 학교에 다녔고, 심지어 떼를 지어서 투옥되었고, 떼를 지어서 입원했다. 밖에 나가서 무엇인가를 즐길 때에도 사람들은 떼를 지어서 그렇게 했고, 그들이 더 큰 열성과 기쁨을 느끼며 찾아간 장소 중에는 수정궁만 한 곳이 또 없었다.

그 건물 자체도 경이로웠지만, 그 내부의 구경거리 역시 그에 못지않았다. 약 10만 점에 달하는 물품이 1만4,000개의 진열대에 전시되었다. 신제품 중에는 1,851개의 날을 가진 칼, 커다란 석탄 덩어리 하나를 깎아서 만든 가구(그런 가구를 만든 목적이란, 단지 그렇게 할 수 있다는 것을 보여주기 위한 것뿐이었다), 가정에서의 사중주를 위한 사면 건반 피아노, 구명 뗏목으로 변신하는 침대, 그리고 자동으로 한쪽이 기울어지면서 잠자는 사람을 방금 물을 채운 욕조에 풍덩 하고 빠뜨려주는 침대, 온갖 유형의 (그러나 제대로 가동하지는 않는) 새로운 기계들, 사혈용 도구, 세계에서 가장 큰 거울, 페루에서 온 거대한 구아노 덩어리, 유명한 호프 다이아몬드와 코이누르 다이아몬드,* 영국과 프랑스를 잇기 위해서 제안된 현수교의 모형, 그리고 전 세계 각지에서 온, 온갖 유형의 기계들이며 직조물이며 공산품이 끝없이 진열되었다. 「타임스(Times)」의 추산에 따르면, 그 모두를 구경하는 데에만 200시간이 걸렸다.

모든 전시품이 빛을 발했던 것은 아니었다. 뉴펀들랜드는 전시공간 전체를 간유(肝油)의 역사와 제조에 관한 내용에 할애한 덕분에, 북적이는 인파를 피해서 쉴 곳을 찾는 사람들에게 감지덕지할 만한 평온한 오아시스가 되었다. 미국 전시관은 하마터면 아무것도 없이 텅텅 빌 뻔했다. 국회가 어찌나 인색했던지 자금 지원 요청을 거절하는 바람에, 결국 사적으로 비용을 조달해야만 했다. 불행히도 미국산 제품들이 런던에 도착했을 무렵에야, 자금 조달책 측에서는 그 상품을 미국에서 영국 부두로 운반하는 데에 드는 비용까지만 지원했지, 거기서 또다시 하이드 파크까지 운반하는 데에 드는 비용까지는 생각하지 못했음이 밝혀졌다. 따라서 다섯 달 동안 전시대를 세우고 담당 인력을 두는 데에 필요한 비용은 당연히 없었다. 다행히 런던에 살고 있던 미국인 자선사업가 조지 피바디가 1만5,000달러를 비상 자금으로 제공함으로써, 미국 대표단이 자초한 재

---

* 코이누르 다이아몬드는 그로부터 2년 전에 영국 왕관을 장식한 보석들 가운데 하나가 되었다. 영국군은 인도의 펀자브 지방을 점령하게 되면서 그 보석을 해방시켰던(또는 관점에 따라서 '약탈했던') 것이다. 대부분의 사람들은 코이누르 다이아몬드를 보고 실망해 마지않았다. 거의 200캐럿에 달할 정도로 크기는 했지만, 워낙 어설프게 잘라놓았기 때문에 실망스럽기 짝이 없을 정도로 광택이 약했다. 박람회가 끝난 다음에야 이 다이아몬드는 대담한 연마를 거쳐서 109캐럿의 눈부시게 반짝이는 보석이 되었고, 그런 뒤에 왕관에 다시 자리잡았다.

난에서 구해주었다. 이러한 모든 상황은, 미국인이 기껏해야 호감을 주는 변경 주민보다 조금 나은 정도에 불과하며, 아직 다른 나라의 조언 없이는 국제무대에 등장할 준비가 되지 않았다는, 보편적인 확신을 더욱 굳혀주었다.

따라서 막상 전시품이 진열되고 나서, 미국 전시관이야말로 마법과 경이의 전초지라는 사실이 확인되자 사람들은 놀랄 수밖에 없었다. 미국산 기계는 거의 모두가, 전 세계 사람들이 누구나 바라던 기능들을 수행했으며—못을 찍어내고, 돌을 자르고, 양초를 만들고—그것도 깔끔하게, 재빠르게, 지칠 줄 모르고 안정적으로 수행했다. 그 모습을 본 다른 나라들은 감탄한 나머지 눈만 껌벅거릴 수밖에 없었다. 엘리아스 하우의 재봉틀을 본 여자들은 누구나 눈이 휘둥그레졌다. 이 기계는 가정생활에서 가장 단조롭던 시간 때우기 가운데 하나였던 일이 이제는 신나고 재미있을 수 있다는 터무니없는 약속을 제시했던 까닭이다. 사이러스 맥코믹이 출품한 수확기는 무려 40명의 일을 혼자서 할 수 있었다. 이런 주장은 너무나도 대담했기 때문에, 결국 홈 카운티*의 어느 농장으로 그 기계를 끌고 가서, 그 기계로 할 수 있다는 기능을 모두 시범으로 보이기 전까지는, 어느 누구도 사실이라고 믿지 않았다. 무엇보다도 더 흥미진진했던 것은 새뮤얼 콜트의 자동권총이었다. 이것은 경이로울 정도로 치명적인 무기일 뿐만 아니라, 서로 교환 가능한 부품들을 조립해서 만들어졌다. 이 제조 방법이 어찌나 놀라웠던지, 나중에는 '아메리칸 시스템(the American System)'이라는 이름으로 알려졌다. 이처럼 새로움과 실용성과 기계시대의 정확성을 겸비한 탁월한 품질의 미국산 제품에 감히 버금갈 수 있는 영국산 창조물은 단 하나뿐이었다. 그것은 바로 팩스턴의 거대한 전시장 그 자체였는데, 아쉽게도 박람회가 끝나자마자 사라질 운명이었다. 수많은 유럽인에게는 이

---

* 런던 인근의 여러 주를 말한다 / 역주

것은, 바다 건너에서 담배나 씹고 다니는 저 촌놈들이 알고 보니 슬그머니 다음번의 산업적 거상(巨像)이 되고 있었음을 보여주는 최초의 불편한 암시였다. 그러나 이런 변화는 워낙 터무니없게 생각되었기 때문에, 심지어 그런 변화가 일어나고 있는 상황에서도 대부분의 사람들은 그렇다는 사실을 믿으려고 들지 않았다.

대박람회에서 가장 인기 있었던 구경거리는 사실 전시관이 아니라 우아하게 만든 '휴게실'이었다. 그곳에서 관람객들은 편안하게 쉴 수가 있었는데, 고맙고 기꺼운 마음으로 그곳을 이용한 사람은 총 82만7,000명에 달했다. 대략 하루에 1만1,000명 꼴이었다. 1851년에 영국에는 대중 편의시설이 끔찍할 만큼 부족했다. 영국 박물관만 해도 관람객이 매일 3만 명에 달했지만, 옥외변소는 단 두 곳에 불과했다. 수정궁에서는 변기가 수세식이었기 때문에, 이것을 보고 크게 매료된 관람객들 사이에서는 집집마다 수세식 변기를 설치하는 유행이 시작되었다. 나중에 다시 살펴보겠지만, 이런 변화로 인해서 런던에는 머지않아 파국적인 결과가 찾아왔다.

대박람회는 위생적인 돌파구뿐만 아니라 일종의 사회적인 돌파구도 제공했는데, 모든 계급의 사람들이 한자리에 모여서 서로 뒤섞인 것은 그때가 처음이었기 때문이다. 많은 사람들은 평민—윌리엄 메이크피스 새커리가 바로 한 해 전에 소설 『펜데니스의 역사(The History of Pendennis)』에서 지칭한 것처럼 "엄청나게 불결한 자들"—이 이런 믿음과는 어울리지 않는 것으로 증명되는 것은 아닐지, 혹시 상류 계급에 뭔가 불리한 일이 벌어지는 것은 아닐지 우려했다. 어쩌면 사보타주(sabotage)도 벌어질 것 같았다. 물론 실제로도 벌어지기는 했다. 그러나 그건 어디까지나 1848년의 대중 봉기—유럽 전역을 진동시키고, 파리, 베를린, 크라쿠프, 부다페스트, 빈, 나폴리, 부쿠레슈티, 자그레브에서는 정권을 무너트리기까지 한—가 벌어지고 나서 3년 뒤의 일이었다.

그런가 하면 박람회가 차티스트(Chartist)와 그 동료 여행자들을 끌어들일

지 모른다는 특별한 두려움도 있었다. 차티스트 운동(Chartism)은 1837년의 인민헌장(People's Charter)에서 이름을 따온 인기 있는 운동으로, 부패 및 독점 선거구의 철폐로부터 남성 보통선거권의 채택에까지 이르는 일련의 정치적 개혁—지금 와서 돌이켜보면 지극히 온건한—을 추구했다.* 10여 년에 걸쳐서 차티스트는 일련의 청원서를 국회에 제출했는데, 그중 하나는 길이가 무려 6마일에 달하고 570만 명의 서명이 적혀 있었다고 전한다. 국회는 무척 감명을 받았지만 결국 모두 거절했으며, 이것이 모두 인민을 위해서라고 주장했다. 보통선거권은 위험한 개념이라고 일반적으로 합의되었다. 역사학자이자 국회의원이었던 토머스 배빙턴 매콜리의 말처럼, 이는 "문명의 존재와 전적으로 배치되는 것"이었다.

런던에서는 1848년에 이 문제가 대두했는데, 차티스트가 템스 강 남부의 케닝턴 커먼에서 대규모 집회를 예고했기 때문이었다. 자칫하면 흥분한 군중이 웨스트민스터 다리를 물밀듯이 건너와서 국회를 점거할지도 모른다는 두려움이 퍼졌다. 시 전역의 정부 건물은 이에 대비하여 방어 태세를 갖추었다. 외무부에서는 장관 파머스턴 경이 두툼한 「타임스」 합본판을 쌓아서 창문을 막았다. 영국 박물관에서는 직원들이 벽돌을 잔뜩 들고 옥상에 올라가 있다가, 그 건물을 점거하려고 시도하는 사람이 있으면 그 머리 위로 벽돌을 퍼부을 준비를 했다. 국립은행 앞에는 대포가 설치되었고, 정부 기관 직원들에게는 검과 머스켓 소총을 나누어주었다. 제대로 관리나

---

* 부패 선거구는 국회의원이 소수의 사람들에 의해서 선출될 수 있는 선거구로, 가령 스코틀랜드의 뷰트 같은 경우에는 1만4,000명의 거주민들 가운데 단 한 사람만이 투표권을 가지고 있음으로써, 말 그대로 자기가 자기를 선출할 수 있었다. 독점 선거구는 거주민이 전혀 없었음에도 불구하고 국회에 의석이 하나 배정된 선거구로, 따라서 그 소유주는 이 의석을 매각하거나 물려주거나 (가령 일자리가 없는 아들한테라든지) 할 수 있었다. 특히 유명한 독점 선거구는 더니치에 있었는데, 서퍽의 이 해안 마을은 한때 큰 항구—잉글랜드에서 세 번째로 큰—였지만, 1286년의 폭풍 동안에 바닷물에 잠겨버렸다. 그 뚜렷한 비존재에도 불구하고, 1832년까지 국회에서 이곳을 대표하는 특권층의 비존재인들[어중이떠중이]이 계속해서 잔존했다.

되었는지 미심쩍을 정도로 오래된 그 소총은, 총구 앞에 나설 사람에게는 물론이고, 총을 발사할 사람에게도 위험천만해 보이는 물건이었다. 17만 명에 달하는 특수 경찰들—대부분 부자와 그 하인들이었던—이 시들은 웰링턴 공작의 지휘를 받으며 대기 중이었는데, 당시 여든두 살이었던 공작은 워낙 늙고 귀가 먹어서 아주 큰 고함소리 말고는 전혀 듣지도 못하는 지경이었다.

문제의 집회는 결국 용두사미로 끝나고 말았다. 한편으로는 차티스트의 지도자인 피어거스 오코너가 아직까지도 원인이 정확히 밝혀지지 않은 매독성 치매로 인해서 기이한 행동을 하기 시작했기 때문이며(그로 인해서 그는 이듬해에 결국 정신병원으로 향하고 말았다) 또 한편으로는 참가자 대부분이 사실은 뼛속깊이 혁명가까지 되지는 않았던 까닭에 유혈사태를 조장하거나 거들고 싶은 마음이 없었기 때문이고, 또 한편으로는 때마침 퍼부은 비 때문에 국회를 습격하는 것보다는 술집에 죽치는 것이 훨씬 더 매력적인 선택처럼 보였기 때문이었다. 「타임스」는 "런던의 폭도는 비록 영웅적이지도, 시적이지도, 애국적이지도, 계몽적이지도, 깨끗하지도 않지만, 그래도 비교적 성품이 온건한 무리이다"라고 결론을 내렸다. 오만한 어조이기는 했지만 정확한 평가였다.

이런 유예에도 불구하고 일부 지역에서는 1851년까지도 반정부적인 감정이 여전히 남아 있었다. 그해에 간행된 헨리 메이휴의 영향력 있는 저서 『런던의 노동자와 런던의 빈민(London Labour and the London Poor)』에서는 노동자들이 "거의 한 사람까지" 전부 "극렬 프롤레타리아이며, 폭력적인 견해를 표현한다"고 써놓았다.

그러나 극렬 프롤레타리아라고 하더라도 대박람회만큼은 좋아했던 것 같다. 1851년 5월 1일에 박람회는 아무런 사건 없이 막을 올렸다. 광휘를 발하던 빅토리아 여왕의 말을 빌리면 "아름답고 인상적이고 감동적인 장관"이었다. 여왕은 또 개막일을 가리켜서 "우리 역사에서 가장 위대한 날"

이라고 일컬었는데, 이는 분명 진심이었을 것이다. 전국 방방곡곡에서 사람들이 모여들었다. 당시 여든다섯 살의 여성 메리 캘리낵은 콘월에서 무려 250마일 넘게 걸어온 사실 때문에 유명해졌다. 모두 합쳐서 600만 명의 사람들이 5개월 반 동안 대박람회를 구경했다. 가장 인파가 많았던 날인 10월 7일에는 거의 11만 명이 입장했다. 어느 순간에는 전시관 안에 무려 9만 2,000명이 함께 들어가 있기도 했다. 실내 공간 한 곳에 들어가 있는 사람의 숫자로는 역사상 최대 기록이었다.

관람객 모두가 매료된 것은 아니었다. 훗날 디자이너이자 심미가가 되는 윌리엄 모리스는 당시 열일곱 살이었는데, 우아함이 결여되고 과도함을 숭상하는 이 박람회에 어찌나 질색했던지, 전시관에서 비틀거리며 빠져나오자마자 근처의 덤불에 구토를 하고 말았다. 그러나 대부분의 사람들은 박람회를 좋아했고, 거의 모두가 점잖게 행동했다. 대박람회 기간 동안에 범법 행위로 단속된 사람은 겨우 25명에 불과했다. 15명은 소매치기였고, 10명은 좀도둑이었다. 범죄가 적었다는 사실이 더욱 주목할 만한 까닭은, 1850년대의 하이드 파크는 악명 높은 위험 지역이었기 때문이다. 특히 해가 진 다음에는 강도를 당할 위험이 매우 컸기 때문에, 그곳을 지나는 사람들은 항상 무리를 지어서 다녔을 정도였다. 그러나 박람회 기간의 군중 덕분에 이곳은 반 년가량 런던에서 가장 안전한 장소 가운데 하나가 되었다.

대박람회는 18만6,000파운드의 수익을 달성했는데, 이는 하이드 파크 남부의 땅 30에이커를 충분히 구입할 수 있을 금액이었다. 앨버토폴리스라는 비공식적인 명칭으로 불리던 바로 이 지역에 오늘날까지도 주위를 압도하는 대형 박물관과 시설들이 들어서게 되었다. 바로 로열 앨버트 홀, 빅토리아 앤드 앨버트 미술관, 런던 자연사박물관, 왕립 예술대학, 왕립 음악대학 등이다.

팩스턴의 거대한 수정궁은 1852년 여름까지 하이드 파크에 남아 있었고, 그 사이에 사람들은 이 건물을 어떻게 할지를 고민했다. 완전히 없애버리자는 사람이야 사실상 없었지만, 이 건물을 어떻게 할지 쉽게 합의가 이루어지지 않았다. 약간은 과도하게 흥분한 듯한 제안 하나는 그 건물을 높이 1,000피트짜리 유리 탑으로 개조하자는 것이었다. 결국에 가서는 이 건물을 런던 남부 시드넘에 마련된 새로운 공원—훗날 수정궁 공원이라고 불리는—으로 옮기는 것으로 합의되었다. 그런데 이전하는 과정에서 이 건물은 오히려 규모가 더 커지게 되었다. 새로운 수정궁은 크기가 원래보다 절반쯤 더 커지고, 유리도 원래보다 두 배나 더 들어갔다. 경사지에 세워지다 보니, 재건축이 훨씬 더 힘들었던 것이다. 건물이 무너지는 일도 네 번이나 있었다. 이 새로운 건물을 세우는 데에만 6,400명의 일꾼이 동원되었고, 기간은 무려 2년이 넘게 걸렸다. 일꾼 가운데 7명은 목숨을 잃었다. 한때는 마법 같고 축복 같던 수정궁의 매력은 기이할 정도로 금세 시들해졌다. 이후 이곳은 한번도 예전처럼 다시 온 나라의 관심과 주목을 받지 못했다. 그리고 1936년에 깡그리 불타버렸다.

대박람회가 개최된 지 10년 뒤에 앨버트 공이 사망하자, 원래 수정궁이 서 있었던 장소의 바로 서쪽에 이른바 앨버트 기념관이라는 이름의 거대한 고딕 우주선 모양의 건물이 건립되었다. 그 건립비용은 무려 12만 파운드였고, 이는 수정궁의 경우보다 50퍼센트나 더 많은 액수였다. 지금도 그곳에는 거대한 금도금 닫집 아래, 옥좌에 앉은 앨버트의 동상이 있다. 그의 무릎에는 책이 한 권 놓여 있는데, 바로 대박람회의 카탈로그이다. 원래의 수정궁에서 오늘날 남아 있는 유일한 것은 커다란 장식이 달린 단철 출입문으로, 한때 팩스턴의 전시관으로 들어가는 검표소에 있었던 것이다. 이제 그 출입문은 하이드 파크와 켄싱턴 가든스 사이의 경계를 알리는 표지 노릇을 하며 서 있지만, 실제로는 눈에 잘 띄지도 않는다.

시골 성직자의 황금시대 역시 갑작스럽게 끝나버렸다. 1870년대에는 극심한 농업 불황이 시작되어, 지주를 비롯하여 농업의 번영에 의존하여 살아가는 사람들 모두에게 타격을 입혔다. 불과 6년 사이에 10만 명의 농부와 농촌 일꾼들이 농토를 떠났다. 우리 교구에서도 불과 15년 사이에 인구가 거의 절반으로 줄었다. 1880년대 중반에 이르자 전체 교구의 과세액은 1,713파운드가 되었다. 이것은 30년 전에 토머스 마셤이 목사관을 지을 때에 쓴 돈보다, 겨우 100파운드가 더 많은 액수였다.

그 세기의 끝에 이르자 잉글랜드의 성직자의 평균 수입은 50년 전에 비해서 절반 이하가 되었다. 당시의 구매력을 감안하면, 이는 굉장히 적은 금액일 수밖에 없었다. 시골 교구는 더 이상 매력적인 한직이 아니었다. 상당수의 성직자는 이제 결혼할 여유조차 없었다. 머리와 기회 모두를 갖춘 사람은 다른 곳에서 재능을 발휘했다. 세기가 바뀔 무렵, 데이비드 캐너다인은 이렇게 적었다. "한 세대의 최상의 두뇌는 이제 교회 안이 아니라 밖에 있다."

1899년에 마셤 가족의 사유지가 분할 매각됨으로써, 그 가문이 그 주에서 누리던 자비롭고 지배적인 관계도 끝났다. 흥미로운 사실 하나는, 1870년대와 그 이후의 처참한 농업 불황에 대한 책임의 상당 부분이 당시에 부엌에서 벌어진 뭔가 예기치 못한 어떤 일에 있었다는 점이다. 그것이 도대체 무엇인지는 지금부터 자세히 살펴보도록 하자. 그러나 그보다 먼저, 그러니까 집 안으로 들어가서 우리의 여행을 시작하기 전에, 우리는 앞으로 몇 페이지에 걸쳐서 한 가지 의외적이면서도 타당한 질문을 살펴보아야 한다. 도대체 왜 인간은 애초에 집에 살게 되었는지 하는 질문 말이다.

· 제2장 ·

배경

I

만약 우리가 지금 토머스 마셤 목사를 도로 살려내서 그의 목사관에 데려다 놓는다고 치자. 이때 그가 가장 놀라워할 만한 사실—물론 그가 다시 살아났다는 사실은 제외하고—은 아마도 그 집이 눈에 띄지 않게 되었다는 것이 아닐까? 오늘날 그 집은 사유지의 울창한 삼림 속에 있어서, 마치 외부와 격리된 듯한 분위기를 강하게 풍긴다. 그러나 아직 새 집이었던 1851년만 해도, 이 집은 탁 트인 교외 한가운데에 우두커니, 더욱이 당혹스러울 정도로 우뚝 솟아 있었다. 말 그대로 텅 빈 들판에 쌓여 있는 붉은색의 벽돌 더미였던 셈이다.

그러나 세월의 흔적 약간에 전깃줄과 텔레비전 안테나가 도입되었다는 점을 제외하면, 대부분의 다른 점에서 이 집은 1851년 이래 거의 변한 것이 없다. 그때나 지금이나 이곳은 분명히 집이다. 집이 마땅히 그래야 하는 모습 그대로이다. 딱 가정적인 분위기를 가지고 있다.

그런 까닭에 이 집의 설비가, 나아가서 모든 집의 설비가 애초부터 반드시 있었던 것이 아니었음을 상기하면, 약간 놀랍게 느껴질 수도 있다. 그런 설비—가령 문, 창문, 굴뚝, 계단—는 하나같이 나중에야 고안된 것들이며, 앞으로 자세히 살펴보겠지만 그중 상당수는 우리가 생각하는 것 이상으로 오랜 시간과 실험을 거쳐서 나타난 것이다.

집이란 것은 매우 특이한 사물이다. 보편적으로 규정되는 특징은 거의 가지고 있지 않기 때문에, 어떤 모양도 될 수 있으며, 어떤 재료도 사용될 수 있고, 거의 어떤 크기로도 만들 수 있다. 그러나 세상 어디를 가든지 우리는 집을 알아볼 수 있으며, 보자마자 그곳이 가정생활의 무대라는 것을 알 수 있다. 이른바 가정다운 느낌이란 알고 보면 극히 오래된 것이며, 이 '오래된 목사관'이 건립되던 즈음에 이르러서는 그런 주목할 만한 사실을 보여주는 최초 증거가 우연히 발견되었다. 1850년 겨울에 강력한 폭풍이 영국을 휩쓸었을 때의 일이었다.

이것은 수십 년 만에 가장 강력한 폭풍이었기 때문에, 광범위한 참화(慘禍)를 낳았다. 켄트 주 해안에 있는 굿윈 샌즈에서는 다섯 척의 배가 산산조각 나고 선원 모두가 사망했다. 서식스 주 오프 워싱에서는 조난선을 도우러 가던 구조선이 거대한 파도에 뒤집히면서 11명이 사망했다. 킬키라는 곳에서는 미국으로 향하던 아일랜드 국적의 돛배 에드먼드 호의 키가 파손되었고, 승객과 승무원이 발을 동동 구르는 와중에 결국 암초로 떠밀려가서 산산조각 나고 말았다. 96명이 익사했고, 그중 몇 사람만 간신히 해안으로 헤엄쳐 나왔다. 그중에는 한 노부인을 등에 업고 헤엄쳐서 구한 이 배의 용감한 선장도 있었는데, 윌슨이라는 이름의 그 선장은—「일러스트레이티드 런던 뉴스(Illustrated London News)」가 냉혹할 만큼 만족스럽게 언급한 것처럼—영국인이었다. 그날 하룻밤 사이에 영국 제도 전역에서 물에 빠져 죽은 사람만 200명이 넘었다.

그때 런던에서는 절반쯤 지은 수정궁이 하이드 파크에 솟아 있었다. 새로 설치한 유리판이 들썩거리며 부딪쳤지만 그래도 날아가지 않고 제자리에 붙어 있었으며, 건물 자체도 삐걱거리는 소리 없이 바람을 맞고 멀쩡히 서 있었다. 조지프 팩스턴은 그야말로 안도해 마지않았을 것이다. 일찍이 이 건물이 태풍도 거뜬히 견뎌낼 것이라던 그의 장담이 이제 확증된 셈이었기 때문이다. 거기서 북쪽으로 700마일 떨어진 스코틀랜드의 오크니 제도에서는 이틀 동안 폭풍이 기승을 부렸다. 베이 오 스케일이라는 곳에서는 질풍으로 인해서 크고 울퉁불퉁한 야산—그 지역에서는 하위(howie)라고 부르는 지형으로, 언제부터인지 모를 정도로 오랫동안 그 지역의 랜드마크였다—에서 풀이 다 뽑혀나갔을 정도였다.

마침내 폭풍이 물러가고 새로 형태가 바뀐 해안으로 나와본 섬 사람들은 깜짝 놀랐다. 이전까지 하위가 서 있었던 곳에 아담한 고대 석조 마을의 유적이 드러나 있었기 때문이었다. 지붕은 없었지만, 그 외의 나머지 부분은 놀라울 만큼 원래의 모습 그대로였다. 9채의 집이 있고, 여전히 원래의 내용물 가운데 상당수를 보존하고 있었던 이 마을의 역사는 무려 5,000년 전까지 거슬러올라갔다. 스톤헨지보다도 더 오래되었고, 대(大)피라미드보다도 더 오래되었기 때문에, 지구에서 그보다 더 오래된 건축물은 몇 되지 않는 상황이었다. 이것은 희귀하고 중요한 유적이었다. 오늘날 이 유적은 스카라 브레이(Skara Brae)라고 불린다.

그 완전함과 훌륭한 보존 상태 덕분에 스카라 브레이는 우리에게 친숙한, 거의 섬뜩할 정도로 친숙한 가정의 모습을 보여준다. 석기시대 가정생활을 이보다 더 잘 알려주는 곳은 없다. 모두가 언급했듯이, 이 마을은 마치 거주민이 잠시 자리를 비운 것 같은 느낌을 준다. 스카라 브레이에서 가장 놀라운 점은 그 세련됨이다. 신석기시대 사람들의 거처이긴 해도, 이곳의 집들에는 문 잠금장치, 하수도 시설, 심지어 오물을 실외로 배출하기 위해서 벽에 구멍을 파서 만든 초보적인 수준의 오물 배출용 배관도 있다. 집의 내부는 널찍하다. 아직도 튼튼한 벽들은 높이가 10피트여서 사람이 서 있어도 머리 위로 공간이 넉넉하고, 바닥은 돌로 덮여 있다. 각각의 집에는 붙박이 석제 조리대, 저장용 감실(龕室), 잠자리로 추정되는 박스형 공간, 물 탱크, 집 안을 아늑하고 건조하게 만들어주는 벽 속의 방습층이 있다. 집들의 크기와 설계가 상당히 유사한 것으로 미루어, 이곳은 아마도 전통적인 부족 내의 위계질서보다는 일종의 유대성이 지배적인 공동체였을 것이다. 지붕이 있는 통로가 집과 집을 연결했으며, 바닥이 포장된 공동 구역—초창기 고고학자들이 '시장'이라고 지칭한—으로도 연결되었다. 이 공동 구역에서는 무엇이든지 단체로 과제를 수행할 수 있었다.

스카라 브레이 거주민들의 생활은 그리 나쁘지 않았던 것 같다. 그들은 보석과 도기를 가지고 있었다. 그들은 밀과 보리를 길렀고, 조개와 생선을 풍족히 수확했으며, 그중에는 무게가 75파운드나 되는 대구도 포함되어 있었다. 그들은 소와 양과 돼지와 개를 길렀다. 그들에게 하나 부족한 것은 나무였다. 그들은 해초를 태워서 난방을 했는데, 아주 이상적인 연료라고는 결코 말할 수 없었다. 그래도 이 만성적인 문제가 우리에게는 오히려 득이 되었다고 해야 할 것이다. 만약 나무가 풍족해서 그들이 목조 주택에서 생활했다면, 스카라 브레이의 잔해는 이미 오래 전에 이 세상에서 사라졌을 것이니 말이다.

스카라 브레이의 희귀성과 가치는 아무리 강조해도 지나치지 않을 정도이다. 선사시대의 유럽은 크고 텅 빈 장소였다. 지금으로부터 1만5,000년 전에 영국 제도 전체의 인구는 기껏해야 2,000명밖에는 되지 않았을 것이다. 스카라 브레이의 시대에 이르러서는 그 숫자가 아마도 2만 명으로 늘어났겠지만, 그래도 여전히 3,000에이커당 1명 꼴이었다. 따라서 선사시대의 사람 흔적이 발굴된다는 것은 예나 지금이나 흥분되는 일이 아닐 수 없다. 스카라 브레이의 발굴 당시에도 상당히 흥분되는 일이었으리라.

또한 스카라 브레이에서는 뭔가 기이한 것들도 발견되었다. 어떤 집의 경우에는 다른 집들과 약간 떨어져 있었고, 오직 밖에서만 문을 잠글 수 있었다. 결국 그 안에 있는 사람은 감금되는 셈이었고, 이는 전반적으로 평온한 사회라는 이곳의 첫인상과는 반대되는 사실이었다. 그렇게 작은 공동체에서 누군가를 억류하는 일이 왜 필요했을까? 그토록 긴 세월의 간격을 고려해보면, 이 질문은 아마도 답변이 불가능하리라. 마찬가지로 약간 불가사의한 것 또 하나는 집집마다 발견된 방수 보관용기이다. 꽃양산조개—이 지역에서 많이 발견되는 껍질 단단한 연체동물—를 담아두는 데에 사용한 물건이라는 해석이 일반적이지만, 왜 하필이면 싱싱한 꽃양산조개를 그렇게 늘 가까이 저장해두어야 했는지 하는 질문에는 아무리 추측을 해도 대답하기가 어렵다. 왜냐하면 꽃양산조개는 음식으로서는 영락제점이어서, 영양소는 1개당 1칼로리밖에 되지 않으며, 그나마 매우 질겨서 사실상 먹을 수 없는 것이나 마찬가지이기 때문이다. 먹어서 얻는 영양소보다도 씹는 데에 소비되는 에너지가 더 많은 셈이다.

사실 우리는 이 사람들에 대해서 아무것도 모르지만—가령 그들이 어디에서 왔는지, 어떤 언어를 썼는지, 왜 나무 한 그루 없는 유럽의 외딴 전초지에 정착하게 되었는지—모든 증거를 종합해볼 때, 스카라 브레이는 600년 동안 아무런 방해도 받지 않고 편안함과 평온함을 누린 것 같다. 그러다가 기원전 2500년경의 어느 날, 그곳의 거주민은 모두 사라져버렸다. 매우 갑작스러웠던 것처럼 보인다. 어느 집 바깥에서는 그 소유주에게는 분명히 값진 것이었을 장식용 구슬이 여기저기 흩어진 채로 발굴되었는데, 이는 목걸이가 끊어진 상황에서 그 소유주가 너무 겁에 질렸거나 당황한 나머지 차마 그것을 주울 엄두도 내지 못했다는 것을 암시한다. 어째서 스카라 브레이의 행복한 목가가 갑자기 끝나버렸는지는—다른 여러 가지와 마찬가지로—누구도 대답할 수 없는 질문으로 남았다.

그나저나 놀라운 사실은 스카라 브레이가 발견된 지 75년이 넘도록 어느 누구도 이곳에 찾아와서 살펴보지 않았다는 점이다. 다만 인근의 스케일 하우스에 사는 윌리엄 와트가 몇 가지 유물을 가져갔을 뿐이었다. 더 나중인 1913년의 어느 주말에는 이보다 좀더 끔찍한 일이 발생했는데, 스케일 하우스에 온 파티 손님들이 삽을 비롯한 갖가지 장비를 가지고 그 유적지로

스카라 브레이에서, 비어 고든 차일드, 1930년

몰려와서 유물들—과연 무엇인지조차 알 수 없는 유물들—을 기념품으로 약탈해갔던 것이다. 그러나 스카라 브레이가 사람들의 관심을 끌었던 것은 그때가 전부였다. 1924년에 이르러 또 한번의 폭풍에 집 한 채의 일부분이 바다로 쓸려가버리자, 그제야 이 유적지를 공식적으로 조사하고 보존해야겠다는 결정이 내려졌다. 이 임무를 담당한 사람은 흥미로운 괴짜이면서 명석한 인물이며, 오스트레일리아 태생이면서 마르크스주의자였던 에든버러 대학교의 어떤 교수였다. 그런데 막상 그 교수는 현장조사 자체를 혐오하고, 정말 피치 못할 사정이 없는 한에는 아예 바깥에 나가는 것조차도 싫어하던 인물이었다. 그의 이름은 비어 고든 차일드였다.

차일드는 정규 교육을 받은 고고학자는 아니었다. 물론 1920년대의 고고학계에서 정규 교육을 받은 사람은 거의 없었다. 그는 시드니 대학교에서 고전학과 문헌학을 공부했으며, 공산주의에 대한 깊고 꾸준한 애착을 가지고 있었다. 이런 열정은 이오시프 스탈린의 폭정을 직시하지 못하도록 그의 눈을 가리기도 했지만, 한편으로는 그의 고고학 연구를 놀라울 만큼 생산적인 방식으로 만들기도 했다. 1914년에 그는 대학원생으로 옥스퍼드 대학교에 왔으며, 그곳에서 독서와 사색을 거듭한 끝에 고대 인류의 삶과 이동에 관한 당대 최고의 전문가가 되었다. 1927년에 에든버러 대학교는 신설된 애버크롬비 선사고고학 석좌교수 자리에 그를 초빙했다. 덕분에 그는 스코틀랜드 유일의 대학교 소속 고고학자가 되었으며, 스카라 브레이 같은 유적의 조사가 필요할 때에는 직접 나서야 하는 입장이 되었다. 그리하여 1927년 여름에 그는 기차를 타고 북쪽으로 가서, 배를 타고 오크니에 도착했다.

차일드에 관한 기록을 보면, 대개 그의 괴짜 같은 행동과 특이한 생김새를 호의적으로 서술하고 있다. 그의 동료인 맥스 맬로원(혹시 그를 기억하는 사람이 있다면, 아마도 애거서 크리스티의 두 번째 남편이라는 사실로 가장 잘 기억하고 있을 것이다)은 차일드의 얼굴이 "워낙 못생겨서 차마 바라보기가 괴로울 정도였다"라고 했다. 또다른 동료는 차일드를 가리켜서 "키가 크고, 볼품없고, 못생기고, 옷차림은 괴상하고, 태도는 종종 퉁명스럽고, 호기심이 많고 종종 놀라운 인물"이라고 했다. 오늘날 전해지는 차일드의 몇 장 되지 않는 사진을 보면 그가 결코 미남은 아니었다는 것을 알 수 있고—그는 마른 체구에, 턱이 들어가고, 사팔뜨기 눈에 올빼미 같은 안경을 쓰고, 마치 언제라도 꿈틀 하고 살아나서 어디론가 기어가버릴 것 같은 콧수염을 달고 있었다—그의 머리 밖 모양에 관해서 사람들이 제아무리 불친절한 말을 서슴지 않았다고 하더라도, 그의 머릿속에는 그야말로 황금빛의 장관이 펼쳐져 있었다. 차일드는 훌륭하면서도 기억력이 뛰어난 정신의 소유자였고, 비범할 정도의 언어적 재능도 있었다. 그가 읽을 수 있는 언어는 현재 통용되는 것과 사멸된 것을 모두 합쳐서 최소한 열댓 가지나 되었다. 덕분에 그는 관심이 있는 분야에 관한 고대와 현대의 문헌을 무엇이든지 자유자재로 넘나들 수 있었으며, 그가 관심이 없는 분야는 사실상 거의 없었다. 기이한 외모, 말을 곧잘 우물거리는 수줍음, 어색한 몸놀림, 극도로 압도적인 지적 능력의 조합은 대부분의 사람들이 차마 감당할 수 없을 정도였다. 한 학생의 회고에 따르면, 어디까지나 겉으로만 사교적인 척했던 어느 날의 디너 석상에서 차일드는 그곳에 참석한 사람들에게 대여섯 가지 언어로 말을 걸었고, 로마 숫자로 긴 나눗셈을 어떻게 하는지 시범을 보이고, 청동기시대 연대 결정의 화학적 근거에 대해서 비판적으로 상세히 해설하고, 갖가지 고전 문학작품을 원문 그대로 기억에서 뽑아내어 인용하기까지 했다. 대개의 사람들은 그를 정말이지 못 견뎌했다.

아무리 좋게 이야기하더라도, 차일드는 고고학 발굴의 재능을 타고난 사람은 아니었다. 그의 동료인 스튜어트 피고트가 거의 경외하는 듯한 어조로 쓴 것에 따르면, 차일드는 "현장에서 어떤 고고학적 증거의 성격을 평가하는 데서나, 그 증거의 복원과 인식과 해석 과정을 평가하는 데서나 무능하기" 짝이 없었다. 그의 수많은 저서는 대부분 경험보다는 독서에 근거한 것이었다. 심지어 그의 언어 구사력조차도 다만 부분적인 것에 불과했다. 물론 읽기에는 막힘이 없었지만, 자신이 지어낸 발음이다 보니, 그 언어를 말하는 사람조차도 사실상 알아듣지 못했다. 노르웨이에 갔을 때, 그는 동료들 앞에서 실력을 과시하기 위해서 노르웨이어로 라스베리 요리를 주문했는데, 막상 나온 음식은 맥주 12잔뿐이었다.

외모와 매너의 부족에도 불구하고, 그는 의심의 여지없이 고고학 분야에서 대단한 거물이었다. 35년 동안 그는 600종의 논문과 저서를 펴냈고, 이 가운데에는 학술적인 것뿐만 아니라 대중적인 것도 포함되어 있었다. 특히 『자기를 만든 인간(*Man Makes Himself*)』(1936)과 『역사에서 무슨 일이 일어났는가?(*What Happened in History?*)』(1942)는 베스트셀러가 되었으며, 훗날의 고고학자 가운데 상당수가 이 직업을 택하기로 한 원인이 되었다. 다른 무엇보다도 그는 독창적인 사상가였고, 그가 스카라 브레이를 발굴하던 즈음에 그는 아마도 20세기 고고학계에서 가장 탁월하고 가장 독창적인 아이디어를 가지고 있었을 것이다.

인간의 먼 과거는 전통적으로 세 개의, 매우 불균등한 시기로 나뉜다. 구석기시대는 지금으로부터 250만 년 전부터 1만 년 전까지에 해당된다. 중석기시대는 수렵 및 채집 생활양식에서 농사가 광범위하게 출현한 1만 년 전부터 6,000년 전까지에 해당된다. 신석기시대는 선사시대를 마감하는 시기인 동시에 극도로 생산적인 시기로, 청동기시대 이전까지의 2,000년 동안에 해당된다. 각각의 시기는 또다시 여러 하위 시기—올두바이기, 무스테리안기, 그라베트기—로 구분되지만 이는 대개 전문가들의 관심사이므로 굳이 여기서는 언급할 필요가 없겠다.

다만 우리가 기억해야 할 중요한 사실은, 인류 역사에서 처음 99퍼센트 동안 우리가 한 일은 출산과 생존을 제외하면 거의 없었으며, 그후에야 비로소 농사와 관개(灌漑)와 글쓰기와 건축과 정부와 기타 생활방식의 정비됨으로써 이것들이 모두 합쳐지면서 오늘날 우리가 자랑스레 일컫는 문명이 탄생했다는 점이다. 이것은 인류 역사에서도 가장 기념비적인 사건으로 종종 일컬어졌는데, 이 복잡한 과정을 처음으로 제대로 인식하고 개념화한 사람이 바로 비어 고든 차일드였다. 그는 이를 가리켜서 신석기시대 혁명(the Neolithic Revolution)이라고 불렀다.

이 신석기시대 혁명은 여전히 인류의 발전에서도 가장 큰 수수께끼 가운데 하나로 남아 있다. 지금까지도 과학자들은 그것이 언제, 어디서 일어났는지는 말할 수 있지만, 왜 일어났는지는 말할 수 없다. 그것은 기후의 큰 변화와 관련이 있다는 것이 거의 확실하다(적어도 우리는 거의 확실하다고 생각한다). 지금으로부터 1만2,000년 전, 지구는 매우 급속도로 따뜻해지기 시작했으며, 알 수 없는 이유로 인해서 1,000년가량 도로 추워지고 말았다. 그 1,000년은 빙하시대의 마지막 발악이나 마찬가지였다. 이 시기를 과학자들은 소(少)드라이아스기(Younger Dryas)라고 부른다(이는 극지 식물인 드라이아스[dryas]에서 따온 명칭인데, 이 식물은 빙상이 물러간 땅에 최초로 다시 정착한 식물 가운데 하나였다. 그런가 하면 노[老]드라이아스기[Older Dryas]도 있지만, 인류의 발전에서는 그리 중요하지 않다). 10세기 동안의 추위가 지나간 뒤, 이 세계는 다시 급속도로 따뜻해졌으며, 그때 이후 줄곧 비교적 따뜻한 상태를 유지하고 있다. 진보한 존재로서의 인간이 행한 모든 일은 바로 이 축복받은 기후의 짧은 시기에 행한 것이다.

신석기시대 혁명에서 흥미로운 점은 이 사건이 지구 전역에서 동시적으로 벌어졌다는 사실이다. 당시 사람들은 머나먼 곳에 사는 다른 사람들 역시 자기네와 똑같은 일을 하고 있다는 사실을 전혀 모르고 있었다. 농사의 경우에는 최소한 일곱 번이나—즉 중국, 중동, 뉴기니, 안데스 산맥, 아마존 강 유역, 멕시코, 서아프리카에서—독자적으로 발명되었다. 도시의 경우에도 여섯 군데 장소에서—중국, 이집트, 인도, 메소포타미아, 중앙아메리카, 안데스—마찬가지로 나타났다. 이 모든 일이 지구 곳곳에서 일어났으며, 종종 피차간의 접촉 가능성이 전혀 없는 상황에서 일어났다는 사실은 얼핏 보기에 정말이지 기이하게만 느껴진다. 어느 역사가의 말처럼, "코르테스가 멕시코에 상륙했을 때, 그는 도로와 운하와 도시와 궁전과 학교와 법원과 시장과 관개공사와 왕과 사제와 사원과 농부와 장인과 군대와 천문학자와 상인과 스포츠와 연극과 미술과 음악과 서적을 발견했다." 이 모두가 다른 대륙에서 벌어진 유사한 발전과는 전혀 무관하게 독자적으로 발명된 것이다. 가령 개의 가축화는 잉글랜드와 시베리아와 북아메리카라는 상당히 멀리 떨어진 장소에서 거의 비슷한 시기에 일어났다.

이를 가리켜서 일종의 전 지구적인 백열전구가 켜진 순간이라고 생각하고 싶은 유혹이 없지는 않지만, 그것은 지나치게 과장된 생각일 것이다. 이런 발전의 대부분은 사실상 방대한 기간에 걸친 시행착오와 적응과 관련이 있으며, 그런 기간은 종종 수천 년에 걸치곤 했다. 농사는 지금으로부터 1만1,500년 전에 레반트[지중해 동부] 지역에서 시작되었지만, 8,000년 전에는 중국에서도 시작되었고, 5,000년 전에는 아메리카의 대부분 지역에서도 시작되었다. 사람들은 가축화된 동물과 4,000년 넘게 살았지만, 가축들 중에서도 더 큰 동물에게 쟁기 끄는 일을 시키자는 생각은 그 이후에야 비로소 떠올랐다. 서양에서는 투박하고 무겁고 극도로 비효율적인 곧은 날 쟁기를 2,000년 넘게 사용하다가 비로소 단순하고 날이 휘어진 쟁기가 도입되었는데, 이런 쟁기는 중국에서는 도대체 언제부터인지 모를 정도로 오랫동안 써온 것이었다. 메소포타미아인은 바퀴를 발명했지만, 바로 이웃한 이집트에서 바퀴를 사용하게 된 것은 그로부터 2,000년 후의 일이었다. 중앙 아메리카에서는 마야인이 역시나 독자적으로 바퀴를 발명하기는 했지만, 그 실용적인 사용법까지는 생각하지 못한 까닭에 오직 아이들 장난감에만 사용하는 데에 그쳤다. 잉카인은 아예 바퀴가 없었으며, 그뿐만 아니라 돈이나 철이나 글쓰기도 없었다. 한마디로 진보의 행진은 예측 가능하고 규칙적인 것과는 전혀 거리가 멀었다.

한동안은 정착—이른바 정주(定住)—과 농사가 나란히 간다고 생각되었다. 사람들이 유목을 포기하고 농사를 시작한 까닭은 안정된 식량 공급을 위해서라고 여겨졌다. 야생동물을 잡는 일은 어렵고 위험했으며, 사냥꾼의 경우에는 종종 빈손으로 집에 돌아오는 일이 불가피했다. 식량의 원천을 조절하여, 지속적이면서도 편리하게 얻을 수 있도록 만드는 것이 훨씬 더 나았다. 사실 연구자들은 정주라는 것이 그처럼 간단명료하지는 않다는 사실을 일찌감치 깨닫고 있었다. 차일드가 스카라 브레이를 발굴하던 시기에 이르러서는, 케임브리지 대학교의 고고학자인 도로시 개러드가 팔레스타인의 슈크바라는 장소에서 발굴 작업 도중에 고대 문화를 발견하고는, 근처에 있는 와디, 즉 마른 하상(河床)의 이름을 따서 나투프 문화라고 일컬었다. 나투프인은 역사상 최초의 마을을 만들고, 세계 최초의 진정한 도시인 제리코를 건설했다. 따라서 이들은 분명히 정주한 사람들이었으나 농사는 짓지 않았다. 이 발견은 무척이나 예기치 못한 일이었다. 그러나 중동 각지에서 이루어진 다른 발굴에서 드러난 바에 따르면, 영구적인 공동체를 만들고 정주한 다음에도 오랫동안—때로는 무려 8,000년 동안이나—농사를 짓지 않은 사람들은 결코 드물지가 않았다.

사람들이 농사를 짓기 위해서 정착한 것이 아니라면, 어째서 그들은 이처럼 전혀 새로운 생활방식을 채택한 것일까? 우리로서는 전혀 알 길이 없다. 아니, 어쩌면 추측이야 갖가지로 제기되었으나, 다만 우리로서는 그중 어떤 것이 맞는지 알 길이 없을 뿐인지도 모른다. 펠리페 페르난데스-아르메스토에 따르면, 어째서 사람이 공동체를 이루어서 살아가는지를 설명하기 위한 이론이 지금까지 최소한 38종 이상 제시되었다고 한다. 가령 기후변화로 인해서 그렇게 되었다거나, 또는 사망자 근처에 머물고 싶어서 그렇게 되었다거나, 또는 맥주를 담가 마시고픈 강력한 열망—물론 그러려면 당연히 한 자리에 계속 머물러야만 한다—때문에 그렇게 되었다는 식이다. 진지한 태도로 제기되었던 것이 분명한 어떤 이론(제인 제이콥스가 1969년에 펴낸 기념비적인 저서 『도시의 경제[The Economy of Cities]』에서 인용했다)에서는 우주선(宇宙線)의 "예기치 않은 소나기"로 인한 돌연변이로 지구상의 풀이 갑자기 매력적인 식량의 원천이 되었다고 했다. 한마디로 요약하면 왜 농사가 발달하게 되었는지에 관해서는 아무도 모른다.

식물에서 식량을 만들어내는 것은 어려운 일이다. 따라서 밀, 쌀, 옥수수, 기장, 보리, 그리고 다른 식물을 주요 식량으로 변환시킨 것은 인류 역사에서 위대한 성취가 아닐 수 없는 동시에, 가장 예기치 못했던 일 가운데 하나이기도 하다. 가령 창밖의 마당만 바라보아도, 거기에서 자라는 자연 상태의 풀이 우리 같은 비(非)반추동물에게는 확실한 식량이 아니라는 것을 쉽게 알 수 있지 않은가? 우리가 풀을 먹을 수 있었던 것은 신중한 조작과 오랜 재간이 수없이 작용함으로써 갖가지 문제를 해결한 덕분이었다. 밀의 경우를 보자. 그것을 가지고 빵처럼 훨씬 더 복잡하고 야심만만한 뭔가를 만든다면 또 모를까, 밀 자체는 식량으로서는 전혀 쓸모없는 물건이다. 게다가 빵을 만드는 데에는 상당한 노력이 필요하다. 우선 누군가가 낱알을 분리해야 하며, 그것을 갈아서 굵은 가루를 만들고, 그 굵은 가루를 더 고운 가루로 만들고, 그 고운 가루를 가령 이스트나 소금 같은 다른 재료와 섞어서 반죽을 만들어야 한다. 반죽은 특정한 농도에 맞게 만들어야 하고, 그것으로 빚은 덩어리는 정확하고 신중하게 구워야 한다. 마지막 단계 하나에서만 해도 실패의 가능성이 워낙 크기 때문에, 빵을 먹는 사회라면 어디에서나 빵 만들기는 처음부터 전문가들의 손에 맡겨졌다.

그렇다고 해서 농사가 삶의 수준을 대단히 향상시킨 것 같지도 않다. 전형적인 수렵채집민은 정착민보다 더 다양한 식단을 즐겼고, 더 많은 단백질과 칼로리를 소비했고, 오늘날의 일반인보다 다섯 배나 더 많은 비타민 C를 섭취했다. 빙하시대의 최절정기에도 유목민은 놀라울 만큼 잘 먹었고, 놀라울 만큼 건강했다. 반면 정착민은 훨씬 더 적은 범위의 식량에만 의존했고, 이는 결국 식단의 불충분을 낳았다. 선사시대의 인간이 길들인 3대 농작물은 쌀, 보리, 옥수수였지만, 하나같이 주식으로 삼기에는 중대한 결점이 있었다. 존 랜체스터의 설명처럼, "쌀은 비타민 A의 작용을 저해했다. 밀은 아연의 활동을 방해하는 화학물질을 가지고 있어서, 자칫 성장을 저해하는 결과를 불러올 수 있었다. 옥수수는 필수 아미노산이 결여되었고, 철의 흡수를 저해하는 피트산을 함유했다." 근동에서 농사가 시작된 초창기에 사람들의 평균 키는 이전에 비해서 거의 6인치나 더 줄어들었다. 심지어 선사시대의 생활이 아마도 상당히 좋은 편이었을 오크니에서도, 340구의 고대 유해에 대한 분석에 따르면, 20대를 넘긴 사람이 거의 없었다.

오크니 사람들의 사망 원인은 식단의 결함이 아니라 질병이었다. 함께 살아가는 사람들 사이에서는 집집마다 질병이 전염될 가능성이 훨씬 더 높았으며, 가축화로 인한 동물과의 밀접한 노출은 감기(돼지와 가금[家禽]으로부터), 천연두와 홍역(소와 양으로부터), 탄저병(주로 말과 염소로부터)이 인간의 생활 조건의 일부분이 될 수 있었다. 우리가 알기로, 거의 모든 전염성 질환은 사람들이 함께 살기 시작한 이후에 비로소 풍토병이 되었다. 정착은 또한 "인간의 공생동물"—가령 생쥐, 시궁쥐, 그리고 우리 몸이나 주위에 살고 있는 놈들—의 막대한 증가를 가져왔고, 이놈들은 종종 전염병의 매개동물로 활동했다.

그리하여 정주의 대가로, 더 빈약한 식단, 더 많은 질병, 수많은 치통과 잇몸병, 더 이른 죽음이 찾아오게 되었다. 진정으로 기이한 사실은 이런 것들이 지금까지도 우리 삶의 구성 요인이라는 것이다. 사람이 먹을 수 있는 식물은 무려 3만 종가량으로 추산되지만, 그중 단지 11종—옥수수, 쌀, 밀, 감자, 카사바, 수수, 기장, 콩, 보리, 호밀, 귀리—이 인간이 먹는 음식의 93퍼센트를 차지하며, 그 모두는 신석기시대 조상이 처음 재배했던 농작물이다. 살림살이 역시 똑같다고 말할 수 있다. 오늘날 식용으로 기르는 동물들은 딱히 맛이 좋거나 영양가가 높아서 기르는 것도 아니고, 주위에 두면 좋아서 기르는 것도 아니며, 다만 석기시대에 맨 처음 가축화된 동물들이기 때문에 기르는 것뿐이다.

가장 근본적인 방식에서 보면, 우리는 여전히 석기시대 사람들이다. 식단이라는 측면에서 보면, 신석기시대는 여전히 우리와 함께 있다. 제아무리 월계수 잎사귀와 다진 회향풀을 흩뿌린 요리라고 하더라도, 그 아래에 있는 것은 모두 석기시대의 음식이다. 그리고 우리가 아플 때, 우리를 괴롭히는 것 역시 석기시대의 질병이다.

II

가령 여러분이 지금으로부터 1만 년 전에 살았다고 치자. 그리고 기존의 여러 문명 가운데 미래에 가장 위대해질 문명은 무엇일지 예측해보라는 질문을 받았다면, 여러분은 중앙 아메리카나 남아메리카 일부 지역 사람들이 음식 분야에서 보여준 경이로운 솜씨를 근거로 아마 그쪽 어딘가를 낙점했을 것이다. 학자들은 신세계의 이 지역을 메조아메리카(Mesoamerica)라고 부르는데, 이는 중앙 아메리카라고 분명히 규정될 수 있는 요소에, 어떤 가설을 뒷받침하는 데에 딱 필요한 만큼 북아메리카나 남아메리카의 요소를 적당히 덧붙임으로써 탄생한 용어이며, 상당히 편리하지만 애매모호한 용어이다.

메조아메리카인은 역사상 가장 위대한 경작자였지만, 그들의 수많은 원예학적 혁신 가운데서도 가장 지속적으로 중요한, 또는 예기치 못한 것은 바로 옥수수—보통은 '메이즈(maize)'라고 하지만 내가 사는 나라에서는 '콘(corn)'*이라고 한다—의 탄생이다. 도대체 그 사람들이 어떻게 옥수수를 탄생시킬 수 있었는지, 우리는 여전히 모른다. 만약 보리나 쌀이나 밀의 원시

---

* 영국에서 '콘'이라는 단어는 앵글로색슨 시대 이후로 온갖 종류의 곡식을 일컫는 단어가 되었다. 이는 또한 온갖 종류의 작고 둥근 물체를 지칭하는 단어가 되기도 했는데, 가령 발에 나는 물집을 가리키는 데에도 쓰인다. 콘비프(corned beef, 소금에 절인 쇠고기)라는 단어에 등장하는 '콘' 역시 원래는 소금 '알갱이'를 가리키는 것이었다. 그러나 아메리카에서는 옥수수가 워낙 중요했기 때문에, 18세기 초에 이르러서는 '콘'이라는 단어가 전적으로 '옥수수'를 가리키는 단어로 굳어졌다.

종을 그 현대종과 나란히 놓고 본다면, 여러분은 그 유사성을 단번에 알아볼 수 있을 것이다. 그러나 야생종 옥수수와 현대종 옥수수 사이에는 전혀 유사한 데가 없다. 유전적으로 옥수수의 가장 가까운 친척은 테오신트라고 불리는 가늘고 연약한 풀인데, 그나마도 염색체 수준 이상으로는 아무런 유사성이 눈에 띄지 않는다. 옥수수는 줄기 하나에서 묵직한 옥수수속 하나가 자라며, 그 낟알은 뻣뻣한 보호용 겉껍질에 싸여 있다. 이에 비해서 테오신트의 이삭은 1인치도 채 되지 않고, 겉껍질도 없으며, 여러 줄기에서 여러 개가 자란다. 게다가 식량으로서는 거의 가치가 없다. 반면 옥수수 낟알 하나는 테오신트 이삭 하나보다도 더 영양가가 높다.

도대체 누가, 무슨 수로, 그토록 가늘고 불운해 보이는 식물로부터 옥수수를 길러낼 수 있었을까? 이에 대한 추측은—하다못해서 추측해보려는 시도조차도—우리의 능력을 훨씬 넘어서는 일이다. 1969년에 전 세계의 식품 과학자들이 이 문제를 확실히 해결하기 위해서 일리노이 대학교에 모여서 "옥수수의 기원에 관한 학술대회"를 열었는데, 토론 중에 어찌나 언성이 높아지고 격렬해졌는지 종종 인신공격까지도 곁들여질 정도였다. 결국 학술대회는 혼란 속에 끝나고 말았으며, 관련 기록도 끝내 발표되지 못했다. 이와 유사한 행사는 이후 다시는 시도되지 않았다. 그러나 과학자들이 현재 매우 확신하고 있는 사실은, 옥수수가 처음으로 농작물로 변한 장소가 멕시코 서부의 평야라는 것이다. 나아가서 유전학의 설득력 있는 경이 덕분에 알게 된 또 한 가지 사실은, 어찌어찌 해서 그 식물이 테오신트가 되는 운명에서 벗어나서 옥수수가 되었다는 것인데, 도대체 어떻게 하다가 그렇게 되었는지는 여전히 수수께끼로 남아 있다.

그러나 사람들은 결국 그 일에 성공했다. 즉 그들은 세계 최초로 완전한 유전공학 식물을 만들어낸 것이다. 워낙 많이 조작된 나머지, 이제 옥수수는 그 생존을 전적으로 우리에게 의존해야 하는 상황이 되었다. 가령 옥수수 낟알은 자발적으로 옥수수속에서 떨어져나오지 않기 때문에, 누군가가 의도적으로 낟알을 훑어내서 심어주지 않으면, 옥수수는 결코 자랄 수가 없다. 지난 수천 년 동안 사람들이 계속해서 돌봐주지 않았더라면, 옥수수는 이미 멸종했을 것이다. 옥수수의 발명자들은 단순히 새로운 종류의 식물만 창조한 것이 아니라, 세계 어디에도 존재한 적이 없었던 전혀 새로운 유형의 생태계를 창조한—말 그대로 무(無)로부터 창조한—셈이다. 메소포타미아에서는 이미 곳곳에서 자연 초지가 발달하고 있었기 때문에, 경작을 위해서 자연 상태에서 곡식이 자라나는 들판을 사람이 관리하는 토지로 바꾸기만 하면 되었다. 그러나 중앙 아메리카의 건조한 잡목 지대에서는 들판이라는 것 자체가 아예 없다시피 했다. 따라서 들판이라는 것을 사실상 한번도 본 적이 없는 사람들이 어찌어찌 땅을 파헤쳐서 조금씩 토지를 만들어가야만 했다. 가령 사막에 살던 어떤 사람이 난데없이 잔디밭이라는 것을 상상했다고 생각해보라.

오늘날 옥수수는 사람들이 생각하는 것보다 훨씬 더 필요불가결한 것이 되었다. 옥수수 녹말은 탄산음료, 껌, 아이스크림, 땅콩 버터, 케첩, 자동차용 페인트, 방부용액, 화약, 살충제, 탈취제, 비누, 감자 칩, 수술용 붕대, 매니큐어, 발냄새 제거제, 샐러드 드레싱, 그 외의 수백 가지 물건을 만드는 데에 사용된다. 마이클 폴란의 말을 빌리면, 이제는 우리가 옥수수를 길들인 것이 아니라 옥수수가 우리를 길들였다고 해야 할 정도이다.

걱정스러운 사실은 농작물이 유전공학을 거쳐서 단일한 유전적 완벽성의 상태에 도달하게 되면, 자기 보호에 유리한 변이성을 잃게 된다는 점이다. 오늘날 줄지어 늘어선 옥수수 밭을 차를 타고 지나가다 보면, 모든 옥수숫대가 다른 옥수숫대와 거의 똑같이 생긴 것을 볼 수 있다. 단순히 생김새만 극도로 유사한 것이 아니라—섬뜩한 이야기이지만—분자적으로도 똑같다. 복제품은 굳이 다른 개체와 경쟁해서 이길 필요가 없기 때문에 서로 완벽한 조화를 이루어서 살아간다. 그러나 복제품은 이에 상응하는 약점도 가지고 있다. 1970년에 옥수수 업계는 진정한 공포를 겪었는데, 남부 옥수수 잎마름병이라고 불리는 질병으로 미국 전역에서 옥수수가 죽어나갔기 때문이다. 그제야 사람들은 사실상 미국 내의 모든 옥수수가 유전적으로 똑같은 세포질을 가진 종자로부터 자라난 것임을 깨달았다. 만약 세포질이 직접적으로 감염되었거나, 또는 그 질병이 훨씬 더 악성으로 판명되었더라면, 지금쯤 전 세계의 식품 과학자들은 테오신트 이삭을 놓고 저마다 머리를 긁적이고 앉아 있었을 것이고, 우리는 제 맛을 내지 못하는 감자 칩과 아이스크림을 먹고 있었을 것이다.

신세계의 또다른 훌륭한 농작물인 감자 역시 옥수수 못지않게 흥미를 자극하는 수수께끼들을 제시한다. 감자는 가지과에 속하는데, 가지과에 속하는 식물들은 독성이 있는 것으로 악명이 높으며, 야생 상태에서는 유독한 글리코알칼로이드를 잔뜩 함유하고 있다. 비록 적은 양이지만, 그와 똑같은 물질이 카페인과 니코틴의 핵심 성분 가운데 하나이다. 야생 감자를 안전하게 먹을 수 있는 식품으로 만들기 위해서는 반드시 글리코알칼로이드를 평소 수준의 50분의 1에서 20분의 1 사이로 감소시켜야 한다. 이 대목에서 여러 가지 질문이 떠오르게 마련인데, 그중에서도 가장 궁금한 질문은 다음과 같다. 그럼 옛날 사람들은 도대체 어떻게 그렇게 했을까? 그리고 그렇게 하는 동안에, 자신들이 그렇게 하고 있다는 사실을 어떻게 '알았던' 것일까? 가령 독성 함유율이 20퍼센트인지, 또는 35퍼센트인지, 또는 다른 적당한 수준으로 감소했는지 여부를 어떻게 알 수 있었을까? 그런 과정에서 진도를 어떻게 평가할 수 있었을까? 다른 무엇보다도 그들은 그런 행위가 충분히 할 만한 가치가 있는 것임을, 그리고 덕분에 결국 안전하고 영양가 높은 식량이 나올 것임을 도대체 어떻게 알 수 있었을까?

물론 독성이 없는 감자 역시 자발적으로 돌연변이를 겪었을지도 모르고, 그렇게 해서 여러 세대에 걸친 실험적인 선택 교배의 필요성을 면했을지도 모른다. 그러나 만약 그렇다고 한다면, 그들은 감자가 돌연변이가 되었음을 어떻게 알았던 것이며, 주위에 널린 유독한 야생 감자 중에서도 마침내 먹기에 안전한 감자가 나왔음을 어떻게 알았던 것일까?

한 가지 분명한 사실은, 고대 세계에 살던 사람들이 한 일은 단순히 놀라울 뿐만 아니라, 그야말로 깊이를 측정할 수 없는 경우가 종종 있다는 것이다.

III

메조아메리카 사람들이 옥수수와 감자를 (그리고 아보카도와 토마토와 콩을 비롯해서, 오늘날 우리에게 없어서는 안 되는 100여 종의 다른 식물들을) 수확하는 동안, 지구 반대편에 사는 사람들은 최초의 도시를 건설하고 있었다. 이것 역시 신비스럽고 놀랍기는 앞의 경우에 못지않다.

이것이 얼마나 놀라운지를 뚜렷이 보여주는 사건으로는, 바로 1958년에 터키에서 이루어진 한 가지 발견을 들 수 있다. 그해 말의 어느 날, 젊은 영국인 고고학자 제임스 멜라트가 두 명의 동료와 함께 자동차를 타고 아나톨리아 중부의 어느 텅 빈 한구석을 지나가던 중에, 건조한 벌판 한가운데에 뭔가 자연스럽지 않아 보이는 흙 언덕—"엉겅퀴로 뒤덮인 둔덕"—이 있다는 것을 발견했다. 높이는 60내지 70피트였고, 길이는 2,000피트였다. 면적은 모두 합쳐서 33에이커에 달했다. 이상할 정도로 넓었다. 이듬해에 그곳으로 돌아온 멜라트는 몇 차례 시험 삼아 땅을 파 보았는데, 놀랍게도 그 언덕은 어느 고대 도시의 유물을 담고 있는 것으로 밝혀졌다.

당시로서는 결코 벌어질 수 없다고 간주되던 일이 벌어진 셈이었다. 고대 도시란 어디까지나 메소포타미아와 레반트 특유의 현상이라는 것은 일반인도 다 아는 상식이었기 때문이다. 다시 말해서 아나톨리아에는 고대 도시가 아예 존재하지 않는 것으로 간주되었다. 그런데 가장 오래된 것 가운데 하나인—어쩌면 '정말' 가장 오래된 것인지도 모르는—도시 유적이 터키 한복판에서, 그것도 유례를 찾아볼 수 없을 정도로 놀라운 크기로 갑자기 나타난 것이다. 차탈회위크(Çatalhöyük, "갈라진 둔덕"이라는 뜻이다)는 9,000년 전에 건설되었다. 그곳에는 1,000년 넘도록 사람이 줄곧 살았으며, 절정기에는 인구가 8,000명에 달했다.

멜라트는 차탈회위크를 세계 최초의 도시라고 불렀는데, 이 결론은 제인 제이콥스의 영향력 있는 저서 『도시의 경제』 덕분에 중요성이 더해지며 널리 알려졌다. 그러나 이 결론은 두 가지 면에서 잘못된 것이다. 첫째로 차탈회위크는 도시가 아니라 매우 큰 마을에 불과하다(고고학자들은 단순히 크기가 아니라 뚜렷한 행정 조직이 있는지 여부로 도시와 마을을 구분한다). 둘째로 지금에 와서는 다른 공동체들―팔레스타인의 제리코, 이스라엘의 말라하, 시리아의 아부후레이라―이 차탈회위크보다 훨씬 더 오래되었다는 것이 밝혀졌다. 그러나 그 어떤 곳도 차탈회위크만큼 기이하지는 않았다.

신석기시대 혁명의 아버지 비어 고든 차일드는 차탈회위크에 관해서 알 수 있을 정도로 오래 살지는 못했다. 그곳을 발견하기 직전에 그는 35년 만에 처음으로 고향인 오스트레일리아를 방문했다. 그는 생애의 절반가량 고향을 떠나 있었다. 블루 산맥을 걸어가던 도중에 그는 갑자기 추락사했는데, 어쩌면 실수로 떨어졌거나, 또 어쩌면 일부러 뛰어내렸는지도 모른다. 어느 쪽이건 간에, 그는 고베츠 리프라는 절벽 밑바닥에서 사망한 채로 발견되었다. 거기서 1,000피트 위에 그가 잘 개켜놓은 웃옷 위에 안경과 나침반과 파이프가 가지런히 놓여 있는 것을 어느 행인이 발견했다.

차탈회위크에 관해서 알았더라면 차일드는 분명히 크게 매료되고도 남았을 것이다. 왜냐하면 그곳에서는 만사가 뭔가 이치에 닿지 않았기 때문이다. 예를 들면, 그 마을에는 도로나 거리가 없었다. 집들은 단단한 덩어리처럼 밀집되어 있었다. 그 덩어리 한가운데 있는 집들은 다른 여러 집의 지붕―그 높이도 각양각색이다―을 타고 넘어가는 방식으로만 접근이 가능했으며, 지붕의 뚜껑 문을 통해서 안으로 들어가는 방식이었다. 그야말로 불편하기 짝이 없는 배치였다. 광장이나 시장도 없었고, 도시 자치나 행정을 위한 건물도 없었다. 사회 조직의 흔적은 전혀 없었다. 건물을 짓는 사람은 항상 새로운 벽을 4개씩 세웠고, 심지어 기존의 벽에 맞붙여서 집을 짓는 경우에도 마찬가지였다. 마치 그 주민들이 공동생활에 아직 익숙하지 않았던 것처럼 말이다. 어쩌면 그것은 당연한 일일 수 있다. 그 공동체의 성격이나, 그 안의 건물만 보아도, 결코 사전에 계획된 것이 아니라는 것을 보여주기 때문이다. 집이라고 하면 1층에 문이 있고, 집과 집 사이로는 도로나 길이 있는 것이, 우리에게는 지극히 자연스럽게 생각된다. 그러나 차탈회위크 사람들은 우리와 전혀 다른 관점에서 생각한 모양이다.

이 공동체 바깥으로 연결된 도로나 길도 전혀 없기는 마찬가지이다. 이곳은 습지, 또는 범람원 위에 건설되었다. 인근 몇 마일 안에는 빈 공간이 수두룩한데도, 사람들은 마치 사방에서 밀려드는 조류에 그만 오그라든 것처럼 바짝 붙어서 살았다. 그 주위로 얼마든지 더 퍼져서 살 수 있었음에도 불구하고, 어째서 수천 명의 사람들이 그렇게 밀집해서 살았는지를 설명해주는 증거는 전혀 없다.

차탈회위크 사람들은 농사를 지었다. 그러나 농경지는 그곳에서 최소한 7마일 이상 떨어져 있었다. 마을 인근의 땅은 가축이 먹을 풀도 부족했고, 따라서 과일이나 견과나 다른 영양의 원천을 전혀 제공하지 못했다. 연료용 장작도 없기는 마찬가지였다. 한마디로 사람들이 그곳에 굳이 정착해야 할 분명한 이유가 전혀 없었음에도 불구하고, 다수의 사람들이 그곳에 굳이 정착했다.

차탈회위크 자체는 결코 원시적인 장소가 아니었다. 이곳은 그 당시의 기준으로 보면 놀라울 만큼 진보하고 세련된 곳이었다. 천 짜는 사람, 바구니 엮는 사람, 집 짓는 목수와 가구 짓는 목수, 구슬 만드는 사람, 활 만드는 사람 등 전문 기술을 가진 사람들이 수두룩했다. 그 거주민은 미술에 대한 감각도 상당했고, 단순한 천뿐만 아니라 다양하고 세련된 문양의 직물도 가지고 있었다. 그들은 심지어 줄무늬—당연히 결코 쉬운 일은 아니었다—를 만들 수도 있었다. 그들에게는 멋지게 보이는 것이 무척 중요했다. 문이나 창문을 생각하기도 전에 줄무늬 천을 먼저 생각한 사람들이라니, 정말 특이하지 않은가?

이 모두는 우리가 고대에 살던 사람들의 생활방식과 습관에 관해서 아는 것이 얼마나 없는지를, 하다못해서 추측할 수 있는 것도 얼마나 없는지를 또 한번 상기시켜줄 뿐이다. 이제 그런 사실을 염두에 두고서 우리의 논의 대상인 바로 그 집으로 들어가서, 우리가 그 집에 관해서도 아는 것이 얼마나 없는지를 살펴보도록 하자.

제3장

홀

I

방 중에서도 세월이 흐르면서 그 위상이 가장 크게 하락한 방이 있다면 바로 홀(hall)이다. 지금은 현관 앞에서 그저 신발을 닦고 모자를 걸어두는 장소를 지칭하는 말에 불과하지만, 한때는 홀이야말로 집에서 가장 중요한 방이었다. 사실은 매우 오랜 세월 동안 홀은 곧 집으로 여겨지기도 했다. 도대체 어떻게 해서 그런 흥미로운 변화가 일어나게 되었는지를 설명하기 위해서는 일단 잉글랜드의 시작, 그러니까 지금으로부터 1,600년 전으로 거슬러올라가야 한다. 그때쯤 유럽 본토에 살던 사람들이 한가득 배를 타고 이곳 해안에 연이어 도착해서, 그야말로 전혀 알 수 없는 방법으로 이곳을 차지하기 시작했다. 그 사람들이 누구인지에 관해서 우리는 놀라울 만큼 거의 아는 것이 없고, 그나마 아는 약간의 사실조차도 종종 전혀 이치에 닿지 않는다. 그러나 분명한 사실은 바로 그 사람들과 함께 잉글랜드의 역사가 시작되었고, 또한 현대식 집이 시작되었다는 점이다.

통상적인 설명에 따르면, 이 당시 벌어진 사건은 상당히 간단명료하다. 410년에 로마제국이 멸망하자, 로마인은 혼란스러운 상태로 서둘러 브리튼에서 물러났고, 이번에는 게르만 부족들—교과서마다 나와 있는 앵글족, 색슨족, 주트족—이 몰려와서 그 빈자리를 차지했다는 것이다. 그러나 실제 사건은 이런 설명과 적지 않은 차이가 있을 것도 같다.

우선 이런 침략자들이 반드시 잔뜩 떼로 몰려온 것은 아니었을 수도 있다. 한 추산에 따르면, 로마인이 떠난 뒤에 한 세기가 지나도록 브리튼으로 건너온 외부인은 대략 1만 명 미만이라고 한다. 결국 한 해 평균 100명 정도인 셈이다. 대부분의 역사학자들은 그 숫자가 너무 적다고 생각하겠지만, 그럼에도 불구하고 이보다 더 확실한 숫자를 제시할 수 있는 사람은 아무도 없다. 또한 이 침략자들을 맞이한, 또는 대적한 토착 브리튼인이 과연 몇 명이었는지를 말할 수 있는 사람 역시 아무도 없다. 그 숫자는 대략 150만 명에서 500만 명까지 다양하게 잡을 수 있지만—이 자체가 지금 우리가 여기서 다루는 시기가 얼마나 포괄적으로 모호한 시기인지를 보여주는 생생한 예증이다—거의 확실해 보이는 사실 하나는 그 침략자들이 숫자상으로는 피정복민에 비해서 상당히 많았다는 점이다.

졸지에 정복당한 브리튼인이 보다 효율적인 저항을 위한 수단이나 정신을 찾지 못한 이유가 도대체 무엇인지는 크나큰 수수께끼이다. 어쨌거나 그들은 상당히 많은 것을 포기하고 말았다. 거의 네 세기 동안이나 그들은 지구상에서 가장 강력했던 문명의 일부분이었던 덕분에 여러 가지 혜택—가령 수도, 중앙난방, 훌륭한 통신 체계, 질서정연한 정부, 온수 목욕—을 누렸던 반면, 거칠기 짝이 없는 새로운 정복자들은 그런 것들에 도리어 불편함과 어색함을 느꼈다. 졸지에 유럽 가장자리의 숲 속에서 온, 문맹에 잘 씻지도 않는 이교도들에 의해서 정복당한 자신들의 모습을 발견한 순간, 토착민이 느꼈을 분명한 모욕감이 대략 어떤 것이었을지는 상상하기도 어렵다. 새로운 정권하에서 토착민은 기존의 물질적 이득을 거의 모두 포기했으며, 그중 상당수는 이후 1,000년 동안이나 회복하지 못했다.

이 시기는 이른바 푀엘커반데룽(Völkerwanderung), 즉 "민족의 방랑" 시기라고 일컬어진다. 이 당시에는 고대 세계 전역의 민족 집단들—훈족, 반달족, 고트족, 서고트족, 동고트족, 마자르족, 프랑크족, 앵글족, 색슨족, 데인족, 알라만족 등등—이 기묘하면서도 억누를 수 없는 듯한 분주함을 드러냈으며, 브리튼의 침략자들 역시 분명히 그중 일부였을 것이다. 그 당시에 무슨 일이 벌어졌는지에 관해서 우리에게 알려주는 유일한 기록은 가경자(可敬者) 비드라는 이름으로 알려진 어느 수도승이 남긴 것뿐인데, 그의 기록도 실제 사건이 일어난 지 3세기 뒤에 작성된 것이다. 비드 덕분에 우리는 앵글족과 색슨족과 주트족으로 이루어진 침략군이 나타났다는 것을 알지만, 정작 그들이 정확히 누구였는지, 또는 그들 상호간의 관계가 무엇이었는지는 도무지 알 길이 없다.

주트족(Jutes)의 경우에는 정말 수수께끼가 아닐 수 없다. 그들은 보통 덴마크에서 왔다고 여겨지는데, 그곳에 유틀란트(Jutland)라는 지역이 현존하기 때문이다. 그러나 역사가 F. M. 스텐턴은 한 가지 문제를 지적했다. 유틀란트라는 이름이 생겨난 것은 주트족이 그곳을 떠난 지 한참 뒤의 일이므로, 어떤 지역에 더 이상 있지도 않은 민족의 이름을 따서 그 지역의 이름으로 삼는다는 것은 사실상 진기한 일일 정도로 가능성이 낮다는 것이다. 여하간 유틀란트라는 지명의 유래인 스칸디나비아어 요타르(Jótar)가 어떤 집단이나 인종과 관계가 있을 필연적인, 또는 그럴싸한 가능성은 전혀 없어 보인다. 비드의 언급은 사실 오늘날 전해지는 기록들 중 주트에 관한 유일무이한 기록이며, 그 역시 두번 다시 이 민족에 관해서 언급하지 않았다. 어떤 학자들은 그 언급이 나중에 다른 누군가가 추가한 행간의 기록에 불과하며, 비드와는 전혀 관련이 없을 것이라고 생각한다.

앵글족의 경우도 앞의 경우에 비해서 아주 조금만 덜 모호할 뿐이다. 그들에 관해서는 유럽의 여러 텍스트에서 때때로 언급이 있으므로, 따라서 우리도 최소한 그들이 실존했다는 것은 확신할 수 있다. 그러나 그들에 관한 그런 언급에 뭔가 중요한 사실이 담긴 것은 아니다. 그들이 두려움의 대상이었건, 또는 존경의 대상이었건 간에, 그것은 어디까지나 매우 좁은 범위 내에서만 있었던 현상 같다. 따라서 앵글족이 정작 그 형성 과정에서 단지 조금 도운 것밖에 없는 어떤 나라에, 앵글족의 이름이 붙었다는 것은 이만저만 아이러니컬한 일이 아니다.

이제 남은 것은 색슨족인데, 이들이야말로 유럽 대륙에 의심의 여지없는 흔적을 남겼지만—현대 독일의 작센 주(Saxonys), 작세 코부르크(Saxe Coburg)* 등의 존재가 이를 증명한다—앞서의 경우처럼 특별히 강력한 민족은 아니었던 것으로 보인다. 스텐턴이 이들에 관해서 할 수 있는 최상의 말은 그나마 세 민족들 중에서는 '가장 덜 모호하다'는 것뿐이었으니까. 로마를 털어버린 고트족이나 에스파냐를 쓸어버린 반달족에 비하면, 이 셋은 상당히 지엽적인 민족이었다. 어쩌면 브리튼은 전사들이 아니라 농부들에 의해서 정복된 것처럼 보이기도 한다.

침략자들이 가져온 것 가운데 딱히 새로운 것은 거의 없었다. 단지 언어와 그들의 DNA만이 예외라고 하겠다. 그들의 기술이나 삶의 양식 가운데 그 무엇도 기존에 있던 것에 비해서 약간이라도 향상된 수준은 아니었다. 그러니 그들이 크게 호감을 얻었을 리는 없었을 것이다. 심지어 그들은 깊은 인상을 주지도 못했던 것처럼 보인다. 그러나 어떻게 해서인지 그들은 문화에 심오한 영향력을 행사했고, 그리하여 그 문화는 무려 1,500년이 넘도록 오늘날 우리 곁에 남아 있으며, 그것도 무척 특이하면서도 근본적인 방식으로 남아 있다. 비록 그들의 믿음에 관해서 아무것도 모르지만, 우리는 여전히 그들의 신들 가운데 세 사람에게 경의를 표한다. 바로 티브(Tiw), 보덴(Woden), 토르(Thor)가 그들인데, 그들의 이름에서 오늘날 우리의 일주일의 한가운데에 놓인 세 요일의 이름—즉 화요일(Tuesday), 수요일(Wednesday), 목요일(Thursday)—이 나왔기 때문이다. 또한 우리는 보덴의 아내 프리그(Frig)의 이름도 매주 금요일(Friday)마다 계속 기념한다. 이쯤 되면

---

* 옛 신성로마제국 산하의 공국 이름 / 역주

우리의 삶과 상당히 밀착된 셈이다.

이민자들은 기존의 문화를 완전 말살해버렸다. 로마인은 무려 367년 동안 브리튼에 있었고, 켈트인은 최소한 1,000년 동안 있었지만, 지금은 그들이 전혀 그곳에 있지 않았던 것처럼 보인다. 이와 유사한 일은 세상의 어느 곳에서도 일어난 적이 없었다. 로마인이 물러간 뒤에도 갈리아와 에스파냐에서는 예전과 똑같은 삶이 계속되었다. 그곳의 거주민들은 자기네 버전의 라틴어를 말했으며, 훗날 이 언어가 발전하여 현대의 프랑스어와 에스파냐어가 되었다. 정부도 계속되었다. 상업도 번창했다. 사회 구조도 유지되었다. 그러나 브리튼에서 로마인이 남긴 것이라고는 단어 다섯 개에 불과했고, 켈트인이 남긴 것은 단어 스무 개에 불과했는데, 그것도 대부분 브리튼 지형의 고유한 특징을 서술하기 위한 지리적 용어에 불과했다. 가령 '크랙(crag)'*이라는 단어는 켈트어에서 유래했으며, 바위 돌출부를 가리키는 '토르(tor)'라는 단어도 마찬가지이다.

로마인이 떠난 뒤에 켈트인 가운데 일부는 프랑스로 도망쳐서 브르타뉴를 건설했다. 또 일부는 의심의 여지없이 싸우다가 죽거나 노예가 되었을 것이다. 그러나 훨씬 더 많은 사람들은 침략을 불운한 사실로 수용하고, 거기에 맞춰서 각자 적응했다. "상당한 살육이나 유혈 사태가 일어날 필요까지는 없었을 겁니다." 노퍽의 향토사학자 출신인 내 친구 브라이언 에이어스는 언젠가 우리 집 너머에 있는 들판을 바라보며 이렇게 말했다. "오히려 이런 식이었겠지요. 하루는 당신이 저 들판을 바라보았더니, 처음 보는 사람 스무 명이 거기서 야영을 하고 있는 겁니다. 그러다가 당신은 서서히 깨닫는 거죠. 저 사람들은 이제 절대로 물러가지 않을 것이고, 당신 땅을 빼앗아갈 것이라는 사실을요. 물론 여기저기서 유혈 충돌이 **조금씩** 있었다는 것은 의심의 여지가 없어요. 그러나 전반적으로 보면 그 변화는 단지 기

---

* 잉글랜드 동부의 개사층 또는 돌출한 바위/역주

존에 있던 사람들이 이제 극적으로 달라진 환경에 적응하는 법을 배워야 하는 문제 정도가 아니었을까 하는 것이, 제 생각입니다."

전투에 관한 기록—크렉간 포드(정확히 어디인지는 알 수 없다)에서 벌어진 한 전투에서는 4,000명의 브리튼인이 사망했다고 전한다—은 상당히 많으며 아서 왕과 그 부하들의 용감한 저항에 관한 이야기들이 전설로 남아 있지만, 그것은 어디까지나 전설일 뿐이다. 고고학적 기록만 보아도 대대적인 학살이라든지, 또는 폭풍을 피해서 달아나는 것 같은 인구의 대이동은 나타나지 않는다. 침략자들은 강력한 전사들이 아니었을 뿐만 아니라, 어쩌면 아주 훌륭한 사냥꾼들도 아니었던 모양이라고 말해도, 무리는 없을 것이다. 모든 고고학적 증거들에 의하면, 그들은 이곳에 온 그 순간부터 가축화된 동물을 이용해서 생계를 유지했으며, 사냥은 사실상 전혀 하지 않았다. 농업 역시 별다른 지장 없이 지속되었던 것으로 보인다. 기록으로 드러난 것에 따르면, 전이(轉移)는 마치 공장에서의 근무 교대만큼이나 자연스럽게 이루어진 듯하다. 물론 전적으로 그렇지는 않았겠지만, 실제로 무슨 일이 일어났는지를 아마 우리는 절대로 알 수 없을 것이다. 그때야말로 역사가 없었던 시기였으니 말이다. 브리튼은 더 이상 그 당시까지 알려진 세상의 맨 끝에 있지 않았다. 이제는 아예 그 너머에 있게 되었던 것이다.

고고학 덕분에 우리가 알게 된 내용 역시 종종 깊이를 따지기가 어렵게 마련이다. 그 이유 가운데 하나는 새로 온 정복자들이 로마식 집에 살기를 거부했다는 점이다. 로마식 집으로 말하면, 워낙 튼튼하게 지어졌고, 게르만족이 이전에 집으로 사용했던 것보다 월등히 나은데다가, 이미 지어진 데에 들어가서 살기만 하면 그만이었는데도 불구하고 말이다. 대신 그들은 이보다 훨씬 더 초보적인 구조물을 건립했으며, 대개는 버려진 로마식 빌라 바로 옆에 지었다. 그들은 로마식 마을 역시 사용하지 않았다. 덕분에 런던은 무려 300년 동안이나 거의 텅텅 빈 채로 서 있어야 했다.

대륙에서 게르만족은 대부분 일자집—집의 한쪽에서는 사람이 살고, 또 한쪽에서는 가축이 사는 '고전적인' 소농의 거처—에서 살았지만, 이민자들은 이런 형태의 집도 이후 600년 동안이나 사용하지 않았다. 왜 그랬는지는 아무도 모른다. 대신 그들은 이른바 그루벤호이저(grubenhäuser, 복수형)—말 그대로 "구덩이 집"—라고 알려진 기묘하고 작은 구조물을 풍경 위에 점점이 만들어놓았는데, 이것을 과연 집이라고 부를 수 있는지에 대해서 의구심을 가질 만한 이유가 충분히 있다. 그루벤하우스(grubenhaus, 단수형)는 단순히 깊이 1푸트 반 정도의 경사지게 판 구덩이 위에 작은 건물을 세운 데에 불과했기 때문이다. 앵글로색슨의 점령 이후 처음 2세기 동안, 이것이야말로 이 나라에서 가장 많고 또 가장 중요해 보이는 새로운 구조물이었다. 많은 고고학자들은 그 당시 사람들이 구덩이 위에 마루를 놓았고, 따라서 구덩이를 얕은 지하실로 만들었다고 생각하지만, 과연 무슨 목적이었는지는 말하기가 어렵다. 가장 일반적인 두 가지 이론은 이렇다. 하나는 그 구덩이가 저장을 위한 것이라는 이론인데, 그 아래의 찬 공기 덕분에 썩기 쉬운 것을 보존하기에 좋을 것이라는 생각 때문이다. 또 하나는 그 구덩이가 공기 순환을 향상시키고 마룻바닥의 부패를 방지하기 위한 것이라는 이론이다. 그러나 구멍을 파는 데에 들어가는 노력을 고려하면—심지어 암반을 깎아내서 만든 경우도 있다—제아무리 공기의 흐름에 미치는 어떤 이득이 있다고 하더라도, 뭔가 과도한 일임이 분명하다. 게다가 더 나은 공기 순환이 이런 두 가지 이론적 결과 가운데 어느 한쪽이라도 낳게 되었을 가능성은 거의 없을 것 같다.

그루벤하우스가 처음 발견된 것은 1921년의 일이었으며—오늘날 발견된 이 구조물이 얼마나 많은지를 고려하면 상당히 늦은 편이다—서튼 코트네이(당시에는 버크셔 주였고, 지금은 옥스퍼드셔 주에 속하는)에서의 발굴 도중의 일이었다. 발견자는 옥스퍼드의 애시몰리언 박물관 소속의 에드워드 설로 리즈였는데, 그는 솔직히 말해서 자기가 발견한 것이 영 마음에 들지 않았다. 그런 곳에 살았던 사람이라면 누추하기 짝이 없는 "반(半)

혈거인의 생활방식"을 영위했을 것이니, "현대인의 정신으로는 불신이 떠오르게 마련이다." 리즈 교수는 1936년에 간행된 연구 논문에서 이렇게 투덜거렸다. 그곳에 살았던 거주자는 "부서진 뼈의, 음식과 깨진 도기류의 지저분한 잡동사니 한가운데서……상상 가능한 한, 거의 원시적인 환경에서" 살았다. "그들은 청결에 대해서 전혀 고려하지 않았으며, 음식 찌꺼기를 오두막의 저 한구석에 던져놓고, 그냥 거기 내버려두었다." 리즈는 그루벤호이저를 거의 문명에 대한 배신 정도로 바라본 듯하다.

이런 견해는 이후 30년 가까이 지배적이었지만, 권위자들 사이에서는 이 특이하고 작은 구조물 안에 실제로 사람이 살았는지 여부에 관한 의문이 점차적으로 제기되었다. 가령 이 구조물은 놀라울 정도로 작았기 때문에—가로 7피트, 세로 10피트가 전형적이었다—제아무리 가난한 소농이라고 하더라도 지나치게 조촐한 집일 수밖에 없었다. 심지어 그 좁은 집 안에 불 피우는 자리까지 있었으니 말이다. 어떤 그루벤하우스의 경우에는 마루가 있는 부분의 너비가 9피트였는데, 그 가운데 7피트는 화로가 차지하고 있었으므로, 사실상 사람이 들어가 있을 자리는 거의 없었다. 따라서 그곳은 주택이 아니라 작업장이나 저장소일 가능성도 있지만, 그렇다고 해도 왜 그러한 지하 구조를 굳이 필요로 했는지 여부는 알 수 없으며, 앞으로도 영원히 수수께끼로 남을 것 같다.

다행히도 새로 온 사람들—지금부터는 아마 그들을 가리켜서 잉글랜드인이라고 불러야 마땅할 것이다—은 또다른 종류의 건물을 도입했는데, 비록 그 숫자는 훨씬 더 적었지만 궁극적으로는 훨씬 더 중요한 것이었다. 그 건물은 그루벤호이저보다 훨씬 더 컸다. 그리고 그 건물에 관해서 말할 수 있는 내용은 아마 그것이 전부일 듯하다. 그 건물은 단순하고 크며, 마치 헛간 같은 공간 한가운데에 화로가 있는 구조였다. 이와 같은 종류의 구조물에 붙여진 이름은, 그 당시인 410년에도 이미 오래된 것으로 여겨졌으며 오늘날 영어에서도 최초의 단어 가운데 하나로 여겨지는 것인데, 바로 홀(hall)이었다.

당시에는 사실상 모든 생활이—깨어 있거나 잠들어 있거나 간에—모두 이 하나의 커다란, 대개 텅 비어 있는, 그리고 항상 연기 자욱한 방 안에서 이루어졌다. 하인이며 가족 모두가 그곳에서 함께 먹었고, 옷을 갈아입었고, 잠을 잤다. "편안함을 위해서나, 예의범절의 준수를 위해서나, 전혀 도움이 되지 않는 관습이었다." J. 앨프리드 고치는 고전적인 저서 『잉글랜드 주택의 성장(*The Growth of the English House*)』에서 역시 불편함이 뚜렷한 어조로 이렇게 말했다. 중세 내내는 물론이고 15세기의 한창 때까지만 해도, 사실상 홀이 곧 집이었다. 워낙에 그러했기 때문에 나중에 가서는 거주지 전체를 그 이름으로 부르는 것이 일종의 규약처럼 되었고, 하드윅 홀이나 토드 홀이 그런 경우였다.

집 안의 모든 구성원은—가령 하인, 가신, 미망인, 그리고 거기서 계속해서 살아가는 다른 누구라도—가족(family)으로 여겨졌다. 하긴 그들은 그 단어의 본래적인 의미에서 '친밀한(familiar)' 사이였기 때문이다. 홀에서도 가장 전망이 좋은 (그리고 대개는 가장 외풍이 덜한) 자리에는 상단(上段)이라고 불리는 높은 단이 놓였는데, 바로 그곳에서 소유주와 그 가족이 식사를 했다. 지금도 여러 대학교나 기숙학교에서 찾아볼 수 있는 높은 식탁*의 관습은 제법 긴 전통을 보유하고 있는 (또는 때때로 그렇게 보이고 싶어하는) 셈이다. 집안의 가장은 '허즈번드(husband)'라고 일컬어졌는데, 이것은 문자 그대로 '세대주(householder)', 또는 '주택 소유주(house owner)'라는 의미의 합성어였다. 관리자이자 부양자로서 그의 역할이 워낙 중요했기 때문에, 토지를 관리하는 업무가 훗날에 가서는 '허즈번드리(husbandry, 농업 또는 경작)'라는 이름으로 불리게 되었다. '허즈번드'가 결혼 상대를 가리키는 명칭으로 사용된 것은 훨씬 더 나중의 일이었다.

---

* 주빈용 식탁을 가리키며, 영국의 대학에서는 학장이나 교수나 내빈들이 그곳에서 식사를 한다 / 역주

제아무리 커다란 집이라고 하더라도 그 내부 공간은 기껏해야 서너 개에 불과했다. 홀, 부엌 하나, 그리고 곁방 한두 개뿐이었다. 이런 곁방은 가령 사실(私室), 응접실, 침실 등의 다양한 이름으로 불렸는데, 이곳은 집의 가장이 들어가서 개인적인 용무를 수행하는 공간이었다. 9세기나 10세기에 이르자 집 안에는 예배실도 종종 생겨나게 되었는데, 이곳은 예배뿐만 아니라 업무에도 자주 사용되는 경향이 있었다. 때로는 이런 개인 방이 두 층에 나뉘어서 지어졌으며, 이 가운데 위층의 방—'솔라(solar, 일광욕실)'라고 불리던—은 사다리나 매우 초보적인 형태의 계단을 통해서 이어졌다. '솔라'라고 하면 햇빛이 잘 들고 밝은 방에 딱 어울리는 이름 같지만, 사실 이 이름은 마루의 장선(長線)이나 들보를 가리키는 프랑스어 '솔리브(solive)'에서 유래한 것이다. 결국 솔라는 장선 위에 올라앉은 방을 가리켰으며, 오랜 세월 동안 이것만이 대부분의 집이 감당할 수 있는 유일한 위층 방이었다. 솔라는 대개 저장실보다 약간 큰 정도에 불과했다. 현대적인 의미에서의 방에 관해서 사람들이 워낙 생각을 하지 않았던 까닭에, 밀폐된 침실이나 별개의 공간이라는 의미의 단어 '방(room)'이 영어에 처음으로 기록된 것은 무려 튜더 시대[1485-1533]의 일이었다.

그 당시의 사회는 주로 자유민, 농노, 노예로 이루어져 있었다. 농노가 사망하면 영주는 사망자의 의복 같은 하찮은 개인 재산이나마 차지할 권리가 있었는데, 이는 일종의 유산 상속세였다. 때로는 소농의 재산이라는 것이 옷 한 점, 즉 '코타(cotta)'라고 일컬어진 일종의 헐렁한 가운 하나에 불과한 경우도 있었다(바로 그 단어에서 현대의 '코트[coat]'가 유래했다). 소농이 내놓을 수 있는 최고의 재산이 그것 하나뿐이라는 사실, 또 그것조차도 장원의 영주가 기꺼이 차지하려고 들었다는 사실은 중세의 여러 층위의 삶의 질에 관해서 우리가 알아야 할 것들을 모조리 이야기해준다. 농노제도는 특정한 영주에 대한 영구적인 속박의 한 형태였으며, 간혹 종교적 열광에서 농노가 되기를 자처한 사람도 있었다. 그런 행위는 단순히 그 사람의 자녀 몇 사람만 실망시키고 마는 데에서 그치지 않았다. 왜냐하면 농노 신분은 일단 한번 정해지고 나면, 그 사람의 후손 모두에게 영원히 끝나지 않고 이어지는 것이기 때문이었다. 농노가 된 사람은 자유를 상실했다. 즉 [영주의] 사유지 이외의 곳으로 이주하거나, 또는 이외의 곳에서 결혼하지 못했다. 그러나 농노도 여전히 부(富)를 향유할 수는 있었다. 중세 말기에는 농노 20명 중에 1명가량이 50에이커 또는 그 이상의 토지를 소유했다. 그 당시로서는 상당한 재산이었다. 반면 '철(ceorls, 또는 churl)'이라고 불리던 최하층의 자유민은 원칙적으로 자유가 있기는 했지만, 종종 너무 가난해서 그것을 제대로 누릴 수조차 없었다.

전쟁에서 사로잡힌 포로 출신인 노예의 경우, 9세기에서 11세기 사이에는 상당히 숫자가 많았지만—둠즈데이 북에 기입된 한 사유지에서는 무려 70명 이상의 노예를 보유했다—지금과 좀더 가까운 시대에 나타났던 노예, 가령 남아메리카와 같은 종류의 비인간적인 속박과는 전혀 다른 종류라고 할 만했다. 비록 노예는 재산이었고, 따라서 매매가 가능하기는 했지만—가격도 상당히 센 편이어서, 건강한 남자 노예는 무려 소 8마리와 같은 가격에 팔려나갔다—그래도 개인 재산을 소유할 수 있었고, 비좁기는 해도 지역사회 내부에서는 자유롭게 결혼과 이주를 할 수 있었다. 고대 영어에서 노예(slave)를 가리키는 단어는 '스럴(thrall)'이었는데, 이것은 우리가 어떤 감정에 "사로잡힐(enslaved)" 경우에 마음을 "빼앗기는(enthralled)" 이유이기도 하다.

중세의 사유지는 대개 뿔뿔이 흩어져 있었다. 울프릭이라는 이름을 가진 11세기의 어느 향사(鄕土)는 잉글랜드 전역에 무려 72개소의 부동산을 보유하고 있었으며, 그보다 더 작은 사유지도 곳곳에 흩어져 있었다. 따라서 중세의 세대는 계속해서 움직이고 또 움직여야만 했다. 게다가 대개의 가정은 그 구성원의 숫자가 많았다. 왕궁의 식구는 하인과 가신을 모두 합쳐서 500명이 거뜬히 넘었으며, 주요 귀족과 성직자까지 합치면 최소한

100명은 되었다. 워낙 숫자가 많다 보니, 음식을 식구들이 있는 곳으로 가져오는 것보다 식구들이 음식이 있는 곳으로 움직이는 편이 더 용이했다. 이처럼 이동(motion)이 흔하다 보니, 모든 것이 이동식(mobile)으로 고안되었다(프랑스어와 이탈리아어에서 가구를 가리키는 단어가 '뫼블[meuble]'과 '모빌리[mobili]'인 것도 결코 우연은 아닌 것이다). 따라서 가구는 검소하고, 이동 가능하며, 순전히 실용적이어야만 했으며, "자랑할 만한 개인 재산이라기보다는 일종의 장비로 간주되었다." 건축가이자 저자인 비톨트 리프친스키의 말이다.

이동 가능성이라는 개념은 오래된 궤나 트렁크 가운데 상당수에 돔형 뚜껑이 달려 있는 이유가 무엇인지도 설명해준다. 바로 이동 중에 위에서 떨어지는 물을 옆으로 흘려내기 위해서인 것이다. 트렁크의 가장 큰 약점은 당연히 맨 아래에 있는 물건을 꺼내기 위해서 맨 위에 있는 것부터 모조리 꺼내야 한다는 점이다. 놀라울 정도로 오랜 시간이 걸리고 나서야—1600년대에 들어서야—누군가가 서랍을 집어넣는 방식을 떠올렸고, 그때 이후로 트렁크는 서랍장으로 바뀌었다.

제아무리 최상의 집이라고 하더라도, 바닥은 대개 맨땅에 골풀 깔개를 여기저기 깔아놓은 것에 불과했다. 네덜란드의 신학자이자 여행가인 데시데리위스 에라스뮈스가 1524년에 또렷하게 요약한 것처럼, 그 안에는 "침 뱉은 것과 토해놓은 것, 개와 사람의 오줌, 앞으로 내던진 맥주와 생선 찌꺼기, 그리고 차마 말로 형언할 수 없는 다른 더러운 것들"이 담겨 있었다. 대개는 1년에 두 번 정도 골풀 깔개를 새로 놓았지만, 그렇다고 해서 예전의 깔개를 치우는 경우는 거의 없었으므로, 에라스무스는 무뚝뚝한 말투로 이렇게 덧붙였다. "맨 아래층은 무려 20년 가까이 방해를 받지 않았을 것이다." 그런 바닥은 사실상 매우 커다란 둥지나 다름없었으며, 곤충이나 은밀한 설치류가 무척 좋아하는 장소였고, 전염병의 완벽한 배양기였다. 반면 두툼한 바닥재는 대개 위신의 상징이었다. 당시에 프랑스 사람들 사이에서는 누군가를 가리켜서 부자라고 말할 때, 그 사람은 "허리까지 짚에 파묻혀 있다"라는 표현을 사용했다.

영국과 아일랜드의 시골에서는 20세기까지도 맨 흙바닥이 일종의 표준으로 남아 있었다. 역사가 제임스 에이어스의 말처럼 "이른바 '땅바닥 층(ground floor, 1층)'이라는 표현에 딱 어울리는 셈"이었다. 윌리엄 셰익스피어의 시대 즈음, 지체 높은 가정에서는 나무나 타일 바닥이 일상화된 다음에도 카펫은 워낙 귀하기 때문에 차마 발로 밟고 다닐 수 없는 물건이었다. 따라서 카펫을 바닥에 까는 대신 벽에 걸어두거나 탁자 위에 펴놓았다. 또는 궤 안에 잘 넣어두었다가 특별한 손님에게만 좋은 인상을 주기 위해서 꺼내는 경우도 종종 있었다.

식탁은 단순히 버팀 다리 위에 판자를 얹어놓은 것에 불과했다. 찬장 (cupboard)도 문자 그대로, 평범한 판자(board) 위에 컵(cup)과 다른 그릇을 올려놓은 것뿐이었다. 그나마 그릇조차도 종류가 많지 않았다. 유리그릇은 워낙 드물었기 때문에 이웃간에 서로 빌려 쓰는 것이 일반적이었다. 결국 찬장은 보다 장식적인 조리대(dresser)로 통합되었는데, 이런 명칭은 옷(dress)과는 아무 관계가 없고 오히려 음식의 준비(dressing)와 관계가 있었다.

더 누추한 집에서는 문제가 극히 간단해졌다. 식탁은 평범한 판자 하나를 단지 그런 이름으로 부르는 것에 불과했다. 사용하지 않을 때에는 아예 벽에 걸어놓았고, 식사 때에는 식사하는 사람들의 무릎에 올려놓고 사용했다. 시간이 흐르면서 '판자(board)'는 단순히 식사용 평판뿐만 아니라 식사 자체를 가리키게 되었으며, 바로 여기에서 '방과 판자(room and board, 원뜻은 "숙박과 식사[를 제공하는 하숙집]")'라는 표현의 '판자(board)'가 유래했다. 이는 또한 하숙하는 사람을 가리켜서 굳이 '판자인(boarder, 원뜻은 "하숙인")'이라고 부르는 이유, 그리고 정직한 사람—항상 양손을 보이는 곳에 두는 사람—을 가리켜서 '판자 위에 있다(above board, 원뜻은 "공명정대하다")'고 표현하는 이유를 설명해준다.

좌석은 평범한 벤치(bench)였다. 프랑스어의 '방크(banc)'에서 유래한 이 단어에서 '연회(banquet)'라는 단어가 나왔다. 1600년대까지만 해도 의자는 보기 드물었으며—의자(chair)라는 단어 자체만 해도 기껏해야 1300년 즈음부터 사용된 것이다—편안함을 위해서가 아니라 권위를 드러내기 위해서 디자인되었다. 물론 지금까지도 모임을 주관하는 사람을 가리켜서 '의자에 앉는다(chair, 원뜻은 "의장 역할을 한다")'고 하며, 회사를 주관하는 사람을 가리켜서 '판자 앞에서 의자에 앉은 사람(the chairman of the board, 원뜻은 "이사회의 의장")'이라고 한다. 특히 나중의 표현은, 약간 묘하게 중세 소농들의 식사 습관을 연상시키는 데가 있다.

중세의 연회 풍경은 지금은 더 이상 먹지 않는 온갖 종류의 이국적인 음식을 먹는 사람들의 모습을 보여준다. 특히 새 종류가 눈에 띈다. 독수리, 왜가리, 공작, 참새, 종다리, 핀치, 백조, 그리고 다른 여러 가지 새들이 널리 소비되었다. 그러나 백조나 다른 이국적인 새들이 환상적으로 맛이 좋아서 먹었던 것은 아니었으며—사실은 맛이 별로였는데, 오늘날 우리가 그런 새들을 먹지 않는 까닭도 바로 그 때문이다—다만 그보다 더 나은 다른 고기를 구할 수가 없었기 때문이었다. 쇠고기와 양고기, 그리고 새끼 양고기는 무려 1,000년 동안이나 거의 먹는 사람이 없었다. 그런 고기의 원천인 동물들이 양털과 거름과 근력을 제공해주는 까닭에, 죽이기에는 너무 아까운 대상이었기 때문이다. 따라서 중세 동안 대부분의 사람들이 동물 단백질을 얻을 수 있는 가장 좋은 식품은 다름 아닌 훈제 청어였다.

설령 고기를 얼마든지 구할 수 있었다고 하더라도, 못 먹는 날이 많아서 별 의미가 없었다. 중세의 사람들은 일주일에 사흘은 육식 금지일(fish day, 직역하면 "생선 먹는 날")을 지켜야 했으며, 사순절의 40일을 비롯해서 다른 갖가지 종교 기념일에는 육지에서 나는 고기를 먹을 수 없었다. 식단을 규제하는 날의 총 숫자는 시대마다 달랐지만, 그 절정기에는 1년의 절반 가까이가 이른바 '빈약한' 식사를 하는 날이었다. 물고기와 다른 헤엄치는 짐승 가운데 사람들이 먹지 않는 것은 거의 없었다. 헤리퍼드 주교가 남긴 부엌 관련 기록에 따르면, 그의 집에서는 청어, 대구, 해덕대구, 연어, 창꼬치, 도미, 고등어, 남방대구, 로치잉어, 뱀장어, 칠성장어, 건어물, 텐치잉어, 송어, 피라미, 모샘치, 성대, 그리고 다른 몇 가지 물고기를 먹었다. 모두 합쳐서 스무 가지가 넘었다. 그 외에도 사람들이 많이 먹는 물고기 중에는 돌잉어, 황어, 심지어 돌고래도 있었다. 헨리 8세 때까지만 해도 육식 금지일을 지키지 않는 사람은 원칙적으로 최대 사형에 처해질 수 있었다. 육식 금지일은 영국과 로마가 불화함으로써 결국 폐지되었지만, 영국의 어선단을 후원하고자 하는 목적에서 엘리자베스 여왕이 부활시켰다. 영국 국교회에서도 육식 금지일을 계속 유지하기 위해서 열심이었지만, 어떤 종교적 확신 때문은 아니었다. 단지 그 덕분에 위반자에게 관면장을 판매한다는, 상당히 쏠쏠한 부수입 때문이었다.

중세에 홀에 사는 사람들은 저녁을 먹고 나서 각자 들어가서 누울 침실 자체가 없었다. 오늘날 우리가 "잠자리를 마련한다(make a bed)"는 표현을 쓰는 까닭은, 중세에만 해도 잠잘 사람이 저마다 반드시 잠자리를 마련해야 했기 때문이다. 즉 천으로 된 요를 깔거나 짚단을 쌓은 다음에 망토나 이불이나 그 외의 무엇이건 간에 편리한 대로 덮는 것이었다. 취침 준비는 이후 한동안 격식이 없이 느슨하게 남아 있었다. 『캔터베리 이야기(Canterbury Tales)』에 들어 있는 이야기 가운데 하나를 보면, 방앗간 주인 마누라가 자기 집에서 침대를 착각한 나머지 엉뚱한 침대로 들어가는 대목이 등장한다.* 만약 밤마다 똑같은 자리에서 잠을 잤다면 결코 일어날 수 없는 일이었을 것이다. 17세기가 한창일 때까지만 해도 '침대'란 단순히 매트

---

*『캔터베리 이야기』의 한 대목인 「장원 청지기의 이야기」에 나오는 이야기이다. 교활한 방앗간 주인에게 골탕을 먹은 두 대학생이 주인 내외와 그 딸과 함께 한방에서 잠을 자는데, 침대 위치를 표시하기 위해서 놓아둔 요람이 옮겨지는 바람에 서로의 침대 위치를 잘못 알아서 주인 마누라와 딸이 농락당하는 등 일대 소동이 벌어진다. 비슷한 이야기가 『데카메론』에도 등장한다 / 역주

중세의 연회

리스와 그 속을 채워넣은 것만을 의미했을 뿐, 오늘날처럼 그 틀과 내용물을 가리키는 것은 아니었다. 그런 것을 가리키는 단어는 별도로 있었는데, 바로 '침대틀(bedstead)'이었다.

엘리자베스 시대의 가정 물품 명세서를 보면, 사람들이 침대와 침구에 대단한 애착을 가지고 있었다는 것이 드러난다. 부엌용품이 바로 그 뒤를 따랐다. 여타의 가구는 그 다음에야 비로소 물품 명세서에 모습을 드러내며, 그 다음으로는 "탁자 몇 개와 벤치 몇 개" 같은 모호한 구절이 나타난다. 그 당시 사람들은 침대 이외의 가구에 그다지 애착을 가지지 않았으며, 이는 우리가 오늘날 집 안의 각종 설비에 그다지 정서적 애착을 가지지 않는 것과 유사하다고 하겠다. 물론 우리도 그런 설비 없이 살고 싶지는 않겠지만, 그렇다고 해서 그런 설비가 소중한 법정 상속 동산까지는 아닌 것이다. 당시의 사람들이 주의 깊게 기록해놓은 또 한 가지는, 약간 놀랍게도 유리창이었다. 교회와 몇몇 부유한 집에 있는 것을 제외하면, 유리창은 1600년대가 한참 지나서까지도 희귀한 물건이었다. 유리 제작의 역사에 관한 엘리너 고드프리의 저서에는 1590년대에 돈캐스터의 어느 시 참사회원이 사망하면서 집은 아내에게 물려주고, 유리창은 아들에게 물려주었다는 사실이 나와 있다. 같은 시기의 안위크 성 소유주들은 항상 유리창을 떼어내 다른 곳에 보관하게 했는데, 혹시나 깨질까 우려한 까닭이었다.

당시에는 아무리 큰 집이라고 해도 그중에서 가장 중요한 몇몇 방에만 유리창을 끼웠다. 다른 방은 덧문을 닫아두었다. 경제 수준이 훨씬 더 낮은 집에서는 한참 뒤까지도 유리창이 보기 드물었다. 윌리엄 셰익스피어가 태어난 1564년에만 해도, 심지어 유리 장수조차도 자기 집에 유리창을 가진 경우가 드물었을 정도였다. 그로부터 반세기 후에 셰익스피어가 사망할 즈음에는 상황이 약간 변했지만, 그렇다고 아주 변한 것까지는 아니었다. 즉 그때 가서는 대부분의 중산층 가정마다 방들 가운데 절반 정도는 유리창을 끼웠다.

확실한 사실 하나는, 그 당시에 제일 좋은 집에 들어가 있어도 아주 편안하지는 않았다는 점이다. 가장 기본적인 수준의 안락함조차도 그토록 오랜 시간이 걸리고 나서야 성취될 수 있었다는 사실은 정말로 기이한 일이 아닐 수 없다. 물론 거기에는 한 가지 충분한 이유가 있었다. 삶이 매우 힘겨웠던 것이다. 중세 내내 모든 사람들은 삶의 상당 부분을 오직 생존에만 바쳤다. 기근(饑饉)은 흔한 일이었다. 중세 세계는 식량 여유분이 없는 세계였으며, 따라서 수확이 신통치 않을 경우—그런 경우는 평균 4년에 한 번 꼴로 찾아왔다—에는 곧바로 굶주림이 찾아왔다. 농작물이 전반적으로 흉작인 경우에는 기아(飢餓)가 불가피하게 뒤따랐다. 잉글랜드에서는 1272년, 1277년, 1283년, 1292년, 1311년에 특히 파국에 가까운 수확량을 기록했으며, 1315년부터 1319년까지는 구제가 불가능할 정도로 살인적인 흉년이 이어졌다. 여기에 전염병과 다른 질환도 가세하며 수백만 명이 목숨을 잃었다. 짧은 수명과 만성적인 고난을 겪도록 운명이 정해진 사람들이라면, 실내장식에는 아무래도 관심이 덜할 것이라고 예상할 수 있다. 그러나 이를 감안한다고 하더라도, 적당한 수준의 편의를 위한 노력은 대단히 느렸고, 어딘가 기묘하다는 느낌이 들 정도로 느리기 짝이 없었다. 지붕구멍을 예로 들면, 이 설비는 연기를 바깥으로 나가게 하는 장점뿐만 아니라 비와 외풍을 안으로 들여보내는 단점도 있었다. 그러다가 결국 누군가가 뒤늦게야 비늘식 박판이 달린 랜턴 식의 장치를 만들어냄으로써, 연기가 밖으로 빠져나가도 비가 새거나 바람이 안으로 들어오지는 않게 되었다. 이것은 경이로운 발명이었지만, 이 발명품이 고안되었을 당시인 14세기에는 이미 굴뚝이라는 것이 도입되었기 때문에 비늘식 박판은 굳이 필요가 없었다.

이것을 제외하면, 우리는 중세 중반 이전의 주택 실내장식에 관해서 사실상 거의 아는 것이 없다. 가구의 역사를 연구한 에드워드 루시-스미스에 따르면, 우리는 지금으로부터 800년 전에 잉글랜드 사람들이 어떻게 앉고 눕고 했는지에 관해서 아는 것보다, 고대 그리스인과 로마인의 유사한 습관에 관해서 아는 것이 더 많은 지경이다. 1300년 이전의 가구 중에서 현재까지 남은 것은 거의 없으며, 필사본이나 그림에 수록된 가구 그림은 워낙 드물고 상충되기 때문이다. 가구의 역사를 연구하는 학자들은 자료 부족에 허덕이는 나머지, 심지어 전래동요까지도 샅샅이 뒤지고 있다. 가령 이들은 중세에 사용되던 발판의 일종으로 '투펫(tuffet)'이라는 것이 있다고 말한다. 그런데 이 가구는 사실 "작은 머펫 양이 투펫 위에 앉았네(Little Miss Muffet sat on a tuffet)"라는 오래된 노랫말을 근거로 내놓은 추정에 불과하다. 영어의 역사상 이 단어가 등장하는 유일무이한 출전이 바로 이 전래동요인 것이다. 만약 투펫이라는 물건이 정말로 있었다고 하더라도, 이 노래를 제외한 다른 기록은 전혀 없다.

이 모두는 비교적 부유하게 살았던 사람들의 집에 있었겠지만, 여기서 우리가 분명히 염두에 두어야 할 점이 두 가지 있다. 하나는 더 훌륭한 집이라고 해서 항상 전부가 훌륭한 것은 아니라는 점이고, 또 하나는 더 열악한 집이라고 해서 항상 전부가 열악한 것은 아니라는 점이다. 대체적으로 더 커다란 집이라고 해서 더 복잡한 구조물은 아니었다. 다만 홀이 더 커다란 집에 불과했다.

잉글랜드의 집 그 자체에 관해서 우리가 아는 바는 훨씬 더 적은데, 왜냐하면 이민자들의 정착 초기에 지어진 집 가운데 지금까지 고스란히 남아 있는 것은 거의 없기 때문이다. 앵글로색슨족은 목재(timber)를 건축용 자재로 극히 선호했으며, 워낙 그런 까닭에 '팀브란(timbran)'이라는 단어가 건물을 가리키는 포괄적인 명칭으로 사용되었다. 그러나 애석하게도 나무는 썩는 성질이 있기 때문에, 그 잔해가 남는 법은 거의 없었다. 우리가 현재까지 아는 한, 영국 전체를 통틀어서 앵글로색슨 시대의 문짝 가운데 지금까지 남아 있는 것은 단 하나에 불과하다. 바로 웨스트민스터 사원의 바깥쪽 현관에 있던 낡아빠진 오크 문짝으로, 오랜 세월 사람들의 시선을 잘도 피해오다가 2005년 여름에서야 이 나무가 무려 950년이나 되었다는 것이 밝혀지면서, 졸지에 영국에서 가장 오래된 문짝으로 공인되기에 이르렀다.

여기서 우리가 고려해볼 만한 한 가지 질문은, 어떤 문짝이 얼마나 오래된 것인지를 도대체 어떻게 알아내느냐 하는 것이다. 이에 대한 대답은 바로 연륜연대학(dendrochronology)에 들어 있다. 쉽게 말하면 나무의 나이테 개수를 세는 과학적 방법이다. 나이테는 매우 정확한 지침이 될 수 있는데, 왜냐하면 매년 하나씩 생겨나기 때문이다. 따라서 나이테를 모두 합치면 그 나무의 지문 비슷한 것이 만들어진다. 우리가 그 나이를 확실히 아는 목재가 있을 경우, 거기에 나타난 나이테의 유형을 다른 시기의 다른 나무 조각에 나타난 나이테의 유형과 비교하면 된다. 가령 1850년부터 1910년까지 살았던 나무가 한 그루 있고, 또 1890년부터 1970년까지 살았던 나무가 한 그루 있다고 치면, 이 가운데 두 나무가 모두 살아 있었던 1890년부터 1910년까지의 기간에 겹치는 유형이 나타난다. 나이테의 연쇄를 모아놓은 일종의 도서관을 만들어놓기만 하면, 우리는 매우 먼 시대까지 거슬러 올라갈 수 있다.

영국에서는 상당수의 건물이 오크를 사용해서 그나마 다행이었는데, 영국산 나무들 가운데 선명하고 이용 가능한 무늬를 남겨주는 목재는 오크가 유일했기 때문이다. 그러나 제아무리 최상의 나무라고 하더라도 문제는 생기게 마련이었다. 어떤 두 나무가 완전히 똑같은 나이테 유형을 가지게 되는 일은 불가능하기 때문이다. 가령 다른 나무보다 나이테 간격이 더 좁은 나무도 있는데, 그것은 그늘에서 자라났거나, 또는 지상에서 더 많은 경쟁을 해야 했거나, 또는 물 공급이 더 빈약했을 경우였다. 따라서 신뢰할 만한 데이터베이스를 구축하기 위해서는 나이테의 연쇄가 상당히 많아야만 하며, 보다 정확한 판독을 위해서는 갖가지 정교한 통계학적 조정을 가해야만 한다. 이 과정에서 필요한 도구가 바로 제1장에서 소개했던 토머스 베이즈 목사의 마법의 공리이다.

대략 연필 정도 두께의 나무 표본을 가지고 앞에서 이야기한 온갖 검사를 수행한 결과, 과학자들은 웨스트민스터 사원의 그 문짝이 대략 1032년에서 1064년 사이에 베어진 나무의 목재로 만들어졌다는 것을 알아냈다. 그 시기라면 노르만 정복 직전, 그러니까 앵글로색슨 시기의 맨 마지막에 해당한다. 그리고 그 시대 주택의 유물은 그 문짝 하나가 유일무이하다.*

남아 있는 것이 워낙 적다 보니, 논쟁의 여지 하나만큼은 풍부했다. 제인 그렌빌은 이 분야의 결정판 학술서인『중세의 주택(*Medieval Housing*)』에서 요크셔의 중세 마을 유적인 워럼 퍼시에서 발굴된 일자집의 외관에 관한 상상도(想像圖) 두 가지를 소개했다. 이는 두 군데의 서로 다른 고고학 발굴 팀이 똑같은 정보를 가지고 재구성한 상상도였다. 한쪽의 그림은 놀라울 만큼 평이하고 초보적인 주택으로, 벽은 진흙이나 경화점토(진흙과 대변을 섞은 것)로 만들어지고, 지붕은 풀이나 떼로 만들어져 있었다. 또다른 쪽의 그림은 이보다 더 튼튼하고 더 정교한 경화점토 건축물을 보여주었는데, 상당한 기술과 주의를 동원했을 법한 제법 묵직한 들보가 서로 맞춰져 있었다. 이는 결국 고고학적 증거라는 것이 단지 건물이 땅과 어떻게 만났는지를 보여줄 뿐이고, 실제 건물의 외관까지 보여주는 것까지는 아니라는 뜻이다.

오랜 세월 동안 중세의 소농이 살던 집은 기껏해야 원시적인 오두막보다 조금 나은 정도일 것이라고 생각되었다. 가령 동화에서 늑대가 입으로 한번 불면 훅 하고 날아가버릴 법한, 허약하고 비리비리한 구조물로 여겨졌던 것이다. 기껏해야 한 세대도 버티지 못하고 무너질 집이라는 것이 일

---

* 상당수의 유럽 국가의 주택에서 문이 그렇게 낮았던 까닭, 그리하여 우리 중 어떤 사람은 종종 무심코 문 위의 벽에 이마를 찧게 되었던 까닭은 단순히 옛날 사람들이 키가 더 작아서 굳이 높은 문이 필요 없었기 때문은 아니었다. 한때는 정말 그랬다고 추정했지만, 먼 옛날 사람들이라고 해서 모조리 키가 작은 것은 아니었다. 문이 작았던 까닭은 그 당시에 창문이 작았던 까닭과 똑같았다. 즉 만드는 값이 비쌌기 때문이었다.

반적인 생각이었다. 그렌빌이 인용한 것에 따르면, 어느 학자는 그 당시의 평민 주택에 관해서 다음과 같이 자신 있게 주장하기도 했다. 즉 튜더 시대[1485-1533] 이전까지만 해도 "잉글랜드 전역에서 그런 집들은 하나같이 저열한 상태였다"고 말이다. 상당히 포괄적인 주장이기는 하지만, 이는 아마도 틀린 주장처럼 보인다. 오늘날 점점 더 많이 발견되는 증거에 따르면, 중세의 평민들은—그리고 그보다 훨씬 더 이전부터도 평민들은—각자가 원하기만 한다면 얼마든지 좋은 집을 가질 수 있었던 것 같다. 이런 사실을 보여주는 한 가지 단서는 특화된 직업이다. 가령 초가지붕 만들기, 목공, 칠하기 등의 직업은 중세 말기에도 있었다. 또 문짝에는 자물쇠가 항상 달렸고, 이는 결국 그 당시에 그런 건물과 그 안의 내용물들이 상당히 가치가 높았다는 것을 뚜렷이 암시한다. 다른 무엇보다도 오두막이 매우 다양한 유형으로 진화했다는 점을 빼놓을 수 없다. 가령 '완전 윌드식',* '반(半) 윌드식', '이중 말뚝', '후면 아웃셧',** 'H형', '개방 홀식', '외양간 달린 관통로식',*** '외양간이 달리지 않은 관통로식' 등등이었다. 그 차이야 별로 대단한 것은 아니었지만, 적어도 거기 들어가 사는 사람들의 입장에서는 나름대로 그 집에 개성과 차이를 부여하는 셈이었으리라. 집을 소유하게 된 초창기에서부터 사람들은 십중팔구 그 사실에 자부심을 느꼈을 것이다. 제아무리 단순한 집이라고 해도 말이다.

중세에서 한 가지 주목하지 않을 수 없는 사실은 사람의 머리보다 높이 있는 공간은 거의 모두가 사용이 불가능했다는 점이다. 왜냐하면 대개는 그곳

---

* 영국 남동부의 윌드(Weald) 지방에서 유래한 오두막 양식을 말한다 / 역주
** 아웃셧(outshut)은 오두막의 한쪽 지붕이 다른 쪽보다 훨씬 더 아래로 내려오는 모습을 말한다. 가령 오두막에 붙여 지은 달개지붕 헛간이 있을 경우, 지붕이 일자로 매끈하게 이어지면서 추녀가 훨씬 더 아래까지 내려오는 식이다 / 역주
*** 관통로식(cross-passage) 주택은 긴 일자집 한가운데 관통로가 나 있어서 앞뒤로 사람이 드나들게 한 집이다. 이 관통로는 대개 외양간이나 헛간 등의 작업 공간과 주거 공간을 구분하는 경계가 된다 / 역주

에 연기가 자욱하게 들어차 있었기 때문이다. 노출형 화로는 물론 나름대로의 분명한 이점이 있었지만—즉 모든 방향으로 열기를 발산하며, 그 주위 어디에나 사람이 앉아 있을 수 있었지만—바꿔 말하면 집 거실 한가운데 모닥불을 하나 항상 피워놓아야 한다는 뜻이기도 했다. 외풍이 지나갈 때마다 연기와 불티가 사방으로 휘날렸고—가뜩이나 수많은 사람이 들락날락했고, 또 그 당시의 창문에는 유리가 없었기 때문에, 돌풍이 지나갈 때마다 누군가는 연기를 잔뜩 들이마셔야 했으리라—천장으로 올라간 연기라고 해도 지붕구멍으로 새어나갈 때까지 한동안 자욱하니 모여 있게 마련이었다.

그런 상황에 직면할 경우, 무엇이 필요한지는 이론의 여지가 없이 분명하다. 바로 실용적인 굴뚝이 필요한 것이다. 그러나 실용적인 굴뚝이 도입되기까지는 상당히 오랜 세월이 걸렸는데, 이는 단순한 의지의 결여 때문이 아니라 기술적 난점 때문이었다. 커다란 벽난로에서 타오르는 불길은 상당한 열을 내뿜었기 때문에, 튼튼한 연도(煙道, flue)와 안전장치(backstop)—또는 건축 전문용어로 '뒷장식벽(reredos)'—가 필요했으며, 대략 1330년경에 가서야 비로소 누군가가 쓸 만한 물건을 하나 만들어냈다(영어에서 '굴뚝[chimney]'이라는 단어가 처음 기록된 것이 바로 그즈음이었다). 벽난로야 그때도 이미 있었지만—노르만족이 잉글랜드로 가져왔기 때문에—그다지 인상적인 물건은 아니었다. 노르만족의 벽난로는 성의 두꺼운 벽에서 한 군데에 움푹 들어간 부분을 만들고, 외벽에 구멍을 하나 뚫어서 연기가 밖으로 빠져나가게 만든 것에 불과했다. 그러다 보니 공기가 잘 주입되지 못한 까닭에 불길이 세지도 않았고 열이 많이 나지도 않아서 성 이외의 건물에서는 잘 사용되지 않았다. 목조 주택에서는 벽난로를 사용하면 안전하지 못했는데, 그 당시에 대부분의 집은 목조 주택인 까닭이었다.

그러다가 좋은 벽돌이 개발되면서 비로소 변화가 이루어졌다. 벽돌은 웬만한 돌 못지않게 오랫동안 열에 저항할 수 있었다. 또 굴뚝 덕분에 연료를 장작에서 석탄으로 바꿀 수 있게 되었다. 이는 그야말로 시기 적절한 일이었는데, 왜냐하면 그즈음에 영국의 목재 공급량은 급속히 감소하고 있었기 때문이다. 석탄에서 나오는 연기는 자극적이고 유독했기 때문에 항상 벽난로(fireplace)—또는 애초에 붙여진 이름처럼 굴뚝로(chimneypiece)였다 (당시에는 노출형 화로 역시 '벽난로'라고 불렸기 때문에 혼동을 방지하기 위해서였다)—안에만 머물러 있다가 증기와 함께 연도를 통해서 외부로 배출되어야만 했다. 덕분에 집 안은 이전보다 더 깨끗해질 수 있었지만, 세상은 좀더 지저분한 곳이 되었다고 말할 수 있으리라. 차후에 살펴보겠지만, 이것은 집 안의 모양새와 설계에 상당히 중대한 결과를 가져왔다.

그러나 노출형 화로가 사라지게 되어서 모두가 좋아했던 것은 아니었다. 오히려 상당수의 사람은 집 안에 연기 자욱했던 시절을 그리워했으며, 심지어 누군가는 "나무 연기에 푹 훈제되었던" 때가 건강에 더 좋았다고 주장하기도 했다. 비교적 한참 뒤인 1577년에도, 윌리엄 해리슨은 노출형 화로가 있던 시절에만 해도 "우리는 머리가 아픈 적이 전혀 없었다"고 주장할 정도였다. 지붕 공간에 연기가 자욱하면 새들이 깃들지를 않아서 목재가 더 오래간다고 여겨지기도 했다. 다른 무엇보다도 사람들은 화로 대신 벽난로를 사용하면 예전만큼 따뜻하지 않다고 불평했는데, 이는 물론 사실이었다. 왜냐하면 그 당시의 벽난로는 워낙 비효율적이었기 때문에, 따뜻하게 불을 지피려면 더 크게 만들 수밖에 없었다. 그러다 보니 어떤 벽난로는 어찌나 큰지 아예 그 안에 벤치까지 갖추고, 말 그대로 벽난로 안에 사람들이 들어가 앉아 있었다. 그곳이야말로 집 안에서 진짜로 따뜻한 유일무이한 공간이었다.

제아무리 온기와 안락이 상실되었다고 해도, 공간의 확보는 그야말로 저항할 수 없는 매력을 가진 것으로 증명되었다. 따라서 벽난로의 발명은 가정생활의 역사에서 가장 위대한 돌파구였다고 말할 수 있을 것이다. 덕분에 이제는 대들보 위에 판자를 걸쳐놓음으로써, 이른바 위층이라는 전혀 새로운 세계를 만들 수 있었기 때문이다.

II

집이 위로 확장되면서부터 모든 것이 바뀌었다. 방들은 급격히 여러 개로 늘어났으며, 부유한 세대주는 자기만의 공간을 가지는 것에서 만족감을 느꼈다. 그 첫 번째 단계는 대개 위층에 큰방이라는 근사한 새 방을 만드는 것이었다. 큰방에서 영주와 그 가족이 하는 일들은, 일찍이 홀에서 했던 일들—먹고, 자고, 빈둥거리고, 놀고—과 마찬가지였지만, 다른 여러 사람들이 없다는 점이 달랐다. 이들이 아래층의 큰 홀로 돌아가는 경우는 오직 연회와 다른 특별한 때로만 한정되었다. 하인들은 더 이상 가족의 일부가 아니었으며, 그때부터는 말 그대로 하인들이었다.

개인 공간의 관념만 해도, 오늘날의 우리에게는 매우 자연스러운 것인 반면, 그 당시에는 일종의 계시와 다름없었다. 개인 공간은 아무리 많아도 충분할 수가 없는 법이다. 머지않아 단순히 아랫사람들과 따로 떨어져서 살아가는 것만으로는 더 이상 충분하지가 않게 되어서, 이제는 지위가 동등한 사람들과도 따로 떨어져서 살아가게 되었다.

집에서 날개집* 부분이 돋아나고 펼쳐지면서, 그리고 집 안의 배치가 점점 더 복잡해지면서, 그 모든 새로운 방의 유형을 지칭하기 위한 용어도 창안되거나 차용되었다. 예를 들면 집무실(study), 침실(bedchamber), 사실(私室, privy chamber), 골방(closet), 기도실(oratory)—말 그대로 기도를 하는 방이다—, 응접실(parlour), 퇴거실(withdrawing room), 서재(library)—여기서는 공공 시설인 '도서관'이 아니다—같은 단어는 모두 14세기에, 또는 그보다 약간 더 전에 생겨난 것들이다. 곧이어 다른 단어들도 따라나왔다. 예를 들면

---

* 건축에서는 주택의 좌우에 덧붙여진 동(棟, 윙)을 가리킨다 / 역주

회랑(gallery), 긴 회랑(long gallery), 알현실(presence chamber), 의상실(tiring room)
—옷을 갈아입기 위한 방을 말한다—, 응접실(salon 또는 saloon), 공동주택
(apartment), 하숙(lodging), 스위트(suite)* 같은 단어들이었다. "이 모두로 말하
면 큰 홀에서 밤낮으로 온 식구가 함께 살았던 과거의 관습으로부터 얼마
나 크게 달라진 것인가!" J. 앨프리드 고치는 저서에서 평소에는 흔치 않았
던 감탄까지 동원해가며 이렇게 적었다. 그가 미처 언급하지 않았던 또 한
가지 유형의 방은 내실(內室, boudoir)인데, 문자 그대로 해석하면 "토라져 있
기 위한 방"이다. 이 방은 만들어진 초기부터 성적 밀회와 관련이 있었다.

비교적 사생활이 증대하기는 했어도, 오늘날에 비하면 그 당시의 삶은
여전히 상당 부분이 공동체적이고 노출된 상태였다. 화장실에는 좌석이 여
러 개여서 대화를 나누기가 쉬웠다. 이 당시의 그림을 보면, 남녀가 침대나
목욕탕에서 서로를 희롱하고 있는 와중에도, 시종이 옆에서 대기하고 있거
나 또는 이들의 모습을 보고 들을 수 있을 정도로 가까운 곳에 친구들이
모여 앉아서 카드 놀이를 하거나 대화를 나누는 광경이 종종 등장한다.

집 안에 새로이 생겨난 방들 각각의 용도는 이후로도 오랫동안 정해지지
않았으며, 지금처럼 엄밀하게 구분되지 않았다. 모든 방은 어떤 의미에서
거실이나 다름없었다. 르네상스 시대나 그 이후에 나온 이탈리아의 설계도
에서는 방마다 굳이 그 유형을 따라서 이름을 붙이지는 않는데, 그때까
지만 해도 방마다 뚜렷한 목적이 정해져 있지 않았기 때문이었다. 사람들
은 햇빛이나 그늘을 찾아서 집 안의 여러 방들을 돌아다녔으며, 종종 가구
를 함께 끌고 돌아다녔다. 따라서 방에는 특별한 이름을 붙이지는 않았고,
다만 '마티나(mattina, 오전에 사용하는 곳)', 또는 '세라(sera, 오후에 사용하
는 곳)'로만 일컬어졌다. 잉글랜드에서도 이와 상당 부분 유사하게 격식을
따지지 않았다. 침실은 단순히 잠을 자는 데에만 사용된 것이 아니라, 혼

---

* 침실에 거실 등이 함께 붙어 있는 방을 말한다 / 역주

자만의 식사라든지, 특별히 반가운 손님을 맞이하는 데에도 사용되었다. 사실 침실은 머지않아 일반적인 목적을 위한 공간으로 더 많이 사용되었기 때문에, 나중에 가서는 그것 말고 다른 사적인 공간을 더 고안해야 할 필요가 생겨났다. ('침실[bedroom]'이라는 표현은 1590년경에 셰익스피어가 『한여름 밤의 꿈[*A Midsummer Night's Dream*]』에서 처음으로 사용했는데, 사실 그때는 침대 안의 공간을 가리킨 것에 불과했다. 이것이 오직 잠을 자는 데에만 쓰이는 방을 가리키는 단어로 사용되는 것은 다음 세기의 일이다.)

침실을 제외한 다른 작은 방들은, 배설에서부터 밀회에까지 이르는 온갖 종류의 사적인 목적을 위해서 사용되었다. 따라서 이런 방들을 가리키는 명칭은 무척이나 흥미롭게도 파격적인 방식으로 우리에게 전해졌다. 마크 기로워드의 말에 따르면, "골방(closet)의 경우, 일종의 커다란 찬장이라는, 또는 하녀가 쓰는 물통과 자루걸레를 가져다놓는 공간이라는, 최종적인 불명예로 격하되기 이전까지만 해도 길고 영예로운 역사를 가지고 있었다." 원래 그곳은 창고라기보다는 오히려 집무실 쪽에 가까웠다. "캐비닛(cabinet, 작은방)"은 캐빈(cabin, 오두막 또는 선실)이라는 단어의 지소형(指小形)으로, 1500년대 중반에 이르러 뭔가 값진 것을 넣어두는 상자를 의미하게 되었다. 바로 그 직후에—대략 10년 전후로—이 단어는 방 자체를 가리키게 되었다. 종종 그렇듯이, 프랑스인은 이 원래의 개념을 정련하여 다양한 방의 유형을 만들었으며, 그리하여 18세기에 이르자 규모가 큰 프랑스의 성(城)에는 그냥 '카비네(cabinet)'뿐만 아니라 '카비네 드 콩파니(cabinet de compagnie, 손님실)', '카비네 다상블레(cabinet d'assemblée, 회합실)', '카비네 드 프로프리에테(cabinet de propriété, 공용실)', '카비네 드 투알레트(cabinet de toilette, 화장실)'까지 만들어졌다.

영어에서 캐비닛은 방 중에서도 가장 배타적이고 사적인 방이 되었다. 즉 가장 사적인 만남이 일어날 수 있는 일종의 지성소가 된 셈이었다. 그러다가 단어들이 종종 일으키는 기묘한 비약 가운데 하나가 일어남으로써,

(1605년에 이르자) 이 단어는 왕이 대신들과 만나는 공간을 가리키는 것뿐만 아니라 그런 대신들을 통칭하는 용어가 되었다. 그런 까닭에 오늘날 우리는 정부 내에서도 가장 밀접하고 지위가 높은 고문들을 가리킬 때와, 완하제(緩下劑)를 비롯한 갖가지 물건들을 넣어두는 화장실 안의 선반이 있고 우묵한 곳을 가리킬 때에, 똑같은 용어를 사용하게 된 것이다.

이 사적인 방에는 작은 방(cell), 또는 감실(龕室, alcove)이 하나쯤 딸려 있는데, 대개는 이를 가리켜 변소(privy)라고 한다. 물론 그것 말고도 똥간(jake), 뒷간(latrine), 배변실(draught), 해우소(place of easement), 필수처(necessarium), 측간(garderobe), 사무처(house of office), 공(gong) 같은 다른 이름으로도 부르지만 말이다. 이런 곳에는 가운데 구멍이 뚫린 의자가 하나쯤 놓여 있었으며, 그 중차대한 위치에서 떨어진 무언가는 곧바로 해자로 낙하하든지, 아니면 깊은 통로를 따라내려갔다. 그런가 하면 잉글랜드 정부의 주요 구성요소 가운데 일부의 명칭이 바로 '변소(privy)'에서 유래했다는 추측과 주장도 종종 나온다. 가령 '옥새(Privy Seal)'나 '추밀원(Privy Council)'이 그렇다는 것이다. 그러나 이 정치 관련 용어가 잉글랜드에 전래된 것은 '변소(privy)'가 지금과 같은 의미로 사용된 것보다 무려 두 세기 전의 일이었다. 그러나 왕실의 변소를 담당하는 변기 담당 궁내관(the groom of the stool 또는 stole)이라는 직책은 실제로 있었으며, 시간이 흐르면서 그는 단순히 변기 닦는 사람에서 군주가 신뢰하는 고문으로 승진했다.

다른 여러 가지 단어에서도 이와 똑같은 과정이 일어났다. 가령 '옷장(wardrobe)'은 원래 의복을 보관하는 방을 가리켰다. 그러다가 나중에 가서는 탈의실, 침실, 변소를 가리키는 말로 사용되다가, 마침내 가구 한 점을 가리키는 말로 사용되었다. 그 와중에 이 단어는 또한 어떤 사람의 의복 일체를 가리키는 의미까지도 얻었다.

이처럼 새로운 유형의 방들이 나타남에 따라서, 집은 점차 옆으로 그리고 위로 커져갔다. 이른바 경이로운 집(prodigy house)*이라고 알려진 전혀 새로운 유형의 집이 싹을 틔우고, 시골 전역에서 번성했다. 그런 집들은 최소한 3층 이상이었고, 때로는 4층까지 되었으며, 종종 아찔할 정도로 규모가 컸다. 그중에서도 가장 큰 집은 켄트 주 놀에 있었는데, 세월이 흐르면서 점점 더 커져서 나중에는 면적이 거의 4에이커에 달하고, 7개의 안마당(일주일의 7일을 상징한다), 52개의 계단(한 해의 52주를 상징한다), 365개의 방(한 해의 365일을 상징한다)을 가지게 되었다고 전한다.

이런 집들을 바라보면, 우리는 그 당시의 건축가들이 집을 짓는 도중에 뭔가를 배워나가고 있었다는 것을 깨닫게 된다(그렇다는 사실을 보여주는 증거들은 종종 당혹스러울 정도이다). 이런 사례들 가운데 특히 주목할 만한 것은 더비셔 주의 하드윅 홀인데, 이곳은 1591년에 슈루즈버리 백작부인—'하드윅의 베스'라는 이름으로 통하던—을 위해서 지어진 것이다. 하드윅 홀은 그 시대의 경이였으며, 완공되자마자 수없이 많은 창문이 달린 집으로 유명해져서, 나중에 가서는 "하드윅 홀, 벽보다 창문이 많은 곳"이라는 유명한 경구가 등장하여 자주 인용되기에 이르렀다. 오늘날의 시각에서 보면, 그곳의 창문은 그 크기에서나 숫자에서나 그냥 평범한 수준에 가까워 보이지만, 1591년에만 해도 그런 발상은 눈부시게 새로운 것이었기 때문에, 막상 건축가(아마도 로버트 스미슨이었을 것으로 추정되는데)조차도 그 많은 창문을 어떻게 다 건물에 집어넣어야 할지를 모르고 있었다. 창문 가운데 일부는 굴뚝을 숨기기 위한 가짜 창문에 불과했다. 위아래 층의 방 두 개가 창문 하나를 공유하는 경우도 있었다. 큰 방 중에 일부는 그 규모에 걸맞는 큰 창문을 가지지 못했던 반면, 작은 방 중에 일부는 그나마도 가지지 못했다. 창문의 크기와 실내의 규모가 딱 맞아떨어지는 경우는 그야말로 가끔 한 번씩에 불과했다.

---

* 튜더와 엘리자베스 시대에 지어진 저택 가운데서도 특히 웅장한 것을 가리키며, 주로 국왕의 왕실 행차 때에 숙박을 목적으로 한 집이었다 / 역주

베스는 가장 좋은 은식기, 태피스트리, 그림을 비롯해서, 그 당시 잉글랜드의 개인주택이라면 당연히 갖춰놓아야 할 기타 물건들을 그 집에 잔뜩 채워놓았다. 그럼에도 불구하고 놀라운 사실은, 오늘날의 시각에서 그 집의 전체적인 풍경은 상당히 황량하고 수수한 편이라는 것이다. 바닥에는 단순한 골풀 깔개를 깔았다. 긴 회랑은 길이가 166피트에 달하지만, 그 안에는 겨우 식탁 세 개, 등받이 곧은 의자와 벤치 몇 개, 거울 두 개뿐이었다(엘리자베스 시대의 잉글랜드에서는 거울이 가장 귀중한 보물이었으며, 웬만한 그림보다 훨씬 더 값이 나갔다).

사람들은 단순히 거대한 집을 지은 것만이 아니라, 거대한 집을 상당히 많이 지었다. 하드윅 홀이 이처럼 주목할 만한 곳이 된 까닭 가운데 하나는, 그 부지 건너편에 완벽하게 훌륭한 기존의 하드윅 홀이 이미 하나 있었기 때문이었다(지금은 하드윅 올드 홀이라는 이름으로 알려진 곳이다). 오늘날은 폐허에 불과하지만, 베스가 살았던 당시에는 물론이고 이후 150년 뒤까지도 줄곧 사용되었다.

전통적으로 큰 집의 건축가(그리고 큰 집의 보유자)라면 대개 군주였다. 헨리 8세는 사망할 때까지 최소한 42개소의 궁전을 보유하고 있었다. 그러나 그의 딸 엘리자베스는 신중하게도 이보다는 차라리 다른 사람들을 방문하는 쪽이, 그리하여 자신의 여행에 들어가는 비용을 그쪽으로 떠넘기는 쪽이 훨씬 더 저렴하다고 생각했고, 그렇게 해서 매년 왕실 행차를 실시하는 유서 깊은 관습을 대대적으로 부활시켰다. 여왕은 대단한 여행가는 아니었지만—그녀는 평생 잉글랜드를 벗어난 적이 없었으며, 심지어 그 안에서도 아주 멀리까지 다니지는 않았다—끔찍스러운 방문객이기는 했다. 매년 있었던 왕실 행차는 무려 8주일에서 12주일가량이 걸렸으며, 그 와중에 스무 집가량을 방문했다.

군주의 부름을 받은 사람은 거의 항상 흥분과 두려움이 섞인 감정으로 왕실 행차를 맞이했다. 한편으로는 승진과 출세를 도모하기 위한 최고의 기회를 얻은 셈이었지만, 또 한편으로는 그 비용이 어마어마하게 비쌌기 때문이다. 왕실 식구는 최대 1,500명에 달했으며—엘리자베스 여왕의 경우에는 대략 150명 정도였다—그중 상당수가 매년 벌어지는 여왕의 순례 때마다 따라나섰다. 집주인들은 가뜩이나 제멋대로이고 특권의식에 젖은 그 수많은 손님들을 먹이고 재우고 대접하는 데에 드는 막대한 비용을 감당해야 했을 뿐만 아니라, 그 와중에 갖가지 좀도둑질과 재산상의 손해를 감수해야 했으며, 때로는 썩 유쾌하지 못한 돌발사태까지 감당해야 했다. 1660년에 찰스 2세의 행차가 옥스퍼드에서 떠났을 무렵, 뒤에 남은 사람들 중 한 사람이 당연히 질색하는 어조로 말한 것에 따르면, 그 왕실 손님들은 "각자의 배설물을 구석구석에, 심지어 굴뚝이며 서재며 석탄창고며 지하실에도 남겨놓고" 갔다.

왕실 행차를 잘만 접대하면 상당한 이익이 떨어졌으므로, 대부분의 집주인들은 왕실 손님들을 즐겁게 해주기 위해서 무척이나 창의적이고 성실하게 노력을 다했다. 공들여 만든 가장 무도회나 야외극은 머지않아 기본적인 행사가 되었고, 더 나아가 집주인들은 뱃놀이용 호수를 만들고 날개집을 증축하는 등 부지 전체를 재건축함으로써, 왕실의 입술에서 기쁨의 작은 탄성이 나오기를 고대했다. 선물 역시 아낌 없이 선사되었다. 존 퍼커링 경이라는 이름의 어느 불운한 신하는 다이아몬드가 장식된 비단 부채 하나, 알보석 여러 개, 보기 드물게 화려한가운 한 벌, 보기 드물게 훌륭한 버지널* 등을 선물했는데, 첫날 디너 때 여왕 전하께서 은제 식기와 소금그릇을 마음에 들어하는 것을 보자마자 군소리 없이 그 물건들도 여왕의 핸드백 속에 헌납했다.

가장 오래 곁에 머물렀던 대신들이라고 하더라도 여왕의 비위를 맞추는 데에는 지극히 예민했다. 한번은 엘리자베스가 링컨셔 주에 있는 버글리 경

---

* 하프시코드와 유사한 건반악기를 말한다 / 역주

의 집까지 가는 길이 너무 멀다고 불평하자, 그는 곧바로 오늘날 런던 북동부 교외에 있는 월섬 크로스의 집을 하나 사서 확장했다. 왜냐하면 그쪽이 더 가까웠기 때문이다. 대법관이었던 크리스토퍼 해턴은 여왕을 맞이한다는 유일무이한 용도 때문에 홀든바이 하우스라는 커다란 건물을 지었다. 그러나 여왕은 이곳을 찾지 않았고, 결국 그는 1만8,000파운드의 빚을 진 상태에서 사망했다. 이는 상당한 금액으로, 오늘날의 900만 파운드 상당에 달한다.

때로는 이런 집의 건축가에게 선택의 여지가 많지 않은 경우도 있었다. 제임스 1세는, 프랜시스 페인 경—그는 상당히 충성스러운 신하였지만, 왕은 그를 별로 대수롭지 않게 여겼다—에게 명령하여 노샘프턴셔의 에이프소프 홀을 대규모로 재건축하도록 했다. 그 이유인즉 그의 동성애 상대라고 소문난 버킹엄 공작과 함께 침실로 가는 사이에 산책 삼아 지나갈 수 있는 적당히 호화로운 방이 여러 개 필요했기 때문이었다.

그러나 그중에서도 가장 최악의 의무는 왕을 위해서 지극히 오래 지속되면서 돈이 많이 들어가는 의무를 감당하라는 명령을 받는 것이 아니었을까? 하드윅의 베스의 남편인 제6대 슈루즈버리 경의 운명이 딱 그러했다. 무려 16년 동안이나 그는 스코틀랜드 여왕 메리를 구금하는 임무를 담당했고, 이는 결국 그의 집을 이 터무니없이 불충한 세력이 머무는 작은 궁전으로 만들어서 유지해야 한다는 의미였다. 80마리의 말이 끄는 여러 대의 마차—그 행렬의 길이가 3분의 1마일에 달했다—편에 스코틀랜드 여왕과 50명의 하인 및 비서, 그리고 이들의 개인 소지품이 도착한 순간, 슈루즈버리 경의 가슴이 얼마나 철렁 내려앉았을지는 다만 상상만 할 수 있을 뿐이다. 이 많은 사람을 재우고 먹이는 것뿐만 아니라, 슈루즈버리는 보안경비를 위해서 개인 군대도 보유해야만 했다. 거기에 드는 비용과 심적 긴장으로 인해서 그와 베스의 결혼 생활은 행복할 수가 없었다. 물론 그 일이 없었어도 두 사람의 결혼 생활은 어차피 행복할 수가 없었으리라. 베스는 그야말로 남자를 잡아먹는 여자였다. 슈루즈버리는 그녀의 네 번째 남편이었고, 그 결혼 역시 그녀의 입장에서는 애정에서 비롯된 결합이라기보다는 사업상의 결합에 불과했다. 결국 그녀는 남편이 스코틀랜드 여왕과 불륜을 저지른다고 고발했고—진짜건 가짜건 간에 상당히 위험한 혐의였다—결국 두 사람은 갈라섰다. 그 직후에 베스는 그 당시로서는 최대의 건물들 가운데 하나를 짓기 시작했다.

인간의 삶이 점점 더 커지는 집 속에서 점점 더 깊은 곳으로 물러나면서, 홀은 그 본래의 목적을 잃어버리고, 단순히 계단이 있는 출입구의 로비로 전락했다. 즉 누군가를 맞아들이는, 그리고 그보다 더 중요한 어떤 공간으로 가기 위해서 지나가면 그만인 방이 된 것이다. 하드윅 홀의 경우에도 이런 상황은 마찬가지였다. 그 이름에도 불구하고, 이 집에서도 중요한 방들은 모조리 위층에 있었다. 홀은 더 이상 예전과 같은 진정한 중요성을 가진 방이 되지 못했다. 1663년이 되자, 이 명칭은 그냥 수수한 공간이라면 무엇이든지 가리키는 명칭으로 사용되었으며, 특히 출입구와 거기에 딸린 복도를 가리키는 명칭으로 사용되었다. 그런 한편으로 그 본래의 의미 역시 여전히 약간은 남아서, 나중에는 뭔가 크고 중요한 공간, 특히 공적인 공간을 가리키는 명칭으로 확장되었다. 가령 카네기 홀(Carnegie Hall), 로열 앨버트 홀(Royal Albert Hall), 시청(town hall), 명예의 전당(hall of fame) 같은 경우가 그렇다.

그러나 일반 주택에서 이 명칭은 그중에서도 가장 어의적으로 격하된 방을 가리키게 되었고, 이후 줄곧 그렇게 남았다. 요즘 지어지는 집의 경우와 마찬가지로, 내가 사는 오래된 목사관에서도 그 공간은 마치 쪼그라든 듯한 느낌을 주는 현관이고, 선반과 걸쇠가 있어서 우리가 신발을 벗고 겉옷을 걸어두는 작고 실용적인 사각형 공간에 불과하다. 이것이야말로 그 집 자체에 대한 명백한 예비 공간인 셈이다. 우리 대부분은 우리 집에 온 손님을 두 번 초대함으로써 무의식적으로나마 그 사실을 인지한다. 한 번은 그들이 밖에서 현관문을 통해서 들어올 때에, 또 한 번은 그들이 현관에서 외투와 모자를 벗고 났을 때에, "어서 들어와! 어서 들어오라고!"라는 진심이면서도 더욱 강조된 두 번의 외침과 함께 진짜 집 안으로 초대하는 것이다.

이 말과 함께, 우리도 이제 겉옷은 이곳에 벗어두고, 안으로 걸음을 옮겨보도록 하자. 가정이라는 것이 진정으로 시작된 어떤 방 안으로 말이다.

· 제4장 ·

부엌

I

1662년 여름, 당시 영국 해군성에서 떠오르는 젊은 인재였던 새뮤얼 피프스는 런던 타워 인근의 시딩 레인에 있는 자기 집에 상관인 해군장관 피터 페트를 초대해서 디너를 대접했다. 스물아홉 살의 피프스는 아마 상관을 초대해서 그에게 좋은 인상을 주고 싶었을 것이다. 그러나 경악스럽고 당황스럽게도, 피프스는 애써 준비한 철갑상어 요리를 상관 앞에 내놓고 나서야, 그 접시에 "작은 애벌레들이 수없이 꿈틀거리는 것"을 깨달았다.

사람이 먹는 음식 속에서 그처럼 활발한 움직임을 발견하는 경우는 피프스의 시대에만 해도 그리 흔하지는 않았지만—따라서 그는 정말로 굴욕을 느꼈을 것이다—음식의 신선도와 온전함에 관한 불확실성만큼은 상당히 일반적이었다. 식품의 보관 상태가 항상 부적절한 까닭에 급속히 부패하는 것까지는 아니었지만, 뭔가 위험하고 거부감이 드는 물질이 섞여들어서 졸지에 변색되거나 부풀어오를 가능성은 얼마든지 있었다.

식품 변조업자의 교활한 계략을 피할 수 있는 식품은 하나도 없어 보였다. 설탕과 다른 값비싼 [분말형] 식재료에는 석고, 구운석고, 모래, 흙, 그리고 다른 형태의 "미친 것들(forms of daft)"—그런 첨가물들을 이렇게 통칭했다―이 들어가게 마련이었다. 버터에는 수지와 돼지기름을 섞어서 양을 늘렸다. 여러 전문가들에 따르면, 그 당시에 차를 마시는 사람은, 톱밥에 서부터 양의 똥을 말려서 만든 분말에까지 이르는 갖가지 물질을 함께 섭 취했을 가능성이 있었다. 주디스 플랜더스에 따르면, 차[茶]라고 알려진 어떤 화물을 면밀히 조사한 결과, 진짜 차는 겨우 절반이 조금 넘는 정도였고, 나머지 절반가량은 모래와 흙으로 이루어져 있었다. 식초에는 톡 쏘는 맛을 더하려고 황산을 넣었고, 우유에는 백묵을 넣었고, 진에는 테레빈을 넣었다. 구리 아비산염을 넣으면 야채가 더 초록색을 띠었고, 젤리도 더 윤기가 돌았다. 크롬산납을 넣고 빵을 구우면 황금빛이 나고, 겨자에 넣으면 더 진한 색깔이 났다. 아세트산납을 음료에 넣으면 감미료 역할을 했고, 연단(사산화삼납)을 글로스터 치즈에 넣으면 훨씬 더 먹음직스러워 보였다. 물론 먹었을 때의 위험도 훨씬 더 늘어나기는 했지만 말이다.

약간의 기만적인 조작을 통해서 소매상에게 더 많은 경제적 이득을 가져오도록 개선되지 못할 식품은 사실상 없어 보였다. 토비아스 스몰렛의 보고에 따르면, 심지어 체리조차도 판매상의 입 안에 넣고 살살 굴려준 다음에 진열대에 놓으면 훨씬 더 싱싱하게 빛나도록 할 수 있었다. 이런 사실은 꿈에도 모른 채, "세인트 자일스의 행상의 지저분한 그리고 아마도 부패한 입 안에서 굴리고 축축해진" 감미로운 체리를 한 접시 맛있게 먹어치운 상류층 귀부인이 과연 얼마나 되는지를 그는 궁금해했다.

이런 사기 행위의 주요 표적은 바로 빵이었던 것 같다. 스몰렛은 유명한 소설 『험프리 클링커의 원정(*The Expedition of Humphry Clinker*)』(1771)에서 런던의 빵을 가리켜서 "백묵, 명반(明礬), 골회(骨灰)"의 혼합물이라면서, "맛은 싱거운데다가 신체에는 파괴적"이라고 썼다. 그런데 이런 비난은 그 당시에 이미 일반적이었으며, 아마도 그 이전부터 상당히 오랫동안 그래왔던 모양이다. 가령 "잭과 콩나무"라는 유명한 동화에도 다음과 같은 대목이 등장한다. "저놈의 뼈를 갈아가지고 내 빵을 만들어야지." 그러나 이처럼 널리 퍼진 빵 변조에 관한 공식적인 지적 중에서도 가장 처음은 1757년에 "내 친구인 어느 외과의사"에 의해서 익명으로 간행된 『감지된 독극물 : 또는 무시무시한 진실(*Poison Detected: Or Frightful Truths*)』이라는 책에 등장한다. 이 책의 저자는 "매우 믿을 만한 권위자"의 말에 의거하여, "적지 않은 일부 제과업자는 오래된 뼈 자루를 이용하고 있으며," 또한 "죽은 자들이 있는 납골당을 갈퀴로 긁어모아서 산 자들의 음식에 불결함을 더한다"고 주장했다. 똑같은 시기에 이와 매우 유사한 책이 나왔다. 의학박사 조지 프 매닝은 『정직하게 그리고 부정직하게 만든 빵의 본성(*The Nature of Bread, Honestly and Dishonestly Made*)』에서 제과업자들이 만드는 빵 덩어리 하나하나마다 콩가루, 백묵, 백연(白鉛), 소석회(消石灰), 뼛가루가 들어가는 것은 일반적이라고 보고했다.

심지어 지금까지도 이런 주장은 마치 사실인 듯이 정기적으로 다시 언급되지만, 실제로는 지금으로부터 무려 70년도 더 전에 이 문제에 관한 상당히 결정적인 예증이 나왔다. 즉 프레더릭 A. 필비가 이 분야의 고전적 저서인 『식품 변조(*Food Adulteration*)』에서 그런 주장은 아마도 사실이 아닐 것이라고 반박했던 것이다. 나아가 필비는 변조업자들이 사용했다는 재료와 분량을 그대로 이용해서 직접 빵을 만들어보는 흥미롭고 확실한 실험을 했다. 그중 한 번을 제외하면 모든 경우에, 빵은 마치 콘크리트처럼 단단해지거나 아예 구워지지 않았으며, 거의 모든 덩어리가 대단히 역겨운 맛과 냄새를 풍겼다. 또 몇 번인가는 진짜 빵보다도 굽는 시간이 더 오래 걸렸으며, 따라서 사실상 제조 원가가 더 많이 들었다. 그리고 변조된 빵 가운데 사람이 먹을 수 있는 것은 단 하나도 없었다.

이 문제의 핵심은, 사실 빵이라는 것은 상당히 민감한 것이라는 점이다. 만약 그 안에 뭔가 다른 물질을 넣게 되면, 그 분량이 얼마든지 간에, 십중팔구는 명백하게 티가 난다. 그리고 이는 사실 거의 모든 식품들이 마찬가지이다. 예를 들면, 어떤 사람이 차를 한 잔 마시면서, 그 가운데 50퍼센트는 쇳가루가 차지하고 있다는 것을 전혀 깨닫지 못하리라고는 믿을 수 없다. 물론 식품 변조가 부분적으로나마 실제로 있었다는 것은 의심의 여지가 없으며, 특히 색깔을 선명하게 만들기 위해서라든지, 또는 신선한 외관을 만들기 위해서 종종 그런 일이 벌어졌다. 그러나 앞에서 소개한 변조의 사례 가운데 상당 부분은 예외적인 경우이거나 사실이 아닐 것이며, 특히 빵에 넣는다고 알려진 온갖 물질의 경우는 분명히 더 그럴 것이다(그런 물질 중에서도 한 가지 주목할 만한 예외는 명반인데, 이에 관해서는 잠시 후에 다시 살펴보도록 하자).

19세기 내내 영국의 식단에서 빵의 중요성은 아무리 강조해도 지나침이 없다. 많은 사람들에게 빵은 단순히 식사에 곁들이는 중요한 간식만이 아니었고, 빵이 '곧' 식사였다. 빵의 역사를 연구한 크리스천 피터슨에 따르면, 당시에는 모든 가구의 지출 가운데 최대 80퍼센트가 식품 관련 지출이었으며, 그런 식품 관련 지출 가운데 최대 80퍼센트가 빵 관련 지출이었다. 심지어 중산층만 해도 수입 가운데 3분의 2를 식품비로 지출했으며 (오늘날은 대략 4분의 1가량이다) 그 가운데서도 특히 비율이 높고 민감한 부분이 바로 빵 관련 지출이었다. 거의 모든 역사 기록에 따르면, 더 가난한 가족의 경우에는 하루 식단이라는 것이 겨우 차 몇 온스와 설탕, 야채 약간, 치즈 한두 조각 그리고 가끔 가다가 한번씩 고기 아주 조금이었고, 그 나머지는 모두 빵이었다.

빵이 워낙 중요했던 까닭에, 그 순도를 규제하는 법률은 매우 엄격했고, 그 처벌도 매우 가혹했다. 고객을 속인 제과업자는 판매한 빵 한 덩어리 당 10파운드의 벌금을 물거나 감옥에서 한 달 동안의 중노역 형을 받았다. 한때는 이처럼 부정을 행하는 제과업자들을 오스트레일리아 유형(流刑)에 처하는 방안이 진지하게 고려되기도 했다. 이것은 제과업자들에게는 큰 걱정거리였는데, 빵 덩어리는 굽는 과정에서 증발 작용을 통해서 무게가 줄었으므로, 자칫 본의 아니게 실수를 범하기가 쉬웠기 때문이다. 그런 이유 때문에 제과업자들은 때때로 덤을 제공했다. 이것이 바로 그 유명한 제과업자의 12개(baker's dozen)*이다.

그러나 명반은 또다른 문제였다. 명반은 염색에서 염착제(染着劑)—정식 명칭은 매염재(媒染劑)—로 사용하는 화학적 화합물이다(전문 용어로는 이 중 황산염[複鹽]이라고 한다). 이 물질은 또한 온갖 종류의 산업 제조과정에서 정화제로도 사용되고, 가죽을 무두질하는 데에도 사용된다. 이 물질은 밀가루를 표백하는 데에도 효과적인데, 이것만 놓고본다면 반드시 나쁘다고는 말할 수 없다. 애초부터 극소량의 명반만 가지고도 효과를 얻을 수 있기 때문이다. 예를 들면, 서너 숟가락의 명반만 있으면 280파운드의 밀가루를 표백할 수 있으며, 그 정도로 희석된 분량이라면 어느 누구에게도 해를 끼치지는 않는다. 사실 명반은 지금도 각종 식품과 약품에 첨가된다. 베이킹파우더와 백신에 종종 들어가는 성분이며, 정화하는 성질 때문에 간혹 물에도 첨가된다. 이 물질은 열등한 등급의 밀가루—즉 영양 면에서는 매우 훌륭하지만, 외관이 그리 매력적이지는 않은—도 대중이 받아들이게 만들고, 따라서 제빵업자의 입장에서는 밀을 보다 알뜰히 사용하게 해준다. 이 물질은 또한 완벽하게 합법적인 이유에 따라서 밀가루에 건조제로도 첨가된다.

이질적인 물질이 들어가는 까닭이 항상 양을 부풀리기 위해서는 아니었다. 때로는 그냥 떨어져서 들어가는 경우도 있었다. 1862년에 있었던 의회 차원의 제과업자 조사에 따르면, 빵집 중 상당수에 "거미집이 수두룩했으며, 그 위에 밀가루 먼지가 쌓이면서 묵직해진 상태로, 가느다란 줄에 의지해서 매달려 있어서" 여차 하면 지나가던 항아리나 쟁반 위로 풀썩 떨어지기 십상이었다. 벽과 계산대 위에는 벌레나 쥐 같은 것들이 돌아다녔다. 애

---

* 본문에서 설명한 것처럼, 제과업자가 빵의 중량을 속이다가 적발되면 중범죄로 처벌을 당했다. 따라서 제과업자 측에서는 12개씩 빵을 사는 고객에게 1개씩을 더 얹어주는 방식으로 처벌 위험을 모면했다. 이후로 "제과업자의 12개"는 13개를 의미하게 되었다 / 역주

덤 하트-데이비스에 따르면, 1881년에 런던에서 판매된 어떤 아이스크림의 경우, 사람 머리카락, 고양이 털, 곤충, 면 섬유, 그리고 인체에 해로운 물질 몇 가지가 더 들어 있었다고 한다. 그러나 이는 사기를 치려고 양을 부풀리는 물질을 첨가한 경우라기보다는, 위생상태가 불량인 경우였다. 똑같은 시기에 런던의 어느 과자 제조업자는 "사탕의 노란색을 내기 위해서, 자신의 손수레를 칠하고 남은 물감을 사용한" 죄로 벌금형에 처해졌다. 그러나 이런 사건이 여러 신문의 관심을 끌었다는 사실은, 이것이 정기적으로 일어나는 사건이라기보다는 예외적으로 일어나는 사건임을 암시한다.

소설 『험프리 클링커(Humphry Clinker)』는 서간문 형식으로 이루어져서 산만한 감이 있지만, 18세기 잉글랜드의 삶을 생생하게 그려냈기 때문에 지금도 상당히 많이 인용되고, 따라서 대담할 거리를 확실하게 많이 가지고 있다. 그중에서도 특히 화려한 문장 가운데 하나에서, 스몰렛은 우유가 뚜껑 없는 들통에 실려 런던 곳곳의 거리를 지나서 운반되는 모습을 묘사하는데, 그 와중에 들통 안으로 갖가지 것들이 들어간다. "행인의 침, 콧물, 담배꽁초, 분뇨 수레에서 흘러넘친 것들, 마차 바퀴에서 튀긴 것들, 못된 사내아이들이 장난삼아서 집어넣은 흙과 쓰레기, 어린애가 토한 것……그리고 마지막으로 각종 해충들이 있었는데, 이 귀중한 혼합물을 판매하는 지저분한 여자의 넝마에서 떨어진 놈들이었다." 여기서 자칫 간과하기 쉬운 사실은 이 책이 어디까지나 풍자를 의도한 작품이며, 결코 다큐멘터리는 아니라는 것이다. 스몰렛은 심지어 이 글을 쓸 때에 잉글랜드에 있지도 않았으며, 이탈리아에서 천천히 죽음과 가까워지던 중이었다(그는 이 책이 간행된 지 석 달 만에 사망했다).

물론 그렇다고 해서 불량식품이 전혀 없었다고 말하려는 것은 아니다. 오히려 있었다는 것이 거의 확실하다. 오염되거나 썩은 고기는 특히 문제였다. 런던의 주요 육류 거래소였던 스미스필드 시장의 지저분함은 워낙 유명했다. 1828년에 있었던 의회 조사에서 한 증인은 "너무 냄새가 고약하고, 그 기름은 뚝뚝 떨어지는 누런 점액과 다름없는 암소의 시체"를 거기서 봤다고 증언했다. 멀리 떨어진 지역에서 그곳까지 걸어온 짐승들은 종종 쇠약하고 병든 상태였으며, 그곳에 도착한 뒤에도 상태가 더 나아지지 않았다. 양은 아직 살아 있는 상태에서 가죽을 벗기는 경우도 간혹 있었다. 상당수의 동물들이 상처로 뒤덮여 있었다. 스미스필드는 불량 고기를 워낙 많이 팔아서, 아예 거기 붙이는 나름대로의 명칭도 가지고 있었다. 바로 캐그매그(cag-mag)라는 이름이었는데, 이는 "싸구려 쓰레기"를 의미하는 속어 단어 두 개를 생략해서 만든 말이었다.

생산자의 의도가 순수한 경우에도, 그 식품 자체가 항상 순수한 것은 아니었다. 식품을 충분히 먹을 수 있는 상태로, 멀리 떨어진 시장까지 운반하는 것은 언제나 쉽지 않은 일이었다. 사람들은 멀리 떨어진 곳에서 생산되는 식품을, 또는 제철이 아닌 식품을 먹을 수 있기를 꿈꾸었다. 1859년 1월, 아메리카의 수많은 사람들이 기대 가득한 눈으로 지켜보는 가운데, 30만 개의 잘 익은 오렌지를 실은 배 한 척이 푸에르토리코에서 뉴잉글랜드를 향해서 전속력으로 출발했다. 바로 그런 운송이 가능하다는 점을 보여주기 위한 실험이었다. 그러나 목적지에 도착한 그 배의 화물 가운데 3분의 2는 썩어서 향기로운 죽이 되어 있었다. 그보다 더 멀리 떨어진 곳의 생산자들은 심지어 그나마의 성과조차도 기대할 수가 없었다. 아르헨티나에서는 끝없이 펼쳐진 비옥한 대초원에서 소떼를 상당히 많이 길렀지만 그 고기를 배로 운반할 방법이 없었기 때문에, 소떼 대부분은 끓여서 뼈와 수지만 골라내고 고기는 그냥 내버리기 일쑤였다. 이들을 돕기 위해서 독일의 화학자 유스투스 리비히는 훗날 옥소(Oxo)라는 이름으로 알려진 고기 추출용제를 만들었지만, 그로 인한 차이는 여전히 미미한 정도였다.

따라서 자연이 허락하는 것보다 더 오랜 기간 동안 식품을 안전하고 신선하게 유지할 수 있는 방법을 찾는 일이 절실해졌다. 18세기 말에 들어서 프랑수아 아페르(또는 니콜라 아페르일 수도 있는데, 그에 관한 자료가 워낙 다양하기 때문이다)는 『온갖 종류의 동식물 재료를 수년간 보존하는 기술(*The Art of Preserving All Kinds of Animal and Vegetable Substances for Several Years*)』이라는 책을 간행했는데, 이것이야말로 진정한 돌파구를 상징했다. 아페르의 제안은 식품을 유리병에 넣고 밀봉한 다음, 천천히 가열하는 방식이었다. 이 방법은 전반적으로 성공적이었지만, 밀봉이 완전하지는 못해서 때때로 공기나 오염물질이 들어가는 바람에, 그 내용물을 섭취한 사람들의 위장에 불편을 야기하곤 했다. 아페르의 유리병에 대한 완전한 확신을 가지기가 불가능했던 만큼, 어느 누구도 그런 확신을 가지지 않았다.

한마디로 말해서, 그 당시에는 음식이 식탁에 오르기까지의 과정에서 뭔가가 잘못될 가능성이 매우 많았다. 따라서 1840년대 초에 이 문제를 획기적으로 변화시킬 것이라고 약속하는 기적적인 생산품이 나오자, 모두가 흥분해 마지않았다. 그 생산품이란 의외로 사람들에게 익숙한 것, 바로 얼음이었다.

II

1844년 여름, 웨넘 레이크 얼음 회사—매사추세츠 주에 있는 어느 호수 이름을 따서 지은 회사였다—에서는 런던의 스트랜드 가에 점포를 하나 개설하고, 매일 신선한 얼음 한 덩어리를 진열장에 전시해두었다. 당시 잉글랜드에 살던 사람 중에 어느 누구도—그것도 한여름에, 그것도 런던 한복판에서—그렇게 큰 얼음 덩어리를, 그처럼 놀라울 만큼 투명하고 깨끗한 얼음 덩어리를 본 적이 없었다. 심지어 얼음 덩어리 너머에 놓인 신문까지 읽을 수 있을 정도로 투명하고 깨끗했다. 실제로 그 점포에서는 얼음 덩어리 너머에 정기적으로 신문을 한 부씩 가져다놓았는데, 행인들이 이 놀라운 사실을 직접 보고 알게 하려는 의도였다. 이 점포의 진열장은 일종의 센세이션을 일으켰으며, 정기적으로 구경꾼들이 모여서 넋을 잃고 그 안을 바라보았다.

새커리는 그의 소설에서 웨넘의 얼음이라는 명칭을 언급했다. 빅토리아 여왕과 앨버트 공은 그 얼음을 버킹엄 궁전에서 사용했으며, 그 회사에 왕실 조달 허가증을 부여했다. 많은 사람들은 웨넘이 어마어마하게 큰 호수라고, 가령 오대호 가운데 하나 정도의 규모라고 생각했다. 영국의 지질학자 찰스 라이엘은 특히 호기심을 가지게 된 나머지 미국 강연여행 도중에 직접—쉽지 않은 일이기는 했지만—보스턴에서 그 호수까지 찾아갔다. 그는 웨넘 얼음이 매우 천천히 녹는다는 사실에 매료되었으며, 그것이 아마도 그 유명한 얼음의 순수성과 무슨 관계가 있지 않을까 추정했다. 사실 웨넘의 얼음은 다른 여느 얼음들과 마찬가지의 속도로 녹았다. 다만 미국에서 영국까지 올 정도로 멀리 운반이 가능하다는 점을 제외하면, 그 얼음 자체에 특별한 것은 없었다.

호수의 얼음은 정말 경이로운 생산품이었다. 생산자 측에는 아무런 비용 부담이 없었고, 깨끗하고, 재생이 가능하며, 공급량이 무궁무진했다. 한 가지 단점은 얼음을 생산하고 보관할 기반시설이 전혀 없고, 얼음을 판매할 시장도 전혀 없었다는 것이었다. 얼음 산업이 존재하게 만들려면, 우선 얼음을 대규모로 자르고, 운반할 방법을 만들고, 창고를 짓고, 판매권을 확보하고, 믿을 만한 운송회사와 대리인의 연쇄 체계를 조직하고, 다른 무엇보다도 얼음이라는 것을 보기 드문 장소에서—심지어 사람들이 얼음을 구경한 적도 없기 때문에 어느 누구도 선뜻 돈을 주고 얼음을 사려고 들지 않을 장소에서—얼음에 대한 수요를 만들어야만 했다. 결국 이 모두를 가능하게 만든 사람은 유력한 가문에서 태어났고 도전적인 성향을 가진 보스턴 출신의 프레더릭 튜더였다. 그는 얼음의 상품화를 평생의 목표로 삼고 매진했다.

당시에는 얼음을 배에 실어서 뉴잉글랜드에서 멀리 떨어진 항구까지 보내는 일은 미친 짓—그의 동시대인 가운데 한 사람의 표현을 빌리면 "제정신이 아닌 머리로 하는 허튼 짓"—으로 간주되었다. 배에 실린 얼음이 영국에 처음 도착했을 때, 세관원들은 이것을 도대체 어떤 품목으로 분류해야 할지를 놓고 당혹스러워했고, 그렇게 우물쭈물 하는 사이에 300톤이나 되는 얼음은 미처 부두로 옮겨지기도 전에 모조리 녹아버리고 말았다. 선주들은 얼음을 화물로 받아들이기를 매우 마뜩찮아했다. 자칫하다가는 쓸모도 없는 물만 가득 싣고 항구에 들어서는 굴욕을 당할지도 모른다는 걱정 때문이기도 했고, 녹아서 이리저리 움직이는 얼음이며 질척거리는 얼음물 때문에 자칫 배가 요동칠 수도 있다는 매우 실제적인 위험 때문이기도 했다. 선주들로 말하면, 어쨌거나 배 '안에' 물이 들어온다는 것을 상상조차 하기 싫어하는 선원 특유의 본능을 가진 사람들이었으므로, 얼음이라는 상품에 대한 수요가 확실하지도 않은 상황에서 그런 엉뚱한 위험을 선뜻 받아들이려고 하지 않았던 것이다.

튜더는 기묘하고 까다로운 사람이었다. 대니얼 부어스틴의 평가에 따르면, "오만하고, 허영심이 많고, 경쟁자를 얕보고, 적에게는 무자비한" 인물이었다. 가장 가까웠던 친구들과 줄줄이 소원해지고, 동료들의 신뢰를 연이어 배신하는 등, 마치 그런 인간관계의 파탄이 일생의 목표라도 되는 듯이 굴었다. 얼음 매매를 가능하게 했던 거의 모든 기술적 혁신은, 내성적이고, 고분고분하고, 오랫동안 괴로움을 당한 그의 동업자 너새니얼 와이어스의 업적이었다. 튜더는 여러 해 동안 실패를 맛본 끝에 그리고 가족의 재산을 모조리 탕진한 끝에, 마침내 얼음 사업을 만들고 시작했으며, 얼음 소비가 점차 유행하면서 그는 물론이고 다른 여러 사람들도 큰 부자가 되었다. 이후 수십 년 동안이나 얼음은, 그 무게로 따져보았을 때, 미국의 여러 수확품들 가운데 두 번째로 큰 수확품이었다. 단열만 잘하면, 얼음은 놀라울 만큼 오랫동안 녹지 않을 수 있었다. 심지어 보스턴에서 봄베이까지 무려 130일 동안 1만6,000마일의 거리를 운반된 경우도 있었다. 이때는 얼음 가운데 3분의 2가량이 온전했는데, 그것만 가지고도 그 긴 여행에서 충분히 이익을 거두었을 정도였다. 얼음은 남아메리카의 가장 먼 구석까지도 갔고, 케이프 혼을 거쳐서 뉴잉글랜드에서 캘리포니아까지 운반되기도 했다. 아울러 그 이전까지는 전혀 쓸모가 없는 물건으로 간주되었던 톱밥이 정말 탁월한 단열재라는 것이 밝혀졌으며, 덕분에 메인 주의 제재소에는 유용한 추가 수입이 들어오게 되었다.

웨넘 호수는 사실상 미국의 얼음 사업과 동의어가 되었다. 그러나 이곳에서 실제로 생산되는 얼음은 기껏해야 한 해에 1만 톤을 약간 웃돌았으며, 그 정도는 메인 주 케네벡 강의 연 생산량 100만 톤과 비교하면 아무것도 아니었다. 영국에서는 웨넘 얼음이 실제로 사용되는 경우보다 그냥 이야기로만 회자되는 경우가 더 많았다. 정기 배달을 받는 사업장이 소수이나마 있었지만, (왕실을 제외하면) 개인 가정에서는 거의 그렇지 못했다. 1850년대에 이르자, 영국에서 팔리는 얼음의 대부분은 웨넘에서 온 것이 아니었을뿐더러, 심지어 미국에서 온 것도 아니었다. 노르웨이 사람들—약삭빠름을 이야기할 때 우리의 머리에 쉽게 떠오르는 사람들이 아닌데도—이 오슬로 인근 오페가드 호수의 이름을 웨넘 호수로 바꾸면서까지, 그 수지맞는 시장에 진입했던 것이다. 1850년에 이르자 영국 내에서 판매되는 대부분의 얼음들은 노르웨이산이었는데, 사실 영국인 사이에서는 얼음이 크게 유행한 적이 없었다고 말해야 마땅하리라. 지금도 마찬가지지만, 영국에서는 얼음이 마치 조제약이라도 되는 것처럼 판매되기 때문이다. 반면 진짜 시장은 오히려 미국 그 자체였다는 것이 드러났다.

개빈 웨이트먼이 얼음 사업의 역사를 다룬 『얼린 물 장사(The Frozen Water Trade)』에서 지적한 것처럼, 미국 사람들은 일찍이 역사상 누구도 하지 못한 방식으로 얼음의 진가를 알아보았다. 예를 들면, 맥주와 와인을 차갑게 만들고, 맛 좋은 얼음 칵테일을 만들고, 열을 가라앉히고, 다양한 종류의 냉동식품을 만드는 데에 얼음을 사용했다. 아이스크림이 유행했으며, 이는 놀라울 만큼 창의적인 발상이었다. 뉴욕의 유명한 식당 델모니코에서는 손님들이 호밀 맛 아이스크림이나 아스파라거스 아이스크림처럼, 전혀 의

외의 맛을 가진 여러 아이스크림을 주문할 수 있었다. 뉴욕 시에서만 매년 100만 톤에 가까운 아이스크림이 소비되었다. 브루클린은 33만4,000톤, 보스턴은 38만 톤, 필라델피아는 37만7,000톤을 빨아 먹었다. 미국인은 얼음을 이용한 갖가지 문명의 이기를 만들어냈다는 사실에 점차 대단한 자부심을 품게 되었다. 영국인 새러 모리는 미국을 방문했을 때, 어떤 사람으로부터 이런 말을 들었다. "누군가가 미국을 비난하는 걸 듣거든 말입니다. 그땐 얼음을 기억하세요."

얼음이 있는 그대로 사용된 곳도 있었다. 바로 철도 화차의 냉장고 안이었는데, 덕분에 고기나 다른 쉽게 상하는 물품들이 대륙을 가로질러서 운반될 수 있었다. 시카고는 철도 산업의 중심지가 되었는데, 그 이유 가운데 하나는 그곳에서 막대한 양의 얼음을 만들고 보관할 수 있었기 때문이다. 시카고의 개인 소유 얼음 창고에서는 무려 25만 톤의 얼음을 보관할 수 있었다. 얼음이 이용되기 전까지만 해도, 더운 날씨에는 우유가 겨우 한두 시간이면 상했다(물론 우유야 젖소에게서 나올 때부터 뜨듯하니까). 닭고기는 잡은 날 바로 모두 먹어치워야만 했다. 신선한 고기라도 하루를 넘기면 안전한 경우가 매우 드물었다. 그런데 이제는 식품을 오랫동안 보관할 수 있을 뿐만 아니라, 먼 시장에까지 가져가서 판매할 수도 있게 되었다. 시카고에서는 1842년에 사상 처음으로 바다 가재가 선을 보였는데, 동부 연안에서 냉장 화차에 실어서 가져온 것이었다. 시카고 사람들은 마치 그 바다 가재가 외계 생물이라도 되는 듯이 바라보았다. 역사상 처음으로 식품이 그 생산지에서 가까운 지역에서만 소비되지 않아도 된 셈이었다. 미국 중서부의 끝없는 평원에 사는 농부들은 식품을 다른 어디보다 더 값싸고 풍부하게 생산했을 뿐만 아니라, 이제는 세계 어디든지 다 가져다가 팔 수 있었다.

그 와중에 다른 발전이 일어나서 식품의 보관 가능성의 범위를 더 어마어마하게 늘려놓았다. 1859년에 미국인 존 랜디스 메이슨은 대략 한 세기 내내 프랑스인 프랑수아 (또는 니콜라) 아페르가 미처 해결하지 못했던 문제를 드디어 해결했다. 메이슨은 금속 뚜껑을 나사식으로 여닫는 유리병으로 특허를 얻었다. 덕분에 완벽한 밀봉이 가능해져서, 이전까지 쉽게 상하던 온갖 식품을 상하지 않게 보존할 수 있게 되었다. 메이슨 유리병은 세계 어디서나 큰 인기를 끌었지만, 정작 메이슨은 거기에서 거의 이득을 얻지 못했다. 왜냐하면 그 특허를 얼마 되지 않는 금액에 팔아버리고, 다른 발명품 쪽으로 눈을 돌렸기 때문이다. 그 다른 발명품이란, 접이식 구명 뗏목, 시가를 신선하게 보존할 수 있는 상자, 알아서 물이 마르는 비누그릇 등이었다. 그는 그 발명품들로 부자가 될 수 있으리라고 생각했지만, 실제로는 별로 성공을 거두지 못했고, 그다지 훌륭한 제품들도 아니었다. 연이은 실패 끝에 메이슨은 반쯤 정신착란 상태가 되어서 가난에 시달렸다. 그는 1902년에 외로이 세상에서 잊혀진 채로, 뉴욕 시의 어느 빈민가 공동주택에서 사망했다.

식품을 보존하는 또다른 대안이자, 궁극적으로는 훨씬 더 성공적이었던 방법은 통조림이었으며, 1810년부터 1820년 사이에 잉글랜드에서 브라이언 동킨이라는 사람이 완성했다. 동킨의 발명은 식품을 아름답게 보관할 수 있었지만, 초창기에 사용되던 깡통은 단철로 만든 것이어서 워낙 무거운데다가, 여는 것도 불가능했다. 어떤 통조림에는 망치와 끌을 가지고 따는 방법이 설명되어 있을 정도였다. 병사들은 총검으로 찌르거나, 또는 아예 총을 쏴서 통조림을 땄다. 이 문제에 대한 진정한 돌파구는 더 가벼운 재료의 개발과 함께 찾아왔으며, 덕분에 대량 생산이 가능해졌다. 1800년대 초에는 한 사람이 열심히 일하면, 하루에 통조림 깡통 60개를 생산할 수 있었다. 1880년에 이르자 기계가 하루에 1,500개의 통조림 깡통을 만들어냈다. 한 가지 놀라운 사실은, 그때까지도 깡통을 여는 문제가 여전히 적잖은 골칫거리였다는 점이다. 다양한 절단 도구가 특허를 얻었지만 하나같이 사용하기가 어려웠고, 손이 미끄러지기라도 하면 자칫 치명적으로 위험할 수 있었다. 안전한 현대식 수동 깡통따개—돌아가는 바퀴 두 개에 돌리는 손잡이 하나가 달린 것—는 겨우 1925년에야 처음 나왔다.

식품 보존 분야에서의 발전은 식품 생산 분야에서 일어난 더 커다란 혁명의 일부분이었으며, 이는 세계 어디에서나 농업의 역학을 뒤바꿔놓았다. 맥코믹 수확기 덕분에 곡물의 대량생산이 가능해졌고, 나아가서 미국에서는 산업적 규모의 가축 생산이 가능해졌다. 덕분에 또다시 대형 육류포장센터와 더 향상된 냉장 방법의 발전이 이루어졌다. 현대로 접어들어서도 얼음은 오랜 세월 동안 냉장 방법의 핵심을 차지했다. 비교적 최근인 1930년까지도 미국에는 얼음을 이용해서 가동하는 냉장 화차가 무려 18만1,000대나 있었다.

식품을 먼 곳까지 운반할 수 있는, 그리고 멀리 있는 시장에 도착할 때까지 싱싱하게 보존할 수 있는 기술이 갑작스레 생겨나면서부터, 여러 먼 나라들의 농업이 크게 바뀌었다. 캔자스의 밀, 아르헨티나의 쇠고기, 뉴질랜드의 양고기를 비롯한 전 세계 각국의 여러 가지 식품들이 수천 마일 떨어진 곳의 식탁에 모습을 드러내기 시작한 것이었다. 전통적인 농업 지역에서는 대규모의 퇴락이 불가피했다. 지금도 뉴잉글랜드의 숲에 들어가보면, 얼마 걸어가지 않아도 마치 유령 같은 집의 토대이며 밭의 구획을 표시한 돌담을 발견할 수 있는데, 이는 19세기에 버려진 농장이 있던 자리이다. 그 지역의 농부들은 떼 지어 농장을 떠났으며, 결국 공장에 들어가서 일하거나 훨씬 더 서쪽에 위치한 더 좋은 땅에서 새로운 농사를 시도했다. 당시 버몬트 주에서는 한 세대 만에 인구의 거의 절반이 사라졌을 정도였다. 유럽도 마찬가지로 몸살을 앓았다. "영국 농업은 19세기의 마지막 한 세대 동안 사실상 붕괴했다." 펠리페 페르난데스-아르메스토는 이렇게 말했다. 이와 더불어서 이전까지 농업이 지지해주던 모든 것이 붕괴했다. 농장 노동자, 마을, 시골 교회와 목사관, 토지를 소유한 귀족 제도까지도 말이다. 따지고 보면 우리 목사관을 비롯해서 수천 군데의 다른 목사관들이 개인의 손에 넘어가게 된 것도 모두 그 때문이었다.

2007년 가을에 뉴잉글랜드를 방문하는 동안, 나는 보스턴에서 차를 몰고 웨넘 호수를 찾아가보았다. 한때 짧게나마 전 세계에서 가장 유명했던 호수를 직접 구경하기 위해서였다. 오늘날의 웨넘은 보스턴 북쪽으로 15마일쯤 떨어진 멋진 교외의 조용한 고속도로를 따라서 펼쳐져 있으며, 웨넘과 입스위치라는 두 마을 사이를 차로 오가는 사람들에게는 그야말로 그림 같은 물의 풍경을 제공한다. 웨넘 호수는 오늘날 보스턴의 식수 공급원이므로, 그 주위에는 높은 철조망이 둘러져 있고, 일반인에게는 개방되지 않고 있다. 도로변에는 웨넘 마을의 건립 300주년을 기념하여 1935년에 만들어진 표지판이 있지만, 한때 이곳을 전 세계적으로 유명하게 만든 얼음 매매에 관해서는 전혀 언급이 없다.

III

만약 우리가 1851년에 이 목사관의 부엌에 들어왔다면, 아마 대번에 갖가지 차이를 깨달을 수 있었을 것이다. 한 가지 예를 들면, 그 당시에는 싱크대가 없었다. 19세기 중반의 부엌은 오직 요리를 하는 용도로만 사용되었다(적어도 중산층 주택에서는 그러했다). 뭔가를 씻는 일은 별도의 설거지실―이 다음에 우리가 찾아갈 방이다―에서 이루어졌다. 다시 말하면 식기를 닦고, 말리고, 치우기 위해서는 일단 모든 접시와 그릇을 들고 복도를 지나서 그 방으로 가져가야 했다는 뜻이다. 그러자면 복도를 상당히 많이 오락가락하게 되었는데, 빅토리아 시대의 사람들은 요리를 상당히 많이 했고, 접시도 놀라울 정도로 많이 사용했기 때문이다. 1851년에 마리아 클러터벅 부인이라는 여성(실제 정체는 찰스 디킨스의 부인이었다)이 써서 인기를 얻은 『디너로 뭘 먹지?(*What Shall We Have for Dinner?*)』라는 책을 보면, 그 당시에 이루어지던 요리가 어떤 것이었는지를 알 수 있다. 거기서 제시되는 한 가지 메뉴—여섯 사람이 먹을 디너—에는 다음과 같은 음식들이 모두 포함된다. "당근 수프, 새우 소스를 곁들인 가자미, 바다 가재 파이, 콩팥 스튜, 양 등심 구이, 삶은 칠면조, 햄의 무릎도가니, 으깬 감자와 구운 감자, 양파 스튜, 찐 푸딩, 블라망주와 크림, 마카로니." 이런 요리에는 설거지할 그릇이 무려 450개나 나오는 것으로 계산된다. 이쯤 되면 설거지실로 이어지는 부엌의 자재문이 상당히 많이 여닫혔을 법하다.

만약 여러분이 마침 가정부인 윔 여사와 그 조수인 열아홉 살의 마을 처녀 마사 실리가 빵을 굽거나 요리를 하고 있을 때 이 목사관에 도착했다면, 여러분은 두 사람이 얼마 전까지만 해도 전혀 하지 않았던 어떤 일을 하고 있다는 것을 발견했을 것이다. 바로 요리 재료를 조심스럽게 계량하는 일이다. 그 세기의 중반까지도 요리책의 지시는 항상 놀라울 만큼 부정확했으며, 기껏해야 "밀가루를 약간"이라든지, "우유를 넉넉히"라고 적혀 있었다. 이 모두를 바꿔놓은 원인은 수줍은 성격에, 모두들 선량한 성품이라고 입을 모았던 켄트 출신의 여성 시인 일라이자 액턴이 쓴 혁명적인 책 한 권이었다. 그녀가 쓴 시집은 전혀 팔리지가 않았기 때문에, 출판사에서는 상업적인 책을 써보라고 권했고, 1845년에 액턴 양은 『가정을 위한 현대 요리(Modern Cookery for Private Families)』라는 책을 펴냈다. 이것은 재료의 정확한 분량과 요리 시간을 명시한 최초의 책이었으며, 그 이후에 나온 모든 요리책들이 거의 항상 부지불식간에 모범으로 삼은 책이었다.

이 책은 상당한 성공을 거두었지만, 머지않아 그보다 더 뻔뻔한 책이 한 권 나오면서 갑자기 옆으로 밀려나고 말았다. 그 책이 바로 대단히 지속적이고 강력하며 신비스럽게 영향력을 발휘한 이사벨라 비턴의 『가정 관리서(Book of Household Management)』였다. 그 영향력과 그 내용 면에서 이와 비슷한 책은 이후로도 결코 없었다. 이 책은 출간되자마자 성공을 거두었으며, 그 다음 세기가 한참 지날 때까지도 여전히 그 성공을 유지했다.

비턴 여사는 이 책의 첫 줄에서 가정을 운영하는 것이야말로 엄숙하면서도 우울한 일이라고 분명히 밝히고 넘어간다. "군대에는 지휘관이 있고, 회사에는 대표자가 있는 것처럼, 가정에는 주부가 있다." 그녀는 이렇게 선언한다. 그보다 조금 앞서서 저자는 사심 없는 영웅주의를 드러낸다. "나로서는 솔직히 인정할 수밖에 없다. 만약 이 책을 쓰는 데에 들어갈 공력이 어느 정도인지 미리 알았더라면, 나는 차마 시도할 엄두가 나지 않았을 것이다." 그녀는 이렇게 선언함으로써, 독자에게 약간의 우울함과 아울러 뜨끔한 부채 의식을 느끼게 만든다.

비록 제목은 『가정 관리서』이지만, 그 제목에 나타나는 주제는 겨우 23쪽에 불과하고, 이후의 900쪽은 거의 전부가 요리에 관한 내용이다. 그런데 부엌을 향한 이런 편애에도 불구하고, 비턴 여사는 사실 요리를 좋아한 적이 없고, 가급적 자기 집 부엌 근처에는 얼씬도 하지 않던 사람 같다. 이런 의혹은 그 책에 나온 요리법 몇 가지만 읽어보면 분명해진다. 예를 들면, 파스타를 식탁에 올리기 위해서는 무려 1시간 45분을 끓여야 한다고 주장하는 대목이 그렇다. 그 나라, 그 세대에 속하는 다른 많은 사람들과 마찬가지로, 그녀는 이국적인 것에는 무조건 본능적인 의구심을 품었다. 가령 망고는 "테레빈유조차도 싫어하는 법이 없는 사람들이나" 좋아할 만한 과일이라고 했다. 바다 가재는 "소화가 불가능한" 식품이며, "일반적으로 간주되는 것만큼 영양가가 많지는 않다"고 했다. 마늘은 "불쾌하다"고 했다. 감자는 "의심스럽다. 그중 상당수는 최면 성분이 있고, 또 상당수는 유독하다"고 했다. 치즈의 경우에는 오직 앉아서 일하는 사람들에게만 적당하다고 했으며—어째서 그런지는 설명하지 않았다—그나마도 "아주 적은 양"만 그렇다고 보았다. 곰팡이 정맥이 있는 치즈는 특히 피해야 한다고 주장하면서, 그것이 균류가 자라난 모습이기 때문이라고 했다. "전반적으로 말해서, 부패하는 물체는 건강한 먹을거리가 아니므로, 어딘가에 선을 분명히 그어야만 한다." 그중에서도 최악은 바로 토마토에 관한 의견이었다. "그 식물 전체가 불쾌한 냄새를 풍기고, 그 과즙의 경우에는 불에 닿기만 해도 현기증과 구토를 유발할 정도로 지독한 기체를 발산한다."

비턴 여사는 방부제로서의 얼음의 역할에 관해서 미처 몰랐던 것 같지만, 짐작컨대 설령 알았다고 하더라도 전혀 좋아하지 않았을 것이다. 왜냐하면 그녀는 전반적으로 차가운 것을 좋아하지 않았기 때문이다. "나이 많은 사람, 허약한 사람, 그리고 어린이는 얼음이나 차가운 음료를 멀리해야 한다." 그녀는 이렇게 썼다. "또한 몸이 매우 뜨겁거나 격렬한 운동을 한 직후인 사람도 차가운 것을 멀리할 필요가 있는데, 어떤 경우에 차가운 것은 치명적인 최후를 가져올 질병을 야기하기 때문이다." 비턴 여사의 책에는 이처럼 치명적인 최후를 가져올 식품들과 활동들이 상당수 열거되어 있다.

나이 지긋한 부인네 같은 말투에도 불구하고, 이 책을 쓰기 시작했을 때 비턴 여사의 나이는 겨우 스물세 살이었다. 그녀는 남편이 운영하는 출판사를 위해서 이 책을 썼다. 이 책은 1859년부터 무려 23개월에 걸쳐서 월간 분책으로 간행되었고(같은 해에 찰스 다윈의 『종의 기원[*On the Origin of Species*]』이 간행되었다), 1861년에 합본으로 간행되었다. 새뮤얼 비턴은 『톰 아저씨의 오두막(*Uncle Tom's Cabin*)』을 간행해서 이미 상당한 돈을 번 상태였는데, 이 소설은 미국에서 그랬던 것 못지않게 영국에서도 상당한 센세이션을 일으킨 까닭이었다. 그는 또한 몇 가지 대중 잡지도 간행했는데, 그중 하나인 『잉글리시우먼스 도메스틱 매거진(*Englishwoman's Domestic Magazine*)』(1852)이 이룬 여러 가지 혁신들─독자 질문란, 의학 칼럼, 드레스 패턴 등─은 오늘날의 여성 잡지에서는 일종의 정석이 된 것들이다.

『가정 관리서』는 하나부터 열까지 거의 모두가 부주의하고 성급하게 이루어졌다는 인상을 주는 책이다. 요리법은 대부분 독자들이 보내온 것이었고, 그 나머지는 표절한 것이었다. 비턴 여사는 부끄러움도 모르고 가장 뚜렷하고 추적 가능한 출처에서 남의 글을 훔쳤다. 예를 들면, 플로렌스 나이팅게일의 자서전에서 일부를 고스란히 가져온 것도 있었다. 다른 문장은 일라이자 액턴의 책에서 그대로 가져왔다. 주목할 만한 사실은, 비턴 여사가 심지어 남의 글을 자신의 성별에 맞게 바꿔 쓰려는 생각조차 하지 않았기 때문에, 그녀의 이야기 가운데 한두 가지는 당혹스럽고 혼란스럽게도 오직 남자만이 낼 수 있는 목소리를 내고 있다. 구성 면에서도, 이 책은 혼란 투성이이다. 예를 들면, 저자는 아침, 점심, 저녁 식사를 만드는 법에 할애한 것보다 더 많은 지면을 거북 수프를 만드는 법 하나에 할애했으며, 오후의 차에 관해서는 언급조차 하지 않았다. 게다가 모순으로 말하면, 장관을 이룬다고 해도 무리가 없다. 예를 들면, 토마토의 위험천만한 결점을 장황하게 설명한("그 안에는 특유의 산 한 가지, 휘발성 기름 한 가지, 갈색의 매우 향기가 좋은 추출 수지성 물질, 야채 광물성 물질, 점액 사카린, 소금 약간, 그리고 십중팔구는 알칼로이드가 들어 있다는 것이 발견되었다") 바로 그 페이지에서 그녀는 토마토 스튜의 요리법을 설명했다. 심지어 그녀는 토마토를 가리켜 "맛이 좋은 부식"이라면서, "이것은 건강에 좋은 과일이며, 소화도 잘 된다. 그 맛은 식욕을 돋우며, 거의 보편적으로 공인된다"고 덧붙였다.

그 다채로운 특색에도 불구하고, 비턴 여사의 책은 대단하고 지속적인 성공을 거두었다. 그 책의 차마 비난할 수 없는 두 가지 미덕은 지고한 확신과 포괄성이었다. 빅토리아 시대는 곧 불안의 시대라고 할 만했고, 비턴 여사의 두툼한 책은 걱정 많은 주부를 향해서 인생의 거품이 부글거리는 암초 지대를 하나하나 뚫고 지나가도록 인도해주겠다는 약속을 내걸었다. 이 책을 뒤적이면, 주부는 냅킨을 접는 방법, 하인을 해고하는 방법, 주근깨를 근절하는 방법, 메뉴를 만드는 방법, 거머리를 사용하는 방법,* 바텐베르크 케이크**를 만드는 방법, 번개에 맞은 사람을 소생시키는 방법 등을 배울 수 있었다. 비턴 여사는 버터 바른 뜨거운 토스트를 만드는 방법까지

---

* 19세기 말까지만 해도 유럽에서는 거머리를 의료용품으로 사용해서 울혈을 빨아냈다 / 역주
** 스폰지 케이크의 일종으로 그 단면이 분홍색과 노란색의 체크 무늬를 이루는 것이 특징이며, 주로 차에 곁들여 먹는다 / 역주

도 정확하게 일일이 단계별로 설명했다. 그녀는 말더듬기와 아구창(鵝口瘡)에 관해서도 치료법을 제시했고, 어린 양을 희생 제물로 사용한 역사를 논의했으며, 위생상의 버젓함을 열망하는 가정이라면 어디에서나 필요로 하는 갖가지 솔의 종류에 관해서 자세한 목록(벽난로용 솔, 배내기용[cornice] 솔, 난간용 빗자루, 작은 빗자루, 카펫용 빗자루, 빵가루용 솔 등등 모두 합쳐서 40개쯤)을 제공했고, 서둘러 우정을 맺을 경우에 생기는 위험이며, 병실에 들어가기 전에 취해야 할 예방책에 관해서도 논의했다. 이것은 종교적인 자세로 준수해야 할 지침서였으며, 그것이 바로 사람들이 딱 원하는 것이었다. 비턴 여사는 온갖 주제에 관해서 결정적인 권위를 가지고 있었다. 그야말로 가정 분야의 훈련 교관에 상응하는 인물이었다.

그녀는 겨우 스물여덟 살의 나이에 사망했다. 네 번째로 아이를 낳은 지 여드레 만에 산욕열에 희생된 까닭이었다. 그러나 그녀의 책은 계속해서 살아남았다. 출간된 지 10년 만에 200만 부가 넘게 팔렸고, 20세기에 들어서도 한동안 꾸준히 팔려나갔다.

지금 와서 돌아보면, 빅토리아 시대의 사람들과 그들의 식단에 대해서 정확히 알아내기는 불가능하다. 우선 식품의 종류가 놀라울 만큼 많았다. 그 당시 사람들은 사실상 관목 속에서 꿈틀거리는 것은 무엇이든지, 또는 물속에서 건져낼 수 있는 것은 무엇이든지 먹은 것처럼 보인다. 비턴 여사의 수많은 요리법들을 보아도, 가령 뇌조, 철갑상어, 종달새, 산토끼, 누른도요, 성대, 돌잉어, 바다 빙어, 물떼새, 도요새, 모샘치, 황어, 뱀장어, 텐치잉어, 작은청어, 칠면조 새끼를 비롯해서, 지금은 대부분 잊혀진 진미가 상당수 등장한다. 과일과 야채 역시 그 종류가 정말 무한한 듯이 보인다. 사과 한 가지만 보더라도 고를 수 있는 가짓수가—거의 믿어지지 않을 정도이지만—무려 2,000종이나 된다. 예를 들면, 우스터 페어메인(Worcester pearmain), 뷰티 오브 바스(Beauty of Bath), 콕스 오렌지 피핀(Cox's orange pippin)처럼 길고 시적인 이름을 가진 것들이다. 19세기 초에 토머스 제퍼슨은 저택 몬티첼로에서 23종의 콩과 250종의 과일과 야채를 길렀다(그 당시로서는 특이하게도 제퍼슨은 사실 채식주의자였으며, 고기는 아주 약간만 "양념" 삼아 먹었다). 구스베리, 딸기, 자두, 무화과처럼 오늘날의 우리에게도 잘 알려진 여러 과일들 외에도, 제퍼슨과 그의 동시대인들은 오늘날 거의, 또는 전혀 볼 수 없는 것들을 먹었다. 가령 테이베리, 쑥국화, 쇠비름, 붉은가시딸기, 서양 자두, 서양 모과, 갯배추, 아단[판다누스], 큰콩, 스키렛(감초의 일종), 카르둔(엉겅퀴의 일종), 쇠채(선모[仙茅]의 일종), 당귀, 스웨덴 순무[루타바가]를 비롯해서 수십 가지가 넘는다. 덧붙이면, 제퍼슨은 식품 분야의 위대한 모험가이기도 했다. 그의 여러 다른 업적들 중에는, 아메리카의 역사상 처음으로 감자를 길이로 썰어서 튀긴 것도 있다. 따라서 그는 독립 선언서의 저자일 뿐만 아니라, 미국 프렌치프라이의 아버지이기도 한 셈이다.

그 당시 사람들이 이처럼 다양하게 먹을 수 있었던 까닭은, 오늘날에는 우리가 진미로 생각하는 상당수의 식품이 그 당시에는 풍부했기 때문이다. 그 당시에 영국 해안 인근에서는 바다 가재가 매우 풍부했기 때문에, 죄수와 고아에게 배급되었으며, 심지어 갈아서 비료로 사용하기도 했다. 하인들은 바다 가재를 일주일에 두 번 이하로만 식사로 제공하겠다는 합의서를 작성해달라고 주인들에게 요청했다. 뉴욕 항구는 전 세계 굴 생산량의 절반을 보유했으며, 철갑상어도 매우 풍부했던 나머지 캐비아를 술집의 공짜 안주로 제공했다(그렇게 짭짤한 음식을 내놓으면 사람들이 맥주를 더 많이 마시게 되리라는 계산 때문이었다). 제공되는 요리와 양념의 양과 종류를 보면 거의 숨이 다 막힐 정도이다. 1867년에 뉴욕에 있는 한 호텔에서는 메뉴에 있는 요리만 145종이었다. 1853년에 간행된 미국의 인기 있는 요리책 『가정 요리(Home Cookery)』에서는 오크라 수프 한 솥에 굴을 100마리쯤 넣으면 맛이 약간 "향상된다"고 태연하게 조언하고 있다. 비턴 여사는 소스 요리법만 무려 135가지 이상을 제시했다.

폭음폭식의 황금시대

　주목할 만한 사실은 빅토리아 시대의 식욕이 사실은 비교적 자제하는 편이었다는 점이다. 폭음폭식의 황금시대는 사실 18세기였다. 그 시대는 바로 존 불*의 시대였는데, 거의 항상 붉은 얼굴에 과식을 일삼고 자칫 심장질환에 걸릴 가능성이 높은 이 사람이야말로, 어떤 나라에서든지 다른 나라 앞에 과시하려는 열망에서 얼마든지 만들어낼 만한 아이콘이었다. 영국 역사상 가장 뚱뚱했던 두 명의 군주가 그 식사 가운데 상당 부분을 1700년대에 했다는 사실도 아마 우연의 일치는 아닐 것이다. 첫 번째 인물은 앤 여왕이다. 비록 초상화에서는 기껏해야 약간 살집이 있는 정도의 모습으로—마치 루벤스의 살찐 미녀처럼—재치 있게 묘사되기는 했지만, 사실 그녀는 엄청나게 뚱뚱했다. 즉 한때 그녀의 제일 친한 친구였던 말버러 공작부인의 솔직한 말에 따르면, "극도로 뚱뚱하고 비만인" 상태였다. 앤은 워낙

* '전형적인 영국인'을 말한다 / 역주

뚱뚱해진 나머지, 혼자서 계단을 오르내리지 못할 정도가 되었다. 결국 윈저 성에 있는 여왕 방의 바닥에 뚜껑 문을 낸 다음, 도르래와 승강기를 이용해서 그곳에서 아래층의 알현실까지, 연신 흔들거리고 움찔거리며 우아하지 못하게 오르내려야 했다. 정말이지 볼 만한 광경이 아니었을까? 여왕이 사망했을 때에는 "거의 정사각형"인 관에 넣었다. 그녀보다 더 유명하고 덩치가 어마어마했던 사람은 섭정 왕자, 즉 훗날의 조지 4세였다. 소문에 따르면, 그가 코르셋을 벗으면 툭 튀어나온 배가 무릎까지 늘어졌다고 한다. 나이 마흔 살 무렵에 그의 허리 둘레는 무려 4피트가 넘었다.

그들보다는 날씬한 사람들도 정기적으로 상당한 양의 음식을 먹었다. 그 양만 놓고 보면 기둥뿌리가 뽑힐 정도까지는 아니더라도, 대략 터무니 없이 손이 큰 정도는 되었다. 웰링턴 공작이 세운 아침 식사 기록은 "비둘기 두 마리에 비프 스테이크 셋, 모젤 와인 3분의 1병, 샴페인 한 잔, 포트 와인 두 잔에 브랜디 한 잔"이었는데, 그나마도 몸 상태가 약간 좋지 않은 날이었다고 한다. 시드니 스미스 목사는 비록 성직자이기는 하지만, 식사 기도를 거절함으로써 그 시대의 정신을 한마디로 요약했다. "어마어마한 오르가즘이 닥쳐오는 상황에서 종교적인 감정을 개입시키는 것은 당치도 않은 일처럼 보인다." 그는 이렇게 설명했다. "침을 흘리는 입을 가지고 감사기도를 내뱉는 것은 목적의 혼동이 아닐 수 없다."

19세기 중반에 이르자, 어마어마한 음식의 양은 제도화되고 일상화되었다. 비턴 여사는 소규모의 디너파티 메뉴를 다음과 같이 제안했다. 가짜 거북 수프, 크림에 담근 가자미 필레, 앤초비 소스를 곁들인 혀가자미 구이, 토끼고기, 사슴고기, 쇠고기 엉덩이살 스튜, 닭구이, 삶은 햄, 구운 비둘기나 종달새 한 접시, 그리고 후식으로 대황 타르트, 머랭, 투명 젤리, 크림, 아이스푸딩, 수플레를 제안했다. 비턴 여사의 책에서는 이 정도의 음식이 겨우 6인분으로 나와 있다.

아이러니컬한 측면은 빅토리아 시대 사람들이 음식에 더 많은 주의를 기울일수록, 이들은 음식을 덜 편안히 대했던 것처럼 보인다는 점이다. 예를 들면, 비턴 여사는 사실상 음식을 전혀 좋아하지 않았던 것처럼 보이며, 다만—다른 대부분의 것들을 그렇게 다루었던 것처럼—신속하고 단호하게 다루어야 할 엄격한 필요성이 있는 것처럼 다루었다. 그녀는 음식에 향취를 더할 법한 것에 대해서는 특히 의구심을 품었다. 마늘은 몹시 혐오했다. 고추는 언급할 가치가 거의 없다고 여겼다. 심지어 후춧가루조차도 오직 무모한 사람들만이 쓴다고 보았다. 그녀는 후춧가루에 관해서 독자들에게 이렇게 경고했다. "절대로 잊어서는 안 될 점은, 제아무리 적은 양이라고 해도, 그것은 염증성 체질인 사람에게는 유해한 효과를 산출한다는 점이다." 그녀의 이런 경고는 이후 오랜 세월 동안 수많은 책들과 정기 간행물들에서 끝없이 메아리쳤다.

급기야 상당수의 빅토리아 시대의 가정에서는 음식의 맛 자체를 포기하고, 단지 식탁 위에 올릴 음식을 따뜻하게 만드는 데에만 집중했다. 규모가 큰 집에서는 이것도 상당한 야심이었는데, 그런 집에서는 부엌과 식당 사이의 거리가 놀라울 정도로 멀었기 때문이다. 에식스 주의 오들리 엔드는 이런 면에서 일종의 기록을 세웠다. 왜냐하면 부엌과 식당 사이의 거리가 무려 200야드 이상이었기 때문이다. 체셔 주의 태턴 파크에서는 운반 속도를 높이기 위해서 가내 선로를 놓아서, 부엌에서 음식을 담은 손수레를 밀고 한참 떨어진 식품 운반용 엘리베이터까지 가져간 다음, 거기서 다시 음식을 엘리베이터에 서둘러 실어서 위로 올렸다. 뉴캐슬 인근 벨시 홀의 아서 미들턴 경은 식탁에 올라오는 음식의 온도에 워낙 집착하게 된 나머지, 각각의 요리가 도착할 때마다 아예 온도계를 꽂아보고는, 자기가 기대하는 수준에 도달하지 못한 요리는 다시 덥혀 오라며 도로 내보내곤 했다. 때로는 계속해서 요리를 도로 내보낸 까닭에, 그의 디너 가운데 상당수는 매우 늦게 먹을 수 있었으며, 그나마도 요리가 숯 더미에 가까워진 상황에서나 먹을 수 있었다. 런던 사보이 호텔의 유명한 프랑스인 요리사였던 오귀스트 에스코피에가 영국 손님들 사이에서 높은 평가를 얻은 까닭은, 단순히 훌륭한 요리를 만들었기 때문이 아니라, 여러 명의 요리사가 각자 맡은 요리에만 집중하는 방식으로—가령 한 사람은 고기만, 한 사람은 야채만 요리하는 식으로—주방 업무를 체계화했기 때문이었다. 그리하여 요리의 여러 구성요소가 한꺼번에 접시 위에 담길 수 있었으며, 그 당시로서는 특이하게도 김을 모락모락 내는 훌륭한 상태로 식탁에 오를 수 있었다.

그러나 생각해보면, 큰 모순이 아닐 수 없다. 이 장의 앞부분에서는 19세기의 일반인이 즐긴 식단이 매우 빈약했다고 설명했었기 때문이다. 사실은 이처럼 증거 자체가 워낙 혼란스럽기 때문에, 단순히 사람들이 잘 먹었는지 아니었는지를 아는 것조차 불가능할 지경이다.

만약 **평균** 소비가 어떤 지침이 된다면, 사람들은 몸에 좋은 식품을 상당히 많이 먹었다고 말할 수 있을 것이다. 1851년에만 해도 배의 소비량은 1인당 거의 8파운드였던 반면, 지금은 겨우 3파운드에 불과하다. 그 당시에 포도와 다른 부드러운 과일의 소비량은 9파운드에 달했으며, 이는 지금 사람들이 먹는 양의 거의 두 배이다. 당시에는 말린 과일의 소비량도 18파운드에 약간 미치지 못하는 정도였지만, 지금은 3파운드 반에 불과한 정도이다. 야채는 이런 차이가 더욱 현저하다. 1851년 당시에 런던 시민은 1인당 31.8파운드의 양파를 먹었지만, 지금은 13.2파운드에 불과하다. 당시에는 순무와 스웨덴 순무를 40파운드나 먹었지만, 지금은 겨우 2.3파운드에 불과하다. 당시에는 양배추를 거의 70파운드에 달하게 먹었지만, 지금은 겨우 21파운드에 불과하다. 반면 그 당시에 설탕의 소비량은 1인당 30파운드였으며, 이는 오늘날의 소비량에 비하면 3분의 1도 되지 않는다. 이런 식으로 비교하면, 그때 당시의 사람들이 우리보다 훨씬 더 건강에 좋은 식사를 한 셈이다.

그러나 그 당시라든지 그 이후에 나온 일화적인 기록들 대부분은 이와는 정반대되는 상황을 암시한다. 예를 들면, 우리 목사관이 지어진 바로 그해에 간행된 헨리 메이휴의 고전적인 저서『런던의 노동자와 런던의 빈민』에 따르면, 당시 노동자의 전형적인 디너는 빵과 양파 약간이 전부였다고 한다. 그런가 하면, 보다 최근의 (그리고 마땅히 더 절찬을 받은) 역사서인 주디스 플랜더스의『소비의 열정(Consuming Passions)』에서는 이렇게 설명한다. "19세기 중반에 노동 계급과 중하위 계급 상당수의 주요 식단은 빵 아니면 감자, 버터나 치즈나 베이컨 약간, 그리고 설탕을 넣은 차로 이루어져 있었다."

분명한 사실 하나는 자기 식단을 스스로 조절할 수 없었던 사람들은 매우 빈약하게 먹었다는 점이다. 1810년에 잉글랜드 북부에 있던 한 공장의 상태에 관한 어느 행정장관의 보고서에 따르면, 그곳의 견습생들은 아침 5시 50분부터 밤 9시 10분 또는 9시 15분까지 기계 앞에 달라붙어 있어야 했으며, 디너 때에만 단 한 번 짧은 휴식시간이 제공되었다. "그들은 묽은 죽을 아침과 저녁 식사로 먹는다."—이 두 번의 식사는 기계가 있는 곳까지 운반되었다—"그리고 점심의 디너로는 대개 귀리 비스킷에 당밀, 또는 귀리 비스킷에 묽은 고깃국을 먹는다." 그는 이렇게 적었다. 그 당시에 공장이나 감옥이나 고아원에 있던, 또는 다른 힘없는 상황에 처해 있던 사람에게는 아마 이것이 매우 전형적인 식사였을 것이다.

그런가 하면, 상당수의 더 가난한 사람들에게는 놀라울 만큼 식단에 변화가 없었던 것도 사실이다. 1800년대 초에 스코틀랜드의 농장 노동자는 평균 일주일에 17.5파운드의 오트밀과 약간의 우유 외의 다른 것은 거의 받지 못했다. 그럼에도 불구하고 이들은 자신들을 운이 좋은 편으로 여겼는데, 최소한 덕분에 감자를 먹을 필요는 없었기 때문이다. 유럽에 도입된 지 150년이 지날 때까지도 감자는 전반적으로 크게 혐오되는 식품이었다. 상당수의 사람들은 감자가 건강에 좋지 못한 야채라고 생각했다. 그 식물에서 식용 가능한 부분이 햇빛을 받으며 자라난 것이 아니라, 땅속에서 자라난 것이기 때문이라는 이유였다. 심지어 성서의 그 어디에도 감자에 대한 언급은 없다는 이유를 들어서 반대하는 성직자들도 간혹 있었다.

다만 아일랜드인들은 그렇게 까다롭게 굴 만한 여유가 없었다. 그들에게는 감자야말로 하늘이 보내온 선물이었는데, 감자는 수확량이 상당히 많았기 때문이다. 돌투성이 땅 1에이커에서 재배한 감자면 6명으로 이루어진 한 가족이 충분히 먹고 살 수 있었다. 그러려면 물론 감자를 잔뜩 먹을 각오가 되어 있어야 했는데, 워낙 가난했던 아일랜드인은 필요에 의해서라도 당연히 그래야 했다. 1780년에 아일랜드 인구의 90퍼센트가 오직 감자에만 전적으로, 또는 거의 전적으로 의존해서 살아갔다. 불행히도 감자는 가장 취약한 채소 중 하나였기 때문에, 무려 260가지 이상의 마름병, 또는 전염병에 걸리기가 쉬웠다. 유럽에 도입된 바로 그 순간부터 감자는 생산량이 일정하지 못했다. 대기근이 있기 전의 120년 동안 감자 흉작은 최소한 24회 이상이나 되었다. 1739년에만 해도, 그 한 해의 흉작으로 30만 명이 굶어 죽었다. 그러나 그 섬뜩한 숫자도 1845-1846년에 있었던 죽음과 고통의 규모에 비하면 아무것도 아니다.

대기근은 매우 신속하게 일어났다. 8월까지만 해도 감자 수확은 상당히 좋을 것으로 전망되었지만, 그 직후에 갑자기 줄기가 축 늘어지고 오그라들었다. 구근을 캐내 보니, 물렁물렁하고 이미 썩어가는 중이었다. 그런 식으로 아일랜드의 감자 생산량 가운데 절반이 날아갔고, 그 이듬해에는 사실상 전부가 날아갔다. 이 사태의 주범은 피토프토라 인페스탄스(*Phytophthora infestans*)라는 이름의 균류였지만, 사람들은 이 사실을 알지 못했다. 대신 그들은 자신들이 생각할 수 있는 거의 모든 것을 비난했다. 증기 기관차의 증기라든지, 전신줄에서 나오는 전기라든지, 그 당시에 막 인기를 얻었던 구아노라는 새로운 비료가 그 대상이었다. 감자가 흉작이었던 것은 유독 아일랜드만의 일은 아니었다. 감자는 유럽 전체에 걸쳐서 흉작이었다. 다만 아일랜드인이 유독 감자에 많이 의존하고 있었을 뿐이다.

이를 해결하기 위한 구제책은—익히 알려진 바와 같이—너무 늦게 도착했다. 기근이 시작된 지 몇 달이 지나고 나서도 당시의 영국 수상 로버트 필 경은 여전히 주의만 촉구하고 있었다. "아일랜드의 보고서에는 과장과 부정확의 경향이 워낙 많기 때문에, 그에 대한 대응 행동에서는 지연이 항상 바람직하다." 그는 이렇게 썼다. 감자 기근이 최악이었던 해에도, 런던의 어시장 빌링스게이트에서는 굴 5억 마리, 싱싱한 청어 10억 마리, 혀가자미 약 1억 마리, 새우 4억9,800만 마리, 경단고둥 3억400만 마리, 가자미 3,300만 마리, 고등어 2,300만 마리, 그리고 이에 버금가게 많은 다른 수산물들이 판매되었다. 그러나 이 가운데 단 한 가지도 아일랜드로 가서 그곳의 굶주린 사람들을 구제해주지는 못했다.

이 비극적인 이야기에서도 가장 안타까운 부분은 그 당시 아일랜드에 사실 식량이 풍부했다는 점이다. 시골에서는 상당한 양의 계란을 비롯해서 각종 곡물과 육류가 생산되었으며, 마찬가지로 바다에서도 막대한 양의 식량이 생산되었다. 그러나 식량의 거의 대부분은 수출되었다. 그리하여 150만 명의 사람들이 이유도 없이 굶었다. 그 당시에 벌어진 인명의 손실은 흑사병 이후에 유럽에서 벌어진 가장 규모가 큰 손실이었다.

· 제5장 ·

설거지실과 식료품실

I

이 오래된 목사관이 애초부터 가지고 있었음직한 여러 가지 자잘한 수수께 끼들 가운데 하나는, 하인들이 일을 하고 있지 않을 때에 머물러 있을 법한 장소가 어디에도 없는 듯하다는 점이다. 부엌이라고 해야 식탁 하나와 의 자 두 개를 놓으면 그만일 정도의 크기였고, 그 옆에 붙어 있는 설거지실과 식료품실—지금부터 내가 소개하려는 장소—은 심지어 그보다도 더 작기 때문이다.*

부엌의 경우와 마찬가지로 마섬 씨는 이 방에 거의—어쩌면 전혀—들어 오지 않았던 것이 확실하다. 왜냐하면 이곳은 비록 보잘 것 없는 영역이나 마, 어디까지나 하인들의 영역이었기 때문이다. 그 당시의 기준으로 볼 때,

---

* 설거지실(scullery)은 원래 접시를 의미하는 '에스쿨리에르(escullier)'라는 고대 프랑스어에 서 유래한 단어로, 접시를 씻고 보관하는 방을 가리키는 말이다. 바로 이 방에 크고 깊은 싱크대가 놓여 있다. 식료품실(larder)은 흔히 생각하는 것과는 달리, 돼지기름(lard)과 아 무런 직접적인 관련이 없다. 이 단어 역시 베이컨을 의미하는 프랑스어 '라르동(lardon)'에 서 유래한 것이다. 다시 말해서 식료품실이란 고기를 보관하는 방이라는 의미였다. 이 두 가지 단어는 결국 애초의 의미대로 사용된 셈이지만, 하인들은 두 번째 방을 저장품실 (pantry)이라고도 불렀는데, 라틴어로 '파나(panna)'가 "빵이 있는 방"을 가리키기 때문이었 다. 이 단어는 19세기 중반에 들어서 일반 식품이 저장된 곳을 가리키는 의미가 되었다.

이 목사관에는 하인들이 사용할 공간이 이상하게도 불충분하다. 예를 들면, 비슷한 시기에 지어진 켄트 주의 바럼 목사관의 경우만 보아도, 그곳의 건축가는 하인들에게 부엌과 식료품실과 설거지실뿐만 아니라, 저장품실과 창고와 석탄창고와 이런저런 찬장까지도 선사했다. 그리고 결정적으로 가정부 방을 별도로 만들었는데, 이곳은 말 그대로 하인들의 휴게와 휴식을 위한 방이었다.

이 모두를 더욱 이해하기가 힘든 원인은, 실제로 지어진 집이 에드워드 툴의 설계와 항상 맞아떨어지지는 않기 때문이다. 마섬 씨는 설계 가운데 몇 가지 중대한 변경을 제안했던 (또는 심지어 고집했던) 것이 분명하다. 그리고 전혀 놀라운 일도 아니지만, 툴이 그를 위해서 설계했던 집은 여러 가지 주목할 만한 특징이 있었다. 툴은 주 출입구를 집의 전면이 아니라 측면에 배치했는데, 여기에는 아무런 논리적인, 또는 추측 가능한 이유가 없었다. 그는 현관 계단 위의 층계참에 수세식 변소를 배치했고—참으로 이상하고 변칙적인 위치이다—따라서 계단에는 창문을 하나도 내지 않아서, 하마터면 대낮에도 계단이 마치 지하실처럼 컴컴할 뻔했다. 그는 탈의실을 큰 침실과 나란히 있게 설계했지만, 그 사이를 오갈 수 있도록 벽에 문을 만들지는 않았다. 그는 다락을 만들고도 그리로 올라가는 계단은 만들지 않았던 반면, 막상 다락 안에는 어디로도 통하지 않는 문을 만들어놓았다.

이 가운데서도 비교적 더욱 변덕스러운 아이디어들 대부분은 건축 직전, 또는 도중의 어느 알 수 없는 시점에 이르러서 변경되었다. 결국에 주 출입구는 집의 측면이 아니라 전면에 나게 되었다. 수세식 변소는 끝내 만들어지지 않았다. 계단 층계참에는 커다란 창문을 내서, 지금도 해가 날 때에는 계단 위에 햇빛이 환하게 들어오고, 그 너머에 있는 교회의 멋진 풍경이 비친다. 방도 두 개—하나는 아래층의 서재이고, 또 하나는 위층의 침실 혹은 육아실이다—가 추가되었다. 전체적으로 보면, 이 집은 애초에 툴이 설계한 것과는 상당히 다른 모습으로 지어진 셈이다.

그런 모든 변화들 중에서도 특히 한 가지가 유난히 호기심을 자극한다. 툴의 원래 설계에서는 지금 식당이 차지하고 있는 자리가 원래 더 작았고, 나머지 공간에는 이른바 '종복(從僕)의 저장품실(Footman's Pantry)'이라고 이름 붙여진 방이 들어설 예정이었다. 말 그대로 하인들이 먹고 쉬고 할 수 있는 방을 의도한 것이었다. 그러나 이 방은 결국 만들어지지 않았다. 대신 식당의 크기가 대략 두 배로 늘어나서 그 공간을 모두 차지했다. 도대체 무엇 때문에 이 독신 교구목사께서는 피고용인들이 앉아 있을 공간마저 빼앗아서, 그것을 모두 식당으로 삼아 독차지했을까? 시간이 그토록 많이 흐른 지금에 와서는 도무지 알 수 없는 일이다. 결국 하인들은 일을 하고 있지 않을 때에는 어디에도 편안하게 앉아 있을 곳이 없었다. 어쩌면 그들이 거의 앉아 있을 새가 없어서였는지도 모른다. 하인이라면 대개는 그랬으니까.

마섬 씨는 3명의 하인을 두고 있었다. 가정부인 웜 여사, 그 마을에 살면서 잔심부름꾼으로 일하던 젊은 처녀 마사 실리, 그리고 제임스 베이커라는 이름의 마부이자 정원사였다. 주인과 마찬가지로 3명의 하인 모두 미혼이었다. 독신 성직자 한 명을 돌보기 위해서 무려 3명의 하인이 필요했다는 사실이 우리에게는 과도하게 보이지만, 마섬이 살던 시대에는 그렇게 보이지 않았을 것이다. 대부분의 교구목사는 하인을 최소한 4명쯤 거느리고 있었고, 어떤 사람은 심지어 10명 이상도 거느리고 있었다. 그야말로 하인의 시대라고 할 만했다. 당시의 각 가정에서 하인을 두었던 것은, 오늘날 각 가정에서 이런저런 생활용품을 구비하고 있는 것과 유사했다. 일반 노동자도 하인을 두고 있었다. 심지어 하인도 또다른 하인을 두고 있었다.

하인은 단순히 보조와 편의를 제공하는 존재 이상이었으며, 그 주인의 지위를 나타내는 중요한 지표였다. 디너파티에 참석한 손님들은 종종 각자가 고용한 하인의 숫자에 따라서 좌석이 다르게 배치되었음을 발견하기도 했다. 사람들은 하인을 두기 위해서 거의 필사적으로 노력했다. 영국의 소설가 앤서니 트롤럽의 어머니 프랜시스 트롤럽은 미국의 변경 지역에 와서 사업을 시작했다가 결국 실패하여 거의 모든 것을 잃은 뒤에도 제복을 입은 종복 한 사람은 남겨두었다. 칼 마르크스는 런던 소호에서 항상 빚더미에 시달렸고, 식탁 위에 올려놓을 음식조차도 없는 때가 종종 있었음에도 불구하고, 가정부 한 명에 **심지어** 개인비서도 한 명 고용하고 있었다. 집은 좁은데 식구는 많았으므로 그 비서—피퍼라는 이름의 남자—는 마르크스와 한 침대에서 잠을 자야만 했다(그런 상황에서도 마르크스는 가정부를 유혹하고 임신시킬 만큼의 여유 시간은 얻었던 모양이다. 결국 가정부는 대박람회가 열린 바로 그해에 마르크스의 아들을 낳았다).

이처럼 하인 일은 수많은 사람들에게 삶의 중요한 일부분이었다. 1851년에 이르자 런던의 젊은 여성들—열다섯 살에서 스물다섯 살까지—가운데 3분의 1은 하인이었다. 또다른 3분의 1은 매춘부였다. 상당수의 젊은 여성들에게는 이 두 가지밖에 선택의 여지가 없었다. 당시 런던에 사는 남녀 하인의 숫자를 모두 합치면, 잉글랜드의 전체 인구에서 가장 큰 도시 6개의 인구를 뺀 숫자보다 훨씬 더 많았다. 하인 일은 거의 여성이 장악한 세계였다. 1851년에 하인 일을 하는 여성 대 남성의 비율은 무려 10대 1이었다. 그러나 이 직업을 평생 유지하는 여성은 거의 없었다. 대개는 서른다섯 살쯤에 그만두었는데, 보통은 결혼하기 위해서였다. 그 일을 하면서 한 자리에 1년 이상 머물러 있는 경우는 상당히 드물었다. 이제부터 살펴보겠지만, 이는 결코 이상한 일이 아니었다. 하인 일이란 대개 힘들고 인정받지 못하는 일이었기 때문이다.

충분히 짐작이 가능한 일이지만, 고용인의 숫자는 경우에 따라서 매우 큰 차이를 보였다. 그러나 많은 집에는 정말 엄청나게 많았다. 커다란 시골 저택에서는 실내 고용인만 대개 40명 정도 되었다. 평생 독신이었던 론스데일 백작은 집에서 혼자 살면서도 고용인은 무려 49명이나 두었다. 더비 경은 디너 때에 대기하는 하인만 25명 안팎에 달했다. 제1대 챈도스 경은 식사 때마다 개인 소유의 오케스트라를 동원해서 음악을 들었으며, 일부 단원들에게는 하인 일까지 덩달아 시킴으로써 일종의 부가가치를 창출했다. 예를 들면, 한 바이올린 주자는 매일 주인집 아들의 면도를 해야 하는 임무도 맡고 있었다.

실외 고용인이 있으면 고용인의 숫자는 크게 늘었으며, 특히 주인이 승마나 사냥에 관심이 있다면 더욱 그러했다. 예를 들면, 기네스 가문의 사유지인 서퍽 주의 엘베덴에서는 고용인 가운데 사냥터지기가 16명, 사냥터지기 보조가 9명, 양토지기(토끼를 선별해서 기르는 사람)가 28명, 그리고 이런저런 고용인이 25명 안팎이었다. 모두 합쳐서 70여 명이 넘는 이 사람들의 임무란, 새들을 항상 충분히 많이 길러놓음으로써 주인과 손님들이 총으로 쏴서 산산조각 낼 수 있도록 해주는 것뿐이었다. 엘베덴을 방문하는 손님들은 매년 10만 마리 이상의 새들을 학살했다. 제6대 월싱엄 남작은 언젠가 혼자서만 하루에 1,070마리의 뇌조를 총으로 쏴서 잡았는데, 이것은 지금껏 한번도 깨진 적이 없는 기록인 동시에, 우리로서는 앞으로도 제발 영영 깨지지 말았으면 하는 기록이다(짐작컨대 월싱엄의 옆에는 여러 명으로 구성된 총알 장전조가 대기하고 있지 않았을까 싶다. 그래야만 저만한 숫자의 새를 잡는 데에 필요한 만큼의 총질이 가능했을 것이다. 오히려 이때 가장 어려웠던 일은 계속해서 목표물이 날아오르게 만드는 것이 아니었을까? 십중팔구 사냥터지기들은 우리에 넣어두었던 뇌조를 한 번에 몇 마리씩만 풀어놓았으리라. 어차피 재미삼아 하는 일이었으니, 어쩌면 월싱엄은 아예 뇌조들이 들어 있는 우리에 대고 총질을 하고, 대신에 차 마실 시간을 더 많이 누렸는지도 모른다).

손님들이 자기 하인을 데려오기도 했기 때문에, 주말이 되면 이 시골 저택에 머무는 사람들의 숫자가 무려 150명까지 늘어나기도 했다. 그렇게 사람들이 많은 와중에서는 갖가지 혼동도 불가피했다. 1890년대의 언젠가는 난봉꾼으로 유명한 찰스 베레스퍼드 경이 자기 애인이 있는 방이라고 생각된 어떤 침실로 들어가서, "꼬꼬댁 꼬꼬!" 하고 장난삼아 소리를 지르면서 침대로 뛰어들었다가, 졸지에 체스터 주교 부부와 한 침대에 눕게 된 사건도 있었다. 이런 혼동을 피하기 위해서, 요크셔 주의 위풍당당한 건축물인 웬트워스 우드하우스에서는 그곳을 방문하는 손님들에게 저마다 다르게 생긴 색종이 조각[콘페티]이 들어 있는 은상자를 하나씩 건네주었다. 그것들을 복도에 뿌려놓음으로써 자기 방으로 돌아갈 때나, 또는 방에서 방으로 움직일 때에 길을 찾는 데에 도움이 되라는 뜻에서였다.

그 당시에는 만사가 어마어마한 규모로 이루어지는 경향이 있었다. 데번 주에 있는 솔트럼이라는 집의 부엌에는 구리 냄비와 프라이팬만 600개였는데, 그 정도면 비교적 전형적인 것이었다. 일반적인 시골 저택은 수건만 600장에 달했으며, 시트와 리넨도 대략 그 정도로 양이 많았다. 그 모두를 일일이 표시하고, 기록하고, 정확하게 정리하는 일은 어마어마한 과제였다. 그러나 이보다 훨씬 더 수수한 규모—가령 목사관—라고 해도, 10명이 참석한 디너에서 사용되고 나서 씻어야 하는 접시와 유리잔과 식탁용 철물만 무려 400종이 넘었다.

규모에 관계없이, 하인들은 어디서나 오랜 시간 힘들게 일했다. 1925년에 어느 전직 하인이 쓴 글에 따르면, 그의 경력 초기에만 해도 아침마다 불을 지피고, 신발 20켤레를 닦고, 램프 35개를 닦고, 심지를 자르는 등의 일 모두를 주인네 식구들이 잠자리에서 일어나기 전까지 모두 해치워야만 했다. 소설가 조지 무어가 회고록인 『한 젊은이의 고백(Confessions of a Young Man)』에서 쓴 경험처럼, 상당수의 하인들은 하루 중 17시간을 "부엌에 들어갔다 나왔다 하고, 석탄과 아침 식사와 더운 물이 담긴 깡통을 들고 위층으로 달려가고, 벽난로 앞에 무릎을 꿇으며……하숙인들은 가끔 가다가 그들에게 친절한 말을 한마디 던지지만, 그렇다고 해서 그들을 우리와 동류로 여기는 말은 아니었다. 오히려 개를 보면서 느끼는 것과 유사한 측은함에 불과했다."

　실내 배관이 도입되기 전에는, 물을 사용하려면 일단 각자의 침실로 누군가가 물을 들고 와야만 했고, 사용한 물도 누군가가 도로 들고 나가야만 했다. 대개의 경우, 누군가가 사용 중인 침실에는 아침 식사 때부터 취침 시간 때까지 최소한 5번은 들어가서 정리를 해주어야만 했다. 한번 들어갈 때마다 복잡한 여러 개의 그릇과 행주가 필요했는데, 더러운 물을 담아 나갔던 그릇에 도로 깨끗한 물을 담아 들어올 수는 없었기 때문이었다. 하녀는 3장의 행주를 가지고 다녔으며—하나는 유리잔을, 하나는 변기를, 하나는 세면기를 닦는 데에 사용했다—정해진 행주를 정해진 대상에 올바르게 사용하도록 명심해야만 (또는 올바르게 사용하지 못했을 경우에는 최소한 여주인에게 걸리지는 않아야만) 했다. 물론 어디까지나 평소에 가볍게 씻는 경우가 이 정도였다. 만약 손님, 또는 식구 중 한 사람이 목욕을 하고 싶어할 때에는 업무량이 극적으로 늘어났다. 물 1갤런은 무게가 8파운드인데, 한 번 목욕을 하려면 대개 45갤런의 물이 필요했다. 그 전부를 일단 부엌에서 덥힌 다음에 특수한 깡통에 담아가지고 운반해야만 했다. 때로는 하루 저녁에만 스물대여섯 개의 욕조에 물을 채워야 하는 경우도 있었다. 요리도 이와 마찬가지로, 종종 어마어마한 힘과 에너지를 필요로 하는 일이었다. 요리용 솥 중에는 심지어 60파운드나 되는 것도 있었다.

　가구, 벽난로 쇠살대, 커튼, 거울, 창문, 대리석, 놋쇠, 유리, 은제품. 이 모두는 정기적으로 닦거나 광을 내야 했으며, 대개는 그 집만의 특별한 사제 광택제를 이용했다. 철제 나이프와 포크를 반짝이게 하기 위해서는 단순히 닦고 광을 내는 것만으로는 충분하지가 않았다. 금강사 가루와 백묵과 벽돌 가루와 철단(鐵丹)이나 녹각정(鹿角精)을 돼지기름에 섞어서 발라놓은 가죽숫돌에 대고 죽어라 문질러야만 했다. 나이프를 보관할 때에는 (녹스는 것을 방지하기 위해서) 양기름을 바른 다음에 갈색 포장지에 잘 싸고, 나중에 사용하기 전에는 포장지를 도로 벗겨서 기름을 씻어내고 잘 말려야 했다. 나이프를 씻는 일이 이처럼 복잡하고 힘든 과정을 거쳐야만 했기 때문에, 세계 최초로 발명된 노동 절약형 기구 가운데 하나가 나이프 세척 기계—사실은 상자에 붙은 손잡이를 돌리면 그 안에서 뻣뻣한 솔이 빙글빙글 돌아가는 것에 불과했지만—였을 정도였다. 그중 하나는 "하인의 친구"라는 이름으로 판매되었다. 말이야 맞는 셈이었다.

자신의 손으로 그런 일을 하지 않는 사람들의 머릿속에는 단순히 일을 하는 것이 문제가 아니라, 어떤 정확한 기준에 맞춰서 일을 하는 것이 문제라는 식의 생각이 종종 떠올랐다. 예를 들면, 스코틀랜드의 맨더스턴에서는 2년에 한 번씩 여러 명의 일꾼들이 사흘간에 걸쳐서 커다란 계단 하나를 해체하고, 광을 내고, 다시 조립하는 작업을 해야만 했다. 그런 추가적인 일 가운데 일부는 쓸데없을 뿐만 아니라 천박하기까지 했다. 역사가 엘리자베스 개릿의 기록에 따르면, 어떤 집에서는 집사와 다른 고용인들이 식당에서 식탁을 차릴 때마다 미리 그 주위에 여분의 계단용 카펫을 깔도록 했다. 혹시나 좋은 카펫을 함부로 밟기라도 하면 어쩌나 하는 걱정 때문이었다. 런던의 한 하녀는 큰길에 나가서 택시를 불러오는 일만 하려고 해도, 주인들이 작업복 대신에 뭔가 더 버젓한 옷으로 갈아입고 나가라고 잔소리를 한다며 불평을 했다.

한 가구에 일용할 양식을 제공하는 것 역시 어마어마하게 중요한 일이었다. 대개 식료품은 한 해에 두세 번밖에 구입하지 않았으며, 한꺼번에 잔뜩 사서 보관했다. 차[茶]는 아예 상자째로, 밀가루는 아예 통째로 구입했다. 설탕은 커다란 원뿔 모양으로 만들어 운반되었고, 이를 막대설탕이라고 불렀다. 하인들은 식품을 보존하거나 오래 보관하는 일에 달인이 되었다. 자급자족은 희망인 동시에 필요이기도 했다. 문제는 단순히 그 일을 해내는 것만이 아니라, 그 일을 할 수 있는 재료를 만들어야 할 때였다. 예를 들면, 목깃에 풀을 먹이거나, 구두를 닦아야 한다면, 거기에 사용할 재료를 나름대로 조합해서 만들어야 했다. 구두약이 시판되기 시작한 것은 무려 1890년대에 들어서였다. 그 이전까지 사람들은 각자 집에서 이런저런 재료를 끓여서 구두약을 만들어야 했다. 그 와중에 구두뿐만 아니라, 냄비며 젓는 숟가락이며 사람 손이며 온갖 물건에 구두약이 묻었다. 목깃에 먹이는 풀은 대개 쌀이나 감자를 원료로 해서 힘들게 만들었다. 리넨의 경우에도 마감된 상태로 들어오는 것이 아니었다. 아예 천을 한 필 구입해서는 그것으로 식탁보, 시트, 셔츠, 수건 등을 직접 만들어야 했다.

대부분의 큰 집에서는 증류실을 따로 두고, 그 안에서 화주(火酒)를 증류하거나 여러 가지 소모품을 끓여서 만들었다. 예를 들면, 잉크, 살충제, 비누, 치약, 양초, 왁스, 식초, 피클, 콜드 크림, 화장품, 쥐약, 벼룩 제거제, 샴푸, 약품, 대리석의 얼룩 지우는 용액, 바지의 광택 지우는 용액, 목깃에 풀 먹이는 용액, 심지어 주근깨 없애는 용액까지도 만들어냈다(맨 나중의 것은 붕사, 레몬즙, 설탕을 섞으면 효과가 있다고 했다). 이 귀중한 조제약들의 원료는 그야말로 오만가지에 달했다. 밀랍, 불깐 수소의 담즙, 명반, 식초, 테레빈, 그리고 이보다 훨씬 더 황당무계한 재료도 사용되었다. 19세기 중반의 어느 지침서의 저자는 액자에 담은 그림들을 "소금과 삭힌 오줌"의 혼합물로 매년 한 번씩 닦아주라고 권장했지만, 과연 누구의 오줌을 써야 하는지 또는 얼마나 삭힌 것을 써야 하는지는 독자들이 알아서 판단하라는 듯이 굳이 거기까지 언급하지는 않았다.

저장품실이며 창고며 다른 가사 공간들이 워낙 많다 보니, 사실상 집의 상당 부분이 하인들 차지인 경우도 많았다. 1864년에 나온 『신사의 집(The Gentleman's House)』에서 로버트 커가 말한 것에 따르면, 전형적인 대저택에는 방이 (창고 공간까지 모두 포함해서) 무려 200개나 있지만, 그 가운데 거의 절반은 가사 업무실, 즉 하인들이 각자의 업무를 수행하는 데에 필요한 방이거나, 또는 하인들의 침실이었다. 거기다가 마구간이며 다른 바깥채까지 더하면, 그 집은 사실상 압도적으로 하인들이 차지한 셈이었다.

무대 뒤에서 벌어지는 노동의 분화는 어마어마하게 복잡했다. 커는 가사

업무의 종류를 9가지 범주로 구분했다. 부엌, 제빵과 양조, 상급 하인 식당, 하급 하인 식당, 지하실과 바깥채, 세탁실, 개인 방, '기타', 그리고 통로였다. 다른 가정에서는 또다른 계산법을 사용했다. 아일랜드의 플로렌스 코트는 무려 60가지 이상의 부문을 구분했던 반면, 웨스트민스터 공작의 영지인 체셔 주의 이튼 홀에서는 겨우 16가지 부문이 있을 뿐이었다. 공작이 거느린 하인이 무려 300명 이상이었음을 고려할 때에는 상당히 적은 편이었다. 이 모두는 주인이나 여주인, 또는 집사나 가정부 각자의 편성 취향에 따라서 달라졌다.

큰 시골 저택에는 총포실, 램프실, 증류실, 페이스트리 제조실, 식기실, 생선 창고, 제빵실, 석탄 창고, 사냥감 저장실, 양조실, 나이프 보관실, 구두 보관실을 비롯해서 최소한 열댓 군데의 방이 더 있었다. 콘월 소재 래니드록 하우스에는 오직 탕파(湯婆)를 가는 용도로만 사용되는 집이 하나 있었다. 줄리엣 가디너에 따르면, 웨일스에 있는 어떤 집에는 신문을 다림질하는 방이 별도로 있었다. 가장 웅장한, 또는 가장 오래된 집에는 소스 저장실, 양념 저장실, 가금 저장실, 술 저장실뿐만 아니라, 이보다 더 이국적인 어원을 가진 이름으로 불리는 방들도 있었다. 가령 물 보관실(ewery, 물주전자를 보관하는 방. 짐작컨대 [라틴어의] '물[aquaria]'이라는 단어에서 파생된 단어인 듯하다), 양초 보관실(chandry, 양초를 보관하는 방),[*] 사냥감실(avenery, 네발짐승 사냥감을 보관하는 방),[**] 리넨실(napery, 리넨을 보관하는 방) 등이 그러했다.

이런 작업실 이름 가운데 일부는 겉으로 보이는 것만큼 단순명료하지 않다. 예를 들면 술 저장실(buttery)은 버터(butter)와는 아무 관계가 없다. 이 단어는 원래 '술통(butt)', 즉 맥주가 담긴 술통을 의미했다(원래는 [프랑스어의] '술병[boutellerie]'에서 비롯되었는데, 이 단어는 또한 집사[butler]와 병[bottle]

---

* 아마도 '양초 보관실, 양초 가게, 잡화점(chandlery)'이라는 단어에서 유래한 듯하다 / 역주
** 아마도 '사냥감(venery)'이라는 단어에서 유래한 듯하다 / 역주

의 어원이기도 하다. 집사의 원래 임무는 와인 병을 관리하는 것이었으니까). 가사실 가운데 그 안에 보관되는 제품과는 전혀 무관한 이름이 붙여진 곳은 바로 '낙농품실(dairy)'이다. 이 이름은 원래 고대 프랑스어의 '처녀(dey)'라는 단어에서 비롯되었다. 다시 말해서 낙농품실은 낙농장의 여자 일꾼들(dairymaids)이 있는 곳이며, 이를 근거로 고대 프랑스인들이 그 방에서 우유보다는 여자 일꾼들을 찾아내는 데에 더 관심이 있었다고 추론해도 아마 무리는 없을 것이다.

거의 모든 점잖은 집주인들은 부엌이나 하인들의 구역에 거의 발을 들여 놓지 않았으며, 따라서 줄리엣 가디너의 말처럼, "자기네 하인들이 사는 환경에 관해서는 오직 누군가의 보고를 통해서만 알고 있었다." 한 집안의 가장이 하인들의 이름을 제외하면 자기네 하인들에 관해서 전혀 모르는 일이 그리 드문 편도 아니었다. 대부분의 주인들은, 집 안에서도 더 어두운 구석에 자리한 하인들의 구역까지 어떻게 가는지도 몰랐을 것이다.

당시에는 삶의 모든 측면이 엄격하게 계층화되어 있었으며, 이런 철저한 구분은 심지어 손님이나 가족뿐만 아니라 하인들 사이에서도 존재했다. 예를 들면, 한 사람이 집 안에서 마음대로 돌아다닐 수 있는 구역이 어디인지─즉 어떤 복도와 계단은 사용해도 되는지, 또 어떤 문은 열어도 되는지─여부를 결정하는 엄격한 규칙이 있었다. 그 구역은 그 사람이 손님인지 가까운 친척인지, 남자 가정교사인지 여자 가정교사인지, 아이인지 어른인지, 귀족인지 평민인지, 남자인지 여자인지, 상급 하인인지 하급 하인인지에 따라서 달랐다. 마크 기로워드의 고찰에 따르면, 이런 엄격함 때문에 모두 11가지 계급으로 분류되는 사람들이 함께 살던 어떤 집에서는 매일 오후마다 11곳의 서로 다른 장소에서 각자 모여서 차를 마셨다고 한다. 시골 저택 하인들에 관한 역사서에서 패멀라 샘브룩이 든 사례에 따르면, 같은 집에서 일하는 자매가 있었는데, 한 명은 가정부였고 또 한 명은 유모였다. 그러나 두 사람은 서로 다른 사회적 영역에 거주하는 까닭에, 우연히 집 안에서 마주쳐도 말을 섞거나 아는 척을 하면 안 되었다.

하인들은 개인적인 몸단장을 할 시간이 없다 보니, 항상 더럽다고 비난을 받았다. 전형적인 하인의 근무시간이 오전 6시 30분부터 밤 10시 정각까지 줄곧 이어진다는 점을 고려해보면, 누가 보더라도 불공정한 비난일 수밖에 없었다. 게다가 혹시나 저녁에 사교 행사라도 있는 경우에는 근무시간이 훨씬 더 연장되었다. 어느 가사 지침서의 저자는 하인들에게 좋은 방을 배정하고 싶어도, 그들이 너무 지저분하기 때문에 그럴 수가 없다고 아쉬워하고 있다. "따라서 하인방은 설비가 더 간소할수록 더 좋다." 그녀는 이렇게 단정했다. 에드워드 시대[1901-1910]에 이르러서 하인들은 일주일에 반나절씩, 그리고 한 달에 하루씩 휴일을 얻을 수 있었다. 그러나 개인용품을 사고, 이발을 하고, 가족을 만나고, 연애를 하고, 휴식을 취하고, 또는 그 귀중한 자유의 몇 시간을 다른 방법으로 즐기는 데에 쓸 수 있는 시간이 그것이 전부라고 생각하면, 아무래도 충분히 넉넉한 시간은 아니었다.

아마도 이 직업에서 가장 힘든 부분은 하인들을 그다지 높이 평가하지 않는 사람들에게 빌붙어서, 또는 의존해서 살아야 한다는 점이었으리라. 버지니아 울프는 일기에서 자기네 하인들에 대해서, 그리고 인내심을 가지고 하인들을 상대하는 일의 어려움에 대해서 거의 강박적으로 집착했다. 그중 한 명에 대해서 그녀는 이렇게 썼다. "그 여자는 자연 그대로이다. 훈련되지도 못하고, 교육받지도 못한……그야말로 벌거벗은 채로 꿈틀거리는 인간 정신을 볼 수 있다." 하인이라는 계급 전체가 "부엌의 파리"만큼이나 짜증스러운 존재라고 그녀는 생각했다. 울프의 동시대인인 에드나 세인트 빈센트 밀레이는 이보다도 더 퉁명스럽게 표현했다. "내가 정말로 증오하는 유일한 사람들은 바로 하인들이다." 그녀는 이렇게 썼다. "그들은 사실상 전혀 인간이라고 할 수도 없다."

이것은 의문의 여지없이 기이한 주장이다. 하인이라는 인간 계급이 존재하는 까닭은 기본적으로 또다른 인간 계급이 원하는 뭔가를 손닿는 범위 내에 가져다주도록, 그것도 그 뭔가를 원하는 바로 그 순간에 가져다주도록 하기 위해서라고 할 수 있기 때문이다. 이런 배려를 받는 사람은 그야말로 상상이 불가능할 정도로 버릇이 나빠지기도 한다. 1920년대에 제10대 말버러 공작이 딸네 집을 방문한 적이 있었는데, 그 집이 너무 좁은 까닭에 하인들을 데리고 갈 수가 없어서 혼자서만 머물러야 했다. 한번은 이 양반이 화장실에 들어갔다가 매우 당황해하면서 도로 나왔는데, 칫솔에서 치약 거품이 나오지 않았기 때문이었다. 알고 보니 그의 집에서는 치약을 짜서 칫솔에 묻히는 것조차도 시종이 늘 대신해주었기 때문에, 이 공작 나리께서는 치약이라는 것이 자동적으로 칫솔에 묻혀지지 않는다는 사실조차도 몰랐던 것이다.

이 모든 봉사를 함으로써 하인들이 받는 대가는 종종 질색하는 대우뿐이었다. 여주인들이 하인들의 정직성을 시험하는 일도 흔했는데, 예를 들면 하인들이 훔치고 싶을 만한 물건을 눈에 띄는 곳에 놓아두었다가—가령 동전 하나를 바닥에 놓아둔다든지—하인이 그것을 주워서 호주머니에 넣으면 처벌을 하는 것이었다. 이는 마치 주인이 언제 어디에서나 지켜보고 있다는 듯한, 약간은 편집증적인 느낌을 하인들에게 심어주는 효과가 있었다. 하인들은 또한 절도 행위를 부추긴다는 의심을 받기도 했는데, 예를 들면 절도범에게 내부 정보를 누설하고 문을 일부러 열어놓는다는 것이었다. 이것은 양쪽 모두의 불행을 위한 완벽한 비결이었다. 하인들은, 특히 규모가 작은 집의 하인들은 주인들이 불합리하고 바라는 것이 너무 많다고 생각했다. 주인들은 하인들이 게으르고 믿을 만하지 않다고 생각했다.

하인의 삶에서 사소한 굴욕은 일상적인 일이었다. 때로 주인들은 하인들에게 이름을 바꾸라고 요구하기까지 했다. 어떤 집에서 고용하는 종복의 이름을 '존슨'으로 통일하면, 혹시 기존의 종복이 그만두거나 마차 바퀴에 깔리는 불상사가 일어날 경우에도, 가족들은 굳이 번거롭게 새로운 사람의 이름을 외울 필요가 없었기 때문이다. 집사들은 특히 미묘한 문제였다. 그들은 신사적인 외모와 처신을 가져야 하는 것으로, 또한 거기에 적합한 옷차림을 해야 하는 것으로 생각되었기 때문이다. 그러나 집사들의 복장에는 뭔가 의도적으로 서투르게 만든 부분이 반드시 있어야 한다고 간주되었는데—예를 들면 재킷과는 전혀 어울리지 않는 바지를 입는다든지—그래야만 이들 역시 아랫사람이라는 사실이 즉각적으로 드러날 것이기 때문이었다.*

어느 지침서에서는 자녀 앞에서 하인에게 굴욕을 주는 방법에 대한 지침—사실상 대본—이 나와 있기도 했는데, 그렇게 하면 자녀와 하인 모두에게 좋으리라는 조언이었다. 이 예상 시나리오에서는 어머니가 아들을 서재로 부르는데, 아이가 들어서면 어머니 곁에 하녀 한 명이 야단을 맞고서 조용히 눈물을 흘리는 모습을 보게 된다.

어머니는 이렇게 말을 꺼낸다. "메리 유모가 너한테 해줄 얘기가 있대. 그러니까 한밤중에 몰래 들어와서 못된 짓을 하는 남자애들을 데려가는 검둥이에 대한 이야기는 사실이 아니라는 거야. 이제는 메리 유모한테서 직접 그렇다는 이야기를 들었으면 좋겠구나. 왜냐하면 유모는 오늘 그만두고 이곳을 떠날 거거든. 아마 앞으로 다시는 못 만나게 될 거야."

그러면 유모는 이전까지 했던 온갖 어리석은 이야기들을 언급하면서, 그 하나하나를 모두 사실이 아니라고 단언한다.

아이는 그 이야기에 신중히 귀를 기울인 다음, 떠나는 유모에게 한 손을 내민다. "고마워, 유모." 그는 단호한 어조로 이렇게 말한다. "그러면 나는

---

* 한 가지 덧붙이면, 검은색 제복에 주름 장식이 달린 모자, 그리고 빳빳한 앞치마 등을 걸친 하인들의 전형적인 모습은 사실상 비교적 짧은 시기에만 유행했던 모습을 반영한 것이다. 하인들의 제복이 일상화된 것은 면화(綿花)의 수입량이 크게 늘어난 1850년대에 들어서였다. 그 이전까지만 해도 상류층이 입은 옷은 품질이 훨씬 더 좋다는 사실이 워낙 즉각적이고 분명하게 드러났기 때문에, 굳이 하인들에게 제복을 입혀서 차이를 둘 필요도 없었다.

전혀 무서워할 게 없었는데 그랬네. 나는 유모 말을 믿었거든, 잘 알겠지만." 이 말과 함께 아이는 어머니를 바라본다. "그럼 이제부터는 무서워하지 않을게요, 어머니." 아이는 적절하게 남자다운 태도로 어머니를 안심시킨 다음, 모두는 다시 일상으로 돌아온다. 물론 이처럼 좋은 일자리를 두 번 다시 얻지 못할 유모는 제외하고 말이다.

　해고는 하인들에게 가장 두려운 재난이었고, 특히 하녀들에게는 더욱 그러했다. 이는 곧 일자리의 상실, 거처의 상실, 미래의 상실, 나아가 모든 것의 상실을 의미했기 때문이다. 비턴 여사는 특히 심혈을 기울여서 독자들에게 다음과 같이 경고했다. 즉 해고당하는 피고용인에게 주인들이 단순히 어떤 감정 때문에 또는 기독교인다운 자선이나 여타의 동정심 때문에 거짓으로 또는 사실과 다르게 추천장을 써주는 일이 있어서는 안 된다고 말이다. "그 성격을 고려할 때, 여주인이 엄격한 정의의 감정에 따라서 판단해야 한다고 말하는 것만으로는 충분하지가 않다. 따라서 차마 자신이 부리지 못하는 하인을 다른 사람에게 추천하는 일은 공정하지 않다고 단언해야 마땅할 것이다." 비턴 여사의 말이다. 그리고 이것이 이 문제를 고려하는 사람에게 필요한 생각의 전부였다.

빅토리아 시대로 접어들면서 하인들에게는 정직하고, 깨끗하고, 근면하고, 술을 마시지 않고, 충실하고, 신중해야 한다는 의무 말고도, 가급적 눈에 띄지 않아야 한다는—또는 그런 상태에 최대한 가까워져야 한다는—의무도 부과되었다. 원예의 역사를 다룬 책에서 제니 어글로는 어느 사유지의 사례를 언급했다. 거기서는 주인네 식구가 집에 있다면, 정원사들은 외바퀴 손수레에 흙을 담아 나를 때마다 무려 1마일이나 길을 멀리 돌아가야 했다. 그들의 불쾌한 모습이 주인의 눈에 띄지 않기 위해서였다. 서퍽 주의 어느 집에서는 주인네 식구가 지나갈 때마다, 하인들은 얼굴을 벽에 대고 서 있어야 했다.
　이 시대에 접어들자 절대적으로 필요한 경우를 제외하면, 고용인을 눈에 보이지 않게 하고 주인네 식구들로부터 격리시키는 방식으로 집의 설계도 점차 바뀌었다. 이런 격리 덕분에 생겨난 건축물의 변화 가운데 대표적인 것이 바로 뒤쪽 계단이었다. "상류층은 이제 더 이상 계단을 올라가는 도중에, 어젯밤 자신의 배설물이 계단을 내려오는 광경과 마주치지 않게 되었다." 마크 기로워드는 이렇게 한마디로 요약했다. "양측 모두에게 이런 프라이버시는 큰 가치가 있었다." 로버트 커는 1864년에 간행된 『신사의 집』에서 이렇게 썼다. 그러나 우리가 보기에는 커 씨가 요강을 비우는 사람보다는 요강을 채우는 사람의 감정을 더 잘 알고 있었다고 간주해도 좋을 것이다.

최상류층의 경우, 가급적 남들 앞에 나타나지 말아야 할 사람은 하인이 아니라 오히려 한 가정의 손님이나 영구 거주인 쪽이었다. 빅토리아 여왕이 와이트 섬에 있는 오스본 하우스에서 오후 산책을 나갈 때면, 어느 계급에 속한 사람이든지 간에 아무도 여왕과 마주쳐서는 안 되었다. 일설에 따르면, 사람들이 당황하며 도망치는 모습만 보아도, 지금 여왕이 대략 어디쯤을 지나가고 있는지를 알아맞힐 수 있었다고 한다. 한번은 재무장관인 윌리엄 하코트 경이 탁 트인 곳에 서 있다가 여왕의 행차와 딱 맞닥뜨렸는데, 몸을 숨길 만한 곳이라고는 작은 관목 한 그루뿐이었다. 그는 키가 무려 6피트 4인치에 달하고 뚱뚱한 체격이었기 대문에, 그 관목 뒤에 숨는 것은 겨우 어설픈 시늉에 불과했다. 여왕은 그를 못 본 척하고 지나갔다. 실제로 그즈음의 여왕은 뭔가를 못 본 척하는 데에 달인이었다. 예를 들면 집 안에서는 복도에서 누군가와 마주치는 일이 불가피했는데, 그럴 때마다 여왕은 오만한 눈빛으로 정면을 똑바로 바라봄으로써 졸지에 상대방을 비물질적인 존재로 만들어버렸다. 하인들 중에서도 오직 극도로 신뢰받는 자들만이 여왕을 감히 똑바로 바라볼 수 있도록 허락을 받았다.

"계급의 분화는 가장 위험하고 비난할 만한 일이며, 자연의 법칙조차도 결코 의도하지 않는 일이며, 여왕이 항상 바꿔보려고 노력하는 일이다." 여왕은 언젠가 이렇게 썼지만, 이 고귀한 원칙이 전혀 적용되지 않는 하나의 장소가 바로 자신의 면전이라는 사실은 편리하게도 무시해버렸다.

집 안에서 상급 하인은 바로 집사였다. 여자 하인 중에서 그에 상응하는 사람은 가정부였다. 그 아래로는 부엌 일꾼과 요리사, 그리고 일련의 하녀들, 응접실 하녀들, 시종들, 심부름꾼들, 종복들 등이 있었다. 종복들(footmen)은 원래 단어 그대로의 뜻이었다. 즉 주인이나 여주인이 탄 의자가 마나 수레 옆에서 발(foot)로 뛰는 사람들(men)을 의미했던 것이니, 이는 주인의 위신을 자랑하기 위해서이기도 했고, 어딘가로 가는 도중에 뭔가 필요한 일을 시키기 위해서이기도 했다. 17세기에 이르자, 종복들은 마치 경주마처럼 가치가 높게 매겨졌으며, 간혹 주인들이 각자의 종복들에게 돈을 걸어서 실제로 경주에 내보내기도 했다. 종복들은 대부분 가정에서도 공적인—가령 문을 열어주고, 식탁 시중을 들고, 메시지를 전달하는 등의—일을 담당했으며 따라서 종복들을 고를 때에는 특히 키나 거동이나 버젓한 외모를 중시했다. 비턴 여사는 이런 관행에 상당한 혐오를 드러냈다. "상류층 여성이 자기 종복을 선택할 때에 그의 키나 용모 또는 종아리의 윤곽 외에는 다른 어떤 것도 보지 않을 경우, 결국 그 가족에게 아무런 애착도 품지 않은 하인을 얻게 되는 것은 전혀 놀라운 일이 아니다."

종복과 가정부 간의 밀통(密通)은 각지의 가정 중에서도 비교적 기강이 더 느슨한 곳의 특징으로 널리 알려져 있다. 클론멜의 리고니어 자작의 유명한 사례에서는 그의 아내가 이탈리아의 귀족인 비토리오 아마데오 알피에리 백작과 밀통을 하고 있었다. 리고니어는 명예 때문에 결투를 신청했다. 두 남자는 그린 파크에서 만나, 인근의 한 가게에서 빌린 검을 이용해서 일종의 결투를 벌였다. 두 사람은 몇 분간 칼싸움을 벌였지만, 사실 어느 쪽도 이 결투에 진지하게 몰입하지는 않았다. 어쩌면 그 변덕 심한 레이디 리고니어를 위해서 굳이 두 남자가 피를 흘릴 정도의 가치까지는 없다는 사실을 알았기 때문인지도 모른다. 실제로 그녀는 그 즉시 자기 종복과 함께 달아남으로써 이런 의구심을 확증해주었다. 이 사건을 조롱하는 추잡한 농담이 영국 전역에서 우후죽순으로 생겨났는데, 그중 하나인 2행 연구(連句)를 소개하면 다음과 같다.

그러나, 보시오, 그 요염한 리고니어는
똑같은 귀족보다 종자놈을 선호했으니.

하인들의 삶이라고 해서 전적으로 나쁜 것만은 아니었다. 커다란 시골 저택의 경우, 주인이 기껏해야 1년에 두세 달 정도밖에 머물지 않았다. 따라서 시골의 하인들은 힘들게 한 철 동안을 일하고 나면, 나머지 오랜 기간 동안에는 비교적 편안하게 지낼 수 있었다. 반면 도시의 하인들은 그 정반대가 일반적이었다.

하인들은 따뜻하게 지냈고, 잘 먹었고, 옷차림도 버젓했고, 매일 밤 잘 곳이 있었으며, 그 당시에만 해도 이 정도면 상당히 좋은 편이었다. 이런 모든 편의를 고려하면, 그 당시의 상급 하인은 오늘날의 금액으로 약 5만 파운드 상당의 봉급을 받았던 것으로 추산된다. 수완이 좋거나 대담한 사람은 부가적인 특전도 얼마든지 가능했다. 예를 들면 채즈워스에서는 양조장에서 만든 맥주가 조지프 팩스턴의 대형 온실을 지나 집까지 이어지는 파이프를 통해서 흘러갔는데, 이 저택에 사는 사람들 가운데 모험심이 뛰어난 누군가가 정기적으로 파이프를 뚫고 맥주를 가로채왔다는 사실이, 나중에 정기 점검 도중에야 밝혀지기도 했다.

하인들은 종종 상당한 돈을 팁으로 받았다. 디너파티가 끝나고 나가는 손님들 앞에는 대여섯 명의 종복이 늘어서서 팁을 바라고 있었기 때문에, 결국 하인을 제외한 사람들에게는 디너파티 장소에서 나간다는 것 자체가 상당히 돈이 드는 일이었다. 주말마다 찾아오는 손님들에게도 하인들은 역시 후한 팁을 바랐다. 하인들은 또한 손님들에게 집 안을 구경시켜주고 돈을 벌었다. 비교적 옷을 잘 차려입은 손님들이 찾아올 경우에 저택을 구경시켜 주는 관습은 18세기에 처음 생겨났으며, 오늘날의 관광객과 마찬가지로 중산층이 멋진 주택을 찾아가는 일은 점차 흔해졌다. 1776년에 윌턴 하우스를 찾아간 어느 방문객은 자신이 그해 들어서 이 저택을 찾은 3,025번째 방문객이었다는 것을 알게 되었는데, 때는 아직 8월이었다. 어떤 저택에는 관광객이 너무 많이 몰리는 바람에 질서를 위해서라도 공식적으로 일정을 정할 수밖에 없었다. 예를 들면 채즈워스는 일주일에 두 번, 정해진 날에만 관광객에게 문을 열었다. 워번, 블레넘, 캐슬 하워드, 하드윅 홀과 햄튼 코트도 이와 마찬가지로 관광객을 제한하기 위해서 개장 시간을 별도로 정했다. 호레이스 월폴은 자택인 트위크넘 소재 스트로베리 힐을 찾아오는 관광객에게 너무 시달린 나머지 아예 입장권을 만들어서 배부했으며, 관람객이 해도 되는 일과 안 되는 일을 일일이 적은, 길고 적잖이 까다로운 목록을 인쇄해서 나눠주었다. 예를 들면, 입장권은 4장을 신청해놓고 5명이 찾아오는 경우에는 모두 입장이 불가능했다. 다른 저택은 이보다는 관대한 조치를 취했다. 예를 들면, 요크셔 주 로크바이 홀에서는 관광객에게 다실(茶室)을 개방했다.

하인들의 일 중에서도 가장 힘든 일은 종종 규모가 더 작은 가정에서 생겼는데, 더 큰 가정에서 두세 명이 할 일을 겨우 한 명이 모두 감당했기 때문이었다. 능히 짐작이 가능한 일이지만, 비턴 여사는 각 가정의 경제 사정과 출신에 따라서 몇 명의 하인을 두는 것이 적절한지를 상당히 자세하게 언급했다. 가령 귀족 출신인 사람은 최소한 25명의 하인이 필요하다고 그녀는 주장했다. 연 수입이 1,000파운드인 사람은 5명의 하인—요리사 1명, 가정부 2명, 유모 1명, 종복 1명—이 필요하다고 했다. 중산층 전문직 가정의 최소 인원은 3명—객실 하녀, 식모, 요리사—이었다. 심지어 연 수입 150파운드밖에는 되지 않는 사람도 다용도 하녀(maid-of-all-work, 말 그대로 모든 일을 담당하는 직책)를 고용할 정도로는 부유하다고 간주되었다. 비턴 여사도 하인 4명을 두고 있었다. 그러나 실제로 대부분의 사람들은 비턴 여사가 마땅하다고 생각한 것만큼 많은 하인을 고용하지는 않은 것처럼 보인다.

이보다 훨씬 더 전형적인 경우로는 역사가 토머스 칼라일의 집을 들 수 있다. 그는 아내 제인과 함께 살던 첼시의 그레이트 체이니 로 5번지에서 하녀 1명을 고용하고 있었다. 의외로 진가를 인정받지 못한 이 하녀는 요리와 청소와 설거지와 불 지피기와 재 버리기와 손님맞이와 물건 구입과 그 외의 모든 일들을 담당한 것은 물론이고, 칼라일 부부가 목욕을 할 때마다—그것도 상당히 자주 했는데—8갤런 내지 10갤런의 물을 길고, 덥히고, 3층까지 들고 올라가야 했으며, 목욕이 다 끝나고 나면 이번에는 다시 들고 내려와야 했다.

칼라일의 집에서는 하녀의 방이 따로 없었으므로, 그녀는 부엌에서 먹고 자고 했다. 규모가 더 작은 집에서는 매우 흔한 일이었으며, 심지어 칼라일 부부의 집처럼 세련된 집에서도 예외가 아니었다. 그레이트 체이니 로의 집에는 부엌이 지하에 있었으며, 비록 어둡기는 했어도 그나마 따뜻하고 아늑한 편이었다. 그러나 이 기본적인 공간조차도 온전히 그녀가 차지할 수는 없었다. 토머스 칼라일 역시 부엌의 아늑함을 좋아했기 때문에, 종종 저녁에 거기서 책을 읽었다. 그때에 하녀는 '뒷부엌(back kitchen)'에 들어가 있었는데, 명칭만 보면 그다지 나쁘지 않게 보이지만, 실상은 난방도 되지 않는 창고였다. 이곳에서 하녀는 감자 자루나 다른 식품들 사이에 한참 쭈그리고 앉아 있다가, 칼라일이 줄곧 앉아 있던 의자를 뒤로 밀어내고, 파이프의 담뱃재를 벽난로 쇠살대에 대고 툭툭 털고, 결국 부엌에서 나가는 소리가 들린 다음에야—그런 소리는 종종 밤이 늦어서야 들렸다—비로소 자신의 보잘것없는 잠자리를 차지할 수 있었다.

그레이트 체이니 로에서 32년 동안 살면서, 칼라일 부부는 모두 34명의 하녀를 고용했다. 그래도 칼라일 부부는 모시기 쉬운 주인에 속하는 편이었는데, 두 사람 사이에는 자녀가 없었으며, 부부 모두 성격상 상당히 인내심이 많고 동정적이었기 때문이다. 그러나 두 사람의 기준에 딱 맞는 피고용인을 찾아내기는 거의 불가능했다. 가끔 하인들은 크게 사고를 치기도 했는데, 1843년의 어느 날 오후에 칼라일 여사가 외출에서 돌아와보니, 가정부가 술에 취해서 부엌 바닥에 쓰러져 있었다. "그 옆에는 의자 하나가 뒤집혀 있고, 지저분한 그릇과 박살난 도자기 파편이 완벽한 혼돈을 이루고 있었다." 또 한번은 칼라일 여사가 그야말로 질겁할 만한 일이 벌어졌는데, 여주인이 없는 동안에 하녀가 아래층 거실에서 사생아를 낳았던 것이다. 그 와중에 하녀가 "내가 가진 좋은 냅킨을 모조리" 사용했다는 사실을 알게 된 칼라일 여사는 더더욱 괴로울 수밖에 없었다. 그러나 대부분의 하녀들은 칼라일 부부가 기대하는 것만큼 열심히 일하기를 거부한 까닭에, 알아서 떠났거나 또는 떠나달라는 요청을 받았다.

여기서 한 가지 불가피한 사실은 하인들도 역시 인간이며, 고용주의 끝없는 변덕을 만족시키는 데에 필요한 예민함과 실력과 지구력과 인내심을 가진 사람은 매우 드물었다는 점이다. 뛰어난 하인이 되기 위해서 필요한 여러 가지 재능을 겸비한 사람이 혹시 있더라도, 그런 사람이 하인 일을 하고 싶어하는 경우는 드물었다.

하인들의 가장 큰 약점은 힘이 없다는 것이었다. 그들은 정말 오만 가지 이유들로 비난을 받았다. 이들보다 더 편리한 속죄양은 또 없었는데, 예를 들면 칼라일 부부는 1835년 3월 6일 저녁에 일어난 한 가지 유명한 사건을 통해서 그런 일을 직접 겪었다. 당시 칼라일 부부는 고향 스코틀랜드에서 런던으로 이사 온 지 얼마 되지 않은 상황이었다. 칼라일은 작가가 되려는 희망을 품고 있었다. 나이는 서른여덟 살이었고, 『의상 철학(Sartor Resartus)』이라는 난해한 개인 철학서로 이미 약간이나마 명성—어디까지나 아주 약간의 명성이었다고 해야 정확하리라—을 얻고 있었지만, 뭔가 대작을 쓸 필요가 있었다. 그는 프랑스 혁명에 관한 여러 권짜리 저서를 집필함으로써 이런 부족을 메우려고 마음 먹었다. 1835년 겨울, 상당히 힘겨운 노력 끝에 그는 첫 번째 권을 탈고하고, 그 원고를 자기 친구이자 조언자인 존 스튜어트 밀에게 보내서 고견을 물었다.

바로 이런 상황에서 그 유명한 사건이 일어났다. 3월 초의 어느 쌀쌀한 날 저녁, 밀이 갑자기 칼라일의 집을 찾아왔다. 밀의 얼굴은 그야말로 창백한 잿빛이었고, 저만치 뒤에 서 있는 마차에는 그의 애인인 해리엇 테일러가 앉아서 기다리고 있었다. 테일러는 원래 어느 사업가의 아내였지만, 그녀의 남편은 워낙 여유만만한 기질의 소유자였기 때문에, 사실상 아내를 밀과 공유하다시피 했으며, 심지어 두 사람에게 런던 서부 월턴 온 템스에 있는 오두막을 밀회 장소로 제공하기도 했다. 이 대목에서 이 사건에 대한 칼라일의 설명을 인용해보도록 하자.

문간에서 밀이 문을 두드리는 소리가 들렸다. 그는 창백한 얼굴로 들어왔는데, 차마 말을 하지도 못했다. 그러더니 내 아내더러 아래로 내려가서 테일러 여사와 이야기를 좀 나눠보라고 헐떡이며 말했다. 그러면서 절망적인 표정을 드러내며 (내 손에, 그리고 놀란 표정에 이끌려) 앞으로 다가왔다. 역시 절망적인 어조로 또박또박 또는 횡설수설 말한 끝에 그가 전한 소식은 (그가 너무나도 부주의한 태도로 그 원고를 읽은 다음에, 또는 읽는 도중에) 내 책의 제1권이 너덧 쪽을 제외하고는 전혀 회복이 불가능하게 '파손되었다'는 것이었다! 내가 크게 고생해서 쓴 원고임에도 그것만큼은 기억이 덜 났고, 지금도 마찬가지이다. 원고는 사라져버렸다. 나는 물론이고 온 세계가 나서는 한이 있더라도 그 원고를 돌려놓을 수는 없었다. 아니, 예전의 정신 역시 사라져버렸다.⋯⋯원고는 사라졌다. 그리고 돌아오지 않을 것이다.

밀의 설명에 따르면, 그의 하인들 가운데 하나가 벽난로 앞에 놓인 그 원고를 보고는, 불을 지피는 데에 쓰는 파지(破紙)로 착각했다는 것이었다.

그러나 여러분도 굳이 유심히 생각하지 않더라도, 이 설명에는 몇 가지 문제가 있다는 것을 알 수 있을 것이다. 첫째로 필사본 원고의 경우, 제아무리 함부로 놓인 것이라고 하더라도 쉽사리 파지라고 착각할 수는 없다. 게다가 밀의 집에서 일하는 하녀라면 당연히 그와 유사한 원고가 돌아다니는 것을 자주 봤을 것이고, 따라서 그것이 얼마나 중요하고 가치가 높은 것인지를 눈치채지 않을 수 없었을 것이다. 어떤 경우에서도, 원고 전체가 불에 타버리고 말았다는 것도 납득하기가 어렵다. 그렇게 전체를 불태우려면, 일일이 몇 쪽씩 꺼내서 꾸준히 불에 던져넣어야 했을 것이다. 그런 행동이라면, 여러분이 어떤 원고를 깡그리 없애버리고 싶을 때나 하는 일이지, 벽난로에 불을 지피고 싶을 때에 하는 일은 결코 아니다. 한마디로 말해서, 제아무리 어리석고 무능한 하녀라고 하더라도 어떤 책의 원고를 우연히, 게다가 그럴듯하게 통째로 파손시키는 상황을 상상하는 것은 불가능하다.

이 사건에 대한 또 한 가지 가능성은 밀 자신이 일종의 질투 또는 분노 때문에 그 원고를 직접 태워버렸다는 것이다. 밀은 그 당시에 프랑스 혁명에 관한 전문가로 행세했고, 언젠가는 그 주제에 관한 책을 쓰겠다고 칼라일에게 이야기했다. 따라서 질투는 분명히 더 일리가 있는 동기였다. 또한 당시에 밀은 개인적 위기를 겪고 있었다. 바로 얼마 전에 테일러 여사가 남편과 헤어지지 않겠다고 단언하면서도, 이들의 기묘한 삼각관계는 계속 유지하자고 했던 것이다. 그리하여 그의 마음의 균형은 상당히 교란된 상태였을지 모른다. 그러나 이토록 터무니없고 파괴적인 행위는 이전까지의 선량했던 그의 성격과는 물론이고, 그가 이 원고의 손실 앞에서 느낀 외관상의 진정한 공포와 고통과도 전혀 어울리지 않아 보인다. 결국 유일하게 남은 가능성은 테일러 여사—착실한 성품의 칼라일 부부는 그녀를 그리 좋아하지 않았다—가 이 사건과 모종의 연관성이 있지 않을까 하는 것이다. 밀은 월턴에서 자기가 이 원고 가운데 상당 부분을 그녀에게 읽어주었다고 말했다. 따라서 어쩌면 이 사건이 벌어진 당시에 그녀가 원고를 가지고 있었으며, 어쩌면 바로 거기에 이 사건의 어둡고 불행한 원인이 놓여 있는 것이 아닐까 하는 의구심이 생긴다.

칼라일 부부의 입장에서는, 이 가운데 어떤 가능성에 대해서도 차마 질문을 던질 수 없었으며, 하다못해서 절망적이고 극적인 태도조차 드러낼 수가 없었다. 예의범절의 규칙 때문에 칼라일은 이 끔찍하고 놀랍고 설명이 불가능한 재난이 도대체 어떻게 벌어졌는지에 대한 추가적인 질문을 던지지도 못하고, 밀이 전해준 소식을 그냥 고스란히 받아들일 수밖에 없었다. 누군지도 알 수 없는 하인 한 명의 부주의로 인해서 칼라일의 원고가 통째로 파손되었다. 이것으로 설명은 끝이었다.

칼라일은 가만히 앉아서 최대한 그 책을 다시 쓰는 것밖에는 아무런 선택의 여지가 없었다. 이것은 훨씬 더 힘겨운 일일 수밖에 없었는데, 그로서는 집필에 사용한 초고 노트조차도 전혀 참고할 수가 없었기 때문이다. 칼라일에게는 기묘하고 잘못된 버릇이 하나 있어서, 한 장(章)을 끝낼 때마다 그 완성을 축하하는 의미에서 자기가 가지고 있던 초고 노트를 태워버리곤 했던 것이다. 밀은 칼라일에게 100파운드의 손해배상을 하겠다고 제안했고, 그 정도면 그가 책을 다시 쓰면서 1년 동안 먹고 살 수 있는 금액이었다. 그러나 충분히 예상이 가능하듯이, 두 사람의 우정은 결코 다시는 회복되지 못했다. 그로부터 3주일 뒤에 형제에게 보낸 편지에서 칼라일은 다음과 같이 불평했다. 밀은 칼라일 부부가 단둘이서만 슬픔을 느끼도록 내버려두는 예의도 없어서 "분별도 없이 거의 자정이 될 때까지 머물러 있었기 때문에, 우리 딱한 집사람과 나는 줄곧 거기 앉아서 관심도 없는 문제에 관해서 이야기해야 했다. 그리고 난 뒤에야 우리는 탄식을 마음껏 내뱉을 수 있었다."

그렇게 해서 다시 쓴 책이 애초의 책과 어떻게 다른지를 알아내는 것은 불가능하다. 다만 우리가 말할 수 있는 것은, 오늘날 우리에게 전해지는 칼라일의 그 책은 당대에 높은 평가를 얻은 작품들 중에서도 가장 읽기가 힘든 책이라는 점이다. 가뜩이나 기묘하고 과장스레 수식된 언어인데다가, 전적으로 현재 시제로 쓰인 까닭에, 항상 모순의 살얼음판 위를 걷는 듯한 느낌이 든다. 가령 칼라일이 기요틴 뒤에 있는 한 남자를 묘사한 대목을 보자.

그리고 훌륭한 '기요틴 선생,' 우리가 나중에 또 한번 목도하리라고 고대하는 그 사람은? 만약 여기가 아니라고 하더라도, 이 의사는 여기 있어야 마땅할 것이며, 우리는 예언의 눈으로 그를 바라본다. 왜냐하면 실제로 파리의 대의원들은 모두 약간 늦기 때문이다. 비범한 기요틴, 존경할 만한 개업의. 비꼬기 잘하는 운명의 저주로, 무명의 인간을 그 쉼터, 즉 망각의 가슴에 들지 못하게 가로막는, 가장 기묘한 불멸의 영광에 이르렀다!……이 불운한 의사! 스물두 해 동안이나 기요틴에 오르지 않은 채로, 오직 기요틴에 관해서만 듣게 되리라. 그런 뒤에 사망하고, 오랜 세월 동안, 말 그대로 위로받지 못한 유령이 되어, 스틱스와 레테의 엉뚱한 강변에서 방황하게 되리라. 그의 이름은 카이사르의 이름보다 더 오래 살아남으리라.

독자들은 이처럼 도도하면서도 친근한 어조를 담은 책을 접한 적이 없었기 때문에, 이 책이 스릴 넘친다고 생각했다. 디킨스는 이 책을 500번도 넘게 읽었다고 주장하면서, 『두 도시 이야기(*A Tale of Two Cities*)』의 영감을 얻은 작품이라고 시인했다. 오스카 와일드는 칼라일을 존경했다. "우리 언어에서 처음으로 그는 역사를 노래로 만들어놓았다." 그는 이렇게 썼다. "그는 우리 영어의 타키투스였다." 이후 반세기 동안 문학계 사람들에게 칼라일은 신이나 다름없었다.

칼라일은 1881년에 사망했다. 그가 쓴 역사책은 그보다 아주 오래 더 살아남지는 못했지만, 그의 개인사는 계속해서 살아남았다. 그 이유 가운데 상당 부분은 그들 부부가 예외적이다 싶을 정도로 방대한 양의 서한을 남겼기 때문이다. 이 서한은 빽빽하게 인쇄된 책으로 무려 30권을 채울 만큼 많다. 자신이 저술한 역사책이 오늘날 거의 읽히지 않는다는 사실을 알게 된다면, 토머스 칼라일은 십중팔구 놀라고 언짢아할지도 모른다. 대신에 오늘날 그의 이름이 알려진 까닭은 그가 기록한 일상생활의 갖가지 사소한 일들 때문이며, 그중에는 그가 수십 년간 적어놓은, 하인들에 대한 쩨쩨한 불평들도 포함되어 있다. 물론 이들 부부가 이렇게 많은 편지들을 쓸 여유가 있었던 것은, 결국 배은망덕한 하인들을 줄줄이 고용한 까닭이라는 점은 적잖은 아이러니이다.

하인과 관련된 문제들 가운데 상당 부분은 예전부터 줄곧 있었다. 칼라일 부부보다 무려 두 세기 전에 살았던 새뮤얼 피프스와 그의 부인 엘리자베스의 경우에도 마찬가지여서, 피프스가 남긴 9년 반 동안의 일기에 따르면, 이들은 끝도 없이 하인들을 갈아치웠던 것 같다. 어쩌면 새뮤얼이 상당한 시간을 들여가면서 하녀들을 때리고, 시동들을 쥐어박고 했던 것도 놀라운 일은 아닐 수 있다. 물론 그는 남자보다는 여자 하인 쪽을 때린 경우가 더 많았다. 한번은 그가 빗자루를 움켜쥐고, 제인이라는 이름의 하녀를 "때려서 나중에는 엉엉 울게" 만든 적도 있었다. 그녀의 죄는 단정하지 못하다는 것이었다. 피프스가 곁에 둔 한 시동은 아마도 뭔가 때리기에 적당한 물건을 주인에게 집어주는 일이 주된 업무였던 것 같다. 라이자 피카드의 말에 따르면, 그 물건은 "지팡이, 또는 자작나무 회초리, 또는 채찍, 또는 밧줄 끝, 심지어는 소금 뿌린 뱀장어가 되기도 했다."

피프스는 하인의 해고에도 일가견이 있는 인물이었다. 어떤 하인은 "건방진 말"을 내뱉었다는 이유로 해고당했고, 또 어떤 하인은 남의 입에 오르내린다는 이유로 해고당했다. 어떤 하녀는 고용된 바로 그날 새 옷을 받아놓고, 그날 밤에 도망쳐버렸다. 하녀를 붙잡은 피프스는 옷을 빼앗고, 그 여자에게 가혹한 채찍질을 해야 한다고 주장했다. 또 어떤 하인은 술을 마시거나 음식을 훔치다가 해고당했다. 어떤 하녀는 주인의 은근한 손길을 거부했다가 해고당한 것이 거의 확실하다. 그러나 대부분의 하녀들은 순순히 복종했다. 일기에 따르면, 8년 반 동안 피프스가 아내 이외에 동침한 여자는 최소한 10명이었으며, 단순히 성적인 접촉을 한 여자는 40명이나 더 있었다. 그중 상당수는 하녀였다. 『영국 인명사전』에는 메리 머서라는 하녀에 관해서 이렇게 태연하게 언급되어 있다. "새뮤얼은 아침마다 머서의 시중을 받으며 옷을 입는 내내 그녀의 가슴을 어루만지는 버릇이 있었던 것 같다." 하녀들은 피프스의 옷을 입혀주고, 그의 매질을 감내하고, 그의 손길이 쓰다듬을 곳을 제공해주는 것 외에도, 그의 머리를 빗겨주고, 그의 귀를 씻어주어야 했다. 이것은 평범한 하루의 요리와 청소와 물건 가져오기와 나르기와 기타 등등의 일보다도 더 우선시되어야 했다. 그러고 보면 피프스 부부가 적당한 하인을 고용하거나 유지하는 데에 어려움을 느낀 것도 아주 놀라운 일은 아니다.

피프스의 경험은 또한 하인들이 주인을 배신하는 경우가 있었다는 것을 보여준다. 1679년에 피프스는 가정부와 동침했다는 이유로 집사를 해고했다(흥미롭게도 그 가정부는 계속 그 집에서 일할 수 있었다). 복수심에 불탄 집사는 피프스의 정적에게 찾아가서 자기 옛 주인이 가톨릭교도라고 모함했다. 종교적 히스테리가 심했던 시대이다 보니 피프스는 곧바로 런던 타워에 수감되고 말았다. 그제야 집사는 양심의 가책을 느껴서 모두가 자신의 모함에 불과하다고 고백했고, 피프스는 무사히 석방되었다. 그러나 이 사건은 그 당시에 하인의 운명이 주인의 처분에 달려 있는 것만큼이나, 주인의 운명이 하인의 처분에 달려 있기도 했다는 사실을 보여주는 생생한 증거이다.

우리는 하인들에 관해서 전반적으로 많은 것을 알지는 못하고 있는데, 그들의 존재는 거의 기록조차 되지 않고 지나갔기 때문이다. 한 가지 특별한 예외는 해나 컬윅으로, 그녀는 거의 40년 동안이나 예외적으로 자세한 일기를 썼다. 1833년에 슈롭셔에서 태어난 컬윅은 여덟 살의 나이로 남의 집에 식순이(pot girl)—부엌데기(kitchen skivvy)—로 들어가서 전업 하인이 되었다. 이후 오랜 경력 동안 그녀는 보조하녀, 부엌하녀, 요리사, 접시닦이, 가정부 등을 고루 거쳤다. 어떤 경우에나 일은 힘들고, 근무시간은 길었다. 그녀는 스물다섯 살 때인 1859년에 일기를 쓰기 시작했고, 이후 예순다섯 번째 생일을 눈앞에 둔 때까지 줄곧 써나갔다. 그 기간만 놓고 보더라도, 이것은 하인의 전성기 동안 하급하인의 일상생활에 관한 가장 완벽한 기록이라고 할 수 있다. 대부분의 집 하인과 마찬가지로, 그녀는 아침 7시가 되기 전부터 일을 시작해서, 밤 9시나 10시까지, 또는 그 이후까지도 일했다. 그녀의 일기는 자신이 수행한 임무를 열거한 끝없는, 그리고 대개는 무덤덤한 목록이다. 가령 1860년 7월 14일자의 전형적인 항목을 보자.

덧문을 열고 부엌 불을 지폈다. 쓰레기통에 검댕을 털어서 거기 비웠다. 방과 홀을 쓸고 먼지를 털었다. 화덕에 불을 지피고 아침을 준비했다. 구두 두 켤레를 닦았다. 침대를 정리하고 요강을 비웠다. 아침 먹은 것을 치우고 닦았다. 접시를 닦았다. 나이프를 닦고 오찬을 준비했다. 청소를 했다. 부엌을 청소했다. 바구니를 풀었다. 닭 두 마리를 브루어 여사 댁에 가져다드리고, 메시지를 가져왔다. 타르트를 만들고, 오리 두 마리의 털을 뽑고 배를 가르고 구웠다. 계단과 바닥을 엎드려서 청소했다. 집 앞의 흙 털이에 흑연을 칠했다. 마당의 포석을 역시 엎드려서 청소했다. 설거지실에서 설거지를 했다. 저장품실을 엎드려서 청소하고 식탁을 정리했다. 집 안 곳곳의 바닥을 문질러 닦고, 창턱을 청소했다. 워워 주인님과 주인마님께 차를 가져다드렸다.…… 변소와 복도와 설거지실 바닥을 엎드려서 청소했다. 개를 씻기고, 싱크대를 청소했다. 저녁을 준비하고 앤을 시켜서 올려보냈다. 나는 너무 지저분해지고 지쳐서 위층에 올라갈 수 없어서였다. 목욕을 하고 잠자리에 들었다.

이것은 어디까지나 전형적인 하루였다. 이 가운데서 뭔가 이례적인 사실이 있다면 그녀가 목욕을 할 수 있었다는 점뿐이다. 다른 날의 경우, 대부분 "지저분한 채로 잠이 들었다"는 그녀의 지치고 숙명론적인 한마디로 항목이 마무리되곤 했다.

자신의 임무에 관해서 여분의 기록을 남겨놓은 것 말고도, 해나 컬윅의 삶에는 이보다 더 특이한 측면이 있었다. 1873년부터 1909년에 사망할 때까지 무려 35년 동안, 그녀는 고용주인 공무원이자 시인—아주 유명하지는 않은 시인—아서 먼비와 비밀 결혼생활을 하고 있었던 것이다. 먼비는 이 사실을 끝까지 가족이나 친구에게 알리지 않았다. 아무도 없을 때면 두 사람은 일반적인 부부처럼 살았지만, 손님이 찾아올 때에는 컬윅이 한발 뒤로 물러나서 하녀 역할을 담당했다. 하룻밤 묵어가는 손님이 있을 때, 컬윅은 부부가 사용하던 침실이 아니라 부엌에서 잠을 잤다. 먼비는 당시에 제법 명망이 있는 인물이었다. 그의 친구들 중에는 러스킨, 로세티, 브라우닝도 있었으며, 이들은 종종 그의 집을 방문했지만, 주인을 깍듯이 "어르신(sir)"이라고 부르는 그 여자가 사실은 친구 부인이라는 사실은 꿈에도 몰랐다. 사적인 자리에서도 두 사람의 관계는, 아무리 좋게 말해도 상당히 일반적이지 않은 데가 있었다. 그의 명령에 따라서 그녀는 남편을 "쥔님(massa)"이라고 흑인 노예의 말투로 불러야 했으며, 심지어 노예처럼 보이도록 피부를 검게 칠하기까지 했다. 이 일기 역시 사실은 그녀가 일을 하면서 지저분해지는 과정을 남편이 읽어서 알 수 있도록 기록한 것임이 밝혀졌다.[*]

---

[*] 먼비(1828-1909)와 컬윅(1833-1909)은 20대인 1854년에 처음 만났다. 당시 먼비는 컬윅이 하녀로 일하던 집에 찾아온 손님이었다. 이후 컬윅은 먼비의 집에서 가까운 곳에서 하녀 일을 하며 20년간 밀회를 거듭했으며, 40대인 1873년에 컬윅은 먼비의 집에 들어와 함께 살면서 아내 겸 하녀 역할을 했다. 1877년에 컬윅은 먼비와 헤어져서 고향으로 돌아갔고, 사망할 때까지 하녀 일을 계속했다. 일기와 사진 등으로 미루어볼 때, 두 사람은 평생에 걸쳐서 주인과 노예가 등장하는 에로틱한 역할 놀이를 즐긴 것으로 추정된다 / 역주

해나 컬윅의 모습. 하인으로서의 여러 가지 임무를 수행하는 모습을 그녀의 남편이 촬영했다. 그녀가 굴뚝 청소부로 분장한 사진도 있다(왼쪽 아래). 이때 그녀의 목에 감긴 자물쇠 달린 쇠사슬을 주목할 것.

그가 사망하고 유언장이 공개된 1901년에야 비로소 이 소식이 알려지면서 약간의 센세이션을 일으켰다. 해나 컬윅이 유명해진 까닭은 그녀의 솔직한 일기 때문이라기보다는 그녀의 기묘한 결혼생활 때문이었다.

하인의 서열에서도 맨 밑바닥에는 세탁부가 있었는데, 그들은 워낙 지위가 낮다 보니 종종 완전히 사람들의 눈에 띄지 않도록 격리되었다. 가령 세탁물을 그들이 와서 가져가는 것이 아니라, 그들이 있는 곳으로 가져다주었다. 세탁은 모두가 기피하는 임무였기 때문에, 더 큰 가정에서는 종종 하인들을 처벌하기 위해서 세탁실로 보내기도 했다. 당시에 세탁은 매우 힘이 많이 드는 일이었다. 제법 규모가 있는 시골 저택에서 세탁 담당 고용인들은 매주 무려 600-700가지의 옷이며 수건이며 침구를 처리해야 하는 경우가 흔했다. 1850년 이전까지만 해도 합성세제가 없었기 때문에, 대부분의 세탁물은 우선 비눗물이나 잿물 속에 몇 시간쯤 담가놓았다가, 힘차게 두들기고 문지르고, 한 시간 넘게 삶고, 계속해서 헹구고, 손으로 돌려서 짜거나 (1850년 이후로는) 압착기에 넣어서 돌린 다음, 밖으로 가지고 나와서 산울타리에 걸쳐놓거나, 아니면 잔디밭에 펼쳐놓고 말려야 했다(시골에서 가장 흔한 범죄 가운데 하나는 이렇게 말리는 세탁물을 훔치는 것이었으므로, 다 마를 때까지 누군가가 그 곁에서 지키고 있어야 했다). 주디스 플랜더스가 『빅토리아 시대의 주택(The Victorian House)』에서 언급한 것에 따르면, 손쉬운 세탁물—가령 시트와 다른 가정용 리넨 종류로 이루어진 세탁물—도 최소한 8가지의 서로 다른 과정을 거쳐야만 했다. 그러나 상당수의 세탁물은 손쉬운 것과는 거리가 멀었다. 세탁이 힘들거나 유난히 섬세한 섬유는 최대한 주의해서 다루어야 했으며, 옷 한 벌이 서로 다른 종류의 섬유—가령 벨벳과 레이스라든지—로 이루어진 경우에는 조심스럽게 떼어내서 따로따로 세탁한 다음, 도로 꿰매어서 붙여야 했다.

염색약은 대부분 오래가지 못하고 까다로웠기 때문에, 세탁을 할 때마다 색깔을 유지하기 위해서 또는 회복시키기 위해서 적절한 양의 화학약품을 물에 집어넣을 필요가 있었다. 예를 들면, 명반과 식초는 초록색을, 베이킹소다는 자주색을, 진한 황산은 붉은색을 내기 위해서 사용되었다. 유능한 세탁부라면 누구나 갖가지 종류의 얼룩을 제거하는 나름대로의 공식을 줄줄 꿰었다. 리넨은 종종 삭힌 오줌이나 닭똥을 희석시킨 용액에 담가두면 표백 효과가 있었다. 그러나 그렇게 하면 (당연한 이야기지만) 고약한 냄새가 났기 때문에, 그 다음에는 일종의 약초 추출액에 추가로 헹궈서 좋은 냄새가 나도록 만들어야 했다.

풀 먹이기는 워낙 큰일이었기 때문에 세탁 다음 날로 미뤄졌다. 다림질 역시 또다른 어마어마하고 만만찮은 별도의 업무였다. 다리미는 금방 식어버렸기 때문에 재빨리 사용해야 했으며, 일단 사용한 것은 갓 달군 것과 바꿔서 써야 했다. 대개는 한 개를 쓰는 동안 두 개는 달구었다. 다리미는 그 자체만으로도 무거웠지만, 원하는 결과를 얻기 위해서는 강한 힘으로 눌러줄 필요가 있었다. 그러나 동시에 섬세함과 주의도 필요했는데, 조절 장치가 없는 까닭에 자칫 섬유에 그을린 자국을 내기가 쉬웠기 때문이다. 다리미를 불에 올려놓고 달구다 보면 검댕이 묻기도 쉬웠기 때문에, 계속해서 닦아주어야 했다. 만약 풀 먹인 빨래를 다리는 경우에는 다리미 밑바닥에 풀이 달라붙기 쉬웠기 때문에, 그때는 사포나 금강사 판에 대고 문질러 닦아야 했다.

세탁하는 날에는 누군가가 새벽 3시라는 이른 시간에 반드시 일어나서 물을 덥혀야 했다. 상당수의 집에는 하인이 하나뿐이었으므로, 이런 날에는 세탁부를 한 사람 더 고용하기도 했다. 어떤 집에서는 빨랫감을 외부로 내보내기도 했지만, 석탄산이나 다른 살균제가 발명되기 전까지는, 성홍열과 같은 무시무시한 질병이 세탁물에 묻어오는 것은 아닌가 하는 두려움이 항상 있었다. 내 옷이 과연 누구의 옷과 함께 세탁되는지를 알 수 없다는 까다로운 불확실성도 있었다. 런던의 대형 백화점 휘틀리에서는 1892년에 세탁 서비스를 시작했지만 도통 반응이 뜨뜻미지근했는데, 한 관리자의 아이디어로 하인들의 옷과 고객들의 옷은 항상 별도로 세탁한다는 공고를 커다랗게 써붙이고 나서 반응이 달라졌다. 20세기에 들어서고도 한참이 지나도록, 런던에서도 가장 부유한 상당수의 사람들은 일주일치 빨랫감을 시골 사유지로 보내서 그나마 믿을 수 있다고 생각되는 사람들에게만 빨래를 맡겼다.

미국에서는 하인의 상황이 거의 모든 면에서 상당히 달랐다. 미국인의 경우에는 유럽인만큼 하인을 많이 두지 않았다는 글들이 종종 나오지만, 이는 어느 정도까지만 사실이었다. 어떤 한 가지 방면에서, 미국은 상당히 많은 하인을 두고 있었다. 그 방면이란 바로 노예제도였다. 토머스 제퍼슨은 200명 이상의 노예를 두고 있었으며, 그 가운데 집 안에서 부리는 노예만 25명에 달했다. 그의 전기 작가 중 한 사람의 말처럼, "제퍼슨이 올리브 나무나 석류 나무를 심었다고 썼을 때에는, 그가 직접 삽을 들었다는 것이 아니라 단지 노예들에게 지시를 내렸을 뿐이라고 생각할 필요가 있다."

　초창기만 해도 노예제도와 인종이 항상 자동적으로 연결되는 것은 아니었다. 일부 흑인은 도제계약 하인으로 대우받았으며, 고용 기간이 끝나면 다른 일반인과 마찬가지로 해방되었다. 17세기에 버지니아에서 살았던 흑인 앤서니 존슨은 250에이커의 담배 플랜테이션을 취득했고, 나중에 가서는 자신이 노예 소유주가 될 정도로 부유해졌다. 또한 노예제도가 처음부터 남부만의 고유한 제도였던 것도 아니었다. 1827년까지 뉴욕에서도 노예제도가 합법이었다. 펜실베이니아에서는 경건한 퀘이커교도인 윌리엄 펜조차도 노예를 소유했다. 벤저민 프랭클린은 1757년에 영국으로 가면서 킹과 피터라는 이름의 노예를 둘이나 데려갔다.

　대신에 미국에는 자유민 하인이 많지 않았다. 하인 고용의 절정기라고 할 수 있는 때도 미국의 가정들에서 하인을 고용한 곳은 절반 이하였으며,

상당수의 하인들은 자신을 하인으로 간주하지 않았다. 상당수는 제복 입는 것을 거절했으며, 상당수는 주인 가족과 한자리에서 식사를 하고 싶어했다. 한마디로 동등한 사람에 가깝게 대우받고 싶어했던 것이다.

어느 역사가의 말처럼, 하인들을 개선하려고 노력하는 것보다는 차라리 집 안을 개선하는 편이 더 나았기 때문에, 미국에서는 일찍부터 편의 및 노동절약 장비가 매우 많이 개발되었다. 물론 19세기까지만 해도, 그런 명목으로 개발된 제품들은 애초에 절약해준다고 약속했던 만큼의 노동을 도리어 투입해야 하는 것들이었지만 말이다. 1899년에 보스턴 가사학교에서 계산한 것에 따르면, 석탄 난로는 하루 54분의 힘겨운 유지 업무—석탄재를 비우고, 석탄을 도로 채우고, 닦고 윤을 내고 등등—를 수행해야만 비로소 곤경에 처한 주부가 물이라도 한 주전자 끓일 수가 있었다. 가스의 도입은 문제를 더욱 악화시켰다. 『청결의 대가(The Cost of Cleanness)』라는 제목의 책에서는 가스 배관을 한, 전형적인 침실 8개짜리 주택의 경우에 한 해에 모두 1,400시간의 힘겨운 청소가 필요하다고 추산했다. 그중에는 한 달에 10시간의 창문 닦기도 있었다.

어쨌든 간에 새로운 편의 시설이 이전까지 남자들이 했던 일들 대부분을 없애준 것은 사실이며—가령 장작 패기가 그랬다—정작 여자들에게는 거의 혜택이 없었던 것도 사실이다. 사실 생활방식의 변화와 기술의 향상은 오히려 여자들에게 더 많은 일을 가져다주었다. 집이 더 커지고, 음식이 더 복잡해지고, 빨래가 더 많고 빈번해지고, 청결의 기대 수준이 계속 더 높아졌기 때문이다.

그러나 한 가지 유능하고 눈에 보이지 않는 존재가 머지않아 이 모두를 변화시킬 예정이었다. 그 이야기를 하기 위해서는 굳이 다른 방으로 갈 필요 없이, 대신 벽에 달려 있는 작은 상자 안을 들여다보기만 하면 된다.

제6장

두꺼비집[*]

I

1939년 가을, 전쟁의 발발에 뒤이은 약간의 히스테리컬한 혼란 동안에 영국에서는 독일 공군의 살인적인 야심을 좌절시키려는 목적으로, 엄격한 등화관제(燈火管制)를 도입했다. 3개월간은 한밤중에 불빛—제아무리 희미한 불빛이라도—을 보이는 것 자체가 근본적으로 불법으로 간주되었다. 예를 들면, 문간에서 담뱃불을 붙이는 사람이나 도로 표지판을 읽기 위해서 성냥을 켜는 사람도 위반자로 간주되어서 체포될 수 있었다. 어떤 사람은 열대어 수조의 히터 불빛을 가리지 않았다는 이유로 벌금을 물었다. 호텔과 사무실에서는 매일 몇 시간에 걸쳐서 특수 등화관제 가리개를 쳤다가 걷었다가 했다. 운전자들은 밤마다 거의 완벽하게 모습을 감춘 상태의 자동차를 운전해야 했고, 심지어 계기판 불빛도 보여서는 안 되었기 때문에, 이들은 지금 자기가 가고 있는 길이 어디인지는 물론이고, 가고 있는 속도가 얼마인지도 알 수 없었다.

---

* 정식 명칭은 '주택용 분전반'이며 가정용 전기가 들어오는 입구에 해당한다. 퓨즈가 들어 있는 상자의 모습이 마치 '두꺼비집'처럼 (또는 '웅크린 두꺼비'처럼) 불룩한 까닭에 그런 이름이 붙었다는 설이 있다. 지금은 대부분 더 관리가 편리한 누전 차단기로 대체되었다/역주

촛불 앞에서의 글 읽기

중세 이래로 영국이 이렇게 어두웠던 적은 없었기 때문에, 그로 인해서 소란스럽고 심각한 결과가 야기되었다. 보도 가장자리를 들이받거나 또는 거기에 세워진 무엇인가를 들이받는 사고를 피하기 위해서, 자동차들은 아예 도로 중앙선을 졸졸 따라가는 상태로 운행했다. 그것도 나름의 방법이기는 했지만, 반대 방향에서 또다른 자동차가 마찬가지 형국으로 다가올 경우에는 낭패일 수밖에 없었다. 보행자는 항상 위험에 놓일 수밖에 없었는데, 모든 인도가 눈에 보이지 않는 가로등과 가로수와 도로 시설물이 즐비한 장애물 코스가 되었기 때문이었다. 이른바 "소리 없는 위험"이라고 알려진 시가전차는 가장 무시무시했다. 줄리엣 가디너가 『전시(Wartime)』에서 언급한 것에 따르면, "전쟁 발발 직후 처음 넉 달 동안 영국의 도로에서 사망한 사람은 모두 4,133명에 달했다." 전년도 대비 100퍼센트 늘어난 숫자였다. 사망자 가운데 약 4분의 3은 보행자였다. 『브리티시 메디컬 저널(British Medical Journal)』에서 냉소적으로 고찰한 것처럼, 결국 독일 공군은 폭탄 하나 떨어트리지 않고서도 매월 600명씩을 죽여 없앤 셈이었다.

다행히도 이런 문제들은 금세 진정되었고, 사람들의 생활에서도 약간의 조명이—어디까지나 그런 대량 학살을 중단하기에 딱 적당한 정도로만—허가되었다. 이것은 이 세상이 풍부한 조명에 얼마나 익숙했는지를 잘 보여주는 일화이다.

우리는 전기가 도입되기 이전에 이 세상이 그야말로 끔찍스러울 정도로 어두웠다는 사실을 그냥 잊고 산다. 양초 하나—그것도 좋은 양초 하나—의 밝기는 100와트짜리 전구 하나의 100분의 1에도 간신히 미칠까 말까이다. 여러분이 냉장고 문을 여는 순간 눈앞에 나타나는 빛이 18세기 대부분의 집에서 사용하던 빛의 총합보다도 더 밝은 셈이다. 역사의 상당 부분 동안, 밤의 세상은 실제로 매우 어두웠다.

가끔은 우리도 그런 어둑어둑함 속을 들여다볼 수 있는데, 그 당시에 사치스러운 것으로 간주되던 조명에 관한 기록을 읽어보면 된다. 버지니아 플랜테이션의 노미니 홀을 방문한 어느 손님은 연회 도중에 식당이 "밝고 화려했다"고, 왜냐하면 양초를 7개나 켜놓은 까닭이라고 일기에 적었다. 양초 가운데 4개는 식탁 위에, 3개는 식당의 다른 장소에 놓여 있었다. 그 손님에게는 이것이 엄청나게 밝은 빛이었던 것이다. 이와 비슷한 시기에, 바다 건너 잉글랜드에서는 존 하든이라는 재능 있는 아마추어 화가가 자택인 웨스트모얼랜드 소재 브래세이 홀에서의 가족생활을 보여주는 매력적인 그림들을 여러 점 남겼다. 여기서 하나 놀라운 점은, 이 가족이 기대하거나 필요로 했던 조명이 무척이나 적었다는 점이다. 어느 전형적인 그림에서는 달랑 양초 하나가 켜진 식탁에 가족 네 사람이 둘러앉아서 바느질을 하고, 책을 읽고, 대화를 나누는 모습이 나온다. 그런데 이들에게서는 아무런 곤경이나 결핍의 느낌도 찾아볼 수 없으며, 얼마 되지 않는 빛이나마 종이 위를 또는 자수품 위를 더 잘 비치게 만들고자 하는 필사적인 자세도 찾아볼 수 없다. 렘브란트의 그림 「촛불 켜진 탁자에 앉은 학생」은 이보다 더 현실에 가깝다. 이 그림에서는 한 젊은이가 탁자 앞에 앉아 있는

데, 그 외의 나머지 모습은 그의 옆에 있는 벽에 달린 촛불 하나가 차마 뚫고 나아가지 못하는 깊은 그늘과 어둠 속에 가려서 보이지 않는다. 사람들은 이처럼 어둑어둑한 저녁을 견딜 수밖에 없었는데, 그것 말고는 다른 방법을 알 수가 없었기 때문이다.*

　전기가 도입되기 이전의 세상에 살았던 사람들은 해가 떨어지자마자 잠자리에 들었다는 식의 믿음이 널리 퍼져 있는데, 이것은 밝은 조명이 없다면 짜증 때문에라도 잠이나 자러 가지 않겠느냐는 추측에 의존한 주장인 듯하다. 그러나 실제로는 대부분의 사람들이 그렇게 아주 일찍 잠자리에 들지는 않았던 것 같다. 전기가 도입되기 이전에도 대부분의 사람들의 일반적인 취침 시간은 9시에서 10시 정도였으며, 어떤 사람들, 특히 도시에 살던 사람들은 그보다 더 나중인 경우도 있었다. 일하는 시간을 자기가 알아서 조절할 수 있었던 사람은 취침 시간과 기상 시간이 최소한 지금과 마찬가지로 가변적이었으며, 사용 가능한 빛의 양과는 거의 관계가 없었던 것으로 보인다. 새뮤얼 피프스가 일기에 기록한 것만 보아도, 언젠가는 오전 4시에 기상했다고 하지만, 또 언젠가는 오전 4시에 취침했다고 나와 있다. 새뮤얼 존슨은 가능할 때면—물론 대개 가능했다—정오까지도 침대에서 일어나지 않는 것으로 유명했다. 작가인 조지프 애디슨은 여름마다 꼬박꼬박 오전 3시에 (그리고 가끔은 그보다 더 일찍) 일어났지만, 겨울에는 오전 11시가 되어서야 일어났다. 그 당시에 사람들은 하루를 얼른 끝내기 위해서 서두르지는 않았던 것이 분명해 보인다. 18세기의 런던을 방문한 사람들은 그곳의 상점들이 밤 10시까지 문을 열었다고 기록했으며, 상점이 문을 열었다면 당연히 상점 주인도 그 안에 있었으리라. 가정에서도 손님이 있는 경우에는 밤 10시에도 디너를 대접하는 것이 일반적이었는데, 손님이 자정 즈음까지 머물러 있기 때문이었다. 디너 모임의 경우에는 그 이

---

* 로저 에커치에 따르면, 프랑스어에는 한 가지 흥미로운 표현이 있는데, 이에 관해서는 별도의 설명 없이 그냥 넘어가겠다. "촛불 옆에 있으면 염소도 숙녀처럼 보인다."

전의 대화와 그 이후의 음악회를 포함해서 7시간, 또는 그 이상 이어질 수도 있었다. 사람들이 워낙 외출해서 오래 머물고 싶어했기 때문에, 그 무엇도 이들의 앞을 가로막을 수가 없었다. 1785년에 루이자 스튜어트라는 사람은 자기 자매에게 이런 편지를 썼다. 프랑스 대사가 "어제 뇌졸중을 일으켰는데," 그럼에도 불구하고 손님들은 그날 밤에 그의 집을 찾아가서, "마치 그 사람이 옆방에서 죽어가고 있지 않다는 듯이 카드 놀이 등을 즐겼어. 우리는 참 특이한 사람들이야."

그 당시에는 바깥이 너무 어두웠기 때문에 놀러다니기가 상당히 더 어려웠다. 가장 어두운 밤에는 발을 헛디딘 보행자가 "기둥에 이마를 부딪치는," 또는 그 외의 다른 고통스러운 일을 겪는 일도 드물지 않았다. 사람들은 어둠 속에서 더듬어가면서 길을 찾아야 했고, 어떤 때에는 어둠 속에서 **서로를** 더듬기도 했다. 1763년에 런던의 야간 조명은 워낙 변변찮았기 때문에, 제임스 보즈웰은 웨스트민스터 다리 위에서 어느 매춘부와 성관계를 할 수도 있었다. 사실 그 다리는 조용한 밀회 장소와는 전혀 거리가 멀었는데도 말이다. 어둠은 또한 위험을 의미했다. 도둑은 거의 어디에나 있었으며, 1718년에 어느 당국자가 언급한 것처럼, 그 당시 사람들은 "눈이 가려지고, 맞아 쓰러지고, 칼에 베이거나 찔리는" 일을 당할까봐 두려워한 나머지, 밤중에는 밖에 나가기를 종종 꺼려했다. 졸지에 얻어맞고 뻗어버리는, 또는 강도에게 급습당하는 일을 피하기 위해서 사람들은 종종 횃불시종(linkboy)—밧줄을 송진이나 다른 발화 물질에 흠뻑 적셔서 만든 횃불(link)을 들고 다녔기 때문에 이런 이름으로 불렸다—의 호위를 받으며 집까지 왔다. 불행히도 횃불시종도 항상 믿을 수 있는 것은 아니어서, 가끔은 그들이 손님을 뒷골목으로 끌고 가서 그곳에서 기다리던 공범이 돈과 비단으로 만든 물건을 털도록 돕기도 했다.

19세기 중반에 들어서 거리에 가로등이 널리 설치된 이후에도, 현대의 기준으로 보면, 여전히 밤의 세상은 어두웠다. 그 당시의 가장 밝은 가스등이라고 해도 현대의 25와트 전구보다도 밝지는 않았다. 나아가서 가로등이 설치된 간격도 상당히 넓었다. 대개 가스등 하나와 다른 하나 사이에는 최소한 30야드의 어둠이 놓여 있었고, 어떤 길에서는—가령 런던의 첼시를 지나가는 킹스 로드에서는—그 거리가 70야드에 달했기 때문에, 도로를 환히 비춰주기보다는 방향을 잡는 일종의 등대 역할밖에는 하지 못했다. 그러나 일부 지역에서는 가스등이 놀라울 만큼 오랜 시간 동안 남아 있었다. 비교적 최근인 1930년까지도 런던의 거리 가운데 절반가량은 여전히 가스등이 조명 역할을 했다.

전기가 도입되기 이전의 세상에서 사람들을 좀더 일찍 침대로 가게 만든 원인이 있다면, 그것은 지루함이 아니라 피곤함이었다. 상당수의 사람들이 극도로 오랜 시간을 일했다. 1563년에 선포된 엘리자베스 시대의 숙련공 법령에서는 모든 숙련공(장색[匠色] 및 장인[匠人])과 노동자가 "반드시, 그리고 계속해서 일터에, 아침 5시 정각 또는 이전에 나와야 하며, 밤 7시와 8시 사이가 되기 전까지는 떠날 수 없다"고 명시했다. 결국 일주일에 84시간을 일해야 한다는 뜻이었다. 동시에 한 가지 염두에 두면 좋을 만한 사실은, 셰익스피어의 글로브 극장을 비롯한 전형적인 런던의 극장은 2,000명—그 정도면 당시 런던 인구의 1퍼센트가량이다—의 관객을 수용할 수 있었으며 그 대부분은 노동자였다는 점, 나아가 그 당시에는 다른 극장들도 몇 개나 영업 중이었고, 곰 놀리기라든지 닭싸움과 같은 다른 오락거리도 있었다는 점이다. 따라서 위의 법령에 담긴 내용과는 별개로, 일터에 머무는 것이 아니라 밖에 놀러나온 런던 노동자들이 적어도 매일 수천 명씩은 있었다는 이야기이다.

이처럼 긴 노동 시간이 굳어지게 된 원인은 바로 산업혁명과 공장 시스템의 대두였다. 공장에서는 노동자들이 평일에는 오전 7시부터 오후 7시까지, 토요일에는 오전 7시부터 오후 2시까지 자리를 지켜야 한다고 간주되었고, 연중 가장 바쁜 기간—이른바 "대목"—에는 새벽 3시부터 밤 10시까지, 하루 19시간이나 기계를 돌려야만 했다. 1833년의 공장법이 도입되기 전까지, 겨우 일곱 살에 불과한 아동조차 그렇게 오래도록 일해야 했다. 그런 환경에서는 사람들이 기회가 있을 때마다 먹고 자려고 하는 것이 놀라운 일도 아니다.

부유한 사람들은 보다 더 여유 있게 시간을 사용했다. 1768년에 시골 생활에 관해서 쓴 패니 버니는 이렇게 적었다. "우리는 항상 10시에 아침을 먹고, 그보다 먼저 얼마든지 우리가 원하는 시간에 일어난다. 우리는 정확히 2시에 점심을 먹고, 6시에 차를 마시고, 정확히 9시에 저녁을 먹는다." 이런 일과는 그녀와 같은 계급에 속하는 수많은 사람들의 일기와 편지에서도 유사하게 나타난다. "제가 하루 일과만 설명해드리면, 선생님께서는 그것이 저의 매일의 일과라는 것을 아실 수 있을 것입니다." 1780년경에 어느 젊은 여성은 에드워드 기번에게 쓴 편지에서 이렇게 말했다. 그녀의 하루는 9시에 시작되고, 아침 식사는 10시에 했다. "그러고 나서 11시 경에 저는 하프시코드를 연주하거나, 아니면 그림을 그립니다. 1시에 저는 번역을 하고, 2시에 다시 바깥에서 산책을 하고, 3시에 저는 대개 책을 읽고, 4시에 우리는 점심을 먹고, 식사 후에 우리는 백개먼[주사위 놀이]을 하고, 7시에 우리는 차를 마시고, 그 이후에 저는 일을 하거나 피아노를 연주하다가, 10시가 되면 우리는 저녁을 조금 먹고, 11시에 잠자리에 듭니다."

조명에는 여러 가지 종류가 있었지만, 현대의 기준으로 보면 하나같이 상당히 불만족스러웠다. 가장 기본적인 형태는 골풀 양초(rushlight)였는데, 이것은 풀밭에서 자라는 골풀(rush)을 길이 1푸트 반으로 잘라서, 거기에 동물―대개 양―의 기름을 바르는 것이다. 이렇게 만든 양초는 금속제 꽂이에 넣어서 마치 심지처럼 태웠다. 골풀 양초는 대개 15-20분 정도면 다 탔기 때문에, 긴 저녁 동안 불을 밝히기 위해서는 상당량의 골풀과 아울러 상당량의 인내심이 필요했다. 골풀은 일 년에 한 번, 즉 봄에만 모았기 때문에, 향후 열두 달 동안 얼마나 많은 조명이 필요할지를 미리 짐작하는 것이 필수적이었다.

부유한 사람의 경우, 가장 흔한 조명의 형태는 바로 양초였다. 여기에는 두 가지 종류가 있었는데, 하나는 수지 양초이고 또 하나는 밀랍 양초였다. 수지 양초는 정제된 동물 기름으로 만든 것이었으며, 도살한 동물의 기름을 사용해서 집에서 만들 수 있었기 때문에 값이 싸다는 큰 장점이 있었다. 값이 싸다는 것은 적어도 1709년까지는 그랬다는 것인데, 바로 그해에 의회가 양초 제조업자 길드의 압력에 굴복한 나머지, 가정에서 양초 만드는 것을 불법으로 규정하는 법률을 제정하기에 이르렀다. 이러한 조치는 특히 시골에서 대단한 원성의 원인이 되었으며, 비록 약간의 위험 부담이 있기는 했어도 대부분 이 법률을 무시하지 않았을까 싶다. 골풀 양초를 만드는 것은 여전히 허락되었지만, 때로 이것은 어디까지나 개념상의 자유에 불과하기도 했다. 살림이 어려운 시절이었으니만큼 소농들은 도살할 가축 자체가 없었는데, 골풀 양초는 상당량의 동물 기름을 필요로 하기 때문에, 결국 그들은 저녁마다 허기에 시달리는 것조차도 어둠 속에 앉아서 시달려야 했다.

수지는 한마디로 사람의 분통을 터지게 만드는 물질이었다. 매우 빨리 녹았기 때문에 양초에서는 항상 촛농이 줄줄 흘러내렸으며, 한 시간에 무려 마흔 번이나 심지를 잘라줄 필요가 있었다. 수지는 또한 불빛이 불안정했으며 냄새도 고약했다. 수지는 사실상 부패하는 중인 유기물질로 만든 막대기이기 때문에, 수지 양초도 오래된 것일수록 악취가 심해졌다. 밀랍으로 만든 양초는 이보다 훨씬 더 훌륭했다. 불빛이 더 안정적이고 심지를 잘라줄 필요도 덜했지만, 가격은 무려 네 배가량 비쌌기 때문에, 특별히 중요한 때에만 사용되는 경향이 있었다. 어떤 사람이 사용하는 조명의 개수는 그 사람의 지위를 보여주는 뚜렷한 지표였다. 엘리자베스 개스켈은 어떤 소설에서 젠킨스 양이라는 등장인물이 양초 2개를 가지고 있다고 묘사했다. 그녀는 양초를 한 번에 하나씩만 켜고, 그것도 2개를 자꾸 번갈아가면서 켜서 항상 길이를 똑같이 맞추었다. 그런 식으로 해야만 혹시 손님이 오더라도 양초의 길이가 서로 다른 것을 보고 그녀의 부끄러운 검소함을 추측하지 못할 것이기 때문이었다.

전통적인 연료를 구하기가 어려운 곳에 사는 사람들은 그곳에서 쉽게 구할 수 있는 것들을 사용했다. 예를 들면, 가시금작화, 양치류, 해초, 말린 똥을 비롯해서, 불에 타는 것이면 무엇이든지 써먹었다. 제임스 보즈웰에 따르면, 셰틀랜드 제도에서는 바다제비가 워낙 기름진 동물이다 보니, 그곳 주민들이 가끔은 그놈들의 주둥이에 심지를 쿡 꽂아서 곧바로 불을 켰다고 한다. 그러나 내 생각에는 보즈웰이 너무 고지식한 사람이어서 그런 농담을 정말로 믿었던 것 같다. 스코틀랜드의 여러 지역에서는 똥을 모아서 말려놓았다가 조명과 연료 공급에 사용했다. 그리하여 토지에 거름이 되는 똥이 없어지다 보니, 토지가 황폐화되어서 그 지역 농업의 몰락이 가속화되었다는 이야기도 있다. 그런가 하면 남보다 더 운이 좋은 사람들도 있었다. 도싯 주의 킴머리지 만에서는 혈암(頁巖)—기름을 풍부히 함유해서 불에 넣으면 마치 석탄처럼 타오르는—이 바닷가에 많아서 누구나 마음껏 가져갈 수 있었으며, 여기서는 실제로 더 밝은 빛이 나왔다. 여유가 있는 사람에게는 기름 램프야말로 가장 효율적인 선택지였지만, 기름은 워낙 비쌌고 기름 램프는 금세 지저분해져서 매일 청소해주어야 했다. 하루 저녁에도, 램프의 등피에 쌓이는 검댕 때문에 조명 능력의 40퍼센트가량이 손실될 수 있었다. 그리고 제대로 관리하지 않을 경우에는 끔찍하게 지저분해질 수 있었다. 엘리자베스 개릿의 기록에 따르면, 당시 뉴잉글랜드에 살던 한 소녀는 어느 파티에 다녀와서 그곳의 램프 연기에 관해서 이렇게 썼다. "우리는 모두 코가 시커매졌고, 우리의 옷은 완벽하게 회색이 되었으며……아주 망쳐버렸다." 바로 그런 이유 때문에, 상당수의 사람들은 다른 선택의 여지가 생긴 이후에도 여전히 양초를 고수했다. 캐서린 비처와 그녀의 동생 해리엇 비처 스토가 1869년에 쓴 『미국 여성의 가정(*The American*

Woman's Home)』이라는 저서—비턴 여사의 『가정 관리서』에 상응하는 미국의 출판물—에도 가정에서 양초 만드는 방법이 나와 있었다.

18세기 후반까지도 조명의 품질은 무려 3,000년가량 줄곧 변함이 없는 상태였다. 그러다가 1783년에 스위스의 물리학자 에메 아르강이 불길에 더 많은 산소를 공급하는 간단한 개선만으로 빛의 밝기를 크게 향상시킨 새로운 램프를 만들었다. 아르강의 램프에는 불길의 밝기를 조절할 수 있는 손잡이도 달려 있었다. 이것은 상당수의 사용자가 기쁨으로 말문이 막힐 법한 새로운 발명품이었다. 토머스 제퍼슨은 이 제품의 최초 열광자들 가운데 한 사람이었으며, 아르강 램프 하나가 양초 대여섯 개에 맞먹는 조명을 제공할 수 있다는 것을 솔직하게 찬탄했다. 그는 매우 감명을 받은 나머지, 1790년에 파리에서 아르강 램프를 여러 개 사들고 돌아왔다.

아르강은 이 발명으로 얻어야 마땅한 부를 얻지 못했다. 프랑스에서는 특허가 인정되지 않았기 때문에, 그는 결국 잉글랜드로 이주했다. 그러나 그곳에서도 역시 특허가 인정되지 않았으며 다른 어디에서도 마찬가지였기 때문에, 아르강은 심혈을 기울인 자신의 발명품으로부터 얻은 것이 거의 없었다.

가장 환한 불빛을 내는 연료는 고래 기름이었으며, 그중에서도 가장 좋은 기름은 향유 고래의 머리에 있는 경랍(鯨蠟)이었다. 향유 고래는 워낙 신비하고 파악하기 어려운 동물인 까닭에 지금까지도 알려진 것이 적다. 이놈들은 경랍을 만들어서 두개골의 공동(空洞) 속에 상당량—최대 3톤에 달하도록—저장해둔다. 이름이야 비슷하지만 경랍(spermaceti)은 정액(sperm)이 아니며, 아무런 번식 기능도 가지고 있지 않다. 다만 공기 중에 노출되면 원래는 반투명이었던 액체가 우유처럼 흰 크림으로 변하기 때문에, 십중팔구 포경선 선원들이 그것을 보고서 그 동물에 '정액 고래(sperm whale, 향유 고래)'라는 이름을 붙였을 것이다. 그 고래가 무엇 때문에 경랍을 만들어내는지는 어느 누구도 밝혀내지 못했다. 부력에 도움이 되는 것일 수도 있고, 고래의 혈액 속에 있는 질소의 처리를 돕는 것일 수도 있다. 향유 고래는 매우 빠른 속도로 매우 깊이—최대 1마일까지—잠수하지만, 그로 인한 뚜렷한 부작용은 보이지 않는다. 따라서 비록 정확히 알 수는 없지만, 경랍은 이놈들이 잠수병에 걸리지 않는 원인인지도 모른다. 또 한 가지는 경랍이 짝짓기를 위해서 수컷들끼리 싸우는 과정에서 충격흡수 작용을 한다는 것이다. 이 이론은 또한 화가 나면 포경선을 머리로 들이받는—그리하여 종종 치명적인 결과를 가져오는—이 고래의 악명 높은 성향을 설명하는 데에도 도움을 준다. 그러나 향유 고래가 정말 서로를 머리로 들이받는지 여부는 실제로 확인되지 않았다. 수세기 동안 이에 못지않게 수수께끼로 남아 있었던 것은 그놈들이 만들어내는 용연향(龍涎香)이라는 이름의 매우 값비싼 일용품이다("회색 호박[grey amber]"이라는 뜻의 프랑스어에서 유래한 명칭이지만, 용연향[ambergris]은 사실 회색보다는 검은색에 가깝다). 용연향은 향유 고래의 소화계에서 형성되며—최근 들어서 이 물질이 오징어의 주둥이에서, 즉 이 먹이에서 향유 고래가 소화시킬 수 없는 일부분에서 만들어진다는 사실이 확인되었다—불규칙적인 간격을 두고 배설된다. 수세기 동안이나 이 물질은 바다에 떠 있는 상태로, 또는 바닷가에 떠밀려온 상태로 발견되었지만, 이것이 도대체 어디서 나온 것인지는 아무도 모르고 있었다. 이 물질은 향수의 염착제로 안성맞춤인 까닭에 매우 가치가 높았지만, 충분히 여유가 있는 사람은 이 물질을 먹을 수도 있었다. 찰스 2세는 용연향과 계란이 현존하는 최고의 음식이라고 생각했다(참고로 용연향의 맛은 바닐라를 연상시킨다고 전한다). 이리하여 그 귀한 경랍에 용연향까지 한 몸에 구비한 향유 고래는 상당히 매력적인 사냥감이 되었다.

향유 고래의 기름 역시 다른 종류의 고래 기름과 마찬가지로 산업계에서 특히 눈독을 들이는 재료였다. 비누와 페인트 제조에서 연화제로 사용되거나, 기계의 윤활유로도 사용되었다. 고래는 또한 상당한 양의 고래 수염도 산출했는데, 마치 뼈와 같은 이 물질은 고래의 위턱에서 나오는 것이었다.

충분히 견고하면서도 탄력이 있었기 때문에 코르셋이나 말채찍, 그리고 자연스러운 탄력이 필요한 물품들에 널리 사용되었다.

고래 기름은 미국의 전문 분야였는데, 그 생산에서도 그렇고 그 소비에서도 그랬다. 가령 낸터컷이나 세일럼 같은 뉴잉글랜드의 항구도시가 누린 초창기의 부는 바로 포경업에서 비롯되었다. 1846년에 미국에는 650척 이상의 포경선이 있었는데, 이것은 전 세계의 나머지 국가에서 보유한 포경선의 대수를 모두 합친 것보다 대략 세 배는 더 많은 것이었다. 고래 기름에 높은 세금이 매겨진 유럽에서는 사람들이 평지 기름—평지(양배추 과의 일종인 식물)의 씨앗 또는 테레빈에서 파생된 물질인 용뇌유(龍腦油)에서 만들어지는 기름—을 사용했다. 이 기름은 상당히 밝은 빛을 냈지만, 워낙 불안정한 물질이다 보니 자칫하면 폭발할 수가 있어서 적잖이 위험했다.

포경업의 전성기에 과연 얼마나 많은 고래가 죽어나갔는지는 아무도 모르지만, 어느 집계에서는 1870년까지 대략 40년 사이에 30만 마리가량이 잡혔다고 추산한다. 얼핏 보기에는 그리 많은 숫자가 아닌 것 같지만, 사실 고래의 개체 수가 애초부터 아주 많은 편은 아니었다. 여하간 고래 사냥으로 인해서 고래의 상당수 종이 자칫 멸종 위기까지 내몰렸다. 고래의 숫자가 줄어들면서 포경선의 항해 거리도 점점 더 멀어졌으며—한 번의 항해에 최대 4년이 걸리기도 했으며, 심지어 5년이 걸린 경우도 있었다—결국 포경선원들은 지구에서 가장 먼 바다의 가장 외로운 한구석을 돌아다니지 않을 수 없었다. 이 모두는 결국 비용의 급증으로 이어졌다. 1850년대에 들어서 고래 기름 1갤런의 가격은 2달러 50센트에 달했고—당시 노동자의 평균 주급의 절반에 해당하는 금액이었다—고래 사냥은 양심의 가책도 없이 여전히 계속되었다. 고래 가운데 상당수 종—또는 모든 종—이 멸종 위기를 가까스로 넘기게 된 것은, 1846년에 노바스코샤에서 시작된 정말 뜻밖의 사건들의 연쇄 덕분이었다. 에이브러햄 게스너라는 이름의 한 남자가 장차 지구상에서 가장 가치가 높은 생산품이 될 어떤 물건을 발명했던 것이다.

 게스너는 본업이 의사였지만, 특이하게도 석탄지질학에 대한 열정을 품고 있었다. 그는 콜타르— 석탄을 가스로 만드는 과정에서 나오는 쓸모없고 끈적끈적한 찌꺼기—를 가지고 실험하던 중에, 그것을 증류해서 발화성 액체인 등유를 만들어내는 방법을 고안했다(그나저나 어째서 굳이 '등유[kerosene]'라는 이름을 붙였는지는 알 수가 없다). 등유는 매우 잘 타고, 고래 기름 못지않게 강하고 안정적인 빛을 냈으며, 훨씬 더 저렴하게 생산될 수 있는 잠재력이 있었다. 한 가지 문제는, 등유를 대량 생산하는 것은 불가능해 보였다는 점이었다. 게스너는 핼리팩스의 거리를 밝힐 수 있을 정도 분량의 등유를 생산했고, 나중에는 뉴욕 시에 등유 공장을 설립했다. 이로써 그는 경제적으로 안정을 이루었지만, 석탄에서 압착한 등유의 생산량은 전 세계적으로 보았을 때 어디까지나 미미했다. 1850년대 말에 미국 전체의 등유의 생산량은 하루 600통에 불과했다(콜타르는 머지않아 페인트, 염색제, 살충제, 의약품을 비롯한 다양한 종류의 제품에 응용하는 방법이 발견되었다. 그리하여 콜타르는 현대 화학산업의 기반이 되었다).

 이런 곤경의 와중에 또 한 명의 예상치 못했던 영웅이 등장했다. 바로 조지 비셀이라는 이름의 명석한 청년으로, 뉴올리언스의 교육감으로 공교육 분야에서 짧지만 두각을 나타낸 경력을 마치고 갓 물러난 인물이었다. 1853년에 고향인 뉴햄프셔 주 하노버를 방문한 비셀은 모교인 다트머스 대학의 어느 교수를 우연히 찾아갔다가, 마침 그 교수의 방 책장에 놓여 있던 돌기름(rock oil)이 담긴 병을 보았다. 그 교수는 이 돌기름—오늘날 우리가 석유(petroleum)라고 부르는 바로 그것—이 펜실베이니아 서부의 지표면에서 스며나온 것이라고 말했다. 여기에 담갔다가 꺼낸 천 조각에 불을 붙이면 활활 타올랐지만, 특허 약품의 한 가지 성분이라는 용도를 제외하면 어느 누구도 이 돌기름의 다른 용도를 찾아내지 못했다. 비셀은 돌기름을 가지고 몇 가지 실험을 수행한 끝에, 이를 산업적인 규모로 추출할 수만 있다면 상당히 뛰어난 광원이 될 수 있음을 깨달았다.

그는 펜실베이니아 록 오일 컴퍼니라는 회사를 설립하고, 펜실베이니아 서부 타이터스빌 인근 오일 크리크라는 느리게 흐르는 개울 주위에 대한 광업 임차권을 매입했다. 이 대목에서 비셀이 내놓은 기발한 아이디어는 땅을 시추[구멍 뚫기]해서 물을 뽑아내는 방법을 응용해서 기름을 뽑아내자는 것이었다. 그 이전까지 기름을 뽑아내려는 사람들은 모두 땅을 무작정 넓게만 파헤치곤 했다. 그는 에드윈 드레이크라는 남자—역사책에는 항상 에드윈 드레이크 '대령'으로 지칭되는 인물—를 실무 책임자로 타이터스빌에 파견해서 시추를 하게 했다. 드레이크는 시추 전문가도 아니었으며, 사실은 대령도 아니었다. 그는 원래 철도 매표원이었지만, 당시에는 건강 악화로 강제 퇴직을 당한 상태였다. 이 사업에서 그가 가진 유일한 장점은 그가 여전히 철도 무임승차권을 가지고 있어서 펜실베이니아 전역으로 무료 여행을 할 수 있었다는 점뿐이었다. 'E. L. 드레이크 대령'이라는 호칭은 어디까지나 그의 권위를 높여주고자 하는 의도에서 비셀과 그의 동업자들이 편지에 항상 그렇게 적어 보냈기 때문에 그렇게 굳어진 것뿐이었다.

막대한 자금을 바탕으로 드레이크는 시추 전문가들로 이루어진 작업조를 결성하여 석유 찾기에 돌입했다. 시추 전문가들은 드레이크를 친절한 바보 정도로 생각했지만, 그럼에도 불구하고 기꺼이 일을 맡아서 그의 지시대로 시추를 했다. 이들의 프로젝트는 시작부터 기술적 난관에 봉착했다. 그러나 드레이크는 기술적 문제를 해결하는 데에서 의외의 솜씨를 보여주며 모두를 놀라게 했고, 계속해서 프로젝트가 가동될 수 있도록 지원했다. 무려 1년 반 이상 시추를 거듭했지만, 석유는 나오지 않았다. 그리고 1859년 여름, 비셀과 그의 동업자들은 결국 자금이 떨어졌다. 이들은 버티다 못해서 드레이크에게 작업을 중단하라고 지시하는 편지를 보냈다. 그러나 이 편지가 미처 도착하기도 전인 1859년 8월 27일에 지하 70피트 깊이에서 드레이크와 그의 작업조는 결국 석유를 발견했다. 이때는 우리가 이른바 석유 노다지[oil strike]를 생각할 때마다 연상하는 것처럼, 분수처럼 솟구치는 석유 세례까지는 아니었지만—실제로는 힘겹게 펌프질을 해서 지표면까지 끌어올려야만 했다—그래도 진하고 끈적끈적한 청록색의 액체가 꾸준히 나왔다.

그 당시에는 누구 하나 상상조차 할 수 없었지만, 사실은 이들이 이후의 세상을 완전히 뒤바꿔놓았다.

회사가 직면한 맨 처음의 문제는 그렇게 해서 생산한 석유를 도대체 어디에 모두 저장해두느냐였다. 인근에는 나무통(barrel)이 충분하지 않아서, 처음 몇 주일 동안은 석유를 욕조와 세면대와 양동이를 비롯해서 눈에 띄는 그릇은 어디든지 담아놓았다. 나중에 가서 이들은 42갤런 용량의 전용 통을 만들기 시작했고, 여기서 비롯된 '배럴(통)'이라는 이름은 오늘날까지도 석유의 표준 단위로 남아 있다. 그러다가 이보다 더 긴박한 문제가 생겨났는데, 그것은 바로 이 석유를 어떻게 이용하느냐는 문제였다. 자연 상태의 석유는, 한마디로 끔찍한 액체였다. 비셀은 이를 증류해서 좀더 순수한 것으로 만드는 일에 착수했다. 이 과정에서 그는 석유를 정제하면 훌륭한 윤활유뿐만 아니라, 일종의 부대 효과로 인해서 휘발유와 등유가 상당량 생산된다는 사실을 발견했다.* 당시에 휘발유는 쓸모가 없다고 해서—지나치게 휘발성이어서—그냥 쏟아서 버렸지만, 등유는 비셀이 기대했던 것처럼 밝은 빛을 만들어내는 한편, 가격은 게스너의 석탄 압착 생산품보다 훨씬 더 저렴했다. 마침내 이 세상은 고래 기름을 대체할 값싼 조명용 연료를 가지게 된 셈이었다.

---

* 휘발유(gasoline)와 등유(kerosene) 모두 처음에는 철자가 제각각이었다. 게스너는 1854년의 특허 신청서에서 자기 발명품을 '등유(Kerocene)'라고 지칭했다. 과학자들은 불일치를 싫어하기 때문에, 석유지질학자들은 가끔 한번씩 그 말단 음절의 철자를 일치시키려고 시도했지만, 아직까지는 성과가 없다. 마찬가지로 그들은, 가령 테레빈(turpentine)의 경우에서 보듯이, 탄화수소의 말단 발음 문제에서도 성과를 거두지 못했다. 결국 영국인들은 등유(kerosene)를 파라핀(paraffin)이라고 부름으로써 이 문제를 부분적으로나마 해결했다.

석유를 추출해서 등유로 바꾸는 일이 얼마나 쉬운지를 알게 되자마자, 일종의 토지 구입 붐이 일어났다. 머지않아 오일 크리크 주변에는 수백 개나 되는 유정탑이 북적이며 들어섰다. 존 맥피는 『의심 지층에서(*In Suspect Terrain*)』에서 이렇게 썼다. "불과 석 달 만에, 피트홀 시티(Pithole City, 작은 구멍 도시)라는 귀여운 이름을 가진 곳의 인구는 0명에서 1만5,000명으로 급증했고, 지역 전체에 걸쳐서 여러 마을들이 우후죽순으로 솟아났다. 그 이름도 오일 시티(Oil City), 페트롤리엄 센터(Petroleum Center), 레드 핫(Red Hot) 등이었다. 존 윌크스 부스도 이곳에 왔다가 저축금을 모두 날린 다음, 결국 링컨 대통령 암살에 나섰다.

드레이크의 발견이 이루어진 해에 미국에서는 2,000배럴의 석유가 생산되었다. 그로부터 10년 사이에 생산량은 400만 배럴로, 40년 사이에 6,000만 배럴로 증가했다. 불행히도 비셀과 드레이크는 물론이고, 그 석유 회사(나중에는 '세니커 오일 컴퍼니'로 이름을 바꾼)에 투자한 다른 투자자들도 애초에 기대했던 수준으로 부유해지지는 못했다. 다른 유정에서는 훨씬 더 많은 양의 석유가 산출되었고—풀 유정이라는 곳의 하루 생산량은 3,000배럴에 달했다—게다가 석유를 산출하는 유정의 숫자가 늘어나면서 시장에서는 일종의 공급 과다 현상이 벌어졌기 때문이다. 석유 가격은 마치 재난에 가까울 정도로 급락해서, 1861년 1월에는 배럴당 10달러였던 것이 연말에는 배럴당 10센트에 불과했다. 소비자와 고래 모두에게는 반가운 소식이었지만, 석유업계 종사자에게는 그렇지 않았다. 석유 붐이 졸지에 파국으로 변하면서, 토지 가격도 폭락했다. 1878년에 피트홀 시티의 토지 한 구획은 4달러 37센트에 팔렸다. 불과 13년 전에는 무려 200만 달러에 달했었는데 말이다.

다른 사람들이 실패를 거듭하여 석유업계에서 벗어나기 위해서 필사적으로 노력하는 사이, 원래 돼지고기와 기타 농업용품을 매매하던 클리블랜드의 작은 회사 클라크 앤드 록펠러는 거꾸로 석유업계에 진출하기로 결정했다. 펜실베이니아에서 석유가 발견된 지 20년도 되지 않은 1877년에 이르자, 클라크는 무대에서 퇴장하고 존 D. 록펠러가 미국의 석유 사업의 90퍼센트가량을 지배하게 되었다. 석유는 극도로 유리한 형태의 조명을 얻기 위한 원재료를 제공했을 뿐만 아니라, 새로운 산업시대의 온갖 엔진과 기계에 반드시 필요한 윤활유의 높은 수요에도 부응했다. 사실상의 독점으로 인해서 록펠러는 가격을 안정시켰고, 그 과정에서 상상할 수 없을 정도로 부자가 되었다. 세기말에 이르러서 그의 개인 자산은, 오늘날의 금액으로 환산해서 매년 10억 달러씩 늘어났다. 게다가 이 당시에는 소득세라는 개념이 없었다. 현대의 어느 누구도 그보다 더 부유한 적은 없었다.

비셀과 그의 동업자들의 운명은 엇갈렸으며, 그것도 훨씬 더 평범한 수준에서 그러했다. 세니커 오일 컴퍼니는 한동안 돈을 벌었지만, 드레이크의 시추로 인한 돌파구가 마련된 지 불과 5년 뒤인 1864년에 이르자 더 이상 경쟁에서 살아남지 못하고 업계에서 밀려났다. 드레이크는 기껏 벌어놓은 돈을 모두 탕진하고 머지않아 무일푼에 신경통으로 인해서 신체장애자가 된 상태로 사망했다. 비셀은 그나마 나은 편이었다. 그는 수입을 은행과 다른 사업에 투자해서 약간이나마 재산을 모았고, 덕분에 그는 모교인 다트머스 대학에 멋진 체육관—지금도 그대로 남아 있다—을 지어주었다.

등유는 수백만 가정이 선택한 조명용 연료로 각광받았고, 특히 작은 마을이나 시골 지역에서 그러했다. 보다 규모가 큰 지역사회에서는 이 시대의 또 다른 경이가 등유에 도전장을 내밀었다. 여러 대도시의 부유층의 경우에는 1820년경부터 가스를 추가 연료로 선택할 수가 있었던 것이다. 그러나 가스는 대개 공장과 상점과 거리 조명에서 사용되었으며, 그 세기의 중반이 가까워질 때까지도 가정에서 일반적으로 사용되지는 않았다.

가스에는 여러 가지 단점이 있었다. 가스를 이용하는 사무실에서 일하는 사람이나, 가스등을 켠 극장을 찾는 사람 중에는 두통과 구토를 호소하는 경우가 많았다. 이런 문제를 최소화하기 위해서, 가스등을 아예 공장 창문 밖에 세우는 일도 간혹 있었다. 실내에 가스등을 설치할 경우에는 천장이 검어지고, 금속이 부식되고, 수평 표면에는 어디에나 기름기 있는 검댕이 쌓였다. 가스등이 있으면 식물도 금세 시들었고, 테라륨 속에 넣어놓지 않은 식물은 대부분 누렇게 변해버렸다. 오직 엽란(葉蘭)만이 그 악영향에 면역력을 가진 것처럼 보였으며, 그것이 빅토리아 시대의 거의 모든 거실 사진마다 그 식물의 모습을 볼 수 있는 이유이다. 가스는 사용할 때에도 적잖이 주의가 필요했다. 대부분의 가스 공급 회사에서는 수요가 비교적 적은 낮 시간 동안에 파이프로 내보내는 가스의 압력을 줄였다. 따라서 낮 시간 동안에 가스등을 사용해서 적당한 조명을 얻으려면 파이프 꼭지를 활짝 열어놓아야만 했다. 그러나 오후 늦게는 가스의 압력을 다시 높였기 때문에, 혹시 누군가가 파이프 꼭지 닫는 것을 깜박 잊은 경우에는 위험할 정도로 불길이 커져서 천장을 그을리거나 화재가 일어날 수 있었다.

그러나 가스에는 한 가지 저항할 수 없는 장점이 있었다. 바로 밝은 빛을 낸다는 점이었다. 적어도 전기가 도입되기 이전의 세상에서는 다른 어떤 조명장치보다도 더 훌륭했다. 일반적인 방에 가스등을 설치하면 이전보다 스무 배쯤은 더 밝아졌다. 물론 편리한 빛은 아니었지만—탁상용 램프와는 달리 책을 읽거나 바느질을 하는 곳까지 가스등을 마음대로 가져갈 수는 없었다—멀리까지 미치는 훌륭하고 한결같은 조명을 제공했다. 덕분에 책을 읽고, 카드 놀이를 하고, 심지어 이야기를 나누는 것도 더 유쾌해졌다. 식사를 하면서 음식의 상태를 볼 수 있었다. 섬세한 생선뼈를 발라내는 방법을 알아냈고, 소금병 구멍에서 소금이 얼마나 나왔는지도 알아냈다. 심지어 대낮이 아닌데도 바닥에 떨어트린 바늘을 쉽게 찾을 수 있었다. 책장에 꽂힌 책의 제목을 알아볼 수 있었다. 사람들은 더 많은 책을 읽고, 더 늦게까지 깨어 있었다. 19세기 중반에 신문, 잡지, 서적, 악보의 갑작스럽고 지속적인 붐이 일어난 것도 우연의 일치가 아니다. 영국에서만 해도 신문과 정기 간행물의 숫자는 그 세기초에 150개였던 것이 세기말에는 거의 5,000개에 달했다.

가스는 미국과 영국에서 특히 인기가 있었다. 1850년에 이르자 양국의 대도시에서는 대부분 가스를 사용할 수 있었다. 그러나 가스는 줄곧 중류층만의 선호품이었다. 가난한 사람들은 가스를 사용할 여유가 없었고, 부유한 사람들은 가스를 혐오했기 때문이었다. 이런 혐오는 부분적으로 그것을 설치하는 데에 드는 비용과 번거로움 때문이었고, 부분적으로는 그림들과 값비싼 직물들에 끼치는 영향 때문이었으며, 부분적으로는 만사를 하인이 대신해주는 상황에서는 굳이 더 이상의 편의시설에 투자할 급박한 이유가 없었기 때문이었다. 마크 기로워드의 지적처럼, 한 가지 아이러니컬한 결과는 가스등 덕분에 정신병원과 교도소도 더 밝아졌다는 점—더 따뜻해지기도 했다—심지어 잉글랜드의 여러 위풍당당한 가정보다도 더 일찌감치 그런 혜택을 누렸다는 점이었다.

따뜻하게 지내는 것은 19세기 내내 대부분의 사람들에게는 만만찮은 문제였다. 마셤 씨는 목사관의 거의 모든 방에—심지어 탈의실에도—벽난로를 하나씩 두고 있었으며, 그뿐만 아니라 부엌에도 상당히 큰 난로를 두고 있었다. 이렇게 많은 난방장치를 청소하고, 연료를 공급하고, 불을 지피는 것도 어마어마한 일이었겠지만, 그럼에도 불구하고 한 해의 여러 달 동안 이 집은 거의 확실하게 불편할 정도로 추웠을 것이다(왜냐하면 지금도 여전히 그러니까). 벽난로는 그다지 효율적이지가 않기 때문에, 기껏해야 매우 좁은 공간만 따뜻하게 만들어줄 뿐이다. 잉글랜드처럼 그나마 기후가 온화한 곳에서는 그냥 참고 넘어갈 수 있었겠지만, 북아메리카의 혹독한 겨울 환경에서는 방 하나도 따뜻하게 덥히지 못하는 벽난로의 이런 단점은 상당히 두드러질 수밖에 없었다. 토머스 제퍼슨은 어느 날 저녁에 잉크가 통 속에서 얼어버리는 바람에 글쓰기를 중단할 수밖에 없었다고 불평했다. 조지 템플턴 스트롱이라는 일기 작가가 1866년 겨울에 기록한 것에 따르면, 화덕 두 개에 불을 붙여놓고 벽난로도 모조리 활활 불을 지펴놓았지만, 보스턴에 있는 자기 집의 온도는 화씨 38도[섭씨 약 3도] 이상으로 올라가지 않았다고 한다.

어느 정도 예상 가능한 일이지만, 머지않아 다재다능한 인물이었던 벤저민 프랭클린이 그 문제에 관심을 가지게 되어서 훗날 프랭클린 (또는 펜실베이니아) 난로라고 불리는 물건을 발명했다. 프랭클린의 난로는 이전 제품과 비교할 때 의심의 여지가 없이 개선된 물건이었다. 비록 실제보다는 이론상으로 그러했지만 말이다. 이 제품은 본질적으로 금속제 난로를 벽난로 안에 집어넣는 방식이었다. 다만 추가적인 연도(煙道)와 공기구멍이 있었기 때문에, 교묘하게 공기의 흐름 방향을 바꿔놓음으로써 방 안에 더 많은 열기가 돌게 만들었다. 그러나 워낙 복잡하고 값비싼 장치인데다가, 한번 설치하려면 방마다 엄청난—종종 참을 수 없을 정도의—불편을 감당해야 했다. 이런 방식의 난로에서 핵심은 또 하나의 연도, 즉 뒤쪽 연도였는데, 그곳을 청소하려면 아예 난로를 완전히 허물 수밖에 없다는 것이 머지않아 확인되었다. 이 난로는 또한 아래쪽에 찬 공기가 들어오는 공기구멍이 있어야 했기 때문에, 결국 위층에는 설치할 수가 없었으며, 지하실이 있는 경우에는 아래층에도 설치할 수가 없었다. 그리하여 이 난로는 상당수의 주택에서 사용이 불가능했다. 훗날 미국에서는 데이비드 리튼하우스가, 그리고 유럽에서는 럼퍼드 백작 벤저민 톰슨이 프랭클린의 설계를 더욱 개선한 난로를 내놓았다. 그러나 진정한 편의가 찾아온 것은 사람들이 벽난로를 막아버리고, 난로를 아예 방 안에 들여놓은 다음부터였다. 이런 난로는 네덜란드식 난로라고 부르는데, 비록 달궈진 쇠 냄새가 나고 공기를 건조하게 만들기는 했지만, 적어도 방 안에 있는 사람을 따뜻하게 해주었다.

미국인이 서쪽으로 이동하여 대초원과 그 너머로 진출하자, 연료용 나무가 없다는 사실 때문에 문제가 생겨났다. 그런 곳에서는 옥수숫대가 연료로 널리 사용되었으며, 말린 쇠똥도 사용되었다. 물론 후자는 "땅 위의 석탄"이라는 완곡한, 그리고 어딘가 매력적인 명칭으로 일컬어졌지만 말이다. 미개척지에 사는 미국인은 온갖 종류의 기름들—돼지 기름, 사슴 기름, 곰 기름, 심지어 여행 비둘기* 기름—과 생선 기름을 연료로 사용했는데, 하나같이 연기가 많이 나고 냄새가 고약한 것들이었다.

난로는 점차 미국인이 유난히 몰두하는 대상이 되었다. 20세기 초에 미국 특허청에 등록된 난로의 종류는 무려 7,000종에 달했다. 이 모든 난로들의 공통적인 한 가지 특징은, 계속 가동시키기 위해서는 상당한 노동을 필요로 한다는 점이었다. 보스턴에서 이루어진 한 연구에 따르면, 1899년에 나온 어느 전형적인 난로의 경우에 일주일 기준으로 300파운드의 석탄을 소비하고, 27파운드의 석탄재를 산출하며, 3시간 11분의 유지관리 시간이 필요했다. 부엌과 거실에 난로가 각각 하나씩 있거나, 또다른 어딘가에 노출형 화로가 있다면, 상당량의 추가 노동이 필요했다. 밀폐형 난로의 또한 가지 뚜렷한 단점은 방 안에서 상당량의 빛을 빼앗아간다는 점이었다.

전기가 도입되기 이전의 세상에서는 노출된 불길과 연소성 물질의 조합이 일상생활의 모든 국면에서 갖가지 경악과 소동을 가져다주었다. 새뮤얼 피프스의 일기에 따르면, 하루는 그가 책상에 앉아 촛불 앞에서 고개를 숙이고 업무에 몰두했는데, 머지않아 어디선가 끔찍하고 자극적인, 마치 양모가 타는 것 같은 냄새가 풍기는 것을 깨달았다. 그제야 그는 최근에 새로 구입한, 매우 값비싼 가발이 활활 불타오르고 있음을 깨달았다. 이런 사소한 화재는 흔히 벌어졌다. 모든 집의 거의 모든 방에서 최소한 잠시나마 불길에 노출되곤 했으며, 역시 거의 모든 집이 놀라울 정도로 화재의 위험에 노출되어 있었다. 짚단으로 만든 침대에서 초가지붕에 이르기까지, 집

---

* 북아메리카에 서식하던 조류로 한때 막대한 개체 수를 자랑했지만 식용 등의 목적으로 남획되어 20세기 초에 멸종했다 / 역주

안팎에 있는 거의 모든 물건이 가연성이었기 때문이다. 위험을 방지하기 위해서 밤에는 쿠브르 포(couvre-feu)라는 일종의 돔형 뚜껑(바로 여기서 "소등[curfew]"이라는 단어가 유래했다)으로 불을 덮어놓았지만, 그런다고 해서 위험을 완전히 피할 수 있는 것은 아니었다.

기술적 변화는 때때로 빛의 질을 향상시켰지만, 아울러 종종 화재의 위험도 증대시켰다. 아르강 램프는 위쪽이 무거운 구조—연료통이 위에 있어야만 계속해서 연료를 심지에 전달할 수 있었으니까 였기 때문에 잘 넘어졌다. 등유를 엎지르거나 흘려서 불이 나면 거의 끌 수가 없었다. 1870년대에 이르러서 미국에서만 매년 6,000명이 등유에서 비롯된 화재로 사망했다.

공공장소에서의 화재 역시 크나큰 근심의 대상이었고, 지금은 잊혀진 선명한 조명장치인 드러먼드 라이트(Drummond light)의 개발 직후에는 특히 더 그러했다. 이것은 1820년대 초에 영국 육군 공병대 소속 토머스 드러먼드의 발명이라고 널리 알려지면서 생겨난 명칭이지만, 이는 사실과 다르다. 실제 발명자는 상당한 재능을 가진 발명가이자 공학자였던 그의 동료 골즈워시 거니 경이었다. 드러먼드는 다만 이 라이트를 널리 보급한 인물이고 자신도 결코 직접 발명했다고 주장하지는 않았지만, 어찌된 일인지 이 물건에는 그의 이름이 붙어서 이후로 줄곧 그렇게 통용되었다. 드러먼드 라이트, 또는 칼슘 라이트는 이전부터 오랫동안 알려졌던 한 가지 현상의 원리를 이용한다. 즉 석회석[라임], 또는 마그네시아 덩어리를 아주 뜨거운 불길 속에 넣고 태우면, 매우 강하고 하얀 빛이 작열한다는 점이다. 거니는 산소와 알코올을 풍부하게 섞어서 만든 불길로 기껏해야 장난감 구슬 정도 크기의 석회석 덩어리를 매우 효율적으로 불태웠고, 이로써 무려 60마일 밖에서도 보일 정도의 빛을 만들어냈다. 이 장치는 등대에서 사용되어 성공을 거두었으며, 또한 극장에서도 도입되었다. 그 빛은 완벽하고 안정적이었을 뿐만 아니라, 초점을 맞춰서 광선으로 만들어 특정한 공연자에게 쏠 수도 있었다. 바로 여기서 이른바 "라임라이트[각광]를 받다(in the limelight)"라는 표현이 유래했다. 단점은 라임라이트의 강한 열기로 인해서 화재가 종종 일어났다는 것이었다. 한때는 불과 10년 사이에 미국 내에서 화재로 전소된 극장이 무려 400개가 넘었다. 1899년에 간행된 어느 보고서에서 그 당시의 화재 전문가 윌리엄 폴 거하드가 주장한 것에 따르면, 19세기 전체를 통틀어 영국 내에서 극장 화재로 사망한 사람은 거의 1만 명에 달했다.

운송수단에서의 화재는 큰 위험이 아닐 수 없었는데, 현장에서의 대피가 제한되거나 불가능하기 때문이었다. 1858년에 미국으로 향하던 이민선 오스트리아 호에 화재가 발생하여 전소되는 바람에 무려 500여 명이 목숨을 잃었다. 기차도 위험하기는 마찬가지였다. 1840년경부터는 겨울마다 객차내에 장작이나 석탄을 때는 난로가 설치되었고, 책을 읽을 수 있도록 기름 램프도 설치되었으므로, 달리던 기차가 갑자기 흔들릴 경우에 어떤 재난이 발생할 수 있을지는 쉽게 상상이 가능하다. 비교적 최근인 1921년에도 펜실베이니아 인근을 지나던 어느 기차의 난로 때문에 일어난 화재로 27명이 사망했다.

육지에서 발생하는 화재의 경우, 가장 큰 두려움은 혹시 불길이 걷잡을 수 없이 번져서 한 구역 전체를 파괴하면 어쩌나 하는 것이었다. 역사상 가장 유명한 도시의 화재는 1666년의 런던 대화재인데, 이는 원래 런던 브리지 인근 어느 빵집에서 일어난 작은 화재에서 시작했다. 불길은 삽시간에 반경 반마일 이내로 퍼져나갔고, 심지어 무려 60마일이나 떨어진 옥스퍼드에서도 그 연기가 보였으며, 불타는 소리가 작고 섬뜩한 속삭임처럼 들렸다고 한다. 모두 합쳐서 1만3,200채의 주택과 140채의 교회가 불타버렸다. 그러나 1666년의 화재는 사실상 두 번째 '런던 대화재'였다. 1212년에 있었던 화재는 이보다 훨씬 더 큰 파괴를 자행했다. 1666년의 화재에 비하면 피해 범위는 더 좁았지만, 파급력은 더 크고 열기도 더 대단했다. 무서운 속도로 이 길에서 저 길로 번져나갔기 때문에, 대피하던 시민들 상당수가 불길에 따라잡히거나 또는 도피구가 차단되고 말았다. 그 당시에는 모두 합쳐서 1만2,000명이 사망했다. 반면 1666년의 화재에서는 겨우 5명이 사망했을 뿐이었다. 그리하여 1212년의 화재는 이후 454년 동안이나 '런던 대화재'라고 일컬어졌다. 지금 생각해도 그래야 마땅할 것 같다.

대부분의 도시는 가끔씩 대규모의 화재를 겪지만, 어떤 도시는 이런 일을 반복적으로 겪기도 한다. 보스턴에서는 1653년, 1676년, 1679년, 1711년, 1761년에 화재가 일어났다. 이후 한동안 뜸하다가 1834년의 어느 겨울 날, 한밤중에 일어난 화재로 700채의 건물—도심지의 대부분—이 전소되었고, 이후로도 워낙 맹위를 떨친 나머지 항구에 정박한 선박에도 불이 옮겨 붙었다. 그러나 다른 어떤 도시의 화재도 1871년 10월의 바람이 많이 불던 한밤중에 시카고를 휩쓴 화재에 비하면 정말 아무것도 아니었다. 패트릭 오리어리 여사라는 여성이 드코번 스트리트에 있는 축사에서 키우던 암소가 등유 랜턴을 걷어차는 바람에 시작되었다고 전하는 이 화재로 인해서 온갖 종류의 무시무시한 참사가 급속히 이어졌다. 이 불은 1만8,000채의 건물을 파괴했고, 15만 명이 졸지에 집을 잃었다. 이로 인한 손해액만 2억 달러에 달했고, 51개의 보험회사가 파산했다.

유럽의 여러 도시에서처럼, 주택이 밀집한 지역에서는 화재를 막기 위해서 할 수 있는 조치가 사실상 없었지만, 건축업자들은 한 가지 유용한 처방을 고안했다. 원래 잉글랜드의 베란다 딸린 주택에서는 들보가 측면에서 측면까지 이어졌고, 집과 집 사이의 칸막이벽 사이에 걸쳐 있었다. 따라서 거리를 따라서 들보가 계속해서 이어지는 것과 다름없는 형국이 되면서, 불길이 이 집에서 저 집으로 줄줄이 옮겨 붙을 위험도 높았다. 그리하여 조지 시대[1714-1830] 이후로는 들보를 주택의 전면에서 후면까지 이어지게 만들었으며, 그리하여 칸막이벽은 일종의 방화대가 되었다. 그러나 들보가 주택의 전면에서 후면까지 이어지게 되면서, 이번에는 들보를 지지하는 벽이 필요해졌다. 결국 그 벽의 위치에 따라서 방의 크기가 결정되면서, 이는 또다시 각 방의 용도와 거기에 들어가서 사는 가구를 결정하게 되었다.

바로 이때 한 가지 자연 현상이 대두하면서, 앞서 서술한 온갖 위험과 부족을 일소해주겠다는 약속을 내놓았다. 그 현상은 바로 전기였다. 전기는 무척이나 흥미로운 것이기는 했지만, 그 실용적인 응용 방법을 고안하기가 쉽지 않았다. 간단한 전지에서 나온 전기와 개구리 다리를 이용함으로써 루이지 갈바니는 전기가 근육을 꿈틀거리게 할 수 있다는 것을 보여주었다. 그의 조카인 조반니 알디니는 이것을 가지고 돈을 벌 수 있다는 것을 깨달았다. 그는 전기를 이용해서 최근에 처형당한 살인범의 시신이라든지 단두대에서 죽은 희생자의 머리를 움직이게 하는 무대 공연을 고안했는데, 가령 죽은 사람이 눈을 번쩍 뜨게 만들거나, 소리는 없이 입을 열게 만드는 식이었다고 한다. 이로부터 만약 전기가 죽은 사람을 꿈틀거리게 만들 수 있다면, 살아 있는 사람에게도 뭔가 도움을 줄 수 있을지 모른다는 논리적인 가정이 나왔다. 즉 약간의 (우리로서는 부디 약간이었기를 바랄 수밖에 없지만) 전기 충격은, 변비 치료에서부터 젊은이의 부정한 발기를 중지시키는 조치에 이르기까지, 온갖 종류의 질환들의 치료법으로 사용되었다. 찰스 다윈은 만성적인 기면증을 유발한 수수께끼의 지병으로 고생한 나머지, 종종 전기가 통하는 아연 사슬을 걸치곤 했다. 증세가 약간이라도 개선되지 않을까 하는 기대로 인해서 온몸을 식초에 담그고 오랜 시간 무익하게 따끔거림을 견뎠던 것이다. 물론 증세는 결코 개선되지 않았다. 제임스 가필드 대통령은 암살자의 총격을 받고 천천히 죽어가는 와중에도, 알렉산더 그레이엄 벨이 문제의 총알을 찾아내기 위해서 전기선을 몸에 가져다대자, 비록 약하지만 뚜렷한 공포를 드러냈다.

진짜로 필요했던 것은 실용적인 전깃불이었다. 1846년에 갑자기 프레더릭 헤일 홈스라는 인물이 전기 아크 등의 특허를 따냈다. 홈스의 등은 강력한 전류를 만들어낸 다음, 2개의 탄소 막대 사이를 뛰어넘도록 함으로써 빛을 만드는 것이었다. 사실 전류의 그런 작용은 그로부터 무려 40년도 더 전에 험프리 데이비가 시범을 보였었지만, 그때까지 전혀 이용되지는 않고 있었다. 홈스는 그 원리를 이용해서 눈부실 정도로 밝은 빛을 만들어냈다. 홈스에 관해서는 거의 알려진 것이 없다. 가령 그의 고향이 어디인지, 학력이 어느 정도인지, 전기 기술을 어떻게 습득했는지 등이 그렇다. 유일하게 알려진 것은 그가 브뤼셀 군사학교에서 근무했으며, 그곳에서 플로리 놀레 교수라는 인물과 그 개념을 발전시켰다는 정도이다. 그가 잉글랜드로 돌아와서 자기 발명품을 가지고 위대한 과학자 마이클 패러데이를 찾아가자, 패러데이는 그 물건을 가지고 등대에 완벽하게 어울리는 빛을 만들 수 있다는 것을 즉시 간파했다.

최초의 아크 등은 도버 외곽의 사우스 포어랜드 등대에 설치되었으며, 1858년 12월 8일에 가동이 시작되었고,[*] 그 후로 13년 동안 가동되었다. 다른 곳에도 아크 등이 설치되었다. 그러나 이 조명방법은 아주 큰 성공까지는 거두지 못했는데, 워낙 복잡하고 비쌌기 때문이다. 가동에 필요한 전자기 모터와 증기 기관만 합쳐도 무게가 2톤에 달했으며, 이를 원활하게 작동시키기 위해서는 지속적인 주의가 필요했다.

아크 등의 한 가지 뚜렷한 장점은 놀라울 정도로 밝다는 점이었다. 글래스고 소재 세인트 이노크 기차역에서는 크럼프턴 등(Crompton lamp)—그 제조업자인 R. E. 크럼프턴의 이름에서 따온 명칭—6개를 이용했는데, 그 밝기는 1개당 6,000촉광(燭光)에 달했다. 파리에서는 러시아 출신의 파벨 야블로치코프가 훗날 야블로치코프 등이라는 이름으로 알려진 아크 등의 일종을 개발했다. 이 등은 1870년대에 파리의 여러 거리와 기념물에 사용되어서 센세이션을 일으켰다. 안타깝게도 이 시스템은 매우 값이 비싼데다가

---

[*] 지금은 내셔널 트러스트의 소유이며 한번쯤 방문해볼 만한 명승지가 된 사우스 포어랜드의 등대는 1899년에 다시 한번 명성을 떨치게 되었다. 그때 바로 이곳에서 굴리엘모 마르코니가 프랑스의 위메로를 향해서 최초의 국제 무선 신호를 전송했기 때문이다.

작동도 아주 원활하지는 않았다. 이 등불들은 연쇄로만 가동되었기 때문에, 마치 크리스마스트리의 장식 전구처럼, 그중 하나가 고장 나면 결국 전체가 고장 나는 식이었다. 실제로 그런 고장은 상당히 많았다. 결국 불과 5년 뒤에 야블로치코프의 회사는 파산하고 말았다.

아크 등의 경우, 가정에서 사용하기에는 빛이 너무 밝았다. 따라서 긴 시간 동안 안정적인 빛을 내며 타오르는 실용적인 가정용 필라멘트가 필요했다. 백열 조명의 원리 자체는 이미 오래 전에 이해되었고 또 연구되었다. 심지어 토머스 에디슨이 태어나기 7년 전인 1840년이라는 비교적 이른 시기에도, 변호사이자 판사이며 특히 전기에 관심을 가진 명석한 아마추어 과학자였던 윌리엄 그로브 경이 몇 시간이나 작동하는 백열등을 만들어서 시범을 보여주었다. 그러나 비싼 제작비에도 불구하고 수명이 기껏해야 몇 시간에 불과한 전구를 원하는 사람은 없었으므로, 그로브도 계속해서 그 개발에 노력하지는 않았다. 뉴캐슬에서는 약사이며 뛰어난 발명가인 조지프 스완이 그로브의 빛 연구를 접하고 독자적인 실험에서 성공을 거두었지만, 당시까지만 해도 전구 안을 상당한 정도까지 진공으로 만드는 기술이 결여되어 있었다. 진공 상태가 아닐 경우에는 필라멘트가 금세 타버려서, 전구는 값만 비싸고 수명이 짧은 무용지물이었다. 스완은 또다른 여러 문제에도 관심이 있었으며, 특히 사진에 대한 관심 덕분에 여러 가지 중요한 기여를 했다. 그는 브롬화은 사진 원지를 발명해서 세계 최초로 고품질 사진 인화를 가능하게 만든 것을 비롯해서, 콜로디온[감광액 칠하기] 처리를 완벽하게 개선하고, 또한 감광제(感光劑)에서도 몇 가지 정련을 해냈다. 그 와중에 그는 본업인 약품 제조와 판매에서도 큰 성공을 거두었다. 1867년에 그의 동업자이자 매형인 존 모슨이 도시 외곽의 어느 계류장에서 니트로글리세린을 운반하다가 폭발 사고로 사망하는 일이 벌어졌다. 이 시기는 스완에게 힘들고 혼란스러운 때였기 때문에, 그는 이후 30년이나 조명 분야에 대한 관심을 잃고 말았다.

1870년대 초에 독일 출신의 화학자로 런던에서 활동 중이었던 헤르만 슈프렝겔은 훗날 슈프렝겔 수은 펌프라고 불리게 될 장치를 개발했다. 이 것은 가정에서의 조명이 실제로 가능하게 해준 중대한 발명품이었다. 불행히도 헤르만 슈프렝겔이 이 세상에 더 널리 알려져야 마땅하다고 생각했던 인물은 역사상 단 한 사람, 바로 헤르만 슈프렝겔 자신뿐이었다. 슈프렝겔의 펌프를 이용하면 유리용기 안의 공기 양을 평상시 부피의 100만 분의 1로 감소시킴으로써, 필라멘트가 수백 시간이나 빛을 발할 수 있었다. 이제 필요한 일은 필라멘트를 만들기에 적당한 재료를 찾아내는 것뿐이었다.

가장 확실하고 진전이 많았던 연구로는 미국의 최고 발명가인 토머스 에디슨이 수행했던 것을 들 수 있다. 1877년부터 상업적으로 성공적인 빛을 만들려는 탐구를 시작한 에디슨은 이미 "멘로 파크의 마술사"라는 별명으로 알려지던 중이었다. 에디슨은 완벽하게 매력적인 인간은 아니었다. 속임수나 거짓말을 하는 데에 망설임이 없었고, 여차하면 특허를 훔치거나 언론인에게 뇌물을 주고 호의적인 기사를 얻어냈다. 그의 동시대인 가운데 한 사람의 말을 빌리면, 그는 "양심이 있어야 마땅한 곳이 진공 상태인" 인물이었다. 그러나 그는 진취적이고 근면했으며, 타의 추종을 불허하는 조직가였다.

에디슨은 지구의 먼 오지까지도 사람을 보내서 필라멘트 재료를 찾아보게 했으며, 직원들을 데리고 한 번에 최대 250종에 달하는 재료들을 실험해가면서 지구력과 저항에서 필수적인 특성을 가진 재료를 찾으려고 노력했다. 이들은 온갖 재료들을 실험해보았고, 그 가운데에는 심지어 가족의 친구인 어느 붉은 수염이 무성한 사람의 체모까지도 포함되어 있었다. 1879년 추수감사절 직전에 에디슨 휘하의 직원들은 숯이 된 마분지를 얇게 꼬고 조심스럽게 접어서 만든 필라멘트를 최대 13시간까지 태울 수 있다는 것을 알아냈다. 그러나 이것도 실용적이라고 할 수 있을 정도로 긴 수명은 아니었다. 1879년의 마지막 날, 에디슨은 특별히 엄선한 관객들을 초대해서 자신의 새로운 백열광 실험을 보여주었다. 뉴저지 주 멘로 파크에 있는 에디슨의 사유지에 도착한 손님들은 두 채의 건물에서 번쩍이는 불빛을 보고 감탄해 마지않았다. 이들이 미처 몰랐던 한 가지 사실은, 그 빛의 대부분은 전깃불이 아니었다는 점이었다. 워낙 혹사당한 에디슨 휘하의 유리공은 전구를 겨우 34개밖에는 만들지 못했고, 따라서 이 날의 조명 가운데 상당수는 교묘하게 설치한 석유 램프에서 나온 것이었다.

조지프 스완은 1877년에 이르러서야 전구 분야로 다시 눈길을 돌렸으며, 독자적인 실험 끝에 에디슨과 다소간 유사한 전구 시스템을 개발했다. 1879년 1월인지 2월에, 스완은 뉴캐슬에서 자신이 개발한 새로운 전기 백열등을 대중에게 공개했다. 그 날짜를 딱 꼬집어 말할 수 없는 까닭은, 과연 그가 1월에 있었던 공개 강연에서 실제로 전구를 시범 작동해 보였는지, 아니면 단지 이야기만 하고 넘어갔는지가 불확실하기 때문이다. 그러나 한 달 뒤인 2월에 그가 제법 감식안이 있는 청중 앞에서 실제로 불을 켜 보였다는 것은 거의 확실하다. 어떤 경우이든지 간에, 그의 시범 작동은 에디슨이 했던 다른 어떤 시범 작동보다도 최소한 8개월은 더 앞선 것이었다. 같은 해에 스완은 자기 집에도 전구를 설치했으며, 1881년에는 글래스고에 있던 위대한 과학자 켈빈 경의 집에도 전기 배선을 해주었다.

그러나 에디슨이 최초의 실용적 전기 설비에 성공한 순간은 훨씬 더 눈에 띄고, 따라서 훨씬 더 지속적인 중요성을 가지게 되었다. 에디슨은 맨해튼 남부 지역 전체에 전기를 공급하기 위해서, 월 스트리트 주위에 전기 배선을 하고 펄 스트리트에 있던 버려진 건물 두 채에 발전소를 만들었다. 1881–1882년까지의 겨울, 봄, 여름 내내 에디슨은 15마일에 달하는 전기선을 설치하고, 그의 시스템을 광적으로 실험하고 또 실험했다. 그 모두가 자연스럽게 이루어진 것은 아니었다. 전기선이 있는 곳 근처에 이르면 말들이 움찔 하며 놀라기 일쑤였는데, 알고 보니 새어나온 전기가 그놈들의 말발굽에 닿아서 얼얼한 느낌을 주었기 때문이었다. 연구실에서는 직원들 여러 명이 슈프렝겔의 수은 펌프에 과도하게 노출된 까닭에 수은 중독으로 치아를 잃었다. 그러나 마침내 그 모든 문제가 해결되었고, 1882년 9월 4일에 애디슨은 금융가 J. P. 모건의 사무실에서 스위치를 눌러 자신의 계획에 동참하기로 한 85개 업체에 설치된 800개의 전구에 불을 밝혔다.

시스템의 조직가로서 에디슨은 진정으로 탁월한 면모를 보였다. 전구의 발명은 놀라운 일이었지만, 그것을 꽂을 소켓이 없는 상황에서는 실용성이 별로 없었다. 에디슨과 지칠 줄 모르는 그의 직원들은, 발전소에서부터 값싸고 믿음직한 배선이며 램프 스탠드와 스위치에 이르기까지, 하나부터 열까지 전체 시스템을 고안하고 만들었다. 그로부터 몇 개월 사이에 에디슨은 334개 이상의 소형 발전소를 전 세계에 설립했고, 1년여 사이에 그의 발전소에서는 1만3,000개의 전구에 전력을 공급했다. 그는 신중하게도 최대의 효과를 얻을 만한 곳만을 골라서 전구를 설치했다. 가령 뉴욕 증권거래소라든지, 시카고의 파머 하우스 호텔이라든지, 밀라노의 라 스칼라 오페라 극장이라든지, 런던 하원 의사당의 식당 같은 곳이었다. 그때 스완은 전구 생산의 상당 부분을 자택에서 처리하고 있었다. 한마디로 그는 이 분야에 대한 비전을 그다지 크게 가지고 있지 않았다. 따라서 그는 굳이 특허를 신청하지도 않았다. 반면 에디슨은 어디에서나 특허를 따냈고, 특히 1879년 11월에는 영국에서도 특허를 따냄으로써, 어디에서나 자신의 입지를 강화했다.

현대의 기준으로 보면 이 최초의 전깃불은 상당히 흐릿한 편이었지만, 그 당시 사람들에게는 전깃불이라는 것 자체가 놀라운 기적이 아닐 수 없었다. 「뉴욕 헤럴드(New York Herald)」의 어느 언론인은 "작은 햇빛의 구(球), 진정한 알라딘의 램프"라고 격찬해 마지않았다. 오늘날의 우리로서는 그 당시에만 해도 이 새로운 사건이 얼마나 밝고 깨끗한, 그리고 섬뜩할 만큼 안정적인 조명이었는지를 이해하기가 힘들다. 1882년 9월에 펄턴 스트리트에 전깃불이 점화되자, 경탄에 사로잡힌 「헤럴드(Herald)」의 기자는 독자들에게 그 과정을 이렇게 묘사했다. 즉 이전과 같은 "희미하고 펄럭이는 가스등" 불빛이 갑자기 찬란하고 "안정적인 불빛……고정되고 흔들림 없는" 불빛으로 바뀌었다고 말이다. 흥분되는 일이기는 했지만, 또한 거기 익숙해지기 위해서는 적잖은 시간이 필요할 것이었다.

물론 전기는 단순히 빛을 제공하는 것 말고도 다른 응용 방법이 있었다. 비교적 이른 시기인 1893년에만 해도 시카고의 콜럼버스 박람회에서는 "전기식 부엌 모형"이 전시되었다. 이것 역시 흥분되는 일이기는 했지만, 아주 실용적인 것까지는 아니었다. 한편으로는 전기 공급이 아직까지는 일반적이지 않았으므로, 대부분의 가구주는 자기 집에 필요한 전력을 공급하기 위해서 우선 자체 "발전소"를 건설해야 했다. 혹시 운이 좋아서 외부로부터 전기를 끌어올 수 있다고 하더라도, 가전제품이 제대로 작동할 수 있을 정도로 충분한 전기가 공급되지는 않았다. 예를 들면, 오븐을 예열하는 데에만 1시간이 걸렸다. 설령 예열이 되더라도, 오븐에 공급되는 전기는 그저 그런 수준인 600와트에 불과했기 때문에, 오븐과 그 위에 장착된 스토브를 동시에 사용할 수가 없었다. 그런가 하면 설계상의 결함도 있었다. 즉 열을 제어하는 손잡이가 바닥보다 약간 높은 정도에 불과했던 것이다. 현대의 시각에서 보면, 이 새로운 전기 스토브는 기묘하게 생긴 물건이었는데, 나무—대개는 오크—로 만들고 아연이나 다른 보호용 물질을 곁에 둘렀기 때문이었다. 흰색 자기를 이용한 모델은 1920년대에야 도입되었으며, 막상 도입된 직후에도 상당히 기묘한 물건으로 간주되었다. 상당수의 사람들은 그렇게 흰색을 띤 물건은 개인 주택이 아니라 병원이나 공장 같은 곳에서 써야 한다고 생각했다.

전기가 보다 자유롭게 사용되면서 상당수의 사람들은 그 눈에 보이지 않는 힘—자칫하다가는 신속하고 소리 없이 사람을 죽일 수도 있는—에 의존한 편의 추구의 위험을 깨달았다. 대부분의 전기 기술자들은 급하게 훈련을 받고 현장에 투입되었기 때문에 너무 경험이 부족한 상태였고, 따라서 이것은 간 큰 사람들한테나 어울리는 직업인 것으로 판명되었다. 누군가가 감전사할 때마다 신문에서는 길고 생생한 묘사를 제공했으며, 이런 일은 상당히 정기적으로 일어났다. 잉글랜드에서는 힐레어 벨록이 대중의 마음을 사로잡은 어설픈 풍자시를 지었다.

> 아무렇게나 뻗은 손길―부주의하게 미끄러진 손―
> 전극(電極)―번쩍―마치 '펑!' 하는 듯한 소리
> 뭔가가 타는 냄새가 공기를 어지럽히더니―
> 전기 기술자는 더 이상 그곳에 없더라!

1896년에는 에디슨의 이전 동업자였던 프랭클린 포프가 자기 집의 배선 작업을 하던 도중에 감전사함으로써―수많은 비전문가에게는 적잖이 만족스럽게도―전기라는 것이 심지어 전문가에게도 위험하기 짝이 없다는 사실이 증명되었다. 전기 문제로 인해서 벌어지는 화재도 드물지 않았다. 때로는 전구가 폭발했으며, 그럴 때마다 사람들을 깜짝 놀라게 하는 것은 물론이고, 적잖은 재난을 가져왔다. 예를 들면, 1911년에 코니아일랜드의 드림랜드 파크가 전소된 사건에서도, 그 원인은 애초에 전구가 터지면서 시작된 화재였다. 잘못된 배선으로 인해서 일어난 불꽃 때문에 가스 본관이 폭발한 일도 몇 번인가 있었으며, 이로써 과연 그런 갖가지 위험을 무릅쓰면서까지 전기 공급을 받아야 하는지에 대한 의문이 생겨났다.

이처럼 전기에 대해서 만연하던 양가감정을 잘 표현한 사람 중에는 코널리어스 밴더빌트 2세의 부인이 있었다. 그녀는 뉴욕 피프스 애비뉴에 있는 자택에 전기를 설치한 것을 축하하기 위해서 어느 가장 무도회에 '전기'를 상징하는 옷차림으로 참석했다. 그러나 자기 집에서는 혹시 화재라도 일어날까봐 걱정한 나머지 전기를 모두 꺼버리도록 지시했다. 다른 사람들은 이보다 더 은밀한 위협을 감지했다. S. F. 머피라는 이름의 한 권위자는 전기에서 비롯되는 온갖 질병의 목록을 작성했다. 예를 들면, 눈의 피로, 두통, 전반적인 건강 악화는 물론이고, 어쩌면 "때 이른 생명의 소진"도 가능할지 모른다고 주장했다. 어느 건축가는 전깃불이 주근깨의 원인이라고 확신했다.

처음 몇 년 동안, 어느 누구도 플러그와 콘센트라는 아이디어를 생각하지는 못했기 때문에, 가전제품은 전력망과 직결해야만 사용이 가능했다. 그러다가 세기말에 들어서 마침내 콘센트가 도입되었지만, 처음에는 천장용 전등의 일부로만 사용이 가능했다. 다시 말해서 어떤 전기 가전제품을 사용하기 위해서는 의자나 사다리 위에 올라서서 천장에 플러그를 꽂아야 했다는 뜻이다. 머지않아 벽 콘센트가 나왔지만, 그렇다고 해서 항상 믿을 만하지는 않았다. 일설에 따르면, 초기의 벽 콘센트는 탁탁 하는 소리와 연기, 심지어 불꽃을 내뿜기 일쑤였다. 줄리엣 가디너에 따르면, 스코틀랜드의 웅장한 저택 맨더스턴의 경우에는 에드워드 시대[1901-1910]가 한참 지났을 때까지도 그곳의 유난히 활기찬 벽 콘센트에 완충물을 대놓는 관습이 있었다고 한다.

불경기였던 1890년대에는 전기의 소비자 성장세가 주춤했다. 그러나 전기 조명은 사람들이 저항할 수 없는 매력을 가지고 있었다. 깨끗하고, 안정적이고, 유지관리가 쉽고, 스위치만 한 번 올리면 그 즉시, 그리고 무한정으로 사용이 가능했기 때문이다. 가스 조명은 무려 반세기가 걸려서야 어느 정도 대중화에 성공했던 반면, 전기 조명은 그보다 훨씬 더 빨리 대중화에 성공했다. 1900년에 이르자 대도시에서는 전기 조명이 일종의 표준이 되었다. 그리고 이에 발맞춰서 갖가지 가전제품들이 출시되었다. 1891년에는 전기 프라이팬, 1901년에는 진공 청소기, 1909년에는 세탁기와 전기 다리미, 1910년에는 토스터, 1918년에는 냉장고와 식기 세척기가 나왔다. 그때쯤 되자 50여 종의 가전제품이 상당히 일반화되고, 전기를 이용한 장비가 워낙 유행하다 보니 제조업자들도 상상 가능한 온갖 종류의 물건들—

가령 컬링 아이론에서 감자껍질 벗기는 전기 기계에 이르기까지—을 만들어내기에 이르렀다. 미국에서 전기의 사용은 1902년에 1인당 79킬로와트시였던 것이 1929년에 1인당 960킬로와트시까지 늘어났으며, 오늘날에는 무려 1만3,000킬로와트시까지 늘어났다.

사실 이 모두는 토머스 에디슨의 덕분이라고 해도 과언은 아닐 것이다. 물론 그의 천재적인 능력은 전구를 만드는 데에서 발휘되었다기보다는, 대규모의 상업용 전기를 생산하고 공급하는 방법을 만드는 데에서 발휘되었다는 것을 기억할 필요가 있다. 이것이야말로 사실은 더 커다란, 그리고 훨씬 더 대단한 야심이 아닐 수 없었다. 아울러 이것은 훨씬 더 수지가 맞는 일이기도 했다. 토머스 에디슨 덕분에 전기 조명은 그 시대의 경이가 될 수 있었다. 한 가지 흥미로운 사실은, 전기 조명이 에디슨의 발명품들 가운데서도 그나마 우리가 기대하는 만큼의 제 구실을 했던 극소수 가운데 하나였다는 점인데, 이에 관해서는 나중에 다시 살펴보도록 하자.

조지프 스완의 경우에는 에디슨의 빛에 완전히 가려진 바람에, 잉글랜드 밖에서는 그의 이름을 아는 사람도 드물 지경이 되었으며, 심지어 잉글랜드 안에서도 그다지 인정받지는 못했다. 『영국 인명사전』에서는 그에 관해서 겨우 세 쪽을 할애했을 뿐인데, 그 정도면 유명한 고급 창부였던 키티 피셔라든지, 또는 아무런 재능도 없었던 여타의 귀족보다도 더 적게 할애된 것이다. 그러나 아예 항목 자체가 없는 프레더릭 헤일 홈스에 비하면, 그나마도 감지덕지한 편이다. 역사라는 것이 종종 이런 식이다.

제7장

거실

I

굳이 한마디로 정의하면, 사생활의 역사란 곧 인간이 점차적으로 편안해지게 된 과정이라고 말할 수 있을 것이다. 그러나 18세기까지만 해도 집에서 편안하게 머문다는 개념은 워낙 낯설기 짝이 없는 것이어서, 심지어 그런 상황을 일컫는 단어조차도 없는 지경이었다. 당시에는 "편안한(comfortable)"이라는 단어가 단지 "위로받을 수 있는"이라는 뜻에 불과했다. 즉 편안함(comfort)이란 여러분이 다친 사람이나 슬픈 사람에게 줄 수 있는 것이었다. 이 단어를 현대적인 의미로 처음 사용한 인물은 작가인 호레이스 월폴이었는데, 그는 1770년에 한 친구에게 쓴 편지에서 화이트 여사라는 사람이 자기를 워낙 잘 돌봐주어서, 덕분에 자기는 "최대한 편안한(as comfortable as is possible)" 상태라고 언급했다. 그러다가 19세기 초에 이르자 너도나도 편안한 집에 관해서 이야기하고 편안한 삶을 즐기게 되었지만, 월폴의 시대 이전까지는 어느 누구도 그렇지 못했다.

집에서 이런 편안함의 정신을 (비록 항상 편안함의 현실까지는 아니더라도) 가장 잘 포착하는 곳이라면 바로 우리가 지금 들어와 있는 곳, 즉 거실(drawing room)이라는 특이한 이름이 붙어 있는 장소이다. 그 이름은 이보다 훨씬 더 오래된 "퇴거실(withdrawing room)"의 단축형으로, 원래의 의미는 가족이 집 안의 다른 사람들로부터 퇴거하여 더 큰 사생활을 누리는 공간을 의미했다. 이 단어는 영어에서 완전하게 정착되어 널리 사용되지는 못했다. 17세기와 18세기에는 한때나마 '거실(drawing room)'이라는 단어도 도전을 맞이했다. 보다 세련된 집단에서는 프랑스어 '살롱(salon)'을 사용했으며, 가끔은 영어화한 '살롱(saloon)'도 사용되었기 때문이다. 그러나 이 두 가지 단어는 점차 집 바깥에 있는 공간을 일컫는 데에 사용되었으며, 그리하여 살롱(saloon)이 처음에는 호텔이나 배에 있는 사교를 위한 방을 가리키는 데에 사용되다가, 결국에는—약간 의외이다 싶게도—자동차의 한 가지 유형을 가리키는 데에 사용되기에 이르렀다. 반면 살롱(salon)은 예술적인 노력과 연관된 장소에 붙는 이름이 되었으며, (1910년경부터는) 졸지에 미장원이나 미용실 등지에서 이 단어를 가져다가 쓰게 되었다. '응접실(parlour)'이라는 단어는 미국인들이 가정의 주실(主室)을 가리키는 말로 오랫동안 선호하던 것이었다. 비록 19세기 서부 변경지대의 느낌이 없지 않은 단어이기는 하지만, 실제로는 단어 중에서도 가장 오래된 것이다. 이 단어가 처음 기록된 것은 무려 1225년의 일로, 그때는 수도사들이 이야기를 하기 위해서 찾아가는 방이었으며(실제로 프랑스어의 '팔레르[parler]', 즉 "말하다"라는 단어에서 유래했다), 그 다음 세기의 마지막 사반세기 동안에 세속적인 맥락으로도 의미가 확장되었다. 에드워드 툴이 우리 목사관의 평면도를 그리며 사용한 단어도 바로 "거실(drawing room)"이었으며, 좋은 집안에서 자라난 마섬 씨도 그 당시로서는 십중팔구 이 단어를 사용한 소수자였을지 모른다. 19세기 중반에 이르자 이 단어는 거의 모두가 사용할 정도로 일반화되었으며, 다만 가장 품위 있는 계층에서는 "접객실(sitting room)"이라는 단어—1806년에 처음으로 영어에 등장한—를 사용했다. 나중에 가서는 '라운지(lounge)'가 도전자로 등장했는데, 이 단어는 원래 의자나 소파의 일종을 가리키던 것이었다가, 나중에는 편안하게 입을 수 있는 겉옷을 가리키게 되었고, 1881년에 이르러 방을 가리키게 되었다.

만약 마섐 씨가 인습적인 인물이었다면, 그는 이 거실을 집 안에서 가장 편안한 방으로 만들기 위해서 노력했을 것이며, 가장 푹신하고 훌륭한 가구를 가져다놓았을 것이다. 그러나 실제로 이 방은 연중 대부분 동안 편안한 것과는 영 거리가 멀었는데, 벽난로가 단 하나밖에 없었기 때문에, 방 한가운데의 좁은 일부분만 간신히 따뜻하게 덥힐 수 있었기 때문이다. 불을 활활 피워놓았더라도, 한겨울에 이곳 거실 한구석에 서 있으면 입김 나오는 것이 훤히 다 보일 정도이다. 이건 내가 직접 해본 것이기 때문에 아주 잘 안다.

거실이 집 안에서 편안함의 초점이 된 것은 사실이지만, 우리의 이야기는 거기서부터 시작되는 것이 아니다. 그리고 사실 집에서부터 시작되는 것도 아니다. 실제로는 바깥에서 시작되고, 그것도 마섐 씨가 태어나기 대략 한 세기 정도 전에 시작된다. 어떤 한 가지 간단한 발견으로 인해서 마섐의 가족처럼 토지를 소유한 사람들이 졸지에 부자가 되었으며, 그리하여 후손인 그가 훗날 멀끔한 목사관을 하나 지을 수 있었던 재력이 마련되었다. 그 발견은 바로, 토지를 굳이 묵혀두지 않아도 그 비옥함을 되찾게 만드는 방법이 있다는 것이었다. 물론 아주 탁월한 통찰까지는 아니더라도, 이 발견으로 인해서 결국 온 세계가 바뀌었다.

전통적으로 잉글랜드의 토지 대부분은 펄롱(furlong)*이라고 불리는 단위로 구분되었으며, 각각의 펄롱은 농사철 세 번에 한 번—때로는 두 번에 한 번—꼴로 묵혀두었는데, 이는 건강한 농작물을 생산할 수 있는 능력을 회복시키기 위해서였다. 결국 매년 전체 토지 가운데 최소한 3분의 1은 놀고 있었다는 이야기였다. 따라서 겨우내 가축을 잘 먹일 수 있을 정도로 농작물이 많이 생산되지 않았기 때문에, 지주들은 매년 가을마다 가축 대

* 경마에서 1펄롱은 220야드, 또는 1마일의 8분의 1이다. 그러나 농업에서 펄롱은 원래 정해진 단위가 없었다. 다만 펄롱이 "긴 밭고랑(long furrow)"을 의미하는 말이었을 뿐이다.

부분을 도살해서 이듬해 봄까지의 길고 힘겨운 시기를 대비해야 했다.

그러다가 잉글랜드의 농부들은 네덜란드의 농부들이 아주 오래 전부터 잘 알고 있었던 한 가지 사실을 발견했다. 즉 순무나 클로버 또는 다른 한두 가지 적당한 농작물을 그렇게 묵혀두는 밭에 심으면, 마치 기적처럼 흙이 다시 비옥해지는 것은 물론이고, 겨우내 쓸 수 있는 가축의 사료도 상당량 산출된다는 것이었다. 이것은 질소가 토지에 들어가서 생기는 현상이었지만, 이후로 200년이 넘도록 그런 사실을 이해한 사람은 아무도 없었다. 원리야 어쨌건 간에 사람들은 '그렇더라'는 사실을 분명히 이해하고 적극적으로 이용했고, 그로 인해서 농사의 운명은 극적으로 바뀌었다. 나아가서 겨우내 더 많은 가축을 기를 수 있게 됨으로써 더 많은 거름이 생산되었으며, 이 훌륭하고 공짜인 비료 덕분에 토양은 훨씬 더 비옥해졌다.

이 모두로 말하면, 기적이라고 해도 결코 과장은 아니었을 것이다. 18세기 이전까지 영국의 농업은 재난에서 재난으로 갈짓자걸음을 걸었다. W. G. 호스킨스라는 이름의 학자가 (1964년에) 계산한 것에 따르면, 1480년부터 1700년 사이에 있었던 수확은 대략 네 번에 한 번 꼴로 흉년이었으며, 거의 다섯 번에 한 번 꼴로 재앙에 가까운 흉년이었다. 그런데 이제는 윤작(輪作)이라는 간단한 방법 덕분에 농업이 지속적인, 그리고 다소간 믿을 만한 번영을 만들 수 있게 되었다. 이 기나긴 황금시대 동안에 시골에서는 부유함과 버젓함의 분위기 가운데 상당수가 형성되어서 오늘날까지도 유지되고 있다. 그리고 마셤 씨와 같은 사람들은 새로운 일용품을 손에 넣을 수 있었는데, 그것은 바로 편안함이었다.

농부들은 또한 1700년에 버크셔 주의 농부이자 농업 사상가였던 제스로 툴이 발명한 바퀴 달린 신제품 덕분에 이득을 보았다. 이른바 종자 송곳이라고 불린 이 장치는 사람의 손으로 뿌리지 않고도 종자를 흙 속에 직접 심어넣을 수 있게 만든 것이었다. 당시에는 종자가 매우 비쌌으며, 툴의 신형 송곳은 파종에 필요한 종자의 양을 1에이커당 3~4부셸에서 무려 1부셸이하로 절감시켰다. 그리고 이 장비를 이용하면 종자가 균일한 깊이로 깔끔하게 줄을 맞춰 심어졌기 때문에, 싹트는 종자의 숫자도 이전보다 더 늘어났다. 결국 생산량도 훨씬 증가해서, 1에이커당 20–40부셸이었던 것이 최대 80부셸에 이르렀다.

새로운 활력은 품종개량 프로그램에도 그대로 반영되었다. 소들 가운데 우수한 품종—저지 종, 건지 종, 헤레스포드 종, 애버딘 종, 앵거스 종, 에어셔 종*—은 거의 대부분 18세기에 나온 것들이다. 양들도 이와 마찬가지로 성공적으로 품종개량이 이루어진 결과, 오늘날 우리가 보는 것처럼 어딘가 부자연스러울 정도로 털이 북슬북슬한 놈들이 되었다. 중세의 양은 기껏해야 1파운드 반의 양모를 생산했던 반면, 18세기의 개량된 양은 무려 9파운드의 양모를 생산했다. 그야말로 보기 좋게 북슬북슬한 털 아래에는 무척이나 토실토실한 살도 있었다. 1700년에서 1800년 사이에 런던의 스미스필드 시장에서 판매되는 양의 평균 중량은 38파운드에서 무려 80파운드로 늘어났다. 육우의 중량 역시 그와 유사하게 크게 늘었다. 낙농품의 생산량 역시 크게 늘었다.

물론 이 모든 일에는 그만큼의 대가가 뒤따랐다. 새로운 생산 시스템이 가동하려면, 작은 토지를 더 큰 토지와 합치고, 소농을 토지에서 내쫓아야 했다. 이전까지만 해도 여러 사람들을 먹고살게 해주었던 작은 토지가, 이제는 더 크고 울타리가 둘러졌으며 소수만을 부유하게 해주는 더 큰 토지로 바뀌었다. 이런 인클로저[울타리 막기] 운동 덕분에 농업은 많은 토지를 보유한 사람들에게 극도로 수지맞는 사업이 되었다. 그리고 머지않아 상

---

* 에어셔 종은 저술가인 제임스 보즈웰의 육촌형제이며 창의력이 뛰어난 인물이었던 브루스 캠벨이 만든 것이다. 캠벨이 스코틀랜드에 있는 자기 가문의 사유지 관리를 도맡게 된 까닭은, 보즈웰이 런던에 머물며 사람들과 대화를 나누고 세련된 유흥을 즐기는 생활을 선호한 나머지 애초에 자신에게 떨어진 가문의 의무를 거부한 까닭이었다. 결국 보즈웰이 가문의 의무에 좀더 충실했다면, 우리는 보즈웰이 쓴 유명한 새뮤얼 존슨의 전기뿐만 아니라, 세계에서 가장 훌륭한 낙농용 소의 품종도 얻지 못했을 것이다.

당수의 지역에서는 이런 종류의 토지만이 남았다. 인클로저는 수세기 동안이나 천천히 진행되던 것이었지만, 특히 가속화된 1750년부터 1830년 사이에는 600만 에이커의 영국 토지에 울타리가 세워졌다. 인클로저는 고향에서 쫓겨난 소농 농부들에게는 힘겨운 일이 아닐 수 없었다. 그로 인해서 이들이나 그 후손들은 도시로 이주했으며, 산업혁명의 와중에서 최하층 노동자로 일하며 갖가지 고초를 겪었다. 그 당시에 갓 시작된 산업혁명 자체도 그 어느 때보다도 더 부유해진 지주들이 누리던 잉여적인 부에 의해서 상당 부분 자금 지원을 받은 것이었다.

상당수의 지주들은 또한 산업용 석탄의 수요가 갑자기 증가한 바로 그 순간에, 자신들이 마침 석탄 더미 위에 올라앉아 있다는 것을 발견했다. 비록 아름다움이라는 측면에서는 그다지 큰 진보가 없었지만—18세기의 어느 시기에 채즈워스 하우스에서 바깥을 내다보면 무려 85개나 되는 노천 석탄광산이 성업 중이었다고 전한다—석탄 더미가 막대한 돈더미로 변한 것은 사실이었다. 그런가 하면 어떤 사람은 철도나 운하 건설에 토지를 대여하고 그 통행로에 대한 권리를 얻었다. 브리지워터 공작은 영국 서부 지방에서 운하 독점 사업을 벌여서 매년 40퍼센트씩의 수익—사실 이 정도면 정말 어마어마한 수익이 아닐 수 없다—을 얻었다. 이 모두가 소득세나, 자본 이득세, 배당이나 이자 소득세조차도 없던 시대에 벌어진 일이었다. 따라서 꾸준한 돈의 흐름을 방해할 만한 요인이 전혀 없었다. 상당수의 사람들은 사실상 그런 부를 가지고 할 일이 전혀 없어서 그냥 쌓아놓을 수밖에 없는 세상에서 살아가고 있었다. 수많은 사례들 가운데 하나를 들면, 제3대 벌링턴 백작은 아일랜드에 방대한—모두 합쳐서 4만2,000에이커에 달하는—사유지를 보유했는데, 정작 그는 그 나라를 평생 단 한번도 방문한 적이 없었다. 심지어 나중에는 아일랜드의 재무장관에 임명되었는데도 결코 방문하지 않았다.

이 부유한 엘리트와 그들의 후손들은 영국의 시골 곳곳을 이 새로운 '부

의 즐거움(joie de richesse)'의 힘차면서도 무질서한 표현으로 뒤덮었다. 한 백
작은 1710년부터 그 세기말까지 잉글랜드에 최소한 840채의 커다란 시골
저택을 지었다. 호레이스 월폴의 말을 빌리면, 그 집들은 "한 나라라는 커
다란 푸딩 속에 아주 보기 드문 자두처럼 흩어져 있었다."

이처럼 비범한 집은 그에 못지않게 비범한 사람이 설계하고 건축했지만,
그중에서도 가장 비범한—또는 가장 의외라고 할 수 있는—사람을 꼽으
라면, 단연 존 밴브러 경일 것이다. 밴브러(1664-1726)가 태어났을 무렵은
네덜란드 혈통인 그의 대가족—그의 형제는 무려 19명이었다—집안이 잉
글랜드에 정착한 지 반세기가량이 지난 다음이었다.*

"매우 성품이 상냥하고 유쾌한 신사." 시인 니컬러스 로의 말처럼, 밴브
러를 만난 사람은 누구나 그를 좋아하게 되었던 것 같다(물론 말버러 공
작부인만큼은 예외였는데, 어째서 그랬는지는 뒤에서 다시 살펴보도록 하
자). 고드프리 넬러 경이 그려서 지금은 런던의 내셔널 포트레이트 갤러리
에 소장된 밴브러의 초상화를 보면, 당시 마흔 살쯤이었던 그는 혈색이 좋
고, 살집도 있으며, 평범해 보이는 얼굴이고, 머리에는 그 당시 유행한 바
로크식의 커다란—그야말로 압도적인—가발을 쓰고 있다.

인생의 처음 30년 동안에 밴브러는 뚜렷한 방향을 잡지 못하고 갈팡질
팡했다. 그는 집안의 와인 사업을 도왔다가, 동인도 회사의 관리로 인도에
다녀왔다가—당시에만 해도 이는 상당히 새로우면서도 그다지 두드러지
지 않은 사업이었다—나중에는 군인이 되었지만 그 방면에서도 큰 두각을
나타내지는 못했다. 프랑스에 파견되었지만, 상륙하자마자 스파이 혐의로
체포되어서 5년간 감옥에서—물론 적당하고 신사다운 편의를 누리기는 했
지만—지냈다.

---

* 지금은 그의 이름을 '밴브러(Van-bruh)', 또는 '밴버러(Van-burra)'로—가령 '에든버러
  (Edinburgh)'나 '바버러(Barbara)'의 마지막 이중모음처럼—발음하지만, 그의 생전에만 해
  도 '밴브루크(Vanbrook)'라고 발음한 것으로 여겨진다. 종종 그 이름의 철자를 그렇게 잘
  못 쓴 기록이 있기 때문이다.

감옥 생활은 밴브러에게 일종의 자극제가 되었던 모양이다. 잉글랜드로 돌아오자마자 그는 놀라울 만큼 신속하게 극작가로 성공을 거두었으며, 당대의 가장 인기 있던 희극들 가운데 두 편인 『타락(*The Relapse*)』과 『화가 난 부인(*The Provok'd Wife*)』을 발표하며 급속히 성공을 거두었다. 예를 들면, 폰들와이프, 포핑턴 경, 턴벨리 클럼시 경, 존 브루트 경 같은 이름을 가진 등장인물이 나온다는 것만 보면 우리에게는 어딘가 어설픈 내용처럼 생각되지만, 그토록 과도하고 유쾌하던 시대에는 이것이 상당히 익살맞은 작품으로 인식되었다. 이것은 상당히 외설스러운 작품이기도 했다. '풍속 개혁협회'의 일원이었던 어떤 사람은 밴브러가 "연극 무대를 이전의 어떤 시대보다도 더욱 방종하게 타락시켰다"고 헐뜯기도 했다. 그러나 다른 사람들은 바로 그런 이유 때문에 이 연극들을 좋아했다. 시인 새뮤얼 로저스는 밴브러를 가리켜서 "지금껏 살았던 누구보다도 천재적인 인물"이라고 격찬했다.

모두 합쳐서 10편의 작품을 창작하거나 각색해서 무대에 올리는 와중에, 그는 역시 앞서와 마찬가지로 놀랄 만큼 갑작스럽게, 자신의 재능을 건축 쪽으로 돌렸다. '이러한' 충동이 과연 어디에서 왔는지는, 오늘날의 우리에게는 물론이고 그의 동시대인들에게도 수수께끼였던 모양이다. 다만 알려진 것에 따르면, 1701년 그러니까 서른다섯 살 때 그는 잉글랜드에 지어진 가장 웅장한 저택들 가운데 하나인 요크셔의 캐슬 하워드를 짓기 시작했다. 그가 어떻게 친구인 제3대 칼라일 공작 찰스 하워드—어느 건축사가에 따르면, "그다지 특징이 없는 인물이기는 하지만, 주체할 수 없이 부유한 것이 분명했던"—를 설득하여 얼핏 보기에 미친 짓이나 다름없었던 이 야심작의 건축 비용을 대도록 만들었는지도 역시 불분명하다. 이곳은 단순히 커다란 집이 아니라, 확실하고 절대적으로 궁전 같은 집이었으며, 밴브러의 전기를 쓴 케리 다운스의 말을 빌리면, "그 이전까지만 해도 왕족만의 특권이었던 규모로" 지어진 집이었다. 분명히 칼라일은 밴브러의 대략적인 스케치에서 뭔가를 본 것이 분명하다. 여기서 분명히 짚고 넘어가야 할 점은, 당시에 밴브러는 의심할 여지가 없는 재능의 소유자인 진짜 건축가 한 사람의 지원을 받고 있었다는 것이다. 니컬러스 혹스무어라는 이름의 그 건축가는 20년이나 되는 경력의 소유자였음에도 불구하고, 이상하게도 그 일에서는 밴브러의 조수 노릇을 하는 데에 만족했다. 밴브러는 어쩌면 칼라일에게 공짜로 일을 해주었을 수도 있다(즉 이들 사이에 금전이 오갔다는 흔적은 전혀 없다. 두 사람으로 말하면, 이런 계산을 결코 놓칠 만한 사람들이 아닌데도 말이다). 어찌 되었든지 간에 칼라일은 애초에 고용하려고 했던 저명한 건축가 윌리엄 톨먼을 마다하면서까지, 이 분야의 신참자인 밴브러에게 전권을 위임했다.

밴브러와 칼라일은 모두 키트캣 클럽(Kit-Cat Club)이라는 비밀 조직의 일원이었다. 휘그당 성향의 이 조직은 하노버 가문의 왕위 계승을 공고히 하려는 목표를 위해서 설립된 것이었다.* 다시 말해서 이들은 향후 영국의 군주가 모두 프로테스탄트가 되기를 꿈꾸었으며, 심지어 단기적으로는 영국인이 아닌 군주라도 괜찮다는 식이었다. 키트캣이 이런 목표를 성취했다는 사실은 결코 사소한 업적이 아니었다. 이들이 염두에 둔 후보자 조지 1세는 영어라고는 한마디도 못했고, 존경할 만한 자질이라고는 거의 없었으며, 언젠가 계산된 것에 따르면 기껏해야 왕위 계승 서열에서 58위 이상으로는 올라간 적이 없었기 때문이다. 이 한 가지의 정치적 기동 작전을 제외하면, 이 클럽은 워낙 신중을 기해서 움직인 까닭에 지금까지도 그 실체에 관해서 알려진 것이 거의 없다. 그 창립 회원들 가운데 한 사람은 크리스토퍼

---

* 휘그(Whig)는 '휘거모어(Whiggamore)'의 축약형으로, 원래는 17세기에 스코틀랜드의 반란자 집단을 가리키는 말이었다. 휘거모어 그 자체의 유래는 불분명하며, 도대체 어쩌다가 권세 있는 잉글랜드의 귀족 집단이 그 이름을 적당하다고 생각해서 차용하게 되었는지도 역시 불분명하다. 애초에는 토리 당이 조롱의 의미로 차용했지만, 나중에는 그 조롱의 표적이 된 집단에서 자부심을 가지고 기꺼이 그 이름을 수용한 셈이었다. 사실은 '토리(Tory)'라는 이름도 마찬가지 과정을 거쳐서 붙여졌다.

(또는 '키트') 캣이라는 이름의 페이스트리 요리사였다. 키트캣은 또한 그가 만든 유명한 양고기 파이의 이름이기도 했다. 따라서 이 클럽의 이름이 그의 이름에서 따온 것인지, 아니면 그가 만든 파이의 이름에서 따온 것인지 여부를 놓고 향후 300년간이나 논란을 벌인 사람들도 극소수나마 있었다. 이 클럽은 겨우 1696년부터 1720년까지만 존속했을 뿐이며—구체적인 내용은 알려지지 않은 채로—회원 숫자는 겨우 50명에 불과했고, 그 가운데 3분의 2는 그 지역의 귀족들이었다. 그중 5명—칼라일 경, 핼리팩스 경, 스카보로 경, 맨체스터 공작, 말버러 공작—은 밴브러에게 일을 위탁했다. 키트캣 클럽의 회원 중에는 이들 외에도 수상 로버트 월폴(호레이스 월폴의 아버지), 언론인 조지프 애디슨과 리처드 스틸, 극작가 윌리엄 콩그리브 등이 있었다.

캐슬 하워드에서 밴브러는 고전적인 예의범절을 직접적으로 무시한 것은 아니었으며, 다만 바로크적인 장식으로 이루어진 일종의 칡넝쿨 아래에 파묻어버렸다. 밴브러의 건축물은 항상 다른 어떤 건축물과도 달랐지만, 캐슬 하워드는 말 그대로 유별날 만큼 유별난 경우였다. 이곳에는 일반 용도의 방은 상당히 많았지만—한 층에 무려 13개나 있었다—정작 침실은 얼마 되지 않았다. 최소한 흔히 사람들이 기대하는 것만큼의 숫자는 아니었다. 상당수의 방은 특이한 모양이거나, 조명이 어두침침했다. 외부의 세부 장식들 상당수는 비록 괴짜 같은 정도까지는 아니었어도, 분명히 유별난 편이기는 했다. 예를 들면 집의 한쪽 측면에 있는 기둥들은 단순한 도리아 양식이었지만, 또다른 쪽 측면에 있는 기둥들은 보다 장식적인 코린트 양식이었다(밴브러는 어느 누구도 한번에 양쪽 측면을 다 볼 수는 없지 않느냐고 나름의 논리를 들면서 자신의 결정을 옹호했다). 무엇보다도 충격적인 특징은—적어도 이 집이 지어진 직후부터 사반세기 동안—이 집이 서쪽 날개집이 없는 상태였다는 점이다. 물론 이것이 밴브러의 잘못은 아니었다. 건축주 칼라일이 워낙 정신이 없어서 서쪽 날개집을 넣는 것을 까먹은 나머지, 이 집을 누가 봐도 미완성인 상태로 남겨두었던 것이다. 서쪽 날개집이 마침내 지어진 것은 그로부터 사반세기 후에 또다른 사람들에 의해서였으며, 그나마도 전혀 다른 양식으로 지어졌다. 그리하여 오늘날 이곳을 방문하는 사람은, 밴브러가 의도한 바로크 양식의 동쪽 날개집, 그리고 이와는 전혀 어울리지 않으며 나중의 소유주를 제외하면 어느 누구도 좋게 생각하지 않았을 법한 팔라디오 양식의 서쪽 날개집을 나란히 구경하게 되는 것이다.

캐슬 하워드의 가장 유명한 특징은 현관 홀 위에 있는 돔형 왕관이다(공식 명칭은 채광창[lantern]인데, 그 어원은 빛을 들어오게 한다는 그리스어 단어이다). 이것은 나중에 덧붙여진 부분으로, 그 아래에 있는 건물과 비교하면 터무니없이 크다. 지나치게 높고 지나치게 가느다랗다. 마치 이 건물이 아니라 다른 건물을 위해서 설계된 것처럼 보일 정도이다. 어느 건축 비평가가 사뭇 외교적인 어조로 표현한 것처럼, "가까운 곳에서 바라보면 그 아래 있는 건물과 아주 논리적으로 어울리지는 않아 보인다." 그래도 이것은 최소한 새롭기는 했다. 그 당시에 잉글랜드에서 지어진 다른 돔 건물은 바로 크리스토퍼 렌의 세인트 폴 대성당 하나뿐이었다. 다른 어디에 지어진 다른 어떤 건물도 이와 유사한 것은 없었다.

캐슬 하워드는 한마디로 매우 훌륭한 건물이기는 했지만, 그것은 어디까지나 전적으로 그 나름대로의 훌륭함에 불과했다. 캐슬 하워드의 돔은 약간 기묘하지만, 그 돔이 없다면 캐슬 하워드는 정말 아무것도 아닐 것이다. 우리는 유별나게 확신을 가지고 그렇다고 말할 수 있는데, 무려 20년 동안이나 캐슬 하워드는 **실제로** 그 돔이 없이 서 있었기 때문이다. 1940년 11월 9일 밤, 동쪽 날개집에서 화재가 발생했다. 그 당시에 이 집에는 전화가 단 한 대뿐이었는데, 그나마도 누가 손도 대기 전에 이미 불에 녹아서 초콜릿처럼 끈적끈적하게 되어버렸다. 그리하여 누군가가 거기서 무려 1마일이나 떨어진 수위실까지 달려가서, 비로소 소방서에 전화를 걸었다. 거기서 6마일 떨어진 몰턴에서 출발한 소방대원들이 현장에 도착한 것은 무려 2시간 뒤의 일이었고, 저택의 상당 부분이 이미 소실된 다음이었다. 돔은 열기로 인해서 무너져서 집 안으로 떨어져 있었다. 그리하여 캐슬 하워드는 이후 20년 동안이나 돔 없이 서 있었으며, 물론 멀쩡해 보이기는 했지만—여전히 웅장하고, 압도적이고, 둔중하고 근사했지만—그 특징은 잃어버렸다. 1960년대 초에 마침내 돔이 복원되고 나서야 그 저택은 곧바로, 그리고 특이하게도 매력을 되찾았다.

경험 부족에도 불구하고, 밴브러는 영국에서 지어진 집들 가운데 가장 중요한 집 한 채를 의뢰받기에 이르렀다. 바로 옥스퍼드셔의 우드스톡에 마치 웅장함의 거대한 폭발 같은 모습으로 서 있는 블레넘 궁전(Blenheim Palace)이었다. 블레넘은 말버러 공작이 1704년에 바이에른에서 벌어진 블린트하임 전투(Battle of Blindheim)—이 지명이 어찌어찌 영어화되면서 졸지에 블레넘(Blehneim)이 된 것이다—에서 프랑스 군을 상대로 거둔 승리에 대한 국가의 시상품으로 지어진 집이었다. 이 사유지에는 2만2,000에이커의 최상급 토지도 딸려 있어서, 연수입이 그 당시로서는 상당한 금액이었던 6,000파운드에 달했다. 그러나 그 금액은 블레넘 정도 규모의 저택을 간신히 유지할 정도였다. 그리고 블레넘은 어떤 척도를 들이대든지 간에 거뜬히 능가할 정도로 어마어마하게 컸다.

그곳은 방만 해도 300개가 넘었고, 무려 7에이커의 대지 위에 퍼져 있었다.[*] 아무리 대저택이라고 해도 전면의 폭이 250피트 정도면 어마어마한 것이었다. 그런데 블레넘은 전면의 폭이 856피트에 달했다. 이것은 이제껏 영국에 세워진 것들 중에서 가장 거대한 자부심의 기념비였다. 그야말로 한 치도 빼놓지 않고 호화로운 석재 장식으로 뒤덮여 있었다. 그 어떤 왕궁보

---

[*] 커다란 저택의 경우, 방의 숫자는 들쭉날쭉하기 일쑤였다. 예를 들면, 창고와 골방과 기타 등등을 별개의 방으로 셀 것인지 여부에 따라서 달라졌기 때문이다(아울러 얼마나 신중하게 숫자를 세느냐에 따라서도 달라졌다). 여러 문헌들을 살펴보아도 블레넘의 방 숫자는 187개에서 320개까지 다양한데, 이 정도면 상당한 차이이다.

다 더 웅장했으며, 따라서—당연한 이야기이지만—비용도 많이, 그것도 아주 많이 들었다. 키트캣 클럽의 일원이었던 공작은 밴브러와 상당히 호의적인 관계였지만, 전반적인 몇 가지 원칙만 협의한 뒤에 또다시 전투에 나가야 했다. 그 와중에 그는 집에 관한 문제를 아내인 말버러 공작부인 새러의 손에 맡겼다. 그리하여 그녀는 공사의 대부분을 감독했는데, 초반부터 밴브러하고는 상당히 껄끄러운 관계가 되고 말았다. 물론 두 사람 사이에 최소한 어떤 관계가 있기나 했다면 말이다.

공사는 1705년 여름에 시작되었는데 시작부터 문제가 발생했다. 여러 가지 비용이 많이 드는 변경이 필요했기 때문이다. 어느 오두막 소유주가 이사를 가지 않겠다고 버티는 바람에 주 출입구를 옮겨야 했으며, 그리하여 이 저택의 정문은 우드스톡 뒤쪽의 약간 기묘한 장소에 놓여 있다. 그리하여 방문객은 저택의 전면으로 접근하다가 말고, 갑자기 방향을 틀어서 통행로를 따라 왼쪽으로 걸어가서 모퉁이를 돈 다음, 오늘날까지도 어딘가 배달원 전용 출입구라면 딱 맞지 않을까 생각되는 곳(물론 그런 출입구보다는 훨씬 더 웅장하기는 하지만)을 지나서 저택 안으로 들어가야 했다.*

블레넘의 건축 예산은 4만 파운드로 책정되었다. 그러나 결국에는 30만 파운드가 들어가고 말았다. 이것은 불운한 일이었는데, 말버러 공작 부부는 인색하기로 악명이 높았기 때문이다. 공작은 너무 쩨쩨한 사람이어서, 잉크를 아끼기 위해서 글을 쓸 때 철자 i의 윗점을 찍지 않을 정도였다. 저택 공사비용을 과연 누가 지불해야 마땅할지는 명확하지가 않았다. 앤 여왕이었을까, 아니면 재무부였을까, 아니면 말버러 공작 부부였을까. 공작 부인과 앤 여왕은 서로 가까운, 뭔가 이상하면서도 꽤나 친밀한 사이였다. 단둘이 있을 때면 서로를 기묘한 애칭—"몰리 여사(Mrs. Morley)"와 "프리먼 여사(Mrs. Freeman)"—으로 불렀는데, 이는 둘 중 한 사람은 국왕이고 다른

---

* 블레넘 조감도 참고/역주

한 사람은 아니라는 사실로부터 비롯되는 어색함을 없애기 위해서였다. 불운하게도 블레넘의 건축 시기는 이 두 사람의 애정이 식어가는 때와 맞물렸기 때문에, 재정적 책임은 더욱 불확실할 수밖에 없었다. 일이 더욱 복잡해진 것은 1714년에 여왕이 사망한 이후, 말버러 공작 부부에게 특별한 애정이나 빚진 마음이 전혀 없는 왕이 즉위하면서부터였다. 논란이 길어지면서 상당수의 건축업자들은 여러 해 동안이나 대금을 지급받지 못했고, 대개 나중에 가서야 그것도 자신들이 받아야 하는 몫의 극히 일부분밖에는 받지 못했다. 건축 공사는 1712년부터 1716년까지 무려 4년 동안이나 완전히 중단되었고, 대금을 받지 못한 상당수의 일꾼들은 공사가 재개되었어도 당연히 일터로 돌아가기를 싫어했다. 밴브러 자신도 공사가 시작된 지 정확히 20년 뒤인 1725년까지도 아무런 대금을 받지 못했다.

그나마 공사가 진행되던 중에도 밴브러와 공작부인은 끝도 없이 말다툼을 벌였다. 그녀는 이 궁전이 "너무 크고, 너무 어둡고, 너무 군대식"이라고 생각했다. 그녀는 밴브러의 낭비와 불순종을 비난했고, 나중에 가서는 그를 아주 나쁜 인간으로 생각하기에 이르렀다. 1716년에 그녀는 그를 완전히 해고했다. 물론 일꾼들에게는 여전히 밴브러의 설계를 충실하게 따르라고 지시했지만 말이다. 완공된 건물을 구경하려고 1725년에 밴브러가 아내와 함께 찾아왔을 때—이 건물은 그가 건축가로 활동한 시기의 3분의 2, 그리고 그의 생애의 3분의 1을 잡아먹은 대작이었다—저택의 문지기는 공작부인이 오래 전부터 밴브러를 절대 부지 내에 들여놓아서는 안 된다는 엄명을 내렸다며 그들의 앞을 가로막았다. 결국 그는 자신의 대작이 완공된 모습을 멀리서 가물거리는 모습으로만 보아야 했다. 그로부터 8개월 뒤에 그는 사망했다.

캐슬 하워드와 마찬가지로 블레넘은 바로크 양식으로 지어졌지만, 심지어 그 이상이다. 그곳의 지붕선은 구(球)와 항아리와 기타의 수직형 장식품이 기세 좋게 분출된 모습이다. 상당수의 사람들은 그 기념비적인 규모를 싫어했다. 에일스베리 백작은 그곳을 가리켜서 "매력도 멋도 없는 커다란 돌 무더기"라고 일축했다. 알렉산더 포프는 그곳의 결점을 일일이 열거한 뒤에 이렇게 결론을 내렸다. "한마디로, 그것이야말로 가장 값비싼 멍청한 짓이다." 슈루즈버리 경은 "땅 위에 솟아난 거대한 채석장"이라고 일축했다. 에이블 에번스라는 어느 익살꾼은 농담 삼아서 밴브러의 묘비명을 지어보기도 했다.

그를 무겁게 짓눌러라, 땅이여, 그로 말하면
그대 위에 이미 무거운 짐을 여럿 놓은 자이니.

비록 과도하다 싶을 정도로 치장된 저택인 것에는 의심의 여지가 없지만, 그럼에도 불구하고 블레넘에는 사람을 꼼짝 못하게 만드는 매력이 있다. 게다가 그 규모가 워낙 예상 밖으로 크다 보니, 처음 방문한 사람이 감탄하지 않는 경우는 드물다. 이처럼 광대하고 위압적인 공간 속에서 누군가가 기꺼이 들어가서 살려고 한다고는 믿을 수 없으며, 따라서 말버러 공작 부부도 거의 그곳에서 살지 않았다. 이들은 1719년이 되어서야 그곳으로 이사를 왔으며, 그로부터 2년 뒤에 공작은 사망하고 말았다.

밴브러와 그의 창조물에 관해서 사람들이 어떻게 생각하든지 간에, 이로써 저명한 건축가의 시대는 시작되었다.*

---

* 아울러 저명한 장인(匠人)의 시대가 시작된 것이기도 했다. 그런 사람들 가운데 한 사람으로는 1648년부터 1723년까지 살았던 위대한 조각기술자 그린링 기번스를 들 수 있다. '그린링'이라는 특이한 이름은 사실 그의 어머니의 처녀 시절의 성(姓)이었다. 그는 네덜란드에 살던 잉글랜드인 부모에게서 태어나서 찰스 2세가 왕위에 복귀한 이후인 1667년에 잉글랜드로 왔다. 그는 런던 남동부의 데프트퍼드에 정착했으며, 이곳에서 배의 앞머리 장식을 조각하며 검소하게 살아갔다. 그런데 1671년의 어느 날, 일기 작가인 존 에벌린이 그의 작업장 앞을 우연히 지나가다가 기번스의 실력이며, 품위 있는 거동이며, 훌륭한 외모를 주목하게 되었다(사람들의 말을 종합해보면 기번스는 놀랄 만큼 잘생긴 사람이었던 모양이다). 그는 이 젊은이에게 보다 도전적인 임무를 맡아보라고 격려하면서, 크리스토퍼 렌을 비롯한 당대의 영향력 있는 인물들에게 소개해주었다.

***

밴브러의 시대 이전까지만 해도 건축가는 그다지 명성을 누리지 못했다. 명성은 대개 그 집을 짓기 위해서 돈을 낸 사람에게 돌아갔지, 결코 그 집을 설계한 사람에게 돌아가지는 않았다. 홀에 관해서 다루었던 장에서 언급했던 하드윅 홀은 그 시대의 가장 큰 건물들 가운데 하나였지만, 정작 그 건물을 설계한 건축가는 정확한 기록이 남아 있지 않은 까닭에 로버트 스미스슨으로 추정될 따름이다. 여러 가지 이유로 인해서 이는 상당히 훌륭한 추정이지만, 이를 뒷받침할 만한 실제적인 증거는 전혀 없다. 스미스슨은 사실 건축가라고 일컬어진—또는 건축가라고 일컬어지는 데에 근접했던—최초의 사람이었는데, 1588년의 어느 기념비에 "건축가이자 측량사(architector and survayor)"라고 언급되었기 때문이다. 그러나 이 시대의 다른 많은 사람들과 마찬가지로, 언제 어디서 태어났는지를 비롯하여 그의 생애 초기에 관한 내용은 알려진 것이 거의 없다. 그가 기록에 처음 등장한 것은 1568년에 지어진 윌트셔 주 소재 롱리트 하우스와 관련해서였는데, 당시 그는 30대였으며 석공 명인이었다. 그 이전에 그가 무슨 일을 했는지는 전혀 알려져 있지 않다.

건축이 인정받는 직업이 된 이후에도, 그 업계의 종사자들 대부분은 애초에 다른 분야에서 건너온 사람들이었다. 이니고 존스는 원래 연극 무대 디자이너였고, 크리스토퍼 렌은 원래 천문학자였고, 로버트 훅은 과학자였고, 밴브러는 군인이자 극작가였고, 윌리엄 켄트는 화가이자 인테리어 디자이너였다. 정식 직업으로서 건축은 사실상 매우 늦게 발전했다. 영국에

에벌린의 후원 덕분에 기번스는 큰 성공을 거두었으며, 조상(彫像)이나 다른 석조 세공일을 하는 작업장을 운영하여 상당한 부를 쌓았다. 영국의 영웅들을 로마의 정치가처럼 토가와 샌들 차림으로 묘사하자는 아이디어를 처음 내놓은 사람도 아마 기번스인 듯하며, 이 아이디어로 그의 석공 작품은 극도로 유행했다. 오늘날은 근대 최고의 목공예가로 널리 인식되는 기번스이지만, 생전에는 그다지 유명하지 않았다. 블레넘 궁전을 위해서 기번스는 4,000파운드 상당의 장식용 석조물을 만들었지만, 목공예는 겨우 36파운드어치밖에는 만들지 않았다. 그의 화려한 목공예품이 오늘날 높은 가치를 가진 까닭은 사실 그가 그다지 많이 만들지 않았기 때문이기도 하다.

서는 이 분야의 자격시험이 1882년에 도입되었기 때문에, 건축을 정식으로 학교에서 가르치게 된 것도 겨우 1895년부터였다.

그러나 18세기 중반에 이르자, 주택 건축이 점차 존경과 관심을 얻게 되었으며, 한동안은 양쪽 모두에서 어느 누구도 로버트 애덤을 능가할 수가 없었다. 밴브러가 건축 분야에서 최초의 저명인사였다면, 애덤은 아마도 최고의 저명인사였을 것이다. 그는 1728년에 스코틀랜드에서 건축가의 아들로 태어났다. 형제 넷이 훗날 모두 건축가로 성공했지만, 그 가문에서도 가장 천재적인 동시에 역사상 가장 길이 기억되는 인물은 단연 로버트였다. 1755년부터 1785년 사이의 시기는 때때로 '애덤의 시대'라고 일컬어진다.

런던의 내셔널 포트레이트 갤러리에는 애덤이 40대 초에 접어든 1770년에 그려진 초상화가 있다. 그 그림에 묘사된 파우더 뿌린 회색 가발을 쓰고 있는 남자는 친절해 보이는 인상이지만, 현실의 애덤은 그다지 매력적인 사람이 아니었다. 그는 고집스럽고 이기적이었으며, 직원들을 박대하기 일쑤여서, 봉급은 거의 주지 않으면서 일종의 영구적인 노예처럼 부려먹었다. 자기가 시키는 일 말고 다른 일을 하다가 걸리면 가혹한 벌금을 물렸고, 하다못해 장난삼아서 스케치를 하나 그리다가 걸려도 그러했다. 그러나 애덤의 고객들은 그의 능력을 찬탄해 마지않았고, 이후 30년 동안 그에게 더 일을 시키지 못해서 안달이었다. 애덤 형제들은 그 자체로 일종의 건축 산업을 형성하기에 이르렀다. 이들은 여러 군데의 채석장이며, 제재소며, 벽돌 공장이며, 치장벽토 만드는 공장 등을 소유했다. 한때 이들이 고용한 직원만 2,000명에 달했다. 이들은 단순히 집뿐만 아니라 그 안에 있는 모든 물건들을 설계했다. 가구, 벽난로, 카펫, 침대, 램프는 물론이고, 하다못해 문고리와 초인종 줄과 잉크병까지도 설계했다.

애덤의 디자인은 격렬한—때로는 압도적인—데가 있어서, 시간이 흐르면서 사람들의 취향에서 멀어졌다. 그는 치장을 과도하게 한다는 구제불능의 약점을 가지고 있었다. 애덤의 방 안으로 들어간다는 것은 마치 설탕을 과도하게 입힌 커다란 케이크 속으로 들어가는 것과도 유사했다. 실제로 그와 동시대에 살았던 어느 비평가는 그를 가리켜서 "페이스트리 요리사"라고 일컫기도 했다. 1780년대에 이르러 애덤은 "달달하고 유약하다"는 이유로 비판을 받았으며, 너무 유행에서 멀어진 까닭에 은퇴하고 고향인 스코틀랜드로 돌아가서 1792년에 사망했다. 1831년에 이르러서 그는 깡그리 잊혀져서 『가장 유명한 영국 건축가들의 생애(Lives of the Most Eminent British Architects)』라는 상당히 영향력 있는 책에서도 전혀 언급되지 않았다. 그러나 이런 망각이 아주 오랫동안 지속되지는 않았다. 1860년대에 그에 대한 평판은 되살아났고, 지금까지도 이어지고 있다. 물론 지금은 건축보다는 풍부한 인테리어 덕분에 더욱 잘 기억되고 있지만 말이다.

애덤이 활동하던 시기에 모든 건물들은 한 가지 공통적으로 좌우대칭을 철저하게 준수했다. 물론 밴브러는 캐슬 하워드에서 좌우대칭을 전적으로 성취하지는 않았지만, 그것은 어디까지나 우발적인 일에 불과했다. 그 외의 다른 곳에서는 마치 설계의 불변의 법칙이라도 되는 것처럼 좌우대칭에 집착했다. 모든 날개집에는 거기에 대응하는 또 하나의 날개집이 있어야 했고, 그것이 정말 필요한지 아닌지는 상관이 없었다. 주 출입구의 한쪽으로 난 모든 창문과 박공은 그 반대쪽에도 똑같이 거울처럼 달려야 했고, 그 뒤에 무엇이 있는지는 상관이 없었다. 그 결과 종종 필요도 없는 날개집이 딸린 집들이 지어지게 되었다. 이런 부조리한 관행은 19세기에 들어서 비로소 중단되기 시작했으며, 이런 변화의 시작을 알린 것은 월트셔 주에 지어진 주목할 만한—그리고 이제껏 지어진 건물 중에서 가장 특이한 것들 가운데 하나인—건물이었다.

그 건물의 이름은 폰트힐 애비*였으며, 윌리엄 벡퍼드와 건축가 제임스

---

* 여기서 '애비'(Abbey)'는 흔히 사용되는 "수도원"이나 "성당"이라는 의미가 아니라 "대저택"이라는 의미이다 / 역주

와이엇이라는 특이하면서도 매력적인 두 남자의 창조물이었다. 벡퍼드는 믿을 수 없을 정도로 부유했다. 그의 가족은 자메이카 전역에 플랜테이션을 소유했으며, 서인도 제도의 설탕 무역을 무려 100년 동안이나 지배했다. 그의 어머니는 아들이 자라면서 온갖 호강을 다 누리게 해주었다. 겨우 여덟 살의 음악 신동 볼프강 모차르트를 불러와서 피아노 교습을 시키기도 했고, 국왕 전속 건축가였던 윌리엄 체임버스 경을 불러와서 그림 교습을 시키기도 했다. 벡퍼드의 부는 그야말로 소진 자체가 불가능할 정도로 어마어마했기 때문에, 스물다섯 번째 생일에 그것을 상속받자마자 그는 파티에만 무려 4만 파운드를 써버렸다. 바이런은 어느 시에서 그를 가리켜서 "잉글랜드에서 가장 부유한 집 아들"이라고 불렀는데, 아마도 정확한 표현이었으리라.

　1784년에 벡퍼드는 그 당시에 가장 주목을 끌었던 외설적인 스캔들의 핵심 인물로 부상했는데 유혹적이고 상당히 위험스러운 한 쌍의 애정행각을 벌인 까닭이었다. 그의 연애 상대 가운데 한쪽은 사촌형제의 부인이었던 루이자 벡퍼드였다. 이와 동시에 그는 늘씬하고 가냘픈 체구의 청년 윌리엄 코트니와도 사랑에 빠졌다. 훗날의 제9대 데번 백작인 윌리엄은 그 당시 잉글랜드에서 가장 아름다운 청년으로 모두가 공인한 인물이었다. 여러 해 동안 벡퍼드는 열정적으로, 그리고 십중팔구 소모적으로 양쪽과의 관계를 모두 유지했으며, 때로는 한 지붕 밑에서 그러했다. 그러나 1784년 가을에 갑작스러운 불화가 찾아왔다. 코트니의 필적으로 이루어진 어떤 쪽지를 전해 받은 또는 발견한 벡퍼드가 갑작스러운 질투심과 분노에 사로잡힌 것이었다. 그 쪽지에 정확히 무슨 내용이 적혀 있었는지는 아무런 기록이 없지만, 아마도 그로 인해서 벡퍼드는 상당히 자극을 받았고 그래서 무절제한 행동에 뛰어들었던 모양이다. 그는 코트니의 방으로 찾아갔고, 마침 그의 집에 있던 다른 손님들 가운데 한 사람의 약간 혼란스러운 증언에 따르면, "상대방을 말채찍으로 때려서, 비명 소리가 들리더니, 문이 활짝 열리고, 코트니는 셔츠 바람으로, 벡퍼드는 모종의, 다른 자세로 발견되었다는 것이다. 기묘한 이야기이다."

정말 기묘한 이야기이다.

여기서 한 가지 문제는 코트니가 자기 집안에서 금지옥엽이나 다름없었고—모두 열네 명의 형제자매 가운데 유일한 남자였다—또 놀랄 만큼 젊었다는 점이었다. 이 사건이 벌어진 당시에 그는 겨우 열여섯 살이었으므로, 결국 벡퍼드의 불건전한 지배하에 처음 떨어졌던 때에는 불과 열 살에 불과했던 셈이다. 이것은 코트니의 가족 측에서는 결코 간과하고 넘어갈 문제가 아니었으며, 벡퍼드 때문에 오쟁이 진 사촌형제 역시 마찬가지 입장이었을 것이다. 졸지에 돌이킬 수 없을 정도로 체면이 실추된 벡퍼드는 도망치듯이 대륙으로 건너갔다. 그곳에서 그는 널리 여행을 다녔고, 프랑스어로 고딕 소설 『바텍 : 아라비아의 이야기(*Vathek: An Arabian Tale*)』를 썼는데, 지금은 사실상 읽기가 불가능한 작품이지만 그 당시에는 상당한 평가를 얻었다.

그러다가 1796년, 과거의 체면 실추가 아직 끝난 기미를 보이지 않는 상황에서, 그는 또 한 가지 전혀 예상치 못한 일을 감행했다. 즉 잉글랜드로 돌아와서 윌트셔 주에 있는 가문의 저택—지은 지 겨우 40년밖에는 되지 않은 폰트힐 스플렌덴스—을 헐고, 그 자리에 새로운 집을 짓기로 작정한 것이었다. 그것도 그냥 집이 아니라, 블레넘 이래 잉글랜드에 지어진 것 중에서 가장 큰 집을 짓기로 작정한 것이었다. 이것은 기이한 일이 아닐 수 없었는데, 이제 그로서는 저택으로 초대할 친구를 얻을 가망이 없었기 때문이다. 약간은 정신이 나간 듯한 이 공사를 위해서 그가 선택한 건축가는 바로 제임스 와이엇이었다.

와이엇은 참으로 이상스럽게도 간과되어온 인물이다. 그에 관한 충실한 전기는 앤서니 데일이 쓴 것 하나뿐이며, 그나마도 반세기 전에 나온 것이다. 그가 지은 상당수의 건물들이 오늘날 현존하지 않는다는 이유만 아니었다면, 그는 아마 지금보다는 훨씬 더 유명했을 것이다. 오늘날 그는 자신이 지은 건물보다 자신이 부순 건물 때문에 더욱 잘 기억된다.

스태퍼드셔에서 농부의 아들로 태어난 와이엇은 젊은 시절부터 건축에 관심을 가지고, 이탈리아에서 6년 동안 머물면서 건축 제도(製圖)를 공부했다. 스물네 살 때인 1770년에 그는 판테온—로마에 있는 똑같은 이름의 고대 건물을 느슨하게나마 모델로 삼은 전시장이자 집회장—을 설계했고, 이 건물은 이후 160년 동안 런던의 옥스퍼드 스트리트에서도 가장 좋은 자리를 차지하고 있었다. 호레이스 월폴은 이 건물을 "영국에서 가장 아름다운 건물"이라고 생각했다. 불행히도 유통업체인 막스 앤드 스펜서는 그렇게 생각하지 않았기 때문에, 1931년에 이 건물을 철거하고 새로운 상가를 지었다.

와이엇은 재능과 명예 모두—조지 3세 치하에서 그는 [건설을 담당하는] 현장원(現場院) 감독관이 됨으로써, 사실상 영국을 대표하는 공인 건축가가 되었다—를 가지기는 했지만, 한 인간으로서는 항상 허약한 모습을 보여주었다. 그는 너저분하고, 잘 까먹으며, 평생 난봉꾼이었다. 술을 좋아하는 것으로도 유명했고, 가끔은 어마어마한 술잔치를 벌이기도 했다. 언젠가는 현장원의 주례 회의에 무려 50회 연속으로 불참하기도 했다. 현장원에 대한 감독도 워낙 엉망이다 보니, 직원 한 사람이 무려 3년 동안이나 휴가를 다녀온 것이 나중에 밝혀지기도 했다. 그러나 술에 취하지 않았을 때만큼은 매력과 좋은 성품과 건축적인 비전으로 인해서 모두의 사랑과 존경을 한 몸에 받았다. 런던의 내셔널 포트레이트 갤러리에 있는 그의 흉상은 깔끔하게 면도하고 (실제로 그렇게 깔끔한 모습은 그에게서 잘 찾아볼 수 없는 모습이었지만) 숱이 많은 머리에, 묘하게 슬퍼 보이는 또는 약간 숙취가 있어 보이는 듯한 얼굴을 하고 있다.

이런 결점에도 불구하고 그는 당대에 사람들이 가장 많이 찾는 건축가가 되었다. 그러나 자신이 감당할 수 있는 것보다 훨씬 더 많은 의뢰를 받았고, 정작 어느 것에도 충분한 관심을 보이지는 않았기 때문에, 고객들은 끝없이 분통을 터트렸다. "그 사람은 큰 불이 나더라도, 자기 옆에 물병만 하나 있으면 다른 것에는 전혀 관심을 두지 않을 사람이다." 그에게 짜증이 났던 수많은 고객들 가운데 한 사람의 말이다.

"와이엇에게는 세 가지 두드러진 결점이 있다는 것이 압도적인 공론이었다." 그의 전기 작가인 데일은 이렇게 표현한다. "사업 능력의 완벽한 결여, 계속적이거나 집중적인 열중의 완전한 불가능……그리고 전적인 경솔함." 이것이 그에게 상당히 동정적인 관찰자의 말이었다. 한마디로 와이엇은 무책임하고 터무니없는 인간이었다. 윌리엄 윈덤이라는 고객은 아주 잠깐이면 해결될 수 있는 일을 처리해달라고 했다가 무려 11년이나 기다려야 했다. "그래도 이 정도면 충분히 조급하게 굴 권리가 있을 겁니다." 윈덤은 영 나타나지 않고 있는 그 건축가에게 보낸 언젠가의 편지에서 짜증스러운 듯이 이렇게 썼다. "불과 두어 시간이면 충분히 해결할 수 있는 문제를 당신이 처리해주지 않는 바람에, 내 집에 있는 중요한 방들 몇 개를 아예 쓸 수가 없는 상황이니 말입니다." 와이엇의 고객이 된다는 것은 오랫동안 고통을 받는다는 것과 같았다.

그러나 그의 경력은 성공적인 동시에 놀라울 정도로 생산적이었다. 40년 넘는 기간 동안 그는 100여 채의 시골 저택을 건립하거나 개조했으며, 5채의 대성당을 보수하고, 영국 건축의 면모를 상당 부분 바꿔놓았다. 물론 그런 변화가 항상 좋은 것은 아니었다는 것을 언급할 필요는 있을 것이다. 대성당에 대한 그의 처우는 특히 무분별하고 철두철미했다. 존 카터라는 비평가는 오래된 인테리어를 서슴없이 뜯어내는 와이엇의 편향서에 경악한 나머지, 그를 "파괴자"라고 일컬으며, 『젠틀맨스 매거진(Gentleman's Magazine)』에 무려 212편의 에세이를 기고해서—사실상 자신의 경력 전부를 바쳐서—와이엇의 양식과 성격을 비난해 마지않았다.

더럼 대성당의 경우, 와이엇은 이 건물에 거대한 첨탑을 올려놓고 싶어했

폰트힐 애비의 그레이트 웨스턴 홀. 이곳을 지나가면 그랜드 살롱, 또는 옥타곤이 나왔다.

다. 이 계획은 결국 실현되지 않았지만, 그렇다고 해서 아쉬워할 것은 없었다. 조만간 폰트힐에서 와이엇은 자신이 세운 탑 아래보다 더 위험한 곳은 이 세상에 별로 없다는 것을 증명할 것이기 때문이었다. 그는 또한 가경자 비드의 마지막 안식처이며 영국 노르만 건축의 위대한 업적 가운데 하나인 저 오래된 갈릴리 예배당을 싹 없애버리고 싶어했다. 다행히도 이 계획 역시 반려되었다.

벡퍼드는 와이엇의 뚜렷한 천재성에 매료되는 한편, 상대방의 방탕한 습관과 전적인 신뢰 불가능성 때문에 격분하기도 했다. 그럼에도 불구하고 벡퍼드는 어찌어찌 해서 와이엇이 정신을 집중해서 설계도를 작성하게 만들었고, 세기가 바뀌기 바로 직전에 공사에 돌입했다.

폰트힐에서는 모든 것이 터무니없이 큰 규모로 설계되었다. 창문은 높이가 무려 50피트나 되었다. 계단은 길이가 길었던 것만큼이나 너비도 넓었다. 현관문은 높이가 30피트에 달했으며, 굳이 난쟁이를 문지기로 두는 벡퍼드의 습관 때문에 더욱 높아 보였다. 건물 한가운데 자리잡은 옥타곤[팔각당]—그곳을 중심으로 4채의 긴 건물이 사방에 붙어서 십자 모양을 이루고 있었다—에는 4개의 아치 아래로 80푸트에 달하는 커튼이 늘어져 있었다. 거기서 내려다보이는 중앙 복도는 무려 300피트나 이어져 있었다. 식당에 있는 식탁—매일 밤마다 오직 벡퍼드 혼자만 앉아 있게 마련인—만 해도 길이가 50피트에 달했다. 저 높은 곳에서 가물거리는 외팔들보 너머 어딘가에 있을 천장은 아예 보이지도 않을 정도로 엄청난 크기였다. 폰트힐은 그때까지 지어진 주거용 건물들 중에서도 가장 소모적인 것이었을 가능성이 크다. 혼자 사는 사람, 더구나 "이웃들 가운데 어느 누구도 찾아가보려고 들지 않는 사람"이라고 사방에 소문이 자자했던 사람을 위해서 건축된 것이었으니 말이다. 자신의 사생활을 철저히 보호하기 위해서 벡퍼드는 자기 사유지 주위에 상당히 큰 담장을 쌓아올렸다. 울타리라고 알려진 이 담장은 높이가 12피트에 길이는 20마일이었으며, 그 꼭대기에는 쇠못이 박혀 있었다.

이 저택에 추가로, 그리고 우발적으로 설계된 구조물은 길이가 125피트에 달하는 거대한 무덤이었는데, 벡퍼드는 자기가 죽고 나면 땅에서 높이 25피트 위에 설치된 단에 자기 관을 놓으라고 했다. 그래야만 벌레가 그를 파먹을 수가 없기 때문이라는 이유였다.

폰트힐은 의도적으로 그리고 폭동에 가까울 정도로, 비대칭적이었으며 —역사가 사이먼 설리의 말을 빌리면 "건축적인 아나키"였으며—장식적인 고딕 양식으로 만들어졌기 때문에, 마치 중세의 교회와 드라큘라의 성이 뒤섞여서 만들어진 건물처럼 보였다. 제임스 와이엇은 신(新)고딕주의(neo-Gothicism)를 창안한 장본인은 아니었다. 그 장본인은 바로 런던 외곽에 있던 스트로베리 힐의 주인 호레이스 월폴이었다. 진짜 중세의 건축 양식과 구분하기 위해서 간혹 '고딕(Gothick)'이라고도 표기되었던 그 단어는 원래 건축이 아니라 우울하고 수식이 많은 소설의 한 양식을 가리키는 것이었으며, 월폴이 1764년에 『오트란토 성(The Castle of Otranto)』이라는 소설과 함께 창안한 것이었다. 그러나 스트로베리 힐은 비교적 신중하고 아름다운 건물이었다. 즉 전통적인 건물에 고딕 트레이서리[장식창]와 다른 장식물을 약간 덧붙인 것에 불과했다. 이에 비해서 와이엇의 고딕 창조물은 훨씬 더 어둡고 육중했다. 커다란 탑들과 낭만적인 첨탑들과 뒤죽박죽된 지붕선들 때문에 현저하게 비대칭적이었고, 마치 그 건물 전체가 여러 세기에 걸쳐서 유기적으로 자라난 것 같은 모습을 하고 있었다. 이것은 할리우드가 생겨나기 훨씬 더 오래 전에 만들어진, 그야말로 할리우드적인 상상의 산물이었다. 월폴은 고딕의 분위기를 나타내기 위해서 '우울임(gloomth)'이라는 신조어를 만들었다. 와이엇이 지은 집들은 우울임의 정수라고 할 만했다.* 정말 그런 느낌이 뚝뚝 묻어났다.

---

* 지금은 독자들이 거의 찾지 않는 작가가 되고 말았지만, 월폴은 생전에 역사서와 로맨스의 작가로 막대한 인기를 누렸다. 그는 또한 신조어 만들기의 달인이었다. 『옥스퍼드 영

이 프로젝트를 완성하려는 강박관념 때문에 벡퍼드는 500명이나 되는 일꾼들을 동원해서 24시간 내내 일을 시켰지만, 일은 계속해서 잘못되기만 했다. 높이 280피트에 달하는 폰트힐의 탑은 이제껏 개인 주택에 세워진 것들 중에서 가장 높은 것이었지만, 이것은 악몽이었다. 와이엇은 이 탑을 만들면서 분별없게도 파커의 로마식 시멘트라고 불리던 새로운 종류의 미장재료를 사용했다. 이 물건은 이 책의 서두에서 살펴보았던 호기심 많은 시골 목사들 가운데 한 사람이었던 그레이브센드의 제임스 파커 목사가 발명한 것이었다. 도대체 파커 목사가 애초에 무슨 바람이 불어서 건축용 자재에 관심을 가지게 되었는지는 알 수 없지만, 여하간 그의 아이디어는 한때 로마인이 사용했으나 이후로는 제조법이 잊혀지고 말았던 바로 그런 종류의 빨리 마르는 시멘트를 만들자는 것이었다. 불행히도 그가 만든 시멘트는 본래적인 내구력이 거의 없었으며, 아주 정확하게 비율을 맞춰서 섞어 쓰지 않으면 결국 산산조각이 나서 떨어져나갔다. 그리고 폰트힐에서 벌어진 일이 바로 그것이었다. 벡퍼드는 자신의 웅장한 대저택이 건설 도중에 산산조각이 나는 모습을 보고 섬뜩해했다. 실제로 이 건물은 건축 도중에 두 번이나 무너졌다. 그리고 완공되었을 때에도 여기저기 갈라지고 불길하게 삐걱거리는 소리를 냈다.

벡퍼드로서는 엄청나게 짜증스럽게도, 와이엇은 종종 술을 마시기 위해서, 또는 다른 프로젝트를 작업하기 위해서 현장을 떠나곤 했다. 폰트힐에

어사전,에 따르면, 그가 만든 단어는 최소한 233개에 달한다. 물론 그중 상당수는 '우울임(gloomth)'이나 '초록임(greenth)', '동요가능한(fluctable)', '사이임(betweenity)'의 경우처럼 널리 사용되지 않은 것도 있지만, 그 외에 상당수는 널리 사용되었다. 그가 창안한, 또는 영어로 차용한 단어로는 '비행기 멀미(airsickness)', '곁방(anteroom)', '햇볕을 쬐다(bask)', '건장한(beefy)', '대로(大路, boulevard)', '카페(café)', '유명한 소송사건(cause célèbre)', '캐리커쳐(caricature)', '동화(fairy tale)', '팔세토(falsetto)', '전율(frisson)', '흥행주(impresario)', '말라리아(malaria)', '진흙 목욕(mudbath)', '뉘앙스(nuance)', '세렌디피티(serendipity)', '솜브레로(sombre)', '기념품(souvenir)', 그리고 앞에서 설명했던 현대적인 의미에서의 '편안한(comfortable)' 등이 있다.

서는 말 그대로 만사가 산산조각이 나서 떨어져나갔으며, 500명의 일꾼들은 목숨이라도 건지기 위해서 도망치거나, 지시를 기다리며 빈둥거리고 있을 뿐이었다. 그 와중에 와이엇은 조지 3세의 명령을 받들어서 큐에 새로운 궁전을 짓는 거대한, 그리고 결국 실패로 돌아간 프로젝트에 참여하고 있었다. 어째서 조지 3세가 큐에 새로운 궁전을 짓고 싶어했는지는 누구나 궁금해할 만한 일이었는데, 그는 이미 그곳에 좋은 궁전을 하나 가지고 있었기 때문이다. 그러나 와이엇은 이미 작업에 착수해서 위풍당당한 건축물을 하나 설계했고 (누구의 침입도 불허하는 듯이 보이는 그 외모 때문에 '바스티유'라는 별명을 얻었다) 이것은 주철을 건축용 자재로 사용한 최초의 건물 가운데 하나였다. 그러나 그 설계도의 사본이 전혀 남아 있지 않기 때문에 이 새로운 궁전이 정확히 어떤 모습이었는지는 오늘날 알 수가 없다. 그러나 문과 마룻바닥을 제외한 나머지 부분들이 모조리 주철로 만들어질 예정이라고 했으니, 정말 볼만한 광경이었을 것이다. 짐작컨대 그 안에 들어가서 살면 마치 무쇠솥 속에 들어가서 사는 기분이 아니었을까? 불행히도 이 건물이 템스 강변에 건설되던 도중에 왕은 시력을 잃었고, 자기가 볼 수 없는 것들에 흥미를 잃어버렸다. 게다가 왕은 애초부터 와이엇을 결코 좋아한 적이 없었다. 그리하여 그 구조물이 절반쯤 지어졌을 때, 그리고 비용을 10만 파운드나 들이고 났을 때, 공사는 갑자기 중단되었다. 그 집은 이후 20년 동안이나 완공되지 않은 뼈대로만 남아 있다가, 마침내 새로운 국왕 조지 4세가 철거하도록 명령했다.

벡퍼드는 와이엇을 향해서 격분한 편지를 연이어 써보냈다. "도대체 어떤 더러운 주막, 어떤 냄새나는 술집, 아니면 매독이 창궐한 유곽에 자네의 늙고 끈적끈적한 팔다리를 감추고 있는 겐가?" 그의 전형적인 질문 가운데 하나는 이런 식이었다. 그는 와이엇을 "사탕수수", 또는 뚜쟁이라는 별명으로 불렀다. 편지마다 분노의 장광설과 창의적인 욕설이 한가득이었다. 와이엇은 실제로 사람을 미치게 만드는 성격이었다. 겉으로는 급한 용무 때문이라고 하고 폰트힐을 떠나서 런던으로 갈 때마다, 불과 3마일만 가면 벡퍼드가 소유한 또다른 집에서 또다른 술꾼 손님과 함께 머물렀다. 그러다가 일주일 후에 벡퍼드가 그곳으로 쫓아가보면, 주위에는 빈 술병이 널려 있고, 두 사람 모두 인사불성이 되어 있었다.

폰트힐 애비 건축에 들어간 총 비용이 얼마인지는 알려져 있지 않다. 1801년에 어느 믿을 만한 관찰자의 추정에 따르면, 벡퍼드는 이미 24만 2,000파운드를 썼다지만—이 정도면 수정궁을 무려 두 개나 지을 수 있는 금액이었다—그럼에도 불구하고 건물은 아직 절반도 지어지지 못한 상황이었다. 벡퍼드는 1807년 여름에 그 대저택으로 이사를 왔지만, 아직 건물은 완공되지도 않은 상황이었다. 따라서 그 안에는 편의시설이 전혀 없었다. "겨울이고 여름이고 육십 군데에 계속해서 불을 피워놓아야 했는데, 그것도 어디까지나 습기를 제거하기 위해서이고 난방은 어림도 없었다." 사이먼 설리는 이렇게 기록했다. 대부분의 침실들은 마치 수도원의 독방처럼 황량하기 짝이 없었다. 그중 13개의 방은 아예 창문조차도 없었다. 벡퍼드의 침실은 놀랄 만큼 간소해서, 겨우 좁은 침대 하나뿐이었다.

와이엇은 여전히 어쩌다 한번 현장을 찾았기 때문에, 벡퍼드는 건축가의 부재 때문에 격분해 마지않았다. 1813년 9월 초, 그러니까 예순일곱 살 생일을 맞이한 직후에 와이엇은 어느 고객과 함께 글로스터셔에서 런던으로 가고 있었는데, 갑자기 마차가 전복되는 바람에 벽에 몸을 부딪치면서 머리에 치명상을 당하고 말았다. 그는 사실상 즉사했으며, 그의 아내는 땡전한푼 없는 미망인이 되었다.

그 즈음 설탕 가격이 급락함으로써 벡퍼드 역시 자본주의의 하강 국면에 노출되는 불편을 겪었다. 1823년에 그는 자금이 쪼들린 나머지 폰트힐을 매각할 수밖에 없었다. 이 저택을 30만 파운드에 구입한 존 파쿠어 역시 괴짜여서 원래는 스코틀랜드의 시골에서 태어났지만, 청년 시절에 인도로 건너가서 화약 제조로 한 재산을 벌어들인 인물이었다. 1814년에 잉글랜드로 온 그는 런던의 포트먼 스퀘어에 있는 훌륭한 집에 정착했지만, 그는 명백히 이 집을 소홀하게 관리했다. 그는 명백히 자기 몸도 소홀하게 관리했던 모양이다. 어느 정도였는가 하면 그가 인근을 산책하면, 종종 사람들이 그를 불러 세워서 수상한 부랑자는 아닌가 따져 물을 정도였다. 폰트힐을 매입한 이후에도 그는 아주 드물게만 이곳을 방문했다. 그러나 그는 폰트힐의 짧은 존재 기간 중에서 가장 장관이었던 날에 마침 이곳을 방문했다. 바로 1825년의 크리스마스 직전이었는데, 바로 그때 이 저택의 탑이 계속해서 신음소리를 발하더니, 결국 세 번째이자 마지막으로 무너져내렸던 것이다. 한 하인은 붕괴로 인해서 불어닥친 공기의 압력 때문에 30피트가량 복도를 따라 날아갔지만, 기적적으로 다친 사람은 하나도 없었다. 집의 3분의 1가량은 무너진 탑의 잔해에 깔렸고, 결코 다시는 사람이 살 수 없는 상태가 되었다. 파쿠어는 놀랍게도 자신의 불운에 대해서 덤덤했고, 이로써 그 건물을 관리하는 일이 훨씬 더 간단해졌다고만 언급했다. 그는 이듬해에 사망했는데, 어마어마하게 부유했지만 유언장을 남기지는 않았기 때문에, 유산을 두고 싸움을 벌이던 친척들 중 누구도 이 집을 물려받지는 않았다. 그 잔해도 머지않아 무너져서 흔적도 남지 않게 되었다.

저택을 팔고 30만 파운드를 챙긴 벡퍼드는 바스에서 은퇴 생활에 들어갔으며, 적당한 고전 양식으로 154푸트의 탑을 하나 세웠다. 랜스다운 타워라는 이 건물은 좋은 자재와 신중한 관리 감독하에서 세워진 덕분에, 지금도 여전히 서 있다.

II

폰트힐은 가정이라는 영역에서 야심과 어리석음의 정점을 찍었을 뿐만 아니라, 불편함의 정점을 찍은 것이기도 했다. 이곳에서는 마치 집 한 채를 짓기 위해서 들어간 노력과 비용의 정도와, 그 집의 실제적인 거주 가능성의 정도 사이에 일종의 흥미로운 반비례 관계가 생긴 것 같았다. 주택 건축의 이 위대한 시기에는 영국의 사생활에 새로운 층위의 우아함과 웅장함이 도입되었지만, 적어도 부드러움과 따뜻함과 편안함이라는 측면에서는 아무것도 도입되지 않았다.

이 세 가지 수수한 특성을 창조한 장본인은, 그로부터 불과 한 세대 전에만 해도 거의 존재조차 하지 않았던 새로운 종류의 사람들이었는데, 바로 중산층 전문직이었다. 물론 사회에서 중간적인 위치를 차지하는 사람이야 예전부터 줄곧 있었지만, 그들이 지금과 같은 중산층으로 간주될 만큼 뚜렷한 실체와 위력을 가지게 된 것은 18세기의 현상이었다. "중산층 (middle class)"이라는 용어가 고안된 것은 1745년의 일이었으며 (특히 아일랜드의 양모 무역에 관한 책에서 언급되었다) 그때 이후로 영국의 거리와 커피 하우스에는 그런 묘사에 딱 어울릴 만큼 자신감이 넘치고, 언변이 유창하고, 유복한 사람들이 넘쳐나게 되었다. 예를 들면, 은행가, 변호사, 예술가, 출판업자, 디자이너, 상인, 부동산 개발업자, 그리고 전반적으로 창의적인 정신과 야심을 소유한 사람들이었다. 이 새롭고 팽창하는 중산층은 단순히 매우 부유한 사람들을 위해서만 서비스하는 것이 아니라, 서로를 위해서도 서비스했으며, 그쪽이 경제적으로는 더 유리하기도 했다. 이것이야말로 근대 세계를 만든 변화였다.

중산층의 발명으로 사회에는 새로운 층위의 수요가 도입되었다. 멋진 도시 주택을 보유한 사람들이 갑자기 잔뜩 생겨나면서 각자의 집에 뭔가를 설치하려고 들었고, 이에 발맞춰서 이 세상에는 집에 설치할 만한 탐나는 물건들이 갑자기 잔뜩 생겨나게 되었다. 카펫, 거울, 커튼, 쿠션을 넣고 자수를 놓은 가구들을 비롯해서 1750년대 이전의 주택에서는 거의 발견조차 되지 않은 수백 가지 물건들이 흔해지게 되었다.

제국의 성장과 해외무역 이익의 성장 역시 극적인 결과를 가져왔고, 종종 전혀 예기치 못한 방식으로 그러했다. 목재의 경우를 보자. 영국은 고립된 섬나라인 까닭에, 대체적으로 가구 제작에 쓰는 나무가 오크 한 가지뿐이었다. 오크는 훌륭한 재료였는데, 단단하고 오래갔으며, 말 그대로 쇠처럼 단단했기 때문이다. 그러나 이것은 오직 튼튼하고 육중한 가구—가령 트렁크, 침대, 무거운 탁자 등—에만 어울리는 목재이기도 했다. 영국 해군의 발전과 영국의 상업적 이익의 확장으로 인해서 여러 가지 종류의 목재—버지니아 주의 호두나무, 캐롤라이나 주의 튤립나무, 아시아의 티크나무—가 사용 가능하게 되었으며, 이는 사람들이 앉고 이야기하고 즐기는 방식을 비롯한 집 안의 모든 것을 바꿔놓았다.

목재 중에서도 최고로 여겨지는 것은 바로 카리브 해에서 생산되는 마호가니였다. 마호가니는 광택이 있고, 뒤틀림이 없고, 가공하기가 수월했다. 섬세한 모양으로 조각하거나 무늬를 새기기가 쉬워서 로코코 양식의 풍부함에 완벽히 맞아떨어지면서도 가구의 한 부분이 되기 충분할 정도로 견고했다. 그 이전까지 이런 성질을 가진 목재는 없었다. 갑자기 가구가 조각품 같은 성질을 가지게 되었다. 윈저 의자보다 덜 투박스러운 것은 결코 본 적이 없었던 사람들에게 의자의 한가운데 등받이—세로널—를 장식할 수도 있게 된 것은 경이로울 수밖에 없었다. 의자 다리는 물 흐르는 듯한 곡선과 관능적인 발을 가지게 되었다. 의자 팔걸이는 끄트머리에 소용돌이 장식을 가지게 되어서, 보기에도 좋고 붙잡기에도 좋았다. 모든 의자들—나아가 집 안에 있는 모든 지어진 것들—은 갑자기 우아함과 양식과 유연함을 가지게 된 것처럼 보였다.

그러나 마호가니가 이처럼 목재로서 각광을 받게 된 데에는 지구의 반대편에서 온, 또 하나의 마법 같은 새로운 재료의 덕이 컸다. 그 재료 덕분에 마호가니의 그 경이로운 마감이 가능했기 때문이다. 그 재료는 바로 셸락이었다. 셸락은 인도산 랙깍지진디의 단단한 수지질 분비물이다. 랙깍지진디는 인도의 일부 지역에서 연중 특정한 시기에 대규모로 나타났고, 이놈들의 분비물로는 냄새가 없고, 독성도 없고, 번쩍번쩍 빛나고, 긁힘이나 색

바람에 저항성이 강한 광택제를 만들 수가 있었다. 먼지가 끼지도 않았으며, 물기가 있어도 몇 분 안에 말랐다. 화학의 시대인 지금까지도 셸락은 합성 제품이 감히 경쟁할 수 없는 수십 가지 용도에 여전히 사용되고 있다. 가령 여러분이 볼링장에 가면, 그곳의 레인에 비할 데 없는 광택을 제공하는 것이 바로 셸락이다.

새로운 목재와 셸락은 가구가 취할 수 있는 형태를 변화시켰지만, 끝없이 밀려드는 수요를 채우기에 필요한 만큼 많은 가구를 생산하기 위해서는 그것 말고도 또다른 뭔가가 필요했다. 즉 새로운 생산 시스템이 필요했던 것이다. 로버트 애덤 같은 전통적인 디자이너가 매번 의뢰를 받을 때마다 새로운 디자인을 내놓았던 것과는 달리, 가구 제조업자는 이제 한 가지 디자인을 가지고 다수의 가구를 만들어냄으로써 비용을 훨씬 더 줄일 수 있다는 것을 깨달았다. 그들은 대규모로 공장 시스템을 가동하기 시작했고, 기계를 이용해서 형판을 따라 만든 부품을 전문가 몇 사람이 조립하고 마감하는 방식을 취했다. 대량생산의 시대가 탄생한 것이었다.

이런 대량생산 기법을 정립하는 데에 가장 크게 기여한 사람들이 오늘날 그들의 장인정신 때문에 존경받는다고 생각하면, 적잖은 아이러니가 아닐 수 없다. 그런 인물들 가운데 대표적인 인물은 잉글랜드 북부 출신이며 생애가 수수께끼에 싸인 가구 제조업자 토머스 치펀데일이었다. 그의 영향력은 정말 어마어마했다. 가구의 양식 명칭에 평민의 이름이 붙여진 경우도 그가 처음이었다. 그 이전까지만 해도 가구의 양식 명칭으로는 대개 군주의 이름이 사용되었기 때문이다. 예를 들면, 튜더 양식, 엘리자베스 양식, 루이 14세 양식, 앤 여왕 양식 등이 그러했다. 그러나 우리는 치펀데일이라는 인물에 관해서 놀랄 만큼 아는 것이 적다. 그의 외모가 어땠는지조차도 우리는 전혀 모르고 있다. 요크셔 데일스 가장자리의 오틀리라는 시장 마을에서 태어나서 자라났다는 것을 제외하면, 그의 생애 초기에 관해서는 아무것도 알려지지 않았다. 기록에 그의 이름이 처음 등장한 것은 1748년의 일로, 그는 나이 서른에 런던으로 진출하여 이른바 실내 장식업자라는 새로운 종류의 가정용 설비 제조 및 조달업자가 되었던 것이다.

이것은 야심적인 시도가 아닐 수 없었는데, 실내 장식업자의 업무는 종종 복잡하고 광범위한 경향이 있었기 때문이다. 이 분야의 가장 성공적인 인물이었던 조지 시든은 무려 400명의 일꾼들—조각기술자, 도금기술자, 소목장이, 거울과 놋쇠 제조업자 등등—을 거느렸다. 치펀데일은 그렇게 대규모로 사업을 벌이지는 않았고, 40명 내지 50명을 채용했으며, 그의 공장은 오늘날의 트라팔가 광장에서 모퉁이를 하나 돌면 나오는 세인트 마틴스 레인 60번지에서 62번지까지의 집터 두 개를 차지한 규모였다 (물론 그 유명한 광장은 그로부터 80년 뒤에야 비로소 생긴 것이다). 그는 또한 극도로 완벽한 서비스를 제공했는데, 예를 들면 의자, 예비용 책상, 화장대, 업무용 책상, 카드 놀이용 탁자, 책장, 서랍 달린 책상, 거울, 시계 상자, 가지모양 촛대, 촛대, 악보대, 벽 촛대, 낮은 장, 그리고 그가 "소파 (sopha)"라고 부른 특이하고 새로운 발명품 등을 모두 제조하고 판매했다. 소파는 대담한, 심지어 낯간지럽기까지 한 제품이었는데, 소파의 생김새가 침대와 유사했기 때문에 어딘가 외설스러운 휴식을 암시한 까닭이었다. 이 회사에서는 벽지와 카펫도 다루었으며, 가구의 수리와 재배치, 심지어 폐기까지도 담당했다.

토머스 치펀데일이 훌륭한 가구를 만들었다는 것은 의심의 여지가 없지만, 상당수의 다른 사람들 역시 마찬가지였다. 18세기에는 세인트 마틴스 레인 한 곳에만 해도 무려 서른 군데의 가구 제조업체가 있었고, 런던과 전국 각지에는 수백 군데 업체들이 더 산재했다. 그런데도 오늘날 우리가 치펀데일이라는 이름만을 기억하는 까닭은 1754년에 그가 상당히 대담무쌍한 일을 감행했기 때문이다. 그 일이란 바로 『신사이자 가구 제조업자의 지침서(The Gentleman and Cabinet-Maker's Director)』라는 디자인 책을 펴낸 것이었으며, 이 책에는 160개의 도판이 들어 있었다. 건축가들은 이와 같은 종류의 일을 거의 200년 가까이 해왔지만, 가구업자들은 아직 어느 누구도 그런 생각을 하지 못하던 상황이었다. 그 도판은 의심의 여지가 없이 매혹적이었다. 평면의 2차원 도면이 일종의 표준으로 간주되던 상황에서, 이 책의 도판은, 원근법은 물론이고 명암과 광택까지 완벽하게 표현하고 있었다. 따라서 잠재적인 고객들은 그림을 보자마자 그 가구를 자기 집에 가져다 놓으면 얼마나 멋지고 매력적일 것인지를 곧바로 상상할 수 있었다. 물론 치펀데일의 책이 일대 센세이션을 가져왔다고 말하는 것은 잘못일 것이다. 그 책은 겨우 308부밖에는 팔리지 않았기 때문이다. 그러나 그 책의 구매자들 가운데에는 귀족 가문의 일원이 49명이나 있었기 때문에 판매 부수와는 무관하게 대단한 영향력을 발휘할 수 있었다. 또한 다른 가구 제조업자들이며 장인들 역시 이를 뒤따름으로써, 또 한 가지 기묘한 상황이 벌어졌다. 즉 치펀데일은 경쟁 제조업자들이 각자의 상업적 목적에 자신의 디자인을 이용하도록 오히려 공개적으로 독려했던 것이다. 이는 후세에 치펀데일의 명성을 공고히 하는 데에는 도움이 되었을지 몰라도, 당장의 경제 사정에는 물론 도움이 되지 않았다. 잠재적인 고객들은 이제 굳이 진품 치펀데일 가구를 사지 않아도, 어지간히 숙련된 다른 소목장이들이 만든 똑같은 제품을 더 저렴하게 구입할 수 있었기 때문이다. 이것은 이후 두 세기 동안이나 가구 역사가들이 치펀데일의 진품 가구와 그의 책을 토대로 한 복제품 가구를 판별하는 과정에서 애를 먹어야 했던 이유이기도 했다. 어떤 가구가 "진품" 치펀데일이라고 하더라도, 토머스 치펀데일 자신이 그 물건에 직접 손을 댔다거나 또는 그 존재를 알았다는 뜻은 아니다. 심지어 그 가구를 그가 직접 디자인했다는 의미도 아니다. 그가 돈을 주고 고용한 유능한 인력이 얼마나 되는지 또는 그의 책에 나온 디자인을 실제로 그가 직접 그린 것인지 여부는 아무도 장담할 수 없기 때문이다. 따라서 진품 치펀데일 가구란 그의 작업장에서 생산한 가구라는 의미일 뿐이다.

그러나 치펀데일의 아우라가 워낙 대단했기 때문에, 나중에 가서는 심지어 그와의 직접적인 관련도 필요 없게 되었다. 1756년에 식민지 보스턴에서는 존 웰치라는 이름의 가구 제조업자가 치펀데일의 패턴을 일종의 모범으로 삼아 마호가니 책상을 하나 만들어서 두블로이스라는 남자에게 판매했다. 이 책상은 이후 250년 동안이나 두블로이스 가문에 남아 있었다. 2007년에 그 후손이 뉴욕 소더비에서 경매를 벌였다. 토머스 치펀데일과는 아무런 직접적 관련이 없었음에도 불구하고, 이 책상은 무려 330만 달러에 조금 미치지 못하는 가격에 팔려나갔다.

치펀데일의 성공에서 영감을 얻은 잉글랜드의 다른 가구 제조업자들도 저마다의 패턴 책들을 내놓았다. 조지 헤플화이트의 『가구 제조업자와 실내 장식업자의 지침서(Cabinet-Maker and Upholsterer's Guide)』는 1788년에 간행되었으며, 토머스 셰러턴의 『가구 제조업자와 실내 장식업자를 위한 도안집(Cabinet-Maker and Upholsterer's Drawing-Book)』은 1791년부터 1794년까지 여러 차례로 나뉘어서 간행되었다. 셰러턴의 책은 치펀데일의 책보다 두 배나 많은 독자를 얻었으며 심지어 독일어로도 번역되었다. 이것은 치펀데일의 저서조차도 누리지 못한 영예였다. 헤플화이트와 셰러턴의 책은 특히 미국에서 인기가 높았다.

이 세 사람 가운데 누군가와 직접적인 관련이 없는 가구라고 해도 오늘날에는 상당한 가격이 나가지만, 그 당시에 이들은 저명인사라기보다는 그저 존경받는 인물들에 불과했다. 그리고 때로는 모두가 존경을 받는 것도 아니었다. 셋 중에서는 치펀데일의 운이 제일 먼저 기울었다. 그는 뛰어난 가구 제조업자였지만 사업가로서는 그야말로 대책이 없는 인물이었다. 1776년에 동업자였던 제임스 래니가 사망한 직후에는 이런 결점이 더욱 두드러졌다. 래니는 이 사업의 두뇌 역할을 했기 때문에, 그가 없는 치펀데일은 남은 평생 동안 이 재난에서 저 재난으로 갈팡질팡하는 처지가 되었다. 이 모두가 더욱 아이러니컬한 까닭은, 직원들의 봉급을 마련하고 채무 불이행으로 감옥에 가지 않기 위해서 분투하는 와중에, 치펀데일이 잉글랜드에서 가장 부유한 몇몇 가정들을 위해서 매우 우수한 제품들을 생산했기 때문이다. 그리고 그는 당대의 주도적인 건축가나 디자이너—로버트 애덤, 제임스 와이엇, 윌리엄 체임버스 경 등—와 긴밀한 관계를 맺고 일했다. 그러나 그의 개인적 궤도는 가차 없이 하향곡선을 그렸다.

그 시대로 말하면 사업을 하기 쉬운 시대가 아니었다. 고객들은 대개 대금을 늦게 지급했다. 한때 치펀데일은 당대의 저명한 배우이자 흥행주였던 데이비드 개릭을 향해서 상습적인 대금 연체에 대해서 법적 조치를 하겠다며 위협하는 동시에 요크셔에 있는 저택 노스텔 프라이어리에서의 공사를 중단했는데, 상대방이 연체한 금액이 6,838파운드—이 당시로서는 상당한 금액이었다—에 이르렀기 때문이었다. "내일 우리 직원들에게 지급할 돈이 단 1기니도 없다." 그는 언젠가 절망에 빠진 나머지 이렇게 적었다. 치펀데일이 생애의 상당 부분을 불안의 거품 속에서 보냈으며, 단 한시도 안정을 누린 적이 없었다는 것은 분명하다. 1779년에 그가 사망했을 때, 그의 개인 재산은 28파운드 2실링 9펜스밖에 되지 않았다. 그것은 그의 상품 전시실의 평범한 도금용 금박 하나를 사기에도 부족했다. 그의 아들이 회사를 이어받아서 나름대로 분투했지만, 결국 1804년에 가서 파산을 신청할 수밖에 없었다.

치펀데일이 사망했지만, 이 세계는 거의 주목하지 않았다. 부고를 실은 신문도 전혀 없었다. 그가 사망한 지 14년 뒤, 셰러턴은 치펀데일의 디자인에 관해서 "이제는 완전히 구식이 되어서 옆으로 밀어놓게 되었다"고 썼다. 1800년대 말에 이르자 그의 평판이 너무 낮아진 까닭에 『영국 인명사전』 초판에서는 그에 관해서 단 한 단락만 할애했으며—셰러턴이나 헤플화이트에게 부여된 분량보다도 훨씬 더 적었다—그 상당수의 내용들이 비판적이었고, 또한 전혀 틀린 것이었다. 집필자는 치펀데일의 삶에 관해서 너무 몰랐던 나머지, 그를 요크셔가 아니라 우스터셔 출신으로 기재했다.

셰러턴(1751-1806)과 헤플화이트(1727?-1786)도 대단한 성공을 거두었다고 할 만한 정도는 아니었다. 헤플화이트(Hepplewhite)의 가게는 크리플게이트라는 허름한 지역에 있었으며, 그의 정체도 충분히 잘 알려지지는 않은 까닭에 동시대인들조차도 '케플화이트(Kepplewhite)'니 '헤블레스웨이트(Hebblethwaite)'니 하고 이름을 잘못 언급했다. 그의 사생활에 관해서는 거의 알려진 것이 없다. 패턴에 관한 그의 저서가 간행된 것도 사실은 그가 사망한 지 2년이 지난 뒤의 일이었다. 셰러턴의 운명은 훨씬 더 기이하다. 그는 가게를 연 적도 없었으며, 그가 만들었다고 알려진 가구가 이제껏 발견된 적도 없다. 그는 실제로 어떤 가구도 직접 만들지 않으며, 다만 제도사와 디자이너로만 활동했을 수도 있다. 그의 책은 잘 팔리기는 했지만, 그를 부자로 만들어주지는 못했던 것 같다. 그후로도 그는 여전히 제도법과 원근법 교습을 해가면서 생계를 유지해야 했기 때문이다. 어느 시점에서 그는 가구 디자인을 포기하고, 이른바 협(狹)침례교라고 알려진 비국교도의 한 종파의 목사가 되기 위해서 훈련을 받았으며, 나중에는 사실상 노상 전도사가 되었다. 그는 1806년에 런던에서 그야말로 불결한 상태로, 즉 "때와 벌레 사이에서" 사망했다. 유족으로는 아내와 두 아이가 있었다.

가구 제조업자로서 치펀데일과 그의 동시대인들은 의심의 여지없는 대가(大家)였고, 이들은 다른 누구도 모방할 수 없었던 한 가지 특별한 이득을 누렸다. 바로 지금껏 이 세상에 존재했던 것 중에서 가장 훌륭한 가구용 목재인, 스위테니아 마호가니(Swietenia mahogani)라는 마호가니의 종이었다. 오직 카리브 해의 쿠바와 히스파니올라(오늘날은 아이티와 도미니카공화국으로 양분된 섬)의 일부 지역에서만 발견되는 '스위테니아 마호가니'는 그 풍부함과 우아함과 실용성에서 그 어떤 목재도 따라잡지 못할 정도였다. 따라서 수요가 폭발적으로 늘어난 까닭에, 발견된 지 불과 50년 만에 완전히 다 써버리고 말았다. 즉 회복이 불가능할 정도로 완전히 멸종되었던 것이다. 오늘날 전 세계에 서식하는 마호가니는 200종 가량이고, 그 대부분은 매우 훌륭한 목재이지만, 그 풍부함과 매끈함에서 이미 이 세상에서 사라진 스위테니아 마호가니에 버금갈 만한 것은 없다. 언젠가 이 세상에는 치펀데일과 그의 동료들보다 더 뛰어난 의자 제조업자가 배출될 수도 있겠지만, 그들이 만든 것보다 더 품질이 우수한 의자가 생산되는 일은 없을 것이다.

흥미로운 점은 이런 사실을 오랜 세월 동안 아무도 깨닫지 못했다는 점이다. 치펀데일의 의자들과 상당수의 다른 가구들은 머지않아 전혀 가치가 없다고 여겨진 나머지, 무려 한 세기가 넘도록 하인 숙소 같은 곳에 아무렇게나 방치되었다. 그러다가 에드워드 시대[1901-1910]에 와서야 그 가치가 재평가되어서 집의 본채에 도로 가져다놓았다. 오늘날 진품으로 확인된 치펀데일의 가구는 모두 합쳐서 600점가량이다. 나머지 가구는 아마도 누군가에게 상속되거나 경매에서 팔려나갔을 것이고, 어쩌면 지금까지도 어떤 시골 오두막이나 교외의 주택에서 그 진가를 발휘하지 못한 채 놓여 있을지도 모른다. 그 가치로 말하면, 그 가구가 놓여 있는 웬만한 집보다도 훨씬 더 클 텐데 말이다.

III

만약 우리가 치펀데일의 시대의 어떤 집으로 되돌아가본다면, 그 즉시 눈에 들어오는 한 가지 차이는 아마도 의자들과 다른 가구들이 벽에 바짝 밀어놓은 채로 놓여 있어서, 모든 방을 일종의 대기실처럼 만들어놓았다는 점일 것이다. 조지 시대[1714-1830]에만 해도 의자나 탁자를 방 한가운데 놓는 것은, 마치 오늘날의 우리가 옷장을 방 한가운데 놓는 것과 마찬가지로 이상하게 여겨졌다(가구를 한쪽으로 밀어놓는 관습의 이유 가운데 하나는 한밤중에 걸어가다가 부딪치는 일이 없기 위해서였다). 평소에는 그렇게 벽에 밀어놓은 상태였기 때문에, 초창기의 천 씌운 의자나 긴 의자의 뒤쪽은 아예 마감도 하지 않았다. 오늘날 우리가 사용하는 찬장이나 옷장의 뒤쪽이 그렇듯이 말이다.

어떤 집에 손님이 찾아오면, 적당한 수의 의자를 앞에 내놓고 원이나 반원형으로—마치 초등학교에서 이야기 시간에 하는 것처럼—배열해놓는 것이 관례였다. 그러다 보니 모든 대화가 부자연스럽고 인위적이 되는 불가피한 결과가 초래되었다. 호레이스 월폴은 어느 모임에서 그렇게 원형으로 배열된 한 의자에 앉아서 무려 4시간 반 동안 쓸데없는 이야기에 귀를 기울이고 나서 이렇게 선언했다. "바람과 날씨, 오페라와 연극……그리고 공식적인 자리에서는 흔히 하는 이야기가 결국 다 소진되고 말았다." 그러나 과감한 여주인이 갑자기 한 가지 아이디어를 떠올리고 의자를 서너 개씩 묶어서 더 친밀한 자리를 만들었다. 상당수의 손님들은 그 결과를 복마전(伏魔殿)처럼 생각했고, 대개 자기 등 뒤에서 누군가의 대화가 이루어지는 일에 익숙해질 수가 없었다.

이 시대의 의자가 가진 한 가지 문제는 결코 편안하지가 않았다는 점이다. 이에 대한 확실한 해결책은 뭔가로 속을 채워넣는 것이었지만, 알고 보니 이는 예상보다 훨씬 더 어려운 일로 증명되었다. 뭔가로 속을 채워넣은 의자를 잘 만드는 데에 필요한 기술을 모두 보유한 장인은 드물었기 때문이다. 제조업자들은 천과 나무가 만나는 부분을 말끔하게 마무리하거나—가두리 장식과 코드 장식은 원래 이런 불충분함을 숨기기 위해서 만든 것이었다—시트를 영구적으로 돔형으로 유지해주는 속 재료를 만드는 일 때문에 골치를 앓았다. 오직 마구 제조업자만이 이에 필요한 믿을 만한 내구성을 제공할 수 있었고, 따라서 초창기의 천 씌운 가구 가운데 상당수는 사실 천이 아니라 가죽을 겉에 둘렀다. 천 씌운 가구에는 또 다른 문제도 있었는데, 산업 이전 시기의 천은 폭이 오직 20인치밖에 되지 않았기 때문에, 어색한 장소에 솔기가 생길 수밖에 없었다. 1733년에 존 케이가 플라잉 셔틀을 발명한 이후에야 폭이 3피트가량인 천을 생산할 수가 있게 되었다.

직물과 인쇄 기술의 향상은 다른 장식의 가능성을 가구 너머까지 확장시켰다. 이때는 카펫, 벽지, 그리고 밝은 색깔의 천이 널리 도입되던 시대이기도 했다. 페인트 역시, 사상 처음으로 여러 가지 종류의 풍부한 색깔들이 대중화되었다. 결국 18세기 말에 이르자 불과 한 세기 전에는 과도한 사치라고 여겨졌던 특징들이 집집마다 가득해졌다. 근대 주택—오늘날의 우리가 아는 형태의 집—이 대두하기 시작했던 것이다. 로마인이 물러간 이래, 즉 그들과 함께 온수 목욕과 충전물을 넣은 소파와 중앙난방도 함께 사라진 이래, 무려 1,400년이 지나고 나서야 비로소 영국인은 쾌적한 환경이라는 새로운 삶의 방식을 재발견했다. 물론 그들은 여전히 편안함을 완전히 터득하지는 못했지만, 적어도 그 매력적인 개념을 발견한 것만큼은 분명했다. 이후로 인간의 삶은, 그리고 거기에 따르는 기대는 결코 예전과 똑같을 수가 없었다.

　그러나 이 모든 변화들로 인한 한 가지 불가피한 결과도 있었다. 가정에 편안함이 도래함으로써, 특히 푹신한 설비가 널리 사용되면서, 이전에 비해서 가구가 더러움이나 화재나 다른 부주의한 혹사에 노출되기가 더욱 쉬워졌다. 그리하여 가장 값비싼 가구를 가장 끔찍한 위험에서 구제하기 위한 방법으로, 새로운 종류의 방이 만들어졌다. 그 방이 어디인지는 이제 다음 장에서 살펴보도록 하자.

제8장

식당

I

마섬 씨가 이 집을 지을 무렵에는, 그 정도 지위에 있는 사람이 집 안에 손님을 초대할 수 있는 격식을 갖춘 식당을 하나쯤 두지 않는다는 것은 이미 상상도 할 수 없는 일이 되었을 것이다. 그러나 그 방이 과연 얼마나 격식을 갖추어야 하는지, 또는 얼마나 넓어야 하는지, 또는 집의 전면에 있어야 하는지 아니면 후면에 있어야 하는지 등의 문제를 결정하려면 적잖이 숙고를 거듭해야 했을 것이다. 그때까지도 식당은 여전히 매우 새로운 것이다 보니, 그 규모와 위치를 쉽게 단언할 수가 없었기 때문이다. 뒤에서 다시 살펴보겠지만, 결국 마섬 씨는 하인 식당을 없애는 대신에 생겨난 30 푸트 길이의 식당을 자신이 독차지했다. 대략 18명 내지 20명가량의 손님을 접대할 수 있는 공간이었는데, 그 정도 숫자면 시골 교구목사로서는 상당히 많은 손님이었다. 식당의 규모가 암시하는 것처럼, 그가 종종 손님을 초대한 것은 사실이었지만, 지녁이면 주인 혼자서 식사를 했기 때문에 식당은 외로운 방이 될 수밖에 없었으리라. 비록 교회 묘지 마당 너머의 풍경만큼은 유쾌했더라도 말이다.

마섬 씨가 과연 이 방을 어떻게 이용했는지에 관해서는 거의 알 수가 없다. 단순히 우리가 마셤 씨에 관해서 아는 것이 없기 때문이기도 하지만, 또 한편으로는 우리가 그 당시의 식당 그 자체에 관해서도 놀랄 만큼 아는 것이 없기 때문이다. 식탁 한가운데에는 아마도 에이페언(epergne, 식탁 중앙에 놓은 장식대)이라고 알려진 값비싸고 우아한 물건이 하나 놓여 있었을 것이다. 장식용 나뭇가지 같은 골격에 여러 개의 접시가 달려 있고, 그 각각의 접시에는 과일이나 견과가 몇 개씩 놓여 있는 식이었다. 한 세기 가량이나 버젓한 식탁이라면 십중팔구 에이페언이 놓여 있었지만, 왜 하필이 물건을 에이페언이라고 부르게 되었는지는 아무도 모른다. 프랑스어에도 그런 단어는 없다. 마치 허공에서 뚝 떨어진 것처럼 보이는 단어이다.

마셤 씨의 식탁에 놓인 에이페언 주위로는 아마도 양념병 꽂이—대개 은으로 만든 작고 우아한 선반으로, 그 안에는 양념병이 들어 있다—가 놓여 있었겠지만, 여기에도 수수께끼가 있기는 마찬가지이다. 전통적인 양념병 꽂이에는 2개의 마개 달린 유리병—각각 기름과 식초가 들어 있다—과 이와 비슷하게 생긴 3개의 양념병이 꽂혀 있었다. 양념병의 뚜껑에는 구멍이 뚫려 있어서 음식 위에 대고 흔들어서 (즉 내용물을 뿌려서) 풍미를 더하는 데에 사용했다. 양념병 가운데 2개에는 소금과 후추가 들어 있었지만, 또 하나의 양념병에는 무엇이 들어 있었는지 전혀 알려져 있지 않다. 대개 겨자 분말이 들어 있었으리라고 추측하지만, 어디까지나 그 안에 들어갈 만한 더 그럴듯한 양념이 생각나지 않아서 나온 추측에 불과하다. 식품 역사학자인 제러드 브렛의 말을 빌리면, "만족스러운 대안이 전혀 제시되지 않았기 때문"인 것이다. 사실 역사상 어느 때든지 간에 식사를 하는 사람이 겨자라는 양념을 그렇게 항상 옆에 둘 정도로 좋아하거나 열심히 사용했다는 것을 보여주는 증거는 전혀 없다. 아마도 바로 그 때문이었던 것 같은데, 마셤 씨의 시대에 접어들자 문제의 세 번째 양념병은 급속도로 식탁에서 사라지는 추세였다. 나아가 양념병 꽂이 자체도 마찬가지로 사라지게 되었다. 그때쯤 가서는 어떤 요리에는 어떤 양념이 어울린다는 식으로, 음식마다 양념의 종류가 크게 달라졌다. 예를 들면, 양고기에는 박하 소스가, 햄에는 겨자가, 쇠고기에는 양고추냉이가 어울린다는 식이었다. 그 외에도 다른 수십 가지 양념들이 부엌에 도입되었다. 그러나 그 가운데에서 두 가지는 워낙 필요불가결한 것으로 여겨졌기 때문에 결코 식탁을 떠난 적이 없었다. 내가 말하는 두 가지란 당연히 소금과 후추이다.

무려 수백 가지가 넘는 온갖 향신료와 양념 중에서도 어째서 하필이면 바로 이 두 가지가 그처럼 지속적인 존경을 받아왔는지는, 내가 애초에 이 책을 시작하면서부터 품고 있던 질문 가운데 하나이다. 이에 대한 답변은 복잡하기는 하지만, 상당히 극적이다. 장담하건대 여러분의 집에 있는 소금과 후추가 담긴 쌍둥이 기둥이야말로—외관상 무해해 보이는 것과는 정반대로—오늘 여러분이 만지는 그 어떤 물건보다도 더 많은 피와 고통과 비애를 수반하고 있다.

우선 소금 이야기부터 시작해보자. 소금이 우리 식단에서 소중한 일부분을 차지하는 것은 아주 기본적인 이유, 즉 우리 몸에 소금이 필요하기 때문이다. 소금이 없으면 우리는 죽을 것이다. 이것은 일상에서 필수적인 원기와 균형을 유지하기 위해서 반드시 우리 몸이 섭취해야 하는 극미량의 별 것 아닌 물질들—화학 세계의 잡동사니들—40종 가운데 하나이다. 이런 물질들을 통칭하여 비타민과 미네랄이라고 하는데, 이런 것들에 관해서는 우리가 여전히 모르는 것이 상당히—그야말로 놀랄 만큼—많다. 예를 들면 그런 것들 중에서 우리에게 필요한 것은 몇 개인지, 그중 일부가 하는 일은 정확히 무엇인지, 그리고 어느 정도의 양이어야만 최적으로 소비되는지 등을 우리는 모른다.

그 물질들이 반드시 필요하다는 사실조차도 아주 오랜 세월이 걸려서야 비로소 습득한 약간의 지식이었다. 19세기가 한참 지나고 나서까지도 이른바 균형 잡힌 식단이라는 것을 생각한 사람은 전혀 없었다. 모든 음식은 단 하나의 모호한, 그러나 체력을 회복시키는 물질—즉 '보편적 자양물'—

을 포함하고 있다고 생각되었다. 예를 들면, 1파운드의 쇠고기는 1파운드의 사과나 방풍나물이나 다른 음식과 똑같은 가치를 가진다고 생각되었다. 따라서 인간에게 필요한 것은 항상 넉넉한 양뿐이라고 생각되었다. 어떤 특정한 음식 안에 사람의 건강에 필수적인 성분이 들어 있다는 생각은 어느 누구도 떠올리지 못했다. 이는 아주 놀라운 일도 아니었는데, 식단의 영양소 결핍으로 인한 질환들—기면증, 관절염, 감염 가능성의 증가, 시력 감퇴—만 놓고 보면, 식단의 불균형을 언뜻 떠올리기가 쉽지 않았던 까닭이다. 오늘날까지도 여러분의 머리카락이 빠지기 시작하거나 발목이 크게 부어오르기 시작할 경우, 여러분에게 맨 처음 떠오르는 생각이 내가 최근에 뭘 먹었지?일 가능성은 거의 없을 것이다. 하물며 내가 뭘 안 먹었지?일 가능성은 더더욱 없을 것이다. 당혹스러워했던 유럽인의 경우에도 상황은 마찬가지여서, 아주 오랜 세월 동안 이유도 모르고 죽어나간 사람들이 부지기수였다.

괴혈병 하나만 해도, 1500년부터 1850년까지 무려 200만 명의 선원들을 죽게 만들었다. 특히 긴 항해를 다녀올 경우에는 선원들의 절반가량이 괴혈병으로 죽어나갔다. 여러 가지 종류의 필사적인 해결책이 시도되었다. 바스코 다 가마는 인도까지 갔다가 돌아오는 항해 동안에 부하들에게 오줌으로 입을 헹구라고 독려했는데, 이는 선원들의 괴혈병 방지는 고사하고, 사기 진작에도 전혀 도움이 되지 않았다. 때로는 그 희생이 정말 충격적일 정도였다. 1740년대에 있었던 3년간의 항해 동안, 조지 앤슨 준장이 지휘하는 영국 해군 소속 원정대는 항해에 참가한 2,000명의 선원들 가운데 1,400명을 잃었다. 정작 적군과의 교전에서 사망한 사람은 4명뿐이었고, 나머지는 사실상 괴혈병으로 사망한 것이었다.

시간이 지나면서 사람들은 괴혈병을 앓은 선원들이 일단 항구에 도착해서 신선한 식품을 먹으면 회복되는 경향이 있다는 데에 주목했다. 그러나 과연 그런 식품이 실제로 이들의 회복에 도움을 주는지 여부에 대해서는 누구도 선뜻 단언할 수가 없었다. 어떤 사람은 식품이 아니라 다만 공기의 변화 때문이라고 생각했다. 어쨌건 간에 긴 항해에서는 여러 주일 동안 식품을 신선하게 보관할 방법이 없었으므로, 단순히 어떤 야채나 기타 식품이 효력이 있다는 것을 알아내는 것만으로는 별로 의미가 없었다. 정말로 필요한 것은 일종의 증류된 진액—의료계에서 일컫는 말로는 항(抗)괴혈병제—이었는데, 그래야만 괴혈병 치료에 효과가 있으면서도 휴대가 가능할 것이기 때문이었다. 1760년에 스코틀랜드의 의사 윌리엄 스타크는 벤저민 프랭클린의 부추김에 힘입어서 일련의 무모한 실험에 돌입했는데, 괴혈병의 활성 요소가 무엇인지를 알아내기 위해서 자기 몸에서 그 요소를 제거하는 엽기적인 일을 시작한 것이었다.* 그는 여러 주일 동안 가장 기본적인 식품—주로 빵과 물—만 섭취하면서 자기 몸에 무슨 일이 벌어지는지 살펴보았다. 그로부터 6개월을 넘긴 직후에 그는 결국 괴혈병으로 사망했으며, 그 실험으로부터는 아무런 유용한 결론도 도출되지 못했다. 대략 그와 유사한 시기에 해군 소속 군의관인 제임스 린드는 이보다 훨씬 과학적으로 엄밀한 (그리고 개인적으로도 위험이 덜한) 실험을 실시했는데, 이미 괴혈병에 걸린 수병 12명을 선발해서 2인 1조로 편성한 다음, 각 조마다 괴혈병에 특효라고 소문난 식품들을 하나씩 섭취하게 했다. 예를 들면, 한 조에는 식초를, 한 조에는 마늘과 겨자를, 한 조에는 오렌지와 레몬을 주는 식이었다. 여섯 조 가운데 다섯 조에서는 아무런 차도가 없었지만, 오렌지와 레몬을 섭취한 조는 신속하고 완전하게 회복했다. 놀랍게도 린드는 이 결과의 중요성을 깡그리 무시하고는, 괴혈병이란 불완전하게 소화된 음식이 체내에 독소를 축적함으로써 야기된다는 자신의 믿음을 완강히 고수하기로 작정했다.

문제를 올바른 방향으로 다시 이끌어가는 임무는 결국 위대한 탐험가인

---

* 일설에는 그의 친구였던 벤저민 프랭클린이 인쇄공으로 일하던 시절에 2주일 동안 빵과 물로만 연명하고도 멀쩡했다고 말한 데에서 힌트를 얻었다고도 한다/역주

제임스 쿡 선장의 어깨에 떨어졌다. 1768년부터 1771년까지의 세계일주 항해 동안, 쿡 선장은 다양한 항괴혈병제—그중에는 당근 마멀레이드 30갤런과 양배추 절임 100파운드도 있었다—를 준비해서 선원 전체를 대상으로 실험에 돌입했다. 덕분에 그 항해 중에는 단 한 명도 괴혈병으로 사망하지 않았다. 이것은 그를 국가적 영웅으로 만들어준 기적이었으며, 오스트레일리아의 발견을 비롯해서 그 서사시적인 항해에서 이루어낸 다른 여러 가지 업적들에 버금가는 업적이었다. 영국 최고의 과학 기관인 왕립학회에서도 그의 업적에 감탄한 나머지, 최고의 영예인 코플리 메달을 그에게 수여했다. 반면 영국 해군은 안타깝게도 그다지 신속한 대응을 하지 못했다. 온갖 증거에도 불구하고, 또 한 세대 동안이나 이리저리 발뺌을 한 후에야 비로소 수병들에게 감귤류의 과일 주스를 정기적으로 배급하기 시작했던 것이다.[*]

부적절한 식단이 단순히 괴혈병의 원인일 뿐만 아니라 다른 여러 가지 일반적인 질환의 원인이라는 사실에 대한 깨달음은 놀라울 정도로 천천히 도래했다. 1897년에 가서야 네덜란드의 의사 크리스티안 에이크만이 자바에서 일하던 도중에 쌀을 껍질째로 먹는 사람들은 각기병에 걸리지 않는 반면, 도정한 쌀을 먹는 사람들은 각기병에 매우 잘 걸린다는 사실을 깨달았다. 분명히 뭔가가 어떤 식품에는 들어 있지만, 또다른 식품에는 들어 있지 않음으로써 건강의 결정 인자 노릇을 하는 것이 분명했다. 이것은 이른바 "결핍성 질환"에 대한 이해의 시작이었고, 덕분에 에이크만은 훗날 노벨 의학상을 수상했다. 물론 그는 비록 그 활성 요소가 무엇인지는 전혀 몰랐지만 말이다.

이 문제에 대한 진정한 돌파구는 1912년에 찾아왔다. 런던의 리스

---

[*] 해군본부에서는 레몬 주스 대신에 라임(lime) 주스를 사용했는데, 그쪽이 훨씬 더 저렴했기 때문이다. 영국의 해군이 훗날 '라이미(limey)'라는 이름으로 불리게 된 것도 바로 이 때문이다. 그러나 라임 주스는 레몬 주스만큼 효과가 있지는 않았다.

터 연구소에서 일하던 폴란드 출신의 생화학자 캐시미어 풍크가 티아민(Thiamine)—오늘날 더 일반적으로 알려진 명칭은 비타민 B1—이라는 물질을 추출했다. 이것이 어느 분자 집단의 일부분이라는 것을 깨달은 그는 '바이탈(vital)'과 '아민(amine)'이라는 두 단어를 조합해서 '비타민(vitamine)'이라는 신조어를 만들었다. 알고 보니 풍크의 선택 중에서 바이탈(생명의, 필수의)이라는 단어는 적절한 편이었지만, 비타민 가운데 아민(즉 질소 함유물)은 일부에 불과하다는 사실이 나중에 알려졌다. 그리하여 '비타민(vitamine)'이라는 철자는 '비타민(vitamin)'으로 바뀌었으니—앤서니 스미스의 멋진 표현에 따르면—그래야만 "아주 틀리지는 않을" 것이기 때문이었다.

풍크는 또한 특정한 아민과 특정한 질환들—특히 괴혈병, 펠라그라, 구루병—의 발병 사이에 직접적인 상호관계가 있다고 주장했다. 이것은 대단한 통찰이었으며 잘하면 수백만 명의 산산조각 난 생명을 구할 수 있었을 텐데, 불행히도 사람들은 이를 귀담아 듣지 않았다. 당대의 주도적인 의학 교과서도, 괴혈병은 여러 가지 요인들—"비위생적인 환경, 과로, 정신적 우울, 추위와 습기에 노출" 등이 그 저자들이 생각한 열거할 만한 가치가 있는 요인들이었다—에서 비롯되며, 식단의 결핍은 어디까지나 부분적인 원인이라는 주장을 고집했다. 이보다 더 좋지 않았던 일은, 1917년에 미국의 주도적인 영양학자인 위스콘신 대학교의 E. V. 맥컬럼—비타민 A와 B라는 이름을 고안한 장본인—조차도 괴혈병은 식단의 영양 결핍에서 야기되는 질환이 결코 아니며, 오히려 변비에서 야기되는 질환이라고 주장한 일이었다.

마침내 1939년에 하버드 의과대학의 외과의사인 존 크랜던이 이 문제를 완전히 해결하기로 작정하고, 식단에서 비타민 C를 배제함으로써 의도적으로 질환을 야기하는 유서 깊은 방법을 시도했다. 실제로 질환이 벌어지는 데에는 상당히 긴 시간이 걸렸다. 처음 18주일 동안 그가 겪은 유일한 증상은 극도의 피로뿐이었다(놀랍게도 그는 이 실험 기간 내내 환자를 계속 진료했다). 그러나 19주일째에 접어들자 그는 갑자기 상태가 매우 나빠졌다. 너무 나빠진 까닭에, 실험 기간 내내 세심한 의료 감독을 받지 않았더라면 정말 죽었을 것이 분명했다. 그는 비타민 C를 1,000밀리그램 주사로 맞았고, 그 즉시 생기를 되찾았다. 흥미롭게도 그는 괴혈병에 걸린 사람이라면 누구나 수반하게 되는 한 가지 증상만큼은 얻지 않았다. 바로 잇몸에서 피가 나고 이빨이 빠지는 증상이었다.

그 와중에 풍크의 비타민은 애초에 생각했던 것처럼 일관성 있는 집단이 아니었던 것으로 증명되었다. 즉 비타민 B는 하나의 비타민이 아니라 여러 개의 비타민이었고, 그런 까닭에 오늘날은 비타민 B1이니 B2이니 하는 것들이 있다. 그런가 하면 알파벳 순서와는 무관한 비타민 K가 생겨서 혼란을 더욱 부추겼다. 이 비타민이 K라고 불리는 까닭은 그것의 발견자인 덴마크인 헨리크 담이 혈액 응고와 관련된 그 역할을 지칭하기 위해서 응고성 비타민(Koagulations vitamin)이라고 불렀기 때문이었다. 나중에 폴산이 기존의 비타민 집단에 추가되었다. 그것은 가끔 비타민 B9이라고 불리기도 하지만, 대개 그냥 폴산이라고 부른다. 두 가지 다른 비타민—판토텐산과 비오틴—은 아예 번호도 없고, 별다른 소개의 말도 없지만, 그것은 어디까지나 이것들이 우리에게 아무런 문제도 야기하지 않는 까닭이다. 이 두 가지 비타민이 결여된 사람의 사례는 아직까지 발견된 적이 없다.

한마디로 비타민이란 지극히 무질서한 무리이다. 그 모두를 편리하게 포괄하는 규정 방법은 사실상 없다. 표준적인 교과서상의 정의는 비타민이 "정상적인 신진대사를 유지하기 위해서 적은 분량이나마 필요한, 그러나 인체 내에서는 만들어지지 않는 유기 분자"라는 것이다. 그러나 비타민 K는 인체 '내'에서, 즉 내장 속에서 박테리아에 의해서 만들어진다. 가장 필수적인 물질들 가운데 하나인 비타민 D는 사실상 호르몬이며, 그 대부분은 식단을 통해서가 아니라 햇빛이 피부에 닿아서 생기는 마법 같은 작용으로부터 생성된다.

비타민은 흥미로운 물질이 아닐 수 없다. 우리가 그것을 스스로 만들 수도 없으면서, 정작 우리의 건강을 위해서는 그것에 그토록 크게 의존해야 한다는 사실 자체만 해도 상당히 기이하다고 하겠다. 만약 감자가 비타민 C를 생산할 수 있다면, 어째서 우리는 못하는 것일까? 동물계에서는 오직 인간과 기니피그만이 비타민 C를 자체 생산하지 못한다. 왜 하필 우리와 기니피그만인 것일까? 물어봤자 소용은 없다. 아무도 모르는 문제이니까. 또 한 가지 주목할 만한 점은 비타민의 투여 대 효과의 비율이 놀라울 정도로 불균등하다는 점이다. 간단히 말하면, 우리는 비타민이 꼭 필요하지만, 그렇다고 해서 많이 필요한 것은 아니라는 것이다. 비타민 A의 경우, 약간씩만 균등하게 배급한다면, 겨우 3온스만 가지고도 평생 충분할 정도이다. B1의 필요량은 그보다도 더 적어서, 겨우 1온스를 대략 70~80년 동안 나눠서 섭취하면 그만이다. 그러나 원기를 북돋워주는 이 성분들이 없이 살아가려고 한다면, 여러분은 얼마 지나지 않아서 산산조각으로 흩어져버릴 것이다.

비타민의 동료 입자라고 할 수 있는 미네랄의 경우에도 정확히 이와 똑같은 시각이 적용된다. 비타민과 미네랄 사이에 근본적인 차이가 있다면, 비타민은 생물—가령 식물과 박테리아와 기타 등등—의 세계에서 오는 것이고 미네랄은 그렇지 않다는 것뿐이다. 식단의 맥락에서 보면 "미네랄"은 단순히 우리를 유지시켜주는 화학 원소들—가령 칼슘, 철, 요오드, 칼륨 등—의 또다른 이름이다. 이런 원소들 가운데 92종은 지구상에서 자연적으로 생성된다. 물론 그중 일부는 극소량에 불과해서, 가령 프란슘 같은 워낙에 희귀한 원소는 어느 시점에든지 간에 지구 전체에 원자 20개밖에는 없을 것이라고 생각된다. 다른 나머지는 대부분 언젠가는 우리 몸을 지나가게 마련이며, 때로는 상당히 정기적으로 그렇지만, 그놈들이 과연 우리에게 중요한지 아닌지는 아직까지 확인되지 않았다. 예를 들면, 여러분의 몸속 조직에는 브롬이 상당량 분포되어 있다. 이 원소는 마치 뭔가 목적이 있는 것처럼 보이지만, 그 목적이 무엇인지는 아직 누구도 밝혀내지 못했다. 식단에서 아연을 없앨 경우, 여러분은 미각 감퇴증이라는 상태에 놓이게 된다. 여러분의 미뢰(味蕾)가 작동을 중지함으로써, 음식이 아무 맛이 없거나 심지어 역겹게 느껴지는 질환이다. 그러나 비교적 최근인 1977년까지도 아연은 식단에서 전혀 하는 일이 없다고 간주되었다.

수은, 탈륨, 납 같은 몇 가지 원소는 우리에게 아무런 득이 되지 않는 것처럼 보이며, 실제로 많이 섭취할 경우에는 상당히 유해하다.* 그런가 하면 인체에 반드시 필요한 것은 아니지만, 그래도 훨씬 더 해가 없는 화학물질도 있다. 그중에서도 가장 주목할 만한 것은 바로 금이다. 금이 치아의 충전재로 사용되는 것은 우리에게 아무런 해도 끼치지 않는 물질이기 때문이다. 『의료 지질학의 핵심(Essentials of Medical Geology)』에 따르면, 나머지들 가운데에서는 생명 유지에 매우 중요한 것으로 알려진, 또는 생각되는 물질이 약 22종쯤 된다. 그 가운데 16종은 확실히 그렇다고 말할 수 있다. 나머지 6종은 그저 중요하다고 생각하는 정도이다. 영양학이란 놀랄 만큼 부정확한 과학이다. 예를 들면, 마그네슘은 세포 내 단백질의 성공적인 관리를 위해서 필수적이다. 마그네슘은 콩과 곡물, 그리고 잎사귀 채소에 많이 들어 있지만, 현대의 식품 가공과정에서 마그네슘의 함량은 무려 90퍼센트나 감소한다. 사실상 깡그리 없어지는 셈이다. 따라서 우리 대부분은 마그네슘의 일일 권장량을 전혀 섭취하지 못하고 있다. 단순히 어느 정도의 양이 적당한지를 몰라서 그런 것은 아니다. 그런가 하면 마그네슘 결핍의 결과가 어떤 것인지는 아무도 구체적으로 말하지 못한다. 우리의 생명을 여러 해 단축시킬 수도 있고, 우리의 IQ를 떨어트릴 수

---

* 수은의 경우에는 특히 그렇다. 예를 들면, 차 숟가락으로 25분의 1쯤 되는 적은 분량으로도 60에이커의 호수를 모두 오염시킬 수 있다고 추산된다. 따라서 우리가 수은에 더 자주 중독되지 않는 것이 오히려 신기할 정도이다. 한 집계에 따르면, 흔히 사용되는 화학물질들 가운데 최소한 2만 개 이상이 "만지거나, 섭취하거나, 흡입할" 경우에는 인체에 유해하다. 그 대부분은 20세기에 들어와서 만들어진 것이다.

도 있고, 우리의 기억력을 감퇴시킬 수도 있고, 그 외에 여러분이 생각하는 나쁜 일은 무엇이든지 제안할 수 있다. 우리는 그저 모를 뿐이다. 독극물의 대명사인 비소도 이와 유사하게 불확실하다. 그 물질이 여러분의 체내에 너무 많이 들어갈 경우, 여러분은 그러지 말았어야 했다고 금방 후회하게 될 것이다. 그러나 식단에 **약간**의 비소가 들어갈 경우, 일부 권위자들은 그것이 아주 적은 분량이면 오히려 우리의 건강에 필수적이라고 절대적으로 확신한다. 다른 권위자들은 그 정도로 확신하지는 못하지만 말이다.

상당히 멀찌감치 둘러가는 셈이 되었지만, 바로 이 대목에서 우리는 소금에 관한 이야기로 돌아가게 된다. 모든 미네랄 중에서도 식단에서 가장 중요한 것은 바로 나트륨(sodium)인데, 우리는 대개 이 물질을 염화나트륨(sodium chloride)이라는 형태로 소비한다. 이것이 바로 식용 소금이다.* 여기서 문제는 우리가 이 물질을 너무 조금 먹을 때가 아니라, 너무 많이 먹을 때에 생긴다. 사실 이 물질이 아주 많이 필요한 것이 아닌데도—하루 200밀리그램이면 되는데, 그것은 소금병을 6-8번 힘차게 흔들면 되는 정도이다—평균적으로 우리는 필요한 분량의 60배가량을 섭취한다. 일반적인 식단에서는 그러지 않을 도리가 없는데, 우리가 게걸스럽게 먹어치우는 가공식품에는 소금이 워낙 많이 들어 있기 때문이다. 그런가 하면 전혀 짜다고 느껴지지 않는 식품들 속에도 잔뜩 들어 있는 경우가 종종 있다. 예를 들면, 아침 식사용 시리얼, 즉석 수프, 아이스크림 등이 그렇다. 소금 뿌린 땅콩 1온스보다 콘플레이크 1온스 쪽에 소금이 더 많이 들어 있다고 누가 과

---

* 염화나트륨은 상당히 특이한 물질이다. 두 개의 극도로 호전적인 원소들—나트륨과 염소—로 만들어지기 때문이다. 나트륨과 염소는 미네랄 왕국에서 일종의 폭주족에 해당되는 놈들이다. 순수한 나트륨 한 덩어리를 물이 담긴 양동이에 집어넣으면 사람을 죽일 정도의 위력으로 폭발한다. 염소는 이보다 훨씬 더 치명적이다. 제1차 세계대전 당시에는 독가스의 주요 성분들 가운데 하나로 사용되었고, 수영을 하는 사람이라면 누구나 알고 있듯이 상당히 희석된 상태에서도 눈을 따끔거리게 만든다. 그런데 휘발성 높은 이 두 가지 원소를 한데 모아놓으면 완전히 무해한 염화나트륨, 즉 식용 소금이 만들어진다.

연 상상이나 할 수 있을까? 또는 깡통 하나 분량의 수프—거의 모든 제품들이 그렇다—때문에 성인의 1인당 하루 권장량을 훨씬 상회하는 소금을 섭취하게 된다고 누가 과연 상상이나 할 수 있을까?

고고학적 증거에 따르면, 농업 공동체를 이루고 정착한 직후부터 인간은 소금 결핍에 시달렸으며—그들로서는 처음 겪는 일이었으리라—그리하여 소금을 찾아서 식단에 집어넣으려는 특별한 노력을 할 수밖에 없었다. 역사의 수수께끼 가운데 하나는 반드시 그래야 할 필요가 있다는 것을 그들이 어떻게 알았느냐 하는 것인데, 식단에 소금이 없다고 해서 당장 그것을 먹고 싶은 열망이 생기지는 않기 때문이다. 물론 소금이 없으면 기분이 나쁘고 나중에 가서는 자칫 죽을 위험도 있지만—소금에 함유된 염화물이 없으면, 마치 연료 없는 엔진처럼 세포가 가동을 중지하기 때문이다—그렇다고 해서 어느 순간 사람이 "아이고, 소금을 좀 먹어야겠는걸" 하고 생각하게 되는 것은 아니다. 따라서 인간이 도대체 그것을 어떻게 알고 소금을 찾으러 나섰는지는 흥미로운 문제인데, 특히 일부 지역에서는 소금을 얻기 위해서 상당한 재간을 발휘해야 했기 때문이다. 고대 브리튼인은 바닷가에서 막대기를 불에 달군 다음, 그것을 바닷물에 집어넣어서 거기에 묻은 소금을 긁어냈다. 반면 아즈텍인은 각자의 오줌을 증발시켜서 소금을 얻었다. 조심스럽게 말하면, 이것은 결코 직관적인 행동은 아니다. 그러나 소금을 식단에 추가한다는 것은 자연의 가장 깊은 충동 가운데 하나이며 또한 보편적인 충동 가운데 하나이다. 소금을 자유롭게 소비할 수 있는 세계의 모든 사회마다, 생명 유지에 필요한 분량의 40배가량을 소비한다. 이 물질은 아무리 섭취해도 모자라다고 여겨지는 것이다.

소금은 워낙 도처에 있고 또 값이 싸기 때문에, 우리는 한때 사람들이 그것을 얼마나 열망했는지를 쉽게 잊는다. 사실 역사의 상당 부분에 걸쳐서 사람들은 소금을 얻기 위해서 세계의 가장자리까지 다녀와야만 했다.

소금은 고기와 다른 식품들을 보존하기 위해서 필요했고, 종종 막대한 양이 필요했다. 헨리 8세는 1513년의 군사 원정에 대비하여 2만5,000마리의 소를 도살해서 소금에 절이도록 했다. 그리하여 소금은 중요한 전략 물자이기도 했다. 중세에는 4만 마리의 낙타로 구성된 캐러밴—그 길이만 해도 70마일에 달하는—이 팀북투에서 사하라 사막을 지나 지중해의 활기찬 시장까지 소금을 운반했다.

사람들은 소금을 놓고 전쟁을 벌이기도 했고, 소금 값에 노예로 팔리기도 했다. 그리하여 소금은 그 당시에 상당한 고통을 야기했다. 그러나 그것은 우리가 전혀 필요로 하지 않고, 아주 없어도 그만인 여러 가지 작은 식료품에 수반된 갖가지 고난과 유혈과 살인적인 탐욕에 비하면, 아무것도 아니다. 내가 말하는 그 식료품이란 양념 세계에서 소금의 보충물 노릇을 하는 것, 바로 향신료이다.* 향신료가 없다고 해서 죽을 사람은 아무도 없지만, 실제로 향신료 때문에 죽은 사람은 부지기수였다.

근대 세계의 역사 가운데 큰 비중을 차지하는 것이 바로 향신료의 역사이며, 그 이야기는 한때 인도 동부의 말라바르 해안에서만 자라나던 그다지 예쁘지도 않은 덩굴에서 시작된다. 그 덩굴의 이름은 피페르 니그룸(*Piper nigrum*)이었다. 자연 상태에서 이 덩굴을 본다면 아마도 그 중요성이 무엇인지를 쉽게 상상할 수 없겠지만, 이것은 "진짜" 후추 세 가지—검은 후추, 하얀 후추, 초록 후추—모두의 원천이다. 우리가 집에서 후추 빻는 기계 안에 집어넣는 작고 둥글고 단단한 후추열매는 사실 이 덩굴의 작은 열매를 말려서 단단하고 톡 쏘는 맛이 나게 만든 것이다. 세 가지의 차이는 다만 수확하는 방법과 가공하는 방법의 차이뿐이다.

그 원산지에서 후추는 기억할 수 없을 만큼 아주 오래 전부터 진가가 인정되었지만, 이것이 국제적인 일용품이 된 것은 로마인 덕분이었다. 로마

---

* 허브와 향신료의 차이는, 허브가 식물의 잎사귀 부분에서 나오는 것임에 반해서 향신료는 줄기나 씨앗이나 열매처럼 잎사귀 이외의 부분에서 나오는 것이라는 점이다.

인은 후추를 좋아했다. 심지어 디저트에도 후추를 뿌려 먹을 정도였다. 그런 애호벽 때문에 후추는 가격이 높아졌고, 지속적인 가치를 부여받았다. 먼 동쪽에서 찾아온 향신료 상인들은 이런 행운을 믿을 수 없어했다. "그들은 금을 가지고 도착해서, 후추를 가지고 떠났다." 어느 타밀 상인은 놀라워하며 이렇게 말했다. 408년에 고트족이 로마를 공격하겠다고 위협하자, 로마인은 그들에게 공물을 바치며 화해를 시도했는데, 그 가운데에는 3,000파운드의 후추도 들어 있었다. 부르고뉴의 칼 공작은 1468년에 자신의 결혼식 피로연에 쓸 380파운드의 후추를 주문했고—아무리 하객이 많이 모여도 결코 다 먹지 못할 양이었다—사람들 눈에 보이는 곳에 전시해서 자신의 부를 만천하에 과시했다.

한마디 덧붙이면, 애초에 향신료가 사용된 까닭은 썩어가는 식품의 냄새를 숨기기 위해서였다는 주장이 오래 전부터 있었는데, 꼼꼼하게 따져보면 그리 신빙성은 없어 보인다. 향신료를 구입할 정도의 경제적 능력이 되는 사람이라면, 당연히 상한 고기를 먹을 가능성은 적었다. 게다가 향신료는 워낙 귀한 물건이다 보니, 상한 음식 냄새를 숨기는 데에 허비할 수야 없다. 설령 향신료를 가진 사람이라도 최대한 신중하게 아껴가며 사용했기 때문이다.

후추는 한때 향신료 전체 교역량의 70퍼센트를 차지했지만, 머지않아 다른 향신료들—육두구와 육두구화, 계피, 생강, 정향(丁香), 울금(鬱金), 그리고 칼라무스, 아위(阿魏), 아조완, 양강근[良薑], 봉술같이 지금은 잊혀진 이국적인 향신료들—도 유럽으로 수출되기 시작했으며, 이 경우에는 훨씬 더 가치가 높은 것으로 드러났다. 여러 세기 동안 향신료는 단순히 전 세계에서 가장 가치가 높은 식료품일 뿐만 아니라, 종류를 막론하고 가장 귀중하게 여겨지는 일용품이었다. 머니먼 극동 어딘가에 숨어 있다는 향료 제도(諸島)는 워낙 탐스럽고 유명하고 이국적인 채로 남아 있었기 때문에, 제임스 1세는 작은 섬 두 개를 점령한 직후에, 그 당시로서는 상당한 위업이었던 그 일을 축하하기 위해서 "잉글랜드, 스코틀랜드, 아일랜드, 프랑스, 그리고 풀로웨이와 풀로룬의 국왕"이라고 자처했을 정도였다.*

육두구와 육두구화는 극도로 희귀한 까닭에 가장 가치가 높은 향신료였다.** 두 가지 모두 미리스티카 프라그란스(*Myristica fragrans*)라는 나무에서 나오는 것이었는데, 이 나무는 보르네오 섬과 뉴기니 섬 사이, 그러니까 오늘날의 인도네시아에 해당되는 지역에 있는 수많은 섬들 중에서도 유독 반다 해에 깎아지른 듯이 솟아오른 아홉 군데 작은 화산섬의 낮은 산비탈에서만 발견되었다(왜냐하면 다른 섬들에는 육두구 나무의 성장에 적절한 흙과 소기후[小氣候]가 없었기 때문이다). 도금양 나무의 일종에서 자라난 꽃봉오리를 말려 만드는 정향의 경우, 이와 유사하게 똑같은 섬들이 이어진 곳에서 북쪽으로 200마일쯤 떨어진 여섯 군데의 섬들에서만 생산되었다. 이곳이 바로 지리학계에서는 몰루카 제도라고 부르지만, 역사학계에서는 향료 제도라고 부르는 곳이다. 그런데 이 지역의 전체 모습을 조망해 보면, 인도네시아의 군도는 무려 73만5,000제곱마일의 바다 위에 1만6,000개의 섬들이 흩어져 있다. 그러니 이 가운데 열다섯 군데 섬의 위치가 유럽인들에게는 그토록 오랫동안 일종의 수수께끼로 남아 있었던 것도 무리는 아니었다.

이 모든 향료들은 상인들로 이루어진 복잡한 공급망을 통해서 유럽에 도착했으며, 상인들은 그 와중에 저마다의 이윤을 붙이게 마련이었다. 따라서 유럽 시장에 도착한 육두구와 육두구화의 가격은 극동에서 생산되어 처음 팔린 가격의 6만 배쯤으로 폭등했다. 그러니 이 공급망의 이쪽 끝에

---

* 일설에 따르면 '풀로웨이(Puloway)'와 '풀로룬(Puloroon)'은 인도네시아의 반다 해에 있는 '아이(Ai)'와 '룬(Run)' 섬이라고 한다. '풀라우(pulau)'가 인도네시아어로 "섬"이라는 뜻이므로, 결국 "아이 섬(Pulau Ai)"과 "룬 섬(Pulau Run)"이라는 인도네시아어를 발음대로 영어로 표기한 것이다 / 역주

** 육두구는 나무의 씨앗을 의미한다. 육두구화는 그 씨앗을 둘러싼 과육의 일부분을 말한다. 이 두 가지 중에서는 육두구화 쪽이 훨씬 더 희귀했다. 매년 수확되는 육두구의 양은 1,000톤이었지만, 육두구화는 겨우 100톤에 불과했기 때문이다.

있었던 사람들이, 차라리 중간 단계를 잘라내고 저쪽 끝과 직거래를 트는 편이 훨씬 더 낫겠다고 생각하는 것은 당연히 시간문제였다.

그리하여 위대한 탐험의 시대가 시작되었다. 크리스토퍼 콜럼버스라고 하면 초기의 탐험가들 중에서 가장 유명한 인물이지만, 그렇다고 가장 최초의 인물은 아니다. 그보다 5년 전인 1487년에 페르낭 둘모와 조앙 에스트레이토라는 탐험가들이 포르투갈을 출발해서 지도에도 나와 있지 않은 대서양으로 향했다. 이들은 이후 40일 내에 아무것도 발견하지 못하면 다시 돌아가기로 작정하고 있었다. 그러나 이후 그들의 모습은 두번 다시 볼 수 없었다. 알고 보니 적당한 바람을 만나지 못할 경우에 유럽으로 돌아가는 일은 결코 쉽지가 않았다. 콜럼버스의 진정한 업적은 양쪽 방향으로 마음껏 바다를 횡단할 수 있는 방법을 발견했다는 점이다. 비록 충분히 뛰어난 선원이기는 했지만, 그는 그 이외의 나머지 것들에는 끔찍할 정도로 서툴렀다. 특히 지리학에 서투르기 짝이 없었는데, 사실 그 분야에 대한 지식은 탐험가에게는 무엇보다도 더 필수적인 능력이었다. 그러니 이렇게 능력 부족인 사람이 이렇게 지속적인 명성을 역사에 남긴 경우를 찾기도 쉽지는 않다. 그는 8년 동안 카리브 해의 여러 섬과 남아메리카 해안을 돌아다닌 끝에, 자신이 지금 동양의 한가운데에 들어와 있으며, 해가 지는 저 어디인가에 일본과 중국이 있으리라고 확신해 마지않았다. 그는 쿠바가 섬이라는 사실을 결코 깨닫지 못했으며, 사실 그곳에 발 한번 딛지 않았다. 그리고 쿠바에서 북쪽으로 좀더 가면 훨씬 더 큰 땅덩어리가 있다는 사실도 전혀 몰랐다. 그 땅덩어리가 오늘날의 미국인데, 이상하게도 많은 사람들은 지금까지도 콜럼버스가 미국을 발견했다고 잘못 알고 있는 실정이다. 그는 아무런 가치도 없는 황철광을 금으로 잘못 알고 선창에 잔뜩 쌓아놓기도 했다. 그런가 하면 그가 계피와 후추라고 믿어 의심치 않았던 두 가지 물건이 있었는데, 알고 보니 첫 번째 물건은 아무런 가치도 없는 나무껍질에 불과했고, 두 번째 물건은 후추(pepper)가 아니라 고추(chilli pepper)였다.

만약 나중의 물건을 한 주먹 입에 넣고 씹어본 사람이라면, 약간의 눈물과 함께 두 가지가 어떻게 다른지를 확실히 파악하고도 남았을 것이다.

콜럼버스를 제외한 나머지 모든 사람들은 신대륙 발견이 향신료 문제의 해결책이 아니라는 것을 충분히 간파했다. 그리하여 1497년에 바스코 다 가마는 포르투갈의 후원을 받아 다른 길을 통해서, 즉 아프리카 남부를 우회해서 동양으로 가기로 작정했다. 얼핏 듣기에는 쉬워 보이지만, 이것은 상당히 어려운 일이었다. 계속해서 반대 방향으로 밀려오는 바람과 해류 때문에, 남쪽으로 항해하는 선박이 해안선을 줄곧 따라가는 것은 생각만큼 쉽지가 않았다. 결국 가마는 우선 대서양 한복판으로 한참 나아간 다음—자신은 미처 몰랐겠지만, 그는 거의 브라질 가까이까지 다가가 있었다—거기서 서풍을 받아 아프리카 남쪽의 곶을 돌았다. 이것은 진정으로 서사시적인 항해였다. 유럽인 중에 어느 누구도 이렇게 멀리까지 배를 타고 나온 적은 없었다. 가마의 선단은 한때 무려 3개월 동안이나 육지를 전혀 보지 못하고 항해하기도 했다. 이것은 괴혈병이 사실상 처음 발견된 항해이기도 했다. 그 이전까지만 해도 이렇게 오래 지속된 항해가 없었기 때문에, 괴혈병 증상이 목격되지도 않았던 것이다.

이 항해를 통해서 해운업계에는 두 가지의 불운한 전통이 도입되었다. 하나는 아시아에 매독이 전파된 것으로—그로부터 불과 5년 전에 콜럼버스의 부하들이 아메리카에서 유럽으로 이 질환을 전파했다—이로써 이 질환은 그야말로 국제적인 것이 되었다. 또 하나는 무고한 사람들에 대한 극도의 폭력이 서슴없이 자행되었다는 것이었다. 바스코 다 가마는 놀라울 정도로 악랄한 인간이었다. 한번은 수백 명의 남녀와 어린이가 탄 무슬림 선박을 나포해서, 승객과 선원을 붙잡아놓고 가치 있는 물건을 모조리 빼앗은 다음—전혀 불필요하고 섬뜩하게도—그 배에 불을 질러버렸다. 가마는 가는 곳마다 만나는 사람들을 학대하고 학살했으며, 발견의 시대 전체의 특징인 동시에 비극이었던 불신과 잔혹한 폭력의 풍조를 정립했다.

가마는 살아 생전에 향료 제도에는 도착하지 못했다. 다른 대부분의 사람들처럼 그는 동인도 제도가 인도에서 약간 동쪽으로 떨어져 있을 뿐이라고 생각했지만—물론 동인도 제도라는 이름 자체가 그래서 나온 것이었다—사실 그곳은 인도에서 **훨씬** 더 멀리 떨어져 있었다. 워낙 멀리 떨어져 있다 보니, 거기까지 도달한 유럽인들 사이에 차라리 이 정도 거리를 반대편으로 돌아갔다면 지금쯤은 아메리카 대륙 너머로 가고도 남지 않았을까 하는 의문이 제기되기 시작했다. 만약 그렇다면, 향신료가 있는 동인도 제도까지 가는 여정에서는 오히려 서쪽으로 향하는 편이 훨씬 더 쉬울 것처럼 생각되었다. 즉 기존의 방법대로 아프리카를 우회해서 인도양을 가로지르는 것이 아니라, 콜럼버스가 최근에 발견한 새로운 땅을 지나가는 것이었다.

1519년에 페르디난드 마젤란은 다섯 척의 물이 줄줄 새는 배를 이끌고—용기가 넘치기는 했지만, 심각하다 싶을 정도로 자금 지원이 부족한 모험이기도 했다—서쪽 항로를 찾기 위한 탐험에 나섰다. 그는 아메리카와 아시아 사이에 이제껏 누구도 상상해본 적이 없었던 크고 텅 빈 바다가 있다는 것을 발견했다. 바로 태평양이었다. 역사상, 부자가 되려는 욕망을 추구하는 과정에서 1521년에 태평양을 횡단할 당시의 페르디난드 마젤란과 그의 부하들만큼 심한 고통을 받았던 사람들이 또 있을까? 식량을 모두 써버린 상황에서 이들은 역사상 가장 밥맛 떨어지는 요리를 고안해냈다. 바로 쥐똥과 톱밥을 섞은 것이었다. "우리는 비스킷을 먹었는데, 사실은 비스킷이 아니라 벌레가 우글거리는 비스킷 가루에 불과한 것이었다." 당시 항해에 참가한 한 선원은 이렇게 기록했다. "쥐 오줌으로 냄새가 고약했다. 우리는 오래 전부터 썩은 냄새가 고약했던 노란 물을 마셨다. 또 우리는 활대 꼭대기를 감싼 쇠가죽을 벗겨내서 먹었다.……우리는 갑판에서 나온 톱밥도 종종 먹었다." 이들은 신선한 식품이나 물조차도 없이, 3개월 20일을 항해한 끝에 괌의 해안선을 발견하고 휴식을 취했다. 이 모두가 말린 꽃봉오리, 나무껍질, 다른 냄새 좋은 부스러기 약간을 선창에 채워넣기 위해서 벌인 모험이었다.

결국 260명의 선원들 가운데서 항해를 무사히 마치고 돌아온 사람은 18명에 불과했다. 마젤란은 필리핀에서 토착민과 싸우다가 피살되었다. 그러나 나머지 18명은 이 항해 덕분에 큰 부를 거머쥐게 되었다. 향료 제도에서 이들은 5만3,000파운드의 정향을 실어왔는데, 유럽에 도착하자 무려 2,500퍼센트나 높은 가격에 판매되었기 때문이다. 아울러 이는 최초의 세계일주이기도 했다. 마젤란의 항해가 가진 진정한 중요성은 단순히 최초로 지구를 한 바퀴 돌았다는 점이 아니라, 지구가 얼마나 큰지를 최초로 깨달았다는 점에 있었다.

비록 콜럼버스는 자기가 뭘 하고 있는지 제대로 모르고 있었지만, 그의 항해는 적어도 한 가지 면에서 다른 어떤 모험보다도 더 중요한 것으로 증명되었다. 우리는 그 사건이 벌어진 날짜도 정확히 알고 있다. 1492년 11월 5일, 쿠바에 상륙했던 그의 부하 두 사람이 이전까지 아메리카인 이외에는 어느 누구도 본 적이 없었던 물건을 가져왔다. "토착민들은 옥수수(maiz)라고 부르는 곡식의 일종인데, 맛이 상당히 좋았고, 굽거나 말리거나 가루로 만들어 먹었다." 바로 그 주일에 이들은 타이노족 인디언이 연기가 모락모락 나는 풀이 담긴 원통을 입에 물고, 연기를 가슴 깊숙이 빨아들이고는, 만족스러운 듯이 그런 행동에 관해서 말하는 것을 보았다. 콜럼버스는 그 특이한 물건도 함께 챙겨서 고국으로 가져갔다.

그리하여 인류학자들이 콜럼버스의 교환(Columbian Exchange)이라고 부른 과정이 시작되었다. 즉 식량과 다른 물건들이 신세계에서 구세계로, 또 반대 방향으로 이동된 것이었다. 최초의 유럽인이 신세계에 도달했을 무렵, 그곳의 농부들은 100여 가지 이상의 식용 작물을 수확하고 있었다. 그 가운데 몇 가지만 언급해보면, 감자, 토마토, 해바라기, 호박(marrow), 가지,

아보카도, 갖가지 콩과 호박(squash), 고구마, 땅콩, 캐슈, 파인애플, 파파야, 구아바, 얌, 카사바, 호박(pumpkin), 바닐라, 네 가지 종류의 고추, 초콜릿 등이 대표적이었다. 이 정도면 결코 적다고 할 수 없었다.

오늘날 전 세계에서 재배되는 농작물들 가운데 60퍼센트가량은 아메리카 대륙에서 유래한 것으로 추산된다. 이들 식품은 단순히 외국의 요리에 섞여 들어간 것이 아니었다. 그 식품 '자체'가 곧 외국의 요리가 되었다. 가령 토마토 없는 이탈리아 음식이라든지, 가지 없는 그리스 음식이라든지, 땅콩 소스 없는 태국과 인도네시아 음식이라든지, 고추 없는 카레라든지, 프렌치프라이와 케첩 없는 햄버거라든지, 카사바 없는 아프리카 음식이 있다고 한번 생각해보라. 세계의 동과 서를 막론하고, 아메리카 대륙의 식품들 덕분에 저녁 식탁에서 극도의 향상이 이루어지지 않은 곳은 없었다.

그러나 그 당시에 이런 사실을 예견한 사람은 없었다. 유럽인들이 겪은 아이러니는, 찾고자 하지도 않았던 이런 식품은 찾아낸 반면, 정작 찾고자 했던 것은 결코 발견하지 못했다는 점이었다. 그들은 향신료를 찾고 있었지만, 막상 신세계에는 그런 것들이 거의 없었다. 고추만큼은 예외적으로 풍부했지만, 워낙 맵다 보니 처음에는 이 향신료에 관심을 보이는 사람이 없었다. 신세계의 전도 유망한 상당수의 식품들은 아예 관심을 끌지 못했다. 페루의 토착민은 무려 150종의 감자를 키웠고, 이들 모두를 가치 있게 생각했다. 오늘날의 와인 애호가들이 포도의 종류를 일일이 구분하는 것처럼, 지금으로부터 500년 전의 어느 잉카인은 갖가지 종류의 감자를 일일이 식별할 수 있었다고 한다. 페루의 케추아어에서는 감자의 다양한 유형이나 상태를 가리키는 단어가 여전히 1,000가지나 남아 있다. 예를 들면 한타(hantha)는 오래 묵기는 했지만, 여전히 먹을 수 있을 만큼 신선한 감자를 말한다. 그러나 유럽인 정복자들은 이런 감자들 가운데 겨우 몇 가지만 고국으로 가져왔는데, 어떤 사람들은 그 몇 가지가 감자들 중에서도 가장 맛있는 종류는 결코 아니었다고 주장했다. 거기서 좀더 북쪽에 살던 아즈텍인은 아마란스를 특히 좋아했는데, 이 곡물에서는 영양가 높고 맛 좋은 곡분이 생산되었다. 멕시코에서 아마란스는 옥수수 못지않게 인기가 높은 식료품이었지만, 에스파냐인은 아즈텍인의 요리법—인신공양 의식 때에 피와 섞어서 반죽하는—을 보고는 아예 손도 대지 않으려고 들었다.

그런가 하면 아메리카인 역시 유럽인에게서 얻은 것이 상당수 있다고 말할 수도 있다. 유럽인이 밀려들기 전까지 중앙 아메리카에 살던 사람들이 보유한 가축화된 동물은 겨우 다섯 가지—칠면조, 오리, 개, 꿀벌, 연지 벌레*—에 불과했으며, 유제품은 아예 없었다. 유럽에서 온 고기와 치즈가 아니었다면, 오늘날 우리가 아는 멕시코 음식은 존재하지 않았을 것이다. 캔자스의 밀, 브라질의 커피, 아르헨티나의 쇠고기를 비롯해서, 상당수의 다른 식품들 역시 오늘날 존재하지 않았을 것이다.

이보다는 덜 바람직한 사실은, 콜럼버스의 교환 품목들 가운데에는 질병도 있었다는 점이다. 유럽에서 온 여러 질병에 면역력이 없었던 토착민들은 쉽게 병에 걸려서 "무더기로 죽어나갔다." 아마도 간염으로 추정되는 한 가지 질병만 해도, 매사추세츠 주의 해안 지역에 살던 토착민의 90퍼센트를 몰살시킨 것으로 추정된다. 오늘날의 텍사스와 아칸소 주에 살았던 강력한 인디언 카도족은 한때 20만 명이었던 인구가 1,400만 명으로 무려 99퍼센트 이상 감소했다. 오늘날의 뉴욕에서도 이와 유사한 전염병이 널리 퍼져서 인구가 5만6,000명으로 감소했다. 찰스 C. 맨의 섬뜩한 표현에 따르면, "양키 스타디움을 가득 채우지도 못할 정도의 숫자"였다. 질병과 살육으로 인해서 메조아메리카의 토착민 인구는 유럽과 접촉한 지 불과 한 세기만에 90퍼센트가 감소하고 말았다. 그 대신에 이들 토착민은 콜럼버스의 부하들에게 매독을 선사했다.**

---

* '연지 벌레(cochineal insects)'는 음료수와 우유, 아이스크림 등에 사용하는 천연 색소인 '코치닐 추출색소(cochineal extract)'의 원료가 되는 곤충이다/역주

** 아메리카 인디언 사이에도 매독은 있었지만, 이들이 겪는 고통은 비교적 적은 편이었다. 가령 유럽인이 홍역과 이하선염으로 겪는 고통이 비교적 적은 편이었던 것과 마찬가지였다.

시간이 흐르면서 콜럼버스의 교환은 또한 대대적인 인구의 이동, 식민지 건설, 언어와 종교와 문화의—때로는 강제에 의한—의 변화 등과 관계를 맺게 되었다. 향신료를 찾기 위한 콜럼버스의 실수투성이 모험에 비하면, 역사상 단 한 가지의 행위가 이처럼 세계를 깊이 변화시켜놓은 적은 또 없었다.

이 모두에는 또 한 가지의 아이러니가 있었다. 탐험의 시대가 한창 진행 중이었을 즈음, 향신료의 전성기도 결국에는 막을 내리게 되었다. 마젤란의 서사시적인 모험이 이루어진 지 20년쯤 뒤인 1545년, 잉글랜드의 전함 메리 로즈 호가 알 수 없는 이유로 인해서 포츠머스 해 인근의 잉글랜드 해안에서 침몰했다. 이 사건으로 무려 400명 이상이 사망했다. 20세기 말에 가서 이 배를 발굴한 해양 고고학자들은 거의 모든 수병이 검정 후추가 담긴 작은 꾸러미를 하나씩 지니고 있는 것을, 그것도 각자의 허리에 꽉 붙들어 매고 있는 것을 보고 깜짝 놀랐다. 이것은 그들의 가장 가치 있는 재산 가운데 하나였으리라. 1545년에 이르러서는 일개 수병조차도 제아무리 적은 양이나마 후추를 지니고 다닐 수 있게 되었다는 것은, 후추 자체가 극도로 희귀했던 시절이 끝이 났다는 의미였다. 이미 후추는 소금과 함께 가장 기본적이면서도 비교적 평범한 양념의 지위로 떨어지던 중이었던 것이다.

이후로 한 세기가량이나 더, 사람들은 보다 이국적인 향신료를 찾기 위해서 경쟁을 벌였으며, 때로 심지어 더 흔한 향신료를 놓고도 경쟁을 벌였다. 1599년, 80명의 영국 상인들은 후추 가격의 상승에 분격한 나머지, 그 시장을 일부분이나마 직접 차지하겠다는 생각으로 영국 동인도 회사를 설립했다. 이것은 제임스 왕에게 그 소중한 풀로웨이와 풀로룬 섬을 가져다 준 사건이었지만, 사실 영국은 동인도 제도에서 결코 큰 성공을 거두지는 못했다. 그리고 1667년에 브레다 조약에 따라서 이들은 그 지역에 대한 권리를 모조리 네덜란드에 양보하는 대가로, 북아메리카에 있던 별로 중요할 것도 없어 보이는 약간의 땅을 얻어냈다. 그 땅의 이름은 바로 맨해튼이었다.

그러나 그 즈음에 이르러서는 사람들이 향신료보다도 훨씬 더 많이 바라던 새로운 일용품들이 생겨났다. 그리고 이 일용품들을 향한 추구는 가장 예기치 못했던 방식으로, 이 세계를 훨씬 더 변화시키게 될 예정이었다.

II

"작은 애벌레들이 수없이 꿈틀거리는" 그 불운한 사건을 겪기 2년 전, 새뮤얼 피프스는 일기에 자기 일생의 분기점치고는 어딘가 단조로운 사건을 하나 기록했다. 1660년 9월 25일, 그는 새로 나온 뜨거운 음료를 난생 처음 마셔보고 나서, 일기에 이렇게 적었다. "그런 다음에 나는 차(중국산 음료)를 한 잔 시켰는데, 나로서는 처음으로 마셔보는 것이었다." 피프스는 그 음료가 마음에 들었는지 아니었는지 여부에 관해서는 언급해놓지 않았다. 이것은 참으로 아쉬운 일일 수밖에 없는데, 이것이 영어로 작성된 글 가운데서 차 마시기에 대한 최초의 언급이었기 때문이다.

그로부터 한 세기 반 뒤인 1812년에 스코틀랜드의 역사가 데이비드 맥퍼슨은 『유럽의 대인도 교역사(*History of European Commerce with India*)』에서 피프스의 일기 가운데 차 마시기에 관한 대목을 인용했다. 이것은 상당히 놀라운 행동이 아닐 수 없었는데, 1812년 당시에만 해도 피프스의 일기는 그 존재가 세상에 전혀 알려지지 않은 것으로 추정되기 때문이다. 물론 그 일기는 옥스퍼드 대학교의 보들리 도서관에 소장되어 있었고, 따라서 원칙적으로는 누구나 열람할 수 있었다. 다만 어느 누구도 그 일기를 실제로 읽지는 않았을 까닭—적어도 그러하리라 추정되는 까닭—은 그 일기가 그 당시까지만 해도 전혀 해독되지 않았던 일종의 개인 암호로 적혀 있었기 때문이다. 도대체 어떻게 맥퍼슨이 그 은밀한 필기체로 빽빽하게 작성된 여섯

권의 일기 중에서 마침 자기에게 필요한 대목을 발견해서 해독할 수 있었는지, 그리고 도대체 어쩌다가 애초에 그 책을 들여다보기로 작정했는지는 어느 누구도 대답할 수 없는 수수께끼이다.

마침 옥스퍼드 대학교 모들린 칼리지의 학장이었던 조지 네빌 목사가 맥퍼슨의 책에서 지나치듯이 언급된 피프스의 일기 관련 대목을 보고는, 그 일기에 어떤 내용이 더 들어 있는지 알아보아야겠다는 생각을 품었다. 피프스는 영국 역사에서도 상당히 중대한 시기—왕정복고, 전염병의 마지막 대유행, 1666년의 런던 대화재 등이 있었던 시기—에 살았던 인물이므로, 그 내용은 상당히 흥미로울 것도 같았다. 그는 똑똑하지만 가난한 학생 존 스미스를 불러서 그 암호를 해독해서 필사해오라는 지시를 내렸다. 스미스는 3년이 걸려서 그 임무를 완수했다. 그 결과 영어로 작성된 것들 중에서 가장 유명한 일기가 세상에 모습을 드러냈다. 만약 피프스가 그 차 한 잔을 마시지 않았더라면, 그리고 맥퍼슨이 지루하기 짝이 없는 역사책에서 잠깐 언급하고 넘어가지 않았더라면, 네빌이 그다지 흥미를 느끼지 않았고 청년 스미스가 그다지 똑똑하지 않거나 열심인 성격이 아니었더라면, 오늘날 새뮤얼 피프스의 이름은 해군사를 연구하는 사람에게만 알려지고 말았으리라. 그리고 17세기 후반에 사람들이 어떻게 살았는지에 관해서 오늘날 우리가 알고 있는 것의 상당 부분은 전혀 알려지지 않았으리라. 결국 피프스가 그날 차를 한 잔 마신 것은 아주 훌륭한 일이었던 것이다.

그 시기에 그 계급에 속한 사람들이 대부분 그랬듯이, 피프스는 평소에 커피를 즐겨 마셨다. 물론 1660년에도 여전히 커피는 상당히 새로운 음료였지만 말이다. 영국인은 수십 년 동안 커피라는 것의 존재에 관해서 익히 알고 있었지만, 대개 외국에서 마시는 기묘하고 시커먼 음료라고만 알고 있었다. 1610년에 조지 샌디스라는 여행가는 커피를 가리켜서 "색깔은 검댕처럼 시커멓고, 맛도 거기서 크게 다르지 않은" 음료라고 묘사했다. 그 명칭도 상상할 수 있는 갖가지 것들로 표기되다가—'코아바(coava)', '카베

(cahve)', '카우페(cauphe)', '코파(coffa)', '카페(cafe)'—1650년경에 이르러 '커피(coffee)'로 정착되었다.

잉글랜드에서 커피의 인기에 결정적으로 기여한 인물은 파스쿠아 로제라는 남자였다. 시칠리아에서 태어났지만 혈통상으로는 그리스계인 그는 당시 터키의 스미르나(오늘날의 이즈미르)에서 영국인 무역상 대니얼 에드워즈의 하인으로 일했다. 에드워즈를 따라서 잉글랜드로 온 로제는 주인을 찾아온 손님들에게 커피를 대접했고, 이 음료가 상당히 인기 있는 것을 보고는 1652년에 런던 시내의 세인트 마이클 콘힐에 있는 교회 묘지 마당에 있는 창고에 카페를—런던에서는 최초로—차렸다. 로제는 커피가 건강에 유익하다는 점을 부각시켰고, 이 음료가 두통, "체액 유출", 헛배부름, 통풍, 괴혈병, 유산, 눈병, 기타 등등의 질환을 고치거나 예방해준다고 주장했다.

로제의 사업은 상당한 성공을 거두었지만, 영국에서 커피 제조업자로서 그의 전성기는 오래 지속되지 못했다. 1656년 직후의 언젠가 그는 "어떤 경범죄 때문에" 국외 추방을 당하기에 이르렀지만, 그 이유가 무엇인지에 관해서는 아무런 기록도 남아 있지 않다. 다만 알려진 사실이라고는 그가 갑자기 영국에서 떠나버렸으며, 더 이상은 종적을 알 수가 없었다는 것뿐이다. 그가 떠난 자리에는 다른 사람들이 금세 진입했다. 대화재가 일어날 즈음에, 런던에서는 무려 80군데 이상의 커피 하우스가 성업 중이었고, 이 도시에서의 삶에서 중요한 부분을 차지했다.

커피 하우스에서 판매되는 커피라고 해서 반드시 아주 좋은 커피는 아니었다. 영국에서 커피에 세금을 매기는 방식(갤런 단위) 때문에, 커피 하우스에서는 커피를 잔뜩 끓여서 식힌 상태로 통 속에 보관하다가, 손님이 오면 조금씩 덜어내서 덥혀서 내놓았다. 따라서 영국에서 커피의 인기는 그 음료 자체가 훌륭해서라기보다는 커피가 일종의 사교적 윤활유 역할을 하기 때문이었다. 사람들은 공통의 관심사를 가진 사람들을 만나기 위해서, 잡담을 하기 위해서, 최근의 잡지(journal)와 신문(newspaper)—이것 역시 1660년대 당시로서는 새로운 단어이며 개념이었다—을 읽기 위해서, 그리고 각자의 생활과 사업에 가치 있는 정보를 교환하기 위해서 커피 하우스를 찾았다. 세계가 어떻게 돌아가는지가 궁금할 때면, 사람들은 이런 의문을 해소하기 위해서 커피 하우스를 찾았다. 어떤 사람들은 커피 하우스를 마치 개인 사무실이라도 되는 듯이 이용했다. 롬바드 스트리트에 있는 로이드 커피 하우스(Lloyd's Coffee House)가 점차 발전하여 로이드 보험 시장(Lloyd's insurance market)이 된 것은 유명한 사례이다. 화가 윌리엄 호가스의 아버지는 오직 라틴어로만 이야기할 수 있는 커피 하우스를 열고자 했다. 그러나 이 사업은 크게—라틴어를 선호한 호가스 씨라면 "토토 베네(toto bene, 완전히 크게)"라고 말하지 않았을까?—실패했고, 결국 그는 불운하게도 채무자 형무소에서 여러 해 동안 머물러야 했다.

동인도 회사가 존재하게 된 원인은 사실 후추와 향신료였지만, 그 운명은 결국 차[茶]였다. 1696년에 소(小) 윌리엄 피트는 차에 대한 세금을 크게 줄이는 대신에 무시무시한 창문세를 도입했으며(차보다는 창문을 밀수하는 쪽이 훨씬 더 힘들 것이라는 논리적인 가정에 근거한 결정이었다) 이로써 차 소비에 끼친 영향은 그야말로 즉각적이었다. 1699년부터 1721년 사이에 차 수입은 1만3,000파운드에서 120만 파운드로 거의 100배나 늘었으며, 그로부터 1750년까지 30년 사이에 또다시 4배가 늘었다. 노동자들은 차를 꿀꺽꿀꺽 마셨고, 귀부인들은 우아하게 홀짝홀짝 마셨다. 사람들은 아침, 점심, 저녁마다 차를 마셨다. 역사상 최초로 계급을 막론하고 너도 나도 마신 음료였으며, 역사상 최초로 하루 가운데 그 의례적 지위—즉 차 마시는 시간—를 마련한 음료였다. 커피에 비하면 집에서도 만들기가 훨씬 더 쉬웠으며, 또다른 훌륭한 미각의 기쁨—즉 설탕—과도 잘 어울렸기 때문에 일반적인 임금 소득자도 충분히 감당할 수 있었다. 영국인은 다른 나라에서는 정말 유례가 없었을 (또는 심지어 불가능했을) 정도로, 우유를 섞은 달콤한 차를 매우 좋아하게 되었다. 한 세기 반 동안, 차는 동인도 회사의 핵심에 있었으며, 또한 동인도 회사는 대영제국의 핵심에 있었다.

모든 사람들이 곧바로 차의 매력에 푹 빠진 것은 아니었다. 시인 로버트 사우디는 시골에 사는 어느 귀부인의 이야기를 언급했다. 그녀는 도시에 사는 친구로부터 차를 1파운드 선물 받았는데, 그 당시에 차는 상당히 새로운 물건이었다. 이것을 도대체 어떻게 해야 하는지 몰랐던 그 귀부인은 우선 차를 솥에 넣고 끓인 다음, 그 잎사귀를 토스트 위에 펼쳐놓고 버터와 소금을 가미해서 친구들에게 대접했다. 이를 열심히 씹어 먹어본 친구들은 비록 흥미롭기는 하지만 자기네 입맛에는 그다지 어울리지 않는다는 평을 내놓았다. 그러나 그 외의 지역에서 차는 설탕과 나란히 인기를 얻었다.

영국인은 처음부터 설탕을 좋아했다. 헨리 8세 시대 즈음에 처음으로 설탕을 접한 직후부터 어찌나 좋아했던지, 거의 모든 음식에 설탕을 가미했다. 예를 들면, 계란에, 고기에, 심지어 와인에도 가미했다. 감자에도 뿌렸고, 채소에도 뿌렸고, 그것을 감당할 수 있는 사람은 아예 숟가락으로 퍼 먹기도 했다. 설탕은 값이 비쌌지만, 사람들은 이빨이 새까맣게 썩어들어갈 때까지 소비했고, 혹시 자연적으로 이빨이 새까맣게 되지 않을 경우에는 인공적으로라도 그렇게 만들었다. 그래야만 자기네가 얼마나 부유하고 놀라울 만큼 방종한지 모두에게 과시할 수 있기 때문이었다. 그러나 나중에는 서인도 제도에 있는 플랜테이션 덕분에 누구나 설탕을 충분히 살 수 있었으며, 사람들은 설탕이 차와 특히 잘 어울린다는 사실을 발견하게 되었다.

머지않아 영국인은 누구나 달콤한 차에 푹 빠졌다. 1770년에 영국인의 설탕 소비량은 1인당 20파운드에 이르렀으며, 그 가운데 대부분은 아마도 차에 넣는 것이었으리라(얼핏 듣기에는 상당한 양 같지만, 오늘날 영국인의 연간 설탕 소비량은 1인당 80파운드이며, 이것은 미국인의 설탕 소비량인 1인당 126파운드에 비하면 그리 많은 편도 아니다). 차는 커피와 함께 건강에 이득이 된다고 인식되었다. 특히 "내장의 고통을 진정시킨다"고 했다. 네덜란드의 의사 코르넬리우스 본테쾨는 충분히 원기왕성해지기 위해서 하루 50잔의—극도로 심한 경우에는 최대 200잔까지—커피를 마시라고 추천했다.

설탕은 또한 이보다는 덜 추천할 만한 발전에서도 큰 역할을 했다. 바로 노예무역이었다. 영국인이 소비하는 설탕의 거의 모두가 서인도 제도의 사유지에서 노예들이 생산한 것이었다. 우리는 흔히 노예제도를 전적으로 미국 남부의 플랜테이션 경제하고만 연관이 있는 것처럼 좁게 생각하는 경향이 있는데, 사실은 그곳 이외의 사람들 역시 노예제도 덕분에 부를 축적했다. 1807년에 인신매매가 폐지되기 전까지, 노예상인에게 팔려서 바다 건너로 끌려간 아프리카인은 모두 310만 명에 달했다.

차는 영국 본토뿐만 아니라 해외의 영국령에서도 마찬가지로 사랑받고 높이 평가되었다. 아메리카에서는 모두가 증오한 타운센드 관세의 일부로 세금이 매겨졌다. 1770년에는 차를 제외한 모든 물품에서 이 관세 적용이 철회되었는데, 이것은 치명적인 오판이었다는 것이 곧 드러났다. 유독 차에 대해서만은 관세를 계속 유지한 것은, 한편으로는 식민지 사람들에게 국왕에 대한 복종심을 상기시키기 위해서였고, 또 한편으로는 동인도 회사를 깊고도 갑작스러운 손실에서 구제하기 위해서였다. 이 회사는 갈수록 지나치게 채무가 많아졌다. 동인도 회사는 170만 파운드어치의 차를 쌓아두고 있었는데—썩기 쉬운 물건임을 감안해보면 막대한 분량이다—실제로 감당할 수 있는 것 이상으로 주주들에게 배당금을 지불함으로써, 회사의 상태가 건전한 것처럼 꾸미기 위해서 쓰고 있었다. 만약 재고를 줄이지 못할 경우에는 파산이 불가피할 것이었다. 이런 재난에 직면한 영국 정부는 아메리카에서의 차 판매에 대한 사실상의 독점권을 동인도 회사에 부여했다.

1773년 12월 16일, 80명가량의 식민지 사람들이 모호크족 인디언처럼 변장하고 보스턴 항구에 정박해 있던 영국 배에 올라가서, 342개의 차 상자를 열어젖히고 그 내용물을 갑판 너머 바다로 쏟아부었다. 얼핏 듣기에는 점잖은 파괴 행위처럼 보일 수도 있다. 그러나 그 정도 분량의 차라면 보스턴 주민들이 1년 내내 마실 수 있는 양이었고, 가격으로 환산하면 1만 8,000파운드에 달했다. 따라서 이는 중대하면서도 크나큰 범죄였으며, 그 일에 관련된 사람들은 누구나 그 사실을 알았다. 그 당시에 이 사건을 '보스턴 티 파티(Boston Tea Party)'라고 부른 사람은 아무도 없었다. 그 이름은 1834년에 가서 처음으로 사용되었다. 또한 오늘날의 미국인들이 종종 생각하는 것과는 달리, 이 군중의 행동을 온화하면서도 진취적이었다고 단정지을 수도 없다. 당시의 분위기는 끔찍스러울 정도로 추악했다. 이 사건에서 제일 불운했던 인물은 영국의 세관원 존 맬컴이었다. 그는 바로 얼마 전에 메인 주에 있는 집에서 끌려나와, 타르와 깃털 세례를 당했다. 이것은 무척 고통스러운 형벌이었는데, 뜨거운 타르를 맨살에 바르는 것도 포함되어 있었기 때문이다. 그나마도 뻣뻣한 솔을 가지고 발랐고, 그런 솔질만 해도 상당히 아플 수밖에 없었다. 게다가 최소한 한 번 이상은 가해자들이 피해자의 양쪽 발목을 붙잡고 거꾸로 들어서 타르 통에 푹 담갔다 꺼냈다. 타르 칠을 하고 나면 깃털을 피해자의 온몸에 뿌린 다음, 길거리로 끌고 다니며 행진을 시키고, 종종 구타를 하거나 심지어 교수형에 처하는 일도 있었다. 이처럼 타르와 깃털 세례는 유쾌하다고 할 만한 부분이 전혀 없었기 때문에, 생애 두 번째로 집에서 끌려나와서 일명 "양키 재킷"을 다시 한번 당하게 될 찰나에 맬컴의 심정이 어떠했을지는 능히 짐작이 갈 것이다. 일단 타르가 마르고 난 다음에도, 그것을 맨살에서 떼어내기 위해서는 여러 날에 걸쳐서 조심스레 손으로 뜯어내고 문질러야 했다. 맬컴은 화상을 입고 시커멓게 된 자기 피부의 일부분을 잉글랜드로 보내서, 상황이 이러하니 고국으로 돌아가게 해달라고 사정했다. 그의 청원은 받아들여졌다. 그러나 그 와중에 아메리카와 영국은 전쟁으로 향하는 길을 달려가고 있었다. 그로부터 15개월 뒤, 최초의 총성이 울려 퍼졌다. 당대의 어느 어설 픈 시인은 이렇게 썼다.

어떤 불만이, 어떤 무서운 사건이,
사소한 것에서부터 시작되었는가?
약간의 차를, 바다에 던짐으로써,
수천 명이 피를 흘리게 되었다네.

아메리카 식민지를 잃어버릴 상황에 처한 바로 그 시기에 영국은 또다른 방면에서도 차와 관련된 심각한 문제에 직면했다. 1800년에 이르러서 차는 국민적인 음료로 영국인의 영혼에 완전히 스며들어 있었으며, 그 수입량은 매년 230만 파운드에 달했다. 이 차는 거의 모두 중국에서 오는 것이었다. 이로써 막대하면서도 만성적인 무역 불균형이 초래되었다. 영국인은 인도 에서 생산한 아편을 중국에 판매함으로써 이 문제를 부분적으로나마 해결 하려고 들었다. 19세기에 아편 무역은 결코 무시할 수 없는 사업이었고, 단 순히 중국에서만 이루어지는 것도 아니었다. 영국과 아메리카에 살던 사람 들—특히 여성들—역시 아편을 상당량 복용했으며, 대개 의약품인 진통제 이자 아편제의 형식으로 사용했다. 미국의 아편 수입은 1840년에 2만4,000 파운드에서 1872년에 40만 파운드 이상으로 증가했으며, 그 대부분은 여 성이 소비했지만 크루프[급성 폐쇄성 후두염]의 치료제로 어린이에게 처방 된 경우도 상당수였다. 프랭클린 델러노 루스벨트의 외할아버지인 워런 델 러노도 아편 무역으로 상당한 재산을 축적했는데, 물론 루스벨트 가문에 서는 이 사실을 결코 남들 앞에서 자랑한 적이 없다.

중국 당국으로서는 끝없이 불만스럽게도, 영국은 중국인들을 설득해서 아편 중독자가 되도록 하는 데에 특히 실력을 발휘했고—사실 오늘날 대학교에서 마케팅 강의를 하려면, 영국의 아편 판매에 관한 이야기부터 시작해야 마땅하지 않을까?—결국 1838년에 이르러서 영국이 중국에 판매하는 아편의 양은 매년 500만 파운드에 이르렀다. 불행히도 이 정도만으로는 중국에서 차를 수입하는 데에 들어가는 막대한 금액을 벌충하기에는 여전히 부족했다. 분명한 해결책은 점차 확장되는 대영제국의 일부 따뜻한 지역에서 직접 차를 기르는 것이었다. 문제는 차 잎사귀를 맛좋은 음료로 만드는 복잡한 과정을 중국인이 항상 비밀로 엄수해왔다는 점이었다. 그래서 중국 이외의 지역에서는 어느 누구도 차 산업이 어떻게 운영되는지를 전혀 모르고 있었다. 바로 이때 로버트 포천이라는 주목할 만한 스코틀랜드인이 등장했다.

1840년대에 들어서 포천은 3년 동안 중국 각지를 여행했으며, 마치 중국인인 것처럼 변장하고 다니며 차 재배와 가공 방법에 관한 정보를 수집했다. 이것은 위험하기 짝이 없는 일이었다. 혹시 그 와중에 붙잡혔다면 십중팔구 감옥에 갇히고, 어쩌면 처형될 수도 있었다. 비록 중국어를 하나도 몰랐지만, 그는 마치 전혀 다른 사투리를 사용하는 먼 지방에서 온 사람인 것처럼 행세함으로써 그 문제를 해결할 수 있었다. 여행 동안에 그는 차 생산에 관한 비밀만 알아낸 것이 아니라, 또한 여러 가지 가치 높은 식물을 서양에 소개했다. 예를 들면, 비로야자와 금귤, 그리고 여러 가지 종류의 진달래와 국화 등이었다.

그의 지휘하에, 그 흥미롭고도 필연적인 해인 1851년부터 인도에서 차 재배가 시작되었고, 그 결과 2만 그루의 묘목과 삽목이 결실을 맺었다. 1850년에 그야말로 맨손으로 시작한 후 반세기가 지나자, 인도의 차 생산량은 매년 1억4,000파운드로 껑충 뛰었다.

그러나 동인도 회사는 영광의 시기에 갑작스럽고 불행한 결말을 맞았다. 이 갑작스러운, 그리고 전혀 예기치 못했던 사건은 바로 엔필드 P53이라는 신형 소총의 도입이었고, 그 시기는 대략 차 재배가 시작되었을 즈음이었다. 이 소총은 구형 장전 방식이었기 때문에, 총신을 통해서 화약을 집어넣어야만 했다. 화약은 기름종이로 만든 화약포에 담겨 배급되었으며, 이것을 입으로 깨물고 찢어서 사용하게 되어 있었다. 그런데 토착민 세포이—즉 인도인 병사—사이에서 그 화약포에 사용된 기름이 다름 아닌 돼지와 소의 지방이라는 헛소문이 돌기 시작했다. 이것은 돼지를 금기로 하는 무슬림 병사들과 소를 금기로 하는 힌두 병사들 양쪽 모두에게 무척이나 두려운 일이었는데, 이들의 교리에 따르면 비록 무의식중에라도 그런 지방을 섭취할 경우에는 자칫 영원한 천벌을 받을 수도 있었기 때문이다. 동인도 회사의 관료들은 이 문제를 놀라울 정도로 둔감하게 처리했다. 신형 화약포 만지는 것을 거부한 인도인 병사 몇 사람을 군법회의에 회부하고, 명령에 따르지 않는 다른 병사들에게도 처벌하겠다고 위협했다. 세포이 가운데 상당수는 이것이 자신들의 신앙을 기독교로 바꾸기 위한 음모의 일종이라고 확신하게 되었다. 불행한 우연의 일치로 인해서, 마침 그 당시에 인도에서 기독교 선교사들이 활동에 돌입했기 때문에 이런 의구심은 더욱 깊어만 갔다. 그 결과 벌어진 사건이 1857년의 세포이 반란이었으며, 이때 인도인 병사들은 수적으로 훨씬 열세였던 영국인 주인들에게 반기를 들어서 상당수를 살해했다. 칸푸르에서는 200명이나 되는 여성들과 아이들이 좁은 홀에 모여 있다가 난자당해서 죽었다. 다른 무고한 희생자들은 우물에 던져져서 익사했다고 전한다.

이 잔인한 사건 소식이 영국인의 귀에 들어가자, 신속하고 무자비한 보복이 뒤따랐다. 반란을 일으킨 인도인을 추적해서 체포한 다음, 공포와 참회를 불어넣을 수 있을 만큼 충분히 잘 계산된 방법으로 처형한 것이다. 심지어 한두 명은 대포에 넣어 발사했다는 기록도 있다. 정확히 알 수도 없이 많은 사람들이 총살되거나, 즉석에서 교수형에 처해졌다. 이런 모든 사건으로 인해서 영국은 심하게 동요했다. 사태가 진정되자마자 그 반란 사건에 관한 책이 무려 500권도 넘게 나왔을 정도였다. 결국 인도는 너무 큰 나라이고, 너무 큰 문제이기 때문에, 차마 사업가의 손에 맡겨둘 수 없다는 것이 공통된 의견이었다. 그리하여 인도에 대한 지배권은 영국 정부로 넘어갔고, 동인도 회사는 사라지고 말았다.

III

이 모든 식품들, 이 모든 발견들, 이 모든 끝없는 싸움들은 결국 잉글랜드로 돌아와서 식탁에서, 그리고 새로운 종류의 방—즉 식당(dining room)—에서 끝이 났다. 17세기 말까지만 해도 식당은 오늘날과 같은 의미를 획득하지 못했고, 이보다 더 늦게까지도 주택에서 일반화되지 못했다. 실제로는 새뮤얼 존슨이 1755년에 펴낸 사전에만 이 단어가 등재되었을 뿐이었다. 토머스 제퍼슨이 자택 몬티첼로에 식당을 마련했을 때에만 해도, 이는 상당히 대담한 일이었다. 그 이전까지 식사는 어떤 방이든지 자기가 편한 곳에서 작은 탁자에 놓고 먹었다.

식당이 존재하게 된 까닭은 전적으로 그 용도로만 사용되는 공간에서 식사를 하고 싶다는 갑작스럽고 보편적인 충동 때문이 아니었다. 그보다는 대체로 새로 구입한 소중한 천 씌운 가구가 기름때에 더럽혀지지 않도록 하려는 여주인들의 단순한 욕망 때문이었다. 앞에서 살펴본 것과 같이 그 당시에는 천 씌운 가구가 상당히 비쌌기 때문에, 이를 자랑스러워해 마지않은 집주인으로서는 누가 거기에 손가락을 문질러 닦기를 바라지 않던 것이다.

식당의 도래는 단순히 음식을 먹는 장소뿐만 아니라, 음식을 먹는 방식과 시간에서도 변화가 있었다는 것을 상징했다. 예를 들면 포크가 갑자기 일반화된 것도 그런 변화의 일환이었다. 물론 포크라는 물건 자체는 오래 전부터 있었지만, 그 진가는 아주 오랜 뒤에야 인정되었다. "포크(fork)"는 원래 농업용구를 지칭하는 단어였다. 그것이 음식과 관련된 의미를 가지게 된 것은 15세기 중반에 들어서였으며, 그때에는 조류나 육류의 고기를 칼로 썰기 위해서 누르는 데에 사용하는 커다란 도구를 가리킬 뿐이었다. 식사용 포크(eating fork)를 영국에 처음 도입한 인물은 셰익스피어 시대의 저술가이자 여행가인 토머스 코리에이트라는 인물인데, 그는 상당히 먼 거리를 걸어서 여행했다는 사실—한번은 인도까지 걸어갔다 온 적도 있었다—때문에 유명했다. 1611년에 그는 야심작인 『코리에이트의 미완성품(Coryate's Crudities)』이라는 저서를 내놓았는데, 여기서 자신이 이탈리아에서 처음 접한 디너용 포크(dinner fork)를 설명하고 크게 예찬했다. 이 책은 또한 빌헬름 텔이라는 스위스의 전설적인 영웅, 그리고 우산이라는 새로운 도구를 영국 독자들에게 처음 소개했다는 점에서도 주목할 만하다.

포크를 이용한 식사는 우스꽝스러울 정도로 까다로운, 그리고 남자답지 못한 것으로 여겨졌다. 나아가서 포크는 위험한 것으로도 여겨졌다. 처음에는 2개의 날카로운 날만 있었기 때문에 자칫하면 입술이나 혀를 찔릴 위험이 컸으며, 술을 마신 까닭에 조준 능력이 떨어지는 사람의 경우에는 더욱 그러했다. 제조업자들은 포크의 날을 몇 개로 하는 것이 좋을지 실험을 거듭한 끝에—최대 6개까지 만들어본 적도 있었다—19세기 말에 가서야 사람들이 사용하기에 가장 편리하다고 생각하는 포크의 날은 4개라는 결론을 내렸다. 왜 하필 4개가 최적의 안정감을 야기하는지는 딱 꼬집어 말할 수 없지만, 그래도 식기류의 심리학에서는 이것이 기본적인 사실인 것 같다.

19세기는 또한 음식이 제공되는 방식에서도 변화가 있었던 시기였다. 1850년대 이전에만 해도 음식 그릇은 거의 모두가 처음부터 식탁에 이미 차려져 있었다. 손님들이 식당에 들어서면 이미 음식이 기다리고 있는 식이었다. 그러면 손님들은 제일 가까이 있는 것부터 먹기 시작하고, 다른 음식 그릇을 이리 건네달라고 요청하거나, 아니면 하인을 불러서 저것을 가져다 달라고 시키곤 했다. 이런 방식의 식사는 전통적으로 세르비세 알라 프랑세즈(service à la française, 프랑스식 접대)라고 불렀지만, 이제는 코스에 따라서 음식을 식탁으로 가져오는 세르비세 알라 뤼세(service à la russe, 러시아식 접대)라는 새로운 방식이 도입되었다. 상당수의 사람들은 이런 새로운 접대 방식을 싫어했는데, 결국 모든 사람들이 똑같은 순서에 따라서 똑같은 순서로 모든 음식들을 다 먹어야 했기 때문이다. 만약 그중 한 사람이 늦게 먹으면, 결국 모두가 다음 차례를 늦게 먹을 수밖에 없었고, 그러다 보면 음식이 식어버렸다. 디너가 몇 시간씩 질질 끌게 되자, 상당수 사람들의 절주(節酒)에는, 그리고 거의 모두의 방광에는 크나큰 긴장이 가해지게 되었다.

19세기는 또한 지나치게 치장된 식탁의 시대이기도 했다. 공식 모임에 참석한 디너 손님 앞에는 메인 코스 동안에만 무려 9종류의 와인 잔이 놓였으며—디저트 때에는 더 많은 잔이 나왔다—그 앞에 놓여 있는 여러 가지 그릇을 공략하는 데에 필요한 은 식기류가 어지러울 정도로 많이 널려 있었다. 음식을 자르고, 털고, 찔러보고, 도려내고, 또 음식을 자기 접시로 털고, 또 자기 접시에서 입으로 가져가는 등에 사용되는 특화된 식사용 도구의 유형은 그야말로 무궁무진했다. 거기다가 다소간 전통적인 성격을 가진 갖가지 나이프, 포크, 숟가락까지 합치면, 디너 손님은 예를 들면, 치즈 국자, 올리브 숟가락, 거북 포크, 굴 포크, 초콜릿 젓개, 젤라틴 나이프, 토마토 접시, 그리고 갖가지 크기와 탄성을 가진 집게 등의 특화된 도구를 구별하고 이용하는 법을 알아야 했다. 어느 시점인가에 한 제조업체는 최소한 146가지의 서로 다른 식탁용 식기류를 제조하기도 했다. 흥미롭게도 이 요리 분야의 맹공격에서 살아남은 얼마 되지 않는 생존자 가운데 하나는 가장 이해하기가 어려운 것인데, 바로 생선 나이프였다. 그 가리비 모양의 도구에 과연 어떤 이득이 있는지, 또한 그 배후의 원래 의도가 무엇이었는지는 아무도 알 수 없었다. 그런가 하면 전통적인 나이프보다 생선 나이프를 이용해야만 더 잘 잘리는, 또는 뼈가 더 잘 발라지는 생선은 이제껏

지나치게 치장된 식탁의 사례. 디캔터, 클라레 병, 유리물병 등을 비롯한 식탁용 유리제품들. 비턴 여사의 『가정 관리서』 중에서

하나도 발견되지 않았다.

이 시기의 어느 책에 나온 표현대로, 식사는 "크나큰 시련"이 되었는데, 규범이 "워낙 많고, 세부사항이 워낙 미묘해서, 가장 주의 깊은 연구가 필요했다. 그중에서도 최악의 문제는 어떤 규칙이든지 간에 일단 한번 깨트렸다 하면 곧바로 그 사실이 드러났다." 규칙이 모든 행동을 지배했다. 예를 들면, 내가 와인을 한잔 마시고 싶다면, 누군가 함께 마셔줄 사람을 찾아야 했다. 어떤 외국인 방문객이 고향에 보낸 편지에서 이렇게 설명했다. "식탁 한쪽 끝에서 또다른 쪽 끝으로 급사가 다가와서는, A씨께서 함께 와인을 드시고 싶어한다고 B씨에게 말한다. 그러면 그 사람은 상대방과 눈을 마주쳐야 하는데, 때로는 그렇게 하는 데에도 상당히 힘이 든다.……일단 유리잔을 들어올리면, 함께 마시는 사람을 계속해서 바라보고, 고개를 숙이고, 최대한 엄숙한 태도로 마셔야 한다."

어떤 사람은 식탁에서의 행동 규범에 대해서 다른 사람보다 더 많은 도움을 필요로 했다. 한때 미국에서 가장 부유한 인물 중의 하나였지만, 그렇다고 가장 교양 있는 인물들 중의 하나는 아니었던, 존 제이콥 애스터는 어느 디너 도중에 갑자기 몸을 기울이더니, 자기 양손을 옆자리에 앉은 어느 귀부인의 드레스에 문질러 닦음으로써 손님들을 경악시켰다. 그 당시에 인기 있었던 미국의 지침서 『에티켓의 법칙 : 또는 사교계에서의 품행을 위한 간단한 규범과 생각(The Laws of Etiquette: or, Short Rules and Reflections for Conduct in Society)』에서는 독자를 향해서 "식탁보로 입술을 훔치는 것은 되지만, 식탁보에 코를 푸는 것은 안 된다"는 식의 지침을 제공했다. 또 어떤 책에서는, 교양 있는 사람들 사이에서는 남의 포크에 찍혀 있는 고기의 냄새를 맡는 것이 점잖지 못한 행동이라고 독자들에게 엄숙하게 상기시켰다. 또 이런 설명도 있었다. "일반적인 관습을 익히고 자라난 사람들 사이에서는 다음과 같은 관습이 일반적이다. 즉 수프는 숟가락으로 떠먹는 것이다."

식사 시간 역시 옮겨져서, 나중에 가서는 하루 중 언제도 어느 누군가의 식사 시간이 아닌 때가 없을 지경이 되었다. 식사 시간은 사교적 방문을 하고, 또 답례 방문을 해야 하는 번거롭고 종종 터무니없는 의무로부터 어느 정도 영향을 받았다. 규범에 따르면, 다른 사람의 집에 들를 수 있는 시간은 낮 12시에서 오후 3시 사이뿐이었다. 누군가가 들러서 명함을 남겨놓았는데 마침 집을 비운 상황이었다면, 에티켓에 따라서 바로 다음 날 그 사람 집으로 답례 방문을 해야 했다. 그러지 않는 것은 대단한 모욕으로 간주되었다. 결국 이는 사실상 대부분의 사람들이 오후 내내 다른 사람들을 따라잡기 위해서 쏘다녔고, 또다른 사람들 역시 이와 마찬가지로 생산적이지 못한 방식으로 또다른 사람들을 따라잡기 위해서 쏘다녔다는 뜻이다.

부분적으로는 이런 이유 때문에, 디너 시간은 점점 더 늦어졌지만—정오에서 오후 중반으로, 또다시 초저녁으로—이런 새로운 관습이 일관되게 받아들여진 것은 아니었다. 1773년에 런던을 방문한 어떤 사람은 일주일 사이에 여러 차례 디너에 초대되었는데, 각각 시간이 오후 1시, 오후 5시, 오후 3시, 그리고 "6시 반, 디너가 식탁에 차려진 시간은 7시"까지 제각각이었다. 그로부터 80년 뒤에 존 러스킨은 부모에게 자신은 오후 6시에 식사를 하는 것이 습관이 되었다고 전했고, 부모는 이 소식을 마치 무엇보다 방종하고 무모한 일인 것처럼 받아들였다. 그의 어머니는, 그렇게 늦게 식사를 하면 위험할 정도로 건강에 좋지 않다고 말했다.

디너 시간에 영향을 준, 또 한 가지 요인은 바로 연극 공연 시간이었다. 셰익스피어의 시대에 연극 공연은 오후 2시에 시작되었기 때문에, 용케 식사 시간을 피해가는 셈이었다. 이것은 예를 들면, 글로브 극장 같은 노천 공연장에서는 햇빛이 필요했기 때문에 생겨난 부득이한 조치였다. 일단 연극 공연이 실내에서 이루어지게 되자, 공연 시작 시간은 점점 늦어지고 또 늦어져서, 관객들은 이에 맞춰서 각자의 디너 시간을 조절해야 했다. 물론 그렇게 하는 과정에서 짜증과 분개도 분명히 있었다. 나중에 가서는, 더 이상 개인의 습관을 변경하기가 불가능했던 또는 못마땅했던 사교계 인사가 디너를 마칠 때까지 하인을 보내서 좌석을 대신 맡아놓도록 하고, 아예 제1막이 끝날 때까지는 극장에 가지 않는 일까지 생겼다. 이들은 다음의 막에 가서야—시끄럽고, 술에 취하고, 공연에 집중할 생각도 없이—모습을 드러냈다. 그로부터 대략 한 세대가 지날 때까지, 극단이 연극의 전반부를 공연하는 내내 객석에는 연극에는 관심도 없이 꾸벅꾸벅 졸고 있는 하인들이 수두룩했고, 후반부를 공연하는 내내 객석에는 도대체 연극 내용이 어떻게 돌아가는지도 모르는 매너 없는 주정뱅이들이 우글거리는 경우가 다반사였다.

1850년대에 이르러서 디너는 마침내 저녁 식사를 가리키는 말이 되었다. 여기에는 빅토리아 여왕의 영향이 있었다. 아침 식사와 디너 사이의 간격이 멀어지자, 하루의 중반쯤 되는 시간에 더 적은 식사를 만들어야 할 필요가 있었다. 이 식사를 가리키는 단어로는 "런천(luncheon)"이 제격이었다. 이 단어는 원래 어떤 덩어리, 또는 부분을 가리키는 데에 사용되는 말이었다(예를 들면, "치즈 한 런천[a luncheon of cheese]"이라는 표현에서처럼). 이 단어가 이런 의미로 처음 영어에서 기록된 것은 1580년의 일이었다. 1755년에 새뮤얼 존슨은 여전히 이것을 식품의 양을 나타내는 단위로 정의했으며—"사람이 한 손으로 움켜쥘 수 있을 만큼의 음식"—이후 한 세기가 넘는 기간 동안 천천히, 이 단어는 최소한도의 교양 있는 사람들 사이에서 하루의 중반쯤 먹는 식사를 가리키게 되었다.

여기서 비롯된 한 가지 변화는, 한때 사람들은 오전과 정오 시간에 칼로리의 대부분을 섭취하고 저녁 시간에는 약간의 보충 식사만을 하던 상황이었다가, 이제는 각각의 식사량이 이전과는 거의 반대가 되었다는 점이다. 즉 오늘날의 우리 대부분은 칼로리 가운데 어마어마한 양—슬프게도 딱 어울리는 표현이다—을 저녁에 섭취하며, 그 상태로 잠자리에 든다. 이것은 건강에는 매우 좋지 않은 습관이다. 결국 러스킨 부모의 견해가 맞았던 것이다.

제9장

지하실

I

만약 여러분이 1783년에, 그러니까 미국 독립전쟁이 끝난 시점에 살았다고 해보자. 그리고 옆에 있던 어떤 사람을 향해서 뉴욕이 언젠가는 전 세계에서 가장 큰 도시가 될 것이라고 예언했다면, 아마 여러분은 완전히 바보 취급을 받고도 남았을 것이다. 1783년에 뉴욕의 전망은 결코 유망해 보이지가 않았다. 다른 어떤 도시보다도 더욱 왕당파가 많았기 때문에, 전쟁을 겪으면서 이 새로운 공화국에서 이 도시의 입지에는 불리한 결과가 빚어졌다. 1790년에 그곳의 인구는 겨우 1만 명이었다. 그곳보다는 필라델피아나 보스턴, 심지어 찰스턴 쪽이 훨씬 더 분주한 항구였다.

그래도 뉴욕 주의 경우에는 한 가지 중요한 이점을 가지고 있었다. 대서양 쪽 바닷가와 거의 평행을 그리며 펼쳐진 애팔래치아 산맥을 통과해서 서쪽으로 향하는 관문이었던 것이다. 그 완만하게 굽이치는 산맥, 종종 약간 규모가 큰 언덕 정도에 불과한 그 산맥이 이주를 가로막는 만만찮은 장벽 노릇을 했다니, 솔직히 믿어지지 않을 수도 있다. 그러나 길이 2,500마일에 달하는 이 산맥에는 딱히 지나갈 만한 통로가 거의 없다 보니, 교역과 의사소통에도 상당한 장벽 노릇을 했던 것이 사실이다. 심지어 해안 지역에 살던 상당수의 사람들은 저 산맥 너머에 사는 개척자들이 결국에 가서는 일종의 실용적 필요성에 따라서라도 별도의 국가를 하나 만들 것이라고 믿어 의심치 않았다. 농부들의 경우에는 생산품을 배에 실어서 오하이오와 미시시피 강을 따라서 뉴올리언스까지 보낸 다음, 또다시 플로리다를 돌아서 대서양 연안의 찰스턴이나 다른 동쪽 항구들 가운데 한 곳에 도착하도록 만드는 편이 더 유리했다. 그 총 거리는 무려 3,000마일이 넘었지만, 그래도 육로로 산맥을 넘어서 300마일을 가는 것보다는 더 나았던 까닭이었다.

그러나 1810년에 당시 뉴욕 시장이었으며 머지않아 뉴욕 주지사가 될 예정이었던 드윗 클린턴이 한 가지 아이디어—상당수의 사람들이 미쳤다고, 아니면 망상에 사로잡힌 것이 분명하다고 여겼던—를 내놓았다. 그가 제안한 아이디어는 뉴욕 주를 관통하여 이리 호수까지 이어지는 운하를 만들자는, 그렇게 해서 뉴욕 시를 오대호, 그리고 그 너머의 비옥한 토지와 연결시키자는 것이었다. 사람들은 이를 가리켜서 '클린턴의 폴리(Clinon's Folly)'*라고 불렀는데, 그것도 놀라운 일은 아니었다. 운하는 곡괭이와 삽으로 파내야 했고, 너비는 40피트가 되어야 했으며, 거친 황무지를 지나서 363마일이나 이어져야 했다. 모두 83개의 갑문이 필요했고, 각각의 갑문은 길이가 90피트나 되었는데, 고도의 변화에 맞추기 위해서라고 했다. 그러나 어떤 구간에서는 평균 경사도가 기껏해야 1마일당 1인치도 되지 않았다. 이 정도의 어려움에 근접한 운하는 당시 미국의 정착지 어디에서도 시도된 일이 없었고, 미개척지에서는 더더욱 시도된 일이 없었다.

문제는 이것이었다. 그 당시에 미국인 중에는 운하 공사 경험이 있었던 기술자가 단 한 사람도 없었다는 것이다. 평소 같으면 야심을 바람직하게 여겼을 법한 토머스 제퍼슨조차도 이 아이디어 전체를 정신 나간 짓으로

---

* 보통은 "어리석음"이라는 뜻이지만, 건축에서는 "큰 돈을 들여서 만드는 쓸모없는 건축물"이라는 뜻도 있다. 371쪽을 참고하라/역주

간주했다. "그야말로 경이로운 프로젝트이며, 아마 지금으로부터 한 세기 뒤라면 실행될 수 있을 것이다." 그는 이 계획을 검토한 뒤에 이렇게 말했지만, 곧바로 한마디 덧붙였다. "현재 상황에서 이런 일을 생각한다는 것은 광기에 가깝다." 제임스 매디슨 대통령도 연방 차원의 후원을 거절했는데, 마음 한구석에는 상업의 무게 중심을 계속해서 더 남쪽에 두고 싶은, 그리고 구 왕당파의 본거지에서는 가급적 멀리 두고 싶은 의향이 있었을 것이다.

그리하여 뉴욕 쪽에 남은 선택의 여지는 독자적인 힘으로 운하 공사를 시작하느냐, 아니면 없던 일로 하고 넘어가느냐였다. 막대한 비용과 위험, 그리고 공사에 필수적인 기술의 거의 완전한 부재에도 불구하고, 뉴욕 쪽에서는 이 프로젝트를 독자적으로 강행하기로 결정했다. 공사의 책임자로 4명—찰 브로드헤드, 제임스 게디스, 네이선 로버츠, 벤저민 라이트—이 지명되었다. 그중 3명은 판사였고, 나머지 1명은 교사였다. 이들 중 어느 누구도 실제 운하를 본 적이 단 한번도 없었으며, 그것을 만들려고 시도한 적은 더더욱 없었다. 그들이 단 한 가지 공통적으로 가지고 있었던 것은 약간의 측량사 경험뿐이었다. 그러나 독서와 의논, 그리고 영감을 얻은 실험 등을 통해서 어찌어찌 한 끝에, 이들은 신세계에서 이루어진 것들 가운데 가장 거대한 공학 프로젝트를 설계하고 감독했다. 이들은 역사상 최초로, 운하를 하나 건설함으로써 결국 운하를 하나 건설하는 법을 배우게 된 사람들이기도 했다.

공사 초기부터 한 가지 문제가 자칫 전체 사업의 실행 가능성을 위협할 수 있다는 사실이 명백해졌다. 바로 수경 시멘트가 없다는 점이었다. 운하의 방수를 위해서는 50만 부셸의 수경 시멘트가 필요했다(1부셸은 32US쿼트 또는 약 35리터에 해당했으므로, 50만 부셸은 정말 어마어마한 양이었다). 혹시 어느 구간에서 물이 밖으로 새나온다면 운하 전체에 큰 재난이 될 것이 뻔했으므로, 이것은 반드시 바로잡아야 하는 문제였다. 불행히도 이 문제를 극복할 방법을 아는 사람은 아무도 없었다.

바로 그때, 캔버스 화이트라는 이름의 젊은 피고용인이 자비를 들여 잉글랜드까지 가서 방법을 알아보겠다고 자원했다. 이후 1년가량이나 화이트는 영국 방방곡곡을 걸어다니며—그 총 거리는 2,000마일에 달했다—그곳의 운하를 조사하고, 어떻게 건설하고 관리하는지를 모조리 배웠으며, 특히 방수 부문을 눈여겨보았다. 때마침 영국에서는 파커의 로마 시멘트—앞서 우리가 살펴보았던 것처럼, 건축용 자재로서의 강도가 워낙 부족한 까닭에 결국 윌리엄 벡퍼드의 폰트힐 애비가 무너지는 데에 결정적인 역할을 담당한 물건—가 수경 시멘트로는 상당히 유용하다는 의외의 사실이 밝혀졌다. 그러나 발명가인 그레이브센드의 파커 목사는 이 시멘트 덕분에 부자가 되지는 못했는데, 이 물건을 만든 지 1년 만에 자기 특허를 매각해버렸기 때문이다. 그 이후에 그는 아이러니컬하게도 미국으로 이민을 갔고, 머지않아 그곳에서 사망했다. 그러나 그의 시멘트는 1820년대에 더 훌륭한 시멘트가 생산될 때까지 상당히 잘 팔려나갔고, 캔버스 화이트에게도 이와 유사한 미국산 재료를 이용할 수 있으리라는 희망을 주었다.

점착의 과학적 원리에 관한 지식으로 무장하고 고국으로 돌아온 화이트는 여러 가지 자연산 재료를 가지고 실험을 실시한 끝에, 심지어 파커의 시멘트보다도 훨씬 더 훌륭한 합성품을 만들게 되었다. 이것은 미국 기술사에서 위대한 순간이었으며—실제로 이것은 미국 기술사의 시작이나 다름없었으며—화이트에게 부와 명성을 가져다주어야 마땅할 만한 사건이었다. 그러나 실제로는 그렇지 않았다. 특허에 따르면 화이트는 이 시멘트가 1부셸 판매될 때마다 4센트의 로열티—상당히 적은 금액이 아닐 수 없는—를 받기로 되어 있었지만, 정작 제조업체들은 그에게 이익을 나눠주는 것을 거절했다. 그는 소송을 걸었지만, 결코 그에게 유리한 판결을 끌어낼 수는 없었다. 결국 그는 장기간의 빈곤을 겪었다.

그 와중에 제조업체들은 이제 세계 최고의 수경 시멘트를 생산함으로써 부자가 되었다. 화이트의 발명에 상당 부분 힘입어서 운하는 상당히 일찍, 그러니까 착공 8년만인 1825년에 개통되었다. 운하는 시작부터 큰 성공을 거두었다. 운하를 이용한 선박은 매우 많았고—첫 해에만 1만3,000척에 달했다—어느 관찰자의 보고에 따르면, 그 당시에는 한밤중이면 야간 항행등이 마치 물 위의 반딧불처럼 보였다고 한다. 운하 개통과 함께, 버펄로에서 뉴욕 시까지 밀가루를 운송하는 데에 드는 비용은 1톤당 120달러에서 1톤당 6달러로 떨어졌고, 운송 기간은 3주일에서 1주일이 약간 넘는 정도로 단축되었다. 운하가 뉴욕의 운명에 끼친 효과는 그야말로 막대했다. 미국의 주요 수출항으로서 뉴욕이 차지한 몫은 1800년에 10퍼센트에서 불과 반세기 만에 60퍼센트로 껑충 뛰었다. 더 놀라운 점은, 같은 시기 동안 그곳의 인구가 1만 명에서 무려 50만 명 이상으로 급증한 것이었다.

캔버스 화이트의 수경 시멘트를 제외한다면, 역사상 그 어떤 제조품도 한 도시의 운명을 이렇게 급격하게 바꿔놓지는 못했다(특히 이처럼 세상에 잘 알려지지 않은 물건이 그렇게 한 것은 전무후무한 일이었다). 이리 운하는 단순히 미국 내에서 뉴욕의 경제적 주도권을 확고히 해주었을 뿐만 아니라, 나아가서 전 세계에서 미국의 경제적 주도권을 확고히 해주었다. 이리 운하가 없었다면, 아마 미국 대신 캐나다가 북아메리카의 발전소 역할을 했을 것이다. 세인트로렌스 강이 오대호와 그 너머의 비옥한 토지로 이어지는 통로 역할을 해주기 때문이다.

그리하여 불운한 무명인사 캔버스 화이트야말로 뉴욕을 부자로 만들어준 인물일 뿐만 아니라, 나아가서 미국을 부자로 만들어주는 데에 크게 기여한 인물인 것이다. 1834년, 오랜 법적 분쟁에, 정확히 무엇인지는 알 수 없는 질환—아마도 폐병이 아니었을까—으로 크게 고생하던 그는 건강을 되찾기 위해서 플로리다 주 세인트어거스틴으로 갔지만, 도착한 지 얼마되지 않아서 그만 사망하고 말았다. 그는 이미 역사에서 깡그리 잊혀진 상태였고, 너무 가난한 나머지 미망인은 남편을 매장할 비용도 간신히 마련했다. 아마 이 사람의 이름을 듣는 것은 여러분도 이번이 처음이자 마지막일 것이다.

지금까지 이 모든 이야기를 늘어놓은 까닭은, 우리가 이미 지하실로 내려왔기 때문이다. 이 시기에 지어진 잉글랜드의 집들 대부분이 그렇듯이, 이곳은 이 오래된 목사관에서도 유독 마감되지 않아서 장식이 없는 공간이다. 원래 이곳은 석탄 창고로 사용되었다. 오늘날은 보일러, 여행가방, 철지난 운동용품, 여러 가지 종이상자—거의 열어본 적이 없기는 하지만 혹시 이 상자 속에 무려 25년 동안 고이 간직되어 있는 아기 옷 같은 것을 언젠가는 가지고 싶어할 만한 누군가가 있을지도 모른다는 생각에 이 집에서 저 집으로 이사 갈 때마다 항상 신경 써서 들고 다니는 물건—등이 이곳에 자리하고 있다. 아주 쾌적한 장소는 아니지만, 이를 벌충이라도 하듯이 이 집의 상부구조(上部構造)—즉 집을 떠받쳐주고, 하나로 유지해주는 것을 말하며, 그것이 바로 이 장의 주제이다—가 어떤지를 알려주는 미덕을 가지고 있다. 내가 굳이 이리 운하의 이야기를 구구절절 언급한 까닭도 그것이다. 즉 건축용 자재는 생각하는 것 이상으로 중요하며, 또한—감히 장담하건대—흥미롭다. 이것이야말로 종종 다른 책에서는 언급조차도 되지 않는 방식으로 역사를 만들어보는 데에 분명히 도움이 된다.

실제로 미국 초기의 역사는 건축용 자재의 부족에 대처하는 역사라고 해도 과언이 아니다. 한 세기 동안 자연 자원은 풍부한 것으로 유명했지만, 미국의 동부 연안에서는 독립적인 문명에 반드시 필요한 여러 가지 기본적인 일용품이 부족했다. 그중 하나는 석회석이었는데, 이는 최초의 식민지 개척자들도 곧바로 깨닫고 불만스러워했던 사실이었다. 잉글랜드에서 사람들은 석회석으로 벽을 쌓고, 거기다가 초벽—사실상 진흙과 막대기—을 발라서 상당히 튼튼한 집을 지을 수 있었다. 그러나 미국에서는 석회석이 없었기 때문에 (또는 1690년까지만 해도 전혀 발견되지 않았기 때문에)

식민지 개척자들은 말린 진흙을 가지고 벽을 쌓았고, 이는 끔찍스럽게도 내구성이 떨어졌다. 식민 개척의 처음 한 세기 동안, 한번 지어놓으면 10년 넘게 버티는 집은 무척 드물었다. 이 당시는 또한 소(小)빙하기이기도 했는데, 그 한 세기 정도의 기간 동안은 겨울이 매우 추웠고, 울부짖는 폭풍이 온대 지역을 덮쳤다. 1634년의 허리케인은 매사추세츠 주의 집 절반가량을 날려버렸다(말 그대로 번쩍 들어서 가져가버렸다). 사람들이 간신히 집을 다시 지어놓았을 무렵, 앞서와 비슷한 위력을 가진 또다른 폭풍이 몰아쳐서, "갖가지 집들을 전복시켰고, 다른 여러 집들도 껍질, 즉 지붕을 벗겨버렸다." 그 당시에 살았던 어느 일기 작가의 기록이다. 심지어 버젓한 건축용 석재도 찾아볼 수 없었던 지역이 상당수였다. 한번은 조지 워싱턴이 자택인 마운트 버논의 로지아(loggia)* 바닥에 간단한 판석을 깔려고 했는데, 그 재료를 구하기 위해서 결국 잉글랜드에 사람을 보내야 했다.

대신 미국에 많았던 건축용 자재는 나무였다. 유럽인이 신세계에 처음 도착했을 무렵, 그 대륙에는 대략 9억5,000만 에이커가량의 삼림이 있었다. 얼핏 보기에는 그야말로 무한히 많아 보였겠지만, 새로 온 사람들을 환영했던 이 숲은 첫인상처럼 무한한 정도까지는 아니었으며, 내륙으로 들어갈수록 더욱 그러했다. 동부 연안의 산맥 너머에는 이미 인디언들이 탁 트이게 만들어놓은 광활한 토지가 있었는데, 이들은 사냥을 더 쉽게 하기 위해서 숲의 관목 상당수에 종종 불을 질렀던 것이다. 오하이오 주에 도착한 초기 정착민들은 그곳의 숲이 원시림이라기보다는 잉글랜드의 공원 정도에 불과하고, 또한 나무와 나무 사이로 마차를 몰고 지나갈 수 있을 정도로 공간이 넉넉함을 깨닫고 깜짝 놀랐다. 인디언들이 효과적인 들소 사냥을 위해서 이런 공원들을 만들어놓은 것이었다.

식민지 개척자들도 나무를 열심히 소비하기는 마찬가지였다. 나무를 베

---

* 최소한 한쪽 이상이 트여 있는 방 또는 베란다나 갤러리 등의 구조물을 말한다/역주

어서 집과 헛간과 배와 울타리와 가구를 만들었으며, 양동이에서 숟가락에 이르는 갖가지 일용품을 만들었다. 난방과 요리를 위해서도 막대한 양의 나무를 태웠다. 초창기 미국의 생활을 연구하는 역사학자 칼 브리든보의 말에 따르면, 일반적인 식민지의 주택에서는 매년 장작을 15-20코드* 정도 필요로 했다. 결국 모두 합쳐서 높이 80피트, 너비 80피트, 길이 160피트의 장작더미이니, 이 정도면 터무니없이 많은 양이다. 여하간 분명한 사실은 나무가 신속히 소진되었다는 점이다. 브리든보의 말에 따르면, 롱아일랜드의 한 마을에서는 불과 14년 만에 사방을 둘러보아도 지평선상에 나무라고는 작대기 하나조차 보이지 않게 되었다고 하는데, 아마 다른 마을의 경우에도 상황은 마찬가지였을 것이다.

이외에도 상당한 면적의 토지가 농지와 초지로 개간되었으며, 심지어 도로도 말 그대로 널찍널찍하게 만들어졌다. 식민지 시대 아메리카의 도로는 과도하다 싶을 정도로 폭이 넓었으니—폭이 165피트에 달하는 경우도 드물지 않았다—한편으로는 누군가의 매복 공격이 불가능하게 하기 위해서였고, 또 한편으로는 시장까지 가축 떼를 용이하게 몰고 가기 위해서였다. 미국산 목재들 상당수는 유럽으로 수출되었으며, 특히 지붕널과 비늘판의 형태로 가공되어 수출되었다.** 제인 제이콥스가 『도시의 경제』에서 지적한 것처럼, 이 미국산 목재들 상당수는 런던 대화재 당시에 불타버렸다.

사람들은 흔히 미국의 초기 정착민들이 통나무집을 짓고 살았을 것이라고 생각한다. 그러나 이는 사실이 아니다. 그들은 통나무집 짓는 방법을 아예 몰랐다. 미국에 통나무집이 도입된 것은 18세기 말에 스칸디나비아 출신 이민자들이 들어오면서부터였고, 그때 이후로 급속히 유행했다. 통나

---

* 장작 1코드는 높이 4피트, 폭 4피트, 길이 8피트의 장작더미를 말한다/역주
** 비막이판자(weatherboard)를 미국에서는 찰싹판(clapboard)이라고 불렀다. 어째서 그랬는지는 아무도 알 수 없다. (저자의 의도를 살리기 위해서 '찰싹판'이라고 직역했지만, 우리말로는 그냥 '비늘판'이라고 한다. 즉 '비늘'처럼 판자를 겹쳐 대서 빗물이 흘러내리게 하는 용도이기 때문이다. '비막이판자'도 같은 의미이다/역주)

무집은 간단한 형태의 주택이지만—물론 그렇기 때문에 매력을 발산하는 것이기도 하다—그 제작 과정에도 물론 복잡한 단계가 있기는 했다. 즉 네 귀퉁이에서 통나무가 서로 딱 맞물리게 하기 위해서 사용하는 새김눈에는 몇 가지가 있었다. 가령 V자 새김눈, 안장꼴 새김눈, 마름모꼴 새김눈, 비둘기꼬리 새김눈, 반(半)비둘기꼬리 새김눈 등이었다. 지역에 따라서 이런 새김눈에 대한 선호에 약간씩 차이가 있었는데, 정확히 어째서인지는 아무도 설명할 수가 없다. 예를 들면, 안장꼴 새김눈은 최남부 주들을 비롯해서 위스콘신 중부, 미시간 남부 등의 주택에서 선호하는 방식이지만, 그 이외의 지역에서는 전혀 발견되지 않는다. 반면 뉴욕 주 사람들은 이른바 '가짜 모퉁이 짜기'*라는 새김눈 방식을 압도적으로 선호했지만, 다른 곳으로 이주하고 나서는 이 양식을 완전히 버렸다. 미국인의 이주 역사는 가령 어떤 새김눈 양식이 어디에 나타났느냐를 알아보는 방식으로 서술할 수도 있으며—물론 이미 그렇게 서술되었으며—어떤 사람들은 그 다양한 분포 패턴을 설명하는 일에 평생 매달리기도 했다.

미국의 식민지 개척자들이 처음 도착했을 당시에만 해도 이들을 반기며 우뚝 서 있었던 숲의 나무들이 얼마나 금세 낫으로 난도질당해서 없어졌는지를 생각해보면, 이보다 훨씬 땅도 좁고 사람도 많은 잉글랜드에서 목재의 부족이 만성적이고 심각한 문제였다는 것은 놀라울 것도 없다. 전설과 동화 덕분에 우리는 중세 잉글랜드가 어둡고 깊은 숲들로 에워싸여 있었다는 뿌리 깊은 대중적 이미지를 가지게 되었지만, 사실 그곳의 숲에는 로빈 후드와 그의 친구들 같은 무법자들이 숨어 있을 만큼 나무가 많지 않았다. 비교적 이른 시기, 그러니까 둠즈데이 북이 작성된 1086년에도 잉글랜드의 지방에서는 땅 가운데 고작 15퍼센트만이 숲으로 이루어져 있었다.

---

* 가로세로 벽을 이루는 통나무가 모서리에서 마치 깍지 낀 손가락처럼 비죽비죽 튀어나오게 그대로 내버려두는 방법을 말한다/역주

역사 내내 영국인은 상당수의 나무를 사용했고, 또 필요로 했다. 15세기의 어느 전형적인 농가 한 채를 짓는 데에만 330그루의 오크 목재가 들어갔다. 선박의 경우에는 더 많이 들어갔다. 넬슨의 기함인 빅토리 호의 경우, 대략 3,000그루의 다 자란 오크가 들어간 것으로 추정된다. 그 정도면 사실 웬만큼 큰 숲 하나에 해당한다. 오크는 또한 산업 공정에서도 대량으로 사용되었다. 오크 껍질을 개똥과 섞으면 가죽 무두질에 이용하는 재료가 되었다. 오크 혹[五倍子]—기생벌에 의해서 나무에 만들어진 일종의 신선한 상처—는 잉크의 원료로 사용되었다. 그러나 나무의 진짜 소비처는 바로 숯 산업이었다. 헨리 8세 시대에는 제철 산업에 필요한 숯을 생산하기 위해서 매년 200제곱마일의 숲이 사라졌고, 18세기 말에 이르자 그 숫자는 540제곱마일, 또는 이 나라의 전체 삼림의 약 7분의 1에 이르렀다.

대부분의 삼림에서는 정기적으로 벌채—즉 나무를 통째로 베는 것이 아니라, 웃자란 가지만 잘라내서 또다른 가지가 자라나게 하는 것—를 통해서 관리되었기 때문에, 매년 숲 하나를 완전히 쓸어버려서 평지로 만들거나 하는 일은 없었다. 사실 숯 산업계는 숲을 황폐화시킨 주범이 아니라, 숲을 보존하는 역할을 했던 것이다. 물론 그쪽에서 보존한 숲이라고 해야 거대한 원시림이라기보다는 야트막한 나무들로 이루어진 특성 없는 숲인 경우가 많았지만 말이다. 세심한 관리가 이루어진다고 하더라도, 나무에 대한 수요는 지칠 줄 모르고 상승하여 1500년대에 이르자 영국은 나무의 소비 속도가 보충 속도보다 더 빨라지게 되었고, 1600년에 이르자 건축용 목재의 공급이 극도로 부족하게 되었다. 이 시기에 잉글랜드에서 나타난 반(半)목조주택*은 목재의 풍부함이 아니라 부족함이 반영된 결과였다. 이것은 가뜩이나 희소한 자원을 집에 사용했다는 것을 집주인이 남들에게 과

---

* 완전 목조주택이 아니라 골조만 목재로 만들고 나머지 부분은 벽돌을 쌓고 회칠을 했기 때문에 이런 이름이 붙었다. 흰색 벽 위에 목재 골조가 굵은 선을 이루며 이리저리 뻗어 있는 것이 특징이다 / 역주

시하는 방법이었던 것이다.

어쩔 수 없이 사람들은 마침내 석재 쪽으로 눈을 돌렸다. 잉글랜드는 전 세계에서 가장 훌륭한 건축용 석재를 보유하고 있었지만, 그 사실을 자각하는 데에는 오랜 세월이 걸렸다. 로마 제국의 붕괴에서 초서의 시대에 이르기까지 거의 1,000년 동안, 목재는 잉글랜드에서 그야말로 불변의 건축용 자재였다. 오직 가장 중요한 건물들—가령 대성당, 궁전, 성, 교회처럼—만 석재를 사용했다. 노르만족이 도착했을 때, 잉글랜드 내에는 석재로 만든 주택이 단 한 채도 없었다. 그 당시에 거의 모든 사람의 발밑에 훌륭한 건축용 자재가 항상 놓여 있었다는 것을 생각해보면, 상당히 놀라운 일이 아닐 수 없다. 이는 상당히 오래가는 어란상 석회암(oolitic limestone)—즉 구형의 어란상암(oolith) 또는 입자를 많이 함유한 석회암을 말한다—으로 이루어진 커다란 벨트가 큰 호를 그리며 이 나라의 몸통을, 그러니까 남쪽 해안의 도싯에서 시작되어서 북쪽 요크셔의 클리블랜드 힐까지 가로지르고 있기 때문이다. 이것이 바로 쥐라기 벨트이다. 잉글랜드에서 가장 유명한 건축용 석재들—가령 퍼벡 대리석, 포틀랜드석, 바스와 코츠월드 구릉지대의 꿀색 석재 등—의 산지가 모두 이 벨트 안에 포함된다. 원시의 바다에서 밀려 올라온, 이 어마어마하게 오래된 돌들은 영국의 지형에 그토록 부드럽고 영원한 느낌을 부여한 결정적인 요소이다. 사실 잉글랜드의 건물들의 경우, 특유의 시간을 초월한 느낌은 분명히 환상에 불과한 데도 말이다.

석재가 더 자주 사용되지 않았던 이유는 값이 비싸기 때문이었다. 노동력이 들어가기 때문에 추출하는 값이 비쌌고, 어마어마한 무게 때문에 운반하는 값도 비쌌다. 수레 하나 가득 석재를 실어서 10내지 12마일쯤 가면 그 비용은 두 배로 껑충 뛰었으므로, 중세에 석재는 아주 멀리까지는 운반되지 못했다. 영국 전역에 걸쳐서 석재의 사용과 건축 양식이 그토록 놀랍게, 그리고 구체적으로 지역적 차이를 보이는 이유이다. 예를 들면, 큰 규모의 석재 건물—시토 회 수도원이라고 하자—하나를 짓기 위해서는 수레 4만 대 분량의 석재가 필요했다. 석재 건물은 말 그대로 경외감을 느끼게 했는데, 이는 워낙 크기도 했지만, 말 그대로 돌처럼 단단한 느낌을 주었기 때문이다. 석재는 힘과 부와 위엄의 과시였다.

일반 주택에서는 원래 석재가 거의 사용되지 않았지만, 18세기부터는 갑자기 유행이 일면서 심지어 오두막 같은 단순한 건물에서도 사용되었다. 불행히도 석회석 벨트 바깥에 있는 넓은 지역에서는 그 지방 특유의 석재가 없었고, 이 가운데에는 영국 내에서 가장 중요하면서 건물에 굶주린 도시가 하나 있었다. 바로 런던이었다. 그러나 런던 인근에는 철 성분이 풍부한 진흙이 상당히 많았고, 따라서 이 도시는 아주 오래된 건축용 자재 한 가지를 재발견했다. 바로 벽돌이었다. 인류가 벽돌을 사용한 지는 최소한으로 잡아도 6,000년가량 되는 것으로 추정되는데, 영국에서는 비교적 나중인 로마 시대에 도입되었으며, 그나마도 아주 훌륭한 벽돌은 아니었다. 로마인들은 다른 여러 가지 건축 기술들을 보유했음에도 불구하고, 유독 커다란 벽돌을 단단하게 잘 구워내는 기술은 가지고 있지 못했다. 그리하여 이들이 만든 벽돌은 사실상 타일에 가까울 정도로 얇았다. 로마인이 떠난 뒤 1,000년 동안, 잉글랜드에서는 벽돌이 거의 사용되지 않았다.

1300년경에 들어서 잉글랜드의 몇몇 건물에서 벽돌이 다시 나타나기 시작했지만, 이후 200년 동안은 토착 기술이 워낙 부족한 까닭에, 벽돌집을 지을 경우에는 네덜란드에서 벽돌 제조공과 벽돌 기술자를 초빙하곤 했다. 벽돌이 국산품 건축용 자재가 된 것은 튜더 시대[1485-1533]에 접어들어서였다. 예를 들면 햄튼 코트 궁전을 비롯한 대형 벽돌 건물들 상당수는 바로 이 시기에 지어진 것들이다. 벽돌에는 한 가지 대단한 장점이 있었다. 바로 현장에서 종종 만들 수 있다는 것이었다. 튜더 시대의 장원 저택에 흔히 딸려 있는 해자나 연못은 대개 벽돌을 만들기 위해서 진흙을 파낸 곳이다. 그러나 벽돌에는 여러 가지 단점도 있었다. 제대로 된 벽돌을 만들기 위해서는, 벽돌 제조공이 각 단계마다 한 치의 오차도 없이 일을 해야 했다. 우선 두 가지 또는 더 많은 종류의 진흙을 잘 섞어서 알맞은 농도로 만들어야만, 불에 구워도 뒤틀리거나 줄어드는 일을 방지할 수 있었다. 이렇게 준비한 진흙을 틀에 넣어서 벽돌 모양으로 만들고, 우선 2주일 동안 바람에 말렸다. 그런 다음에 가마 안에 벽돌을 차곡차곡 쌓아서 말렸다. 이런 단계 가운데 어느 하나에라도 결함이 있을 경우—가령 습기 함량이 너무 높았거나 가마의 온도가 적절하지 않았을 경우—에 결과는 불량 벽돌로 나타났다. 그리고 불량 벽돌은 매우 흔했다. 그리하여 중세와 르네상스 시대의 영국에서는 벽돌이 매우 높은 가치를 가지고 있었다. 이것은 새롭고 멋진 재료였으며, 대개는 가장 훌륭하고 가장 중요한 건물에만 사용되었다.

벽돌 만들기의 어려움을 가장 잘 보여주는 사례—또는 헛수고가 무엇인지를 가장 잘 보여주는 사례—는 아마도 1810년대에 목사이며 재치 넘치는 인물로 유명한 시드니 스미스가 요크셔의 포스턴 르 클레이에 자신이 사용할 목사관을 건축하는 과정에서, 거기 사용할 벽돌을 직접 만든 사건이 아니었을까 싶다. 그는 무려 15만 개의 벽돌을 굽고 나서야, 아무래도 그 요령을 터득할 수가 없을 것 같다고 실토했다고 전한다.

영국 벽돌의 황금기는 1660년부터 1760년까지의 한 세기였다. "이 시기에 나온 잉글랜드 최고의 사례들에서 나타나는 것보다 더 아름다운 벽돌 공사는 세상 어디서도 찾아볼 수가 없다." 로널드 브런스킬과 앨릭 클리프턴 테일러는 이 분야의 결정판 저서인 『잉글랜드의 벽돌 공사(*English Brickwork*)』에서 이렇게 썼다. 이 시기 벽돌의 아름다움 가운데 상당수는 바로 균일성의 미묘한 결여에서 비롯된다. 사실은 균일한 벽돌을 만드는 것이 아예 불가능했기 때문에, 이 시기의 벽돌에는 미묘한 색조—적분홍색에서 짙은 보라색까지—가 감돌았다. 벽돌에 나타나는 색깔은 진흙 속에 들어 있는 광물 때문이며, 대부분의 흙에 철 성분이 압도적인 까닭에 농도가 제각각인 붉은색이 드러나는 것이었다. 전형적인 런던의 노란색 스톡 벽돌*—유명한 벽돌의 명칭이다—의 색깔은 흙 속에 백악이 함유되어 있기 때문에 나온 것이다.

벽돌은 서로 엇갈리게 놓았는데, 그렇게 함으로써 수직 이음매가 직선을 이루지 않게 되고 (만약 직선을 이룬다면 결국 구조물이 약해졌다) 또한 여러 가지 양식이 생기게 된다. 이 모두는 근본적으로 견고성에 대한 고려에서, 또한 다양성과 아름다움을 제공하고자 하는 유쾌한 충동에서 비롯된 것이다. 잉글랜드식 벽돌쌓기는 한 줄을 오직 옆구리(벽돌의 측면에서 긴 쪽을 말한다)로만 쌓고, 그 다음 줄을 오직 대가리(벽돌의 측면에서 양 끝을 말한다)로만 쌓는 방식을 말한다. 플랑드르식 벽돌쌓기**는 잉글랜드식보다 훨씬 대중적이지만, 단순히 견고성이 더 높기 때문이라기보다는 더 경제적이기 때문이다. 즉 모든 전면에 벽돌의 옆구리만 보이게 쌓기 때문에, 벽돌이 더 적게 필요하다. 그러나 이것 말고도 여러 가지 다른 패턴이 있다. 가령 중국식 쌓기, 던식 쌓기, 잉글랜드 정원 벽식 쌓기, 십자 쌓기, 쥐덫 쌓기, 수도사 쌓기, 날림 쌓기 등이 있으며, 이 모두는 벽돌의 옆구리와 대가리를 저마다 다른 방식으로 배치하고 있다는 것을 가리킨다. 아울러 이런 기본적인 패턴에 추가적인 향상을 도모하는 방법으로는, 벽돌 몇 개를 약간 돌출시켜서 작은 계단처럼 만드는 것('내쌓기[corbelling]'라고 한다)이라든지, 또는 다른 색깔의 벽돌들을 삽입해서 마름모 패턴을 만드는 것('마름모무늬[diaper]'라고 한다) 등이 있다(그런데 후자의 경우에는 '기저귀[diaper]'와 이름이 똑같다. 그 유아용품이 원래는 마름모 패턴으로 엮어 짠 리넨으로 만든 것이기 때문이다).

섭정 시대[1811-1820]까지도 벽돌은 가장 멋진 주택을 짓기 위한 매우 훌륭한 건축용 자재였지만, 그 이후로는 갑자기 벽돌에 대한 냉대가 생겨

---

* 19세기와 20세기 초에 영국에서 사용된 수공품 벽돌을 말한다. '스톡(stock)'이라는 명칭의 유래에 대해서는 여러 가지 설명이 있지만 어느 것도 확실하지는 않다 / 역주
** '플랑드르식 벽돌쌓기(Flemish bond)'를 우리말에서는 '불식[프랑스식] 벽돌쌓기'라고 쓰지만 이는 잘못이다. 플랑드르(벨기에 북부)와 프랑스는 엄연히 다른 지명이기 때문이다 / 역주

낮으며, 특히 붉은 벽돌에 대해서는 냉대가 더했다. 석재에서 벽돌로의 "전이에는 뭔가 격한 것이 있었다." 아이작 웨어는 상당히 영향력 있었던 저서 『완벽한 건축물(Complete Body of Architecture)』(1756)에서 이렇게 말했다. 그의 말에 따르면, 붉은 벽돌은 "격렬하고 눈에 거슬리는……그리고 시골에서는 가장 부적절한 것이다." 정작 시골이 벽돌이 가장 많이 사용되는 지역이었다.

이로써 갑자기 석재가 건물 표면에 나타나도 용인할 만한 유일무이한 자재가 되었다. 조지 시대[1714-1830]에는 석재가 워낙 유행해서, 석재로 지어지지 않은 집의 소유주는 그 사실을 숨기기 위해서 갖가지 노력을 마다하지 않았다. 예를 들면 런던의 하이드 파크 코너에 있는 앱슬리 하우스는 원래 벽돌로 지은 것이었지만, 벽돌이 갑자기 유행에 뒤떨어지는 것이 되자 바스 석재로 겉을 에워쌌다.

미국은 벽돌의 갑작스러운 몰락에서 간접적이면서도 의외의 역할을 했다. 미국 독립전쟁 직후에 식민지에서 오는 세금 수익이 없어지는 한편, 그 전쟁으로 인해서 상당한 비용을 지출해야 했던 까닭에, 영국 정부는 자금이 급하게 필요했다. 그리하여 1784년에 상당히 과도한 벽돌세를 도입했다. 벽돌 제조업자들은 세금의 영향을 줄이기 위해서 벽돌을 이전보다 더 크게 만들었지만, 그렇게 만든 벽돌은 작업을 하기가 불편했기 때문에 오히려 전반적인 판매량은 더욱 감소했다. 그로 인한 세금 수익을 만회하기 위해서, 정부에서는 1794년과 1803년에 벽돌세를 무려 두 번이나 더 올렸다. 벽돌은 완전히 퇴락의 길로 접어들고 말았다. 유행이 지난 것으로 치부되었을 뿐만 아니라, 더 이상은 사람들이 구입할 여력조차 되지 못했기 때문이다.

문제는 이미 상당수의 건물들이 불가피하게 벽돌로 만들어져 있다는 점이었다. 영국에서는 간단한 수단을 통해서 집에 일종의 영구적인 짙은 화장을 했는데, 바로 원래의 벽돌 표면 위에 크림색의 치장벽토(stucco)—석회석과 물과 시멘트를 섞어서 만든 일종의 외장용 석고로, 그 이름은 고대 게르만어의 스투키(stukki), 즉 "덮개"에서 유래했다——를 두텁게 바른 것이었다. 치장벽토가 마르면 잔금이 곱게 가기 때문에 마치 석재 덩어리처럼 보였다. 섭정 시대의 건축가 존 내시는 특히 치장벽토를 많이 사용했기 때문에, 다음과 같은 유명한 풍자시가 나오기도 했다.

그러나 우리의 내시는……아주 대단한 장인이 아닌가?
지을 때에는 온통 벽돌이지만, 짓고 나면 온통 석고뿐이니!

내시는 우리의 이야기에 등장하는, 그야말로 뜬금없이 나타난 여러 인물들 가운데 또 한 명이며, 그가 그토록 저명인사가 된 일은 어느 누구도 쉽게 예측하지 못한 일이었다. 그는 런던 남부에서 가난하게 자라났으며, 그다지 매력적인 외모는 아니었다고 전한다. 한 동시대인의 놀랄 만큼 잔인한 표현에 따르면, 그는 "원숭이와 비슷한 얼굴"이었다. 게다가 그의 성장 배경도 성공을 향하는 길을 쉽게 만들어주지는 못했다. 그러나 어찌어찌하여 그는 당대 최고의 건축가들 중 한 사람이었던 로버트 테일러 경의 사무실에서 훈련생으로 일하면서 귀중한 경험을 쌓게 되었다.

도제 기간을 다 채우고 시작된 그의 경력에서는, 대성공보다는 진취적인 모험심이 더욱 두드러졌으며, 적어도 초창기 경력에서는 분명히 그러했다. 1778년에 그는 블룸즈버리에 두 군데의 주택 단지를 설계하고 시공했는데, 이것은 런던에서 겉에 치장벽토를 바른 최초의 집들 가운데 하나였다(그러나 완전 '최초'까지는 아니었다). 안타깝게도 이 세상은 아직 치장벽토를 바른 주택을 받아들일 준비가 되지 않았고, 그리하여 그 집들은 팔리지 않았다(그중 한 곳은 무려 12년 동안이나 빈 집으로 남아 있었다). 이 정도의 실패라면 정상적인 상황에서도 충분히 힘겨운 것이었겠지만, 사실 그 즈음에 내시의 사생활은 터무니없을 정도로 갖가지 문제가 뒤범벅되어 있었다.

나이 어린 아내는 그가 생각했던 것만큼 좋은 결혼 상대가 아닌 것으로 드러났다. 그녀는 런던 곳곳의 옷가게와 모자가게마다 막대한 금액의, 갚을 수도 없을 만큼의 외상 거래를 해놓았으며, 덕분에 내시는 두 번이나 빚 때문에 체포되었다. 그뿐만 아니라 그가 이런 법적 곤란에서 벗어나기 위해서 발버둥치는 동안, 그녀는 그의 오랜 친구들 가운데 한 사람을 비롯한 다른 남자들과 열심히 놀아났다. 심지어 이들 부부 사이에서 태어난 두 아이는 결코 아빠의 얼굴을 닮지 않았다(게다가 두 아이의 얼굴조차도 서로 너무 달랐다).

파산에 직면한, 그리고 십중팔구 기분이 언짢았을 내시는 결국 아내와 아이들을 버리고—이들이 훗날 어떻게 되었는지는 알 수 없다—웨일스로 이주했다. 그곳에서 그는 새로운, 그리고 이전보다는 덜 야심적인 경력을 시작했으며, 그 지역에서 적당히 성공한 건축가로 있으면서 마을 공회당이나 여타의 관청 건물을 짓는 데에 만족하는 것처럼 보였다.

그의 삶에서 이렇게 몇 년이 흘러갔다. 그러다가 1797년, 그는 마흔여섯 살이라는 제법 지긋한 나이로 런던에 돌아와서, 자기보다 훨씬 젊은 여성과 재혼하고, 당시의 왕세자—훗날의 조지 4세—와 막역한 친구가 되었으며, 이로써 역사상 가장 중요하고 영향력 있는 건축가로서의 경력 하나를 새로이 시작했다. 이런 갑작스러운 변화의 원인이 무엇이었는지는 그때나 지금이나 여전히 수수께끼이다. 다만 그 당시에 널리 퍼진 소문들 가운데 하나는 그의 재혼 상대가 다름 아닌 섭정 왕세자*의 애인이었으며, 내시는 단지 일종의 눈가림에 불과하다는 것이었다. 이것이 아주 터무니없는 주장은 아닌 것이, 실제로 내시의 새로운 아내는 상당한 미인이었으며, 세월이 흐른다고 내시의 용모가 더 나아지지는 않았기 때문이었다. 그 자신의 말

* 조지 4세는 부왕인 조지 3세가 정신 질환으로 국정을 돌볼 수가 없게 되자, 1811년부터 왕세자 신분으로 섭정 노릇을 했고, 1820년에 부친이 사망하자 그 뒤를 이어서 국왕에 즉위했다/역주

에 따르면, 내시는 "뚱뚱하고, 땅딸막하고, 난쟁이 같은 체형에, 머리는 크고, 들창코에 작은 눈"이었다. 그러나 건축가로서의 내시는 그야말로 마법사가 따로 없었고, 새로운 경력의 시작과 함께 일련의 예외적으로 대담하고 자신 넘치는 건물들을 만들어냈다. 브라이턴에서 그는 마린 퍼빌리언이라는 이름의 근엄한 기존 건물을 브라이턴 퍼빌리언이라는 이름의, 화려한 돔이 마치 불꽃놀이를 연상시키는 건물로 개조했다. 그러나 진정한 변화는 바로 런던에서 이루어졌다.

역사상 어느 누구도—물론 제2차 세계대전 당시 런던을 폭격한 독일 공군은 예외라고 해야겠지만—이후 30년 동안 존 내시가 한 것처럼 런던의 외관을 크게 바꿔놓은 적은 없었다. 그는 리젠트 파크와 리젠트 스트리트를 만들었으며, 그 주위의 여러 거리와 도로를 만들었다. 덕분에 런던은 이전에 비해서 훨씬 더 근사하고 웅장한 모습이 되었다. 그는 옥스퍼드 서커스와 피카딜리 서커스도 만들었다.* 그는 버킹엄 하우스를 개조해서 훨씬 더 규모가 큰 버킹엄 궁전을 만들었다. 그는 트라팔가 광장도 설계했지만, 아쉽게도 그 완성까지는 보지 못하고 사망했다. 그리고 그는 자신이 지은 모든 건물들을 치장벽토로 덮었다.

II

앞에서 설명한 것처럼, 잉글랜드에서는 한때 벽돌이 자칫 영영 과소평가된 건축용 자재로 남을 위기에 처했다. 그러나 실제로는 그렇게 되지 않았는데, 한 가지 중요하면서도 의외의 문제가 생겨났기 때문이었다. 바로 대기오염이었다. 빅토리아 시대의 초기에 잉글랜드에서는 상당한 양의 석탄을 때고 있었다. 전형적인 중산층 가족은 매달 1톤가량의 석탄을 땠고, 19세

---

* 여기서 '서커스(circus)'란 여러 개의 도로가 사방에서 만나는 원형 광장을 말한다/역주

기에 영국에는 중산층이 상당히 많았다. 1842년에 이르자 영국은 서양 전체에서 생산되는 석탄의 3분의 2를 소비했다. 그로 인해서 런던에는 연중 상당 기간에 거의 빛이 통과하지 못할 정도의 어스름이 깔려 있었다. 셜록홈스가 등장하는 한 단편 소설을 보면, 홈스는 런던의 어느 담벼락에 적힌 글씨를 읽기 위해서—대낮인데도 불구하고—성냥불을 켜야만 했다. 심지어 길을 찾기도 힘든 나머지, 사람들이 담벼락에 부딪치거나 구덩이에 빠지는 일도 종종 있었다. 심지어 7명이 줄줄이 템스 강에 빠져버리는 유명한 사건도 있었다. 1854년에 조지프 팩스턴은 런던의 주요 철도 종착역들을 연결시켜주는 길이 11마일의 '그랜드 거들 철도'를 만들자고 제안했다. 그러면서 이 철도 위를 유리로 덮어서, 건강에 좋지 않은 런던 공기를 승객들이 마시지 않게 하자고 제안했다. 결국 이것은 저 바깥에 펼쳐져 있는 짙은 연기보다는 차라리 기차에서 나오는 짙은 연기를 마시는 쪽이 더 낫다는 이야기처럼 들린다.*

---

* 빅토리아 시대의 런던에 관한 우리의 시각적 이미지를 고정시키는 데에 그 누구보다도 더 기여한 인물을 한 사람 꼽자면 바로 프랑스의 삽화가 귀스타브 도레(Gustave Doré, 1833-1883)일 것이다. 그가 그린 런던 뒷골목 삽화는 이 책의 254쪽에 등장한다. 도레의 그림이 이 분야에서 상당한 권위를 행사한다는 것은 약간 의외라고 할 수 있는데, 그는 영어를 거의 한 마디도 못했으며, 심지어 영국에 오래 머문 적도 없었기 때문이다. 도레의 사생활은 약간 기묘한 구석이 있어서, 수많은 여배우들과 염문을 뿌리는 와중에도—그중에서도 가장 유명한 상대는 바로 사라 베른하르트였다—평생 어머니를 모시고 살면서, 어머니 방 옆의 작은 방에서 혼자 잠을 잤기 때문이다. 도레는 자신을 위대한 화가라고 생각했지만, 그를 제외한 세계의 다른 사람들은 그렇게 생각하지 않았고, 그는 결국 여러 책과 잡지의 삽화가로 큰 성공을 거두는 데에 만족해야 했다. 그는 특히 잉글랜드에서 매우 인기가 높았으며—심지어 메이페어에는 오직 그의 그림만 전시한 도레 미술관이 있었을 정도였다—지금은 런던의 생활, 특히 뒷골목의 지저분한 풍경을 그린 어두침침한 그림으로 유명하다. 사진이 발명되기 이전 19세기 런던의 모습에 관한 우리의 시각적 인상들 가운데 상당 부분이 이 한 사람의 삽화에 의존하고 있다는 것을 생각해보면 참으로 흥미롭기만 하다. 정작 이 삽화가는 파리의 자기 작업실에서 어디까지나 자신의 기억에 의지하여 그림을 그렸으며, 따라서 그중 상당 부분은 잘못되어 있기 때문이다. 당시 이 삽화와 함께 게재된 기사의 작성자인 블랜차드 제럴드는 삽화 내용의 여러 가지 부정확성 때문에 무척 절망했다고 전한다(혹시 '제럴드'라는 이름이 어딘가 익숙하다고 생각하실 독자가 있을지 모르겠다. 대박람회의 전시장을 '수정궁'이라고 처음으로 명명한 『펀치』의 언론인 더글러스 제럴드가 바로 블랜차드의 아버지이다).

석탄은 거의 모든 대상에 악영향을 끼쳤다. 의복, 그림, 식물, 가구, 서적, 건물, 그리고 사람의 호흡기에도 마찬가지였다. 몇 주일에 걸쳐서 안개가 심하게 끼기라도 할 경우, 그 사이 런던의 사망자 숫자는 무려 1,000명까지 급증했다. 심지어 스미스필드 육류 시장에 있던 애완동물이며 가축의 사망 숫자도 예외적으로 급증했다.

석탄 연기는 특히 석재 건물에 악영향을 끼쳤다. 한때 휘황찬란했던 건물들이 놀라울 정도로 금세 노후화되었다. 포틀랜드석은 그야말로 얼룩덜룩해지고 말았는데, 비바람에 노출된 평면은 찬란한 흰색이 드러난 반면, 기둥의 토대와 상인방(上引枋)과 구석진 모퉁이 아래마다는 지저분한 검정색이 되었기 때문이었다. 버킹엄 궁전에서 내시는 바스 석재를 이용했는데, 그쪽이 훨씬 더 잘 어울린다고 생각했기 때문이었다. 그러나 그의 판단은 빗나가고 말았다. 완공되자마자 이 석재는 곧바로 부스러지기 시작했다. 이 문제를 해결하기 위해서 에드워드 블로어라는 새로운 건축가가 고용되었다. 우선 그는 캉 석재*로 새로운 전면을 구축해서 내시가 만든 궁전 안뜰을 막아버렸다. 그러나 이 석재 역시 곧바로 떨어져나갔다. 가장 충격적이었던 것은 새로 지은 국회의사당이었다. 그곳의 석재는 시커멓게 변했고, 마치 총에 맞은 듯이 흉물스러운 구멍이 여기저기 뚫렸으며, 심지어 공사가 진행 중인 상황에서 그런 일이 벌어졌다. 이런 노후화를 방지하기 위해서 갖가지 대책이 시도되었다. 고무와 수지와 아마인유와 밀랍 등으로 이루어진 갖가지 혼합제를 외부에 덧칠했지만, 그로 인한 효과는 거의 없거나, 그 이상의 심한 얼룩이 생겨나기도 했다.

이 부식성 산의 공격에도 끄떡없는 건축용 자재는 단 두 가지뿐인 것 같았다. 하나는 인공 석재인 코드 석(Coade stone)으로, 그 이름은 그 제품을 만들어낸 공장의 소유주인 여성 '엘리너 코드(Eleanor Coade)에게서 유래했다.

---

* 프랑스의 '캉' 지방에서 채취되는 크림색의 건축용 석회암을 말한다 / 역주

귀스타브 도레의 삽화에 묘사된 빅토리아 시대 런던의 뒷골목

코드 석은 매우 인기가 높았으며, 대략 1760년부터 1830년까지 그 당시의 주요 건축가라면 누구나 사용했다. 워낙 단단해서 절대로 깨지는 법이 없었고, 장식용 제품으로 얼마든지 모양을 만들 수 있었다. 즉 프리즈, 당초무늬, 대접받침, 소용돌이꼴을 비롯해서 그 어떤 장식품으로도 얼마든지 조각할 수 있었다. 제일 유명한 코드 석 장식품은 국회의사당 근처 웨스트민스터 다리에 있는 커다란 사자상이다. 그러나 그것 말고도 코드 석의 모습은 런던 전역에서 찾아볼 수 있다. 예를 들면, 버킹엄 궁, 윈저 성, 런던 타워, 그리고 런던 세인트 메리 앳 램베스의 교회 묘지 마당에 있는 블라이 선장*의 무덤에서도 찾아볼 수 있다.

코드 석은 마치 가공한 석재 같은 모양새와 느낌이며, 또한 가장 단단한 석재만큼이나 비바람도 잘 이겨내지만, 사실은 석재가 아니다. 이는 놀랍게도 요업제품(窯業製品)이다. 즉 진흙을 구운 것이다. 진흙의 종류와 굽는 온도에 따라서 요업제품은 서로 다른 세 가지로 나뉜다. 바로 도기와 석기와 자기이다. 코드 석은 석기의 일종이지만, 그중에서도 특별히 단단하고 내구성이 강한 유형이다. 대부분의 코드 석은 날씨와 대기오염에 매우 저항력이 강하기 때문에, 무려 두 세기 반 가까이 야외에 놓아두어도 항상 거의 새것처럼 보인다.

그 보편성과 놀라운 특징을 생각해보면, 코드 석이라는 제품은 물론이고 그 발명자에 대해서도 알려진 것이 의외로 적다는 사실이 놀랍다. 그 제품이 언제 어디서 발명된 것인지, 엘리너 코드가 어떻게 해서 그 제품과 관계를 맺었는지, 어째서 1830년대 말에 갑자기 그 제품을 생산하는 회사가 문을 닫았는지 하는 등의 문제에 대해서는 의외로 학계의 관심이 많지 않은 듯하다. 『영국 인명사전』에서도 코드 여사에 관해서는 겨우 대여섯 문

---

* 영국의 군인 윌리엄 블라이(1754-1817)는 1789년에 해군 함정 '바운티 호'의 선장으로 재직 중, 유명한 선원 반란사건으로 인해서 배를 잃고 소수의 병사들과 함께 작은 보트로 6,000 킬로미터를 항해하다가 구조된 인물이다/역주

단밖에는 할애되지 않았다. 그러다가 1999년에 역사가 앨리슨 켈리가 코드와 그녀의 회사에 관한 유일무이한 본격적인 연구서를 자비로 출판했다.

분명한 사실은 대략 다음과 같다. 엘리너 코드의 아버지는 엑서터 출신이며, 고향에서 사업에 실패하고 1760년에 런던으로 와서 리넨 판매를 시작해서 제법 성공을 거두었다. 1760년대 말에 그녀는 이미 인공 석재 생산에 종사하고 있었던 대니얼 핀콧이라는 남자를 만났다. 두 사람은 템스의 남쪽 강변, 그러니까 오늘날 워털루 역이 서 있는 곳 근처에 공장을 열었고, 이곳에서 보기 드물 정도의 고급 제품을 생산했다. 코드 여사는 종종 그 발명가로 지칭되지만, 사실은 남자 쪽이 방법을 개발하고 여자 쪽이 자금을 지원한 것이 아닐까 싶다. 어떤 경우이든지 간에, 핀콧은 불과 2년 만에 회사를 떠났고, 더 이상은 그에 관해서 알려진 것이 없다. 엘리너 코드는 그 이후로 52년 동안이나 사업을 성공적으로 운영하다가 1821년에 여든여덟 살의 나이로 사망했다. 이것은 18세기에 살던 여성으로서는 상당히 주목할 만한 성과였던 셈이다. 그녀는 평생 독신이었다. 그녀가 예쁘고 사랑스러운 여성이었는지, 아니면 성격이 불같은 노파였는지 여부에 관해서는 아무도 모른다. 오직 확실한 것은 그녀가 사망한 직후에 코드 회사의 판매 실적이 급감했다는 것이다. 결국 회사는 문을 닫고 말았지만, 워낙 소리 소문 없이 사라진 까닭에 과연 언제쯤 생산이 중단되었는지에 관해서는 아무도 모른다.

코드 석의 비밀은 엘리너 코드와 함께 이 세상에서 영영 사라지고 말았다는 식의 신화는 꾸준히 존재했다. 그러나 그 생산 과정은 최소한 두 번 이상 실험을 통해서 재현되었다. 지금도 누구나 원한다면 코드 석을 상업적으로 생산할 수 있다. 다만 아무도 그것을 굳이 만들고 싶어하지 않기 때문에 만들지 않을 뿐이다.

왜냐하면 코드 석은 어디까지나 가끔 한번씩 있는 장식 목적으로만 사용될 수 있기 때문이다. 다행히도 대기오염에 비교적 끄떡없는 훌륭한 건축용 자재가 또 하나 있었다. 바로 벽돌이었다. 대기오염이야말로 현대식 벽돌이 생겨나게 된 원인이나 다름없었다. 물론 거기에는 다른 요인들도 몇 가지 도움을 주기는 했다. 예를 들면 운하가 발달하면서 벽돌을 상당히 멀리까지 경제적으로 운반할 수 있게 되었다. 또한 일종의 생산 라인인 호프만 가마(독일의 발명가인 프리드리히 호프만이 처음 발명한 가마라서 그런 이름이 붙었다) 덕분에 벽돌의 연속 생산이 가능해졌으며, 따라서 생산 비용도 저렴해졌다. 1850년에 벽돌세가 폐지되면서 생산 비용은 더욱 저렴해졌다. 가장 큰 요인은 19세기에 있었던 영국의 주목할 만한 성장이었다. 즉 도시가 성장하고, 산업이 성장하면서, 결국 집을 원하는 사람들의 숫자도 늘어났던 것이다. 빅토리아 여왕의 생애 동안 런던의 인구는 100만 명에서 거의 700만 명에 육박하게 늘어났다. 맨체스터, 리즈, 브래드퍼드 같은 신흥 산업 도시의 경우에는 인구 증가율이 그보다 더 컸다. 전반적으로 영국 내의 주택 숫자는 그 세기 동안에 무려 네 배가 되었으며, 새로 지어지는 주택은 벽돌을 이용해서 짓는 경우가 압도적으로 많아졌다. 그뿐만 아니라 대부분의 공장, 굴뚝, 기차역, 하수도, 학교, 교회, 사무실, 관공서, 그리고 광적으로 바쁜 그 시기에 필요한 여타의 새로운 기간시설들 대부분이 역시 벽돌을 이용해서 지어졌다. 벽돌은 워낙 쓰임새가 다양하고 저렴하기 때문에 누구도 저항할 수 없었던 것이다. 산업혁명 시기에 벽돌은 기본적인 건축용 자재로 사용되었다.

한 집계에 따르면, 빅토리아 시대에 사용된 벽돌의 개수가 그 이전의 역사 전체를 통틀어서 사용된 벽돌의 개수보다 더 많았다고 한다. 런던의 성장은 곧 교외에도 다소간 유사한 벽돌집이 파급되었다는 것을 의미했다. 디즈레일리의 황량한 묘사를 빌리면, "황량하게 반복되는 진부한 풍경"이 몇 마일이고 몇 마일이고 이어졌다. 이런 의문에 대한 답변은 바로 호프만 가마에 있었는데, 이 설비는 벽돌 크기와 색깔과 외형의 완벽한 통일성을 실현시켰기 때문이다. 새로운 양식의 벽돌로 지어진 건물들은 이전 시대의 건물들에 비해서 미묘함과 특색은 덜했을지 몰라도, 훨씬 더 비용이 저렴했다. 인간 역사를 돌이켜보면, 시대와 장소를 막론하고 비용이 저렴한 것이 항상 최고로 여겨졌다.

그런데 벽돌에는 단 한 가지 단점이 있었는데, 그 세기가 저물어가면서 그런 단점이 점차 부각되었고, 건축 공간은 점차 제약을 받았다. 즉 벽돌은 어마어마하게 무겁기 때문에, 그것을 가지고는 아주 높은 건물을 지을 수 없다는 점이었다. 물론 사람들이 시도를 해보지 않아서 짓지 못하는 것은 아니었다. 오직 벽돌로만 지어진 건물 중에서 가장 높은 것은 1893년에 시카고에 지어진 16층짜리 모나드녹 빌딩이었다. 일반 사무용으로 지어진 이 건물은 유명한 건축회사 버넘 앤드 루트의 건축가 존 루트가 사망 직전에 설계한 것이었다. 모나드녹 빌딩은 지금도 굳건히 서 있으며, 그야말로 웅장하고 훌륭한 건축물이다. 그러나 워낙 무겁기 때문에, 바닥에 접한 벽의 두께는 무려 16피트에 달하고, 1층—대개 건물에서 가장 기분 좋은 공간—은 어둡고 접근이 꺼려지는 일종의 지하실이 되고 말았다.

모나드녹 빌딩 같은 건물은 세계 어느 곳에 있든지 예외적인 존재였겠지만, 시카고에서는 특히 더 그러했다. 이곳의 대지는 전반적으로 커다란 스폰지와도 비슷하기 때문이다. 시카고는 일종의 개펄 위에 건설된 도시이다. 따라서 시카고의 대지에 놓인 무거운 물체들은 모두 가라앉으려고 한다. 실제로 이 도시의 초창기에 건물들은 '정말' 가라앉았다. 당시에 대부분의 건축가들은 자신이 짓는 건물이 시카고의 대지에 대략 1푸트 정도 가라앉을 것을 미리 예상했다. 이곳의 보도는 가파르게 기울어지도록 만들어져서, 그 가장자리에서 건물까지는 일종의 오르막길이었다. 건물이 점차 내려앉다 보면, 언젠가는 보도와 완벽한 수평을 이룰 것이라고 예상하고 지은 까닭이었다. 그러나 실제로 그렇게 되는 경우는 드물었다.

건물이 가라앉는 문제를 해결하기 위해서, 19세기의 건축가들은 건물이 서 있을 수 있는 일종의 '뗏목'을 아래에 깔아놓는 기법을 개발했다. 모나

드녹 빌딩 아래에 깔린 뗏목은 이 건물의 면적보다 사방으로 11피트나 더 뻗어 있었다. 그러나 뗏목을 깔고서도 이 건물은 완공 직후에 무려 2피트 가까이 가라앉았다. 높이 16층의 건물이라면, 누구도 바라지 않을 법한 일이었다. 그럼에도 불구하고 이 건물이 아직껏 용케 서 있다는 사실은 존 루트의 뛰어난 실력을 증명해주는 셈이다. 다른 건물들은 이처럼 운이 좋지 못했다. 페더럴 빌딩이라는 정부 소유의 사무용 건물은 1880년에 500만 달러라는 엄청난 비용을 들여서 지은 것이었지만, 매우 신속하고 위험스럽게 기울어지는 바람에 20년도 채 버티지 못하고 말았다. 이보다 더 작은 다른 여러 건물들 역시 그와 유사하게 수명이 단축되었다.

건축가들에게는 이보다 더 가볍고 더 유연한 건축용 자재가 필요했다. 한동안은 조지프 팩스턴이 수정궁으로 대대적인 명성을 얻게 만들었던 바로 그 재료가 정답인 것처럼 여겨졌다. 바로 철이었다.

건축용 자재로 사용되는 철에는 두 가지가 있었다. 바로 주철(鑄鐵)과 단철(鍛鐵)이었다. 주철(즉 주형에 쇳물을 부어서 만드는 방식)은 압력에 강했지만—즉 그 무게를 충분히 떠받칠 수 있었지만—장력에는 그리 강하지가 않아서, 수평 방향으로 힘을 받으면 마치 연필처럼 뚝 하고 부러지는 경향이 있었다. 따라서 주철은 기둥을 만드는 데에는 적절하지만, 들보를 만드는 데에는 부적절했다. 반면 단철은 수평으로 놓아도 충분히 튼튼했지만, 뜨거울 때에 계속해서 접어주고 저어주고 해야 했기 때문에, 제조 과정이 복잡하고 시간이 오래 걸렸다. 접어주기와 저어주기는 단철을 강하게 만드는 동시에 연성을 가지게 만들었다. 즉 일종의 태피처럼 이리저리 잡아당기고 구부려서 모양을 만들 수 있었기 때문에, 가령 철문 같은 장식품이 단철로 만들어지곤 했다. 이 두 가지 유형의 철은 전 세계의 건설과 공학 프로젝트에서 널리 사용되었다.

흥미롭게도 건축용 자재로서의 철은—부수적인 경우를 제외하면—주택에서는 잘 사용되지 않았다. 그러나 그 외의 다른 곳에서는 철이 급속도로 인기를 얻었다. 그러다가 사람들은 철의 강력함도 완전히 신뢰할 만한 특성은 아니라는 사실을 깨달았다. 문제는 철이 때로 완전히 실패하기도 한다는 점이었다. 특히 주철은 완벽하게 주조하지 않으면 깨지거나 갈라지기 일쑤였지만, 어떤 제품이 완벽하게 주조되었는지 여부를 파악하는 것은 그야말로 불가능했다. 이런 사실은 1860년의 겨울에 매사추세츠 주 로렌스에 있던 한 직물공장에서 벌어진 어떤 사건에서 비극적으로 증명되었다. 유난히도 추웠던 어느 날 아침, 대개 아일랜드 이민자인 900명의 여공들이 덜거덕거리며 돌아가는 기계 앞에서 바쁘게 일하고 있을 무렵, 갑자기 천장을 떠받치던 주철 기둥 가운데 하나가 부러지고 말았다. 잠시 가만히 있던 다른 기둥들도 마치 셔츠 단추가 연이어 툭툭 뜯어져나가는 것처럼 하나하나 부러지기 시작했다. 공포에 질린 여공들은 출입문 쪽으로 달려갔지만, 상당수가 밖으로 빠져나가기 전에 건물 전체가 무시무시한 소리—살아남은 사람들로서는 결코 잊지 못할 소리였으리라—를 내며 무너져내렸다. 그 와중에 200명에 달하는 여공이 사망했을 것으로 추정되지만, 놀랍게도 그때에나 나중에나 누구 하나 정확한 집계를 내려고 들지 않았다. 부상자는 수백 명에 달했다. 공장 안에 갇힌 사람들 상당수는 깨진 램프에서 번진 불길에 끔찍스럽게 불타 죽고 말았다.

그로부터 10년도 채 지나지 않아서, 이번에는 오하이오 주 애시터뷸러 강을 가로지르던 다리가 무너지는 바람에, 건축용 자재로서 철의 입지에는 또다시 타격이 가해졌다. 이 사고로 그때 그 다리 위를 지나가던 열차의 승객 76명이 사망했다. 그로부터 3년 뒤에 사람들은 이때의 사고를 다시 한번 상기하게 되었다. 애시터뷸러의 사고와 거의 흡사한—심지어 날짜까지도 12월 28일과 29일로 서로 흡사한—또 한번의 사고가 스코틀랜드의 테이 다리에서 벌어졌기 때문이다. 악천후 속에 다리의 일부분이 갑자기 무너지면서, 그 위를 지나가던 열차가 저 아래 강물 속으로 떨어졌고, 그로 인해서 애시터뷸러 때와 똑같은 숫자의 사망자가 발생했던 것이다. 이것은 이와 유사한 비극 중에서도 가장 악명 높은 것이었지만, 철 때문에 일어난 이보다 더 작은 규모의 재난들은 거의 일상화되어 있었다. 예를 들면 주철을 만드는 철도 보일러가 폭발하기도 했고, 무거운 화물차가 지나가거나 날씨가 변화함에 따라서 레일이 느슨해지거나 구부러지면서 탈선을 야기하기도 했다. 이리 운하가 비교적 오랫동안 성공을 거둘 수 있었던 것도 한편으로는 철이 이처럼 여러 가지 단점을 가지고 있었기 때문이었다. 철도 시대로 접어든 지 한참이 지난 뒤까지도 이리 운하는 계속해서 인기를 누렸는데, 매년 겨울이 되면 몇 달이나 얼어붙어서 사용이 불가능했다는 것을 고려해보면 상당히 놀라운 일이 아닐 수 없었다. 기차는 연중 내내 운행되었으며, 기관차의 성능 역시 나날이 향상되었기 때문에, 이론상으로는 선박보다 기차 쪽이 더 많은 화물을 운반할 수 있었다. 그러나 실제상으로는 아주 무거운 화물을 감당할 수 있을 만큼 철 레일이 충분히 튼튼하지 못했다.

뭔가 이보다 더 강력한 자재가 필요했다. 바로 강철(鋼鐵)이었다. 이것 역시 철의 일종이기는 했지만, 탄소의 함유량이 크게 달랐다. 강철은 여러 가지 면에서 훨씬 더 탁월한 자재였지만, 생산 과정에서 고온의 열이 필요했기 때문에 대량으로 생산하는 것은 불가능했다. 따라서 검이나 면도날 같은 작은 물건을 만드는 데에는 적당했지만, 들보나 레일 같은 대규모의 산업 생산품을 만드는 데에는 부적당했다. 그러다가 1856년에 들어서 이 문제는 전혀 예기치 않은—그리고 전혀 있을 법하지 않은—방식으로 해결되었다. 그 주인공은, 야금술에 관해서는 전혀 모르는, 다만 발명과 실험을 좋아하던 영국의 어느 사업가였다. 그의 이름은 헨리 베서머였고, 금분(金粉)이라는 제품을 발명해서 이미 어마어마한 성공을 거둔 인물이었다. 이 제품은 다양한 종류의 물건들을 마감하는 가짜 도금의 재료로 이용되었다. 빅토리아 시대의 사람들은 도금 마무리를 좋아했기 때문에, 베서머는 금분 덕분에 부자가 되어서 취미인 발명에 몰두할 여유를 얻었다. 크림 전쟁 기간에 그는 중포(重砲)를 만들기로 결심했지만, 그러기 위해서는 기존의 주철이나 단철보다 더 나은 재료가 필요했고, 따라서 그는 새로운 철 제조 방법을 실험하기 시작했다. 자기가 과연 무엇을 하는지조차도 제대로 알지 못한 채, 베서머는 용해된 선철에다가 공기를 불어넣고 무슨 일이 벌어지는지 살펴보았다. 전통적인 예측에 따르면, 이런 상황에서는 어마어마한 폭발이 일어난다고 생각되었고, 그런 까닭에 이전까지만 해도 충분히 자격이 되는 사람이 아니면 감히 그런 어리석은 실험을 시도할 엄두도 내지 못했다. 그러나 실제로는 폭발하지 않았고, 오히려 매우 격렬한 불길이 일어났다. 그 불길은 불순물을 모조리 태워버렸고, 그 결과 단단한 강철이 나왔다. 갑자기 강철을 대규모로 생산하는 일이 가능해졌던 것이다. 강철은 산업혁명이 오랫동안 기다려왔던 바로 그 재료였다. 철도에서부터 대양을 향해하는 선박이며 다리에 이르기까지, 이전보다 훨씬 더 빨리, 더 단단하게, 더 저렴하게 만들 수 있었다. 마천루 건설도 가능해져서, 도시의 풍경이 뒤바뀌게 되었다. 철도 기관차 역시 무거운 화물을 싣고 대륙을 가로지를 수 있을 만큼 충분히 튼튼해졌다. 베서머는 어마어마하게 부자가 되고 유명해졌으며, 미국에서는 그의 이름을 기려서 베서머 또는 베서머 시티라고 이름 지은 도시가 여럿 생겨났다(어떤 자료에 따르면, 그런 도시가 무려 13개나 된다고 한다).

대박람회가 열린 지 불과 10년도 지나지 않아서, 건축용 자재로서 철의 유행은 끝났다. 따라서 얼마 뒤에 파리에 건립된, 그 세기 전체를 통틀어서 가장 상징적이었던 구조물이 사실은 이 유행이 지난 자재로 만들어졌다는 점은 약간 기묘한 데가 있다. 내가 말하는 구조물이란 물론 에펠 탑이라는 이름으로 알려진, 저 높고 경이로운 것이다. 역사상 그 어떤 구조물도 이보다 더 기술 면에서는 진보하고, 재료 면에서는 퇴보하고, 동시에 어마어마하게 무의미한 적은 없었다. 이 주목할 만한 이야기를 하기 위해서, 일단 지하실에서 나와 계단을 도로 올라가서 또다른 방으로 들어가보자.

제10장

복도

I

그의 이름은 알렉상드르 귀스타브 보니코장 에펠이다. 애초에는 디종에 있는 숙부의 식초공장에서 일하며 버젓하지만 세상에 알려지지 않은 채 살아갈 뻔했지만, 그 공장이 문을 닫는 바람에 공학을 공부하게 되었다.

제아무리 줄잡아 말한다고 하더라도, 그는 이 분야에서 상당한 실력을 발휘했다. 남들이 불가능하다는 장소에서 골짜기를 가로지르는 다리와 고가교를 만들었으며, 거듭해서 감명과 영감을 불러일으키는 다른 웅장하고 도전적인 구조물들도 만들었다. 그중에서도 가장 힘들었던 프로젝트들 가운데 하나는 바로 1884년에 자유의 여신상의 내부 지지용 뼈대를 만든 것이었다. 사람들은 흔히 자유의 여신상이 조각가인 프레데릭 바르톨디의 작품이라고 생각하는데, 물론 그가 디자인한 작품인 것은 사실이다. 그러나 그 작품을 단단히 붙잡아줄 창의적인 내부 공학 기술이 없었다면, 자유의 여신상은 다만 구리를 두들겨 펴서 두께가 10분의 1인치쯤 되고 속은 텅 비게 만든 구조물에 불과했을 것이다. 그 정도 두께면 부활절의 초콜릿 토끼의 두께와 비슷하다. 다만 그 토끼는 높이가 무려 151피트나 되고, 바람과 눈과 폭우와 소금물 세례는 물론이고, 햇빛과 추위로 인한 금속의

한창 건설 중인 에펠 탑의 모습. 파리, 1888년

팽창과 수축, 그 외에도 정말 갖가지의 난폭하고 일상적인 물리적 공격 앞에서도 끄떡없이 버텨야 한다.

그 이전의 공학자들 가운데 어느 누구도 이런 도전을 한꺼번에 맞닥트린 적은 없었지만, 에펠은 이 모든 문제를 가능한 한 최고로 깔끔하게 해결했다. 즉 트러스 뼈대를 제작한 다음, 그 위에 구리 외피를 마치 한 벌의 옷처럼 입혀놓은 것이었다. 비록 그는 이 기술이 보다 전통적인 건물에도 사용될 수 있으리라고는 생각하지 않았지만, 이것이 바로 20세기의 가장 중요한 건설 기법이라고 할 수 있는 칸막이벽[커튼월] 공법의 시작이었다. 즉 이것 덕분에 저 수많은 마천루의 건축이 가능해졌다(물론 시카고의 초창기 마천루의 건설자들도 칸막이벽 공법을 독자적으로 발견했지만, 에펠이 세계 최초였다). 압력을 받으면 뒤틀리는 금속제 외피의 능력은 비행기 날개의 디자인을 교묘하게 예견한 것이었으며, 심지어 누군가가 비행기에 관해서 진지하게 생각하기도 훨씬 더 전에 그러한 것이었다. 그리하여 자유의 여신상은 상당히 대단한 작품이지만, 그 모두가 바로 여신상이 걸친 가운 속에 들어 있는 정교한 기술 덕분이라는 것은 거의 아무도 모르는 것 같다.

에펠은 허영심이 강한 사람은 아니었다. 그러나 그 다음에 착수한 대형 프로젝트에서는 그 공사에서 자신이 담당한 역할을 어느 누구도 모를 수 없게 만들었다. 왜냐하면 그 구조물은 **오직 뼈대만** 있었기 때문이다. 이 사건이 벌어지게 된 원인은 1889년에 열린 파리 박람회였다. 이런 행사가 있을 때면 흔히 그렇듯이, 조직위원회에서는 상징적인 장식물을 세우기 위해서 제안을 공모했다. 100여 가지의 제안들이 들어왔는데, 그중에는 참수 분야에서 프랑스의 독보적인 기여를 상징하는 뜻으로 높이 900푸트의 단두대를 설치하자는 것도 있었다. 최종적으로 선정된 에펠의 제안도 상당수의 사람들의 눈에는 단두대보다 아주 나을 것도 없어 보였다. 상당수의 파리지앵은 그 어마어마하고 쓸모없는 유정탑이 도시 한가운데 세워지는 쪽으로 차마 눈 돌릴 엄두조차 낼 수가 없었다.

에펠 탑은 누군가의 제안으로 지어진 건축물들 중에서 가장 큰 것이었을 뿐만 아니라, 전혀 쓸모없는 건축물들 중에서 가장 큰 것이었다. 그것은 궁전도 아니고, 묘역도 아니고, 예배당도 아니었다. 심지어 사망한 영웅을 기리는 추모비도 아니었다. 에펠은 이 탑이 여러 가지 실용적인 용도를 가지고 있다고—예를 들면, 군사용 감시탑으로 쓸 수도 있고, 맨 꼭대기에 올라가서 항공학이나 기상학 실험을 할 수도 있다고—과감하게 주장했다. 그러나 그도 나중에 가서는, 뭔가 정말로 거대한 것을 짓는 데서 비롯되는, 약간은 기묘한 즐거움 때문에 이 탑을 짓고 싶었던 것뿐이라고 솔직히 시인했다.

많은 사람들이 이 탑을 혐오했으며, 특히 예술가들과 지식인들이 그러했다. 알렉상드르 뒤마, 에밀 졸라, 폴 발레리, 기 드 모파상을 비롯한 여러 저명인사들은 상당히 긴, 그리고 약간은 과도하게 흥분한 편지를 보내서 "파리의 순결을 빼앗는 행위"에 항의했다. 또 이들은 전시회를 보러온 외국인들이 깜짝 놀라며 이렇게 외칠 것이라고 주장했다. "뭐야! 프랑스 사람들은 그렇게 자랑하던 자기네 취향이 어떤 것인지를 과시하기 위해서 저런 지독한 물건을 만들었단 말이야!" 에펠 탑은 "어느 기계 제작자의 기괴한, 그리고 어디까지나 돈을 바라고 만든 발명품"이라는 것이 그들의 주장이었다. 에펠은 이런 모욕 앞에서도 쾌활한 평정을 유지했으며, 다만 그 청원서에 적힌 분격한 서명인들 가운데 건축가인 샤를 가르니에도 있다는 것을 지적하는 데에 그쳤다. 가르니에는 이 탑의 제작을 승인한 박람회 조직위원회의 위원 중 한 사람이었다.

막상 완공된 상태의 에펠 탑을 보면, 매우 독특하고 완전무결하며, 또한 그것 말고 다른 방법으로는 결코 지을 수 없었던 구조물처럼 보인다. 그러나 우리는 이 탑이 어마어마하게 복잡한 조립품이라는 사실을, 즉 1만 8,000개의 이리저리 맞물린 부품들로 이루어진 번개무늬[雷紋] 세공품이라는 사실을 상기할 필요가 있다. 이 모두가 가능했던 것은 무지무지하게 똑똑한 생각이 어마어마하게 많이 동원된 까닭이었다. 이 구조물의 맨 아래에서 높이 180피트 지점, 그러니까 첫 번째 단 있는 곳까지만 살펴보자. 그 높이만 해도 이미 15층 건물의 높이와 맞먹는다. 그 높이에 이르는 동안, 이 탑의 다리 4개는 무려 54도나 가파르게 안으로 휘어진다. 만약 위에서

단이 붙잡아주지 않았더라면, 다리 4개는 쓰러졌을 것이다. 반대로 다리 4개가 밑에서 지탱해주지 않았더라면, 단을 다리 위로 올릴 수가 없었을 것이다. 부품들을 조립해놓으면 흠 하나 없이 완벽하게 기능하지만, 조립하기 이전의 상태에서 부품들은 전혀 기능할 수가 없는 것이다. 따라서 에펠이 직면한 맨 처음 도전은 4개의 어마어마하게 크고 무거운, 그리고 자칫 안으로 푹 쓰러질 것처럼 뻗은 다리를 붙잡아주는 방법을 고안하는 것이었다. 그러다가 적절한 순간이 되면 그 4개의 다리를 제자리에 놓은 다음, 그 크고 무거운 단을 떠받칠 수 있는 정확한 위치에 조립하는 것이었다. 불과 0.1도만 어긋나더라도 4개의 다리 가운데 하나는 무려 1푸트 반이나 바깥으로 튀어나가게 될 것이었다. 그럴 경우에는 그 오차만 다시 수정할 방법이 없으므로, 결국 모두 해체해서 처음부터 다시 쌓을 수밖에 없었다. 에펠은 이 섬세한 작업을 위해서 각각의 다리를 모래가 담긴 거대한 컨테이너 안에 집어넣었다. 커다란 장화 안에 발을 넣은 형국이었다. 그러다가 한쪽 다리에 대한 작업이 완료되면, 매우 신중하게 제어된 방식으로 모래를 상자 밖으로 빼냄으로써, 다리들을 제 위치에 놓을 수 있었다. 이 시스템은 완벽하게 먹혀들었다.

그러나 이것은 어디까지나 시작에 불과했다. 첫 번째 단 위로는 또다시 높이 800피트에 이르는 철골 구조물이 세워질 예정이었기 때문이다. 무려 1만5,000개에 달하는 크고 다루기 까다로운 부품들을 극도로 위험한 높이에서 제자리에 가져다 맞춰야만 했다. 그중 어느 부분의 오차 허용도는 무려 0.1밀리미터로 극히 작았다. 어떤 관찰자들은 이 탑이 제 무게조차도 떠받치지 못할 것이라고 확신했다. 한 수학 교수는 신문 한쪽에 열심히 계산 결과를 늘어놓은 끝에, 이 탑은 3분의 2가량이 올라간 지점에서 다리가 벌어지게 될 것이며, 결국 요란한 굉음과 함께 그 아래의 인근 지역을 덮칠 것이라고 결론을 내렸다. 그러나 에펠 탑은 무게가 9,500톤으로 상당히 가벼운 편이고—하긴 뼈대밖에는 없으니까—그 무게를 지탱하기 위한 기초의 깊이도 겨우 7피트밖에는 필요하지 않았다.

오히려 에펠 탑은 건설하는 기간보다 설계하는 기간이 더 오래 걸렸다. 건설에는 모두 2년이 걸렸고, 비용은 예산보다 더 적게 들었다. 현장에서 일한 근로자는 겨우 130명뿐이었고, 건설 과정에서 사망자는 한 명도 나오지 않았다. 사망자가 없었다는 것은 그 당시에 그토록 거대한 프로젝트에서는 대단한 위업이었다. 1930년에 뉴욕에 크라이슬러 빌딩이 건립되기 전까지만 해도, 에펠 탑은 전 세계에서 가장 높은 구조물이었다. 비록 1889년에 이르러서 세계 어디서나 강철이 철을 대체하게 되었지만, 에펠은 이 새로운 재료를 거부했다. 그는 항상 철을 가지고 작업을 했기 때문에, 아무래도 강철을 가지고는 편안한 느낌이 들지 않았던 까닭이었다. 따라서 철을 이용해서 지어진 가장 위대한 건축물이, 또한 그 재료를 이용한 최후의 건축물이라는 점을 생각해보면 어딘가 아이러니컬한 데가 있다.

에펠 탑은 19세기에 전 세계에서 가장 충격적이고 상상력이 넘치는 거대 구조물이었으며, 아마도 가장 위대한 건축적 업적이었을 것이다. 그러나 그 세기는 물론이고 그 해를 통틀어서도 가장 비용이 많이 들어간 건축물은 아니었다. 파리에 에펠 탑이 세워지던 바로 그 순간, 그곳에서 2,000마일 떨어진 미국 노스캐롤라이나 주 애팔래치아 산맥 산자락에서는, 그 당시로서는 가장 값비싼 건축물이 한창 세워지고 있었다. 그야말로 어마어마한 규모의 개인 주택이었다. 완공에 걸린 기간만 해도 에펠 탑보다 두 배나 길었고, 고용된 근로자는 네 배나 많았으며, 공사비는 세 배나 비쌌다. 그러나 그 거대한 저택은 오직 한 남자와 그의 어머니를 위한 것이었으며, 그나마도 한 해에 겨우 몇 달만 사용할 뿐이었다. 빌트모어라는 이름의 그 저택은 북아메리카에서 지어진 개인 주택들 가운데서도 가장 큰 규모였다(물론 지금까지도 마찬가지이다). 이제는 신세계의 일개 주민이 짓는 주택이 구세계의 가장 커다란 기념물보다도 훨씬 더 컸던 셈이다. 이것은 19세기 말에 벌어진 경제력의 이전을 무엇보다도 더 잘 대변한다.

1889년의 미국에서는 이른바 도금시대라는 과도한 방종의 시기가 한창이었다. 이 시기에 비길 만한 시기는 결코 다시 없었다. 1850년부터 1900년까지 미국에서는 부와 생산성과 행복의 척도가 모조리 치솟았다. 이 시기에 이 나라의 인구는 세 배로 늘었지만, 그 부는 무려 열세 배나 늘었다. 강철 생산은 한 해에 1만3,000톤에서 1,130만 톤으로 늘었다. 갖가지 금속제 제품—총, 레일, 파이프, 보일러, 그 외의 갖가지 기계류—의 수출액 역시 600만 달러에서 1억2,000만 달러로 늘었다. 백만장자의 숫자는 1850년에 20명 이하였다가 세기말에 이르러서는 4만 명으로 늘었다.

유럽인들은 미국의 산업적 야심을 바라보며 처음에는 재미있어하다가, 나중에는 당황해하다가, 결국에는 경악했다. 영국에서는 국가적 능률증진운동이라는 것이 대두했는데, 한때 영국을 탁월한 국가로 만들어주었던 불독 정신을 다시 포착하자는 발상이었다. 『미국의 침략자들(*The American Invaders*)』이니 『유럽을 향한 '미국의 통상적 침략'(*The 'American Commercial Invasion' of Europe*)』 같은 제목의 책들이 불티나게 팔려나갔다. 그러나 유럽인들이 바라보는 그런 현상은 겨우 시작에 불과했다.

20세기 초에 이르러서 미국의 강철 생산량은 독일과 영국의 생산량을 모두 합친 것보다도 더 많아졌다. 이런 상황은 불과 반세기 전만 해도 정말 상상 불가능한 것이었다. 유럽인들을 특히 분격하게 만들었던 것은, 강철 생산에서의 모든 기술적 진보가 원래 유럽에서 만들어졌지만, 실제로 강철 생산은 미국에서 이루어졌기 때문이었다. 1901년에 이르러서 J. P. 모건은 일련의 작은 회사들을 흡수하고 합병하여 US 스틸이라는 거대 회사를 만들었다. 이것은 역사상 가장 거대한 사업체였다. 무려 14억 달러에 달했던 이 회사의 가치는 미국에서 미시시피 강 서쪽 전체의 땅값보다도 더 비쌌고, 연 수입으로 비교해보면 미국 연방정부의 두 배 규모였다.

미국의 산업적 성공 덕분에 수많은 경제계의 거물들도 배출되었다. 록펠러 가문, 모건 가문, 애스터 가문, 멜론 가문, 프릭 가문, 카네기 가문, 굴드 가문, 듀폰 가문, 벨몬트 가문, 해리먼 가문, 헌팅턴 가문, 밴더빌트 가문, 그리고 다른 여러 가문들이 그야말로 소진이 불가능할 만큼 어마어마한 부를 누리게 되었다. 존 D. 록펠러의 연 수입은 오늘날의 가치로 10억 달러에 달했으며, 그 당시에는 소득세도 내지 않았다. 어느 누구도 소득세를 내지 않았는데, 당시 미국에는 소득세라는 것 자체가 없었기 때문이다. 의회에서 연 수입이 4,000달러 이상인 경우에 2퍼센트의 소득세를 물도록 하는 세금안을 도입하려는 시도가 1894년에 있었지만, 연방대법원에서는 이에 대해서 헌법 불합치 판정을 내렸다. 소득세가 미국인의 생활에서 일상적인 부분이 된 것은 1914년의 일이었으며, 그 전까지는 누구나 자기가 번 돈을 고스란히 가질 수 있었다. 이때처럼 사람들이 부유해지는 일은 또다시 없을 것이다.

상당수의 사람들에게는 이 모든 부를 써버리는 것이 다소간 직업이나 마찬가지가 되었다. 이들이 하는 거의 모든 일마다 일종의 필사적인, 그리고 저속한 분위기가 더해졌다. 뉴욕에서 열린 어느 디너파티에서는 탁자마다 모래 더미가 쌓여 있고, 금으로 만든 작은 삽이 하나씩 놓여 있었다. 시작 신호와 함께 손님들은 모래 더미에 파묻힌 다이아몬드와 다른 값비싼 금붙이를 파냈다. 또다른 파티에서는—이때까지 벌어진 일 중에서도 아마 가장 터무니없는 것일 텐데—당시의 크고 유명한 식당인 셰리의 무도회장 안에 바닥이 상하지 않도록 발굽을 잘 감싼 말떼를 수십 마리 끌어다가 식탁 주위에 묶어두었다. 그래야만 카우보이와 카우걸 복장을 한 손님들이 뉴욕의 어느 무도회장에서 말 등에 올라탄 채로 식사를 하는 새로운, 그리고 극도로 무의미한 즐거움을 누릴 수 있었기 때문이다. 비용이 수십만 달러나 되는 파티도 상당수 있었다. 1883년 3월 26일, 윌리엄 K. 밴더빌트의 부인은 파티 한 번에 25만 달러를 들임으로써 이전까지의 기록을 모조리 깨트렸다. 물론 「뉴욕 타임스」에서는 이 파티가 마침 사순절의 마지막

날에 벌어졌다는 것을 현명하게도 인정했다. 그러나 이 시기에는 누구라도 쉽게 현혹되기 일쑤였으므로, 「타임스」는 그 사건의 온갖 구체적인 내용을 보고하는 1만 단어에 달하는 장황한 기사를 수록했다. 이것은 그녀의 손위동서였던 코넬리어스 밴더빌트 2세의 부인이 전기를 상징하는 모습으로 꾸미고 참석했던 바로 그 파티였다(그녀의 생애에서 진정으로 빛을 발했다고 말할 수 있는 때는 아마도 이때뿐이었으리라).

이런 벼락부자들은 유럽 여행을 하면서 예술 작품과 가구를 비롯해서 갖가지 물건들을 구입하고 포장해서 집으로 실어왔다. 스탠더드 오일의 대표인 헨리 클레이 폴저(그는 커피로 유명한 폴저 가문과도 먼 친척뻘이었다)는 윌리엄 셰익스피어의 초판 2절판을 수집하기 시작했는데, 대부분 경제적으로 쪼들린 귀족들에게서 나온 물건들이었다. 결국 그는 현존하는 초판 2절판 가운데 3분의 1가량을 수집했으며, 훗날 이를 비롯한 다른 수집품들을 보관하기 위해서 워싱턴 D.C.에 폴저 셰익스피어 도서관을 설립했다. 헨리 클레이 프릭이나 앤드루 멜런 같은 다른 여러 사람들도 대규모의 예술품 컬렉션을 보유했다. 그런가 하면 어떤 사람들은 무차별로 수집을 벌이기도 했는데, 그 분야에서라면 어느 누구도 신문계의 거물이었던 윌리엄 랜돌프 허스트를 능가할 수가 없었다. 그는 워낙 마구잡이로 골동품을 수집했기 때문에, 나중에는 이를 보관하기 위해서 브루클린에 창고를 두 군데나 세워야 했다. 허스트와 그의 아내는 골동품 구매자 가운데서 가장 세련된 축은 아니었다는 것이 분명하다. 한번은 남편이 최근 구입한 성이 원래 노르만족(Norman)의 것이라고 말하자, 아내는 이렇게 되물었다고 전한다. "노먼(Norman)이 누구지?"

벼락부자들은 단순히 유럽산 예술품과 유물뿐만이 아니라, 심지어 유럽인까지도 수집하기 시작했다. 19세기의 마지막 사반세기 동안에는 현금에 굶주린 유럽의 귀족들을 찾아내서, 자기 딸을 그쪽으로 출가시키는 것이 이들 사이의 유행이었다. 거의 모든 경우에, 이런 사건은 결혼이라기보다는 거래에 가까웠다. 1,250만 달러의 유산을 상속하기로 예정되었던 메이 골릿은 역시 부유하고 세 채의 대저택을 소유한 조지 홀퍼드 대령으로부터 청혼을 받았다. 그러나 그녀는 고향집에 보낸 편지에서 아쉬운 듯이 이렇게 말했다. "안타깝게도 그이는 작위가 전혀 없더라구요." 결국 그녀는 그 남자 대신 록스버그 공작과 결혼했고, 덕분에 불행한 인생과 멋진 작위를 모두 얻게 되었다. 일부 귀족 가문에서는 부유한 미국인과 결혼하는 것이 단순한 유행이 아니라 일종의 증후군이 되었다. 커즌 경은 미국 여성 두 명과 (물론 차례차례로) 결혼했다. 제8대 말버러 공작은, 그다지 매력적인 용모는 아니었지만 (어느 신문에서는 "옷도 잘 못 입는 콧수염 달린 여자"라고 묘사하기도 했다) 어마어마하게 부유했던 미국인 미망인 릴리 해머슬리와 결혼했다. 제9대 말버러 공작은 매력적인 용모와 '아울러' 420만 달러 상당의 철도 주식까지 보유한 콘수엘로 밴더빌트와 결혼했다. 그 와중에 공작의 숙부인 랜돌프 처칠 경은 미국인 여성 제니 제롬과 결혼했는데, 그녀는 비록 이 가문에 막대한 부를 가져다주지는 못했지만, 대신 윈스턴 처칠을 낳아주었다. 20세기 초에 이르자 영국의 귀족 가운데 10퍼센트는 미국인과 결혼한 상황이 되었다. 이것은 놀랄 만한 비율이었다.

미국에서는 벼락부자들이 저마다 거대한 규모의 주택을 지었다. 그중에서도 가장 웅장한 것은 밴더빌트 가문의 저택이었다. 이들은 뉴욕 시 피프스 애비뉴 한 곳에만 열 채의 저택을 세웠다. 그중 하나는 방이 137개였고, 역사상 가장 큰 도시 주택 가운데 하나였다. 그러나 이들은 교외에도 이보다 훨씬 더 궁궐 같은 집을 여럿 가지고 있었고, 특히 로드아일랜드 주 뉴포트에 있는 집이 그랬다. 바로 여기서 어마어마한 부자만이 구사할 수 있는 반어법이 하나 등장했는데, 이들은 그 뉴포트의 집들을 가리켜서 "오두막"*이라고 불렀던 것이다. 사실 그 집들은 어찌나 큰지, 심지어 거기서 일

---

* '코티지(cottage)'에는 "오두막"과 "시골집"이라는 뜻 말고도 "별장"이라는 뜻도 있다 /역주

하는 하인들 밑에도 또다른 하인들이 필요할 지경이었다. 그 안에는 총 면적이 몇 에이커에 달하는 대리석, 눈부시게 번쩍이는 샹들리에, 테니스 코트만 한 크기의 태피스트리, 금과 은으로 만든 묵직한 내부 설비가 있었다. 그중 하나인 '더 브레이커스'의 경우, 만약 오늘날 그런 저택을 짓는다면 최소한 5억 달러가량의 비용이 들 것으로 추산되기도 했다. 물론 여름 별장 하나를 짓기 위한 비용으로는 상당한 편이다. 이 주택의 겉치장은 워낙 광범위한 비난을 자아냈기 때문에, 한때 어느 상원위원회에서 집주인이 주택에 들이는 돈의 액수를 제한하는 법안의 도입을 진지하게 고려하기도 했다.

이런 사태에 상당 부분 책임이 있는 사람은 바로 건축가 리처드 모리스 헌트였다. 버몬트 출신의 헌트는 아버지가 하원의원이었지만, 열아홉 살에 파리로 가서 에콜 데 보자르[프랑스 미술학교]에서 건축을 공부한 최초의 미국인이 되었다. 따라서 사실상 미국 최초로 정규 교육을 받은 건축가가 된 셈이었다. 그는 매력적이고 잘생겼지만—어느 관찰자는 "파리의 미국인 중에서 가장 잘생겼다"고 말할 정도였다—나이가 50대로 접어든 지 한참이 지난 1881년까지도, 그의 경력은 성공하고 존경받는 한편으로 단조로운 면이 있었다. 그의 프로젝트 가운데 전형적인 것으로는 자유의 여신상의 기초 부분을 설계하는 것도 있었다. 경제적으로 유리한 의뢰였지만, 명성을 높이는 데에는 거의 도움이 되지 않는 의뢰이기도 했다. 그러다가 그는 부자들을 발견했다. 그중에서도 특히 밴더빌트 가문을 발견했다.

밴더빌트는 그 당시에 미국에서 가장 부유한 가문 가운데 하나였으며, 코넬리어스 밴더빌트 1세—어느 동시대인의 표현을 빌리면 "상스럽고, 담배를 씹고, 불경스러운 바보 같은 인간"이었던—가 철도와 해운 분야를 토대로 세운 제국을 보유하고 있었다. 코넬리어스 밴더빌트 1세—"제독"이라고 불리는 것을 좋아했지만, 그는 사실 그 명칭에 어울리는 지위에 있었던 적이 없었다——는 세련됨이나 지적 매력 쪽에서는 그다지 재능이 없었지만, 그래도 돈을 버는 쪽에서는 확실한 재능이 있었다.[*] 한때 그는 미국에서 유통되던 모든 현금의 10퍼센트가량을 혼자 좌우하기도 했다. 밴더빌트 가문은 총 2만 마일에 달하는 철도와, 그 철도 위를 지나가는 거의 대부분의 것들을 소유했으며, 그로 인해서 도무지 어떻게 처분해야 할지 모를 정도로 막대한 돈을 벌었다. 그리고 리처드 모리스 헌트는 최대한 멋진 방법으로 그 돈을 쓸 수 있도록 이들을 도운 인물이었다. 그는 뉴욕의 피프스 애비뉴, 메인 주의 바 하버, 그리고 롱아일랜드와 뉴포트 등지에 이들이 살 사치스러운 저택을 여러 채 지어주었다. 심지어 스테이튼 섬에 있는 가족 영묘만 해도 웬만큼 큰 저택에 맞먹는 30만 달러의 공사비가 들 정도였다. 이들의 머리에 건축과 연관된 그 어떤 변덕이 일어나든지 간에, 헌트는 항상 이들의 비위를 맞춰주었다. 앨바 밴더빌트의 두 번째 남편 올리버 벨몬트는 말(馬)이라면 환장하는 사람이었다. 그는 헌트에게 방이 52개나 되는 저택 벨코트 캐슬을 짓게 했는데, 그 집의 1층은 온통 마구간이었다. 그리하여 벨몬트는 사륜마차를 탄 채로 현관을 통과해서 집 안까지 들어갈 수 있었다. 마구간의 벽은 티크 목재로 만들고 순은 장식을 곁들였다. 살림집은 그 위층에 있었다.

밴더빌트의 여러 저택들 가운데 한 군데에서는 아침 식사용 식당에 렘브란트의 그림이 걸려 있었다. 예를 들면 '더 브레이커스'에서는 아이들을 위한 놀이용 집 하나의 크기가 웬만한 사람들의 실제 집보다 훨씬 더 크고 설비도 잘 되어 있었다. 심지어 본채와 연결된 초인종 줄도 있어서, 혹시 아이들이 갑자기 간식을 먹고 싶다거나, 신발 끈을 묶어야 한다거나, 그

---

[*] '제독'은 특히 앞 장에서 설명했던 철의 약점에 관해서 상당히 잘 알고 있었다. 1838년에 캠든-앰보이 철도를 지나던 한 열차가 차축이 부러지면서 탈선하는 바람에, 마침 밴더빌트가 타고 있던 객차가 둑 아래로 30푸트나 떨어졌기 때문이다. 이 사고로 승객 2명이 사망했다. 밴더빌트는 심각한 부상을 입었지만 생명에는 지장이 없었다. 또한 그 열차에 타고 있었지만 다행히 무사했던 사람으로는 전직 대통령 존 퀸시 애덤스도 있었다.

외에도 편안함에 무슨 문제가 닥칠 경우에는 하인들을 부를 수 있었다. 밴더빌트 가문은 워낙 권세가 대단하고 버릇이 없어진 나머지, 나중에 가서는 말 그대로 사람을 죽여놓고도 아무렇지도 않은 지경에 이르렀다. 코넬리어스 2세와 앨리스 밴더빌트 부부의 아들인 레지 밴더빌트는 차를 험하게 몰기로 (아울러 거만하고, 게으르고, 어리석고, 심지어 이를 보상할 만한 외모조차도 없는 것으로) 악명이 높아서 뉴욕에서 무려 다섯 번이나 보행자를 차로 친 전과가 있었다. 그 가운데 두 사람은 사망했고, 한 사람은 평생 장애를 안고 살아야 했다. 그럼에도 불구하고 그는 한번도 기소되지 않았다.

이 가문의 구성원 가운데 사치나 만행을 벌이려는 충동에 유일하게 면역성을 가진 듯이 보인 인물은 오직 조지 워싱턴 밴더빌트뿐이었다. 그는 워낙 얌전하고 조용한 성품이었기 때문에, 어떤 사람들은 그가 약간 지능이 떨어지는 것이 아닌가 하고 여기기도 했다. 그러나 그는 사실 극도로 똑똑했고, 무려 8개 국어를 구사했다. 장성한 뒤에도 부모님 집에 살았고, 현대 문학작품을 고전 그리스어로 번역하거나, 또는 반대의 일을 하면서 시간을 보냈다. 그는 2만 권이 넘는 책을 가지고 있었으며, 이는 그 당시 미국에 있던 개인 장서로는 아마 최대 규모였을 것이다. 스물세 살 때에 그의 부친이 사망하면서 무려 2억 달러의 유산을 남겼는데, 조지는 그 가운데 1,000만 달러를 물려받았다. 얼핏 듣기에는 별 것 아닌 금액인 듯하지만, 오늘날의 가치로 3억 달러가 넘는 금액이었다.

1888년에 그는 마침내 자기 집을 짓기로 작정했다. 그는 노스캐롤라이나의 숲으로 둘러싸인 부지 13에이커를 구입한 다음, 리처드 모리스 헌트에게 의뢰하여 자신에게 어울릴 만한 편안한 집을 지었다. 밴더빌트는 루아르의 성* 같은 집을 원했으며—물론 그보다는 더 근사하게, 그리고 배관도 더 훌

---

* 프랑스의 루아르 지방에는 아름다운 고성이 많은 것으로 유명하다/역주

륭하게—그리하여 그는 빌트모어(Biltmore)라는 집의 이름에 걸맞게 집을 더 크게 지은(built more) 셈이었다(물론 그는 이런 말장난을 깨닫지 못한 것 같지만). 유명한 블루아 성을 상당 부분 모범으로 삼은 이 집은 인디애나산 석회석으로 이루어진 크고 웅장한 산이나 다름없었다. 모두 합쳐서 250개의 방이 있었고, 전면 너비는 780피트나 되었으며, 대지는 5에이커에 달했다. 이 것은 그때까지 미국에서 지어진 가장 큰 주택이었으며, 지금도 여전히 그렇다. 공사를 위해서 밴더빌트는 모두 1,000명의 근로자를 고용했는데, 이들의 평균 일당은 90센트였다.

그는 빌트모어에 그 당시 유럽인들이 판매하는 온갖 훌륭한 물건들을 다 가져다 채워놓았다. 1880년대 말에 유럽인들은 사실상 거의 모든 물건들을 미국에 내다 팔았다. 가령 태피스트리, 각종 가구, 심지어 고전 예술작품도 있었다. 그 규모로 말하면, 일찍이 폰트힐 애비에서 윌리엄 벡퍼드가 벌인 광적인 과도함에 맞먹었고, 몇 가지 중요한 점에서는 이를 훨씬 능가하기도 했다. 예를 들면, 식당에 있는 대형 식탁은 무려 76명이 앉을 수 있는 크기였다. 바닥에서 천장까지의 높이는 75피트에 달했다. 이 정도면 아마 커다란 기차역에서 살아가는 듯한 기분이었으리라.

정원 공사를 위해서는 나이 지긋한 프레더릭 로 옴스테드가 초빙되었다. 뉴욕 센트럴 파크의 설계자인 그는 밴더빌트에게 저택의 사유지 상당 부분을 실험적인 숲으로 바꿔보라고 설득했다. 당시 농무부 장관이었던 J. 스털링 모턴은 자신이 연방정부의 부서 전체를 위해서 동원하는 것보다도 더 많은 인력과 자금을 밴더빌트가 동원하는 것을 보고 깜짝 놀랐다. 그의 사유지에는 200마일의 도로가 있었다. 그 안에는 마을—거의 소도시 규모의—도 하나 있었고, 학교와 병원과 교회와 기차역과 은행과 상점도 있었으며, 그 모두가 그 저택의 고용인 2,000명과 그 가족을 위한 것이었다. 이곳의 일꾼들은 돈이야 많이 벌었지만, 여러 가지 규칙을 준수하며 반(半)봉건적인 생활을 해야만 했다. 예를 들면 개를 키우는 것은 금지되었다. 이 사유지를 유지하기 위해서 밴더빌트 소유의 숲에서는 목재가 생산되었고, 여러 농장들에서는 과일과 야채와 낙농품과 계란을 생산하고, 가금과 가축을 길렀다. 그는 또한 몇 가지 제조와 가공업에 관여했다.

조지는 기껏해야 1년에 몇 달 정도만 어머니와 함께 이곳에 머물 예정이었지만, 빌트모어가 완공된 직후에 어머니가 그만 돌아가셨다. 그리하여 그는 어마어마한 고독 속에서 혼자 살아가다가, 1898년에 이디스 스투이베전트 드레서라는 여성과 결혼했고, 두 사람 사이에서는 코넬리아라는 딸이 태어났다. 이 시점에 이르자 그 사유지가 경제적으로는 큰 재앙이나 다름없다는 것이 여실히 드러났다. 이곳의 매년 적자는 25만 달러에 달했고, 조지는 가뜩이나 위태위태한 재산을 가지고 계속해서 이 사유지를 운영해나가야 하는 입장이 되었다. 1914년에 그가 갑자기 사망했다. 그의 아내와 딸은 사유지 상당 부분을 최대한 빠른 시간 내에 매각했고, 이후로는 두번 다시 그와 비슷한 것을 소유하지 않았다.

II

여기서 잠시 이야기를 멈추고, 지금 우리가 있는 곳이 어디이며, 도대체 왜 여기 있는지를 살펴보도록 하자. 지금 우리는 통로에 있다. 이것은 19세기에 대부분의 건축 설계도에서 주택 내의 복도를 일컫는 명칭이었다. 이곳은 오래된 목사관에서도 가장 덜 쾌적하고 가장 어두운 공간이다. 창문이 없기 때문에, 자연광을 끌어들이기 위해서는 굳이 그 옆에 있는 방의 문을 열어놓아야 하기 때문이다. 통로에서 절반 조금 더 지나간 곳에는 닫을 수 있는—그리고 이전에는 분명히 닫혀 있었을 법한—문이 있는데, 이는 집 안에서 하인 공간과 그 너머의 개인 공간을 구분하기 위한 설비였다. 그 문 너머, 그러니까 뒤쪽계단 근처의 벽에는 벽감이 하나 있는데, 이 집이 지어졌을 당시에는 없었던 것이다. 이곳은 1851년에만 해도 아예 없었던 뭔가를 놓아두기 위해서 설계된 곳이 분명하기 때문이다. 그 뭔가는 차마 누구도 생각하지 못했을 정도로 매우 빠르게 세상을 바꿔놓을 물건이었다. 우리가 지금 여기까지 오게 된 것도 바로 그 벽감 때문이다.

방금 전까지 설명한 내용을 고려해보건대, 과연 도금시대의 미국인이 누린 막대한 부가 도대체 잉글랜드 어느 집의 아래층 복도와 무슨 관계가 있는지 궁금해하는 사람이 있을지도 모르겠다. 이에 대한 답변은, 여러분이 생각하는 것 이상으로 훨씬 더 밀접한 관계가 있다는 것이다. 바로 그 시점 이후로, 근대의 삶의 방향과 속도는 점차 미국의 사건들, 미국의 발명들, 미국의 관심사와 수요에 의해서 결정되어갔다. 유럽인들에게는 그것이 적잖은 실망의 원인이었지만, 약간은 흥분되는 것이기도 했다. 미국인들은 무슨 일이든지 차마 이전의 누구도 하지 않았던 방식으로 해냈기 때문이다.

예를 들면, 그들은 진보의 관념에 워낙 매료되었던 나머지, 과연 쓸모가 있는지 없는지도 모르는 상태에서 어떤 물건을 발명하곤 했다. 이런 현상의 진수를 보여주는 인물이 바로 토머스 에디슨이었다. 뚜렷한 필요나 용도가 없는 물건을 발명하는 데에 있어서라면 세상 누구도 그보다 더 뛰어날 (또는 보는 관점에 따라서 '나쁠') 수가 없었다. 물론 전반적으로 따져보면, 에디슨은 막대한 성공을 거두었고 어마어마한 부를 얻었다. 1920년에 이르러, 그의 발명품과 개량품으로부터 비롯된 사업의 가치는 총계 216억 달러에 달하는 것으로 집계되었다. 그러나 그는 자신의 관심사가 최상의 상업적 전망이 있는지 여부를 알아내는 데에는 끔찍하게 서툴렀다. 다만 자기가 발명한 물건은 반드시 돈을 벌게 될 것이라고 확신(그야말로 전무후무한 확신)을 품었다. 그러나 돈을 벌기보다는 그렇지 못한 경우가 훨씬 더 많았다. 그중에서도 대표적인 것을 하나 꼽으면, 이 세계를 콘크리트 주택으로 채우겠다는 그의 오랜, 그리고 비용이 많이 들어가는 꿈이었다.

콘크리트는 19세기에 가장 많은 흥분을 불러온 제품이었다. 건축용 자재료로서의 콘크리트는 상당히 오래 전부터 사용되었다. 예를 들면 로마에 있는 판테온의 거대한 돔도 콘크리트로 만든 것이고, 솔즈베리 대성당의 기초도 콘크리트로 만든 것이다. 그러나 이 재료에 현대적인 돌파구가 마련된 것은 1824년, 그러니까 리즈에 살던 무명의 벽돌기술자 조지프 애스프딘이 포틀랜드 시멘트—포틀랜드석만큼이나 매력적이고 오래 견딘다는 의미가 담겨 있었다—를 개발하면서부터였다. 포틀랜드 시멘트는 기존의 어떤 제품보다도 훨씬 더 훌륭했다. 물속에서 사용하기에도 좋아서, 제임스 파커 목사의 로마 시멘트보다도 훨씬 더 훌륭했다. 애스프딘이 도대체 어쩌다가 이런 물건을 발명하게 되었는지는 수수께끼인 것이, 그렇게 하려면 상당히 정확하게 계산된 과정을 밟아야 하기 때문이었다. 즉 정해진 만큼의 입자 크기로 석회석을 분쇄하고, 정해진 만큼의 습도를 가진 흙과 섞고, 일반적인 석회 가마보다 훨씬 더 높은 온도로 구워야 했다. 애스프딘이 어떻게 재료의 성분을 바꿔볼 생각을 했는지, 또 높은 온도에서 가열하면 훨씬 더 단단하고 매끄러운 제품이 나온다는 것을 어떻게 알았는지에 관해서는 누구도 대답할 수가 없다. 어쨌거나 그는 그렇게 했고, 결국 부자가 되었다.

에디슨 역시 오랫동안 콘크리트의 가능성에 매료되었으며, 세기의 전환기에 이르자 뭔가 크게 한번 충동적으로 행동해보기로 결심했다. 그는 에디슨 포틀랜드 시멘트 회사를 세우고, 뉴저지 주 스튜어츠빌 인근에 큰 공장도 만들었다. 1907년에 이르자 에디슨은 전 세계에서 다섯 번째로 큰 시멘트 생산업자가 되었다. 그 휘하의 연구원들은 양질의 시멘트를 대량으로 생산하는, 보다 향상된 방법에 대한 특허를 40-50개나 따냈다. 양키 스타디움이며, 세계 최초의 콘크리트 고속도로의 첫 구간에도 에디슨의 시멘트가 사용되었다. 그러나 그의 가장 오래 지속된 꿈은 전 세계를 콘크리트 주택으로 채우는 것이었다.

그의 계획은 완전한 집의 틀을 하나 만든 다음, 거기다가 콘크리트를 계속해서 부어넣어서, 단순히 벽과 바닥뿐만 아니라 인테리어까지도 모두 만드는 것이었다. 욕조, 화장실, 싱크대, 옷장, 문설주, 심지어 액자까지도 말이다. 이것은 문과 전기 스위치 같은 몇 가지를 제외한 나머지 모두를 콘크리트로 만들자는 것이었다. 벽에는 심지어 색깔을 배합해 넣어서, 아예 페인트칠이 영영 불필요하게 만들 수 있다고 에디슨은 제안했다. 이런 식으로라면 4인 1조로 구성된 건축반이 집 한 채를 이틀 안에 만들 수 있다고 그는 계산했다. 에디슨은 이 콘크리트 집들을 한 채당 1,200달러에 판매하기로 했는데, 그 정도면 당시에 전통적인 방법으로 지어진 똑같은 크기의 집의 3분의 1 가격이었다.

이것은 황당무계한, 그리고 궁극적으로는 실현 불가능한 꿈이었다. 기술적 문제들이 압도적으로 많았다. 일단 집의 틀이 집 그 자체만큼이나 컸으며, 따라서 놀랄 만큼 번거롭고 복잡했다. 그보다 더 큰 문제는 이 틀 안을 자연스럽게 채우는 것이었다. 콘크리트는 시멘트와 물과 혼합재—즉 자갈과 작은 돌멩이—를 섞은 것이므로, 혼합재가 아래로 가라앉는 성격을 가지는 것은 자연스러운 일이었다. 에디슨 휘하의 공학자들은, 한편으로는 그 틀의 구석구석 안 닿는 곳이 없이 퍼져나갈 만큼 묽으면서도, 또 한편으로는 중력의 작용에도 불구하고 혼합재가 아래로 쏠리지 않을 만큼 걸쭉한 액체 혼합물을 만들어내야 했다. 그래야만 콘크리트가 굳더라도 자연스럽고 균일한 품질의 일관성이 생겨날 것이며, 또 그래야만 당신들은 벙커가 아니라 주택을 구입하는 것이라고 사람들을 설득할 수 있을 것이기 때문이었다. 그러나 이는 불가능한 야심으로 드러났다. 공학자들이 계산한 것에 따르면, 설령 이 모든 공정이 제대로 이루어진다고 하더라도, 그로 인해서 생겨나는 집의 무게는 45만 파운드에 달할 것이어서, 갖가지 구조적인 압력이 불가피하리라는 것이었다.

이 모든 기술적인 문제와 아울러서, 산업계 내부에서는 전반적인 과잉 공급의 문제가 생겨나면서 (에디슨의 커다란 공장 때문에 이런 문제가 더욱 악화된 면도 있었다) 에디슨은 이 사업의 운영 자금을 마련하기 위해서 항상 노심초사해야만 했다. 시멘트 제조는 어쨌거나 어려운 사업이었는데, 워낙 계절을 타기 때문이었다. 그러나 에디슨은 줄곧 계획을 밀고 나갔으며, 자신이 만든 콘크리트 집에 들어갈 다양한 콘크리트 설비를 고안했다. 예를 들면 거울 달린 옷장, 찬장, 의자, 심지어 콘크리트 피아노까지도 있었다. 그는 조만간 더블 침대도 하나 만들 것인데, 그 가격은 겨우 5달러밖에 되지 않을 것이라고 약속했다. 그 모든 제품들은 1912년에 뉴욕에서 열릴 시멘트 산업 전시회에서 처음으로 일반에 공개될 예정이었다. 그러나 막상 전시회가 개최되었음에도 불구하고, 에디슨 회사에 배정된 전시대는 텅비어 있었다. 에디슨 회사의 어느 누구도 나타나서 설명을 내놓지 않았다. 콘크리트 가구에 관한 이야기는 이후로 싹 자취를 감추었다. 알려진 것에 따르면, 에디슨 자신도 이후 그 문제에 관해서는 전혀 아무 언급도 하지 않았다.

문제의 콘크리트 집은 몇 채가 실제로 지어졌고, 뉴저지와 오하이오 주에는 지금도 여전히 서 있다. 그러나 전반적인 인식으로 보면 결코 인기를 얻을 정도는 아니었고, 결국 이는 에디슨의 가장 값비싼 실패 가운데 하나가 되었다. 이것은 에디슨이라는 인물이 이 세상에 아직 없는 어떤 물건을 만드는 데에 뛰어나다는 사실을, 동시에 이 세상이 어떻게 그 물건을 이용할지를 예측하는 데에는 끔찍하게 서투르다는 사실을 진정으로 잘 보여주는 사례이다. 그는 축음기를 여흥의 도구로 사용하는 가능성을 예측하는 데에는 완전히 실패했고, 다만 그 물건을 구술 작업과 음성 기록을 위한 장치—실제로 그는 이를 "말하는 기계"라고 불렀다—로만 생각했다. 여러 해 동안이나 그는 활동사진의 미래가 스크린 상에 이미지를 투사하는 데에 놓여 있다는 생각을 받아들이지 않았는데, 그는 누군가가 표를 사지 않고도 몰래 관람실로 들어와서 영화를 볼 수 있게 된다는 사실을 싫어했기 때문이다. 오랫동안 그는 그 장치를 오직 손으로 돌리며 들여다보는 상자 안에만 가둬두었다. 1908년에는 항공기에 아무런 미래가 없다고 자신 있게 단언했다.

시멘트로 인해서 겪은 값비싼 실패 이후, 에디슨이 옮겨간 다른 여러 아이디어들도 대부분 실용적이지 못한 또는 현저하게 경솔하기 짝이 없는 것으로 드러났다. 그는 전쟁에 대한 관심을 발전시켰고, 머지않아 "전기 충전식 분무기"를 이용해서 적군에게 대량 혼수상태를 야기할 수 있을 것이라고 예견했다. 그는 또한 날아오는 적의 총알을 붙잡아서, 온 곳으로 도로 날려보내는 초대형 전자석을 만들자는 계획을 내놓았다. 그는 자동화된 잡화점을 만드는 데에도 막대한 금액을 투자했는데, 여기서는 고객이 투입구에 동전을 집어넣으면, 잠시 후에 석탄, 감자, 양파, 못, 머리핀, 그리고 고객이 원하는 여타의 일용품이 활강로를 따라서 고객 쪽으로 미끄러져 내려오는 것이었다. 그러나 이 시스템은 결코 제대로 작동하지 못했고, 성공에 가까웠던 적도 없었다.

이 대목에서 우리는 마침내 벽에 난 그 벽감으로, 그리고 거기 놓여 있는 세상을 변화시킨 물건으로 돌아가게 된다. 바로 전화이다. 1876년에 알렉산더 그레이엄 벨이 전화를 발명했을 때만 해도, 그 잠재력을 완전히 알아본 사람은 세상 어디에도 없었고, 심지어 벨 자신도 마찬가지였다. 상당수의 사람들은 이 물건에서 아무런 잠재력도 알아보지 못했다. 웨스턴 유니언의 중역들이 전화를 가리켜서 "전기 장난감"이라고 일축했던 것은 유명한 일화이다. 그리하여 벨은 독자적으로 사업을 진행했고, 아무리 줄잡아 말하더라도 상당히 성공을 거두었다. 벨의 특허(174,465번)는 지금까지 발급된 것 중에서 가장 가치가 높은 특허였다. 벨이 실제로 한 일은 기존의 여러 가지 기술을 합친 것뿐이었다. 전화를 만드는 데에 반드시 필요한 구성요소가 생긴 지는 30년이나 되었고, 그 원리도 이해된 상태였다. 문제는 단순히 목소리가 선을 타고 이동하게 만드는 방법이 아니라—그거야 어린이 둘이 양철 깡통과 긴 실을 가지고 오랫동안 해왔던 것이니까—멀리서도 들릴 수 있도록 목소리를 증폭시키는 방법이었다.

1861년에 독일의 교사인 필립 라이스는 그 원형이라고 할 만한 장치를 만들고, 심지어 거기에 "전화(Telephon)"라는 이름을 붙였다. 그런 까닭에 독일인들은 그를 이 물건의 발명가로 간주하는 경향이 있다. 그러나 라이스의 전화가 할 수 없었던 일이 하나 있었다면—적어도 그 당시에 알려진 바에 따르면 그러했다—그것은 바로 제대로 작동하는 것이었다. 그 전화로는 오직 간단한 신호—주로 딸깍 소리와 몇 가지 음—만을 보낼 수 있었을 뿐이며, 기존에 사용되던 전신의 탁월함에 도전할 수 있을 정도로 충분히 효율적이지는 못했다. 나중에 발견된 아이러니컬한 사실은, 라이스의 장치가 먼지나 흙으로 지저분해진 경우에는 놀랄 만큼 충실하게 말이 전달되었다는 점이다. 불행히도 라이스는 튜턴족 특유의 꼼꼼함 때문에 항상 자신의 장비를 흠 하나 없이 반짝거리고 깨끗하게 유지했으므로, 자신이 작동 가능한 장비를 생산하는 데에 얼마나 가까이 와 있었는지를 무덤에 갈 때까지도 결코 깨닫지 못했다. 그 외에 최소한 3명의 다른 사람들도—그중에는 미국인 엘리샤 그레이도 있었다—작동 가능한 전화를 만드는 중이었는데, 1876년에 보스턴에서 벨이 한발 앞서서 그 돌파구의 순간을 맞이했다. 벨이 자신의 특허를 제출했던 바로 그날, 그레이 역시 특허 보호신청이라고 불리는 것—아직 완성에 이르지는 못한 어떤 발명품을 보호받을 수 있게 해주는 일종의 소유 주장—을 제출했다. 그러나 그레이로서는 불운하게도, 벨은 그보다 불과 몇 시간 앞서서 정식 특허를 제출했다.

벨은 토머스 에디슨과 같은 해인 1847년에 태어나서 에든버러에서 자랐지만, 1870년에 부모님과 함께 캐나다로 이민을 갔다. 그 이유 가운데 하나는 그의 형제 둘이 결핵으로 인해서 불과 3년 사이에 연이어 사망한, 가족의 비극 때문이었다.* 부모가 온타리오 주의 어느 농장에 정착하자, 벨은

---

* 에디슨의 가족 역시 그가 태어나기 직전에 캐나다에 머물고 있었다. 에디슨과 벨 모두가 여전히 그곳에 머물러 있으면서 각자의 발명품을 만들었다면 북아메리카의 역사가 과연 어떻

그 당시에 신설된 보스턴 대학교에서 음성생리학 담당교수가 되었다. 사실 이것은 어딘가 의외의 임명이었다. 그는 음성생리학에 관한 교육을 받은 적도 없었고, 대학교 졸업장조차도 없었기 때문이었다. 그가 가진 것이라고는 의사소통 분야에 대한 공감적인 관심, 그리고 이 분야와 관련이 있는 오랜 가정환경뿐이었다. 그의 어머니는 청각 장애인이었고, 그의 아버지는 연설과 웅변의 세계적인 전문가였는데, 그 당시로 말하면 웅변이라는 것이 그야말로 경외에 가깝게 여겨지던 때였다. 벨의 아버지가 쓴 책인 『표준 웅변가(The Standard Elocutionist)』는 그 당시에 미국 내에서만 25만 부가 팔려나갔다. 그러나 보스턴 대학교에서 벨의 지위는 얼핏 듣는 것만큼 대단하지는 않았다. 그는 봉급 25달러를 받고 일주일에 5시간만 강의했다. 다행히도 벨은 이를 마음에 들어했는데, 덕분에 실험에 사용할 시간이 생겼기 때문이었다.

벨은 듣기에 어려움을 느끼는 사람들을 위한 보조도구로 소리를 전기적으로 증폭시키는 방법을 찾았다. 머지않아 그는 목소리를 먼 거리까지 보내는 데에도 이 장치를 이용함으로써, 그의 말처럼 "말하는 전신"을 만들 수 있겠다고 생각했다. 이 새로운 방향의 개발을 지원하기 위해서, 그는 토머스 A. 왓슨이라는 청년을 한 사람 고용했다. 두 사람은 1875년 초부터 이 문제에 뛰어들었다. 그로부터 1년이 조금 지난 1876년 3월 10일, 그러니까 벨의 스물아홉 살 생일이 지나고 일주일 뒤에, 보스턴의 엑서터 플레이스 5번지에 있는 작은 실험실에서 원거리 통신[텔레커뮤니케이션]의 역사상 가장 유명한 사건이 벌어졌다. 무릎 위에 산(酸)을 약간 엎지른 벨이 이렇게 중얼거렸다. "왓슨 군, 이리 좀 와보게, 자네가 와줘야 되겠네." 그 순간 다른 방에 있던 왓슨은 그 목소리를 똑똑히 알아듣고 깜짝 놀랐다. 그러니까 이로부터 50년 뒤, 전화의 발명을 기념하는 일련의 기념 광고

게 달라졌을지를 생각해보면 흥미롭다.

가 나오던 당시에 왓슨이 한 이야기는 대략 이러했다. 반면 그보다 4년 전에 사망한 벨은 누군가에게 산을 엎질렀다고 말한 적이 없었다. 게다가 가만히 생각해보면 이상한 것이, 만약 무릎에 산을 엎질렀을 경우에는 타는 듯한 고통이 느껴지며 깜짝 놀랄 텐데, 어떻게 그렇게 차분한 도움 요청을, 그것도 평소의 목소리로, 그것도 거기 있지도 않은 사람에게 할 수 있었느냐는 것이다. 더구나 원형 전화기는 너무 원시적이어서 그것을 이용해서 왓슨이 어떤 메시지를 들으려면 진동 리드에 귀를 가까이 가져다 대야 했다. 그러니 혹시 벨이 산을 엎지르고 당황한 나머지 조수를 부를지도 모른다는 생각에, 왓슨이 하루 온종일 그 장치에 귀를 대고 있었을 가능성은 그리 많지 않아 보인다. 정확한 사정이 어떠했든지 간에, 벨의 메모를 보면 그가 왓슨을 부른 것은 사실이고, 또한 다른 방에 있던 왓슨이 그의 말을 듣고 달려온 것도 사실이다. 그리하여 세계 최초의 전화가 만들어졌다.

왓슨이라는 인물은 역사가 주목한 것보다 더 주목을 받아야 마땅할 인물이다. 벨이 스코틀랜드에서 태어난 지 7년 뒤인 1854년에 매사추세츠 주 세일럼에서 태어난 왓슨은 열네 살 때에 학교를 중퇴하고 여러 가지 별 볼일 없는 직업에 종사하다가 벨과 함께 일하게 되었다. 두 사람은 서로를 향해서 가장 깊은 존경, 심지어 애정까지 품었지만, 반세기 간의 우정에도 불구하고 서로를 성이 아니라 이름으로 부르는 스스럼없는 사이까지는 결코 관계가 진척되지 못했다. 전화의 발명에서 왓슨의 역할이 얼마나 필수적이었는지를 정확히 말하기는 어렵지만, 적어도 단순한 조수 이상의 존재였다는 것은 분명하다. 벨과 함께 일한 7년 동안에만 왓슨은 자기 이름으로 60종의 특허를 확보했는데, 그중에는 그로부터 수십 년 뒤에는 모든 전화에 필수적인 부분이 된 특유의 전화벨도 포함되어 있었다. 전화벨이 발명되기 전까지 혹시 누군가가 나한테 전화를 했는지 안 했는지를 알아내는 유일한 방법은, 가끔 한번씩 수화기를 들어올려서 누가 말을 하는지를 확인하는 것뿐이었다.

대부분의 사람들에게는 전화라는 것이 이처럼 이해 불가능한 신제품이 었기 때문에, 벨은 이 제품이 과연 무엇을 할 수 있는지를 설명해야 했다. "전화는 화자의 목소리의 어조와 발음을 다른 장소에서 재생하는 전기적 발명품으로, 이를 이용하여 서로 다른 방에 있는, 서로 다른 거리에 있는, 또는 서로 다른 도시에 있는 사람들 간에 한마디 한마디 대화가 수행될 수 있다.……다른 형태의 모든 전기 장치를 능가하는 이 장치만의 최대 이 점은 바로 이 도구를 이용하기 위해서는 아무런 기술도 필요하지 않다는 점이다."

그해 여름에 필라델피아에서 열린 100주년 박람회에서 전시된 이 물건은 약간의 관심만 끌었다. 대부분의 관람객들은 전화보다, 토머스 에디슨이 발명한 전기 펜에 더욱 깊은 인상을 받았다. 이 펜은 마치 스텐실처럼 글 자의 윤곽선을 따라서 종이 위에 재빠르게 펀치로 구멍을 뚫었고, 그 구멍 으로 잉크를 주입해서 그 아래 깔린 또다른 종이에 묻히는 방식으로 빠른 시간에 똑같은 문서를 여러 장 만들 수 있었다. 평소와 마찬가지로 방향 을 잘못 잡은 에디슨은 이 발명품이 "전신보다 더 대단하다"고 확신했다. 물론 그 정도까지는 아니었지만, 재빠르게 펀치로 뚫는 펜에 관한 아이디 어는 다른 누군가가 차용해서, 피부 밑에 잉크를 주입하는 기계로 만들었 다. 즉 현대식 문신용 기계가 탄생한 것이었다.

전화의 경우, 벨은 잘 버틴 끝에 점차적으로 호응을 얻게 되었다. 최초의 전화 설비는 1877년에 보스턴에서 가동되기 시작했다. 은행 두 곳(그중 하 나는 흥미롭게도 '슈 앤드 레더 뱅크[신발과 가죽 은행]'라는 이름이었다) 과 개인 회사 한 곳 사이에 삼자 통화가 가능해졌다. 그해 7월에 벨은 시 내에서 200대의 전화를 가동했으며, 8월에 그 숫자는 1,300대로 껑충 뛰었 다. 물론 대개의 경우는 사무실 사이의 양방향 연결에 불과해서, 사실 전 화라기보다는 일종의 인터폰에 가까웠다. 진정한 돌파구는 이듬해에 교환 대가 발명되면서 찾아왔다. 이 장치 덕분에 전화 사용자라면 누구나 그 지역의 다른 전화 사용자와 이야기를 할 수 있었다. 그리고 머지않아 전화 사용자는 무척 많아졌다. 1880년대 초에 이르자 미국에서는 6만 대의 전화가 가동되었다. 이후 20년 사이에 그 숫자는 600만 대 이상으로 증가했다.

전화는 원래 서비스를 제공하는 장치로 간주되었다. 예를 들면 날씨 정보, 증권시장 뉴스, 화재 경보, 음악 연주, 심지어 보채는 아기를 달래기 위한 자장가를 제공하는 것으로 말이다. 어느 누구도 이 장치가 남의 험담이나 사교 행위, 또는 가족과 친구를 연결시켜주는 데에 주로 사용되리라고는 예견하지 못했다. 주기적으로 직접 만나는 누군가와 전화로 잡담을 나눈다는 발상은 그 당시 사람들이 생각하기에는 어처구니없이 여겨졌으리라.

전화는 기존의 기술들에 매우 많이 의존했으며, 또한 매우 신속하게 경제적 이득이 증명되었기 때문에, 곧이어 수많은 개인들과 기업들이 벨의 특허에 도전하거나, 또는 단순히 특허를 무시해버렸다. 벨에게는 다행스럽게도, 그의 장인인 가디너 허버드는 명석하면서도 지칠 줄 모르는 변호사였다. 그는 무려 600건의 소송을 제기하거나, 또는 제기당해서 모조리 이겼다. 그중에서 가장 큰 소송은 거대하고 독보적인 웨스턴 유니언과의 대결이었는데, 이 회사는 에디슨과 엘리샤 그레이와 한 편이 되어서 수단과 방법을 가리지 않고 전화 사업을 좌우하려고 작정한 참이었다. 웨스턴 유니언은 당시 밴더빌트 제국의 핵심 구성요소였으며, 밴더빌트 가문은 무엇에서든지 일인자가 되지 못하는 것을 싫어했다. 모든 면—경제적 자원, 기존의 전화망, 최고 수준의 기술자와 공학자 등—에서 이들이 유리했던 반면, 벨은 오직 두 가지 이점만을 가지고 있었다. 바로 특허와 가디너 허버드였다. 허버드는 이 대기업을 특허 침해로 고발했고, 불과 1년도 되지 않아서 재판에서 승리했다.

20세기 초에 벨의 전화 회사—미국 전화 전신 회사(AT&T)라고 이름을 변경한—는 미국 내에서 가장 큰 회사였으며, 주가가 한 주당 1,000달러에 육박했다(1980년대에 들어서 반독점 규제에 따라서 결국 해체될 때까지, 이 회사는 제너럴 일렉트릭, 제너럴 모터스, 포드, IBM, 제록스, 코카콜라를 모두 합친 것보다도 더 가치가 높았으며, 직원 수만 100만 명에 달했다). 벨은 워싱턴 D.C.로 이주했고, 미국 시민이 되었으며, 이후 여러 가지 가치 있는 연구에 평생을 바쳤다. 특히 주목할 만한 연구로는 철제 호흡 보조기의 발명과 텔레파시 실험이 있다. 제임스 A. 가필드 대통령이 불평불만 가득한 어느 미치광이의 총에 맞았을 때, 사람들은 벨을 초빙해서 몸에 박혀 있는 총알을 찾아낼 수 있는지 알아보려고 했다. 그는 금속 탐지기도 발명했는데, 실험실에서는 제대로 작동했지만 가필드의 병상 옆에서는 혼란스러운 결과만 내놓았다. 이때 금속 탐지기가 대통령이 누운 침대의 스프링에 반응했었다는 사실은 한참 나중에 가서야 밝혀졌다. 이런 연구의 사이사이에 그는 과학 저널 『사이언스(*Science*)』와 내셔널 지오그래픽 협회를 설립하는 데에 도움을 주었다. 내셔널 지오그래픽 협회에서 발행하는 잡지에 그는 H. A. 라지램(H. A. Largelamb)이라는 유명한 필명으로 기고했다(그 이름은 'A. 그레이엄 벨[A. Graham Bell]'을 철자 바꾸기[아나그램]한 것이었다).

벨은 친구이며 동료인 왓슨을 관대하게 대해주었다. 굳이 그래야 할 법적 의무가 없었음에도, 그 회사의 주식 10퍼센트를 왓슨에게 양도했다. 결국 왓슨은 나이 스물일곱에 부자가 되어서 은퇴할 수 있었다. 이제 원하는 것은 무엇이든 할 수 있게 된 왓슨은 남은 평생 동안 정말 그렇게 하는 데에 전념했다. 즉 세계 여행을 떠나고, 폭넓은 독서를 하고, MIT에서 지질학으로 학위를 받았다. 그런 뒤에 조선소를 시작했는데, 머지않아 직원이 4,000명에 달할 정도로 성장하자, 그로서는 결코 바라지 않았던 엄청난 스트레스와 의무가 생겨나고 말았다. 결국 그는 회사를 매각하고, 이슬람교로 개종하고, 에드워드 벨러미—과격한 성향의 철학자이며 유사 공산주의자로서 1880년대에 잠깐 명성과 인기를 누린 인물—의 추종자가 되었다.

벨러미를 추종하는 데에 싫증이 난 왓슨은 중년 초기에 접어들자 잉글랜드로 이사했고, 연기를 시작해서 의외의 재능을 보여주었다. 그는 특히 세익스피어 작품의 배역에 능숙했고, 스트랫퍼드-어폰-에이번에서 여러 차례 공연을 마치고, 미국으로 돌아와서 다시 한번 조용한 은퇴 생활을 즐겼다. 1934년에 그는 81번째 생일을 며칠 앞둔 상태에서 플로리다 주 패스그릴 키에 있는 겨울 별장에서, 그야말로 만족스럽고 부유한 상태에서 사망했다.

전화와 관련해서는 다른 두 사람의 이름도 잠시 언급하고 지나갈 가치가 있을 것이다. 첫 번째 사람은 헨리 드레이퍼스이다. 젊은 극장 디자이너였던 그는 이전까지만 해도 오직 무대장치와 극장 인테리어 디자인밖에는 하지 않았다. 그러다가 1920년에 들어서 그는 새로 이름을 바꾼 AT&T로부터 직립형 "촛대" 전화기를 대체할 만한 새로운 유형의 전화기를 디자인하라는 의뢰를 받았다. 드레이퍼스는 놀랄 만큼 납작하고, 약간 상자 같고, 매끈하게 현대적인 전화를 디자인했는데, 커다란 다이얼 뒤쪽으로 약간 높은 곳에 송수화기가 옆으로 놓여 있었다. 이것은 이후 20세기 대부분 동안, 대부분의 세계에서 표준적인 모델이 된 바로 그 전화기였다. 이것은 워낙 훌륭하면서도 워낙 익숙한 것이 되다 보니, 이제는 도리어 애초에 누군가가 그것을 고안해야 했다는 사실을 기억하기가 어려울 정도인 물건들 가운데 하나이다(에펠 탑도 그렇다고 할 수 있으리라). 그러나 사실상 이 전화기의 거의 모든 것—다이얼을 만드는 데에 필요한 저항력의 정도라든지, 무심코 건드려도 거의 넘어지는 법이 없게 만든 저(低)중심 방식이라든지, 또는 듣고 말하는 기능이 하나의 송수화기에 모두 들어 있는 뛰어난 발상 등—은 그 이전까지 평소에 산업 디자인 근처에도 간 적이 없었던 한 인물의 의식적이고 영감 넘치는 사고의 결과였다. 도대체 무슨 이유로 애초에 AT&T의 공학자들이 드레이퍼스라는 젊은이에게 그 프로젝트를 맡겼는지는 영영 잊혀지고 말았지만, 아마도 이보다 더 나은 선택은 없었을 것이다.

그러나 다이얼만큼은 드레이퍼스의 디자인이 아니었다. 그것은 그 회사 내에서 이미 나와 있었다. 즉 1917년에 벨 회사의 직원인 윌리엄 G. 블로벨트가 이미 디자인했다. 아울러 다이얼의 숫자 대부분—모두는 아니다—에 알파벳을 세 개씩 집어넣자고 제안한 사람도 바로 블로벨트였다. 다만 다이얼의 첫 번째 구멍에는 아무 글자도 집어넣지 않았는데, 초창기에는 전화 다이얼을 첫 번째 구멍에서 약간 뒤로 돌려야만 통화 개시 신호로 여겨졌기 때문이다. 그리하여 2(ABC), 3(DEF), 4(GHI) 하는 식으로 숫자마다 알파벳이 부여되었다. 블로벨트는 Q를 아예 뺐는데, 그 철자 뒤에는 항상 U가 나와야 해서 그 유용성에 한계가 있기 때문이었다. 또 Z도 뺐는데, 영어에서 유용할 정도로 자주 등장하지 않기 때문이었다. 각각의 교환국에는 고유의 이름이 부여되었는데, 대개 그곳이 위치한 길이나 구역의 이름에서 나온 것이었고—예를 들면 벤슨허스트, 할리우드, 펜실베이니아 애비뉴 등이었고, 일부 교환국은 나무나 다른 사물들의 이름을 이용하기도 했다—통화자는 교환수에게 "펜실베이니아 6-5000"(글렌 밀러의 곡 제목처럼), 또는 "벤슨허스트 5342"를 연결해달라고 말했다. 1921년에 직접 다이얼 방식이 도입되자, 교환국 이름은 두 글자의 접두사로 변했으며, 대개 원래의 이름에서 맨 앞의 철자 두 개를 따서 사용했다. 할리우드(Hollywood)에서 HO를, 벤슨허스트(Bensonhurst)에서 BE를 가져오는 식이었다.

이 시스템은 나름의 매력이 있었지만, 시간이 가면서 점차 실용성이 떨어졌다. 이름들의 상당수는—라인랜더(Rhinelander)의 RH나 시카모어(Sycamore)의 SY처럼—철자법에 웬만큼 자신 있는 사람이 아니라면 종종 헷갈리기 일쑤였다. 또한 철자를 사용할 경우에는 해외에서의 직접 다이얼 방식 도입이 어려웠다. 외국의 전화 다이얼에는 알파벳이 아예 들어 있지 않거나 다른 방식으로 배열되어 있기 때문이었다. 그리하여 구식 시스템은 1962년부터 미국에서도 단계적으로 사라지기 시작했다. 오늘날 이런 철자는 가령

1-800-BUY-PIZZA(1-800-주문-피자)처럼 오직 기억을 돕기 위한 수단으로만 사용된다.

우리가 사는 목사관의 경우, 과연 언제 이 집에 처음으로 전화기가 들어왔는지는 알 도리가 없다. 그러나 20세기 초의 어느 교구목사와 그의 가족에게는 이 전화기의 설치가 대단한 기쁨을 주는 사건이었을 것이 분명하다. 그러나 지금 이 벽감은 텅 비어 있다. 계단 밑에 전화기가 한 대 놓여 있는 시대는 이미 오래 전에 끝났기 때문이고, 오늘날에는 어느 누구도 이처럼 노출되고 불편한 장소에서 통화하고 싶어하지 않기 때문이다.

III

상당수의 사람들이 보기에, 미국에서 펼쳐진 막대한 부의 새로운 시대는 곧 약간의 특이한 변덕에 몰두할 수 있었다는 의미이기도 했다. 코닥 필름과 카메라로 유명한 조지 이스트먼은 평생 결혼을 하지 않았고, 뉴욕 주 로체스터의 커다란 집에서 어머니와 단둘이 살았다. 그러나 그 집에는 하인들이 많았으며, 심지어 새벽마다 커다란 에올리아식 오르간을 연주해서 그의—그리고 로체스터에 사는 나머지 사람들 가운데 상당수의—잠을 깨우는 전속 오르간 연주자도 있었다. 이스트먼의 또다른 지속적인 변덕은 집의 위층에 개인용 부엌을 하나 두고, 자신이 직접 들어가서 앞치마를 두르고 파이 굽기를 즐겼다는 점이었다. 이보다 더 극단적인 경우로는 미시간 주 마케트에 살았던 존 M. 롱이어를 들 수가 있다. 덜러스 메사비 앤드 아이언 레인지 철도회사에서 자기 집 바로 옆에 철도를 부설하고 철광석을 실은 화물차를 오가게 할 권리를 따냈다는 소식을 듣자마자, 그는 집 전체를 분해해서 포장한 다음, 이 모두—어느 전기 작가가 감탄해 마지않으며 말한 것처럼, "집, 관목, 나무, 분수, 장식용 물가, 산울타리, 진입로, 수위실, 현관의 주차구역, 온실, 마구간"까지—를 매사추세츠 주 브루클린으로 옮겼다. 이곳에서 그는 창밖으로 기차가 지나가는 법이라곤 없었던 과거의 조용한 환경을, 정말 꽃봉오리 하나까지 고스란히 재현했다. 이에 비하면 저택 두 채를 나란히 놓고 살았던—한 채에는 들어가서 살았고, 또한 채에는 끝도 없이 장식을 하고 또 했다—프랭크 헌팅턴 비비의 습관은 상당히 점잖은 편이라고 하겠다.

순수하게 소비에만 전념한 경우로는 어느 누구도 E. T. 스토츠베리의 부인—일명 에바 여왕—을 능가할 수 없었다. 경제 주체로서 그녀는 정말 경이 그 자체였다. 하루는 친구들을 데리고 사냥 여행을 떠나는 데에만 50만 달러를 소비했는데, 그 목적은 단순히 여행 가방과 모자 상자를 만드는 데에 필요한 악어를 잡기 위해서였다. 또 한번은 플로리다에 있던 자기 소유의 집 엘 미라솔의 1층을 하룻밤 사이에 모두 새로 장식했다. 그러나 인내심 많은 남편에게는 말을 해두지 않은 까닭에, 다음 날 아침에 잠에서 일어나 아래층으로 내려온 남편이 지금 자기가 어디에 와 있는 것인지 몰라서 한동안 어리둥절해했다고 전한다.

그 남편인 에드워드 타운센드 스토츠베리는 J. P. 모건의 금융 제국에서 중역으로 일해서 막대한 재산을 모았다. 비록 뛰어난 은행가이기는 했지만, 그다지 존재가 두드러지지는 않은 인물이었다. 어느 연대기 작가의 표현을 빌리면 "어떤 장소에서 고상한 구멍에 해당하는 인물이었으며, 수표를 써주는 보이지 않는 손이었다." 1912년에 스토츠베리 부인을 처음 만났을 때에만 해도 스토츠베리 씨의 재산은 7,500만 달러에 달했다. 그러나 그녀는—이미 그 당시에도 전 남편 올리버 이턴 크롬웰 씨의 호의와 은행 잔고를 모조리 소진한 다음이었다—정말 눈부실 정도의 효율성을 발휘해가면서, 그의 재산 5,000만 달러를 여러 채의 새 집에 허비했다. 우선은 필라델피아의 화이트마시 홀로 시작했는데, 이 집은 워낙 커서 이곳에 관한 기록들 가운데 그 어떤 것도 서로 똑같은 법이 없었다. 누구의 주장이냐에 따라서, 이 집의 방 개수는 154개, 172개, 272개가 되었다. 모두가 동의하는 한 가지 특징은 이 집에 총 14대의 엘리베이터가 있다는 점이었는데, 이것은 당시 대부분의 호텔에 있는 엘리베이터의 대수보다 더 많은 것이었다. 스토츠베리 씨가 이 집을 유지하는 데에 매년 100만 달러가 들었다. 그는 정원사 40명과 다른 고용인 90명을 고용했다. 스토츠베리 부부는 또한 메인 주의 바 하버에도 여름용 별장을 하나 두고 있었는데, 여기는 겨우 방이 80개에 욕실이 28개에 불과했다. 그것 말고도 플로리다 주에는 엘 미라솔이라는 궁궐 같은 집이 또 하나 있었다.

마지막으로 언급했던 광기 어린 주택의 건축가는 애디슨 미즈너라는 인물이었다. 지금은 거의 완전히 잊혀지고 말았지만, 짧고 굵은 한때나마 그는 미국 내에서 가장 많은 의뢰를 받는, 그리고 가장 특이한 건축가였다.

미즈너는 캘리포니아 북부의 유서 깊고 저명한 집안에서 태어났다. 극작가이며 흥행주였던, 그리고 유명한 노래 「프랭키와 자니」를 공동으로 썼던 윌슨 미즈너와는 형제지간이었다. 건축가가 되기 전에 애디슨은 놀라울 정도로 이국적인 생활을 했다. 즉 남태평양 사모아에서는 환등기 슬라이드를 그렸고, 중국 상하이에서는 관 손잡이를 팔았고, 부유한 미국인에게 아시아제 골동품을 팔았고, 캐나다의 클론다이크에서는 사금을 채취했다. 미국으로 돌아온 그는 롱아일랜드에서 조경 건축가가 되었고, 마침내 뉴욕 시에서 전통적인 건축에 종사하게 되었다. 그러나 당국에서는 그가 이 분야에서 아무런 훈련도 받지 않았고—어느 놀란 관찰자의 말을 빌리면 "심지어 통신 학위 과정도 밟지 않았다"—면허도 없다는 것을 알게 됨으로써, 그는 갑작스럽게 경력을 포기해야만 했다. 그리하여 1918년에 그는 플로리다 주 팜비치—이곳은 자격 조건이 그다지 까다롭지 않았다—에서 건축가 업무를 다시 시작했으며, 그야말로 아주아주 부자인 사람들을 위해서 집을 지어주기 시작했다.

팜비치에서 그는 패리스 싱어라는 청년과 친구가 되었다. 이 청년은 재봉틀 업계의 거물인 아이작 M. 싱어의 무려 24명이나 되는 자녀들 가운데 하나였다. 패리스는 화가, 심미가, 시인, 사업가이면서 성가신 인물로, 팜 비치 사교계의 신경과민적인 세계에서 막대한 힘을 발휘했다. 미즈너는 그에게 에버글레이즈 클럽을 설계해주었는데, 이곳은 곧바로 메이슨 딕슨 라인* 남부에서 최일류 클럽으로 명성을 얻었다. 오직 300명의 회원만이 가입할 수 있었고, 싱어는 누구를 들이고 안 들일 것인지에 관해서 가차 없을 정도로 까다로웠다. 한 여성은 웃음소리가 싱어의 마음에 들지 않는다는 이유로 퇴출당했다. 낙담한 그 여성을 대신해서 친구인 또다른 회원이 선처를 호소했지만, 싱어는 상대방에게 조용히 물러서든지 아니면 함께 퇴출당하든지 양자택일을 하라고 대꾸했다. 결국 상대방은 조용히 물러섰다.

미즈너는 에바 스토츠베리로부터 엘 미라솔—충분히 예상 가능하겠지만, 상당한 크기의 겨울용 별장(그곳의 차고에는 무려 40대가 주차 가능했다)—을 지어달라는 의뢰를 받음으로써 자신의 성공을 확인받은 셈이 되었다. 이곳의 프로젝트는 다소간 영구적인 형태가 되었는데, 팜비치에서 다른 누군가가 이보다 더 큰 집을 지을 위협이 있을 때마다, 스토츠베리 여사는 미즈너를 시켜서 집을 더 크게 확장했기 때문이다. 덕분에 엘 미라솔은 항상 가장 큰 집으로 남을 수 있었다.

아마도 애디슨 미즈너 같은 건축가는 이 세상에 다시는 없을 것이 분명하다고 말해야 공평하리라. 그는 청사진을 신뢰하지도 않았으며, 일꾼들에게 내리는 지시도 항상 근사치인 것으로 악명이 높았다. 그는 가령 "대략 아주 높게", 또는 "여기는 대략 정확하게" 같은 표현을 자주 사용했다. 그는 무엇이든지 잘 잊어버리기로도 유명했다. 때로는 그가 설치한 문을 열어보면, 맨 벽이 나타나거나, 한 가지 흥미로운 사례에서는 굴뚝 내부가 나타나기도 했다. 한번은 어떤 사람이 워스 호수에 멋진 새 보트 창고를 지

---

* 18세기 중반에 미국 펜실베이니아 주와 메릴랜드 주의 경계선으로 설정되었으며, 이후 미국의 남부와 북부를 가르는 경계선으로 여겨졌다 / 역주

어달라고 부탁했는데, 막상 완공된 건물은 사방이 모두 벽으로 막혀 있어서 아예 출입 자체가 불가능했다. 조지 S. 래스무센이라는 고객의 집을 지을 때에는 그만 계단을 깜박 빼먹는 바람에, 나중에서야 부랴부랴 바깥벽에 외부 계단을 덧붙이기도 했다. 결국 래스무센 부부는 자기 집의 위층과 아래층을 오갈 때마다 비옷이나 다른 적절한 옷차림을 갖춰야 했다. 누군가가 이 크나큰 실수에 관해서 질문하자, 미즈너는 어차피 자신은 래스무센을 좋아하지 않으므로 별 상관없다는 식으로 대답했다고 전한다.

『뉴요커(The New Yorker)』에 따르면, 고객들은 미즈너가 마음 내키는 대로 만든 건물을 무엇이든지 간에 받아들일 채비가 되어 있어야만 했다. 그들은 막대한 금액의 수표를 그에게 지불한 다음, 향후 1년쯤 사라졌다가 다시 나타나서 완성된 집을 소유하게 마련이었다. 그 집이 멕시코식 아시엔다일지, 아니면 베네치아 고딕식 궁전일지, 무어식 성일지, 아니면 이 세 가지의 유쾌한 조합일지 여부는 아무도 몰랐다. 미즈너는 이탈리아식 궁전의 낡은 외관에 특히 집착했기 때문에, 핸드 드릴로 목조부에 인공적인 벌레 구멍을 뚫고, 벽면에는 희미하지만 매력적인 르네상스 시대의 균류 성장을 상징하기 위해서 인위적인 얼룩을 묻히는 방식으로 자기 창조물을 "낡게" 만들었다. 일꾼들이 멋들어진 벽난로 선반이나 문간을 만들어놓고 나면, 그는 종종 대형 쇠망치를 집어들고 그 한구석을 때려서 마치 오랜 세월이 지나서 허약해진 듯한 분위기를 띠게 만들었다. 한번은 에버글레이즈 클럽에 놓인 가죽 의자 몇 가지에 생석회와 셸락을 발라서 "낡게" 만들기도 했다. 불행히도 나중에 그 의자에 앉은 손님들의 체온 때문에 셸락이 녹아서 끈적끈적해지는 바람에, 몇 사람은 아예 의자에 딱 달라붙어버리기도 했다. "밤새도록 그 망할 놈의 의자에서 귀부인들을 잡아당겨서 떼어놓아야 했다." 그 클럽의 한 웨이터는 몇 년 뒤에 이렇게 회고했다. 여자들 몇 사람은 드레스의 뒷부분을 의자에 남겨놓고 나올 수밖에 없었다. 이처럼 별스러운 성격임에도 불구하고 미즈너는 널리 존경을 받았다. 때로는 무려 100

개에 달하는 프로젝트를 한꺼번에 진행했고, 하루에 집을 하나 이상 설계한다고 알려지기도 했다. 어느 연대기 작가는 1952년에 이렇게 적었다. "어떤 저술가들은 그가 지은 팜비치 소재 에버글레이즈 클럽, 그리고 보카레이튼 소재 클로이스터를 미국 내에서 가장 아름다운 건물들 가운데 하나로 꼽는다." 프랭크 로이드 라이트도 그의 팬이었다. 시간이 지나면서 애디슨 미즈너는 점점 더 고집 센 괴짜가 되었다. 실내복과 잠옷 차림으로 팜비치에서 쇼핑을 나선 모습이 목격되기도 했다. 그는 1933년에 심장마비로 사망했다.

1929년에 월스트리트의 주식시장 붕괴로 인해서 당대의 보다 주목할 만한 과소비의 사례들은 대부분 종지부를 찍었다. E. T. 스토츠베리는 특히 어려움을 겪었다. 예금 잔고를 유지하고자 하는 애처로운 노력의 일환으로, 그는 유흥에 들이는 비용을 월 5만 달러 이하로 줄이자고 부인에게 사정했다. 그러나 가공할 만한 스토츠베리 여사는 그 정도 금액은 무자비하고 불가능한 규제라고 생각했다. 스토츠베리 씨는 자칫 파산에 직면할 위기에 놓였지만, 천만다행히도 1938년 5월 16일에 심장마비로 갑자기 세상을 떠났다. 에바 스토츠베리는 1946년까지 살았고, 빚더미에 올라앉지 않기 위해서 보석과 그림과 집을 매각해야 했다. 그녀의 사후에 어느 부동산 개발업자가 엘미라솔을 매입해서, 그 저택을 철거해버리고 그 부지에 여러 채의 다른 집을 지었다. 미즈너의 설계로 팜비치에 지어진 다른 집 20여 채—그가 지은 집의 상당 부분—도 이후에 철거되었다.

이번 장의 앞부분에서 살펴보았던 밴더빌트 가문의 대저택들도 그보다 더 오래 버티지는 못했다. 피프스 애비뉴에 세워진 밴더빌트 가문의 첫 대저택은 1883년에 완공되었지만, 불과 1914년에 철거되기 시작했다. 1947년에 이르자 그 대저택들은 모조리 사라져버렸다. 이 가문의 시골 대저택들도 모두 두 세대를 넘기지 못하고 사라졌다.

주목할 만한 사실은 그 건물 안에 있었던 물건들도 사실상 거의 모두 사라졌다는 점이다. 당시에 철거를 담당했던 제이콥 볼크 철거 회사의 대표인 제이콥 볼크에게 누군가가 물어본 적이 있었다. 어째서 피프스 애비뉴의 윌리엄 K. 밴더빌트 자택에 있던 값비싼 카라라 대리석 벽난로며, 무어식 타일이며, 자코뱅 판벽이며, 여타의 보물들을 건져내지 않았느냐고 말이다. 그러자 볼크는 상대방을 향해서 얼굴을 찡그리며 이렇게 대답했다. "중고품 따위는 취급하지 않습니다."

제11장

집무실

I

1897년에 리즈에 살던 철물점 주인 제임스 헨리 앳킨슨은 작은 나무 조각과 뻣뻣한 철사 등의 변변찮은 재료만 가지고 역사상 가장 뛰어난 신제품 가운데 하나를 만들었다. 바로 쥐덫이었다. 이것은 19세기 말에 처음 만들어진 몇 가지 유용한 제품들—종이 클립, 지퍼, 안전핀 등을 예로 들 수 있겠다—중에서도 워낙 애초부터 완벽했던 까닭에, 무려 수십 년이 지나도록 거의 향상되지 않은 채로 남아 있던 물건이었다. 앳킨슨은 당시로서는 상당한 금액이던 1,000파운드에 자신의 특허를 매각하고 나서 다른 물건들도 계속 발명했지만, 그 어떤 물건도 쥐덫보다 더 많은 돈이나 명성을 그에게 가져다주지는 못했다.

리틀 니퍼[작은 꼬집개]라는 상표명으로 제조된 그가 만든 쥐덫은 수천만 개가 팔려나갔고, 전 세계 각지에서 계속해서 활기차고 가혹한 효율성을 발휘하며 쥐들을 처리해나갔다. 우리 집에도 리틀 니퍼가 몇 개 있는데, 그 치명적인 사건이 벌어지는 무시무시한 딸깍 소리를 우리가 원했던 것보다 더 자주 듣고 있다. 겨울이면 대략 일주일에 두세 번은 쥐를 잡는데, 거의 항상 똑같은 장소이다. 바로 이 집의 맨 끝에 있는 을씨년스럽고 작은 방이다.

비록 "집무실"이라는 이름만 들으면 어딘가 상당히 중요한 공간 같지만, 사실은 창고를 뭔가 그럴싸하게 부르는 것뿐이다. 이곳은 따뜻한 계절에도 워낙 어둡고 추워서 그리 오래 머물러 있을 수가 없다. 게다가 에드워드 툴의 원래 설계도에 나와 있지 않은 또 하나의 방이다. 아마도 마섬 씨가 설교를 작성하고 교구민을 맞이하는 데에 사용할 사무실이 필요한 까닭에 이 방을 덧붙인 모양이다. 물론 이 방에서 맞이하는 손님은 교구민 중에서도 세련되지 못하며 신발에 진흙을 묻히고 들어오는 쪽이었을 것이다. 반면 향사의 부인쯤 되는 손님들은 바로 옆에 있는 더 편안한 응접실에서 맞이하지 않았을까? 요즘 들어서 집무실이라는 곳은 오래된 가구와 그림 ─결혼 관계인 쌍방 가운데 한쪽은 흐뭇하게 바라보는 반면, 다른 한쪽은 제발이지 불속에 던져넣고 싶어하는 물건─의 마지막 피난처일 뿐이다. 지금 우리가 그곳에 들어가는 이유도 단지 쥐덫을 확인하기 위해서이다.

쥐란 놈은 파악하기가 결코 쉬운 동물은 아니다. 애초부터 이놈들은 놀라울 정도로 잘 속기 때문이다. 그래도 실험실의 미로나 다른 복잡한 환경에서 이놈들에게 길 찾기를 가르치기가 얼마나 쉬운지를 고려해보면, 나무 평판 위에 놓인 땅콩 버터 미끼를 바른 스위치 앞에서는 저항할 필요가 있다는 것을 이놈들이 결코 깨닫지 못한다는 사실은 적잖이 놀라운 데가 있다. 우리 집에서 이보다 더 수수께끼 같은 사실이 하나 있다면, 그것은 하필이면 바로 이 방, 그러니까 집무실에서 죽기를 선호하는 그놈들의 성향이다(나로서는 그놈들의 결의라고 말하고 싶을 정도이다). 이곳은 우리 집에서 가장 추운 방일 뿐만 아니라, 부엌에서도 제일 먼 곳이다. 한마디로 과자 부스러기라든지, 곡식 알갱이라든지, 또는 이런저런 먹을거리가 바닥에 떨어져 있을 만한 곳은 결코 아니라는 것이다. 우리 집의 쥐들은 부엌을 오히려 경멸하는 셈이어서 (어쩌면 우리 개가 거기서 잠을 자기 때문인지도 모르겠지만) 거기 놓인 쥐덫은 제아무리 사치스러운 미끼를 놓아두어도 결국 먼지만 잔뜩 쌓이는 실정이다. 우리 집 쥐들이 운명적으로 이끌리는 장소는 바로 이 집무실인 것 같다. 그리하여 나는 내친 김에 이 자리에서 우리와 함께 사는 다른 여러 가지 생물들에 관해서 잠시 언급해볼까 한다.

인간이 있는 곳에는 쥐도 있다. 인간과 쥐, 이 둘처럼 다양한 환경에서 살아가는 생물은 사실상 없다고 봐야 한다. 생쥐―공식 명칭은 무스 무스쿨루스(Mus musculus)―는 놀랄 만큼 주위 환경에 적응을 잘하는 생물이다. 심지어 항상 영하 10도로 유지되는 육류 보관용 냉동고 안에서 사는 놈이 발견되기도 했다. 이놈들은 사실상 먹지 못하는 것이 없다. 또한 이놈들을 집 밖으로 몰아내는 것은 거의 불가능에 가깝다. 평균 크기의 다 자란 생쥐는 겨우 폭이 10밀리미터(또는 8분의 3인치)에 불과한 틈새로도 뚫고 들어올 수 있다. 사실 그 정도 틈새면, 여러분은 십중팔구 다 자란 쥐는 결코 그곳을 뚫고 들어오지 못하리라고 장담하며 상당한 금액을 걸고도 남았을 것이다. 그러나 그놈들은 할 수 있었다. 그리고 지금도 할 수 있다. 게다가 종종 그렇게 한다.

일단 집 안으로 들어온 생쥐는 놀랄 만큼 새끼를 많이 친다. 최적의 조건하에서 암컷 생쥐는 태어난 지 6주일 내지 8주일 만에 처음 새끼를 낳고, 그 이후로는 한 달에 한 번씩 낳는다. 한 배에는 대개 6마리 내지 8마리의 새끼가 들어 있으므로, 그 숫자는 매우 빨리 늘어난다. 생쥐 두 마리가 열심히 새끼를 낳을 경우, 이론상으로는 한 해에 무려 100만 마리의 자손을 낳을 수 있다. 다행히도 우리 집에서는 그런 일이 일어나지 않았지만, 종종 생쥐의 숫자가 완전히 통제 불가능한 지경에 이르는 경우도 있었다. 특히 오스트레일리아에는 이런 일이 무척 왕성하게 벌어졌다. 1917년에 있었던 어느 유명한 창궐에서는 빅토리아 주 서부의 라셀스에서 이례적으로 따뜻한 겨울이 지나간 다음, 말 그대로 온 마을이 생쥐떼로 뒤덮였다. 이 짧지만 놀랄 만큼 활기찬 시기에 라셀스에는 생쥐가 어찌나 많았는지, 수평

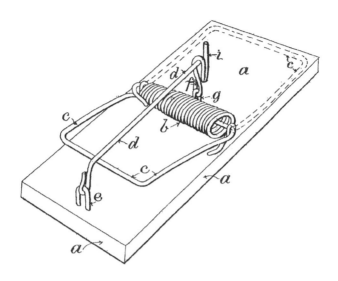

제임스 헨리 앳킨슨의 특허 신청서에 나와 있는 '리틀 니퍼' 쥐덫, 1899년

의 표면이면 어디에나 이리저리 돌아다니는 생쥐들이 미친 듯이 들끓었다고 한다. 무생물인 물건들마다 생쥐 털이 수북하게 뒤덮였다. 나중에는 아예 앉을 자리도 없었다. 침대도 쓸 수가 없었다. "사람들은 생쥐를 피해서 식탁 위에서 잠을 잤다." 어느 신문 기사의 보고였다. "여자들은 항상 공포 상태에 놓였고, 남자들은 생쥐들이 외투 깃을 따라 기어들지 않도록 하느라고 바빴다." 무려 1,500톤의 쥐떼―개체로 환산하면 대략 1억 마리가량―를 잡아 죽이고 나서야 이 창궐은 비로소 진정되었다.

비교적 숫자가 적은 경우에도 생쥐는 상당한 손해를 끼칠 수 있으며, 특히 식량 보관 구역에서는 그렇다. 생쥐와 다른 설치류(齧齒類)는 미국에서 매년 수확되는 곡식의 10분의 1가량―상당히 놀라운 양이다―을 소비한다고 알려져 있다. 생쥐 한 마리는 하루에 50개가량의 쥐똥을 내놓는데, 이것 역시 상당한 오염원이다. 보관 상태를 완벽하게 한다는 것은 사실상 불가능하기 때문에, 대부분의 보관 시설에서는 곡식 1파인트당 쥐똥 한두 개는 허용한다. 혹시 나중에라도 곡식이 통째로 들어간 빵 덩어리를 보면 이 사실을 한번쯤 떠올려보시라.

생쥐는 질병의 매개 동물로도 악명이 높다. 한타 바이러스(hantavirus)—호흡기 및 신장 질환을 야기하며, 항상 불쾌한 질환이고 종종 생명을 위협하기도 한다—는 특히 생쥐와 그 배설물에 수반된다(한타[hanta]라는 말은 한국에 있는 [한탄(Hantan)] 강의 이름에서 유래했는데, 한국전쟁 동안에 이곳에 머물던 서양인들이 처음 주목한 질환이기 때문이다). 다행히도 한타 바이러스는 비교적 드문 편인데, 생쥐 배설물에서 피어오르는 미세한 수증기를 코나 입으로 들이마실 사람은 우리 중에서 극히 드물기 때문이다. 그러나 오염된 배설물이 있는 지역에서 손발로 기어다닌 경우—다락에 올라가서 기어다닌다거나, 아니면 찬장 안에 쥐덫을 설치하는 과정에서—여러 나라에서 여러분은 감염의 위험을 무릅쓰는 셈이다. 전 세계에서 매년 20만 명이 감염되고, 그중 30퍼센트 내지 80퍼센트가 사망하는데, 감염 직후에 얼마나 빨리, 그리고 잘 치료를 받느냐의 여부에 따라서 생사가 갈린다. 미국에서는 매년 30명 내지 40명이 한타 바이러스에 감염되고, 이 가운데 3분의 1가량이 사망한다. 영국에서는 다행히 이 질병의 사례가 아직 기록되지 않았다. 생쥐들은 또한 살모넬라증, 렙토스피라증, 툴라레미아[야토병], 페스트[흑사병], 간염 등의 발병과도 관련이 있다. 다른 여러 질병들 중에는 Q열과 발진열도 포함된다. 한마디로 여러분의 집에 생쥐가 있지 말아야 하는 좋은 이유들이다.

생쥐에 관해서 말할 수 있는 내용은 그 사촌격인 시궁쥐에도 거의 모두 적용되며, 그 규모는 몇 배로 커진다. 시궁쥐는 우리가 생각하는 것 이상으로 우리 집 안과 주위에서 흔하다. 제아무리 좋은 주택이라고 하더라도 가끔은 시궁쥐가 있다. 온대 기후에서 이놈들의 주요 종류에는 두 가지가 있다. 하나는 유난히 강조된 듯한 이름을 가진 라투스 라투스(*Rattus rattus*)인데, 이놈의 또다른 (그리고 상당히 설득력 있는) 이름은 바로 지붕 시궁쥐이다. 또 하나는 라투스 노르베기쿠스(*Rattus norvegicus*) 또는 노르웨이 시궁쥐이다.* 지붕 시궁쥐는 높은 곳에 있기를 좋아하기 때문에, 혹시 밤늦게 여러분의 침실 천장을 가로지르는 종종걸음 소리가 들린다면, 미안한 말이지만 그것은 아마도 생쥐가 아닐 것이다. 다행히도 노르웨이 시궁쥐에 비하면 지붕 시궁쥐는 은둔을 좋아하는 편이다. 노르웨이 시궁쥐란 놈들은, 가령 영화에서 하수구에 돌아다니는 것으로 묘사되는, 또는 뒷골목의 쓰레기통 주위를 배회하는 놈들이기 때문이다.

우리는 시궁쥐를 가난한 환경과 결부시켜서 생각하기 십상이지만, 이놈들은 결코 바보가 아니며, 가난한 집보다는 부유한 집을 당연히 더 선호한다. 이뿐만이 아니다. 현대식 주택은 시궁쥐에게는 오히려 쾌적한 환경을 제공한다. "보다 풍요한 지역의 특징인 고단백질 함량은 이놈들에게 특히 더 유혹적이다." 미국 보건부의 관리인 제임스 M. 클린턴은 몇 년 전에 한 공중보건 관련 보고서—주택에 서식하는 시궁쥐의 행태에 관해서 수행한 가장 놀라운, 그러면서도 섬뜩한 연구—에서 이렇게 말했다. 이는 단순히 현대식 주택에 갖가지 음식이 가득할 뿐만 아니라, 그중 상당수가 쥐의 입장에서는 사실상 저항이 불가능한 방식으로 놓여 있다는 것이다. 클린턴의 말처럼, "오늘날의 가정에서 버리는 쓰레기는 시궁쥐를 위한 풍부하고도 균일하고도 균형 잡힌 식량 공급이나 다름없다." 클린턴의 말에 따르면, 도시 전설 중에서도 가장 오래된 것 가운데 하나, 즉 시궁쥐가 화장실을 통해서 집 안으로 침입한다는 소문도 사실이라고 한다. 쥐떼의 한 창궐 사례에서는 애틀랜타의 몇몇 부유한 집에 시궁쥐가 들어와서 여러 사람을 깨물었다는 보고도 있었다. 또한 클린턴에 따르면, "몇 가지 사례에서는 시궁쥐가 뚜껑 덮인 변기 속에서 살아 움직인 경우도 있었다." 혹시 변기를

---

* 과거에는 노르웨이 시궁쥐를 갈색 시궁쥐(brown rat)라고 불렀으며, 지붕 시궁쥐는 검은 시궁쥐(black rat)라고 불렀다. 그러나 나중의 이름은 오해이므로—시궁쥐의 털 색깔은 뭔가를 나타내는 신뢰할 만한 지표는 아니기 때문이다—설치류학자들은 이제 거의 항상 그 명칭을 회피하고 있다.

쓰고 나면 꼭 뚜껑을 덮어놓아야 하는 확실한 이유가 있다면 아마 이것이 아닐까?

일단 주택 내부로 진입한 시궁쥐들 대부분은 두려움을 거의 보이지 않으며, "심지어 나중에는 움직이지 않고 가만히 있는 사람에게 의도적으로 접근해서 접촉하기까지" 한다. 유아나 노인이 있는 곳에서는 특히 이놈들이 대담해진다. "무기력한 상태인 한 여성이 잠을 자다가 시궁쥐들에게 습격을 당한 경우도 확인되었다." 클린턴의 말이다. 그의 이야기는 여기서 끝나지 않는다. "희생자는 나이 많은 반신불수 환자로, 시궁쥐에게 물린 여러 군데 상처에서 심한 출혈을 일으킨 나머지, 병원 응급실에서 치료를 받았음에도 불구하고 사망했다. 열일곱 살인 손녀도 같은 시간에 같은 방에서 자고 있었지만, 아무런 해도 입지 않았다."

시궁쥐에게 물린 사례는 실제보다도 덜 보고되게 마련인데, 정말 심각한 경우에만 관심이 쏠리기 때문이다. 그러나 제아무리 줄잡아 계산해도 매년 미국에서 시궁쥐에게 공격을 당한 사람은 최소 1만4,000명에 달한다. 시궁쥐는 이가 매우 날카롭고, 궁지에 몰리면 매우 사나워지고, 어느 권위자의 말을 빌리면, "미친개처럼 사납고도 무차별적으로" 물어댄다. 시궁쥐가 작정을 하면 최대 3피트까지 뛰어오를 수 있다. 혹시 그놈이 발광한 상태로 여러분 쪽으로 달려온다면, 그야말로 상당히 끔찍스러울 만큼 높이 뛰어오를 수 있는 것이다.

시궁쥐의 창궐에 대항하는 일반적인 방어책은 쥐약이다. 대개 쥐약은, 이놈들이 일단 한번 먹은 것을 결코 다시 토해내지는 못한다는 한 가지 흥미로운 사실에 근거해서 만들어진다. 즉 다른 동물들—가령 애완용 개나 고양이—이 재빨리 토해내는 쥐약을 이놈들은 계속해서 몸속에 가지고 있는 것이다. 항응고제도 종종 쥐약으로 사용되지만, 시궁쥐가 이 물질에 저항력을 키웠다는 것을 시사하는 증거가 있다.

시궁쥐는 똑똑하고, 종종 협동하기도 한다. 뉴욕 시 그리니치 빌리지에 있던 갠스부어트 가금 시장에서는 이런 일도 있었다. 방제 당국에서 도대체 시궁쥐들이 어떻게 달걀을 깨트리지 않고 훔쳐가는지 도무지 알 수 없어한 나머지, 어느 날 밤에 한 방제 요원이 몰래 숨어서 지켜보았다. 그랬더니 시궁쥐 한 마리가 나타나서 달걀 하나를 네 발로 꼭 감싸 안더니, 옆으로 굴러서 등을 바닥에 대고 눕더란다. 그러자 다른 시궁쥐 한 마리가 그놈의 꼬리를 물고 잡아당겨서 굴로 돌아갔다. 십중팔구 그 안에서 사이좋게 전리품을 나눠 먹었으리라. 육류 포장 공장 직원들은 매일 밤마다 갈고리에 매달려 있는 고기의 옆구리살이 바닥에 떨어진 상태로 파먹혀 있는 까닭도 이와 유사한 방식이라는 것을 알아냈다. 어빙 빌릭이라는 방제 요원이 관찰해보았더니, 시궁쥐 떼가 고기의 옆구리살 아래로 와서 일종의 피라미드를 만들더니, 그 꼭대기에서 한 마리 시궁쥐가 위에 있는 고깃덩어리로 뛰어올랐다. 그 시궁쥐는 고깃덩어리를 타고 위로 기어올라가더니, 갈고리 주위의 고기를 갉아서 결국 바닥에 덩어리가 털썩 떨어지게 만들었다. 그리고 나자 아래에서 기다리던 수백 마리의 시궁쥐 떼가 신나게 고기에 달려들었다.

시궁쥐라는 놈들은 양만 충분하면 서슴지 않고 폭식을 하지만, 필요한 경우에는 아주 조금만 먹고도 충분히 버틸 수 있다. 다 자란 시궁쥐 한 마리는 매일 1온스에도 미치지 못하는 먹이와 반 온스 가량의 적은 물만으로도 버틸 수 있다. 이놈들은 또 재미 삼아 전선을 갉아먹는 것을 좋아한다. 어째서 그런지는 아무도 알 수 없는데, 전선에는 영양가도 없으며 기껏해야 치명적인 감전의 위험밖에는 돌려받는 것이 없기 때문이다. 그래도 시궁쥐들은 여전히 그런 충동을 멈출 수 없는 모양이다. 다른 원인으로는 설명할 수 없는 화재들 중 최대 4분의 1가량은 시궁쥐가 전선을 갉아서 난 것으로 추정된다.

이놈들이 깨어 있을 때 하는 일은 사실상 식사와 성행위 두 가지뿐인 듯하다. 시궁쥐는 성행위를 무척 많이 한다. 심지어 하루에 스무 번도 한다.

적당한 암컷을 찾지 못한 수컷 시궁쥐는 대신 다른 수컷을 붙잡고도 신나게—최소한 기꺼이—위안을 얻는다. 암컷 시궁쥐는 엄청난 다산 능력을 자랑한다. 다 자란 암컷 노르웨이 시궁쥐 한 마리는 매년 35.7마리의 새끼를 낳는데, 한 배에 6마리 내지 9마리씩을 낳는다. 그러나 알맞은 환경에서 암컷 시궁쥐는 한 배에 최대 20마리씩의 새끼를 3주일에 한 번씩 낳을 수 있다. 이론상으로 따지면, 새끼를 낳는 시궁쥐 한 쌍만 있으면 불과 1년 안에 1만5,000마리로 이루어진 왕조를 만들 수 있다. 그러나 실제로 그런 일이 벌어지는 경우는 없는데, 시궁쥐는 많이 낳는 만큼 또 많이 죽기 때문이다. 다른 여러 동물들과 마찬가지로, 이놈들은 상당히 손쉽게 잡혀 죽을 수 있도록 진화에 의해서 프로그램된 것 같다. 시궁쥐의 사망률은 매년 95퍼센트에 달한다. 체계적인 근절 운동이 이루어질 경우에는 시궁쥐 개체 수를 대략 75퍼센트까지 감소시킬 수 있지만, 일단 그 운동이 멈추고 나면 불과 6개월 만에 개체 수는 이전 수준으로 회복된다. 한마디로 말해서, 시궁쥐 한마리 한마리의 생명에는 그리 큰 전망이 없지만, 그놈의 가족은 사실상 박멸이 불가능하다는 것이다.

그러나 대개 시궁쥐는 정말 어마어마하게 게으르다. 이놈들은 하루 스무 시간씩 잠을 자고, 대개 해가 진 다음에야 먹이를 찾아서 기어나온다. 가능하다면 원래 있던 곳에서 150피트 이상 더 가는 경우가 드물다. 이것은 생존을 위한 원칙의 일부일 수도 있는데, 이놈들이 어쩔 수 없이 이동하는 경우에는 사망률이 급상승하기 때문이다.

시궁쥐가 역사적 맥락에서 언급될 경우, 한 가지 반드시 따라나오는 화제는 바로 페스트에 관한 것이다. 그러나 이는 아주 공정하다고는 할 수 없다. 일단 시궁쥐가 직접 인간에게 페스트를 전염시킨 것은 아니기 때문이다. 다만 그놈들의 몸에 붙어 있는 벼룩이 그 질환을 퍼트린 것이다(바로 그 벼룩이 박테리아를 보유한 까닭이다). 페스트로 인해서 죽은 시궁쥐의 숫자는 그 질환으로 인해서 죽은 인간의 숫자만큼이나 많았다. 물론 페스트로 인해서 죽은 것은 다른 생물들도 마찬가지였다. 페스트 창궐의 한 가지 징조는 개와 고양이와 소와 다른 동물들이 여기저기 쓰러져 죽어나가는 것이다. 벼룩은 인간의 피보다는 털가죽 달린 생물의 피를 더 좋아하기 때문에, 일단 그쪽에서 더 이상은 먹을 것이 없어지고 나야만 비로소 인간에게 달려든다. 바로 그런 이유 때문에 아직도 페스트가 흔히 일어나는 지역—특히 아프리카와 아시아—에서 일하는 현대의 역학자(疫學者)들의 경우, 전염병이 창궐할 때 시궁쥐나 설치류를 잡는 데에만 너무 열중하는 일은 피하고 있다. 어쨌거나 페스트의 전파와 관련되었다고 알려진 동물은 시궁쥐 말고도 70여 종 이상이기 때문이다(가령 토끼, 들쥐, 마멋, 다람쥐, 생쥐 등도 포함된다). 게다가 역사상 가장 심했던 페스트 창궐의 경우에는 시궁쥐와 아무 관련이 없었던 것으로 보이며, 최소한 잉글랜드에서는 확실히 그랬던 것으로 보인다. 저 악명 높은 14세기의 흑사병이 창궐하기 훨씬 전인 7세기에 그보다 훨씬 더 끔찍스러운 페스트가 유럽을 황폐화시켰다. 가경자 비드는 이듬해에 잉글랜드의 역사를 쓰면서, 자기가 사는 재로 소재의 수도원까지도 페스트가 도달해서, 수도원장과 소년 한 명을 제외하면 모두가 사망했다고 적었다(이 당시의 치사율은 무려 90퍼센트 이상에 달했다). 그 전파의 원인이 무엇인지는 모르겠지만, 적어도 시궁쥐가 아니었다는 것은 분명하다. 영국 내에서 연도가 7세기 무렵으로 추정되는 쥐의 뼈는—사람들이 그토록 눈에 불을 켜고 찾아보았음에도 불구하고—지금껏 전혀 발견되지 않았기 때문이다. 사우샘프턴에 있는 어느 발굴 현장에서는 집단 주거지 내외에서 무려 5만 개의 동물 뼈가 출토되었지만, 시궁쥐의 뼈는 하나도 없었다.

페스트로 추정되는 몇 가지 전염병의 창궐들 가운데 일부는 사실 페스트가 아니라 맥각병—곡식의 균류성 질환[진균증]—일 수도 있다. 페스트는 춥고 건조한 북부의 상당수 지역에서는 전혀 나타나지 않았지만—아이슬란드야 두말할 나위 없고, 노르웨이와 스웨덴과 핀란드도 마찬가지였다―심지어 그런 지역에도 시궁쥐는 서식했다. 동시에 페스트가 벌어진 해에는 비가 끔찍하게 많이 왔다는 공통점이 있었다. 그것은 맥각병이 일어나기에 딱 알맞은 환경이다. 다만 이 이론의 한 가지 문제는 맥각병의 증상이 페스트의 증상과는 별로 닮은 데가 없다는 것이다. 어쩌면 "페스트"라는 단어 자체가 느슨하게 또는 모호하게 사용된 나머지, 후대의 역사가들이 잘못 해석한 까닭인지도 모른다.

불과 한두 세대 전에만 해도 도시 지역의 시궁쥐 숫자는 지금보다 상당히 많았다. 1944년에 『뉴요커』에 보도된 기사에 따르면, 한번은 맨해튼의 어느 유명한 호텔(신중하게도 어디인지는 밝히지 않았다)에 들어가서 작업한 방제 요원들이 사흘 밤에 걸쳐서 지하 1층과 2층에서 236마리의 시궁쥐를 잡았다. 거의 비슷한 시기에 앞서 언급했던 갠스부어트 가금 시장에도 시궁쥐 떼가 창궐했다. 어찌나 숫자가 많았는지, 때로는 사무실에서 직원들이 책상 서랍을 열자마자 그 안에서 튀어나오기도 했다. 방제 요원들이 투입된 지 불과 며칠 만에 4,000마리를 잡았다. 그러나 이 시장에서 시궁쥐를 근절하는 일은 불가능했다. 결국에는 오히려 시장이 문을 닫았다.

웬만한 도시에는 사람 1명에 시궁쥐 1마리꼴로 살고 있다는 이야기가 이전부터 있었다. 그러나 연구에 따르면, 이는 상당 부분 과장인 듯하다. 실제 비율을 따지면, 사람 30여 명에 시궁쥐 1마리라고 해야 맞을 것이다. 불행히도 그 정도 숫자만 해도 시궁쥐는 여전히 많다고 할 수 있다. 그레이터 런던의 경우에만 대략 25만 마리나 된다는 것이니까 말이다.

II

여러분의 집에서 진정한 삶은 이보다 훨씬 더 작은 규모에서 일어난다. 저 아래, 아주 작은 것의 영역에서 보면, 여러분의 집은 생명으로 충만해 있다. 그곳이야말로 이리저리 기어다니고 기어오르는 것들로 이루어진 진정한 우림이나 마찬가지이다. 작은 생물들의 군대가 여러분의 집 카펫 섬유로 이루어진 무한한 정글을 순찰하고, 공중에 떠다니는 먼지 티끌 사이를 패러글라이딩하고, 밤마다 침대보를 가로질러 기어와서 저 크고, 맛있고, 천천히 올라갔다 내려갔다 하는 잠든 살덩어리의 산—바로 여러분을 말한다—을 맛보는 것이다. 이 생물들은 여러분이 상상조차 할 수 없을 정도로 많이 있다. 여러분이 자는 침대 하나에만—그 침대가 적당히 깨끗하고, 적당히 낡고, 적당히 크고, 적당히 자주 (다시 말해서 거의 안) 뒤집어주는 것이라면—무려 200만 마리의 작은 침대 진드기가 있다. 워낙 작아서 육안으로는 보이지 않지만, 거기 있다는 것은 의심의 여지가 없다. 사용한 지 6년이 된 베개의 경우 (하긴 베개의 평균 수명은 대략 그 정도이다) 그 무게의 10분의 1가량은 진드기가 벗어버린 허물, 그리고 살아 있거나 죽은 진드기, 그리고 진드기 똥—또는 곤충학자들의 용어를 빌리면 "유충변"—으로 이루어졌다고 한다.

진드기 사이로 기어오르는 그보다 훨씬 더 큰 규모의 동물들 중에는 아마 이[蝨]도 있을 것이다. 한때 거의 없어졌다고 여겨지던 이 해충이 최근 되돌아왔기 때문이다. 시궁쥐와 마찬가지로 이는 크게 두 가지 종류로 나뉘어진다. 하나는 페디쿨루스 카피타스(Pediculus capitas), 즉 머릿니이고, 또 하나는 페디쿨루스 코르포리스(Pediculus corporis), 즉 몸니이다. 후자는 몸을 괴롭히는 해충 분야에서도 비교적 나중에 나타난 놈들이다. 이놈들은 최근 5만 년 사이의 언젠가부터 머릿니에서 갈라져나와서 진화한 것으로 추정된다. 둘 중에서는 머릿니가 훨씬 더 작고, 따라서 식별하기도 더 힘들다. 다 자란 암컷 머릿니는 하루에 3개 내지 6개의 알을 낳는다. 이 한 마리의 수명은 대략 30일이다. 죽은 이의 텅 빈 껍질은 서캐라고 부른다. 이는 살충제에도 점차 저항성을 띠는 것으로 알려졌지만, 그것들이 최근 들어서 갑작스레 증가하는 까닭은 세탁기에서 저온의 물을 사용하기 때문인 듯하다. 영국 위생곤충학 센터의 존 몬더 박사는 이렇게 말한다. "이가 득실거리는 옷을 저온의 물에 넣고 세탁을 하면, 결국 전보다 더 깨끗해진 이가 나올 뿐입니다."

역사적으로 침실에서 사람들이 가장 두려워하는 것은 바로 빈대였다. 학명으로는 키멕스 렉툴라리우스(Cimex lectularius)라고 불리는 작은 흡혈동물이다. 빈대란 놈들은 어느 누구도 쉽사리 혼자 잠들어버리지 못하도록 만들어주는 능력을 가졌다. 이전에만 해도 사람들은 빈대 때문에 광분한 나머지, 이놈들을 없애기 위한 열의를 불태우곤 했다. 제인 칼라일은 가정부의 침대에 빈대가 침입했다는 사실을 알게 되자마자, 그 침대를 여러 조각으로 분해하고 마당으로 가져가서 클로르 석회[표백분]로 씻은 다음, 혹시 이 살균제에도 살아남은 빈대가 있다면 아예 물에 빠트려 죽이려는 생각에 무려 이틀 동안 침대를 물속에 담가놓기까지 했다. 그 사이에 침구는 밀봉된 방에 집어넣고, 더 이상 빈대가 나오지 않을 때까지 소독제 가루를 계속 뿌렸다. 그러고 나서야 침대를 도로 조립해서, 가정부가 평소와 같이 잠을 잘 수 있게 허락해주었다. 그러나 그 침대와 침구로 말하면 이제는 어떤 곤충도 감히 도로 기어들지 못할 정도로 유독할 뿐만 아니라, 심지어 가정부에게도 약간 유독할 정도였다.

침대에 해충이 기어들지 않은 경우라고 하더라도, 최소한 일 년에 한 번 정도는 침대를 분해하고 살균제나 광택제를 칠해서 미리 예방하는 것이 일반적이었다. 제조업자들은 종종 자사의 침대가 연중행사로 이루어지는 이런 유지관리에 대비해서 얼마나 쉽고 빠르게 분해될 수 있는지를 광고했다. 19세기에 놋쇠 침대가 유행한 까닭은, 갑자기 놋쇠가 침대 틀로 사용하기에 멋진 금속으로 여겨졌기 때문이 아니라, 다만 빈대가 숨어 있을 만한 공간이 없었기 때문이다.

이의 경우와 마찬가지로 빈대 역시 최근 들어서 돌아온 반갑지 않은 손님이다. 20세기 대부분 동안 유럽과 미국의 대부분 지역에서는 현대식 살충제 덕분에 빈대가 사실상 박멸되었지만, 최근 들어서 빈대의 숫자가 왕성하게 다시 늘어나고 있다. 어째서인지는 아무도 확실히 모른다. 어쩌면 국제 여행이 더 많아졌다는 사실과 관계가 있을 수도 있고—가령 사람들이 여행가방에 그놈들을 묻힌 채로 집으로 데려왔을 수 있으니까—또 어쩌면 빈대란 놈들이 우리가 뿌리는 살충제에 더 큰 저항력을 가지게 된 까닭일 수도 있다. 어떤 경우이든지 간에, 그놈들은 갑자기 다시 눈에 띄기 시작했다. "뉴욕에서 제일 좋은 호텔들 중 일부에서도 빈대가 보인다." 2005년에 「뉴욕 타임스」에서는 어느 전문가의 말을 이렇게 인용했다. 「타임스」의 기사는 나아가서 대부분의 사람들이 빈대에 경험이 없기 때문에, 도대체 어떻게 해야 하는지를 모르는 것이 문제라고 지적한다. 그러다 보니 결국 어느 날 아침에 일어났을 때, 그놈들이 주위에 바글거리는 것을 보고서야 비로소 빈대가 있다는 것을 깨닫는다.

혹시 여러분이 적절한 장비와 특별한 열의를 가지고 있다면, 여러분은 그 외에도 여러분과 함께 살아가고 있는 다른 작은 생물들을 무수히 많이, 정말 수백만 마리나 찾아낼 수 있을 것이다. 등각류(等脚類), 복지류(腹肢類), 내지류(內肢類), 다족류(多足類), 지네류, 소각류(少脚類), 그리고 눈에 보이지 않는 다른 작은 놈들이 엄청나게 많기 때문이다. 이런 작은 생물들 가운데 일부는 사실상 박멸이 불가능하다. 닙투스 홀로레우쿠스(*Niptus hololeucus*)라는 곤충은 심지어 고춧가루 속에서, 그리고 독극물인 시안화물 뚜껑의 코르크 마개 속에서 살아가는 것이 확인되기도 했다. 심지어 그중 어떤 놈들은—밀가루 진드기와 치즈 진드기 같은 경우—꽤나 정기적으로 여러분과 함께 식사를 하기도 한다.

생물의 더 아래 층위로, 그러니까 미생물의 세계로 내려가면, 그놈들의 숫자는 정말 셈이 불가능할 정도로 급증한다. 여러분의 피부에만 무려 1조 마리가량의 박테리아가 있다. 여러분의 몸속에는 아마 수천조 마리나 되는 박테리아가 더 있을 텐데, 이놈들 가운데 상당수는, 예를 들면 창자 속에서 음식을 분해하는 등의, 필수적이고 도움이 되는 임무를 수행한다. 모두 다해서 여러분의 몸에는 1,000조 곱하기 100[10^{17}]마리 가량의 박테리아 세포[세균 세포]가 있다. 그것들을 따로 떼어서 한데 쌓아두면 무게가 대략 4파운드에 달한다. 미생물은 워낙 세상에 만연하기 때문에, 우리는 현대식 주택의 상당 부분을 차지하는 무거운 금속 장치들—냉장고, 식기세척기, 세탁기 등—이 사실상 이놈들을 죽이거나 억누르기 위한 목적 하나만을 위해서 존재한다는 사실을 잊어버리기 십상이다. 세균을 우리 삶에서 내쫓는다는 것은 우리 대부분에게 일종의 끝없는 일상의 과제나 다름없다.

세계에서 가장 유명한 세균 전문가는 아마도 애리조나 대학교의 찰스 P. 거바 박사일 것이다. 그는 이 분야에 너무 몰두한 나머지, 한 자녀에게 에스케리키아(Escherichia)라는 중간 이름을 붙여주기도 했다. 물론 그 이름은 에스케리키아 콜리(*Escherichia coli*, 대장균)라는 박테리아의 이름에서 따온 것이다. 거바 박사는 몇 년 전에 집 안의 세균은 여러분이 생각하는 장소에만 항상 득실거리는 것은 아니라는 사실을 지적함으로써 명성을 얻었다. 어느 유명한 연구에서 그는 여러 주택의 여러 방에서 박테리아 숫자를 조사했는데, 그 결과 일반적인 주택에서 가장 깨끗한 표면은 바로 변기 좌석이라는 사실을 알아냈다. 왜냐하면 다른 어떤 표면보다도 더 자주 살균제로 닦아내는 곳이기 때문이었다. 그에 비하면 책상 표면의 평균 박테리아 숫자는 변기 좌석의 표면보다 무려 다섯 배나 더 많았다.

집 안에서 가장 더러운 곳은 바로 부엌 싱크대였고, 그 다음이 부엌 조리대였으며, 가장 지저분한 물건은 부엌 행주였다. 대부분의 부엌 행주에는 박테리아가 득실거렸기 때문에, 그것으로 조리대를 (또는 접시나 빵 반죽용 도마나 기름이 흐르는 턱이나 다른 여러 가지 표면을) 닦으면 결국 그 미생물을 이 자리에서 저 자리로 옮기는 셈이어서, 그놈들에게 번식과 증식의 기회만 제공할 뿐이었다. 거바의 조사에 따르면, 세균을 퍼트리는 방법 중에서 다음으로 효과적인 방법은 바로 변기 뚜껑을 열어놓은 채로 물을 내리는 것이었다. 물이 내려가면서 수십억 마리의 미생물이 공중으로 흩뿌려지기 때문이었다. 그중 상당수는 이후 최대 2시간 동안이나 마치 비눗방울처럼 공기 중에 머물러 있다가 사람의 호흡기로 들어간다. 또 어떤 놈들은 여러분이 사용하는 칫솔 같은 데에 올라앉는다. 이것 역시 우리가 변기 뚜껑을 꼬박꼬박 닫아야 하는 또 한 가지 이유이다.

미생물과 관련해서 나온 최근의 발견들 가운데서도 가장 주목할 만한 것은 플로리다에 사는 어느 호기심 많은 여자 중학생이 알아낸 것이었다. 인근 패스트푸드의 식당 화장실에서 사용하는 물의 품질과 그곳의 음료수에 들어 있는 얼음의 품질을 비교한 결과, 그 여학생은 조사 대상의 70퍼센트에서 화장실 물이 음료수 속 얼음보다 더 깨끗하다는 사실을 알아냈다.

이 무수히 많은 생물 형태에 관해서 가장 주목할 만한 사실은, 우리가 그놈들에 관해서 모르는 것이 너무나도 많다는 점이다. 그나마 아는 것조차도 최근에 와서야 배운 것들이다. 침대 진드기가 처음 발견된 것은 1965년의 일이었지만, 그놈들은 사실 그 이전에도 침대마다 수백만 마리나 득실거리고 있었다. 그런데도 비교적 최근인 1947년에 『뉴요커』의 의학 기자는 이렇게 썼다. "진드기는 이 나라에서 오직 드물게만 발견될 뿐이고, 최근까지만 해도 뉴욕 시에서는 사실상 발견되지 않았다." 그러다가 1940년대 말에 퀸스에 있는 큐 가든스라는 한 아파트 건물의 거주민들 가운데 상당수가 감기 비슷한 증상을 보이며 아프기 시작했다. 이 증상은 이른바 "큐 가든스 수수께끼 열병"이라고 알려졌다. 나중에 가서야 어느 눈 밝은 방제 요원이 그곳에 사는 생쥐들 역시 시름시름한다는 사실을 깨닫고 면밀히 관찰한 결과, 그놈들의 털가죽 속에 살고 있는 미세한 진드기—그 당시까지만 해도 미국 내에서는 대량으로 살고 있지 않다고 여겨졌던 바로 그 진드기—가 아파트 거주민들에게 리케차성 발진을 옮겼다는 것을 밝혀냈다.

이보다 더 큰 생물들 상당수에 관해서도 이와 유사한 정도의 무지가 오랫동안 적용되었다. 현대의 주택에서 간혹 발견되는 동물들 중에서 가장 중요하면서도 가장 덜 이해된, 한 동물도 예외는 아니었다. 그 동물이란 바로 박쥐이다. 사실 박쥐를 좋아하는 사람은 찾아보기가 힘든데, 이것은 참으로 안타까운 일이다. 박쥐는 인간에게 해악보다 이득을 더 많이 끼치기 때문이다. 이놈들은 곤충을 아주 많이 잡아먹기 때문에 농작물과 인간 모두에게 유익하다. 미국에서 가장 흔한 종인 갈색 박쥐는 시간당 600마리의 모기를 먹어치운다. 작은 집박쥐—기껏해야 작은 동전 정도의 무게이다—는 하룻밤 사이에 3,000마리의 곤충을 마치 진공 청소기마냥 빨아들인다. 박쥐가 없으면 스코틀랜드에는 각다귀가, 북아메리카에는 진드기가, 열대 지방에는 열병이 더 많았을 것이다. 숲의 나무는 곤충들에게 씹혀서 산산조각이 났을 것이다. 농작물에도 더 많은 살충제가 필요했을 것이다. 자연계는 매우 스트레스 받는 장소가 되었을 것이다. 박쥐는 또한 수분(受粉)과 씨앗 전파를 담당하기 때문에 야생 식물들 상당수의 생애 주기에서 중대한 역할을 한다. 세바 박쥐—남아메리카에 사는 작은 박쥐—는 매일 밤마다 6만 개의 작은 씨앗을 먹어치운다. 세바 박쥐의 군집 하나—대략 400마리로 구성된다—가 수행하는 씨앗 전파 덕분에 매년 새로 생겨나는 과일나무 묘목만 900만 개에 달한다. 이 박쥐들이 없다면, 그 과일나무는 아예 자라나지 않을 것이다. 박쥐는 또한 아보카도, 발사, 바나나, 빵나무, 캐슈, 정향, 대추야자, 무화과, 구아바, 망고, 복숭아, 사와로 선인장 같은 여러 가지 식물들의 야생 생존에서 마찬가지로 중대한 역할을 한다.

대부분의 사람들은 박쥐의 숫자와 종류가 의외로 많다는 사실을 잘 모르고 있을 것이다. 실제로 모든 포유류 종—대략 1,100종쯤—가운데 4분의 1이 바로 박쥐이다. 크기로 따지면, 말 그대로 뒝벌 정도밖에는 되지 않을 정도로 작은 뒝벌 박쥐에서부터, 오스트레일리아와 남아시아에 서식하는 거대한 큰 박쥐—날개를 펼친 길이만 6피트 달한다—도 있다.

과거에는 때때로 박쥐의 특수한 성질을 이용하려는 시도도 있었다. 제2차 세계대전 당시에 미군은 박쥐에 작은 소이탄을 장착한 다음, 비행기로 싣고 가서 일본 상공에 대규모로—한 번에 최대 100만 마리까지—풀어놓으려는 특이한 계획에 상당한 시간과 자금을 투입했다. 이는 박쥐가 처마나 지붕 공간에 둥지를 트는 습성을 가졌다는 점에 착안한 계획으로, 그럴 경우에 타이머에 연결된 작은 기폭장치가 폭발하면 동시다발적으로 수만 건의 화재가 벌어지리라는 예상이었다.

그렇게 충분히 작은 폭탄과 타이머를 만들기 위해서는 상당한 실험과 기술이 필요했는데, 1943년에는 작업이 상당히 진전된 까닭에 캘리포니아 주 머록 호수에서 시범이 이루어졌다. 그리고 단순히 일이 계획대로 되지 않았다고 말하는 것만으로는 결코 충분하지가 않은 사태가 벌어졌다. 시범 행사를 위해서 풀려난 박쥐들은 실전처럼 작동 가능한 소형 폭탄을 하나씩 달고 있었다. 그리고 이것은 결코 좋은 생각이 아니었다는 것이 확인되었다. 박쥐들은 애초에 겨냥한 표적에 불을 붙이는 데에 실패했을 뿐만 아니라, 인근 공항에 있는 격납고 전부와 창고 대부분, 그리고 어느 육군 장성의 승용차 한 대까지 모조리 박살내버렸다. 이날의 시범 행사에 대한 그 장군의 보고서는 참으로 읽을 만했을 것이다. 여하간 이 사건 직후에 프로그램 자체가 곧바로 취소되었다.

이보다는 덜 멍청하지만 궁극적으로는 더 성공적일 것도 없었던, 또 한 가지 박쥐 이용 계획은 툴레인 의과대학의 찰스 A. R. 캠벨 박사가 고안한 것이었다. 캠벨의 아이디어는 초대형 "박쥐 탑"을 만들어서 박쥐들이 그 안에서 둥지를 틀고 번식을 하면서 밖에 나가 모기를 잡아먹게 하자는 것이었다. 이 방법을 이용하면 모기를 매개체로 발생하는 말라리아를 줄이는 동시에 상업적 가치가 있는 구아노를 얻을 수 있다는 것이었다. 박쥐 탑은 몇 군데에 실제로 만들어졌으며, 그중 일부는 지금까지도—약간 위태하기는 하지만—여전히 서 있는데, 아쉽게도 계획은 성공하지 못했다. 알고 보니 박쥐라는 놈들은 어디서 살아라 말아라 지시 받기를 좋아하지 않았다.

미국에서는 보건부 관리들이 오래 전부터 유독 박쥐를 괴롭혀왔는데, 그 놈들이 광견병을 전파한다는 과장된—그리고 종종 터무니없는—우려 때문이었다. 그 이야기는 1951년 10월에 텍사스 서부에 살던 어느 익명의 여성—목화 재배업자의 부인—이 자기 집 근처 길에서 우연히 박쥐 한 마리와 마주치면서부터 시작되었다. 그녀는 박쥐가 죽었다고 생각했지만, 상체를 굽힌 채로 자세히 들여다보는 순간, 박쥐가 펄쩍 뛰어올라서 그녀의 팔을 물었다. 사실 이런 일이 벌어질 가능성은 거의 없다. 미국의 박쥐는 모두 식충동물이고, 게다가 인간을 물었다는 사례는 한번도 알려진 것이 없었기 때문이다. 이 여성과 그녀의 남편은 상처를 소독하고 치료한 다음—어차피 작은 상처였으니까—더 이상은 이 문제에 관해서 생각조차 하지 않았다. 그러다가 3주일 뒤에 그녀는 정신착란 상태가 되어서 댈러스의 한 병원에 입원했다. 그녀는 "심하게 동요된" 상태였고, 말을 하거나 침을 삼키지도 못했다. 눈에는 공포의 표정이 가득했다. 이미 때는 늦은 상황이었다. 물론 광견병은 얼마든지 치료가 가능한 질병이었지만, 어디까지나 곧바로 치료했을 때에만 효과가 있었다. 일단 증상이 시작되고 나면, 때는 이미 늦어버리는 것이었다. 차마 말로 다할 수 없는 고통 속에서 나흘을 보낸 뒤, 그녀는 결국 혼수상태에 빠져서 사망했다.

그 소식이 전해진 이후로 광견병 보유 박쥐에게 물린 사람들의 사례가 다른 지역에서도 간간이 등장했다. 예를 들면, 펜실베이니아에서 2건, 플로리다와 매사추세츠와 캘리포니아에서 각각 1건, 그리고 텍사스에서 2건이 더 나타났다. 이 모두는 4년의 시간 간격을 두고 벌어진 일이었으므로, 결코 대유행이라고 말할 수는 없었다. 그러나 어쨌거나 걱정이 야기된 것은 사실이었다. 그러다가 결국에는 1956년 새해 첫날, 당시 텍사스의 공중보건 담당 공무원인 조지 C. 멘지스 박사가 광견병 증상을 보인 채 오스틴에 있는 병원에 들어왔다. 멘지스는 텍사스 중부에 있는 여러 동굴에서 광견병 보유 박쥐의 증거를 찾는 연구를 수행하고 있었지만, 사람들이 알기로는 박쥐에게 물리거나 또는 다른 방식으로 광견병에 노출된 적도 없었다. 그러나 어찌어찌 해서 그는 분명히 감염되었고, 그로부터 불과 2주일 뒤에 광견병 특유의 끔찍스러운 방식으로, 즉 불편과 공포 속에서 눈을 접시만큼 부릅뜬 채로 사망했다.

이 사건이 널리 보도되면서 일종의 복수심에 불타는 히스테리가 초래되었다. 최고위 공직자들은 박쥐의 근절이 시급하고 필수적인 일이라고 결론을 내렸다. 박쥐는 졸지에 미국 내에서 가장 혐오되는 생물이 되어버렸다. 여러 해에 걸친 꾸준한 탄압이 이어졌고, 여러 지역에서 박쥐의 숫자는 놀랄 만큼 줄어들었다. 예를 들면 세계에서 가장 큰 박쥐 군락이었던 애리조나 주 이글 크리크에서는 불과 몇 년 사이에 박쥐 숫자가 3,000만 마리에서 불과 3,000마리로 급감했을 정도였다.

1988년에 『뉴요커』에는 미국의 주도적인 박쥐 연구의 권위자이며, 박쥐 구호기금인 국제 박쥐 보호협회의 설립자인 멀린 D. 터틀이 한 이야기가 보도되었다. 한번은 텍사스 주의 공중보건 공무원들이 한 농부를 찾아와서, 그의 소유인 땅에 있는 동굴에 사는 박쥐를 죽이지 않을 경우, 그와 그의 가족은 물론이고 가축 떼까지도 광견병에 걸릴 가능성이 있다고 말했다. 농부는 공무원들의 지시에 따라서 동굴에 등유를 잔뜩 뿌리고 불을 붙였다. 그로 인해서 대략 25만 마리의 박쥐가 몰살당했다. 훗날 터틀은 그 농부를 면담한 자리에서 그 땅에서 살아온 지가 얼마나 되는지 물어보았다. 농부는 대대로 100년째 살아왔다고 대답했다. 그렇다면 그 사이에 한번이라도 누가 광견병에 걸린 적이 있었는지 터틀이 물었다. 농부는 없다고 대답했다.

"내가 박쥐의 가치와 그가 한 일이 무엇인지를 설명하고 나자, 그는 말 그대로 넋을 잃고 울어댔다." 터틀의 말이다. 실제로도 그의 지적처럼, "역사상 박쥐와의 접촉으로 사망한 사람의 총 숫자보다는 매년 교회의 야외

예배에서 식중독으로 죽는 사람의 숫자가 더 많다.”

오늘날 박쥐는 모든 동물들 중에서 가장 생존이 위협당하는 동물이다. 박쥐 종 가운데 4분의 1가량이 멸종 경계 목록에 올라 있으며—이처럼 중요한 생물의 경우에는 정말이지 놀랍게도, 그리고 끔찍스럽게도 높은 비율이 아닐 수 없다—무려 40종 이상이 멸종 위협에 직면해 있다. 박쥐들은 워낙 은둔을 좋아하고, 대개 연구하기가 매우 어렵기 때문에, 이놈들의 총 개체 수는 여전히 불확실한 상태이다. 예를 들면, 영국에서는 현재 살아남은 박쥐가 17종인지 아니면 16종인지 여부도 불확실하다. 또한 생쥐귀 박쥐가 과연 멸종했는지, 아니면 그냥 잘 숨어 있는 것인지 여부에 관해서는 이 분야의 권위자들도 아직 충분한 증거를 얻지 못한 상태이다.

다만 ‘지금’ 분명한 사실 하나는 어디서나 문제가 점점 더 악화되어가고 있는 듯하다는 점이다. 2006년 초에 뉴욕 주의 한 동굴에서 동면 중인 박쥐들 사이에서 극도로 치명적인 신형 균류성 질환—이른바 흰코 증후군(이 질환에 걸린 박쥐는 코 주위의 털이 하얗게 변하기 때문이다)—이 발견되었다. 이 질환에 감염된 박쥐들 가운데 95퍼센트가 죽었다. 이 질병은 이제 다른 대여섯 군데 주들로 퍼져나갔고, 십중팔구 그보다 더 널리 퍼질 것이다. 2009년 말에 이르러서도 과학자들은 과연 그 숙주를 죽이는 균류가 어떤 것인지, 과연 어떻게 전파되는지, 어디서 유래했으며 어떻게 막을 것인지 여부를 전혀 알아내지 못했다. 다만 분명한 사실 하나는 이 균류가 추운 환경에서 생존하는 데에도 특히 잘 적응한 놈이라는 것이었다. 이것은 북아메리카와 유럽과 아시아의 대부분 지역에서 살아가는 박쥐에게 그리 좋은 소식이 아니었다.

물론 이처럼 워낙 두드러지지 않고, 따라서 워낙 연구되지 않은 까닭에, 결국 멸종하고 나서야 비로소 그 존재를 깨달은 생물은 의외로 많다. 예를 들면, 20세기에 영국에서는 무려 20종의 나방이 사라졌지만, 이에 대한 항의는 거의 들리지 않았다. 영국의 나방 종들 가운데 75퍼센트는 개체 수의 감소를 겪었다. 농업의 집중화와 더 강력한 살충제의 등장 역시 개체 수 감소의 원인일 가능성이 있지만, 어느 누구도 확실하게 알지는 못한다. 나비의 여러 종 역시 이와 유사한 고초를 겪어서, 영국에서 최소한 8가지 종의 개체 수가 사상 유례가 없이 줄어든 상태이다. 그러나 역시 그 이유에 관해서는 오직 추측만 나올 뿐이다. 이로 인한 도미노 효과는 상당히 클 수도 있다. 조류들 가운데에는 나방과 나비의 충분한 개체 수에 의존해서 사는 놈들이 상당수이기 때문이다. 가령 푸른박새의 한 과에 속하는 놈들은 한 계절당 1만5,000마리의 애벌레를 먹어치운다. 따라서 곤충 개체 수의 감소는 결국 조류 개체 수의 감소를 불러오는 셈이다.

III

개체 수의 변화 방향이 항상 아래쪽으로만 향하는 것은 아니라는 것을 분명히 언급할 필요가 있을 것 같다. 가끔 개체 수가 확 늘어나기도 하고, 때로 그야말로 역사를 좌우할 정도로 그렇게 되기도 한다. 이를 잘 보여주는 사례로는 1873년에 미국 서부, 그리고 캐나다 평원 곳곳의 농부들이 겪었던, 그야말로 이전까지만 해도 세상 어디서도 볼 수 없었던 처참한 재해를 들 수 있다. 어느 날 갑자기 로키 산맥 메뚜기 떼가 나타났다. 찌르르 하는 엄청난 울음소리와 식욕으로 무장하고, 해를 가릴 정도로 새까맣게 몰려다니면서 지나는 길에 있는 것은 무엇이든지 집어삼켜버렸다. 메뚜기 떼가 내려앉은 곳이라면 어디서나 그 효과는 무시무시했다. 이놈들은 밭과 과수원을 싹 벗겨 먹어버렸고, 내려앉은 곳에 있는 것은 거의 뭐든지 삼켜버렸다. 가죽과 범포는 물론이고, 빨랫줄의 빨래까지 먹어치웠고, 살아 있는 양의 등에서 털까지 벗겨먹었고, 심지어 공구의 나무 손잡이까지도 갉아 먹었다. 어느 놀란 목격자의 보고에 따르면, 메뚜기 떼가 어찌나 많던지, 그놈들이 땅에 내려앉는 서슬에 제법 큰 불까지도 꺼졌다고 한다. 대부분의 목격자들에 따르면, 그것은 마치 세상의 종말을 경험하는 것과도 같았다. 그 소음은 정말 귀가 먹먹할 정도였다. 메뚜기 떼 하나의 크기는 길이가 1,800마일, 너비가 110마일인 것으로 추정되었다. 그놈들이 한 번 지나가는 데에만 무려 닷새가 걸렸다. 그중에는 최소한 100억 마리의 개체가 포함되어 있는 것으로 추정되었지만, 또다른 계산에서는 숫자가 무려 12조 5,000억 마리에 무게가 2,750만 톤에 달하는 것으로 추정되었다. 이것은 지구상에 모인 생물의 무리 중에서 아마 가장 큰 것이었으리라. 어느 것도 이놈들을 비껴가게 할 수가 없었다. 두 무리가 만날 경우, 서로를 밀치고 지나가서 여전히 대열을 유지한 채로 반대편으로 빠져나왔다. 삽을 휘두르거나 살충제를 뿌려도 아무런 가시적인 효과가 없었다.

마침 이때는 수많은 사람들이 미국과 캐나다 서부로 이주하던 시기였으며, 대평원을 가로지르는 새로운 밀 생산지대가 생길 즈음이었다. 가령 네브래스카 주의 인구는 2만8,000명에서 불과 한 세대 만에 100만 명으로 늘었다. 미국의 남북전쟁 이후에 미시시피 강 서부에 만들어진 새로운 농장은 모두 합쳐서 400만 개에 달했으며, 이런 새로운 농부들 상당수는 집과 토지를 구입하는 데에 들어간 융자금이며, 산업 규모의 농사일을 하는 데에 필요한 이런저런 신형 장비—수확기, 탈곡기, 추수기 등—를 여럿 구입하는 데에 들어간 대출금 때문에 빚더미에 올라앉아 있었다. 다른 수십만 명의 사람들은 철도와 곡식 사일로를 비롯해서 서부의 크게 늘어난 인구를 뒷받침하기 위한 온갖 종류의 사업에 막대한 돈을 투자했다. 그런데 이제는 메뚜기의 창궐로 막대한 수의 사람들이 말 그대로 싹 털린 상태가 되었다.

여름이 막바지에 접어들자 메뚜기들은 자취를 감추었고, 사람들은 안도의 한숨을 내쉬었다. 그러나 낙관은 금물이었다. 메뚜기들은 이후 3년간 여름이면 되돌아왔고, 번번이 예년보다 더 숫자가 늘어나 있었다. 서부에서의 생활은 어쩌면 유지가 불가능한지 모른다는 불안한 생각이 나타나기 시작했다. 이보다 더 두려운 깃은 혹시 그 메뚜기 떼가 동쪽으로까지 번져서, 중서부와 동부에 있는 더 기름진 토지를 잠식할지도 모른다는 사실이었다. 이것은 미국 역사를 통틀어서 가장 어두운, 또는 무기력한 순간이었으리라.

그러다가 이 모두가 갑자기 딱 중단되었다. 1877년에 메뚜기 떼는 예년보다 상당히 줄어들었고, 어쩐지 이상하게도 활발하지가 못해 보였다. 이듬해에는 메뚜기 떼가 아예 나타나지 않았다. 로키 산맥 메뚜기(공식 명칭은 멜라노플루스 스프레투스[*Melanoplus spretus*])는 단순히 숫자가 줄어든 것이 아니라, 깡그리 사라져버렸다. 그것이야말로 기적이었다. 최후의 살아 있는 표본이 발견된 것은 1902년에 캐나다에서였다. 그때 이후로는 단 한 마리도 보이지 않았다.

그로부터 한 세기가 지나서야 과학자들은 그때 무슨 일이 벌어졌는지를 알아낼 수 있었다. 그 메뚜기 떼는 매년 로키 산맥의 동쪽 고지대 평원에 있는 구불구불한 강에 인접한 기름진 흙 속에 들어가서 동면을 하고 번식을 했다. 그런데 알고 보니 바로 그 지역에 새로 농부들이 들어가서 밭을 갈고 물을 대고 했던 것이다. 그리하여 동면 중인 메뚜기는 물론이고 번데기까지도 모조리 죽고 말았다. 사실 그 메뚜기 떼에 관한 문제를 놓고 수백만 달러를 지출하고 수년간 연구했더라도 이보다 더 효과적인 대책이 나올 수는 없었을 것이다. 물론 생물의 멸종이 좋은 일인 경우는 거의 없다고 봐야겠지만, 유일하게 긍정적인 쪽에 가까운 경우가 있었다면, 아마 이것이 아닐까?

만약 메뚜기 떼가 계속해서 번성했다면, 이 세계는 오늘날 아주 달라졌을 것이다. 전 세계의 농업과 상업은 물론이고, 미국 서부로의 인구 이동에는 물론이고, 궁극적으로 우리가 사는 이 오래된 목사관의 운명에도 변화가 불가피했을 것이다. 아울러 그 너머에 있는 모든 것들, 서로 연관된 것들이며 중간에 있는 것들 역시 우리로서는 거의 상상조차 하지 못할 방식으로 크게 달라졌을 것이다. 19세기의 마지막 사반세기 동안 미국의 농부들은 이미 은행과 대기업을 크게 증오하는 일종의 분노한 포퓰리즘을 띠고 있었다. 이런 감정은 도시에서도 널리 반영되었으며 특히 새로 도착한 이민자들 사이에서 그러했다. 만약 농업이 붕괴하는 바람에 대대적인 가난과 배고픔을 만들어냈다면, 어쩌면 사회주의가 압도적으로 세력을 얻었을 가능성도 있다. 그런 결과를 열렬히 소망한 사람들도 물론 상당수였으리라.

그러나 문제는 금세 진정되었고, 서부는 그 오랜 팽창을 재개했다. 미국은 전 세계의 곡창지대가 되었으며, 영국의 시골은 이후로 결코 완전히 극복하지는 못한 기나긴 침체에 접어들었다. 그 이야기에 관해서는 잠시 후에 알아보기로 하고, 우선 여기서는 일단 정원으로 나가서 어째서 그곳의 풍경은 이처럼 매력적인지, 그리고 어째서 지금도 여전히 그런지를 알아보도록 하자.

제12장

정원

I

1730년, 조지 2세의 부인이었으며, 근면하고 나날이 뭔가를 향상시키는 데에 골몰하던 성품이었던 안스바흐의 캐롤라인 왕비는 뭔가 대담한 일을 하나 해치웠다. 런던에 있는 작은 강인 웨스트번 강의 지류 하나를 이용해서 하이드파크 한가운데에 커다란 연못을 만든 것이었다. 서펜타인(Serpentine, 원뜻은 "뱀 모양의, 구불구불한")이라는 이름의 이 연못은 지금도 그곳에 있으며, 많은 관광객이 찾는 곳이다. 물론 관광객이야 이곳이 얼마나 역사적인 웅덩이인지를 거의 알 리가 없겠지만.

이곳은 인공적으로 만들었지만 최대한 인공적으로 보이지 않게 의도했다는 점에서 세계 최초의 사례였다. 물론 지금에 와서는 이것이 얼마나 획기적인 행보였는지를 상상하기가 어렵다. 이전까지만 해도 인공적인 웅덩이는 엄밀한 기하학적 형태를 가졌다. 예를 들면 수영장처럼 상자 모양의 직사각형이거나, 아니면 인근의 켄싱턴 가든스에 있으며 서펜타인보다 겨우 2년 먼저 만들어진 라운드 연못처럼 원형이거나 했다. 그런데 갑자기 우아한 곡선형의 인공적인 웅덩이가 나왔던 것이다. 그것도 마치 부주의한 행운의 순간에 자연이 만든 것처럼 보이며 현혹적으로 구불거리는 모양새로 말이다. 사람들은 그 교묘함에 매료되어서 떼를 지어 구경에 나섰다. 왕족들은 매우 기뻐한 나머지 한동안은 서펀타인에 두 척의 커다란 요트를 띄우기도 했다. 비록 배를 한 번 돌리려고 해도 육지에 부딪치지 않을 수 없을 정도로 공간이 협소했지만 말이다.

캐롤라인 왕비의 입장에서는 보기 드물게나마 대중의 인기를 얻은 순간이기도 했는데, 정원 조성에 대한 그녀의 야심은 종종 분별이 없었던 까닭이었다. 예를 들면 이와 똑같은 시기에 그녀는 하이드 파크의 부지 가운데 200에이커를 켄싱턴 궁전의 부지로 전용했으며, 그 결과 시민들은 그곳의 나뭇잎 우거진 공원길을 오직 토요일에만, 그것도 버젓한 차림새를 갖추었을 때에만 거닐 수 있게 되었다. 이런 조치가 대대적인 분개를 자아냈다는 것은 이상한 일도 아니었다. 왕비는 또한 세인트 제임스 파크 전체를 왕실의 소유로 바꿔버릴까 궁리하고는, 당시 수상이었던 로버트 월폴에게 그 비용이 어느 정도 될지를 물어보았다. "그냥 크라운 하나면 됩니다, 마마."* 그는 옅은 미소를 지으며 대답했다.

서펀타인이 거둔 즉각적인 성공의 일등공신은 바로 찰스 브리지먼이라는 수수께끼의 인물이었다. 그가 바로 이 인공 연못의 공사를 담당한 인물인 동시에, 아마도 그 아이디어를 처음 내놓은 인물인 것으로 추정되기 때문이다. 이처럼 대단한 천재가 정확히 어디서 나타났는지는 지금껏 줄곧 수수께끼이다. 그는 1709년에 블레넘 궁전의 정원 조성 계획안—그의 이름이 적혀 있고, 전문가의 솜씨를 드러내는—을 들고 어디선가 갑자기 나타났던 것 같다. 그 이전의 삶에 관한 내용, 가령 그가 어디서 태어났는지, 어떤 성장 시기와 배경을 가졌는지, 어디서 그런 대단한 기술을 얻었는지 등은 하나같이 추측에 불과하다. 심지어 그의 이름이 브리지먼(Bridgeman)인

---

* 얼핏 듣기에는 영국의 주화로 "일 크라운(a crown)"을 말하는 것 같지만, 수상은 아마도 "왕관(a crown)"을 의미했을 것이다. 즉 그런 짓을 벌인다면 백성들이 가만 있지 않을 것이니, 결국 그 대가로 왕위를 내놓아야 할지도 모른다는 경고인 것이다 / 역주

윌리엄 호가스의 「난봉꾼의 접견」에서 찰스 브리지먼(왼쪽에서 네 번째, 정원 설계도를 들고 있는 사람)

지, 브리지먼(Brigman)인지를 놓고도 역사학자들 사이에 의견이 갈릴 정도이다. 그러나 무대에 등장한 지 30년이 지나자, 그는 최고 수준의 정원 조성 작업이 필요한 곳이면 어디에나 모습을 나타냈다. 그는 당대 최고의 건축가들—존 밴브러, 윌리엄 켄트, 제임스 기브스, 헨리 플릿크로프트—과 함께 잉글랜드 전역에서 벌어진 여러 프로젝트에서 일했다. 그는 당시에 가장 유명했던 정원인 스토를 설계하고 시공했다. 그는 왕실 정원사로 임명되었고, 햄튼 코트, 윈저, 큐, 그리고 왕국 내의 다른 왕실 공원의 정원을 운영했다. 그는 리치먼드 가든스를 만들었다. 그는 라운드 연못과 서펀타인 연못을 설계 했다. 그는 잉글랜드 남부 전역의 사유지에서 측량 및 설계 작업을 해주었다. 중요한 정원공사가 이루어지는 곳마다 브리지먼이 있었다. 그의 모습을 보여주는 초상화는 하나도 남아 있지 않지만, 의외로 호가스가 「난봉꾼의 일대기」라는 제목으로 그린 연작화의 두 번째 그림에 그의 모습이 등장한다. 여기서 그는 젊은 난봉꾼을 꼬여서 돈을 쓰라고 권유하는 재단사, 춤 선생, 경마 기수 같은 몇몇 사람들 사이에 끼어 있다.* 그러나 여기서도 브리지먼은 어딘가 불편하고 뻣뻣해 보이는 것이, 마치 엉뚱한 그림에 잘못 끼어든 사람처럼 보인다.

브리지먼이 등장했을 때에만 해도 정원 조성은 잉글랜드에서 상당히 큰 사업이었다. 런던의 브롬턴 파크 종묘원—오늘날 사우스 켄싱턴의 거대한 박물관들이 차지하고 있는 땅—은 면적이 100에이커나 되었으며, 어마어마한 양의 관목과 이국적인 종류를 비롯한 갖가지 식물을 생산해서 전국의 대저택에 공급했다. 그러나 이런 정원은 오늘날 우리가 아는 정원의 모습과는 전혀 달랐다. 일단 그 당시의 정원은 야하다 싶을 정도로 색깔이 요란했다. 예를 들면 오솔길에는 색깔 입힌 자갈을 깔았고, 조상(彫像)에는 밝은 색깔을 칠했으며, 화단용 식물은 그 색깔이 얼마나 강렬한지 여부로 선택했다. 자연스럽거나 평범한 것은 전혀 없었다. 산울타리는 달리는 말[馬] 모양의 가지치기 장식품 형태로 만들었다. 오솔길과 화단은 엄밀하게 직선으로 만들었고, 꼼꼼하게 다듬은 회양목이나 주목이 옆에 늘어서 있었다. 형식이 지배적이었다. 대저택의 부지는 정원이라기보다는 기하학 연습장에 가까웠다.

그러다가 갑자기 이 모든 질서와 인공성이 싹 사라지고, 그 대신에 자연스럽게 보이는 것이 유행이 되었다. 과연 이런 충동이 어디서 유래했는지는 쉽게 말할 수가 없다. 18세기 초에는 특권층 집안의 청년이라면 거의 모두가 유럽을 오래 여행했다. 그리하여 이들은 예외 없이 고전 세계의 형식적 질서에 대한 열정과, 잉글랜드의 배경 속에서 그 모습을 재현하

---

* 이 연작화는 어느 부유한 청년의 몰락을 그리고 있다. 그 내용에 걸맞게도 이 그림의 원래 주인은 바로 폰트힐 애비의 윌리엄 벡퍼드였다. 물론 어디까지나 그가 몰락하기 (그리고 그의 저택이 무너지기) 이전의 이야기이다.

고픈 불타는 열망을 가지고 고향에 돌아왔다. 건축 면에서 이들은 기껏해야 잘난 척하는, 그리고 상상력이 빈약한 모방품만을 열망했다. 반면 부지의 경우에는 엄격함을 거부하고, 완전히 새로운 종류의 바깥 세계를 만들기 시작했다. 영국인의 염색체 안에는 정원 조성 분야의 천재성이 있다고 믿는 사람들이 있다면, 이때야말로 바로 그런 사실이 증명된 때였으리라.

이 운동의 영웅들 가운데 한 사람은 우리의 오랜 친구 존 밴브러 경이었다. 그는 독학을 한 덕분에, 이 문제에도 상당히 신선한 시각을 가져올 수 있었다. 그가 건축하는 집의 주위 환경을 고려하는 방식만 보아도, 이전의 어느 건축가와도 다른 방식이었다. 캐슬 하워드의 경우, 그가 거의 맨 처음 한 일은 일단 집을 90도로 돌려놓음으로써 원래의 설계자인 윌리엄 톨먼이 의도한 동서 방향이 아니라 남북 방향을 바라보게 만든 것이었다. 이렇게 함으로써 저택까지 도달하는 전통적인 방식의 긴 접근로라든지, 평원 너머로 가물거리는 저택의 모습이 일종의 시각적 전희로 작용하는 효과 등은 사라졌다. 반면 저택 자체는 풍경 속에서 훨씬 더 편안하게 자리잡았으며, 또한 그 거주자들은 저 너머 세상을 향한 무한히 더 만족스러운 조망을 얻었다. 이것은 전통적인 방위 관념에 대한 급격한 역전이었다. 그 이전까지만 해도 주택은 전망을 즐기기 위해서 만드는 것이 아니었다. 주택 자체가 곧 전망이었다.

중요한 조망을 극대화하기 위해서, 밴브러는 또다른 기발한 특징을 도입했다. 바로 폴리(folly)라는 것인데, 이것은 오직 전망을 완성하고, 방황하는 눈길을 고정시킬 지점을 제공하기 위한 목적으로만 지어진 건물을 말한다. 캐슬 하워드에 있는 그의 네 바람의 신전은 이런 종류의 건물들 가운데서도 최초의 것이다. 여기다가 그는 무엇보다도 가장 천재적이고 강력한 혁신을 덧붙였다. 바로 '하하(ha-ha)'였다. 하하는 은장(隱檣)이라고도 하는데, 담장이나 산울타리 때문에 시야가 가리는 일 없이 장원의 거주

구역과 경작 구역을 구분하기 위해서 참호처럼 땅을 파서 만든 일종의 울타리였다. 이것은 프랑스의 군용 축성술의 한 가지 기술(밴브러는 아마도 투옥되어 있는 동안에 이를 처음 접하지 않았을까)을 응용한 아이디어였다. 은장은 대개 사람 눈에 띄지 않기 때문에, 그쪽에 접근한 사람은 막판에 가서야 "아아(ha-ha)" 하는 깜짝 놀란 비명과 함께 그것을 발견했다. 바로 여기서 '하하'라는 이름이 나왔다고 전한다. 하하는 단순히 소떼가 잔디밭에 들어오지 못하게 막는 실용적인 장치만이 아니라, 오히려 세계를 인식하는 완전히 새로운 방법이었다. 그 덕분에 저택의 부지, 정원, 공원용지, 사유지, 이 모두가 연속적인 전체의 일부분이 될 수 있었던 것이다. 갑자기 부동산의 매력적인 풍경이 잔디밭의 끝에서 끝날 필요가 없어졌다. 이제는 지평선 있는 데까지 뻗어나갈 수 있었다.

밴브러가 칼라일과 함께 캐슬 하워드에 도입한 관습 중에는 보다 덜 바람직한 것도 하나 있었다. 바로 사유지의 마을을 없애고—그 마을이 충분히 그림처럼 아름답지 않거나, 또는 지나치게 눈에 거슬린다고 여겨질 경우—그곳 주민들을 다른 곳으로 강제 이주시킨 것이었다. 캐슬 하워드에서 밴브러는 단순히 기존의 마을 한 군데뿐만 아니라, 교회 한 군데와 폐허가 된 성—사실 그가 지은 새 집의 이름도 바로 이 성에서 비롯되었지만—도 하나 없애버렸다. 머지않아 전국 어디서나 더 커다란 저택과 더 시원한 전망을 얻기 위해서 마을을 때려 부수는 일이 다반사가 되었다. 마치 부유한 사람이 웅장한 집을 짓기 위해서는 최소한 수십 명의 비천한 삶을 철저하게 유린하는 것이 당연한 것처럼 여겨졌다. 올리버 골드스미스는 길고 감상적인 시 「텅 빈 마을(The Deserted Village)」에서 이런 관습을 묘사하며 탄식했다. 이 시는, 그가 옥스퍼드셔에 있는 누니엄 파크를 방문했을 때, 제1대 하코트 백작이 새로운 저택이 들어설 더 그림 같은 장소를 만들기 위해서 오래된 마을 하나를 철거하는 모습을 본 경험에서 나온 것이었다. 그런데 운명은 한 가지 흥미로운 복수를 했다. 마을 철거 공사가 끝난 뒤, 백작이 새로 모습이 다듬어진 부지를 산책하고 있을 때였다. 옛날에 마을 우물이 있던 곳이 어디인지를 미처 알아보지 못했던 백작은 결국 우물에 빠져 죽고 말았던 것이다.*

어쩌면 이 모든 것들은 밴브러의 발명품이 아닐 수도 있다. 호레이스 월폴은 하하를 발명한 사람이 브리지먼이라고 했기 때문에, 어쩌면 그가 이에 관한 아이디어를 밴브러에게 알려주었을 가능성도 있다. 그러나 마찬가지로 밴브러가 그 아이디어를 월폴에게 알려주었을 가능성도 있다. 다만 우리가 확실히 말할 수 있는 것은 1710년 초에 들어서서 사람들은 갑자기 조경을 향상시키는 방법에 대한 아이디어를 많이 가지게 되었으며, 이는 주로 자연주의의 분위기를 더 많이 부여하는 방식이었다는 것이다. 이런 현상에 기여한 한 가지 사건은 그레이트 블로[큰 타격]라고 불리는 1711년의 큰 폭풍이었다. 그 여파로 전국 각지에서 나무들이 무수히 쓰러지고 나자, 사람들은 그제야—분명히 사상 처음으로—나무들이 만들어주었던 배경막이 얼마나 바람직한 것이었는지를 깨달았다. 그리하여 사람들은 갑자기 평소와는 달리 자연에 헌신적이 되었다.

에세이 작가인 조지프 애디슨은 『스펙테이터(*The Spectator*)』에 "상상력의 즐거움(The Pleasures of the Imagination)"이라는 일련의 기사를 게재하며 이 운동의 목소리가 되었다. 이 기사에서 그는 사람이 원하는 아름다움은 자연이 이미 모두 제공하고 있다고 주장했다. 따라서 약간의 관리만 필요할 뿐이라면서, 다음과 같은 유명한 말을 남겼다. "사람들은 자기 소유지만 가지고도 아름다운 풍경(Landskip)을 만들 수 있다." (당시의 신조어였던 '풍경[Landscape]'의 철자가 아직 정착되지 않은 까닭이다.) 나아가서 그는 이렇게 말했다. "내 의견이 뭔가 별난 것인지 아닌지 여부는 모르겠지

---

* 다음 세기에 누니엄 파크는 두 번째로 명성을 떨치게 되었다. 1862년 여름에 이곳을 방문한 옥스퍼드 대학교 크라이스트 처치 칼리지의 강사 찰스 럿위지 도지슨은 일행 중 한 명이었던 학장의 딸 앨리스 리델을 주인공으로 한 이야기를 구상했는데, 그 이야기가 발전하여 훗날 『이상한 나라의 앨리스(*Alice's Adventures in Wonderland*)』가 탄생했다.

만, 내 입장에서는 큰 가지와 작은 가지가 울창하고 흐드러진 나무 한 그루를 바라보는 것이, 그것을 잘라서 엄밀한 형태로 다듬은 모습을 보는 것보다 훨씬 더 낫다." 그 즉시 전 세계가 그의 말에 동의하는 것처럼 보였다.

대저택 소유자들은 어디서나 점차적으로 이런 가르침을 따르게 되었으며, 구불구불한 길과 굽이치는 호수를 도입하게 되었다. 그러나 한동안은 취향의 개선이 아니라 건축적인 개선만 이루어졌다. 전국의 부유한 지주들은 여전히 자신의 부지에 동굴, 사원, 전망탑, 인공 폐허, 오벨리스크, 성곽풍의 폴리, 동물원, 오렌지 밭, 판테온, 원형 경기장, 엑세드라(영웅들의 흉상을 새긴 벽감이 달린 반원형 벽이 한쪽에 있는 휴게실), 기묘한 모양의 님프 신전, 그리고 다른 건축적 변덕은 무엇이든지 생각나는 대로 가져다 모아놓았다. 이는 장식적인 소품이 아니라 육중한 기념물이었다. 캐슬 하워드에 있는 영묘는 니컬러스 혹스무어가 만든 것으로 (그리고 지금은 제3대 백작이 영면을 누리는 곳으로) 그 규모에서나 건축비에서나 크리스토퍼 렌의 런던 교회 중 어느 것에도 버금갈 정도였다. 로버트 애덤은 헤리퍼드셔의 풀이 무성한 언덕 비탈 수십 에이커에 주위 방벽까지 완벽하게 재현한 로마 시대의 마을—그림 같은 폐허이며, 전적으로 인공적인—을 하나 건립하려는 계획을 내놓았다. 그 건립 목적은 할리 경이라는 그리 대단할 것도 없는 어느 귀족 양반이 아침 식탁에서 기분전환 삼아 물끄러미 내다볼 만한 뭔가가 필요했기 때문이었다. 이 마을은 결국 실제로 지어지지는 않았지만, 놀랄 만큼 위풍당당한 다른 기분전환용 건물들은 실제로 지어졌다. 높이 163피트에 달하는 큐 가든스의 유명한 탑은 오랫동안 잉글랜드에서 가장 높은 구조물이었다. 19세기까지만 해도 이 탑에는 금이 입혀져 있었으며, 색칠한 용들—모두 합쳐서 80마리나 되었다—과 딸랑거리는 놋쇠 종들이 매달려 있었다. 그러나 훗날 조지 4세가 빚을 갚기 위해서 모두 떼어내 팔아버렸기 때문에, 오늘날 우리가 보는 것은 사실상 장식을 벗겨

낸 껍데기에 불과한 셈이다.* 한때 큐 가든스의 부지에는 19개의 다른 멋진 구조물들이 흩어져 있었다. 그중에는 터키식 모스크, 알함브라 궁전, 고딕 성당이라든지 여러 가지 신전들—아이올로스, 아레투사, 벨로나, 판, 평화, 고독, 태양을 섬기는 신전들**—의 미니어처가 있어서, 왕족 구성원 가운데 일부가 산책 중에 쉬어갈 수 있는 기분전환용 건물들을 내키는 대로 고를 수 있었다.

한동안은 암자를 하나 짓고, 심지어 그 안에 은자를 한 명 입주시키는 것도 대단한 유행이었다. 서리 주의 페인실에서는 한 남자가 그림 같은 풍경 속에서 7년간 은거하기로 계약을 맺었는데, 그 기간 동안 수도사로서 묵언 수행을 하는 대가로 연봉 100파운드를 받았다. 그러나 그는 불과 3주일 만에 인근 주점에서 술을 마시다가 발각되어서 곧바로 해고되었다. 랭커셔의 어느 지주는 7년간 자기 사유지 내의 지하 동굴에 들어가 살 사람을 모집하면서, 성공할 경우에는 평생 연봉 50파운드를 지불하겠다고 제안했다. 다만 지원자는 그 기간 동안 머리카락이나 발톱을 자르지 말고, 누구에게도 말을 걸지 말아야 한다는 조건이 붙어 있었다. 어떤 사람이 자원해서 무려 4년간이나 버텼지만, 결국에는 더 이상 못하겠다며 포기하고 말았다. 그가 애초에 계약한 연봉의 일부라도 받았는지 여부는 아쉽게도 전해지지 않는다. 캐롤라인 왕비—앞에서 말했던 하이드 파크의 서펀타인 연못을 만든 인물—는 건축가 윌리엄 켄트에게 의뢰해서 리치먼드에 암자를 하나 짓고, 스티븐 덕이라는 이름의 시인을 입주시켰다. 그러나 이 계획 역시 성공을 거두지는 못했는데, 적막은 물론이고 구경꾼조차도 견디지 못

---

* 이에 관해서는 다른 의견도 있다. 큐 가든스의 공식 홈페이지에 나와 있는 설명에 따르면, 조지 4세가 빚을 갚기 위해서 금 장식품을 떼어냈다는 것은 헛소문에 불과하다. 그리고 용 장식은 원래 나무로 만들어진 것이다 보니, 세월이 지나면서 썩어서 없어진 것으로 보인다. 물론 원래 그곳을 더 화려하게 꾸며주었던 장식품이 지금은 하나도 없다는 저자의 말은 옳다 / 역주
** '아이올로스'는 그리스 신화에서 바람의 신, '아레투사'는 그리스 신화에서 님프, '벨로나'는 로마 신화에서 전쟁의 여신, '판'은 그리스 신화에서 반인반수의 목양신의 이름이다 / 역주

한 시인이 결국 그만두었기 때문이다. 약간은 의외다 싶게도, 그는 훗날 서리 주의 바이플릿에 있는 한 교회의 교구목사가 되었다. 그러나 그곳에서도 그다지 행복하지는 못했던지―물론 어디를 가든지 그다지 행복하지는 못했던 사람 같지만―결국 템스 강에 몸을 던져서 목숨을 끊었다.

폴리 건물의 궁극적인 표현이라고 할 수 있는 사례는 치즈윅에 있었다. 지금은 런던이지만 당시까지는 런던 서부의 한 마을이었던 그곳에 제3대 벌링턴 백작(또 한 명의 키트캣 회원)이 치즈윅 하우스를 지었기 때문이다. 그러나 이곳은 이름처럼 주택[하우스]도 아니었고, 사람이 들어가서 살 목적으로 지은 것도 아니었다. 단지 미술품을 감상하고 음악을 들을 목적으로 지은, 일종의 멋진 여름 별장으로, 말 그대로 궁궐 같은 규모로 지은 건물이었다. 여러분도 기억하겠지만, 바로 이곳에서 제8대 데번셔 공작이 조지프 팩스턴과의 행복한 첫 만남을 가졌다.

그 사이에 찰스 브리지먼과 그의 후계자들은 전체 풍경을 광범위하게 손질하고 있었다. 그의 걸작품 저택 부지인 버킹엄셔 소재의 스토에서는 만사가 기념비적인 규모로 이루어졌다. 하하 가운데 하나는 길이가 무려 4마일이나 되었다. 언덕은 모양을 새로 만들었고, 계곡에는 물을 가두었고, 대리석으로 마무리한 위풍당당한 사원들이 거의 부주의하다 싶을 정도로 사방에 흩어져 있었다. 스토는 이전까지 지어진 그 무엇과도 달랐다. 이곳이 세계 최초의 진정한 관광 명소였다는 점도 그렇다. 이곳은 영국 내에서 최초로 관광객을 불러모은 정원이었으며, 역시 최초로 자체적인 관광 안내서를 발간한 명소이기도 했다. 이곳은 워낙 인기가 있어서, 1717년에 이르자 소유주인 코범 경이 관광객의 편의를 위해서 인근의 여관을 하나 구입해야 할 지경에 이르렀다.

1738년에 브리지먼이 사망하자, 머지않아 또다른 사람이 그 뒤를 이었다. 그 사람은 브리지먼이 스토의 정원 조성 사업을 시작할 때에는 미처 태어나지도 않았을 정도로 매우 젊었다. 그 젊은이의 이름은 랜실롯 브라운이었으며, 조경 운동이 딱 필요로 하는 인물이었다.

브라운의 생애는 여러 가지 면에서 조지프 팩스턴의 생애를 연상시킨다. 양쪽 모두 자유민 농부의 아들로 태어났고, 보기 드물게 똑똑하고 근면했으며, 어린 시절부터 정원 조성에 뛰어들었고, 금세 두각을 나타내서 부유한 고용주 밑에서 일했다. 브라운의 경우에는 노섬벌랜드에서 이야기가 시작된다. 그의 아버지는 그곳의 커크할이라는 사유지의 소작농이었다. 브라운은 열네 살 때부터 그곳에서 정원사로 도제 생활을 시작했으며, 7년 뒤에는 노섬벌랜드를 떠나서 남쪽으로 이주했다. 아마도 천식 때문에 더 살기 좋은 기후를 찾아간 것인지도 모른다. 그의 인생에서 다음 시기에는 무엇을 했는지 불분명하지만, 자기 분야에서 두각을 드러낸 것은 분명하다. 찰스 브리지먼이 사망하자, 코범 경은 브라운을 스토의 새로운 수석 정원사로 고용했기 때문이다. 당시 그의 나이는 겨우 스물네 살이었다.

브라운은 40명의 일꾼들을 거느리고 회계 담당자이자 수석 정원사로 일하게 되었다. 점차적으로 그는 사유지의 운영 전체를 담당하게 되었으며, 정원 조성뿐만 아니라 건축 공사도 담당하게 되었다. 그런 경험에 별도의 공부까지 덧붙여서, 그는—비록 직공다운 측면에서이기는 하지만—전적으로 유능한 건축가로서의 기술을 체득했다. 1749년에 코범 경이 사망하자, 브라운 경은 독립하기로 작정했다. 그는 해머스미스—지금은 런던이지만 당시에는 런던 서부의 한 마을이었던—로 가서 프리랜스 경력을 시작했다. 나이 서른다섯에 그는 훗날 역사에서 케이퍼빌리티 브라운(Capability Brown, 가능성 브라운)이라고 부르는 바로 그 인물이 되었다.

그의 비전은 매우 포괄적이었다. 그는 정원을 만든 것이 아니라 풍경을 만들었다. 어떤 사유지를 보면 그곳이 가능성(capability)이 있다고 선언하는 것이 그의 버릇이었기 때문에, 이런 유명한 별명을 얻었다. 오랫동안 사람들은 브레인을 단순한 땜장이 정도로만 여겼다. 즉 어쩌다 한번씩 뭔가를 향상시켰을 뿐이지, 실제로 한 일이라고는 나무 여러 그루를 옮겨 심어서 매력적인 덤불을 만든 것뿐이라고 여겼던 것이다. 그러나 실제로는 세상 어느 누구도 그가 한 것보다 더 대규모로 흙을 옮기거나 조경 공사를 한 적이 없었다. 스토에 그레시언 밸리[그리스풍 계곡]를 만들기 위해서 그의 일꾼들은 손수레를 이용해서 무려 2만3,500세제곱야드의 흙과 돌을 실어서 다른 곳에 가져다 흩어놓아야만 했다. 서픽 주의 헤브닝엄에서는 높이가 12피트인 커다란 잔디밭을 만들었다. 그는 다 자란 나무도 기꺼이 옮겼고, 심지어는 마을 하나를 통째로 옮기기도 했다. 나무 옮기기 작업을 위해서 그는 높이가 최대 36피트에 달하는 나무를 아무런 손상 없이 옮길 수 있는 바퀴 달린 장비를 고안했다. 이 당시에 원예 분야에서의 그런 공학 기술은 거의 기적처럼 보였을 것이다. 그는 수만 그루의 나무를 심었으며, 가령 롱리트에서는 한 해에만 모두 9만1,000그루를 심었다. 그는 생산성 높은 토지 100에이커를 호수로 바꿔놓았다(그의 고객들 가운데 일부는 십중팔구 이 제안에 적잖이 머뭇거렸으리라). 블레넘 팰리스에서는 작은 개울 위에 웅장한 다리를 하나 놓았다. 그런 뒤에 양편으로 커다란 호수를 만들어서 다리를 더욱 돋보이게 했다.

그는 앞으로 대략 100년 뒤에 풍경이 어떻게 보일 것인지를 머릿속으로 훤히 꿰뚫어보았다. 어느 누구도 차마 그렇게 할 엄두를 내기 전에, 그는 일찌감치 토착종 나무만을 거의 전적으로 사용해서 정원을 꾸몄다. 그런 솜씨 덕분에, 그가 작업한 풍경은 비록 쇠똥 하나까지도 모조리 엄밀한 설계에 따라서 놓였음에도 불구하고, 마치 자연적으로 발달한 것 같은 모양새를 가지게 되었다. 그는 정원사라기보다는 공학자이며 조경사에 가까운 인물이었다. 그는 이른바 "눈속임을 일으키는" 특별한 재능이 있었다. 높이가 다른 두 개의 호수를 만들어서 마치 더 커다란 하나의 호수처럼 보이게 만드는 식이었다. 브라운은 원래 있던 교외의 풍경보다 "훨씬 더 영국적인" 풍경을 창조했다. 그리고 워낙 광범위하고 철저한 규모로 작업을 수행했기 때문에, 이제 와서 그것이 얼마나 신선한 일이었는지를 상상해보려면 상당한 노력이 필요할 지경이 되었다. 그는 자신의 작업을 "장소 만들기"라고 불렀다. 오늘날 우리 눈에 보이는 잉글랜드 저지대의 상당수 풍경은 마치 태곳적부터 그런 모습이었을 것 같지만, 실제로 그중 상당수가 18세기의 창조물이다. 그리고 브라운은 세상의 어느 누구보다도 더 많이 그런 풍경을 창조한 인물이었다. 땜장이 일로 폄하하는 것은 자유겠지만, 적어도 어마어마한 규모의 땜장이 일이었음은 인정해야 할 것이다.

브라운은 처음부터 끝까지 완전한 서비스를 제공했다. 설계는 물론이고 나무를 구입해서 심는 것이며, 사후 관리까지도. 그는 근면하고 신속하게 일했기 때문에 수많은 프로젝트를 처리할 수 있었다. 그가 사유지 하나를 불과 한 시간 동안만 열심히 돌아다니고 나면, 그 개선을 위한 포괄적인 계획을 충분히 세울 수 있다는 이야기가 전해질 정도이다. 브라운의 접근방식이 가진 호소력 가운데 큰 부분은 그쪽이 결국에 훨씬 더 저렴하다는 것이었다. 예를 들면, 화단이며, 가지치기 장식품이며, 심지어 몇 마일에 달하는 잘 손질된 산울타리가 있는 단정한 정원의 경우에는 상당한 유지관리가 필수적이었다. 반면 브라운이 만든 풍경들은 대부분 자체적으로 유지관리가 되었다. 그는 또한 상당히 실용적이었다. 다른 사람들이 신전과 탑과 사당을 지었던 자리마다, 브라운은 얼핏 보기에는 마찬가지로 엉뚱한 폴리처럼 보이는 건물들을 지었다. 그러나 실제로는 낙농장, 개집, 사유지 일꾼들의 숙소처럼, 나름의 용도를 가진 건물들이었다. 농장에서 자라난 덕분에 그는 농사를 잘 알았으며, 종종 효율성을 향상시키는 변화를 도입했다. 비록 위대한 건축가는 아니었지만, 그는 확실히 유능한 인물이었다. 또한 조경 작업을 많이 한 까닭에, 당대의 어느 건축가보다도 배수의 중요성을 더 잘 이해했던 인물이기도 했다. 그는 토목공학이라는 분야가 생겨나기 훨씬 이전부터 그 분야의 달인이었다. 그의 조경은 얼핏 보기에는 매우 평범해 보였지만, 사람들의 눈에 보이지 않는 그 아래쪽에는 습지를 초지로 바꿔놓은, 그리고 무려 250년 동안이나 똑같은 상태로 유지시킨 복잡한 배수 시스템이 있었다. 어떤 면에서 그는 '드레이니지 브라운 (Drainage Brown, 배수 브라운)'이라고 불러야 마땅할 것이다.

한때 브라운은 아일랜드에 있는 어떤 사유지에서 1,000파운드짜리 조경 의뢰를 받았지만, 아직 잉글랜드에서도 할 일이 끝나지 않았다며 거절했다. 30년 동안의 독자적인 활동 기간 동안 그는 대략 170건의 의뢰를 받았으며, 그리하여 잉글랜드의 교외를 상당 부분 바꿔놓았다. 또한 그 과정에서 그는 매우 부자가 되었다. 독립한 지 10년 만에 그는 연수입이 1만5,000파운드에 달했다. 그것은 신흥 중산층의 맨 꼭대기에 자리잡을 수 있는 정도였다.

그의 업적을 모두가 솔직하게 인정했던 것은 아니었다. 시인 리처드 오언 케임브리지는 언젠가 브라운에게 이렇게 단언했다. "저는 진심으로 당신보다 더 먼저 죽었으면 하는 바람입니다, 브라운 씨."

"왜요?" 깜짝 놀란 브라운이 물었다.

"당신이 먼저 가서 풍경을 바꿔놓기 이전에 천국의 모습을 보고 싶거든요." 케임브리지는 냉랭한 어조로 대답했다.

화가인 존 컨스터블도 브라운의 작업을 싫어했다. "그것은 아름다움이 아니다. 왜냐하면 자연이 아니기 때문이다." 그는 이렇게 단언했다. 그러나 브라운의 가장 철두철미한 반대자는 속물적인 성향의 윌리엄 체임버스 경이었다. 그는 브라운의 조경을 상상력이 부족하다고 폄하하면서, "그냥 들판과 별로 다를 것이 없다"고 주장했다. 그러나 그 당시에 체임버스가 가지고 있었던 조경의 개선 방법은 그저 번쩍번쩍한 건물로 뒤덮는 것뿐이었다. 게다가 큐에 그 탑과 가짜 알함브라와 다른 기분전환용 건물을 지은 인물도 바로 그였다. 체임버스는 브라운을 기껏해야 농부보다 더 나은 정도라고 여겼는데, 그의 말투와 태도에는 세련된 맛이 없었기 때문이다. 그러나 브라운의 고객들은 그를 매우 좋아했다. 그중 한 명인 엑서터 경은 브라운의 초상화를 자기 집에서 매일 시선이 가는 곳에 걸어놓고 있을 정도였다. 브라운은 실제로 매우 성품이 좋은 인물이었던 것 같다. 오늘날 전해지는 그의 편지 몇 통을 보면, 일 때문에 멀리 떨어져 있는 아내에게 그 날 하루 당신과 상상의 대화를 나누었다는 이야기를 자세하게 적어놓았기 때문이다. "그 대화는 당신이 실제로 곁에 없다는 것만 제외하고는 모든 매력을 다 가지고 있었으므로, 당신의 사랑하는 남편에게는 앞으로도 진실하고 큰 기쁨이 될 거요, 내 사랑하는 비디." 학교를 거의 다니지 않은 사람이 쓴 편지 치고는 나쁘지 않은 편이다. 게다가 농부의 말투라고도 할 수 없는 것이 분명하다. 그는 1783년에 66세를 일기로 사망했으며, 많은 사람들이 그의 죽음을 애석해했다.

II

케이퍼빌리티 브라운이 꽃과 장식용 관목을 거절한 바로 그 시대에, 다른 사람들은 새로운 식물들을 어마어마하게 많이 찾아내고 있었다. 브라운의 사망을 전후한 100년 동안은 식물계에서 그야말로 이전까지 없었던 발견들이 이루어졌다. 식물 사냥은 과학과 상업 모두에서 대단한 추진력이 되었다.

이 모두를 시작한 장본인으로 평가되어야 마땅할 인물은 조지프 뱅크스라는 명석한 식물학자로, 1768년부터 1771년까지 제임스 쿡 선장과 함께 남태평양과 그 너머를 탐사하는 항해에 나섰던 인물이다. 뱅크스는 가뜩이나 작은 쿡의 배에 갖가지 식물 표본—무려 3만 점—을 실어왔는데, 그 가운데 1,400종은 이전까지 전혀 기록되지 않았던 것이어서, 이 한 방으로 전 세계에 알려진 식물의 숫자는 무려 4분의 1이나 증가하게 되었다. 만약 쿡의 두 번째 항해에도 동행했더라면 이보다 훨씬 더 많은 식물을 발견했겠지만, 뱅크스는 명석한 만큼이나 오만한 인물이었다. 그는 두 번째 항해 때에는 모두 17명의 하인을 거느리겠다고 고집했는데, 그 가운데 2명은 저

녘마다 그를 즐겁게 해줄 호른 연주자였다. 쿡은 정중하게 그것은 어렵겠다고 대답했고, 뱅크스는 결국 두 번째 항해에 가지 않기로 결정했다. 대신 그는 아이슬란드 탐험을 개인적으로 후원했다. 탐험대가 오크니 제도의 스케일 만에 잠시 멈춰 섰을 때, 뱅크스는 그곳에서 몇 가지 발굴을 시도했다. 그러나 스카라 브레이를 뒤덮은 풀이 무성한 언덕은 간과하고 말았다. 그리하여 그 시대의 가장 위대한 고고학적 발견 하나가 그의 다른 여러 가지 업적에 더해질 기회를 놓쳤다.

그 와중에 헌신적인 식물 사냥꾼들은 전 세계 각지로 퍼져나갔다. 특히 남아메리카로 간 사람이 많았는데, 여기서 발견된 식물들은 단순히 예쁘고 흥미로울 뿐만 아니라, 영국의 토양에서도 잘 자라는 것으로 드러났다. 아메리카의 내륙으로 들어간 최초의 유럽인들은 정착할 땅이나 서쪽으로의 통로를 찾아나선 것이 아니었다. 그들은 단지 판매할 만한 식물을 찾아나선 것이었으며, 놀랍고 새로운 종들을 수십 가지나 발견했다. 예를 들면, 철쭉과, 참취속, 동백나무속, 개오동나무과, 대극과, 수국과, 진달래속, 루드베키아[원추천인국속], 미국담쟁이덩굴류, 야생체리류[양벚나무류], 그리고 여러 가지 종류의 양치류, 관목, 나무, 덩굴 등이었다. 새로운 식물을 발견하고 무사히 유럽의 종묘장까지 가져와서 번식시킬 수만 있다면, 그것만 가지고도 거뜬히 한 재산을 마련할 수 있었다. 머지않아 북아메리카의 숲에는 식물 사냥꾼이 워낙 많아진 까닭에, 이제는 정확히 누가 무엇을 발견했는지를 구분하기도 불가능해졌다. 예를 들면, 존 프레이저—프레이저 전나무는 그의 이름을 따서 명명된 것이다—가 새로 발견한 식물의 종수는 여러분이 다양한 역사서들 가운데 어떤 것을 신뢰하느냐에 따라서 최소 44종에서 최대 215종까지 달라질 수 있다.

식물 사냥에 따르는 위험은 상당한 편이었다. 조지프 팩스턴은 북아메리카에 식물 사냥꾼 두 명을 파견해서 무엇을 발견해오는지 기다렸다. 그러나 이들은 브리티시컬럼비아의 거품 이는 강에서 짐을 잔뜩 실은 보트가 뒤집어지는 바람에 목숨을 잃었다. 프랑스의 식물 사냥꾼 앙드레 미쇼의 아들은 곰의 습격을 받아서 끔찍스럽게 난도질을 당했다. 하와이에서는 데이비드 더글러스—더글러스 전나무의 발견자—가 짐승을 잡으려고 파놓은 함정에 빠졌는데, 하필이면 유난히 좋지 않은 때를 골랐다. 그 함정 안에는 이미 야생 황소가 한 마리 빠져 있었기 때문이다. 결국 그는 야수에게 짓밟혀서 죽고 말았다. 다른 사람들은 길을 잃어버리고 굶주린 끝에 사망하거나, 말라리아나 황열병이나 다른 질병으로 사망하거나, 의심을 품은 토착민의 공격을 받고 사망했다. 그러나 성공한 사람들은 종종 막대한 부를 얻었다. 그중에서도 가장 주목할 만한 인물은 로버트 포천이었는데, 우리가 이미 제8장에서 살펴보았던 것처럼 그는 일찍이 위험을 무릅쓰고 토착민으로 변장한 채 중국을 돌아다니며 차 생산법을 알아냈다. 그는 이렇게 알아낸 차 재배법을 인도에 도입함으로써 대영제국의 존속을 가능하게 했으며, 나아가 국화와 진달래를 영국의 종묘장으로 가져옴으로써 부자가 되어 죽을 수 있었다.

　다른 사람들은 단순히 모험을 추구하는 까닭에 그곳으로 떠났다. 그리고 때로 위험천만하게 잘못 생각해서 그랬던 것 같다. 이 범주에서 아마도 가장 주목할 만한—그리고 가장 가능성이 희박하게 들리는—사례는 앨프리드 러셀 월리스와 헨리 월터 베이츠의 사례일 것이다. 이들은 모두 잉글랜드의 어느 중소 사업가의 아들로 태어났으며, 서로 친구 사이였다. 비록 둘 중 누구도 외국에 나가본 경험은 없었지만, 이들은 1848년에 배편으로 아마조니아까지 가서 식물 표본을 찾아보기로 했다. 얼마 뒤에 월리스의 동생 허버트와 또다른 열성적인 아마추어 리처드 스프루스도 가담했다. 요크셔에 있는 캐슬 하워드 사유지의 교사였던 스프루스의 경우, 잉글랜드의 초지보다 더 어려운 환경은 겪어본 적이 한번도 없었다. 이들 모두가 열대 생활에 조금의 준비도 되지 않은 듯이 보였고, 불쌍한 허버트는 목적지에 상륙하자마자 황열병에 걸려서 죽어버렸다. 그러나 다른 사람들은 용케 살아남았고, 뭔가 알 수 없는 이유로 인해서 각자 뿔뿔이 흩어져서 다른 방향으로 떠나기로 했다.

월리스는 리오 네그로 강을 따라서 정글로 들어갔으며, 이후 4년 동안 열심히 표본을 채집했다. 그가 직면한 어려움은 한두 가지가 아니었다. 곤충들때문에 그의 생활은 고통의 연속이었다. 말벌 집을 잘못 건드렸다가 안경—그가 평소에 크게 의존했던 물건—을 깨트렸고, 또다른 위험한 순간에는 장화를 한 짝 잃어버리는 바람에, 한동안은 한쪽에만 장화를 신고 정글을 절뚝이며 걸어다녀야 했다. 또 사탕수수를 발효시켜서 만든 알코올 음료인 카샤샤 통에 표본을 보관해서—평범한 사람 같으면 그냥 내용물만 마시고 말았을 텐데—인디언 길잡이들을 소스라치게 만들었다. 그가 미친 사람이라고생각한 길잡이들은 나머지 카샤샤를 챙겨서 숲속 어딘가로 사라졌다. 누구도 막지 못할—실제로는 누구도 막지 않았던—인물인 월리스는, 그럼에도불구하고 강행군을 계속했다.

그로부터 4년 뒤, 그는 찜통 같은 정글에서 지친 모습으로 비틀거리며기어나왔다. 옷은 이미 누더기가 되었고, 열병이 재발한 까닭에 몸을 덜덜떨며 반쯤 정신이 나간 상태였지만, 희귀한 표본들은 용케도 보존한 채였다. 브라질의 항구도시 파라에서 그는 헬렌이라는 이름의 돛배를 타고 고향으로 향했다. 그러나 대서양 한가운데서 헬렌 호에 화재가 발생하는 바람에 월리스는 그 귀중한 화물을 뒤에 남겨놓고 간신히 구명보트에 몸만실어야 했다. 그가 지켜보는 가운데 배는 완전히 불타서 파도 아래로 사라졌으며, 아울러 그의 보물도 함께 사라졌다. 월리스는 이런 사태에도 전혀 굴하지 않고 (음, 물론 약간은 굴했을 수도 있지만) 고향으로 돌아와서 한동안 요양을 한 다음, 이번에는 지구 반대편 끝의 말레이 군도로 떠났다. 이곳에서 그는 지칠 줄 모르고 8년 동안 쏘다닌 끝에 12만7,000종에달하는 표본을 수집했다. 그중에는 이전까지 기록된 적이 없었던 1,000마리의 곤충과 200종의 조류가 있었으며, 이번에는 모두를 무사히 잉글랜드로 가져왔다.

한편 베이츠는 월리스가 고향으로 떠난 뒤에도 무려 7년이나 더 남아메리카에 남아 있었다. 대개 배를 타고 아마존 강과 그 지류를 돌아다닌 끝에, 그는 1만5,000종의 동물과 곤충 표본을 고향으로 가져왔다. 월리스의 12만 7,000종에 비하면 별것 아닌 숫자처럼 보일 수도 있지만, 이 가운데 8,000종—거의 절반 이상인데, 이 정도면 상당히 놀라운 비율이다—은 학계에 미처 알려지지 않은 것이었다.

그러나 일행들 가운데서도 여러 가지로 가장 주목할 만한 인물은 바로 리처드 스프루스였다. 그는 모두 합쳐서 18년 동안 남아메리카에 남아 있으면서, 이전까지는 유럽인이 한번도 들어가본 적이 없었던 지역을 탐험하며 방대한 양의 정보를 수집했다. 이 가운데에는 21종의 토착 인디언 언어도 포함되어 있었다. 그 이외의 다른 발견으로는 상업적으로 중요한 고무나무, 현대식 코카인의 추출에 사용되는 코카의 일종 등이 있었다. 그리고 퀴닌—한 세기 동안 말라리아와 다른 열대병의 유일무이한 치료제—의 원료인 동시에 훌륭한 진과 토닉을 만드는 데에 반드시 필요한 향기로운 토닉워터의 원료인 기나나무도 발견했다.

그러나 마침내 요크셔의 집으로 돌아온 그는 뜻밖에도 빈털터리가 되어 있었다. 무려 20년 동안 그가 애써 벌어들인 돈을 위탁받았던 사람들이 모조리 투자에 실패했던 까닭이었다. 그는 건강이 너무 나빠진 상태여서, 이후 27년간 침대에 누운 채 맥 빠진 모습으로 자신의 발견 목록을 작성했다. 그는 결코 회고록을 쓸 만한 체력을 회복하지 못했다.

이런 대담한 사람들, 그리고 수십 명의 비슷한 사람들 덕분에 잉글랜드의 정원사들이 사용할 수 있는 식물의 숫자는 놀랄 만큼 급증했다. 1750년에 1,000종이었던 것이, 그로부터 100년 뒤에는 무려 2만 종이 넘었다. 새로 발견된 이국적인 식물은 크나큰 인기를 누렸다. 예를 들면 1782년에 칠레에서 발견된 장식용 구과식물인 칠레 삼나무는 1840년대에 들어서 작은 것 한 그루에 5파운드가 나갔는데, 그 금액은 대략 하녀 한 사람의 1년 봉급에 해당했다. 화단용 식물 재배 역시 큰 사업이었다. 그 여파로 아마추어 정원 조성이 대단한 인기를 누렸다.

또한 그 여파로—훨씬 더 의외이기는 했지만—철도가 성장했다. 철도 덕분에 사람들은 먼 교외에 살면서 직장까지 통근할 수 있었기 때문이다. 교외에 살면 주택 소유주들은 더 많은 공간을 누릴 수 있었다. 보다 넓은 대지 덕분에 새로운 종류의 교외 거주민들은 정원 조성에 관심을 가지게 되었다. 아니, 관심을 가지지 않을 수 없게 되었다.

그러나 또다른 한 가지 변화는 다른 변화들보다도 훨씬 더 깊은 영향을 끼쳤다. 바로 가정에서 여성이 하는 정원 조성의 대두였다. 그 기폭제 역할을 한 인물은 제인 웹이라는 여성이었는데, 정원 조성에 아무런 배경을 가지지는 못했다. 오히려 그녀는 스무 살 때인 1827년에 익명으로 간행한 『미라! 22세기의 이야기(The Mummy! A Tale of the Twenty-second Century)』라는 세 권짜리 통속 소설의 저자로 약간은 엉뚱하게 명성을 얻었다. 이 소설에서 그녀가 묘사한 증기 잔디깎기 기계가 어찌나 실감이 났던지, 존 클로디어스 루던이라는 정원 조성 저술가는 이 소설가를 찾아와서 우정을 맺으려고 했다. 십중팔구 남자일 것이라고 생각했던 까닭이었다. 이 소설가가 사실은 여자라는 사실을 알고 루던은 오히려 더 기뻐하면서 얼른 그녀에게 청혼했다. 심지어 그의 나이가 그녀보다 딱 두 배가 더 많았음에도 불구하고 말이다.

제인은 청혼을 받아들였고, 그리하여 두 사람의 감동적이면서도 생산적인 협력 관계가 시작되었다. 존 클로디어스 루던은 이미 원예 분야에서 상당한 입지를 확보한 인물이었다. 1783년에 스코틀랜드의 어느 농장에서 태어난 그는 젊은 시절에 자기 향상의 열망에 사로잡힌 나머지, 그리스어와 히브리어를 비롯한 6가지 언어를 독학으로 터득했다. 그리고 식물학, 원예학, 박물학을 비롯해서 당시로서는 갓 태어난 기술 정원 조성에 관련된 온갖 책들로부터 최대한 지식을 흡수했다. 스물한 살 때였던 1804년에 그는 진지하면서도 어마어마한 제목의 두툼한 책들—『온실에서 이루어진 최근의 몇 가지 개선에 관한 소고(*A Short Treatise on Several Improvements Recently Made in Hothouses*)』, 『실용 및 장식용 식물 재배지의 설립과 운영에 관한 논고(*Observations on the Formation and Management of Useful and Ornamental Plantations*)』, 『파인애플 재배의 여러 양상(*The Different Modes of Cultivating the Pine-Apple*)』—을 줄줄이 펴냈는데 어마어마한 제목에도 불구하고 마치 그래야 마땅하다는 듯이 상당히 잘 팔렸다. 그는 또한 여러 종류의 인기 있는 정원 조성 잡지를 편집하고, 상당 부분 집필하고, 거의 혼자 힘으로 간행했는데—최대 다섯 종류를 한꺼번에 펴냈다—그때 그의 건강은 상당히 좋지 못한 상태였다는 것을 분명히 언급하고 넘어갈 필요가 있을 것 같다. 그는 마치 병에 걸리는 재능을 타고난 듯한 인물이었으며, 무시무시한 합병증까지도 곁들이곤 했다. 예를 들면, 그는 류머티스열을 심하게 앓은 나머지 오른팔을 잘라내야 했다. 머지않아 이번에는 그의 한쪽 무릎이 관절굳음증에 걸려서, 그는 평생 다리를 절게 되었다. 이런 만성적인 고통의 결과로 그는 한동안 아편제에 중독이 되었다. 한마디로 인생살이가 결코 쉽지 않았던 사람이라고 할 만했다.

루던 여사는 남편보다도 훨씬 더 성공을 거두었는데, 그것도 단 한 권의 책 덕분이었다. 1841년에 간행된 『부인들을 위한 정원 조성의 실용적 지침들(*Practical Instructions in Gardening for Ladies*)』은 어마어마하게 시기 적절한 책이었다는 것이 밝혀졌다. 이것은 높은 계급에 있는 여성들을 향해서 손을 더럽히라고, 심지어 약간 땀에 젖어보라고 격려하는 내용을 담은 정말 최초의 책이었기 때문이다. 이것은 거의 에로티시즘의 지점에 가까울 정도의 소설이기도 했다. 『부인들을 위한 정원 조성』은, 만약 여성 독자들이 몇 가지 타당한 사전 예방책만 준수한다면, 남성의 감독에서 벗어나서 자유롭게 정원술을 운영할 수 있다고 용감하게 주장했다. 꾸준히 일하는 대신 너무 열성적으로 일하지는 말 것, 오직 가벼운 도구만 사용할 것, 축축한 땅 위에는 절대로 서 있지 말 것—건강에 나쁜 방사물이 그들의 치마를 통해서 위로 올라오기 때문이었다—등이 그런 예방책이었다. 이 책은 독자가 거의 밖에 나가본 적도 없는 사람이라고, 또한 정원용 도구에는 거의 손도 대본 적도 없는 사람이라고 간주한다. 예를 들면 루던 여사는 삽을 다루는 방법을 이렇게 설명한다.

정원사가 수행하는 땅 파기 작업에서는 일단 삽의 쇠 부분, 그러니까 쐐기 노릇을 하는 부분을 들고, 한쪽 발을 이용해서 수직으로 땅속에 찔러넣으며, 그런 다음에는 긴 손잡이를 지렛대로 이용하여, 느슨해진 흙을 들어올린 다음에 뒤집어서 쏟는다.

이 책 전체가 이런 식이다. 그러니까 가장 단순하고 뻔한 일—삽의 날과 손잡이 가운데 어느 쪽을 땅에 박아야 하는지 여부—조차도 이런 식으로, 거의 고통스러울 정도로 자세하게 설명했다. 오늘날에는 사실상 읽기가 불가능한 책이며, 짐작컨대 그 당시에도 아마 많은 사람들이 실제로 읽지는 않았을 것이다. 『부인들을 위한 정원 조성』의 진정한 가치는 그 책에 담긴 내용이 아니라, 그 책이 상징하는 것에 있었다. 즉 여성이 바깥에 나가서 뭔가를 한다는 데에 말이다. 이 책은 정말 온 나라의 관심을 사로잡기에 딱이었던 바로 그 순간에 출간된 셈이었다. 1841년에 영국 전역의 중산층 여성들은 삶의 엄격함으로 정말 지루해 죽을 지경이었기 때문에, 기분전환에 대한 제안이라면 무엇이든지 대환영할 기세였다. 『부인들을 위한 정원 조성』은 그 세기가 끝날 때까지 쇄를 거듭하며 돈을 벌어들였다. 그리고 이 책은 실제로 부인들이 각자의 손을 더럽히도록 격려했다. 예를 들면, 이 책의 제2장은 처음부터 끝까지 거름에 관한 내용이었다.

19세기에 정원 운동이 대두하게 된 배후에는 단순히 여가로서의 매력뿐만이 아니라 또다른, 약간은 의외의 유인이 있었다. 그리고 여기서도 존 클로디어스 루던은 역시 핵심적인 역할을 했다. 그 시대에는 콜레라와 다른 전염병들이 창궐해서 수많은 사람들이 사망했다. 그렇다고 해서 사람들이 곧바로 정원을 가꾸고 싶어했다는 뜻은 아니지만, 적어도 그 덕분에 신선한 공기와 탁 트인 공간에 대한 일반적인 선망이 생겨났던 것이다. 특히 도시의 공동묘지는 전반적으로 지저분하고, 과밀하고, 건강하지 못하다는 생각이 불가피하게 자명해졌다.

19세기 중반에 런던의 공동묘지 면적은 겨우 218에이커에 불과했다. 결국 그곳에 묻힌 사람들은 상상을 초월할 정도로 서로 가까이 누워 있어야만 했다. 1827년에 사망한 시인 윌리엄 블레이크가 번힐 공동묘지에 매장될 때에는 그 아래에 이미 다른 3명이 더 묻혀 있었다. 그리고 나중에는 그 위에 또다른 4명이 더 묻혔다. 그런 식으로 해서 런던의 공동묘지에는 어마어마한 양의 시체가 가득 들어찼다. 세인트 메럴러번 교구 교회에는 겨우 1에이커를 조금 넘는 묘지 마당에 무려 10만 명이 묻혀 있는 것으로 추산되었다. 오늘날 트라팔가 광장에서 내셔널 갤러리가 서 있는 부지는 한때 세인트 마틴 인 더 필즈 교회의 중소 규모 묘지 마당이었다. 그곳에서는 현재의 잔디밭 볼링장* 정도 크기의 장소에 무려 7,000명이 묻혀 있었으며, 그 안의 지하 납골당에는 최소한 수천 명이 더 묻혀 있었다. 1859년에 세인트 마틴 교회에서는 지하 납골당 내부를 비우고자 한다고 발표했다. 박물학자 프랭크 버클랜드는 저명한 외과의사이자 해부학자였던 존 헌터의 관을 찾아내서 그 유해를 웨스트민스터 사원에 다시 안치할 수 있을지도 모른다고 생각했다. 훗날 버클랜드는 자신이 지하 납골당에서 발견한 것에 관해서 다음과 같은 섬뜩한 보고를 남겼다.

---

* 잔디밭 볼링장은 가로세로가 최소 30미터에서 최대 40미터까지의 정사각형 공간이다 / 역주

"버스톨 씨가 제3번 납골실의 육중한 오크 문을 열었다." 버클랜드의 말이다. "우리는 반구 렌즈 램프의 불빛을 납골실 안으로 쏘아보냈고, 바로 그 순간 나는 정말 평생 잊지 못할 광경을 목격했다." 그곳의 음침한 어둠 속에는 수천 개도 넘는 관들이 뒤죽박죽으로 부서진 채 놓여 있었고, 사방 팔방에 처박혀 있었다. 마치 해일이 한바탕 쓸고 지나간 다음의 모습 같았다. 버클랜드는 무려 16일 동안이나 샅샅이 뒤진 끝에 자신이 찾던 관을 발견했다. 안타깝게도 다른 관들의 경우에는 이와 유사한 고생을 자처한 사람이 없었기 때문에, 결국 다른 여러 공동묘지에 있는 표식조차도 없는 무덤에 가져다 묻어놓을 수밖에 없었다. 그리하여 상당수의 저명인사들의 유해가 오늘날에 와서는 전혀 행방을 알 수가 없게 되었다. 가구 제조업자인 토머스 치펀데일, 국왕[찰스 2세]의 애인이었던 넬 귄, 과학자 로버트 보일, 세밀화가 니콜러스 힐리어드, 노상강도 잭 셰퍼드, 그리고 초대 윈스턴 처칠—그러니까 제1대 말버러 공작의 부친—등이 그렇다.

상당수의 교회들에서는 주로 매장을 통해서 수입을 올렸기 때문에, 이처럼 수지맞는 사업을 여간해서는 포기하려고 들지 않았다. (오늘날 런던 정치경제 대학이 있는) 홀본의 클레멘츠 레인에 있던 에논 침례교 예배당에서는 교회 고위층이 불과 19년 사이에 지하실에 무려 1만2,000명의 시신을 안치했다. 당연한 이야기지만, 썩어가는 살이 그토록 많은 상황에서는 정말 억제할 수 없을 정도의 고약한 냄새가 났다. 그리하여 예배 도중에 교인 몇 명이 실신하는 일이 비일비재했다. 나중에는 대부분의 교인들이 참석을 포기하기에 이르렀지만, 예배당에서는 여전히 시신을 안치했다. 그곳의 교구목사에게는 그 수입이 필요했기 때문이다.

공동묘지가 워낙 가득 찬 까닭에, 나중에는 어디든지 흙을 한 삽 퍼내기만 하면, 썩어가는 팔다리나 다른 신체 기관의 일부분이 모습을 드러냈다. 그처럼 좁고 엉성한 공동묘지에 시신이 매장되다 보니, 종종 썩은 고기를 먹는 동물들이 파헤쳐서 드러나거나, 또는 자동적으로 표면으로 밀려올라온—가령 밭에서 돌멩이가 그러는 것처럼—시신을 다시 깊이 묻어 주어야 했다. 도시에서는 상주나 조문객이 직접 공동묘지까지 와서 매장 모습을 지켜보지 않았다. 그곳에서의 경험이 워낙 충격적인데다가, 심지어 위험하기까지 하다는 견해가 일반적이었기 때문이다. 공동묘지 방문객이 그곳에서 발산되는 악취에 기절하고 말았다는 식의 일화적인 보고가 풍부했다. 워커라는 이름의 의사가 의회 청문회에서 증언한 바에 따르면, 무덤 일꾼들은 관 뚜껑을 열기 전에 우선 옆에 구멍을 하나 뚫은 다음, 거기다가 튜브를 하나 꽂고 밖으로 나오는 가스를 불로 태워서 날려버렸다. 그의 말에 따르면, 그렇게 가스를 없애는 데에만 대략 20분 가까이 걸렸다. 그가 아는 한 일꾼은 평소에 하는 사전 주의를 게을리한 나머지, 최근에 만든 무덤에서 나온 가스를 들이마시고는—"마치 대포알에 맞은 듯이"—곧바로 쓰러졌다고 한다. "대기 중의 공기와 섞여서 희석되지 않은 상태에서 이 가스를 들이마시면, 곧바로 죽게 된다." 위원회는 보고서에 이렇게 적고 나서, 다음과 같이 섬뜩한 한마디를 덧붙였다. "그리고 많이 희석된 가스라고 해도, 결국에는 대개 사망에 이르게 되는 질환을 만들어낸다." 19세기 말까지도 의학 저널인 『랜싯(Lancet)』에는 공동묘지를 찾았다가 나쁜 공기를 들이마시고 쓰러진 사람들에 관한 보고가 간혹 실리곤 했다.

상당수의 사람들이 보기에, 이 끔찍한 악취에 대한 타당한 해결책은 공동묘지 자체를 아예 도시 밖으로 이전하고, 나아가서 마치 공원에 가깝게 만드는 것뿐이었다. 조지프 팩스턴도 이런 아이디어를 적극 지지했지만, 실제로 그 운동의 배후에 있었던 핵심적인 인물은 바로 지칠 줄 모르고 어디에나 있었던 존 클로디어스 루던이었다. 1843년에 그는 『공동묘지의 배치와 식수와 관리에 관하여 : 나아가 교회 묘지마당의 개선에 관하여 (On the Laying Out, Planting, and Managing of Cemeteries: and on the Improvement of Churchyards)』를 저술하고 간행했다. 이것은 예상 외로 시기적절한 책이었는데, 그 해가 다 지나가기 전에 저자 자신도 묘지 한구석을 필요로 하게 되었기 때문이다. 런던 공동묘지의 한 가지 문제는 그 대부분이 무거운 진흙 토양에 자리잡고 있다는 점이라고, 따라서 배수가 잘 되지 않아서 화농과 혼탁을 더욱 촉진한다는 점이라고, 루던은 지적했다. 교외의 공동묘지는 모래나 자갈 토양인 곳에 만들어야만, 그 사이에 들어간 시신이 결과적으로 건강한 거름이 될 수 있으리라고, 그는 주장했다. 나무와 관목을 많이 심어놓으면 전원적인 분위기를 만들 뿐만이 아니라, 무덤에서 스며나올 수도 있는 독기를 빨아들이고, 나쁜 공기를 신선한 공기로 대체할 것이었다. 루던은 이런 공동묘지의 모델을 세 가지나 설계했고, 이들 모두를 사실상 공원과 구분이 가지 않도록 만들었다. 아쉽게도 그가 과로로 사망했을 무렵에는 그런 공동묘지는 아직 만들어지지 않았기 때문에, 그가 설계한 공동묘지에서 영원한 안식을 취할 수가 없었다. 대신에 그는 런던 서부에 있는 켄설 그린 공동묘지에 묻혔는데, 그나마 이곳은 그가 주장한 것과 유사한 원칙을 따라서 만들어진 공동묘지였다.

있을 법하지 않은 일이지만, 공동묘지는 점차적으로 사실상의 공원이나 다름없게 변했다. 일요일 오후면 사람들은 세상을 떠난 지인을 추모하기 위해서가 아니라, 산책을 하고 맑은 공기를 마시고 소풍을 즐기기 위해서 묘지를 찾게 되었다. 런던 북부에 있는 하이게이트 공동묘지는 탁 트인 전망과 인상적인 기념물 덕분에, 그 자체로 관광 명소가 되었다. 이 근처에 사는 사람들은 묘지 정문의 열쇠를 구입했는데, 그렇게 해야만 각자가 원할 때면 언제든지 마음대로 드나들 수 있을 것이기 때문이었다. 이런 공동묘지들 중에서도 가장 큰 것은 서리 주에 있는 브룩우드 공동묘지로, 1854년에 런던 묘지 및 국립 영묘 회사에서 개장한 것이었다. 이곳은 2,000에이커의 시골 부지에 25만 명의 시신을 매장했다. 이것 자체가 워낙 큰 사업이 되어서, 이 회사에서는 급기야 런던에서 서쪽으로 23마일 떨어진 브룩우드 사이에 사설 철도를 개통했다. 좌석에는 세 등급이 있었고, 브룩우드에는 기차역이 두 군데—하나는 영국 국교도용, 또 하나는 비국교도용—가 있었다. 철도 노동자들은 그곳을 오가는 열차 편을 농담 삼아서 "시체 특급"이라고 불렀다. 열차 운행은 1941년에 독일 폭격기의 치명적인 일격을 받아서 중단되었다.

시간이 흐르면서 정부 당국자들은 단순히 공원 모양의 공동묘지가 아니라, 제대로 된 공원 모양의 공원이 이 나라에 정말로 필요하다는 사실을 점차 깨달았다. 루던이 사망한 바로 그해에는 리버풀의 머시 강 너머의 버컨헤드에서 전혀 새로운 장소—시립 공원—가 문을 열었다. 125에이커의 황무지에 지어진 이 공원은 즉각적인 성공과 대대적인 찬사를 얻었다. 두말할 나위 없이, 이 공원은 늘 근면하고, 늘 창의적이고, 늘 믿을 만한 조지프 팩스턴의 설계였다.

그 이전에도 공원은 있었지만, 오늘날 우리가 알고 있는 공원의 모습은 아니었다. 일단 그 당시의 공원은 배타적인 경향이 있었다. 19세기가 한참 지났을 때까지도, 런던의 큰 공원에는 오직 옷차림과 지위가 어느 정도 되는 사람들만이 (아울러 간혹 뻔뻔스러울 정도로 대담한 고급 창부들만이) 입장할 수 있었다. 이 공원은 하류 또는 심지어 중류 계급에 속한 사람들을 위한 것이 아니라는—물론 그런 계급을 정확히 어떻게 정의하느냐에 상관없이—일종의 "묵계"가 항상 있었다. 평민들이 산책로에 북적이며 품위를 떨어트리는 일을 억제하기 위해서 리젠트 파크는 1835년까지도 입장료를 받았다. 신흥 산업도시들 상당수에는 아예 공원이 거의 없다시피 했기 때문에, 대부분의 노동자들은 신선한 공기를 마시러 갈 곳이 사실상 없었다. 기껏해야 시내를 벗어나서 교외로 이어지는 먼지 자욱한 길을 따라 걷는 것뿐이었고, 혹시 어리석게도 바퀴자국 뚜렷한 길에서 벗어나 어느 사유지에 발을 들여놓았다가는—어떤 풍경을 구경하기 위해서, 급히 소변을 보기 위해서, 개울에서 물이라도 한 모금 마시기 위해서—자칫 강철 덫에 치이기 일쑤였다. 이 당시에 밀렵이나 각종 불법침입은 제아무리 무해하거나 미미하더라도 악질적인 범죄로 간주되었기 때문에, 주기적으로 범법자는 오스트레일리아로 유형을 떠나야 했다.

따라서 도시 인근에 공원을 만들어서, 계급을 막론하고 모든 시민들이 자유롭게 사용하게 만들자는 아이디어는 말할 수 없이 흥미진진한 것이었다. 팩스턴은 그 당시의 공원에서 일반적이었던 질서정연한 가로수길을 배제하고, 그보다 더 자연스럽고 매력적인 길을 만들었다. 버컨헤드 파크는 외견상 사유지를 연상시켰지만, 실제로는 모든 사람들이 사용할 수 있게 만든 곳이었다. 1851년 (바로 그해!) 봄에 프레더릭 로 옴스테드라는 미국의 젊은 언론인이자 저술가가 친구 두 사람과 함께 잉글랜드 북부에서 워킹홀리데이를 하다가, 먹을 것을 사기 위해서 버컨헤드의 어느 빵집에 들렀다. 마침 그곳 주인이 대단한 열성과 자부심을 드러내며 인근에 개장한 공원 이야기를 하자, 이들은 잠시 그곳에 들러서 구경을 하기로 했다. 옴스테드는 그곳을 보자마자 완전히 매료되었다. 그의 말에 따르면, 그곳의 조경 설계는 "내가 이전까지 단 한번도 꿈꾸어본 적이 없었을 정도로 완벽에 도달해 있었다." 그는 이때의 여행에 관해서 서술해 인기를 모은 『한 미국인 농부의 잉글랜드 걷기와 이야기(*Walks and Talks of an American Farmer in England*)』에서 이렇게 회고했다. 그때 마침 뉴욕 시민들 상당수가 버젓한 공원을 하나 만들자고 적극적으로 압력을 가하고 있었다. 옴스테드는 버컨헤드의 공원이 뉴욕 시민들에게 필요한 바로 그 공원이라고 생각했다. 물론 그때까지 그는 불과 6년 뒤에 자신이 그 공원을 직접 설계하게 되리라고는 꿈에도 생각하지 못했지만 말이다.

프레더릭 로 옴스테드는 1822년에 코네티컷 주 하트퍼드에서 부유한 직물 상인의 아들로 태어나서, 성인이 된 초기에는 이런저런 직업을 전전하며 보냈다. 그는 직물 회사에서 일했고, 상선 선원이 되어서 바다로 나갔고, 작은 농장을 운영하다가, 결국 문필 쪽으로 돌아섰다. 잉글랜드 여행을 마치고 미국으로 돌아온 그는 당시에 갓 창간된 「뉴욕 타임스」에 들어가서 남부 여러 주를 여행한 기사를 연재해서 절찬을 받았고, 훗날 그 기사를 엮어서 『면화의 왕국(*The Cotton Kingdom*)』을 펴내서 역시 성공을 거두었다. 그는 일종의 쇠파리[잔소리꾼]가 되었으며, 워싱턴 어빙이며 헨리 워즈워스 롱펠로며 윌리엄 메이크피스 새커리 같은 명사들과 사귀었고, 딕스 앤드 에드워즈라는 출판사에 들어가서 훗날 동업자가 되었다. 한동안은 만사가 제대로 흘러가는 것 같았지만, 1857년—경제 불황과 대대적인 은행의 파산으로 점철된 바로 그해—에 출판사가 일련의 경제적 문제를 겪게 되자, 그는 졸지에 파산한 실업자 신세가 되었다.

그 즈음 뉴욕 시에서는 840에이커에 달하는 초지와 관목지를 오랫동안 기다려왔던 센트럴 파크로 바꾸는 작업을 막 시작한 참이었다. 그 부지는 길이 2.5마일, 너비 반 마일의 어마어마한 규모였다. 자포자기 상태가 된 옴스테드는 건설 인력의 감독관 직책에 자원해서 결국 자리를 얻었다. 당시 그는 서른다섯 살이었으며, 이 일은 그다지 오르막길이라고 할 수 없었다. 그처럼 한때 상당한 성공을 거두었던 사람의 입장에서 시립 공원의 감독관이 된다는 것은 오히려 상당한 하락이 아닐 수 없었고, 특히 센트럴 파크는 확실한 성공과는 거리가 멀었다. 그 당시에 이곳은 이름처럼 중앙[센트럴]이 전혀 아니었기 때문이다. 즉 맨해튼 '업타운'이 여전히 거기서 남쪽으로 2마일이나 떨어져 있었다. 공원을 짓기로 예정된 부지는 사람이 살지 않는 황무지였다. 어느 관찰자의 말을 빌리면, 버려진 채석장과 "유독성의 늪지"로 이루어진 널찍한 공간일 뿐이었다. 이곳이 훗날 인기 만점의 아름다운 명소가 되리라는 생각은 거의 우스꽝스러울 정도로 터무니없어 보였을 것이다.

아직 공원—이 공원은 초창기부터 더 센트럴 파크(*the* Central Park)라고 항상 정관사를 붙여서 불렀다—의 설계에 대한 합의는 이루어지지 않은 상황이었다. 설계 공모 당선자에게는 2,000달러의 상금을 지급하기로 되어 있었고, 옴스테드는 돈이 필요했다. 그는 최근에 미국에 온 캘버트 복스라는 이름의 젊은 영국인 건축가와 한 팀이 되어서 계획안을 제출했다.[*] 복스는 갸름한 체구에, 키가 겨우 4피트 10인치에 불과했다 의사의 아들이었던 그는 런던에서 자라났지만, 건축가 면허를 얻은 직후인 1850년에 미국으로 왔다. 옴스테드는 열정과 비전을 가지고 있었지만, 제도 실력은 꽝이었기 때문에 복스가 그 방면에서 도움을 주었다. 이것은 대단히 성공적인 협력의 시작이었다. 설계 공모 조건에 따르면, 모든 계획안은 특정한 시설물——행사장, 운동장, 스케이트용 연못, 그리고 한 군데 이상의 화원과 전망탑 등——을 포함시켜야 했으며, 또한 4개의 교차로를 포함시켜서 공원이 그 길이를 따라서 동서 방향으로의 통행을 가로막는 장해물이 되지 않도록 해야 했다. 옴스테드와 복스의 설계가 다른 설계와 분명히 달랐던 점은, 교차로를 호(壕) 안에, 즉 시선 아래에 두기로 한 결정이었다. 그리하여 공원을 방문한 사람들은 교차로와 물리적으로 동떨어져서 안전하게 다리 위로 지나다니게 되었다. "이렇게 하면 교통을 방해하지 않고서도 밤마다 공원 문을 닫을 수 있다는 이득도 있었다." 비톨트 리프친스키는 옴스테드에 관한 전기에서 이렇게 썼다. 이런 시설물을 가진 설계안은 오직 이들의 것뿐이었다.

공원 만들기라고 하면, 대개 단순히 나무를 심고, 길을 내고, 벤치를 설치하고, 연못을 파고 하는 일로만 이루어져 있다고 상상하기 쉽다. 그러나 센트럴 파크는 사실상 어마어마한 공학적 프로젝트였다. 옴스테드와 복스의 설계 명세서에 따라서 그 부지를 재구성하는 데에는 무려 2만 통의 다이너마이트가 소비되었으며, 식물 재배가 가능한 비옥한 토양을 만들기 위

---

[*] 복스도 이후 건축가로서 성공적인 경력을 이어나갔다. 그의 여러 작품 중에서도 특히 주목할 만한 것은 또다른 영국인 제이콥 레이 몰드와 공동 설계한, 그리고 현재 센트럴 파크를 굽어보고 있는 미국 자연사박물관이다.

해서 무려 50만 세제곱야드의 신선한 상층토를 가져와야 했다. 건축이 절정에 이르렀던 1859년에 센트럴 파크 공사 현장에서 일하는 인력은 3,600명에 달했다. 이 공원은 조금씩 문을 열었기 때문에, 거창한 개막식 같은 것은 없었다. 많은 사람들이 이곳을 무질서하고 혼란스러운 곳이라고 여겼다. 그것은 사실이었는데, 센트럴 파크에는 딱히 핵심이라고 할 만한 장소가 거의 없었기 때문이다. 애덤 고프닉은 이렇게 설명했다. "몰[중앙 산책로]은 특별히 어디를 향한 것도 아니고, 멀리 나아가지도 않는다. 호수와 연못은 저마다의 자리에 놓여 있으며, 어떤 연속적인 물길의 일부분이 아니다. 주요 구역은 깔끔하게 표시되어 있는 것이 아니라, 서로 약간씩 잠식해 들어갔다. 이곳에는 방향성, 뚜렷한 설계, 친숙하고 안정을 주는 명료함이 의도적으로 결여되어 있다. 센트럴 파크에는 사실 중앙부가 없는 셈이다."

그러나 사람들은 어쨌거나 점차 이곳을 좋아하게 되었으며, 머지않아 옴스테드는 미국 전역으로부터 조경 의뢰를 받게 되었다. 이것은 약간 놀라운 일이었는데, 옴스테드는 사람들이 실제로 원하는 것과 같은 종류의 공원을 짓는 데에는 그다지 솜씨가 훌륭하지 않았기 때문이었다. 그가 더 많은 공원들을 지을수록, 이런 사실은 점점 뚜렷해졌다. 옴스테드는 도시의 온갖 질병이 나쁜 공기와 운동 부족에서 유래한다고, 그리고 결국에는 "두뇌 활력의 때 이른 감퇴"를 산출한다고 믿어 의심치 않았다. 조용한 산책과 평온한 반성을 통해서 혹사당한 시민들은 건강과 활력, 심지어 도덕적인 풍조까지 되찾을 수 있을 것이라고 했다. 그리하여 옴스테드는 시끄럽거나 활기차거나 재미있는 것들에는 철두철미하게 반대했다. 특히 그는 동물원과 보트 놀이용 호수 같은 여가시설들—바로 놀이공원 사용자들이 열망하는 것들—이 공원에 있는 것을 싫어했다. 그리하여 보스턴의 프랭클린 파크에서 그는 야구를 비롯해서, 그의 경멸적인 표현에 따르면, 다른 "활동적인 오락들"을 줄줄이 금지하고, 오직 16세 이하의 어린이들에게만 허락했다. 독립기념일 축하 행사도 단호히 금지했다.

사람들은 공원의 규범을 어기는 것으로 반응했으며, 공원 당국자들은 이를 눈감아주었다. 그리하여 옴스테드의 공원들은 애초에 그가 원했던 것보다도 훨씬 더 즐거운 장소가 되었지만, 그래도 활기찬 비어가든과 화려한 불빛의 놀이기구가 있는 유럽의 여러 공원들에 비하면 훨씬 더 규제적이었다.

한창 중년이 되어서야 비로소 조경에 손을 대기는 했지만, 옴스테드의 경력은 놀랄 만큼 생산적이었다. 그는 북아메리카 전역—디트로이트, 올바니, 버펄로, 시카고, 하트퍼드, 몬트리올 등—에 100개 이상의 시립 공원을 지었다. 그의 가장 유명한 창조물은 센트럴 파크이지만, 많은 사람들은 브루클린에 있는 프로스펙트 파크를 그의 걸작으로 본다. 그는 온갖 종류의 사유지와 기관—이 가운데에는 50개가량의 대학 캠퍼스도 있었다—으로부터 200가지 이상의 개인 의뢰를 받아서 수행했다. 옴스테드의 마지막 프로젝트는 빌트모어였는데, 이것은 사실상 그의 마지막 합리적인 활동들 가운데 하나이기도 했다. 그 직후에 그는 대책 없는 진행성 치매에 걸렸다. 그는 생애의 마지막 5년간을 매사추세츠 주 벨몬트에 있는 맥클린 정신병원에서 보냈는데, 그곳의 부지 역시 그가 설계했다는 것은 두말할 나위 없었다.

III

선량한 마셤 목사가 이곳 목사관에서 영위한 생활방식에 관해서 지나치다 싶을 정도로 자유롭게 추측을 하는 데에는 분명히 위험이 있다. 다만 그가 아마도 꿈꾸어보았음직한 것, 그러나 결국 실제로 소유하지는 못했던 것은 바로 온실이 아니었을까 싶다. 온실은 그 당시에 아주 대단한 새로운 장난감이었기 때문이다. 조지프 팩스턴이 런던에 세운 수정궁에서 영감을 받은 한편으로, 유리에 대한 세금의 적절한 철폐 시기와 훌륭하게 맞아

떨어진 까닭에, 각지에서 온실이 생겨났다. 그리고 전 세계 각지에서 영국으로 쏟아져들어온 흥미진진하고 새로운 식물 표본들이 그 안을 가득 채웠다. 그러나 대륙 간에 이처럼 생물의 이동이 활발해짐으로써 생겨난 결과도 있었다. 1863년 여름에 런던 서부 해머스미스의 어느 눈 밝은 정원사는 온실에 있는 가장 좋은 포도나무가 시름시름 병든 것을 발견했다. 정확히 어떤 질병인지는 알 수 없었지만, 그 잎사귀에는 그가 한번도 본 적이 없었던 종류의 곤충이 튀어나오는 혹이 하나 가득이었다. 그는 이 가운데 몇 개를 채집해서 당시 옥스퍼드 대학교의 동물학과 교수이며 곤충 연구의 세계적인 권위자였던 존 오버다이어 웨스트우드에게 보냈다.

그 포도나무 소유주의 이름은 오늘날 잊혀지고 말았는데, 이는 매우 안타까운 일이다. 사실 그 사람은 인류 역사상 특히 중요한 인물인데, 유럽에서 최초로 필록세라[포도나무뿌리진디]의 감염 사실을 목격한 인물이기 때문이다. 이 작고 거의 눈에 보이지 않는 진디는 머지않아 유럽의 와인업계를 황폐화시켰다. 그러나 웨스트우드 교수에 관해서라면 우리는 많은 것을 알고 있다. 그는 중산층 환경에서 태어났으며—그의 아버지는 셰필드의 거푸집 제조업자였다—전적으로 독학을 했다. 그는 곤충 관련 분야뿐만 아니라, 앵글로색슨 시대의 문헌에 관해서도 주도적인 권위자가 되었다. 곤충에 대한 전문적인 지식으로 말하면, 어느 누구도 그에게 필적할 수 없었다. 그는 1849년에 옥스퍼드 대학교 최초의 동물학 교수로 임명되었다.

해머스미스에서 필록세라가 발견된 때로부터 거의 정확히 3년 뒤, 프랑스 남부 아를 인근의 부슈뒤론에서 와인 제조업자들이 기르던 포도나무가 시들면서 죽어가기 시작했다. 머지않아 포도나무의 죽음은 프랑스 전역으로 퍼져나갔다. 포도나무 소유주들은 속수무책일 수밖에 없었다. 그것은 하필이면 뿌리를 통해서 감염되기 때문에, 치명적인 질병의 첫 번째 징조라고 하더라도 다른 모든 질병의 첫 번째 징조와 별다를 것 없이 보였던 것이다. 혹시 필록세라에 감염되었는지 확인하기 위해서는 어쩔 수 없이 땅을 파서 포도나무를 죽일 수밖에 없었다. 결국 농부들은 가만히 앉아서 상황이 더 나아지기를 기다릴 수밖에 없었다. 그리고 대개 실망밖에는 얻지 못했다.

이후 15년 사이에 프랑스의 포도나무 40퍼센트가 죽어나갔다. 또한 80퍼센트는 미국산 포도나무 뿌리에 접붙여서 "재구축"되었다. 전반적으로 황폐화된 지역 사이에, 뚜렷한 면역성을 보이는 수수께끼 같은 작은 지역이 있었다. 예를 들면, 샴페인 제조 지역은 모조리 황폐화되었지만, 랭스 외곽의 작은 포도밭 두 곳은 멀쩡했다. 어떤 이유 때문인지 이곳은 감염에 성공적으로 저항했고, 여전히 원래의 뿌리에서 샴페인용 포도를 생산했다. 그렇게 하는 프랑스 샴페인으로는 유일했다.

필록세라 진디는 그 이전에도 신세계에서 유럽으로 건너왔지만, 오랜 항해에서 살아남을 수가 없었기 때문에 십중팔구 작은 시체로 따라왔을 것이다. 바다에서 더 빠른 증기선이 도입되고, 육지에서 더 빠른 기차가 도입되면서, 그 작은 진디도 기운을 회복하고 새로운 영토를 정복할 준비가 된 상태로 유럽에 도착할 수 있었던 것이다.

미국에서 시작된 필록세라는 유럽산 포도나무를 미국의 토양에 도입하려던 시도를 모조리 수포로 돌아가게 만들었다. 프랑스령 뉴올리언스에서 토머스 제퍼슨의 저택 몬티첼로까지, 심지어 오하이오를 거쳐서 뉴욕의 기복 많은 고지대에 이르기까지, 이 문제 때문에 많은 사람들이 당혹과 절망을 맛보았다. 미국산 포도나무는 물론 필록세라에 면역성이 있었지만, 그것으로는 아주 훌륭한 와인을 만들 수가 없었다. 그러다가 누군가가 떠올린 생각이, 미국산 포도나무 뿌리에 유럽산 포도나무 줄기를 접붙이면, 필록세라에 충분히 저항력을 가진 포도나무를 만들 수 있으리라는 것이었다. 문제는 과연 이전만큼 좋은 와인도 만들 수 있는지 여부였다.

프랑스에서는 상당수의 포도 재배업자들이 자기네 포도나무를 미국산 포도나무에 접붙여서 더 질이 떨어지게 만든다는 생각 자체를 받아들일 수 없어했다. 부르고뉴 사람들은 자신들의 사랑받고, 극도로 가치가 높은 그 랑크뤼 와인의 품질이 돌이킬 수 없이 저하될까봐 우려한 나머지, 무려 14 년 동안이나 유서 깊은 그곳의 포도나무가 미국산 뿌리에 의해서 손상되 는 일을 철저히 반대했다. 물론 그 사이에도 그곳의 포도나무는 여기저기 언덕 비탈에서 오그라들며 죽어나가고 있었는데도 말이다. 그나마 상당수 의 재배업자들은 그처럼 은근한 접붙이기를 시행했던 것이 거의 확실한데, 오늘날 그 지역의 훌륭한 와인이 전멸을 면하게 된 것도 사실은 그래서일 것이다.

실제로 프랑스 와인이 아직까지 남아 있을 수 있었던 것은 미국산 포도 나무 뿌리 덕분이었다. 다만 오늘날의 와인이 과거의 와인보다 품질이 더 질이 떨어졌는지 여부는 말하기가 불가능하다. 대부분의 권위자들은 아니 라고 생각하지만, 프랑스산과 미국산 포도나무의 접붙이기라는 필사적인 구제책 때문인지, 과거의 와인을 소유하고자 하는 의향이 있는 사람들 사 이에서는 끈질긴 의구심이 자라났다. 분명한 사실은 필록세라 이전의 와 인들 가운데 오늘날 전해지는 몇 가지는 대단한 명성을 누린 까닭에, 세상 에 둘도 없는 그 명품 와인들을 소유하기 위해서 상당한 돈과 건전한 상 식마저 기꺼이 내던지는 사람들이 종종 있다. 예를 들면, 1985년에 미국의 출판인 맬컴 포브스는 15만6,450달러를 내고 1787년산 샤토 라피트 한 병 을 구입했다. 이 와인은 너무 가치가 높아서 마실 수가 없었기 때문에, 대 신 특수 유리 진열장에 넣어서 전시했다. 그러나 인공 조명기구의 열기 때 문에 오래된 코르크가 수축해서, 급기야 무려 15만6,450달러짜리 와인 속 으로 풍당 빠지는 사태가 벌어졌다. 이보다도 더 불운한 것은 18세기 샤토 마고의 운명이었는데, 이는 한때 토머스 제퍼슨이 소장했던 와인이라는 평 판이 있었고, 결국 51만9,750달러의 가치가 매겨졌다. 그러나 1989년에 와 인 판매상 윌리엄 소콜린은 뉴욕의 한 식당에서 이 병을 입수한 것을 자랑하다가, 마침 그 옆을 지나가던 음식 카트에 병이 부딪쳐서 박살났다. 이로써 한때 전 세계에서 가장 비싼 와인이었던 것이, 졸지에 전 세계에서 가장 비싼 카펫 얼룩으로 변했다. 물론 그 식당의 지배인은 그 와인을 한 손가락으로 찍어보고 나서, 병이 온전한 상태라도 이미 먹을 수 없게 되었다고 선언했지만 말이다.

IV

산업혁명으로 인해서 사람들의 (그리고 때로는 해충의) 생활방식을 바꿔놓은 놀라운 기계들이 만들어진 와중에도, 원예학은 엄청나게 뒤떨어진 상태였다. 19세기가 한참 지났을 때까지도, 과연 무엇이 식물을 자라게 하는지를 아무도 진정으로 이해하지 못하고 있었다. 예를 들면, 토지를 비옥하게 할 필요가 있다는 사실은 누구나 알았지만, 과연 **어째서** 그런지, 또는 무엇이 효과적인 거름인지에 관해서는 거의 합의가 이루어지지 않고 있었다. 1830년대에 이루어진 농부들에 관한 연구를 보면, 그 당시에 사용되던 거름은 톱밥, 깃털, 바닷모래, 건초, 죽은 물고기, 굴 껍질, 양모 넝마, 재, 뿔 박편, 콜타르, 백악, 석고, 목화씨 등이었다. 이 가운데 일부는 여러분이 생각하는 것 이상으로 효과가 있었지만—왜냐하면 농부들은 결코 바보가 아니었으므로—어느 누구도 그 거름들의 효과 순위를 매긴다거나, 어느 정도의 분량이 최상이라고 말할 수는 없었다. 그리하여 농산물의 생산량 곡선은 전반적으로 가차 없는 하향세를 그렸다. 뉴욕 주 북부의 옥수수 수확량은 1775년에 1에이커당 30부셸이었던 것이, 그로부터 반세기 뒤에는 겨우 4분의 1이 될까 말까 했다(1부셸은 35.2리터 또는 32US쿼트이다). 몇몇 저명한 과학자들—특히 스위스의 니콜라 테오도르 드 소쉬르, 독일의 유스투스 리비히, 잉글랜드의 험프리 데이비—은 한쪽에 질소와 미네랄, 그리고 또 한쪽에 토양의 비옥도를 놓고, 이렇게 둘 사이에 모종의 관계가 있다는 것을 분명히 인식했다. 그러나 전자를 어떻게 후자로 바꾸느냐 하는 것은 여전히 논의의 여지가 있는 문제였으므로, 여전히 당시의 거의 모든 곳에서 농부들은 필사적으로, 그리고 종종 비효율적으로 밭에 비료를 뿌렸다.

그러다가 1830년에 갑자기 전 세계가 그토록 고대하던 기적의 비료가 나타났다. 바로 구아노(guano)였다. 새똥인 구아노는 무려 잉카 시대부터 페루에서 사용되었으며, 그 효과에 관해서는 탐험가와 여행자 모두가 기록했다. 한참이 지나고 나서야 누군가가 비로소 그 물건을 자루에 담아서 절망에 빠진 북반구의 농부들에게 가져다 팔자는 생각을 떠올렸다. 일단 외지인들이 구아노를 발견하자마자, 그때부터는 없어서 팔지 못할 정도가 되었다. 구아노 비료를 사용하면 토지의 원기가 회복되고, 농작물 수확량이 최대 300퍼센트까지 증가했다. 이 세계는 이른바 "구아노 열풍"에 사로잡히게 되었다. 구아노가 효과를 발휘한 것은 질소와 인과 질산칼륨—이 세 가지는 마침 화약의 중요 성분들이기도 하다—을 함유하기 때문이었다. 구아노에 들어 있는 요산은 염색업자들에게도 매우 귀중한 원료였다. 그리하여 구아노는 여러 가지 방면에서 각광을 얻었다. 갑자기 전 세계가 그 무엇보다도 새똥을 간절히 원하게 되었던 것이다.

구아노는 바닷새가 서식하는 지역에서 종종 막대한 양으로 발견되었다. 여러 군데 바위섬들에는 그야말로 구아노 천지였다. 그렇게 쌓인 구아노의 두께가 무려 150피트에 달하는 경우도 드물지 않았다. 태평양의 일부 섬들은 오직 구아노로만 이루어져 있었다. 구아노 매매로 부자가 된 사람도 상당수였다. 영국의 상업은행인 슈로더는 주로 구아노 매매에 근거해서 설립된 경우였다. 무려 30년 동안이나 페루의 외환 수입 대부분은 그저 새똥을 자루에 담아서 그 자루를 받아들고 감지덕지하는 세계 각국에 판매함으로써 벌어들인 것이었다. 칠레와 볼리비아는 구아노 소유권을 놓고 전쟁을 벌이기도 했다. 미국 의회는 이른바 구아노 섬 조례를 통과시켰는데, 이는 사익집단이 구아노가 있는 섬들 중에서 아직 소유권 주장이 이루어지지 않은 곳들을 찾아내서 미국 영토로 소유권 주장을 할 수 있도록 허락해준 것이었다.

구아노 덕분에 농부들의 생활이 더 나아진 것은 사실이었지만, 덕분에 도시 생활에는 한 가지 매우 심각한 결과가 초래되었다. 즉 인분 시장이 아예 없어지고 만 것이다. 이전까지만 해도 도시의 분뇨 구덩이를 비우는 사람들—야간 분뇨치기라고 불렀던—은 인분을 가져다가 도시 외곽의 농부들에게 판매했다. 그렇게 하면 인분 처리의 비용을 낮추는 데에 도움이 되었다. 그러나 1847년 이후에 인분 시장이 아예 사라지자, 그때부터는 이 오물을 어떻게 처리할 것인지가 문제로 떠올랐다. 대개 수거한 인분을 가장 가까운 강에 쏟아버리는 편리한 방법을 택했지만—나중에 다시 살펴보게 되듯이—그렇게 해서 유발된 오염이 정화되는 데에는 수십 년이라는 세월이 걸리게 될 예정이었다.

구아노의 불가피한 문제점 하나는, 축적에는 여러 세기가 걸려도 소비는 순식간이라는 점이었다. 아프리카 연안의 어느 섬에는 20만 톤의 구아노가 매장되어 있었지만, 불과 1년도 되지 않아서 모조리 퍼내 없어지고 말았다. 공급이 부족하다 보니 가격은 1톤당 80파운드로 껑충 뛰었다. 1850년에 이르자 일반적인 농부의 경우, 수입의 약 절반쯤을 구아노 구입에 지출하느냐, 아니면 수확량 감소를 감내하느냐 사이에서 맥빠지는 선택을 해야 했다. 이쯤 되자 합성 비료—즉 농작물을 확실하고 경제적으로 길러줄 수 있는 것—가 필요하다는 점이 분명해졌다. 바로 이때 존 베넷 로스라는 흥미로운 인물이 무대에 등장했다.

로스는 허트포드셔의 어느 부유한 지주의 아들로 태어났으며, 어린 시절부터 화학 실험에 열중했다. 그는 집의 빈 방을 실험실로 꾸미고, 대부분의 시간을 그곳에 틀어박혀서 보냈다. 20대 중반이었던 1840년에 그는 뼛가루 비료의 당혹스러운 변덕에 흥미를 가지게 되었다. 백악이나 토탄으로 이루어진 땅에 뼛가루를 뿌려주면, 순무의 생산량이 놀라울 정도로 늘어났던 반면, 진흙땅에 뼛가루를 뿌려주면 아무런 효과도 없었다. 어째서 그런지는 아무도 몰랐다. 로스는 가족 소유의 농장에서 실험에 돌입했고, 여러 가지 종류의 흙과 식물과 비료를 조합해서 이 문제를 밑바닥까지 파헤쳐 들어갔다. 이것이 과학적 농업의 시작이라고 할 수 있다. 1843년—루던이 사망한 해이기도 하다—에 로스는 농장의 일부를 로섬스테드 실험장으로 바꾸었다. 이것이 세계 최초의 농업 연구소였다.

　로스는 비료와 거름에 놀랄 만큼 열중했다. 역사상 어느 누구도 로스만큼 여기에 관심을 깊이 가져본—그리고 말 그대로 손을 깊이 담가본—적은 없었을 것이다. 비료와 거름의 효능 가운데 그가 매료되지 않은 면은 하나도 없었다. 그는 가축에게 여러 가지 서로 다른 먹이를 주고, 각각의 똥이 생산량에 끼치는 효과를 연구했다. 생각나는 모든 종류의 화학물질을 조합해서 식물에 뿌렸고, 그렇게 하는 와중에 산으로 처리한 인산염 광물이 뼛가루를 어떤 토양에서나 효과적으로 만들어준다는 사실을 발견했다. 물론 어째서 그런지는 여전히 몰랐지만 말이다(그 답은 훨씬 나중에서야 나왔는데, 설명에 따르면 동물의 뼈에 들어 있는 활성 비료 성분인 인산칼륨은 알칼리성 토양에서 스스로 작용하지 못하기 때문에, 일단 산으로 활성화시켜야 한다는 것이었다). 그럼에도 불구하고 로스는 최초의 화학비료를 만든 셈이었으며, 이를 가리켜서 과인산석회라고 불렀다. 이 세계는 그토록 간절히 원하던 화학비료를 얻게 되었다. 이 사업에 대한 헌신이 워낙 대단했기 때문에, 그는 신혼여행 때에도 신부를 데리고 템스 강과 그 지류 인근의 산업적으로 유리한 지역을 찾아다니며 새로운 공장 부지를 물색했다. 사망한 해인 1900년에 그는 어마어마한 부자가 되어 있었다.

이 모든 발전들—아마추어 정원 조성의 등장, 교외 지역의 성장, 효과적인 비료의 개발—은 한 가지 중대한 발전으로 이어졌다. 이것은 세계의 모습을 바꿔놓은, 그러나 거의 주목된 적이 없는 사건이었다. 바로 주택 잔디밭의 등장이었다.

19세기 이전까지 어엿한 잔디밭은 오직 넓은 부지를 보유한 시골 저택이나 기관에만 있었다. 잔디밭을 유지하고 관리하는 데에 드는 비용이 어마어마했기 때문이다. 따라서 잔디밭을 가지고 싶은 사람이라면 두 가지 방법 가운데 하나를 선택해야만 했다. 하나는 양떼를 기르는 것이었다. 뉴욕의 센트럴 파크가 선택한 방법이 바로 이것이었다. 19세기 말까지 이곳에는 200마리의 양떼가 돌아다니며 풀을 뜯었고, 이 가축 떼를 돌보는 양치기는 오늘날 태번 온 더 그린이 있는 건물에서 살았다. 또 하나는 풀이 자라는 계절마다 잔디를 낫질하고 모아서 손수레로 운반하는 일만 전담하는 일꾼들을 고용하는 것이었다. 양쪽 모두 비용이 만만치 않은데다가, 마무리도 그다지 깔끔하지 않았다. 가장 세심하게 낫질한 잔디밭이라고 하더라도, 현대의 기준에서 보면 울퉁불퉁하고 덥수룩했다. 양떼가 풀을 뜯은 잔디밭은 더 심했다. 마섬 씨가 어느 쪽을 선택했는지 여부는 알 수가 없지만, 정원사인 제임스 바커를 고용한 것으로 보아서 아마도 잔디밭을 낫질하게 했던 모양이다. 어느 쪽이건 간에 그 잔디밭은 십중팔구 끔찍한 모양새였으리라.

어쩌면 마섬 씨가 흥분되면서도 약간은 섬뜩하게 느껴지는 한 가지 새로운 발명품을 사용했을 가능성도 있다. 바로 잔디 깎는 기계이다. 이 기계를 발명한 사람은 글로스터셔 소재 스트라우드의 어느 직물공장에서 감독으로 일하던 에드윈 비어드 버딩이었다. 1830년에 그는 자기 공장에서 생산한 직물을 다듬는 기계를 바라보다가, 그 기계의 절단 장치를 더 작게 만들어서 바퀴와 손잡이를 달면 잔디를 깎는 데에 사용할 수 있겠다는 아이디어를 떠올렸다. 그때까지만 해도 잔디를 깎는다는 생각을 떠올린 사람은 전혀 없었기 때문에, 이것은 정말 새로운 개념이었다. 이보다 더욱 주목할 만한 점은, 특허를 얻은 버딩의 기계가 놀랍게도 현대식 원통형 잔디 깎는 기계의 외관과 기능을 상당 부분 예견한 셈이라는 점이다.

최초의 잔디 깎는 기계가 지금의 기계와 결정적으로 다른 점은 겨우 두 가지뿐이었다. 하나는 엄청나게 무거워서 움직이기가 힘들었다는 점이다. 버딩의 기계를 제조한 제임스 페러비 앤드 컴퍼니에서는 이 신제품을 구입한 집주인들을 향해서—흥미로운 사실은 이들의 홍보 문구가 정원사나 사유지 일꾼이 아니라 집주인을 직접 겨냥했다는 점이다—이 기계를 가지고 "놀랍고, 유용하고, 건강한 운동"을 할 수 있을 것이라고 약속했다. 그러면서 마치 매끄러운 지표면에서 유모차를 미는 것처럼 행복한 표정으로 이 기계를 밀고 다니는 구매자들의 모습을 보여주는 삽화를 곁들였다. 그러나 버딩의 기계는 정말 사람을 진 빠지게 만드는 물건이었다. 이것을 한 번 움직이려면 일단 손잡이를 단단히 붙잡고, 아니, 그야말로 손잡이가 부러져라 꽉 움켜쥔 상태에서 온 몸의 체중을 싣고 밀어야 했다. 잔디밭을 한번 가로지를 때마다, 새로운 위치로 옮겨놓으려면 반드시 옆에서 누군가가 도와주어야 했다.

버딩의 기계의 또 한 가지 뚜렷한 문제점은 생각만큼 잘 깎이지 않았다는 것이다. 너무 무거운데다가 균형도 잘 맞지 않는 물건이다 보니, 칼날이 종종 잔디 위에서 헛돌거나, 잔디를 꽉 물었다가 그냥 뱉어내는 경우가 있었다. 이 기계를 사용해서 매끈하게 깎인 잔디는 어쩌다 한번 나올 뿐이었다. 게다가 이 기계는 비싸기까지 했다. 결과적으로 아주 많이 팔리지는 않았으며, 머지않아 버딩과 페러비는 결별했다.

그러나 다른 제조업자들은 버딩의 개념을 차용하며, 느리지만 꾸준히 개선을 이루어나갔다. 가장 큰 문제는 바로 무게였다. 주철은 어마어마하게 무거웠다. 이 문제를 극복하기 위해서, 최초의 잔디 깎는 기계들 상당수는 말이 끌도록 고안되었다. 모험심 투철한 제조업체인 레일랜드 증기기관 회사에서는 제인 루던이 처음 제안한 아이디어를 차용해서 증기력으로 가동하는 잔디 깎는 기계를 만들기도 했다. 그러나 이 기계는 워낙 사용이 번거롭고 크기가 어마어마한 까닭에—무게가 무려 1톤 반이나 나갔다—제대로 조종할 수 있는 경우가 거의 없었으며, 자칫하면 담장이며 산울타리까지 잘라버릴 위험이 항상 있었다.* 마지막으로 단순한 구동 체인(이 시대의 또다른 새로운 경이, 즉 자전거에서 빌려온 아이디어)을 도입하고, 헨리 베서머가 개발한 경량 강철을 이용해서 손쉽게 밀고 다닐 수 있는 실용적인 잔디 깎는 기계를 만들었다. 이것이 바로 작은 교외 주택의 마당에서 정말 필요로 하던 물건이었다. 19세기의 마지막 사반세기 동안, 잔디 깎는 기계는 정원 생활의 일부분으로 확고히 자리를 잡았다. 가장 평범한 주택에서도 훌륭한, 잘 다듬은 잔디밭이 일종의 이상이 되었다. 그것이야말로 그 주택의 소유주가 충분히 부유한 사람임을, 따라서 굳이 식탁에 올릴 야채를 재배할 공간을 필요로 하지 않는다는 사실을 이 세상에 알리는 방법이기 때문이었다.

맨 처음 아이디어를 떠올린 것을 제외하면 버딩은 이후로 잔디 깎는 기계와 관련된 일을 하지는 않았다. 대신에 그는 또 한 가지 발명품을 고안했는데, 이는 훗날 인류에 지속적인 혜택을 제공한 것으로 판명되었다. 바로 조절식 스패너였다. 그러나 우리 발밑의 세계를 영원히 바꿔놓은 발명품은 그의 잔디 깎는 기계였다.

오늘날 상당수의 사람들에게 정원 조성이란 오직 잔디밭의 유지관리에 관한 것으로 인식된다. 미국에서는 잔디밭의 총 면적—5만 제곱마일—이 어느 한 가지 종류의 농작물 재배 총 면적보다 더 많다. 주택의 잔디밭에서 자라는 풀들은 자연 상태의 풀들이 하는 일을 똑같이 하고 싶어한다. 즉 높이 2피트까지 자라나고, 꽃을 피우고, 갈색으로 변하고, 죽는 것이다. 그런 풀들을 짧게, 싱싱한 녹색으로, 지속적으로 기른다는 것은 결국 상당히 난폭하게 조작하고, 상당히 많은 물질들을 투여한다는 의미이다. 미국 서부에서는 수도꼭지에서 나오는 물의 60퍼센트가 오직 잔디밭

---

* 결국 레일랜드는 증기기관과 잔디 깎는 기계 모두를 포기하고, 대신 내연기관 개발에 관심을 가졌다. 그 결과로 탄생한 것이 자동차 제조업체인 브리티시 레일랜드였다.

에 뿌리는 용도로만 사용된다. 이보다 더 심각한 것은 막대한 양의 제초제와 살충제—매년 7,000만 파운드—가 잔디밭에 스며든다는 점이다. 이것은 상당히 아이러니컬한 일이다. 우리 대부분은 자연을 연상시키는 깔끔한 잔디밭을 유지한다는 명목하에 정작 자연에 이롭지 못한 짓만 하는 셈이기 때문이다.

약간은 맥 빠지는 듯한 기분과 함께, 이제는 다시 집 안으로 들어가서, 아래층에서 맨 마지막으로 살펴볼 방으로 향하도록 하자.

제13장

보라색 방

I

우리 식구들은 이곳을 "보라색 방"이라고 부른다. 이유는 다른 것이 아니라, 우리가 이 집으로 이사왔을 당시에 그곳의 벽이 보라색으로 칠해져 있었기 때문이다. 그러다가 결국 그 벽의 색깔이 그 방의 이름으로 낙찰되었다. 마셤 씨가 이 방을 과연 뭐라고 불렀을지는 알 수 없는 일이다. 원래의 설계도에서는 이곳이 "거실"로 되어 있었지만, 하인들에게서 "종복의 저장품실"을 박탈하고 마셤 씨에게 널찍한 식당을 제공한 자리바꿈의 와중에, 그 중요한 방은 그 옆으로 옮겨졌다. 어떤 이름으로 불렸든지 간에, 이 방은 일종의 응접실, 즉 특별히 마음에 드는 손님들을 접대하기 위한 곳으로 의도되었다는 것이 분명하다. 마셤 씨는 어쩌면 이곳을 서재라고 불렀을지도 모른다. 한쪽 벽이 천장부터 바닥까지 이어지는 커다란 붙박이 책장으로 되어 있기 때문이다. 여기에는 600권가량의 책을 꽂을 수 있는데, 그 당시에 그와 같은 직업에 종사하던 사람으로서는 상당히 책이 많은 편이었다. 1851년에 독서용 책은 쉽게 구입할 수 있었지만, 장식용 책은 여전히 가격이 비싼 편이었다. 따라서 마셤 씨의 책장에 만약 송아지 가죽으로 장식된 책들이 줄줄이 꽂혀 있었다면, 이 방을 가리켜서 서재라고 부를 만한 충분한 이유가 되고도 남았을 것이다.

마셥 씨는 아마도 이 방을 관리하는 데에 상당한 주의를 기울였던 것 같다. 배내기 장식, 벽난로의 목제 테두리, 그리고 책장은 제법 상당한 고전 양식으로 이루어져 있어서, 그 비용과 사려 깊은 선택을 드러낸다. 19세기의 패턴집(集)은 집주인들에게 거의 무한한 종류의 맵시 있는, 그리고 거의 비교적(秘敎的)인 데까지 있는 모티프들—쇠시리, 반곡, 개탕, 당초 무늬, 스코티아, 카베토, 덴틸, 축폐 나선[연속된 물결 무늬], 심지어 "레즈비언 반곡"도 있고, 그 외에도 최소한 200여 가지가 더 있다—을 제공했고, 이런 것들을 나무나 석고의 표면에 투사해서 개성을 부여할 수 있었다. 또한 마셥 씨는 문틀에 거품 모양의 구슬 세공을, 창문에 세로홈 기둥을, 벽난로 흉부를 가로질러서 리본 달린 꽃장식을 펄럭이게, 그리고 천장 가장자리를 따라서 이른바 에그 앤드 다트라고 알려진 양식으로 연속되는 반(半)반구를 위엄 있게 드러내는 것까지 자유롭게 선택할 수 있었다.

이런 장식에 대한 기호는 이미 그 당시에도 시대에 뒤떨어진 것이어서, 마셥 씨를 졸지에 촌놈처럼 만드는 것이 사실이다. 그러나 우리로서는 그가 선택한 고전 양식 덕분에 역사상 가장 영향력 있었던 건축으로 곧장 넘어갈 수 있기 때문에 그에게 감사할 뿐이다. 마셥 씨가 촌놈이었던 것도 물론 사실이다. 그리고 우리는 지금부터 이제껏 세상에 지어진 집들 가운데서 가장 흥미로운 집 두 채를 살펴볼 것인데, 미국에 있는 그 두 채의 집 역시 그곳에서는 촌놈으로 생각되던 사람들의 작품이었다. 그리하여 이번 장은 사실상 주택에서의 건축 양식에 관한, 그리고 이 세계를 바꾼 촌놈들에 관한 내용이 될 것이다. 또한 책에 관해서도 잠시 언급하고 넘어가겠다. 조금 생뚱맞게 느껴질 수도 있지만 그렇다고 해서 부적절한 일은 아닐 것이, 지금 우리는 어쩌면 한때 서재로 사용되었을 수도 있었을 방에 관해서 이야기하는 중이기 때문이다.

보라색 방의 양식적 특징, 그리고 세계 각지에 지어진 이와 유사한 양식의 건축물들이 어떻게 그런 모습을 하게 되었는지를 이야기하려면, 일단 노퍽과 잉글랜드를 떠나야 한다. 그리고 이탈리아 북부의 햇빛 쨍쨍한 벌판에 있는 쾌적하고 오래된 도시 비첸차—이 도시는 베네토 주라는 지역의 두 도시 베로나와 베네치아 사이의 중간쯤에 있다—로 가야 한다. 얼핏 보기에 비첸차는 이탈리아 북부에 있는 비슷한 규모의 여느 도시와 별다를 것이 없어 보이지만, 거의 모든 방문객들은 이곳에 들어서자마자 어딘가 낯익다는 묘한 느낌에 사로잡히게 된다. 이 낯선 도시의 이곳저곳 길모퉁이를 돌아설 때마다, 여러분은 신비스럽게도 예전에 분명히 본 것 같은 건축물들을 발견하게 되기 때문이다.

어떤 의미에서 여러분은 그 건축물들을 실제로 본 적이 있다. 이 건물들이 서양 곳곳에 세워진 여러 유명한 건물들의 원형이기 때문이다. 루브르 박물관, 백악관, 버킹엄 궁전, 뉴욕 공립도서관, 워싱턴 소재 국립미술관을 비롯해서, 차마 셀 수 없이 많은 은행, 경찰서, 법원, 교회, 박물관, 병원, 학교, 대저택, 그리고 평범한 집들 모두가 이 도시의 건물들을 원형으로 삼았다. 팔라초 바르바라노와 빌라 피오베네는 뉴욕 증권거래소, 잉글랜드 은행, 베를린 국회의사당을 비롯한 여러 건물들과 똑같은 건축적 DNA를 공유하고 있다. 마을 외곽의 언덕에 있는 빌라 카프라는 가령 밴브러의 캐슬 하워드에 있는 '네 바람의 신전'에서부터 워싱턴 D.C.의 제퍼슨 기념관에 이르기까지 돔 달린 100여 가지의 구조물을 연상시킨다. 빌라 치에리카티는 삼각형 박공으로 이루어진 주랑 현관이며 4개의 날씬한 기둥의 모습이 그저 백악관을 닮은 것이 아니라 백악관 그 자체이지만, 실제로는 이 도시의 동쪽 외곽을 약간 벗어난 곳에 있는 농장으로 변모된 상태이다.

이 모든 건축적인 선견지명의 장본인은 안드레아 디 피에트로 델라 곤돌라라는 석공으로, 그는 열여섯 살도 채 되지 않았던 1524년에 고향 파도바를 떠나서 비첸차에 도착했다. 이곳에서 그는 영향력 있는 귀족 지안조르

조 트리시노와 친구가 되었다. 이 운 좋은 교제가 아니었더라면, 이 젊은이는 십중팔구 먼지투성이 석재 채취공으로 삶을 마감했을 것이고, 자신의 재능을 발휘할 기회를 결코 얻지 못했을 것이며, 결국 오늘날의 세계는 지금과는 아주 다른 모습이었을 것이다. 후세로서는 다행스럽게도, 트리시노는 이 소년에게서 뭔가 육성할 만한 가치가 있는 재능을 감지했다. 그는 이 소년을 자기 집으로 데려와서 수학과 기하학을 배우게 했고, 로마로 데려가서 고대의 훌륭한 건축물들을 구경시켜주었고, 그 외의 다른 여러 가지 혜택을 제공함으로써 결국 그를 당대의 가장 위대하고, 자신감 넘치고, 의외로 영향력 있는 건축가로 만들었다. 나아가서 그에게 또다른 이름을 지어주었는데, 오늘날 우리는 이 건축가를 바로 그 이름으로 기억한다. 팔라디오(Palladio)라는 이름인데, 이것은 원래 고대 그리스에서 지혜의 여신인 팔라스 아테나(Pallas Athene)의 이름에서 가져온 것이다. (여기서 한마디 굳이 덧붙이면, 팔라디오와 트리시노의 관계는 어디까지나 플라토닉한 것에 불과했다. 트리시노는 워낙 바람둥이로 유명했으며, 그가 돌봐준 이 젊은 석공은 훗날 결혼해서 5명의 자녀를 두고 행복하게 살았기 때문이다. 트리시노는 다만 팔라디오를 친구로서 아주 좋아했던 것뿐이었다. 팔라디오의 한평생 내내 주위 사람들은 모두들 이처럼 그를 아주 좋아했던 것 같다.)

나이 많은 친구의 보호와 감독하에서 팔라디오는 건축가가 되었다. 그와 같은 배경을 가진 사람으로서는 상당히 예외적인 단계를 거친 셈이었는데, 그 당시에 건축가는 대개 장색(匠色)보다는 화가로서 경력을 시작했기 때문이다. 팔라디오는 그림이나 조각이나 도면을 직접 제작하지 않았다. 다만 그는 건축물을 설계했다. 그러나 석공으로서의 실무훈련 덕분에 그는 한 가지 귀중한 이점을 가지고 있었다. 즉 구조물에 대한 친밀한 이해가 가능했으며, 따라서 비톨트 리프친스키의 말처럼, 건물이 무엇인지는 물론이고 **어떤** 것인지도 알 수 있었다.

팔라디오는 알맞은 재능, 알맞은 장소, 알맞은 시간이 한자리에 모인 고

전적인 사례였다. 사반세기 전에 있었던 바스코 다 가마의 전설적인 인도 항해는 향료 무역의 긴 연쇄에서 유럽 쪽 끝을 장악했던 베네치아의 독점을 깨트렸다. 그리하여 이 도시의 상업적인 주도권이 잠식되면서, 이 지역의 부가 내륙으로 이전되었다. 갑자기 등장한 신사 농부의 새로운 무리는 부와 건축적 야심 모두를 가지고 있었으며, 팔라디오는 어떻게 전자를 이용해서 후자를 만족시킬 수 있는지를 정확히 알고 있었다. 그는 비첸차와 인근 지역에 그때까지 지어진 것들 중에서 가장 완벽하고 훌륭한 건물들을 하나하나 짓기 시작했다. 한편으로는 고전적인 이상에 충실하면서도, 또 한편으로는 그 원형이라고 할 수 있는 고대의 평범한 형태보다 더 매력적이고 유혹적인, 또한 더 편안하고 활기 넘치는 건물을 만드는 능력이 바로 그만의 특별한 재능이었다. 이것은 고전적인 이상의 북돋움이었으며, 세계는 점차 이를 좋아하게 되었다.

팔라디오가 직접 설계한 건물은 그다지 많지 않다. 기껏해야 팔라초 몇 채, 교회 4, 수녀원 1, 바실리카 1, 교량 2, 빌라 30채뿐이었다. 빌라들 가운데 지금까지 남아 있는 것은 17채에 불과하다. 나머지 13채 가운데 4채는 완공이 되지 않았으며, 7채는 파괴되었고, 1채는 실제로 지어지지 않았으며, 마지막 1채는 사라져서 어디 있는지 알 수 없다. 빌라 라고나라는 그 건물이 만약 실제로 지어졌다면, 아직까지는 발견되지 않은 것이다.

팔라디오의 방법은 철저한 원칙 고수에 근거했으며, 기원전 1세기의 로마 건축가 비트루비우스의 교훈을 그 모델로 삼았다. 비트루비우스는 특별히 두각을 나타낸 건축가는 아니었다. 그는 원래 군사 공학자에 가까운 인물이었다. 그가 역사에서 중요한 인물이 된 까닭은 그의 저술이 운 좋게도 후세에 전해졌다는 우연한 사실에서 비롯되었다. 이것이 고전고대 시대의 건축 관련 저술들 가운데 유일하게 남아 있는 저술이다. 비트루비우스의 저서의 유일한 사본은 1415년에 스위스에 있는 어느 수도원 책장에서 발견되었다. 비트루비우스는 가령 비율, 순서, 형태, 재료를 비롯해서 수량으로 환산

가능한 것에 관해서는 무엇이든지 극도로 구체적인 법칙을 내놓았다. 그의 세계에서는 공식이 만사를 지배했다. 일렬로 늘어선 기둥과 기둥 사이의 공간이 어느 정도여야 하는지를 본능이나 느낌이 결정하도록 두어서는 안 된다는, 대신에 자동적이고 신뢰할 만한 조화가 나타나도록 고안된 엄격한 공식에 의해서 지시되어야 한다는 것이다. 이것은 놀라울 정도로 상세할 수도 있었다. 예를 들어 다음을 보자.

모든 직사각형 방의 높이는 그 측정된 길이와 너비를 모두 합치고, 이 합계의 절반을 취하고, 그 결과를 높이로 삼는 방식으로 계산되어야 마땅하다. 그러나 엑세드라[반원형 휴게실]나 오이쿠스[정사각형 방]의 경우, 그 높이는 그 너비의 하나 반 길이에 달하게 두며……타블리눔[안마당과 정원 사이의 거실]의 높이는 상인방 있는 곳이 그 폭의 8분의 1 이상이 되어야 한다. 천장은 이보다 더 높아서 그 폭의 3분의 1이 되어야 한다. 더 작은 아트리움[안마당]에 있는 파우케스[통로]의 경우, 타블리눔 폭의 3분의 2가 되어야 하며, 더 큰 곳의 경우 절반이 되어야 한다.……조상들의 흉상과 그 장식은 그 날개의 폭에 상응하는 높이에 놓여야 한다. 출입문은 균형 잡힌 폭과 높이에 따라서 정해져야 하며, 도리아식의 경우에는 도리아식에 어울리게, 이오니아식의 경우에는 이오니아식에 어울리게 정해져야 하고, 제4권에서 정문에 관해서 제시된 대칭의 법칙에 따라야 한다.

팔라디오는 비트루비우스의 모범을 따라서 모든 방이 7가지 기본 형태—원형, 정사각형, 그리고 5가지 종류의 직사각형—가운데 하나를 따라야 한다고 믿었으며, 특정한 방은 항상 특정한 비례로 지어질 필요가 있다고 믿었다. 예를 들면, 식당은 반드시 길이가 폭의 두 배가 되어야 했다. 이런 형태만 놓고 보면 상당히 쾌적한 공간이 만들어지지만, 정확히 왜 그래야 하는지에 대해서는 팔라디오도 아무런 언급을 하지 않았다(비트루비우스 역시 아무런 언급도 없기는 마찬가지였다). 그러나 실제로 팔라디오가 자신의 원칙을 따른 경우는 대략 절반에 불과했다. 팔라디오가 정한 법칙들 중 일부는 어쨌거나 모호한 것이기 때문이었다. 예를 들면 기둥의 유형에서의 위계질서에 대한 관념—코린트식이 이오니아식보다 항상 더 위에 있고, 이오니아식이 도리아식보다 항상 더 위에 있다—은 팔라디오의 동시대인 세바스티아노 세를리오의 발명품인 것으로 보인다. 이 법칙은 비트루비우스도 전혀 언급하지 않은 것이었다. 그는 자신이 짓는 빌라마다 기둥의 주랑 현관을 하나씩 넣었는데, 이것이 오직 로마의 신전에서만 발견되고 주택에서는 결코 발견되지 않는 특징이라는 사실은 전혀 모르고 있었다. 아마도 이것은 그의 고안품들 가운데서도 가장 많이 모방된 것이겠지만, 그 역사적 충실성의 관점에서 보면 완전히 틀린 것이었다. 그러나 이것은 건축의 역사에서는 가장 행복한 오류라고 할 수 있으리라.

단순히 비첸차 인근에 훌륭한 주택들만 드문드문 지어놓았을 뿐이었다면, 팔라디오의 이름이 훗날 형용사가 되는 일까지는 없었을 것이다. 그가 유명해진 까닭은 생애 말기인 1570년에 책을 한 권 펴냈기 때문이었다. 『건축 사서(四書)(I Quattro Libri dell'architettura)』라는 제목의 이 책은, 한편으로는 평면도이자 입면도였고, 또 한편으로는 원칙의 선언이었으며, 또 한편으로는 실용적 조언의 모음이었다. 이 책에는 여러 가지 법칙들과 상세한 설명들이 가득하며—가령 "방의 높이에 관하여", "출입문과 창문의 치수에 관하여" 등—또한 유용한 비결도 들어 있었다(가령 창문을 모퉁이에 너무 가까이 내지 말라고, 그랬다가는 자칫 구조물 전체를 약화시킬 수 있다는 식이었다). 이것은 아마추어 신사에게 완벽한 지침서였다.

영어권 세계에서 가장 최초의, 그리고 가장 뛰어난 팔라디오 숭배자는 이니고 존스였다. 연극 무대 디자이너이자 독학한 건축가였던 존스는 팔라디오가 사망한 지 20년 뒤에 이탈리아를 방문했다가 그의 작품들을 발견하고 집착이라고 할 수 있을 정도로 홀딱 반했다. 그는 팔라디오의 도면을 가능한 대로 최대한 많이 사들였고—모두 합쳐서 200점쯤 되었다—이 탈리아어를 배웠으며, 심지어 자신의 서명조차도 팔라디오의 서명을 본떠 서 만들었을 정도였다. 잉글랜드로 돌아온 그는 기회가 있을 때마다 팔라 디오식 건물을 지었다. 그 가운데 최초는 1616년에 그리니치에 지어진 퀸스 하우스였다. 현대의 시각으로 보면, 이곳은 미국 중서부 작은 마을의 경찰 서 정도라면 어울릴 법한 멋없는 정사각형 덩어리에 불과하지만, 스튜어트 시대[1603-1714]의 잉글랜드에서는 놀랄 만큼 눈에 띄는 현대적인 건물이 었다. 이 나라의 모든 건물들이 갑자기 또다른, 더 장식이 많은 시대에 속 한 것처럼 보이게 되었다.

팔라디오 양식은 특히 조지 시대와 밀접한 관련이 있다(그리고 사실상 떼려야 뗄 수 없는 관계이다). 건축적인 질서정연함을 특징으로 하는 이 시 기는 1714년에 조지 1세의 왕위 등극으로 시작해서, 3명의 또다른 조지들 의 치세를 거치고, 그중 한 조지의 아들인 윌리엄 4세가 1837년에 사망함 으로써, 빅토리아 여왕이 왕위에 등극하여 새로운 왕조가 시작되면서 끝이 났다. 물론 현실을 이처럼 딱딱 맺고 끊을 수는 없다. 단순히 군주 한 사 람이 사망한다고 해서, 건축 양식이 변하지는 않기 때문이다. 마찬가지로 기나긴 왕조가 지속되는 동안 불변인 채로 남아 있지도 않게 마련이다.

조지 시대는 오랫동안 지속되었고, 여러 가지 건축적 정련과 정교함이 대 두했다가 퇴보하거나 또는 독자적으로 번성했기 때문에, 미적이거나 시기 적인 기준에 따라서 특정한 양식을 지칭하기 위해서 고안된 신고전주의, 섭정시대풍, 이탈리아 복고풍, 그리스 복고풍, 그리고 다른 용어들을 뚜렷 이 구분하기도 힘겨울 지경이다. 미국에서는 독립 이후에 조지 시대 양식 (Georgian)이라는 말 자체가 아무런 매력을 가지지 못하게 된 까닭에, 결국 독립 이전에 세워진 건물을 지칭하는 식민지 시대 양식(Colonial)과 이후의 건물을 지칭하는 연방 시대 양식(Federal)이라는 용어가 고안되었다.

이 모든 양식들의 공통점은 고전적인 이상, 즉 엄격한 법칙에 대한 집착

팔라디오의 빌라 카프라, 일명 '라 로톤다'(위)와 토머스 제퍼슨의 몬티첼로(아래)

이었으며, 이것이 항상 아주 좋은 일은 아니었다. 법칙이란 때때로 건축가가 거의 생각할 필요가 없다는 뜻이었기 때문이다. 예를 들면 콜린 캠벨이 설계한 켄트 주의 대저택 미어워스는 사실상 팔라디오의 빌라 카프라를 그대로 모방—조금 바뀐 부분은 돔 하나뿐이었다—한 것이었으며 그 외의 다른 건물들이라고 해서 훨씬 더 독창적인 것은 아니었다. "중요한 것은 원본에 대한 충실성뿐이었다." 알랭 드 보통은 『행복의 건축(The Architecture of Happiness)』에서 이렇게 말했다. 물론 팔라디오 양식의 건물들 중에서도 뛰어난 것들이 있기는 하지만—런던 서부에 지어진 벌링턴 경의 어마어마한 폴리 건물인 치즈윅 하우스가 맨 먼저 떠오른다—시간이 흐르면서 전반적으로는 반복적인, 그리고 어딘가 감각을 마비시키는 효과를 끼쳤다. 건축사가인 니콜라우스 페프스너가 고찰한 것처럼, "건축을 이야기할 때 이 시기에 지어진 여러 가지 빌라와 시골 대저택을 머릿속에서 떨치기는 쉬운 일이 아니다."

　따라서 이 시기에 가장 흥미롭고 독창적인 팔라디오 양식의 주택이 유럽에서 숙련된 건축가에 의해서 지어진 것이 아니라, 머나먼 다른 땅에서 아마추어에 의해서 지어졌다는 사실을 생각하면 어딘가 모를 만족감이 느껴진다. 물론 아마추어치고는 정말 대단한 인물들이었지만 말이다.

II

1769년 가을, 버지니아 산록에 있는 언덕 꼭대기, 그러니까 그때 당시 기준으로는 문명 세계의 맨 가장자리였던 곳에 한 젊은이가 평소에 꿈꾸던 집을 짓기 시작했다. 그는 이후 자신의 생애 가운데 반세기라는 세월과 그의 자원 전부를 그 집에 바칠 것이었지만, 정작 그 완공을 보지는 못한 채로 사망할 것이었다. 그 젊은이의 이름은 토머스 제퍼슨이었다. 그리고 그 집의 이름은 몬티첼로였다.

이 세상에 그런 집은 다시 없었다. 말 그대로 이 세상의 마지막 집이었다. 그 집 앞에는 미지의 대륙이 놓여 있었고, 그 집 뒤에는 그때까지 알려진 세상이 놓여 있었다. 구세계로부터 고개를 돌려서 새로운 미지의 공허를 바라보았다는 표현이야말로, 제퍼슨과 그의 집에 관해서 다른 무엇보다도 더 많은 것을 이야기해주는 셈이리라.

몬티첼로에서 진정으로 독특한 점은 이곳이 언덕 꼭대기에 지어진 집이라는 사실이었다. 18세기에 사람들은 그렇게 하지 않았으며, 여기에는 충분히 실용적인 이유가 있었다. 제퍼슨은 그곳에 집을 지음으로써 여러 가지 불이익을 자초한 것이었다. 우선 언덕 꼭대기까지 이어지는 길을 닦아야 했고, 돌투성이 언덕 꼭대기의 몇 에이커나 되는 땅을 치우고 평탄하게 만들어야 했다. 이 두 가지만 해도 어마어마한 일이었다. 게다가 물 공급 문제로 항상 신경을 써야 했다. 언덕 꼭대기에서는 물 공급이 골칫거리일 수밖에 없었는데, 물은 원래 언덕 아래로 흐르는 성질을 가졌기 때문에, 우물도 예외적이라고 할 정도로 깊이 파야 했기 때문이다. 그나마 5년에 1번꼴로 우물이 바싹 마를 때면, 물을 담아서 언덕 위까지 수레로 운반해야 했다. 번개도 역시 만성적인 걱정거리였는데, 그의 집이 인근 수마일 내에서 가장 높은 곳이었기 때문이다.

몬티첼로는 기본적으로 팔라디오의 빌라 카프라를 본뜬 집이었지만, 거기다가 재해석을 가했고, 전혀 다른 재료를 사용했으며, 전혀 다른 대륙에 세운 것이었다. 놀랄 만큼 독창적인 한편으로, 매우 원본에 충실하게 지어진 집이었다. 계몽시대는 팔라디오의 이상을 위해서는 완벽한 시대였다. 이 시대는 극도로 과학적인 시기였고, 심지어 아름다움과 그 감상을 비롯한 모든 것이 과학적 원천으로 환원될 수 있다고 믿은 시기였다. 팔라디오의 건축서는 아마추어 건축가들에게는 적절한 교재였으며, 이 건축가는 제퍼슨 같은 사람에게는 실용적으로나 정신적으로 불가결한 존재가 되었다. 제퍼슨이 몬티첼로를 짓기 시작할 무렵, 그때까지 반세기 동안 나온 건축

편람만 해도 무려 450종에 달했다. 따라서 제퍼슨에게는 지침서 선택의 여지가 많았겠지만, 그는 결국 팔라디오에게 충실했다. "팔라디오가 성서이다." 그는 이렇게 한마디로 표현했다.

몬티첼로를 짓기 시작했을 무렵, 제퍼슨은 윌리엄스버그보다 더 큰 도시에는 가본 적이 없었다. 그는 식민지의 수도인 이곳에서 윌리엄 앤드 메리 대학에 다녔다. 인구 2,000명의 도시였던 윌리엄스버그는 대도시라고 할 만한 정도는 아니었다. 나중에 이탈리아를 여행한 적은 있었지만, 빌라 카프라를 직접 본 적은 없었다. 만약 직접 보았다면, 그는 십중팔구 몬티첼로에 비해서 빌라 카프라가 훨씬 더 크다는 사실에 깜짝 놀랐을 것이다. 삽화로만 보면 매우 유사하게 생겼지만, 팔라디오가 지은 건물의 규모에 비하면 몬티첼로는 기껏해야 오두막에 불과하다. 그 이유는 한편으로 몬티첼로의 하인 구역—이른바 부속 건물—이 언덕 비탈에 지어져 있어서, 집과 정원에서는 눈에 띄지 않기 때문일 것이다. 몬티첼로에서는 공간의 상당 부분이 지하에 있었다.

오늘날 몬티첼로를 찾는 방문객들이 바라보는 집을 제퍼슨은 평생 한번도 실제로 본 적이 없었고, 다만 꿈을 꾸었을 뿐이었다. 이 집은 그의 생전에는 완공되지 못했으며, 공사 중에도 그리 좋은 모습은 아니었다. 사실상 제퍼슨은 54년 동안이나 공사 현장에서 살았던 것이다. "쌓아올리고 무너트리는 것은 내가 즐겨 하는 놀이들 가운데 하나이다." 그는 쾌활하게 언급했지만, 하도 여기저기 수리하고 어질러놓다 보니 그것은 어쩌면 당연한 일이기도 했다. 공사가 너무 오래 걸려서, 몬티첼로의 어떤 부분은 다른 부분이 지어지는 사이에 그만 크게 노화되어버리기도 했다.

제퍼슨의 설계에서 상당 부분은 정말 까다롭기 그지없었다. 지붕의 경우는 건축업자의 악몽이었는데, 불필요하게 복잡한 방법으로 귀마루와 경사면을 연결했기 때문이다. "이곳은 그가 전문가보다는 아마추어에 확실히 더 가까웠던 곳이었습니다." 몬티첼로의 건축 관리 담당자인 밥 셀프는 그곳을 안내해주는 동안에 내게 이렇게 말했다. "설계는 완벽하게 튼튼했습니다만, 필요 이상으로 복잡했던 거죠."

건축가로서 제퍼슨의 까다로움은 거의 기행 수준에 버금갈 정도였다. 그의 설계도의 일부에는 무려 소수점 일곱 자리까지의 치수가 적혀 있기도 했다. 셀프가 내게 보여준 어느 설계도에는 기이할 정도로 정확한 1.8991666인치라는 치수가 적혀 있었다. "세상 누구도, 심지어 지금까지도, 뭔가를 이 정도로 정확하게 계산할 수는 없을 겁니다." 그의 말이다. "지금 이건 100만 분의 1인치인 겁니다. 저는 이게 일종의 지적인 연습이 아닐까 하는 의구심이 듭니다. 그게 아니라면 이런 치수가 실제로 나올 리가 없거든요."

이 집의 가장 기이한 특징은 2개의 계단이다. 제퍼슨은 계단이 공간 낭비라고 생각했기 때문에, 폭이 겨우 2피트에 매우 가파르게 만들었다. 어느 방문객의 말처럼, "계단이라기보다는 작은 사다리"인 셈이다. 이 계단은 워낙 좁고 구불구불했기 때문에, 혹시 위층으로 올려가야 할 것이 있으면 하다못해 방문객의 짐들 중에서 가장 작은 것도 바깥 창문 너머로 끌어올려서 집어넣어야 했다. 계단이 너무 집 안 깊숙이 자리잡고 있어서 자연광이 그곳까지 도달하지 못했기 때문에, 가파른 것뿐만 아니라 무척 어둡기까지 했다. 그 계단을 지나가는 일, 특히 아래로 내려가는 일은 지금도 상당히 기겁할 만한 경험이었다. 사고 우려로 인해서 방문객들은 1층이나 2층으로 올라갈 수 없기 때문에, 몬티첼로의 상당 부분은—불운한 필요성에 따라서—사실상 출입금지 상태이다(그 공간은 대부분 사무실로 사용된다). 이는 결국 방문객들이 이 집에서 가장 괜찮은 방을 볼 수 없다는 뜻이다. 제퍼슨이 하늘 방이라고 명명한 바로 이곳은 이 집의 돔 안에 놓여 있다. 노란색 벽과 초록색 바닥, 시원한 바람이며 화려한 경치까지, 이곳은 완벽한 서재 또는 작업실 또는 일종의 은신처로 제격이다. 그러나 너무 올라가기가 힘들었던데다가 효과적인 난방법이 전혀 없었기 때문에, 제퍼슨의 당시에는 한 해의 3분의 1가량은 사용이 불가능했다. 결과적으로 이곳은 일종의 창고용 다락방이 되었다.

그 외의 다른 면에서 이 집은 경이가 따로 없다. 몬티첼로의 상징이나 마찬가지인 돔은 뒤쪽에서 무게를 받쳐주는 기존의 벽에 맞춰져서 특이한 방식으로 지어져야 했다. "따라서 완벽하게 규칙적인 것처럼 보이지만, 실제로는 그렇지 않습니다." 셀프의 말이다. "그 전체가 미적분의 엄청난 연습이었습니다. 그 돔을 지지하는 뼈대는 모두 서로 길이가 달랐지만, 똑같은 반지름에 걸쳐 있어야 했기 때문에, 그 설계는 온통 사인과 코사인 계산이 되었습니다. 제퍼슨 말고 저 위에 돔을 올릴 수 있었던 사람은 아마 많지 않았을 겁니다." 다른 장식들 역시 여러 세대를 앞선 수준이었다. 예를 들면 제퍼슨은 집 안에 13개나 되는 천장 채광창을 만들었고, 덕분에 집 안은 특이하다 싶을 정도로 밝고 공기가 잘 통한다.

테라스 밖에 나서자 셀프는 마당에 있는 매우 아름다운 구형 해시계를 가리키며, 제퍼슨이 직접 설계한 것이라고 했다. "저것은 단순히 뛰어난 장인정신을 보여주는 물건만이 아닙니다." 그의 말이다. "저것을 만들기 위해서는 천문학에 관한 철저한 이해가 결코 없어서는 안 되거든요. 그가 그런 지식을 머릿속에 집어넣을 만한 시간과 능력이 있었다는 사실이 정말로 놀라운 겁니다."

몬티첼로는 갖가지 새로운 설비들 때문에 유명해졌다. 벽난로 속에 만들어놓은 식품 운반용 엘리베이터, 실내 변소, 2개의 펜을 이용해서 무슨 글을 쓰든지 간에 똑같이 베낄 수 있게 하는 폴리그래프[복사기]라는 장치 등이 있었다. 그중에서도 특히 유명한 장치는 한 쌍의 문이었는데, 양쪽 가운데 어느 하나만 밀어도 양쪽 모두가 열리게 한 것이었다. 이 문은 이후 한 세기 반 동안이나 이 분야의 전문가들을 매료시키고 당혹스럽게 했다. 이 문의 내부 메커니즘이 드러난 것은 1950년대에 이 저택을 리모델링할 때의 일이었다. 수리공들은 이 2개의 문이 마루 밑에서 막대와 도르래를 이용해서 눈에 보이지 않게 서로 연결되어 있다는 사실을 발견했다. 알고 보니 상당히 간단한 장치인데, 그토록 간단한 편의 시설을 위해서 그토록 많은 비용과 노력을 들였다는 사실이 놀랍다.

제퍼슨은 놀랄 만큼 정력적이었다. 50년 동안 한번도 침대에 누운 채로 아침 해를 맞이한 적이 없다고 장담했으며, 83년의 생애를 한시도 허비한 일이 없었다. 그는 열성적인 기록자였다. 언젠가는 무려 7권의 공책을 한꺼번에 펼쳐놓고, 일상생활의 가장 현미경적인 세부사항을 기록하기도 했다. 매일의 날씨, 철새의 이주 대형, 꽃이 피어난 날짜 등을 철저하게 적었다. 자신이 쓴 1만8,000통의 편지 사본을 보관했을 뿐만 아니라, 자신이 받은 5,000통의 편지 사본도 보관했고, 무려 650쪽이 넘는 "서한 기록"에 모조리 꼼꼼하게 기록했다. 단돈 1센트까지도 수입과 지출을 기록했다. 1 파인트짜리 항아리 하나에 완두콩이 몇 개나 들어가는지 기록했다. 자기가 거느린 노예들에 관한 완벽한 개별 명세서를 작성함으로써, 그들이 어떤 대우를 받고 어떤 물건을 소유했는지에 관한 예외적으로 완전한 기록을 남겼다.

그러나 기이하게도 그는 일기라든지, 몬티첼로 그 자체의 물품 명세서를 작성하지는 않았다. "기묘한 이야기지만, 우리는 지금 이곳보다는 파리에서 제퍼슨이 머물렀던 집에 관해서 더 많은 사실을 알고 있습니다." 내가 몬티첼로를 방문했을 때, 그곳의 수석 큐레이터인 수전 스타인에게서 들은 말이다. "우리는 그가 대부분의 방에 깔아두었던 바닥 깔개가 어떤 종류였는지에 관해서는 전혀 모르고, 상당수의 가구에 관해서도 항상 자신 있게 말할 수 있는 것은 아닙니다. 우리는 그 집에 두 개의 실내 변소가 있다는 사실은 압니다만, 누가 그곳을 사용했는지, 또는 화장지로 무엇을 사용했는지는 전혀 모릅니다. 그런 것들에 관해서는 기록이 없으니까요." 따라서 우리는 제퍼슨이 길렀던 250종의 식용 식물(그는 뿌리와 과일과 잎사귀 가운데 어느 쪽을 먹을 수 있는지에 따라서 분류했다)에 관해서는 모조리 알면서도, 정작 그의 실내 생활의 여러 측면들에 관해서는 놀랄 만큼 거의 아는 것이 없는 기묘한 상황에 놓이게 되었다.

이 집은 항상 심각할 정도로 제멋대로였다. 제퍼슨이 나이 어린 아내 마사를 몬티첼로에 데려온 해인 1772년, 공사가 시작된 지 3년째 되던 이 집은 어디를 둘러보건 간에 그의 집이라는 사실을 한눈에 알 수 있었다. 예를 들면 그의 개인 서재는 식당이나 부부 침실보다 거의 두 배는 더 컸다. 이 집의 특징들은 오직 그의 필요나 변덕에 맞춰서 고안되었다. 그는 실내에서 바람의 방향과 속도를 측정할 수 있는 장소를 무려 다섯 군데나 만들어놓았다. 적어도 제퍼슨 부인이 제발 만들어달라고 애원할 만한 설비는 결코 아니었다.

결혼 10년 만에 마사가 일찍 사망하자, 이 집은 이전보다 훨씬 더 제퍼슨 혼자만의 것이 되었다. 손님들조차도 집주인이 동행하지 않으면, 이 집의 개인 공간—다시 말해서 이 집의 거의 대부분 공간—에 출입이 금지되었다. 이 집의 서재에서 책을 구경하고 싶다면, 제퍼슨 씨가 직접 안내해줄 때까지 기다려야만 했다.

아마도 제퍼슨의 기록 작성에서의 여러 가지 당혹스러운 실수들 중에서 가장 놀라운 것은, 그가 자기 책에 관해서는 기록하지 않았으며, 따라서 오늘날 그의 책이 정확히 몇 권이었는지를 아무도 모른다는 점이다. 제퍼슨은 책을 좋아했고, 운 좋게도 때마침 책이라는 것이 점차 흔해지던 시대에 살았다. 역사상 비교적 최근까지도 책은 정말로 상당히 희귀한 편이었다. 1757년에 제퍼슨의 아버지가 사망하면서 남긴 장서는 모두 42권이었는데, 이것도 상당히 많은 편에 속했다. 400권의 장서—존 하버드가 사망하면서 남긴 책의 숫자였다—도 그 당시에는 매우 대단한 것으로 생각되었기 때문에, 결국 그의 이름을 따서 하버드 칼리지가 세워졌던 것이다. 하버드는 평생에 걸쳐서 대략 한 해에 12권꼴로 책을 입수했다. 반면 제퍼슨은 평생에 걸쳐서 대략 한 달에 12권꼴로 책을 구입했는데, 대략 10년마다

1,000권씩이 누적되는 셈이었다.

그 책이 없었다면, 토머스 제퍼슨은 결코 토머스 제퍼슨이 되지 못했을 것이다. 그와 같이 변경에 사는 사람, 즉 실제 경험으로부터 괴리된 사람에게 책은 인생을 어떻게 살아갈 것인지에 대한 중요한 지침이었으며, 그중에서도 『건축 사서』는 그에게 다른 무엇보다도 더 큰 영감과 만족과 유용한 교훈을 준 책이었다.

III

재정적 압박과 끝없는 수리 때문에 몬티첼로는 결코 최상의 모습을 보여주지 못했으며, 심지어 최상의 모습에 가까웠던 적조차도 없었다. 1802년에 이곳을 방문한 애나 마리아 손턴 여사라는 인물은 아직까지도 흔들거리는 판자를 건너서 집 안으로 들어가야 한다는 사실을 알고 충격을 받았다. 이 당시에 제퍼슨은 무려 30년째 집을 짓고 있었다. "아직 완공되지 않은 집을 방문한다는 사실을 미리 알고 있었음에도 불구하고, 그래도 나는 여전히 그곳의 전반적인 우중충함에……충격을 받지 않을 수 없었다." 그녀는 일기에 놀란 듯이 이렇게 적었다. 제퍼슨 자신은 이런 불편에 전혀 개의치 않았다. "지금 우리는 벽돌 가마 속에 살고 있다." 그는 언젠가 친구에게 기쁜 듯이 말했다. 제퍼슨은 또한 뛰어난 관리인도 아니었다. 버지니아의 무더운 기후에서는 외관에 사용된 목재를 최소한 5년에 1번씩은 새로 칠해주어야 했다. 그러나 우리가 아는 한, 제퍼슨은 아예 그런 칠을 전혀 하지 않았다. 그리하여 건물을 세우기 시작하자마자 그 구조물의 목재는 곧바로 흰개미가 쏠고 들어왔고, 부패가 신속하게 자리를 잡았다.

제퍼슨은 항상 재정적 어려움에 처해 있었지만, 그것은 어디까지나 그가 자초한 일이었다. 그는 놀랄 만큼 낭비벽이 심했다. 1790년에 5년간의 프랑스 체류를 마치고 돌아왔을 때, 그는 가구와 가정용품을 배로 하나 가득 사서 돌아왔다. 난로 5개, 의자 57개, 각종 거울들, 소파와 촛대, 자신이 직접 고안한 커피 기구, 시계, 리넨, 각종 도기류, 벽지 두루마리 145개, 아르강 램프 상당량, 와플 굽는 틀 4개, 그리고 기타 등등. 이런 물건만 해도 86개의 커다란 나무 상자를 채우기에 충분했다. 아울러 그는 말 한 마리가 끄는 마차도 하나 집으로 가져왔다. 그는 이 모두를 필라델피아—당시 이 나라의 수도—에 있던 자기 거처로 보낸 다음, 곧바로 더 많은 물건을 사러 나갔다.

다른 면에서는 비교적 금욕적인 편—제퍼슨의 옷차림은 그의 집 하인들보다 특별히 더 돋보일 것도 없었다—이었지만, 그는 음식과 음료에 막대한 금액을 지출했다. 대통령으로 재임한 첫 임기 동안에 그는 와인 한 가지에만 무려 7,500달러—오늘날의 금액으로 환산하면 12만 달러에 상당한다—를 지출했다. 언젠가는 8년 사이에 무려 2만 병의 와인을 구입하기도 했다. 여든두 살 때에는 빚으로 휘청거리는 와중에도, "여전히 뮈스카 드 리베르사유를 150병이나 주문했다"며 그의 전기를 쓴 어느 작가는 솔직한 놀라움을 드러내며 말했다.

몬티첼로의 기벽 가운데 상당수는 제퍼슨이 고용한 일꾼들의 한계에서 비롯된 것이었다. 그는 바깥쪽 기둥을 단순한 도리아 양식으로 만들 수밖에 없었는데, 이보다 더 복잡한 것을 만들 만한 기술을 가진 사람을 찾아낼 수 없었기 때문이었다. 그러나 비용과 불만 양쪽에서 무엇보다도 가장 큰 문제는 국산 자재가 부족하다는 점이었다. 이 대목에서 우리는 아메리카 식민지인들이 기간 시설조차도 변변히 없었던 땅에서 문명을 건설하려고 시도했다는 사실을 한번쯤 고려해볼 필요가 있다.

영국의 제국 운영 철학은 아메리카가 원자재를 적절한 가격에 제공하고, 그 대신 완제품을 받아가라는 것이었다. 이런 시스템은 이른바 항해 조례라는 일련의 법률에 정식으로 기술되었는데, 신세계로 향하는 제품은 반드시 영국에서 생산된 것이거나, 또는 영국을 거쳐서 가는 것이어야 한다는 내용이었다. 하다못해 서인도 제도에서 만들어진 제품이라고 하더라도 곧장 아메리카 식민지로 가는 것이 아니라 공연히 대서양을 2번 횡단해야 했던 것이다. 터무니없이 비효율적인 조치이기는 했지만, 영국의 상인과 제조업자에게는 무척 유리한 일이었다. 빠른 속도로 성장하는 대륙 하나가 상업적으로 이들의 손에 좌지우지되는 셈이었기 때문이다. 혁명 직전의 아메리카 식민지는 사실상 영국의 수출 시장이나 다름없었다. 영국의 리넨 수출량의 80퍼센트, 쇠못 수출량의 76퍼센트, 단철 수출량의 60퍼센트, 유리 수출량의 거의 절반가량을 아메리카 식민지에서 가져갔다. 그 외에도 아메리카 식민지는 매년 비단 3만 파운드, 소금 1만1,000파운드, 비버 모자 13만 개 등을 영국에서 수입했다. 이 가운데 상당수는—가령 비버 모자만 해도—아메리카 식민지의 공장에서 충분히 제조할 수 있는 것들이었다. 그리고 아메리카 식민지인들은 이 사실을 결코 놓치지 않았다.

작은 내수 시장과 그 넓은 지역에서의 배급 문제 때문에라도, 아메리카 식민지에서는 제조업을 감히 시도한다고 해도 충분한 경쟁력은 확보할 수 없었다. 예를 들면 1700년대에 유리를 제조하려는 시도가 상당히 대규모로 이루어졌지만, 혁명이 일어날 즈음에 들어서면 식민지에서는 유리가 전혀 만들어지지 않고 있었다. 대부분의 가정에서는 깨진 유리가 여전히 깨진 상태로 남아 있었다. 유리는 어디에서나 워낙 희귀했기 때문에, 이민자들은 아예 자기 집의 유리창을 떼어서 가져가는 편이 낫다는 조언을 얻었다. 철 역시 만성적으로 공급 부족을 겪었다. 종이는 종종 너무 드물었기 때문에 사실상 없다시피 했다. 도기 중에서는 가장 기본적인 것들—주전자나 단지 등등—만 아메리카 식민지에서 만들어졌다. 품질이 뛰어난 것들, 가령 자기 종류는 반드시 영국에서 (또는 훨씬 더 비싸게 영국을 통해서) 와야 했다. 제퍼슨과 다른 버지니아의 농장주에게는 인근에 마을이 없었기 때문에 이런 문제가 더욱 심화되었다. 즉 다른 식민지보다는 차라리 런던과 연락하는 쪽이 훨씬 더 쉬웠다.

이로 인해서 사실상 모든 물건들을 먼 곳에 있는 대리인을 통해서 주문해야 하는 결과가 나타났다. 원하는 것이 있으면 무척 자세하게 글로 적어서 보내야 했지만, 그럼에도 불구하고 성패는 낯선 사람의 판단과 정직한 헌신에 달려 있었다. 실망의 범위는 그야말로 어마어마했다. 조지 워싱턴의 전형적인 주문(1757년에 이루어진 것)을 살펴보면, 아메리카 식민지인들이 스스로 만들 수 없었던 물건이 얼마나 많았는지를 대략적으로나마 짐작할 수 있다. 워싱턴은 코담배 6파운드, 스폰지 칫솔 20여 개, 소금 20자루, 건포도와 아몬드 50파운드, 마호가니 의자 열댓 개, 탁자 2개(펼치면 4와 2분의 1제곱피트가 되고, 경우에 따라서는 서로 연결이 되는), 체셔 치즈 큰 것으로 하나, 굴뚝용 대리석 약간, 혼응지와 벽지 상당량, 사과술 한 통, 양초 50파운드, 설탕 20덩어리, 유리 250장 등등.

"N.B.(주의) 부디 튼튼하게 포장해주시기 바랍니다." 그는 어딘가 애처로운, 그러면서도 체념하는 듯한 어조로 덧붙였다. 왜냐하면 거의 모든 화물들이 내용물이 깨지거나, 변질되거나, 사라진 상태로 도착하기 일쑤였기 때문이다. 거의 1년 내내 기다린 끝에 도착한 유리창 20장 가운데 절반가량은 박살이 나고, 나머지는 크기가 전혀 맞지 않는다면, 제아무리 금욕적인 성격의 소유자라도 성질이 뻗치지 않을 수 없었을 것이다.

상인들과 대리인들의 관점에서 보면, 식민지 고객의 주문은 간혹 어리둥절할 정도로 모호하기 일쑤였다. 예를 들면 워싱턴은 런던에 있는 대리인에게 보낸 주문서에서 "이탈리아에 있는 옛날 사자처럼 만든 사자 둘"을 구해달라고 요청했다. 대리인은 워싱턴이 구리로 도금한 벽난로 앞장식용 조각상을 말하고 있다는 것은 정확하게 추측했지만, 그 모양이나 크기에 관해서는 어디까지나 지레짐작할 수밖에 없었다. 워싱턴은 평생 이탈리아 근처에 가본 적도 없었으므로, 그 자신조차도 무슨 물건을 원하는지 전적으로 확신하지는 못했을 가능성이 크다. 런던의 대리 구매점인 로버트 캐리 앤드 컴퍼니에 보낸 워싱턴의 편지에서는 "유행하는", 그리고 "최근의 취향인" 또는 "한결같이 멋지고 점잖은" 품목들을 보내달라고 요청했지만, 이후에 날아온 편지를 보면 고객의 입장에서는 정말로 그런 물건을 받았다고 생각한 일은 거의 없었던 모양이다.

제아무리 상세하게 지시를 적어놓아도 오해를 불러일으킬 가능성은 얼마든지 있었다. 에드윈 튜니스에 따르면, 어떤 남자는 식기에 넣을 가문의 문장 도안을 주문했다. 자신의 지시가 완전히 이해되도록 하기 위해서, 그는 일부 세부사항을 강조하는 굵은 화살표를 그려넣었다. 나중에 주문한 접시가 도착해서 꺼내보니, 그 표면에는 문제의 화살표까지도 고스란히 들어가 있었다.

잉글랜드에서는 더 이상 유행하지 않아서 팔리지 않는 옷이나 가구를 아메리카 식민지인에게 판매하기는 쉬운 일이었다. 그리고 상당수의 대리인들이 그런 유혹에 저항하지 못했다. "이곳에서 제일 좋은 상점에서 과연 어떤 쓰레기들을 발견할 수 있는지, 너는 아마 상상도 못할 거야." 아메리카를 방문한 영국인 마거릿 홀은 한 친구에게 이런 편지를 보냈다. 그리하여 잉글랜드의 공장에는 다음과 같은 쾌활한 구호가 생겨났다. "이 정도라도 아메리카 식민지에는 충분히 감지덕지일걸." 바가지 씌우기 역시 항상 의심의 대상이었다. 워싱턴은 언젠가 자신이 받은 물건들 상당수가 "품질 면에서는 열등하지만, 가격 면에서는 그렇지 않은데, 이런 문제점에서는 지금껏 내가 받아본 어떤 물건보다도 한수 위"라고 강력하게 항의했다.

대리인들과 상인들의 부주의 때문에 아메리카 식민지인들은 격분해서 반쯤 미칠 정도가 되었다. 워싱턴에 유명한 옥타곤 하우스를 지은 존 테일로 대령은 런던의 코드 사에 벽난로를 주문했다. 그런데 1년쯤 기다려서 물건을 받았는데, 판매자가 벽난로 선반을 깜박 잊고 넣지 않은 것을 보고는 자기도 모르게 욕설을 퍼붓고 말았다. 결국 그는 또다시 선반을 주문하는 대신, 믿을 만한 아메리카인 목수를 시켜서 나무로 하나를 만들게 했다. 이 벽난로—여전히 선반 부분은 나무이다—는 지금까지도 미국에 남아 있는 몇 안 되는 코드 제품 가운데 하나이다.

공급의 어려움 때문에, 플랜테이션 소유주들은 결국 스스로 물건을 만드는 것밖에는 선택의 여지가 없었다. 제퍼슨은 벽돌을 직접—모두 합쳐서 65만 개나—구웠지만, 이것은 무척 어려운 일일 수밖에 없었다. 그의 수제 벽돌 가마에서는 온도를 일정하게 유지하기가 어려웠기 때문에, 매번 완성품의 절반가량은 쓰지 못하게 되었기 때문이다. 또한 그는 쇠못도 직접 제조하기 시작했다. 영국과의 긴장 관계가 점차 커지면서, 상황은 점점 더 어려워졌다. 1774년에 대륙 의회는 수입 금지 결의안을 통과시켰다. 제퍼슨으로서는 아쉽게도, 그가 이전에 잉글랜드에 주문한—그리고 무척이나 필요한—매우 값비싼 창틀을 입수할 수 없는 상황이 되었다.

자유무역에 대한 억압 조치에 스코틀랜드의 경제학자 애덤 스미스(그의 저서인 『국부론[Wealth of Nations]』이 아메리카 식민지의 독립과 때를 맞춰서 나온 것은 결코 우연이 아니었다)는 크게 격분해 마지않았다. 그러나 아메리카 식민지인들은 그보다 더욱 격분해 마지않았는데, 이들은 일종의 포로 시장의 상태로 영원히 남을 수도 있다는 사실에 당연히 분개할 수밖에 없었기 때문이다. 상업 분야에서의 불만이 결국 미국 독립혁명의 직접적 원인이었다는 주장은 물론 과장일지도 모르지만, 적어도 그런 불만이 미국 독립혁명의 강력한 한 가지 요소였다는 것은 분명하다.

IV

토머스 제퍼슨이 끝도 없이 몬티첼로를 수리하고 또 수리하던 와중에, 거기서 북동쪽으로 120마일 떨어진 곳에서는 그의 동료이자 버지니아 친구인 조지 워싱턴이 그와 유사한 장애물과 방해에 직면해 있었다. 결국 그는 제퍼슨과 유사한 천재적인 응용 능력을 이용하여, 오늘날의 컬럼비아 특별 지구 인근의 포토맥 강변에 있는 그의 플랜테이션 저택인 마운트 버논을 개축했다(미국의 수도와 그의 자택이 가까웠던 것은 결코 우연의 일치가 아니었다. 워싱턴은 미국의 새로운 수도를 정하는 임무를 맡고 있었고, 따라서 자기 플랜테이션에서 오가기 편한 장소를 선뜻 골랐던 것이다).

워싱턴은 이복형제인 로렌스가 사망한 직후인 1754년에 마운트 버논으로 이사를 왔다. 이곳은 방이 8개인 평범한 농가였다. 그는 이후 30년 동안 이 집을 개축하고 증축해서 방이 20개인 대저택으로 바꿔놓았다. 방들은 하나같이 우아하게 균형 잡히고 아름답게 마무리되어 있었다(그리고 팔라디오의 영향이 상당 부분 드러났다). 워싱턴은 젊은 시절에 바베이도스를 잠깐 방문한 것을 제외하면, 그의 말처럼 "나이 어리고 나무 우거진 나라"를 한번도 떠난 적이 없었다. 그러나 마운트 버논을 찾은 방문객은 그곳의 세련됨에 깜짝 놀랐는데, 마치 워싱턴이 유럽의 여러 대저택과 정원을 직접 돌아보고 그중에서도 가장 뛰어난 측면만 골라 모은 것 같았기 때문이다.

그는 세부사항에 집착하는 성격이었다. 미국 독립전쟁에 참전했던 8년 동안, 전투의 어려움과 심란함에도 불구하고 그는 매주 집에 편지를 써서 공사가 어떻게 돌아가고 있는지를 물어보고, 이런저런 설계의 요소에 새롭거나 수정된 지시를 내렸다. 워싱턴이 고용한 공사 감독은 자칫 적군이 몰려와서 집을 장악하고 파괴할 수도 있는 상황에서, 굳이 거기다가 돈과 정력을 쏟아부을 필요가 있는지에 대해서 지당한 의구심을 품었다. 워싱턴은 전쟁 기간의 대부분을 북부의 늪지대에서 적군과 싸우며 보냈으며, 따라서 그의 집이 있는 지역은 언제든지 적군의 공격을 받을 가능성이 있었다. 다행히 영국군은 마운트 버논까지 오지는 못했다. 만약 거기까지 왔다면, 영국군은 십중팔구 워싱턴의 부인을 포로로 잡고, 그 저택과 사유지 모두를 불태웠을 것이다.

이런 위험에도 불구하고 워싱턴은 자기 뜻을 끝까지 밀고 나갔다. 실제로 이 전쟁에서도 가장 상황이 좋지 않았던 시기인 1777년에 마운트 버논은 두 가지 가장 대담한 건축적 특징을 보유하게 되었다. 하나는 전망탑이었고, 또 하나는 회랑이라고 불리는 널찍한 옥외 현관이었다. 집의 동쪽 전면을 따라서 뚜렷한 직사각형 기둥이 늘어서 있는 이 회랑은 워싱턴이 직접 설계한 그의 걸작품이었다. "오늘날까지도 이곳은 그냥 앉아만 있어도 좋은 미국의 명소들 가운데 하나로 남아 있다." 스튜어트 브랜드의 말이다. 이곳은 단순히 지붕선에 멋진 지붕을 덧붙인 것뿐만 아니라, 매우 효과적인 에어컨 기능을 한다. 지나가는 바람을 붙잡아서 집 안으로 끌어들이기 때문이다.

"이 회랑은 이 집을 그늘지고 시원하게 만드는 동시에 그 전면을 매력적으로 만드는, 진정으로 교묘한 방법입니다." 마운트 버논 관리위원회의 부대표인 데니스 포그가 그곳을 찾은 내게 한 말이다. "그는 평소에 늘 언급되는 것보다도 훨씬, 아주 훨씬 더 뛰어난 건축가인 겁니다."

기존의 구조물에 뭔가를 계속해서 더한 까닭에, 워싱턴은 항상 절충을 할 수밖에 없었다. 구조적인 이유로 인해서 그는 내부 장식의 상당수를 다시 만들거나, 집 뒤쪽—즉 방문객이 그곳으로 접근할 때 맨 처음 보게 되는 쪽—의 좌우대칭을 포기하거나 간에 양자택일을 해야 하는 상황이 되었다. 결국 그는 좌우대칭을 포기하기로 작정했다. "그 당시로서는 상당히 용기 있고 보기 드문 일이었습니다만, 워싱턴은 항상 실용적인 성격이었습니다." 포그의 말이다. "그는 바깥에 억지로 좌우대칭을 만드는 것보다는, 차라리 내부에 타당한 장식을 하는 편이 낫다고 보았죠. 그는 사람들이 이 사실을 눈치채지 못하기를 바랐을 겁니다." 포그의 경험에 따르면, 이곳을 찾는 방문객의 절반쯤은 정말 그 사실을 눈치채지 못했다고 한다. 결국 좌우대칭의 부재는 특별히 눈에 거슬리지 않는다고 말할 수 있을 것이다. 물론 균형을 중시하는 사람의 눈에는 그곳의 전망탑과 박공이 대략 1피트 반가량 어긋나 있다는 것을 눈치채지 못할 리가 없겠지만 말이다.[*]

---

[*] 마운트 버논을 동쪽에서 똑바로 바라보면 지붕 경사면의 왼쪽보다 오른쪽이 더 완만하다. 이는 건물의 오른쪽이 증축으로 인해서 원래보다 더 길어진 결과이다. 따라서 지붕 위에 있

건축용 석재라고는 전혀 없었기 때문에, 워싱턴은 판자를 이용해서 집의 벽을 만들었다. 대신에 판자 모서리를 신중하게 죽여서 마치 돌덩어리가 쌓인 것처럼 만들었으며, 옹이와 나뭇결을 감추기 위해서 페인트칠을 했다. 페인트가 아직 마르지 않은 상황에서 모래를 살살 끼얹어서 진짜 돌처럼 꺼끌꺼끌한 표면을 만들기도 했다. 이런 눈속임이 워낙 그럴싸하다 보니, 이제는 안내원이 이 건물의 진짜 재료가 무엇인지를 설명하기 위해서 방문객에게 직접 손으로 한번 두들겨 보게 해야 할 정도이다.

워싱턴은 마운트 버논에서 많은 시간을 보내며 즐기지 못했으며, 간혹 집에 있을 때도 그다지 안식을 누리지는 못했다. 그 당시의 관습에 따르면, 존경받는 위치에 있는 인물은 누가 찾아왔을 때 반드시 직접 현관에 나가서 손님을 맞이해야 했기 때문이다. 워싱턴을 찾아오는 손님은 무수히 많았으며—한 해에 무려 677명이나 있었다—그중 상당수는 하룻밤 이상을 묵어가는 손님이었다.

워싱턴은 은퇴한 지 2년 만인 1799년에 사망했고, 마운트 버논은 그때부터 오랫동안 쇠퇴기에 접어들었다. 다음 세기의 중반에 이르자, 이곳은 사실상 폐가가 되고 말았다. 워싱턴의 후손들은 적당한 가격에 매입해달라고 국가에 호소했지만, 의회에서는 전직 대통령의 주택을 관리하는 역할까지 맡을 수는 없다며 자금 지원을 거절했다. 1853년에 루이자 돌턴 버드 커닝엄이라는 여성이 증기선을 타고 포토맥 강을 거슬러올라가다가, 이 저택의 비참한 상태를 보고 깜짝 놀란 나머지 마운트 버논 여성 연합회를 결성하고, 이 저택을 매입해서 길고 영웅적인 복원 작업에 돌입했다. 이 단체

는 전망탑은 증축 이전의 한가운데에 그대로 놓여 있지만, 그 아래에 배열된 8개의 기둥은 오른쪽에 더 늘어난 부분까지 합친 상태에서 균등하게 배열되어서 오른쪽으로 더 쏠린 셈이 되었다. 즉 제대로 된 경우라면 전망탑과 박공, 그리고 4번과 5번 기둥의 한가운데를 가로지르는 가상의 중심선이 있었을 것이다. 그러나 지금 마운트 버논에서는 전망탑과 박공이 그 가상의 중심선에서 약간 왼쪽으로 벗어나 있다. 그래서인지 마운트 버논을 보여주는 그림이나 사진에서는 대개 이 저택을 비스듬하게, 즉 동남쪽 방향에서 찍어서 좌우대칭의 불일치를 살짝 감춘다/역주

는 지금까지도 지혜와 정성을 다해서 이곳을 돌보고 있다. 그 와중에 벌어진 더욱 기적적인 일은 포토맥 강 건너편의 비할 데 없는 경관을 보존했다는 점이다. 1950년대에 마운트 버논 건너편에 대규모 정유소를 지으려는 계획이 발표되었다. 이에 오하이오 주 하원의원인 프랜시스 페인 볼턴이 개입해서 메릴랜드 주의 토지 60제곱마일을 후세를 위한 보존 지역으로 만드는 데에 성공했다. 그리하여 오늘날 이 지역만큼은 워싱턴의 생전과 마찬가지로 여전히 아름답고 만족스러운 채로 남아 있게 되었다.

몬티첼로 역시 제퍼슨의 사후에 이와 유사한 문제를 겪었다. 물론 이 집은 원래부터 상당 부분 노후화된 상황이었지만 말이다. 1815년에 이곳을 찾은 한 방문객은 천 의자가 하나같이 낡아빠져서, 그 속이 다 삐져나왔을 지경이라며 충격적인 어조로 적었다. 1826년에 제퍼슨이 83세를 일기로 사망했을 무렵—마침 독립선언서 서명이 이루어진 지 정확히 50주년인 해였다—그의 빚은 당시로서는 정말 막대한 금액인 10만 달러 이상에 달했으며, 몬티첼로는 그야말로 누더기처럼 보였다.

이 저택에 들어가는 막대한 유지비를 감당할 수 없었던 제퍼슨의 딸은 결국 이곳을 7만 달러에 매각하려고 했지만 아무도 선뜻 사려고 나서는 사람이 없었다. 결국에는 7,000달러에 제임스 바클레이라는 사람이 구입해서 비단 농장으로 개조하려고 했다. 그러나 이 사업은 크게 망했다. 바클레이는 결국 성지 팔레스타인으로 달아나서 선교사가 되었으며, 이 저택은 결국 폐가가 되었다. 마룻바닥 사이로 잡초가 자라기 시작했다. 출입문은 떨어져나갔다. 소들이 빈 방을 이리저리 거닐고 다녔다. 제퍼슨이 소장했던, 조각가 우동의 유명한 볼테르 흉상[복제품]은 별판에 쓰러져 있었다. 제퍼슨이 사망한 지 10년 뒤인 1836년에 유라이어 필립스 레비라는 의외의 인물이 2,500달러—이는 당시로서는 집 한 채 가격으로 상당한 편이었다—를 내고 이 집을 사들였다. 레비의 이력을 살펴보면, 하나부터 열까지 버지니아의 대농장

주인이 되기에 특이한 것 같지만, 사실 그의 이력 자체가 하나부터 열까지 특이한 것투성이였다. 우선 그는 유대계이면서 해군 장교 출신이었는데, 그 당시로서는 미국 해군에서 유일했다. 또한 그는 까다롭고 난폭한 인물이었다. 해군 장교로서는 윗사람들의 눈에 전혀 바람직하지 않게 여겨지는 성격이었지만, 그중 상당수가 이미 어느 정도 가지고 있었던 반유대주의적 편견을 정당화하기에는 딱 좋은 성격이기도 했다. 군 경력 내내 레비는 5번이나 군법회의에 회부되었고, 5번 모두 무죄 선고가 내려졌다. 그의 새로운 이웃들로서는 역시 고려하지 않을 수 없었던 또 한 가지 사실은 그가 다름 아닌 뉴욕 출신이라는 점이었다. 유대계 양키와 선뜻 친구로 지낼 만한 사람은 버지니아에 흔치 않았다. 남북전쟁이 일어나자 몬티첼로는 남부 연방정부가 장악했으며, 레비는 거기서 가장 가까운 도피처인 워싱턴으로 향했다. 그는 링컨 대통령에게 도움을 요청했으며, 링컨은 상대방의 재능이 어디 있는지 간파하고 그를 연방 군법회의 위원회의 일원으로 임명했다.

레비 가문은 90년 동안이나 몬티첼로를 소유했다. 결국 제퍼슨보다 더 오랫동안 이 집을 소유한 것이었다. 이들이 아니었다면 이 집은 결코 보존되지 못했을 것이다. 1923년에 이들은 50만 달러에 이 저택을 새로 결성된 토머스 제퍼슨 기념재단에 매각했고, 이곳에서는 장기간에 걸친 개선 작업에 돌입했다. 이 작업은 1954년에 비로소 완료되었다. 제퍼슨이 처음 시작한 이래 거의 200년이 걸려서야 몬티첼로는 비로소 그가 애초에 의도했던 모습이 되었던 것이다.

토머스 제퍼슨과 조지 워싱턴이 흥미로운 집을 지은 평범한 플랜테이션 소유주에 불과했다고 하더라도, 그것은 충분히 대단한 업적이었을 것이다. 하물며 이들은 집을 짓는 것뿐만 아니라, 정치적 혁명을 주도하고, 기나긴 전쟁에 참가하고, 새로운 국가를 창조하고 지칠 줄 모르고 봉사하며 여러 해 동안이나 집을 떠나 있었다. 이런 여러 가지 차질에도 불구하고, 게다가 적당한 훈련이나 자재도 없는 상황에서, 이들은 지금까지 지어진 집들 중에서 가장 만족스러운 집 두 채를 짓는 데에 성공했다. 이것이야말로 진정으로 대단한 업적이다.

몬티첼로의 유명한 신기구들—무소음 식품 운반용 엘리베이터, 이중문 등—은 때때로 일종의 장식품에 불과한 것으로 폄하되기 일쑤이다. 그러나 이것은 노동 절약형 기구를 향한 미국인 특유의 애호를 무려 150년쯤 전에 일찌감치 예견한 것이었다. 따라서 몬티첼로는 단순히 미국에 지어진 가장 멋진 주택일 뿐만 아니라, 최초의 현대식 주택이기도 한 셈이다. 그러나 그보다는 마운트 버논 쪽이 후세에 더 큰 영향력을 끼쳤다. 이곳은 이후에 수많은 다른 집들의 이상이 되었으며, 심지어 드라이브스루 은행, 모텔, 식당 같은 다른 여러 가지 도로변 시설물의 모델이 되기도 했다. 이곳은 미국의 어떤 단일 건물보다도 더 많이 모방된 건물이었다. 안타깝게도 십중팔구는 싼 티가 물씬물씬 풍기는 모방이지만, 그것은 결코 워싱턴의 잘못이라고 할 수 없으므로 그의 명성에 누가 되어서는 곤란하리라. 나아가서 워싱턴은 미국 최초로 하하를 도입했으며, 미국식 잔디밭의 아버지라고 불러 마땅한 인물이기도 하다. 그가 했던 다른 일들 중에는 완벽한 볼링용 잔디밭을 만들기 위해서 여러 해 동안이나 노력한 것도 있다. 그 와중에 그는 신세계에서 잔디와 그 종자에 관한 최고의 권위자가 되기도 했다.

제퍼슨과 워싱턴이 변변한 기간 시설도 없었던 미개척지 한가운데 살았던 반면, 그로부터 불과 100년도 되기 전에 미국이 도금시대를 맞이해서 전 세계를 호령하게 되었다는 것을 생각해보면 그저 놀랍다는 생각뿐이다. 제퍼슨이 사망한 1826년부터 다음 세기의 시작까지의 기간에 이르는 74년간이야말로, 역사상 어느 시대보다도 더 인간의 일상생활이 급격하고 철저하게 변화된 시기라고 할 수 있을 것이다. 그리고 바로 그 시기로 말하면, 우리의 마셤 씨가 잉글랜드에서 조용하고 평온한 삶을 영위하던 시기와 딱 맞아떨어진다.

마지막으로 한 가지 덧붙일 이야기가 있다. 1814년에 영국군은 아메리카 식민지의 국회의사당 건물을 불태웠고(이 심각한 파괴 행위에 격분한 제퍼 슨은 미국인 요원들을 런던으로 파견해서 그곳의 주요 명소에도 불을 지 르게 할까 생각하기도 했다), 그 와중에 국회도서관의 장서도 모조리 소실 되었다. 제퍼슨은 곧바로 "의회에서 적당하다고 생각하는 매입 금액을 제 시해준다면 두말 않고" 자기 장서를 국가에 매각하겠다고 제안했다. 제퍼 슨은 자기 책이 1만 권에 달한다고 알고 있었지만, 연방정부의 대표단이 찾아와서 조사한 결과 모두 6,487권으로 확인되었다. 대표단은 이 책들을 살펴보고, 과연 이것들을 받아들여야 할지 고민에 빠졌다. 그중 상당수가 건축, 와인 제조, 요리, 철학, 미술 분야의 책이었기 때문에, 막상 의회에는 아무런 도움이 되지 않아 보였기 때문이다. 게다가 그중 4분의 1가량은 외 국어로 된 책이어서, "심지어 읽을 수도 없다"고 대표단의 일원은 적어놓았 다. 게다가 나머지 책들 중 상당수는 "부도덕하고 반종교적인 성격"의 책 이었다. 결국 의회에서는 2만3,900달러를 내고—그 장서의 실제 가치에 비 하면 절반도 되지 않는 금액이었다—상당히 툴툴거리면서 그의 장서를 가 져갔다. 충분히 짐작이 가는 일이지만, 제퍼슨은 곧바로 다시 장서 모으기 에 착수해서, 10여 년 뒤에 사망할 무렵에는 또다시 1,000권의 책을 보유하 고 있었다.

의회에서는 이런 횡재를 그다지 고마워하지 않았을지 몰라도, 덕분에 미 국은 갑자기 전 세계에서 가장 세련된 정부도서관을 보유하게 되었으며, 나아가서 도서관의 역할을 완전히 재정의하게 되었다. 이전까지 정부도서 관은 단순히 자료실에 불과했고, 철저하게 실리적인 목적을 위해서 설계되 었다. 그러나 미국의 경우에는 포괄적이고 보편적인 컬렉션을 보유했던 것 이다. 이것은 전적으로 다른 개념이었다.

오늘날 미국 국회도서관은 전 세계에서 가장 큰 도서관이며, 모두 1억

1,500만 권의 책과 관련 품목을 보유하고 있다. 불행히도 제퍼슨의 장서는 여기서도 오래 버티지 못했다. 제퍼슨의 장서를 국가에서 매입한 지 36년 뒤, 크리스마스이브 아침에 국회의사당 내의 도서관의 한 굴뚝에서 화재가 발생했다. 시간이 이르고 마침 휴일이었기 때문에 근처에 사람이 없다 보니, 화재를 미리 알거나 그 확산을 막을 수가 없었다. 불길이 목격되고 결국 잡혔을 무렵은 제퍼슨의 장서가 대부분 소실된 다음이었다. 귀중하기 짝이 없는 제퍼슨의 소장본 『건축 사서』도 마찬가지였다.

두말할 것도 없이, 불이 난 해는 바로 1851년이었다.

제14장

계단

I

이제 우리는 집에서 가장 위험한 부분에 도달했다. 사실 이곳은 집뿐만 아니라 그 어디에서나 가장 위험천만한 장소, 바로 계단이다. 계단이라는 것이 정확히 얼마나 위험한지를 아는 사람은 전혀 없다시피 한데, 희한하게도 이에 관한 기록이 불충분하기 때문이다. 대부분의 나라에서는 추락으로 인한 사망과 부상 관련 기록을 남겨두지만, 애초에 그런 추락사고의 원인에 대해서는 기록을 남기지 않는다. 미국의 경우에도 사정은 마찬가지여서, 매년 땅에 떨어져서 두번 다시는 일어나지 못하는 사람의 수가 무려 1만2,000명에 달하지만, 과연 그 사람이 나무에서 떨어졌는지 아니면 지붕이나 뒤쪽 현관에서 떨어졌는지 여부는 확인되지 않는다. 영국의 경우에는 2002년까지 계단에서의 추락사고 횟수가 상당히 꼼꼼하게 기록되었다. 그러다가 통상부에서 이런 일까지 일일이 추적하는 일은 지나친 낭비이므로, 더 이상 자금 지원이 불가능하다고 일방적으로 결정해버렸다. 그러나 추락사고로 인한 부상이 사회에 얼마나 많은 비용을 부과하는지를 고려하면, 이것은 잘못된 절약 정신이다. 여하간 추락사고에 관한 최후의 기록에 따르면, 그해에만 무려 30만6,166명의 영국인이 계단에서 떨어지는 바람에 의

토머스 몰턴의 "계단의 원근법"

료 조치가 필요할 정도로 상당히 심각한 부상을 입은 것으로 나타났으므로, 이것은 단순히 사소한 문제 차원이 아닌 것이다.

이 주제에 관한 결정판 (그리고 두말할 것 없이 유일무이한) 학술서인 『계단:그 위험, 추락, 그리고 더 안전한 디자인에 관한 연구(The Staircase: Studies of Hazards, Falls, and Safer Design)』의 저자인 MIT의 존 A. 템플러는 추락으로 인한 부상자의 숫자가 극심하게 과소평가되고 있다고 주장한다. 아무리 대략적으로 계산해도, 계단은 두 번째로 흔한 사고사의 원인이라는 것이다. 물론 교통사고보다는 훨씬 뒤처지지만, 그래도 익사라든지 화재사라든지 여타의 다른 심각한 불운보다는 훨씬 월등하다는 것이다. 추락사고가 노동시간 상실로 인해서 사회에 얼마나 많은 비용을 부과하는지, 그리고 보건 체계에 얼마나 긴장을 불러오는지를 생각한다면, 어째서 이 문제를 집중적으로 연구하지 않는지가 궁금해질 지경이다. 화재 방지, 화재 연구, 화재 규약, 화재 보험 등에는 막대한 금액과 공무원의 근무시간이 투입된다. 그러나 추락의 방지나 이해를 위해서는 거의 아무런 비용도 투입되지 않는다.

사람은 누구나 계단을 오르내린다. 통계에 따르면, 우리는 계단을 이용하면서 대략 2,222번당 1번꼴로 계단을 헛디디고, 대략 6만3,000번당 1번꼴로 사소한 사고를 당하며, 대략 73만4,000번당 1번꼴로 고통스러운 사고를 당하고, 대략 361만6,667번당 1번꼴로 사고로 결국 병원 신세를 지게 된다.

자기 집 계단에서 떨어져서 사망하는 사람들의 84퍼센트는 나이가 65세 이상이다. 이것은 노인이 계단을 오르내릴 때 유별나게 조심성이 없다는 뜻이 아니라, 노인이 계단에서 떨어지는 사고를 당하고 나면 완쾌하는 경우가 흔치 않다는 뜻이다. 반면 아이들이 있는 집에서는 계단에서 떨어져서 사망하는 경우는 극히 드문 반면, 계단에서 떨어져서 다치는 비율은 가장 높다. 이는 한편으로 계단 사용의 빈도가 높기 때문이며, 또 한편으로는 아이들이 계단 위에 온갖 당혹스러운 물건들을 늘어놓기 때문이다. 미혼자는 기혼자보다 계단에서 떨어질 가능성이 더 높으며, 결혼했다가 이혼한 사람은 미혼자나 기혼자보다 계단에서 떨어질 가능성이 더 높다. 몸매가 날씬한 사람은 뚱뚱한 사람보다 계단에서 떨어질 가능성이 더 높은데, 그런 사람들은 뚱뚱하거나 허약한 사람에 비해서 계단을 쿵쾅거리며 뛰어다니는 경우가 더 많고, 조심하거나 쉬어가는 경우는 더 드물기 때문이다.

개인 성격에서 비롯되는 위험을 가장 잘 보여주는 지표는, 계단에서 떨어진 경험이 종종 있는지의 여부이다. 물론 계단사고로 인한 부상의 역학을 연구하는 전문가들 사이에서는 사고유발 경향을 놓고 약간의 논란도 있지만, 그런 것이 있다는 것은 아마도 사실인 듯하다. 즉 계단사고로 인한 부상자 10명 가운데 4명은 이전에도 계단에서 떨어져 부상을 입은 적이 있다.

나라마다 사람들이 계단에서 떨어지는 방식에도 차이가 있다. 가령 일본인의 경우에는 사무실이나 백화점이나 기차역 계단에서 떨어져서 다치는 사례가 미국인의 경우보다 훨씬 더 많다. 이것은 일본인이 계단에서 유독 조심성이 없기 때문이라기보다는, 미국인이 공공시설에서 계단을 그리 많이 사용하지 않기 때문이다. 즉 미국인은 엘리베이터와 에스컬레이터의 편안함과 안전함에 더 많이 의존한다는 뜻이다. 미국인의 계단사고는 집에서 일어나는 경우가 압도적으로 많다. 이곳이 미국인이 일상적으로 계단을 오르내리는 거의 유일무이한 장소이기 때문이다. 똑같은 이유로 여자는 남자보다 계단에서 떨어질 가능성이 훨씬 더 높다. 남자보다는 여자가 계단을 더 많이 사용하고, 계단사고가 가장 흔히 일어나는 집에서는 특히 그렇기 때문이다.

계단에서 떨어지고 나면, 우리는 종종 자신의 부주의함이나 산만한 주의력을 탓한다. 그러나 어떤 사람이 계단에서 떨어질 것인지 아닌지, 그리고 전부 다 굴러떨어지고 나서 얼마나 기분이 나쁘게 될지를 결정하는 중요한 요인은 바로 계단 자체의 설계이다. 어두운 조명, 난간의 부재, 계단 디딤판의 헷갈리는 무늬, 이례적으로 높거나 낮은 계단 층뒤판[수직판], 이례적으로 넓거나 좁은 계단 디딤판, 그리고 오르내리기의 리듬을 방해하는 층계참 등은 설계에서의 중대한 결함이며, 결국 사고를 유발한다.

템플러에 따르면, 계단의 안전 문제는 한 가지 과제가 아니라 두 가지 과제를 안고 있다. 즉 "사고를 유발하는 환경을 회피하는 것, 그리고 사고가 발생할 경우에는 부상을 최소화할 수 있는 계단을 만드는 것"이다. 그가 언급한 사례에 따르면, 뉴욕 시의 기차역 가운데 한 곳(정확히 어딘지는 말하지 않는다)에서는 계단에 미끄럼방지 덮개를 설치했는데, 그 덮개의 무늬 때문에 오히려 계단 모서리를 정확히 구분하기가 어려워졌다. 불과 6주일 사이에 그곳에서는 1,400명—그야말로 놀라울 만큼 많은 숫자—이 계단에서 떨어졌으며, 이쯤 되자 결국 그 계단을 다시 손볼 수밖에 없었다.

계단은 세 가지 기하학적 요소의 총합이다. 바로 칸 높이, 폭, 기울기이다. 칸 높이는 말 그대로 칸 하나와 또 하나 사이의 높이를 말하며, 폭은 칸 그 자체(전문적으로 표현하자면, 연이어진 계단에서 칸 하나의 끄트머리, 또는 모서리에서 그 다음 끄트머리, 또는 모서리까지의 수평 길이)를 말하고, 기울기는 계단의 전반적인 경사도를 말한다. 인간은 기울기에 관해서만큼은 특히 참을성이 부족하다. 가령 45도보다 더 가파르면 걸어 올라가기가 너무 힘들다고 느끼며, 27도보다 더 완만하면 지루할 정도로 느리다고 느낀다. 경사가 지나치게 완만한 계단은 의외로 올라가기가 어렵기 때문에, 우리가 편안함을 느끼는 경사 범위는 극히 좁을 수밖에 없다. 여기서 마주하게 되는 그야말로 불가피한 문제 하나는, 계단이라는 것이 사람을 양쪽 방향 모두로 안전하게 오가게 해주어야 하는 것인 반면, 막상 양쪽 방향으로 오가는 운동의 역학은 서로 전혀 다른 자세를 요구한다는 점이다(즉 올라갈 때에는 계단 안쪽으로 몸을 숙여야 하는 반면, 내려갈 때에는 마치 브레이크를 밟듯이 무게 중심이 뒤에 있다). 따라서 올라갈 때에는 안전하고 편안하던 계단이 막상 내려갈 때에는 그리 좋지 않을 수 있다. 또한 계단 모서리가 디딤판에서 얼마나 밖으로 돌출되어 있는지 여부가 불운의 가능성에 큰 영향을 끼칠 수 있다. 그야말로 완벽한 세상이 있다면, 그곳의 계단은 사용자가 위로 올라가느냐 아래로 내려가느냐에 따라서 약간씩 모양을 바꿀 수 있지 않을까? 그러나 지금의 현실에서는 모든 계단이 일종의 타협을 취할 수밖에 없다.

그렇다면 계단에서의 추락을 느린 동작으로 살펴보자. 계단을 내려간다는 것은 어떤 면에서 잘 제어된 추락이라고 할 수 있다. 여러분은 몸을 바깥으로, 그리고 아래로 추진하는데, 그런 몸짓을 취할 경우에는 뭔가의 꼭대기를 확실히 밟아야 안전하지, 그렇지 못하면 매우 위험할 수밖에 없다. 두뇌의 입장에서는 이렇게 내려가는 행위에서 제어가 중지되고 일종의 불운한 신체 상해가 시작되는 때가 과연 언제인지를 분간하는 것이 문제가 된다. 인간의 두뇌는 위험과 무질서에 매우 빨리 반응하지만, 그래도 반사작용이 다리를 뻗기까지는, 그리고 정신이 뭔가 잘못되었다는 것(즉 여러분이 지금 스케이트를 밟았다는 것)을 받아들이기까지 아주 근소하게나마—정확하게 말하면 190밀리 초—시간이 걸린다. 이 극도로 짧은 시간에 신체는 평균 7인치를 더 내려갈 수 있다. 이것은 우아한 안착을 하기에는 지나치게 먼 거리이다. 계단 맨 아래칸에서 이런 일이 벌어질 경우, 여러분은 결국 민망스러울 정도로 몸을 비틀거릴 수밖에 없다. 이 경우에 가장 많이 손상되는 것은 바로 여러분의 위엄이다. 그러나 계단의 더 높은 칸에서 이런 일이 벌어질 경우, 여러분은 얼른 몸을 곧추세워서 체면을 만회할 생각보다는 차라리 얼른 난간을 붙잡을 수 있기를 바라는 편이 더 나을 것이다. 또는 이 계단에 난간이 있기를 바라는 편이 더 나을 것이다. 1958년의 한 연구에 따르면 모든 계단 추락사고의 4분의 3가량은 애초에 추락이 시작된 지점에 난간이 없었다고 한다.

계단을 오르내릴 때 특히 주의를 기울여야 하는 두 가지 때가 있다면 바로 여정의 시작과 끝이다. 바로 그 두 가지 때에 우리는 가장 많이 주의가 흐트러지는 경향이 있기 때문이다. 모든 계단사고에서 3분의 1가량은 맨 위칸이나 맨 아래칸에서 벌어지며, 3분의 2가량은 맨 위나 아래의 '세 칸'에서 벌어진다. 가장 위험한 상황은 전혀 예상치 못한 장소에 있는 한 칸짜리 계단이다. 네 칸짜리, 또는 그 이하짜리 계단 역시 위험하기는 마찬가지이다. 아마도 그곳을 지나가는 사람에게 지나친 자신감을 불어넣어주기 때문이 아닐까?

어쩌면 당연한 일인지도 모르지만, 계단을 올라가는 것보다는 내려가는 것이 훨씬 더 위험하다. 계단사고로 인한 부상의 90퍼센트 이상이 내려가는 도중에 발생한다. "심각한" 추락을 당할 가능성은 계단이 곧은 열일 경우에는 57퍼센트이지만, 계단이 굽은 열일 경우에는 겨우 37퍼센트에 불과하다. 층계참 역시 특정한 크기—계단 한 칸의 너비에 사람의 한 걸음 정도 너비를 더한 것이 적당하다고 여겨진다—에 맞춰져야 할 필요가 있으니, 그래야만 계단 사용자의 리듬을 깨트리지 않을 것이기 때문이다. 리듬이 깨진다는 것은 추락의 전주곡이나 다름없다.

이전까지 계단을 오르내리는 사람은 특정한 리듬에 맞춰서 오르내리기를 좋아한다고 인식되었으며, 그런 본능을 충족시키기 위해서는 넓은 디딤판을 가진 짧은 계단, 또는 좁은 디딤판을 가진 가파른 계단을 만들어야 한다고 여겨졌다. 그러나 건축 분야의 고전적인 저술가들은 계단 문제에 관해서는 의외로 거의 이야기를 하지 않았다. 비트루비우스는 다만 계단에는 조명을 잘해야 한다고 제안했을 뿐이었다. 그의 관심사는 추락 위험을 감소시키는 것이 아니라, 사람들이 서로 다른 방향으로 오갈 때 충돌을 방지하는 것뿐이었다(이것 역시 전기가 발명되기 이전의 세계가 얼마나 어두웠는지를 보여주는 단서이기도 하다). 17세기 말에 가서야 프랑수아 블롱델이라는 사람이 칸 높이와 디딤판 사이의 관계를 수학적으로 결정하는 공식을 만들어냈다. 특히 그는 높이가 한 단위 증가할 때마다 디딤판의 깊이는 두 단위 줄어들어야 한다고 제안했다. 이 공식은 널리 채택되었으며, 무려 300년이 지난 지금까지도 여전히 수많은 건축 법규에 기술되어 있지만, 이례적으로 높거나 낮은 계단의 경우에는 그리 잘 어울리는 공식이 아니다. 아니, 사실은 전혀 안 어울린다고 해야 맞겠다.

현대 건축가들 중에서 계단의 디자인을 가장 중시한 인물은 약간 의외로 프레더릭 로 옴스테드였다. 그가 설계한 건축물들 가운데 정작 계단을 필요로 하는 것은 거의 없었지만, 옴스테드는 무려 9년 동안이나 칸 높이와 디딤판을 꾸준히—때로는 강박적으로—측정한 끝에, 마침내 위아래 양방향 모두로 안전하고 편리한 계단을 만들어주는 공식을 하나 고안했다. 어니스트 어빙 프리즈라는 수학자는 옴스테드의 발견을 한 쌍의 방정식으로 만들었는데, 그 모양은 다음과 같다.

$$R = 9 - \sqrt{7\,(G-8)\,(G-2)}$$

$$G = 5 + \sqrt{{}^{1}/_{7}\,(9-R)^2 + 9}$$

내가 들은 설명에 따르면, 첫 번째 방정식은 칸의 폭(G)을 가지고 높이(R)를 구할 때 사용하고, 두 번째 방정식은 칸의 높이(R)를 가지고 칸의 폭(G)을 구할 때 사용한다.

현재의 경우, 템플러는 계단의 칸 높이가 6.3인치에서 7.2인치 사이가 되어야 하고, 폭은 9인치 이하가 되어서는 안 되고 가급적 11인치가량이 좋다고 제안했지만, 주위를 둘러보면 여기에도 상당한 정도 차가 있다는 것을 알 수 있다. 『브리태니커 백과사전(*Encyclopaedia Britannica*)』에 따르면, 미국의 계단은 영국의 계단보다 디딤판 단위에 비해서 높이가 더 높고, 유럽의 계단은 그보다 더 높다지만, 정확히 어느 정도 수치만큼인지는 제시하지 않았다.

계단의 역사에 관해서라면, 사실 지금까지 이야기된 것이 많지 않다. 계단이 도대체 어디에서 유래했는지는 어느 누구도 전혀—심지어 대략적으로라도—알지 못한다. 그러나 최초의 계단은 우리가 흔히 상상할 수 있는 것처럼 사람을 위층으로 올려보내기 위해서 고안된 것이 아니라, 그 반대로 사람들을 아래로 내려보내기 위해서 고안된 것이었다. 바로 광산 속으로 말이다. 2004년에 가장 오래된 목제 계단이 발굴되었는데, 그 연대는 무려 3,000년 전이었다. 이 계단이 발견된 장소는 오스트리아의 할슈타트에 있는 지하 100미터의 청동기시대 소금광산이었다. 이 장치를 사용하면 (손과 발을 모두 사용하는 사다리와는 반대로) 오직 발만 사용해서 오르내릴 수 있었기 때문에 훨씬 더 긍정적이고 필수적인 장점이 있었을 것이다. 양팔로는 무거운 짐을 나를 수 있었기 때문이다.

마지막으로 한 가지 언어학적으로 궁금한 이야기를 짚고 넘어가자. 명사 "위층(upstairs)"과 "아래층(downstairs)"은 비교적 최근에 영어에 덧붙여진 단어들이다. "위층"은 1842년에 영국에서 처음으로 기록되었고(새뮤얼 러버라는 사람의 『핸디 앤디[*Handy Andy*]』라는 소설 속에서), "아래층"은 바로 이듬해에 제인 칼라일이 쓴 어느 편지에 처음으로 등장한다. 양쪽의 경우 모두 문맥을 살펴보면, 그 단어들이 이미 있었다는 것이 분명하지만—즉 제인 칼라일이 그런 단어를 고안한 것은 아니라는 뜻이다—그보다 더 오래된 기록은 아직 발견되지 않았다. 사람들이 다층집에 살게 된 지 최소한 300년이 넘었던 바로 그 시대까지도, 정작 위아래 층을 지칭하는 편리한 방법은 전혀 없었던 셈이었다.

II

어떻게 하면 사람이 집 때문에 다칠 수 있는지에 관한 이야기가 나왔으니—여기서 잠깐 층계참에 멈춰 서서—인류의 역사상 놀라울 정도로 많은 사람들에게 치명적이었던 것으로 증명된 또 한 가지 건축적 요소를 생각해보도록 하자. 바로 벽이다. 또는 보다 구체적으로 말해서 벽에 달린 것,

그러니까 페인트와 벽지라고 해야 맞겠다. 이 두 가지로 말하면, 그야말로 아주 오랫동안 갖가지 방식으로 인간에게 무척이나 유해했다.

우선 벽지의 경우, 마셤 씨가 목사관을 지었을 당시에는 웬만한 집에서 점차 인기를 얻어가는 추세였다. 그 이전까지 오랫동안 벽지—또는 일명 "물들인 종이"—는 무척 비싼 물건이었다. 한 세기가 넘도록 벽지에 비싼 세금을 매겼기 때문이기도 했지만, 또 한편으로는 벽지라는 것 자체가 제조과정에서 극도로 노동력이 많이 들어가는 제품이었기 때문이다. 그 당시의 벽지는 목제 펄프가 아니라 낡은 천으로 만들었다. 낡은 천을 뒤적이는 것은 지저분하기 짝이 없는 일이었을뿐더러, 그 와중에 갖가지 종류의 전염성 질환에 노출되기 쉬웠다. 기계를 이용해서 종이를 끝없이 길게 뽑아내는 일은 1802년에 가서야 가능했으며, 그 이전까지 한 장의 최대 길이는 2피트 정도에 불과했다. 다시 말해서 그 당시에 종이를 만드는 일은 대단한 기술과 주의를 필요로 했다는 뜻이다. 서퍽 공작부인은 (1750년대의) 언젠가 방 하나를 꾸밀 만큼의 벽지를 사기 위해서 42파운드를 지불했는데, 그 당시에 12파운드면 런던에서 좋은 집 한 채를 1년간 세낼 수 있었다. 털뭉치 벽지는 양모 보푸라기를 염색한 다음에 벽지 표면에 붙여서 만드는 것인데, 1750년 이후에 대단한 인기를 끌었다. 그러나 그 벽지를 만드는 데에 사용되는 접착제가 종종 독성을 가진 것이다 보니, 그 제작과정에는 더욱 위험이 따랐다.

1830년에 마침내 벽지에 붙는 세금이 없어지자, 벽지는 그야말로 날개 달린 듯이 (또는 불타나게) 팔려나갔다. 영국에서 판매되는 벽지 두루마리는 1830년에만 해도 100만 개에 불과했지만 1870년에는 3,000만 개로 늘어났다. 그리고 바로 그 즈음부터 많은 사람들이 시름시름 아프기 시작했다. 벽지의 표면에 색을 입히기 위해서 사용하는 안료에는 원래부터 상당량의 비소, 납, 안티몬이 들어갔는데, 1775년 이후로는 이른바 아비산구리라는 특히 음험한 화합물을 사용했다. 이 물질은, 위대하지만 놀랄 만큼 불운했던 스웨덴의 화학자 칼 셸레의 발명품이었다.* 이 색깔은 매우 인기가 있었기 때문에 곧이어 셸레 녹색이라는 별명으로 알려졌다. 나중에는 여기다가 초산동(醋酸銅)을 첨가함으로써 훨씬 더 풍부한 색깔의 안료를 정제해냈으니, 그것이 바로 에메랄드 녹색이었다. 이 색깔로 말하면, 그야말로 갖가지 물건에 사용되었다. 예를 들면, 트럼프, 양초, 의복, 커튼, 심지어 일부 음식에까지도 사용되었다. 무엇보다도 이 색깔은 벽지에 사용되어서 인기를 끌었다. 그러나 그 제조에 사용되는 독성 물질은 벽지를 만드는 사람과 벽지를 바르는 사람뿐만 아니라, 그 벽지를 바른 방 안에서 살아가는 사람에게도 영향을 끼쳤다.

19세기 말에 이르자 영국의 벽지의 80퍼센트에는 비소가 함유되었으며, 종종 매우 많은 양이 함유되었다. 이런 제조 방식을 열렬히 선호한 사람 중에는 디자이너 윌리엄 모리스도 있었다. 그는 비소의 풍부한 녹색을 매우 좋아했을 뿐만 아니라, 심지어 비소를 원료로 사용하는 안료를 제조하는 데 번 소재 한 공장의 (큰 투자자들 가운데 한 사람인 동시에) 이사이기도 했다. 특히 공기가 습할 때―물론 영국의 가정마다 그렇지 않은 경우는 드물었다―에는 벽지에서 마치 마늘 냄새를 연상시키는 특유의 사향 냄새 같은 것이 풍겼다. 사람들은 녹색 벽지를 바른 침실에는 빈대가 없다는 사실을 발견했다. 만성 환자에게는 환기를 자주 시켜서 신선한 공기를 마시게 해주는 것이 유익하다는 이론이 그 당시에 나온 것도, 어쩌면 이처럼 독성 물질이 함유된 벽지 때문이었는지도 모른다. 상당수의 경우에 그런 환자들은 느린 중독과정을 가까스로 모면하는 셈이었다. 프레더릭 로 옴스테드―그

---

* 셸레는 8가지 원소를 독자적으로 발견했지만―클로르(chlorine), 플루오르(fluorine), 망간 (manganese), 바륨(barium), 몰리브덴(molybdenum), 텅스텐(tungsten), 질소(nitrogen), 산소 (oxygen)―그의 생전에는 이것들 가운데 어느 것의 발견자로도 공인되지 못했다. 그는 자신이 연구하는 물질을 모조리 맛보는 불운한 습관이 있었다. 이는 그 특징에 익숙해지기 위한 방법이었지만, 결국에는 그에게 큰 해를 입혔다. 1786년에 그는 작업대에 쓰러진 채로 발견되었는데, 독성이 있는 화합물을 우연히 과도하게 흡입했기 때문으로 추정된다.

러고 보니 우리는 이 양반을 예상 외로 자주 만나는 것 같다―역시 그런 희생자들 가운데 한 사람이었다. 그는 1893년에 십중팔구 침실 벽지에서 비롯된 듯한 비소 중독으로 고생했으며, 그즈음에 이르자 사람들도 잠자는 동안 자신들의 건강을 해치는 원흉이 있다는 것을 깨닫고 여름 내내 요양지로 몸을 피했다. 즉 다른 방으로 말이다.

페인트 역시 놀랄 만큼 위험한 물질이기는 마찬가지였다. 페인트의 제조 과정에서도 여러 가지 독성 물질이 혼합되었다. 특히 납, 비소, 진사(수은의 사촌쯤 되는 녀석)가 사용되었다. 페인트공은 대개―약간은 모호하지만 그래도 널리 사용되던 명칭인―"페인트공의 복통[鉛毒性腹痛]"에 시달리곤 했는데, 이것은 본질적으로 과도한 납 중독에서 비롯되는 것이었다.* 페인트공은 납을 덩어리째 구입해서는 그것을 직접 갈아서 가루로 만들었는데, 대개 철제 공[球]을 그 위에 대고 계속 굴리는 방법을 이용했다. 이런 식으로 하면 페인트공의 손가락은 물론이고 공기 중에도 납 분말이 가득하게 되었고, 그렇게 제조된 분말은 극도로 독성이 강력했다. 페인트공 사이에서 흔히 일어나는 갖가지 질환들 중에는 중풍, 심한 기침, 피곤, 우울증, 식욕 부진, 환각, 실명(失明) 등이 있었다. 납 중독의 한 가지 특이한 증상은, 경우에 따라 희생자의 동공을 확장시켜서 그가 보는 물체마다 일종의 휘광을 가진 것처럼 보이게 만드는 것도 있었다. 이 효과는 빈센트 반 고흐가 자기 그림에 이용해서 유명해졌다. 그는 아마도 납 중독으로 고생했을 가능성이 많다. 화가들도 종종 그랬기 때문이다. 이처럼 백연(白鉛)으로

---

* 그 위험은 오래 전부터 일찌감치 알려져 있었지만, 20세기로 접어든 지 한참이 지나서까지도 여러 가지 제품에서는 납이 계속 사용되었다. 예를 들면, 통조림 뚜껑은 납으로 때웠다. 물도 역시 납으로 때운 물탱크에 담았다. 과일에 뿌리는 살충제에도 납이 들어 있었다. 심지어 치약용 튜브 제조에도 납이 사용되었다. 미국에서는 1978년, 영국에서는 1992년에 와서야 가정용 페인트 제조에서 납 성분의 사용이 금지되었다. 대부분의 소비자 제품에서는 납이 사라졌지만, 산업 용도 때문에 지금도 대기 중에는 납 성분이 계속해서 쌓여가고 있다. 지금으로부터 50년 전에 살던 사람에 비해서 우리의 체내에는 평균 납 성분이 무려 625배나 더 많다.

인해서 심각하게 병들었던 화가 중에는 제임스 맥닐 휘슬러도 있었다. 그는 이 효과를 실물 크기의 회화 「하얀 소녀」의 제작과정에서 상당 부분 사용했다.

오늘날 납 페인트는 매우 특수한 용도를 제외하면 세계 어디에서나 사용이 금지되고 있지만, 예술 후원자들 가운데서는 납 페인트를 그리워하는 사람들도 있다. 이 재료는 현대의 페인트가 도무지 따라갈 수 없는 색깔의 깊이와 부드러운 분위기를 만들어내기 때문이다. 특히 납 페인트는 나무에 칠했을 때에 더 효과가 뛰어났다.

페인트칠은 또한 여러 가지 관할 문제를 야기했다. 영국에서 페인트칠을 하도록 허가받은 사람들의 상황은 매우 복잡했는데, 이는 모두 동업조합 체제 때문이었다. 다시 말해서 똑같은 개업자라도 어떤 사람은 페인트칠을 할 수 있었던 반면, 또 어떤 사람은 디스템퍼(distemper, 일종의 연한 페인트) 칠만 할 수 있었고, 또 어떤 사람은 양쪽 모두를 할 수 없었다. 누구나 흔히 예상할 수 있듯이 페인트칠의 대부분은 페인트공이 담당했지만, 회반죽공[미장이] 역시 회반죽을 바른 벽 위에 디스템퍼를 바를 수 있는—물론 몇 가지 명암에 불과했다—허가를 가지고 있었다. 반면 배관공과 유리공의 경우에는 디스템퍼가 아니라 유성 페인트를 사용할 수 있었다. 어째서 그런지는 불분명하지만, 아마도 창틀 자체가 종종 납으로 만들어진다는 사실과 관계가 있어 보인다. 실제로 배관공이나 유리공 모두 납이라는 재료를 사용하는 데에는 전문가나 다름없었다.

디스템퍼는 석고와 풀을 혼합해서 만드는 것이었다. 이것은 회반죽을 바른 표면에 이상적인, 더 부드럽고 더 연한 마감을 제공했다. 18세기 중반에 디스템퍼는 일반적으로 벽과 천장에 칠했고, 이보다 더 진한 유성 페인트는 목제품에 칠했다. 유성 페인트는 이보다 훨씬 더 복잡한 성분으로 이루어져 있었다. 우선 주원료(대개 탄산납 또는 "백연")가 있고, 거기에 색을 내는 안료, 그리고 이 두 가지가 서로 잘 붙게 만드는 결합 물질인 아마인유, 그리고 밀랍이나 비누처럼 액체를 걸쭉하게 만드는 약품을 집어넣었다. 이 가운데 마지막 성분은 어딘가 의외라고 생각되는데, 18세기의 유성 페인트는 그것을 넣지 않은 상태에서도 매우 끈적끈적해서 사용하기가 힘들었기 때문이다. "빗자루로 타르를 펼쳐서 바르는 것 같다." 저술가인 데이비드 오언의 말이다. 누군가가 테레빈―소나무의 수액에서 추출되는 자연산 희석제(시너)―을 더하는 방법을 발견하고 나서야 페인트를 사용하기가 쉬워졌고, 페인트칠 역시 모든 면에서 더 부드러워졌다. 테레빈유는 또한 페인트에 흐릿한 터치의 마감을 가능하게 했으며, 이것은 18세기 말에 상당히 선호되는 모양새가 되었다.

아마인유는 페인트에서 마치 마법의 성분과도 같았다. 이 물질 덕분에 페인트가 단단한 필름으로 굳어졌기 때문이다. 이것은 페인트를 페인트답게 만들어준 본질적인 요소라고 할 수 있다. 아마인유는 아마―리넨의 재료가 되는 식물―의 씨앗(아마인[flaxseed 또는 linseed]을 말한다)을 압착해서 만드는 것이다. 이 물질의 한 가지 약점은 극도로 연소가 쉽다는 점―아마인유를 가득 담은 항아리를 잘못 간수할 경우, 곧바로 불길이 확 타오르기 십상이었다―이므로, 아마도 상당수의 치명적인 화재에서 이 물질이 그 원인이었을 것이다. 따라서 불길이 있는 곳에서 이를 사용하려면 상당한 주의가 필요했다.

가장 기본적인 마감재는 회반죽 또는 흰 도료였는데, 이것은 보다 평범한 구역―가사실이나 하인 숙소 등―에 사용되었다. 회반죽은 생석회와 물을 섞은 (때로는 접착성을 향상시키기 위해서 생석회와 수지를 섞은) 단순한 혼합 물질이다. 비록 오래 지속되지는 않지만, 소독제로서 기능한다는 실용적인 장점을 가지고 있다. 흰 도료라고 불리기는 하지만, 종종 채색용 물질을 발라서 (비록 연하게나마) 색깔을 입힌다.

페인트칠은 특히 기술이 필요한 일이었다. 페인트공이 직접 안료를 갈고 섞어서 자기만의 페인트를 만들어야 했기 때문이며―즉 자기만의 색깔을 만들어야 했기 때문이며—따라서 대개 경쟁자에 대한 상업적 우위를 유지하기 위해서 그 제조과정을 극비에 붙였다(아마인유에 안료 대신 수지를 섞을 경우에는 광택제[니스]가 나왔다. 페인트공은 이 제조과정 역시 극비에 붙였다). 페인트는 항상 소량만 제조해서 곧바로 사용해야 했으므로, 매일 필요한 만큼 만들 수 있는 능력이야말로 진정한 기술이었다. 그들은 또한 덧칠을 여러 번 해야 했는데, 당시에는 최고의 페인트조차도 불투명도가 극히 낮았기 때문이다. 대개 벽 하나를 칠하기 위해서 최소한 5번씩 덧칠을 해야 했다. 그리하여 페인트칠은 큰일이고 힘든 일이었으며, 또한 상당한 기술을 요하는 일이었다.

안료의 가격은 천차만별이었다. 회백색과 엷은 잿빛 같은 탁한 색깔의 경우는 파운드당 4-5펜스면 살 수 있었다. 청색과 황색은 이보다 두세 배 정도 더 비쌌고, 따라서 오직 중산층 이상만이 사용하는 경향이 있었다. 화감청(花紺靑)은 제법 귀한 광석인 남동광(藍銅鑛)에 반짝이는 효과를 위해서 유리를 갈아넣어 만드는 청색의 일종으로 훨씬 더 고가였다. 가장 비싼 안료는 녹청(綠靑)이었는데, 말똥과 식초가 담긴 큰 통 위에 구리 조각을 매달아놓았다가 그로 인해서 산화된 구리의 파란 녹을 긁어내서 만들었다. 이것은 구리 돔과 동상에 파란 녹이 생기는 화학작용과 똑같으며, 다만 훨씬 더 빠르고 상업적 용도로 사용된다는 점이 다를 뿐이다. 그로 인해서 생긴 색깔은 18세기의 어느 예찬자의 말처럼, "전 세계에서 가장 섬세한 연두색"이었다. 녹청색으로 칠해진 방에 들어간 손님은 십중팔구 "아!" 하고 감탄해 마지않았다.

페인트가 점점 더 대중화되면서, 사람들은 그 색깔을 최대한 생생하게 만들고 싶어했다. 오늘날 우리가 영국 조지 시대의, 또는 미국 식민지 시대의 색깔이라고 알고 있는 점잖은 색깔들은 그저 퇴색의 결과이지 애초부터 점잖은 색깔을 의도한 것은 아니었다. 1979년에 조지 워싱턴의 저택인 마운트 버논에서는 내부를 원래 색깔에 충실하게 다시 칠하는 프로그램을 시작한 적이 있었다. "사람들이 들어와서 보고는 우리를 야단쳤죠." 마운트 버논의 큐레이터인 데니스 포그는 그때 일을 떠올리고는 씩 웃었다. "우리가 마운트 버논을 야하게 칠했다는 거예요. 그 사람들 말이 맞았죠. 우리는 정말 그렇게 했으니까요. 그러나 그렇게 한 이유는 여기가 원래 그랬기 때문이었죠. 우리가 당시에 원래 모습에 충실하게 복원을 하고 있다는 사실을 대부분의 사람들이 쉽게 납득하지 못했어요.

지금은 식민지 시대의 페인트를 위한 색상표조차도 십중팔구 그 시대의 진짜 색깔보다는 더 부드러워진 색깔을 보여주고 있어요. 실제로 그 당시의 색깔은 훨씬 더 풍부하고 때로는 심지어 당혹스럽기까지 했죠. 더 풍부한 색깔을 얻을 수 있는 사람은 더 존경받는 경향이 있었어요. 가령 풍부한 색깔은 일반적으로 비싼 값을 의미했는데, 그것을 만들기 위해서 상당히 많은 안료가 필요했기 때문이죠. 또한 이 색깔이 대개 촛불 아래서 보였다는 점을 기억할 필요가 있습니다. 그렇게 약한 조명 아래에서 뭔가 강렬함을 주기 위해서는 실제보다도 훨씬 더 선명할 필요가 있었던 거죠."

이제는 토머스 제퍼슨의 저택인 몬티첼로에서도 이와 똑같은 효과가 재현되었고, 그곳의 몇 군데 방은 매우 선명한 노란색과 초록색으로 칠해져 있다. 조지 워싱턴과 토머스 제퍼슨은 히피 특유의 장식적인 취미를 공유했는지도 모를 일이다. 그러나 다음에 설명할 사례에 비하면, 이들의 취향은 극도로 점잖은 편이었다.

19세기 후반에 혼합 상태의 페인트가 시장에 나오자, 사람들은 그야말로 미친 듯이 여기저기에 페인트를 칠하기 시작했다. 집 안 곳곳에 극도로 밝은 색을 칠하는 것뿐만 아니라, 한 방에 일고여덟 가지의 색을 칠하는 것도 일종의 유행이었다.

그러나 보다 면밀하게 바라보면, 마섬 씨가 살던 시대에 두 가지 가장 기본적인 색깔은 아예 존재하지 않았다는 것을 깨닫고 깜짝 놀랄 것이다. 즉 순백색과 순흑색이 없었다. 그 당시에 사용 가능했던 가장 밝은 흰색은 탁

한 회백색에 불과했으며, 비록 19세기에 흰색이 점점 더 향상되었다고는 해도, 1940년대에 와서야 페인트에 산화티타늄을 더함으로써 진정으로 강렬하고 오래 지속되는 흰색이 나왔다. 초창기 뉴잉글랜드에서는 순백색 페인트가 없다는 사실이 두 배로 더 눈에 띄었다. 청교도는 흰색 페인트가 없었을 뿐만 아니라, 나아가서 페인트칠 자체도 불신했기 때문이다(그들은 페인트칠이 너무 현란하다고 생각했다). 그리하여 뉴잉글랜드의 마을하면 연상되는 반짝반짝할 정도로 새하얀 교회들은 사실상 비교적 최근의 현상이다.그 당시에 페인트공의 팔레트에서 없었던 또 한 가지 색깔은 바로 짙은 검은색이었다. 타르와 역청을 증류해서 만든 영구적인 검은색 페인트는 19세기 말까지만 해도 그리 널리 사용되지 않았다. 그리하여 오늘날 런던 거리의 전형적인 모습이라고 할 수 있는 번뜩이는 검은색 출입문, 난간, 정문, 가로등, 배수구, 수직 홈통, 그리고 다른 시설의 모습은 사실상 매우 최근의 것이다. 만약 우리가 디킨스 시대의 런던으로 돌아가볼 수 있다면, 우리 앞에 펼쳐지는 가장 놀라운 차이는 바로 검은색 페인트로 칠해진 표면이 전혀 없다는 사실일 것이다. 디킨스의 시대에도 거의 모든 철제 제품은 초록색, 밝은 청색 또는 탁한 회색으로 칠해져 있었다.

이제 우리는 계단을 올라가서 어떤 방으로 들어가보도록 하자. 단 한번도 실제로 어떤 사람을 죽인 적은 없지만, 집 안의 방들을 모두 합친 것보다 더 많은 고통과 절망의 장소였던 방으로 말이다.

제15장

침실

I

침실은 정말 이상한 장소이다. 우리가 이보다 더 하는 일 없이 더 오래 머물러 있는—그나마 하는 일조차도 대개 조용하고 무의식적으로 하는 것뿐인—장소가 집 안에 또 있을까? 그러면서도 인생의 가장 깊고 지속적인 불행들 상당수가 그 모습을 드러내는 장소가 바로 침실이다. 만약 여러분이 지금 죽어가고 있거나, 몸이 아프거나, 기운이 없거나, 성기능 장애를 일으키거나, 눈물을 흘리거나, 걱정으로 괴로워하거나, 너무 절망한 나머지 다시는 세상에 나설 수 없다고 생각하거나, 또는 다른 이유로 인해서 마음의 평정과 기쁨을 잃어버렸다면, 지금 여러분이 있는 장소는 십중팔구 침실일 것이다. 침실이 그렇게 된 지는 이미 수 세기가 되었지만, 마셤 목사가 이 집을 지었을 당시에는 침실의 삶에 또 한 가지 전혀 새로운 차원이 더해졌다. 바로 두려움이었다. 그 이전 시대의 사람들과는 달리, 빅토리아 시대의 사람들은 각자의 침실이라는 이 작고 제한된 공간에 관해서 걱정할 거리를 훨씬 더 많이 찾아냈던 것이다.

침실 그 자체는 특히 불안을 자아내는 원인이 되었다. 제아무리 깔끔한 사람도 일단 조명이 꺼지고 나면 김이 무럭무럭 나는 독소 덩어리가 되고

마는 것처럼 보였다. 셜리 포스터 머피가 『우리의 가정, 어떻게 건강하게 만들 것인가(*Our Homes, and How to Make Them Healthy*)』(1883)에서 설명한 것처럼, "호흡 시에 배출되는 수분에는 동물의 불순물이 가득하다. 이것이 건물 내부의 벽에 응축되어 있다가, 고약한 냄새를 내뿜는 물줄기가 되어 흘러내리고……벽 속으로 스며들어" 결과적으로 심각한, 그러나 구체적으로 명시되지는 않은 해악을 끼친다는 것이다. 애초에 그 수분이 인체 내에 들어 있을 때에는 왜 아무런 해악을 끼치지 않았는지에 관해서는 아무런 설명도 없고, 분명한 고려도 이루어지지 않은 듯하다. 다만 밤에 숨을 쉬는 것은 좋지 않은 습관이라는 점을 아는 것만으로 충분하다는 식이다.

예기치 못한 접촉의 치욕적인 전율을 회피하는 것뿐만 아니라, 개인 불순물의 혼합 위험성을 감소시키기 위해서 부부에게 트윈 침대가 권장되었다. 그 당시의 어느 의학 권위자는 이렇게 무시무시한 설명을 내놓았다. "침구 아래에 있는 몸 주위의 공기는 극도로 불순하다. 피부의 털구멍을 통해서 빠져나온 독성 물질이 함유되어 있기 때문이다." 한 의사는 미국의 사망자들 가운데 최대 40퍼센트가량은 잠자는 동안 건강에 나쁜 공기에 만성적으로 노출된 것이 원인이라고 집계하기도 했다.

침대를 유지하고 관리하는 것은 힘든 일이었다. 매트리스를 뒤집고 터는 일은 정기적인—그리고 무거운—허드렛일이었다. 전형적인 깃털 침대에는 40파운드의 깃털이 들어 있었다. 베개와 덧베개에도 역시 그만큼의 깃털이 들어 있었다. 이것은 정기적으로 꺼내서 바람을 쐬어주어야 했으며, 그렇지 않을 경우에는 썩기 시작했다. 상당수의 사람들은 집에서 거위를 여러 마리 키웠는데, 대략 매년 세 차례씩 그놈들의 털을 뽑아서 신선한 침구를 마련했다(그 일로 말하면 거위들에게나 하인들에게나 마찬가지로 성가신 일이 아닐 수 없었으리라). 푹신한 깃털 침대는 멋져 보이기는 하지만, 거기에 누운 사람은 곧바로 양쪽 옆에 솟아난 커다란 두 언덕 사이의 단단하고 숨 막히는 틈새 속으로 가라앉게 마련이었다. 침대 받침대는 밧줄로 만든

격자 위에 있어서, 침대가 가라앉을 경우에는 손잡이를 돌려서 단단하게 조일 수 있었지만(바로 여기에서 '단단하게 잔다[sleep tight, 즉 잠을 푹 잔다는 의미]'는 표현이 나왔다) 그렇다고 해서 아주 편안할 정도의 긴장을 만들지는 못했다. 스프링 매트리스는 1865년에 처음 발명되었지만, 처음에만 해도 믿을 만하게 잘 가동하지는 않았다. 때로는 코일이 구부러지면서 사용자를 압박하는 바람에, 자칫 침대에 누운 채로 찔려 죽을 위험이 있었기 때문이다.

19세기에 인기를 끈 미국 책인 『굿홈 백과사전(*Goodholme's Cyclopedia*)』에서는 매트리스의 종류를 그 편안함의 정도에 따라서 10가지로 구분했는데, 좋은 것부터 나쁜 것까지 순위를 매기면 대략 다음과 같았다.

솜털(다운)

깃털

양모

양모 뭉치

동물 털

면

대팻밥

바다 이끼

톱밥

짚

대팻밥과 톱밥이 침구 재료 순위 10위권 안에 들어간 시절이니, 여러분은 이것이 얼마나 구닥다리 시대인지 짐작할 수 있을 것이다. 당시의 매트리스는 빈대와 이와 나방(이놈들은 오래된 깃털을 무지막지하게 좋아해서, 기회만 있으면 놓치지 않고 달려든다)의 안식처였을 뿐만 아니라, 생쥐와 시궁쥐의 안식처이기도 했다. 침대보 바로 아래에서 계속해서 뭔가가 부스럭대는 소리야말로 상당수의 사람에게는 하룻밤의 숙면에 따라붙는 불운한 부수물이었을 것이다.

바닥에 가까운 흔들침대에서 잠을 자야 하는 아이들은 특히 시궁쥐의 수염 난 주둥이와 가까울 수밖에 없었다. 사람이 있는 곳이라면 어디든 시궁쥐도 있었다. 일라이자 앤 서머스라는 미국인 여성이 1867년에 쓴 글을 보면, 매일 밤마다 신발짝을 한 무더기씩 안고 침대에 들어가서, 시궁쥐라는 놈이 마룻바닥을 뛰어다닐 때마다 겨냥해서 던졌다고 한다. 수재너 오거스타 페니모어 쿠퍼—제임스 페니모어 쿠퍼의 딸—는 어린 시절에 침대 위를 뛰어다니던 시궁쥐에 관한 경험을 결코 잊지 못할 것이며, 결코 극복하지도 못할 것이라고 단언했다.

토머스 트라이언은 1683년에 건강과 안위에 관한 책에서 깃털에 묻은 "불결하고 역겨운 배설물"이 벌레를 끌어들인다고 불평했다. 그는 깃털 대신 신선한 짚을, 그것도 많이 사용하라고 권했다. 또한 그는 깃털을 잡아 뽑을 때마다 스트레스를 받은 불운한 새들이 내갈긴 배설물이 깃털에 묻어 있을 가능성이 크다고 믿었다(이는 어느 정도 일리가 있었다).

역사적으로 가장 기본적인 충전물은 짚이었다. 물론 종종 베갯잇 사이로 삐져나온 짚 끄트머리가 사람 몸을 찌르는 단점이 있기는 했지만 말이다. 그 외에도 사람들은 주위에서 발견할 수 있는 물건은 무엇이든지 써먹었다. 어린 시절에 에이브러햄 링컨의 집에서는 옥수수 껍질을 충전재로 사용했는데, 이 재료의 경우에 불편함은 둘째 치고 버석버석 하는 소음이 상당히 요란했을 것이다. 깃털을 구할 여력이 없는 사람은 양모나 말총이 더 값싼 대안이었지만, 이 두 가지는 냄새가 난다는 것이 문제였다. 양모는 나방이 꼬이기 쉽다는 단점도 있었다. 유일한 처방은 종종 양모를 꺼내 물에 삶는 것이었는데, 충분히 성가신 일이었다. 더 가난한 집에서는 나방을 쫓아준다는 속설 때문에 아예 쇠똥을 가져다가 침대 기둥에 매달아놓았다. 날씨가 더우면 여름철의 곤충들이 창문 너머로 들어와서 성가시고 불편했다. 때로는 방충망을 침대 위에 덮어씌웠지만, 이런 물건은 극도로 불에 타기 쉽다는 점이 적잖은 고민거리였다. 1790년대에 뉴욕 주 북부를 찾은 어느 방문객의 기록에 따르면, 그가 머물던 집 주인은 손님이 잠자리에 들기 직전에 방에 해충을 쫓기 위해서 훈증(燻蒸)을 해주는 호의를 베풀었다. 결국 손님은 숨 막히는 연기를 헤치고 더듬더듬 침대로 향할 수밖에 없었다. 해충을 쫓기 위한 철사 방충망도 일찌감치 발명되었지만—제퍼슨도 몬티첼로에 그런 물건을 하나 두고 있었다—값이 비쌌기 때문에 널리 사용되지는 않았다.

　역사상 대부분의 기간 동안, 집주인이 가진 가장 귀중한 소유물은 십중팔구 침대였다. 예를 들면, 윌리엄 셰익스피어의 시대에 어엿한 차양 침대 하나의 가격이 5파운드나 되었는데, 그 정도면 학교 선생이 받는 연봉의 절반에 해당하는 거금이었다. 침대가 워낙 귀중한 물건이다 보니, 그중에서도 가장 좋은 것은 아래층에, 때로는 심지어 거실에 놓고 사용했다. 그래야만 집을 찾는 손님들은 물론이고, 열어놓은 창밖으로 지나가던 사람들도 보고 감탄할 수 있었기 때문이다. 그런 침대는 대개 정말로 귀중한 손님을 위해서라는 명목으로 비워두었으며, 실생활에서는 거의 사용하지 않았다. 이쯤 되면 자기 재산 중에서 유독 두 번째로 좋은 침대를 아내인 앤에게 남겨준다고 한, 셰익스피어의 유명한 유언을 보는 시각도 약간은 달라진다. 종종 이 유언은 아내를 향한 남편의 모욕처럼 해석되지만, 위와 같은 사실을 고려하면 오히려 그것이야말로 부부가 함께 사용했던 침대이며, 따라서 두 사람 모두에게 가장 친숙한 침대일 수도 있다는 것이다. 어째서 셰익스피어가 굳이 특정한 침대를 콕 짚어서 이야기했는지는 물론 여전히 수수께끼로 남는다. 남편이 죽고 나면 어차피 앤이 집 안의 침대란 침대는 모조리 상속하게 될 것이니 말이다. 그러나 일부 해석에서처럼 두 번째 침대 운운하는 표현이 결코 모욕이나 냉대가 아니라는 것은 분명하다.

이전까지만 해도 사생활[프라이버시]이라는 것은 개념 자체가 지금과는 상당히 달랐다. 19세기까지 여관에서는 한 침대를 나눠 쓰는 일이 일반적이었으며, 이런저런 일기를 살펴보면 밤늦게 도착한 낯선 사람이 침대에 기어드는 것 때문에 짜증이 났다는 작성자의 불평이 종종 들어 있다. 벤저민 프랭클린과 존 애덤스는 1776년에 뉴저지 주 뉴브런즈윅에 있는 어느 여관에 투숙했을 때 한 침대에서 자게 되었는데, 밤새도록 창문을 열어놓느냐 마느냐 따위를 놓고 사사건건 말다툼을 벌이느라고 상당한 불편을 겪었을뿐더러 잠도 거의 자지 못했다.

심지어 집에서도, 하인이 주인의 침대 발치에서 잠을 자는 일은 비교적 흔한 편이었다. 심지어 주인이 다른 누군가와 침대에 들었을 때에도 상황은 그리 다르지 않았다. 기록에 따르면, 헨리 5세가 왕비인 발루아의 캐서린과 침대에 누웠을 때에도, 그 곁에는 왕의 집사와 시종 모두가 함께 있었다고 전한다. 새뮤얼 피프스의 일기를 보면, 그들 부부의 침실 바닥에는 항상 하녀 한 사람이 자고 있었다. 그는 이 하녀를 일종의 살아 있는 도난 경보기 정도로 간주했다. 이런 상황에서는 침대 커튼이 있었다고 해도 사생활을 지켜주지도 못했고, 그렇다고 외풍을 차단해주지도 못했다. 오히려 침대 커튼은 먼지와 해충의 근거지로 건강에 나쁘다고 간주되었다. 게다가 화재의 위험도 높았다. 바닥의 골풀 깔개부터 천장의 초가지붕까지, 침실에 있는 물건 전부가 가연성이었기 때문에 이것도 결코 무시할 수가 없는 위협이었다. 가정생활에 관한 지침서마다 침대에서 촛불을 켜놓고 책을 읽는 것의 위험성을 경고했지만, 그럼에도 불구하고 사람들은 여전히 그렇게 했다.

17세기의 역사가인 존 오브리의 책을 보면, 토머스 모어의 딸 마거릿이 윌리엄 로퍼라는 남자와 결혼하는 과정에서 있었던 한 가지 일화가 나온다. 이 이야기에 따르면, 로퍼는 어느 날 아침에 모어를 찾아가서 그의 딸들 가운데 한 사람과—누구든지 간에 상관없이—결혼하고 싶다고 말했다. 그러자 모어는 로퍼를 자기 침실로 데리고 들어갔는데, 그곳에 있는 부모의 침대 밑에서 꺼낸 바퀴 달린 침대에서는 딸들이 자고 있었다.[*] 모어는 상체를 굽히더니 "이불 한 귀퉁이를 붙잡고 갑자기 훌쩍 걷어버렸다." 오브리의 유쾌한 표현에 따르면, 이불을 걷자마자 그 아래서는 완전히 벌거벗은 처녀들의 몸이 나타났다. 똑바로 누워서 잠자던 처녀들은 갑자기 누가 수면을 방해하자 잠결에 투덜거리면서 엎드려 누웠고, 윌리엄 경은 잠시 생각한 끝에 이제 양면을 다 구경했다면서, 자기 지팡이를 들어서 당시 열여섯 살이던 마거릿의 엉덩이를 톡톡 건드렸다. "구애에 들어간 노력은 그것이 전부였다." 오브리는 뚜렷한 감탄을 드러내며 이렇게 적었다.

이 일화가 사실이든 아니든—오브리가 이 일화를 기록한 시점은 그때로부터 무려 한 세기 뒤라는 사실을 언급할 필요가 있으리라—간에 분명한 점은 그 당시에는 이미 다 자란 딸들이 부모의 침대 옆에서 잠을 자는 것을 어느 누구도 이상하게 생각하지 않았다는 것이다.

침대와 관련된 진짜 문제, 그중에서도 빅토리아 시대에 특히 부각된 문제는, 이 가구가 인간의 활동들 중에서도 가장 말썽 많은 것과 불가분의 관계에 있다는 점이었다. 그 활동이란 바로 성행위였다. 결혼 관계 안에서는 물론 성행위가 때로는 필수적이었다. 메리 우드-앨런은 유명하고 영향력 있는 저서 『젊은 여성이 마땅히 알아야 할 것(*What a Young Woman Ought to Know*)』에서 젊은 여성 독자들을 향해서 결혼 관계 안에서는 신체적 친교에 가담하는 것도 허락할 만하며, 다만 "성적인 욕망이라고는 털끝만큼도 없

---

[*] "바퀴 달린 침대"를 가리키는 트러클 베드(truckle bed)와 트런들 베드(trundle bed)는 사실 똑같은 뜻이다. 트러클(truckle, 작은 바퀴)은 그리스어의 트로클레아(trochlea)에서 유래한 단어로, 뭔가 미끄러지는 것을 의미한다. 트런들(trundle)은 고대 영어의 트린들(trindle)과 트렌들(trendle)에서 유래한 단어로, 양쪽 모두 뭔가 굴러서 움직이는 것을 의미한다. 트러클 베드라는 단어는 1459년부터 사용된 듯하고, 트런들 베드라는 단어는 그로부터 100년쯤 뒤에 나왔다.

이" 행하는 한에서만 그렇다고 단언했다. 수태 순간과 임신 기간 내내 어머니의 기분과 숙고가 결국 태아에게 심오하고 돌이킬 수 없는 영향을 끼친다고 생각되었기 때문이다. 부부에게는 자칫하다가는 잘못된 아이를 낳을 수 있다는 이유에서 서로를 향해서 "완전한 공감을 느끼는" 상태가 아니면 성교를 하지 말아야 한다고 조언했다.

　흥분을 피하는 보다 일반적인 방법으로, 여성들은 맑은 공기를 충분히 쐬라는, 독서와 카드 놀이 같은 자극적인 소일거리를 피하라는, 그리고 다른 무엇보다도 꼭 필요한 경우 외에는 절대로 두뇌를 쓰지 말라는 조언을 받았다. 여성을 교육하는 것은 그저 시간과 자원의 낭비일 뿐만 아니라, 나아가서 그들의 연약한 체질에는 위험스러울 정도로 나쁘다고 간주되었다. 1856년에 존 러스킨은 한 에세이에서 여성 교육은 그 배우자에게 실질적으로 유용한 사람이 될 정도만 하되, 그 이상은 안 된다고 주장했다. 심지어 그 당시로서는 급진적 페미니스트였던 미국인 캐서린 비처조차도 여성은 완전하고 평등한 교육의 권리를 누려야 마땅하다고 주장하면서도, 대신 머리를 손질하는 데에 필요한 별도의 시간은 인정해주어야 한다고 열띤 주장을 펼쳤다.

　남성에게는, 결혼이라는 성스러운 테두리 바깥으로는 자신의 정액을 단 한방울도 흘리지 않는 것이 핵심적이고 중차대한 문제였다. 그리고 점잖게 제어할 수만 있다면, 결혼이라는 테두리 안에서도 아주 많이 흘리지는 말아야 했다. 어느 권위자의 설명처럼, 정액이란 체내에 소중하게 보관되어 있을 때에는 혈액을 진하게 만들고 두뇌에 원기를 북돋우기 때문이었다. 이 자연산 불로장생약을 불법적으로 방출할 경우, 그 사람은 말 그대로 정신과 신체 모두가 허약해지기 십상이었다. 따라서 결혼이라는 테두리 안에서도 정액의 사용은 특히 검소해야 하며, 성행위를 빈번히 할 경우에는 "활기 없는" 정액이 생산되기 때문에, 결국 건강하지 못한 자녀를 낳게 된다고 했다. 성교는 최대 1개월에 1회까지만 안전한 것으로 간주되었다.

수음은 논의의 여지가 없는 잘못으로 치부되었다. 자위 행위가 초래하는 해악의 목록을 살펴보면, 의학계에서 파악된 바람직하지 못한 상태가 거의 모두, 심지어 정신 이상이나 조기 사망까지도 포함되어 있었다. 수음 중독자들—"불쌍하고 비루하고 몸을 덜덜 떠는, 창백한, 팔다리가 가늘고 긴, 땅 위를 기어다니는 불쾌한 생물"—은 경멸의 대상이었다. "수음은 그 행위 하나하나가 일종의 지진—일격—이며, 치명적이고 마비적인 타격이다." 또 한 사람은 이렇게 선언했다. 사례 연구는 이런 위험을 생생하게 지적했다. 새뮤얼 티소트라는 의사는 자기 환자들 가운데 한 사람이 계속해서 침을 질질 흘리고, 코에서 묽은 피를 흘리고, "침대에 누워서 배변을 하면서도 미처 깨닫지 못했다"고 묘사했다. 그중에서 "미처 깨닫지 못했다"는 것은 특히 충격적이었다.

이 가운데서도 최악은 수음 중독이 결국 자녀들에게도 그대로 유전된다는 주장이었다. 따라서 이 사악한 쾌락은 단순히 매번 자신의 두뇌를 허약하게 만들 뿐만 아니라, 미처 태어나지도 않은 세대의 생기도 약화시키는 셈이었다. 이 성적인 위험 행위에 대한 가장 철저한 분석—아울러 가장 포괄적인 책 제목—은 윌리엄 액턴 경이 1857년에 펴낸 저서 『번식 기관의 기능과 이상, 유년기와 청년기와 성년기와 장년기, 그 생리학적이고 사회학적이고 도덕적인 상관관계(The Functions and Disorders of the Reproductive Organs, in Childhood, Youth, Adult Age, and Advanced Life, Considered in Their Physiological, Social, and Moral Relations)』에 나타났다. 그는 바로 자위 행위가 시력 상실을 가져온다고 주장한 장본인이었다. 또한 그는 종종 인용되는 다음과 같은 주장의 장본인이기도 했다. "여성들 대다수는 어떤 종류든지 간에 성적인 감정으로 인해서 곤란을 겪는 경우가 별로 없다고 단언한다."

이런 믿음은 놀라울 정도로 오랫동안 위력을 행사했다. "내 환자들 상당수가 한 말에 따르면, 그들의 첫 번째 자위 행위는 뮤지컬 쇼를 구경할 때에 벌어졌다." 윌리엄 로빈슨 박사는 성적 장애에 관한 1916년의 연구서에서 이렇게 엄숙한, 그리고 믿기 힘든 주장을 펼쳤다.

다행히도 과학이 곁에 서서 도움의 손길을 제공했다. 메리 로치가 『봉크 : 성과 과학의 의미심장한 짝짓기(*Bonk: The Curious Coupling of Sex and Science*)』에서 지적한 바에 따르면, 음경 찌르기 고리라는 해결책도 있었다. 1850년대에 등장한 이 물건을 잠자리에 들 때 (또는 어느 때라도) 음경에 끼워서 사용했는데, 허용 가능한 일탈의 아주 좁은 범위 이상으로 음경이 부풀어오를 경우에는 그 주위에 달린 금속제 침이 응징하게 되어 있었다. 그런가 하면 전류를 이용해서 사용자를 움찔 하고 놀라게 만드는, 그렇게 함으로써 방심하지 못하게 하는 장치도 있었다.

이런 보수적인 견해에 모두가 찬성한 것은 아니었다는 것을 분명히 밝혀 두어야겠다. 비교적 이른 시기인 1836년에도, 프랑스의 의학 권위자인 프랑수아 랄레망이 펴낸 세 권짜리 연구서에서는 빈번한 성행위를 튼튼한 체력과 같은 의미로 보았다. 스코틀랜드의 의학 전문가인 조지 드리스데일은 이런 주장에 크게 감명을 받아, 자유로운 사랑과 무제한적인 성행위에 관한 철학을 고안해서 『신체적, 성적, 자연적 종교(*Physical, Sexual, and Natural Religion*)』라는 저서를 펴냈다. 1855년에 나온 이 책은 9만 부가 팔렸고, 11개 언어—평소에도 별 의미 없는 세부사항을 열심히 강조하기 일쑤인 『영국 인명사전』의 설명에 따르면, 심지어 "헝가리어도 포함되어" 있었다—로 번역되었다. 그 당시의 사회에는 더 큰 성적 자유에 대한 '어떤' 갈망이 있었음이 분명하다. 불행히도 그 당시의 사회 전반에는 이후로도 한 세기쯤은 더 흘러서야 비로소 가능할 법한, 그런 자유를 허락할 분위기가 무르익지 않았다.

그토록 만성적으로 긴장되고 혼란스러운 분위기였기 때문에, 상당수의 사람들이 성공적인 성행위를 실현 불가능한 이상처럼 생각한 것도 놀라운 일은 아니었다. 이런 사실을 잘 보여주는 사례로 존 러스킨의 일화만 한 것이 없다. 1848년에 이 위대한 미술 평론가는 열아홉 살의 유피미아 '에피'

음경 찌르기 고리

초머스 그레이라는 신부를 맞이했는데, 두 사람의 관계는 시작부터 삐걱대기 시작해서 끝내 회복되지 못했다. 이 결혼은 결국 완성에 이르지 못했다. 그녀의 말에 따르면, 러스킨은 그녀에게 다음과 같이 고백했다. "그가 일찍이 상상했던 여성들은 지금 그가 내게서 보는 모습과는 상당히 달랐으며, 그가 나를 자신의 '아내'로 삼지 않은 까닭은, 첫날밤에 그가 내 몸에 혐오감을 느꼈기 때문이라고 했다."

　더 이상은 참을 수 없었던 (또는 차라리 다른 남자를 찾는 편이 낫겠다고 생각한) 에피는 러스킨을 상대로 결혼무효 소송을 제기했으며—이 사건에 관한 자세한 내용은 여러 나라의 주요 신문 독자들의 흥미진진한 읽을거리가 되었다—결국 화가인 존 에버렛 밀레이에게 가서 자녀를 8명이나 낳고 행복하게 살았다. 그 당시에 밀레이는 러스킨의 초상화를 그려주던 중이었기 때문에 그녀의 가출 타이밍은 특히 불운했다. 명예를 중시하는 인물인 러스킨은 계속해서 밀레이 앞에 앉아서 초상화 모델 노릇을 했지만, 두 사람은 결코 다시는 말을 섞지 않는 사이가 되었다. 러스킨을 동정하는 사람들—그런 사람들이 상당히 많았다—은 마치 그런 스캔들이 애초에 일어난 적도 없었다는 식으로 반응했다. 1900년에 이르자 이 사건 전체가 기록에서 워낙 효과적으로 말살된 까닭에, W. G. 콜링우드는 『존 러스킨의 생애(*The Life of John Ruskin*)』를 쓰면서도, 러스킨이 결혼한 적이 있었다는 사실에 관해서는 물론이고, 러스킨이 여성의 음모(陰毛)를 보자마자 문을 박차고 나갔다는 사실에 관해서도 지극히 태연하게 무시할 수 있었던 것이다.[*]

러스킨은 특유의 점잔빼는 성격을 결코 극복하지 못했으며, 그러려는 노력도 보이지 않았다. 1851년에 J. M. W. 터너가 사망하자, 그는 이 위대한 예술가가 국가에 헌납한 작품들을 조사하는 임무를 맡게 되었다. 그런데 조사 중에 경쾌하면서도 에로틱한 성격의 수채화가 몇 점 발견되었다. 충격을 받은 러스킨은 이 그림들이 "분명히 정신 이상의 상황에서나" 그려질 수 있는 것이라고 판정하고, 국가의 이익을 위해서라는 미명하에 거의 모두를 파괴했다. 그리하여 그는 여러 귀중한 미술품들을 후손들의 손에서 앗아가버렸다.

에피 러스킨이 불행한 결혼생활에서 도피한 사건은 무척 운이 좋은 일인 동시에 이례적인 일이었다. 19세기의 이혼 법률은 결혼에 관련된 다른 모든 일들과 마찬가지로 전적으로 남성에게만 유리했기 때문이다. 빅토리아 시대에 잉글랜드에서 남편은 아내가 다른 남자와 동침했다는 사실을 증명하기만 하면 얼마든지 이혼할 수 있었다. 반면 아내는 남편이 근친상간, 수간 또는 여타 몇 가지의 음침하고 변명의 여지가 없는 위반 행위를 곁들인 간통을 범했다는 것을 증명하지 않는 한, 이혼이 불가능했다. 1857년까

---

[*] 러스킨이 여성의 '음모'를 보고 충격을 받았다는 이야기는 훗날 그의 전기 작가들 중 한 사람이 제기한 설명으로, 이후 일종의 정설처럼 받아들여지고 있다. 러스킨은 고전고대의 미술품에 등장한 여성의 모습만 보았기 때문에, '음모'를 보자마자 자신의 상상과는 전혀 다른 여성의 모습에 충격과 혐오를 느꼈다는 것이다. 또다른 전기 작가는 '음모'가 아니라 '생리혈'이 원인이었다고도 설명한다 / 역주

지만 해도 이혼한 여성은 개인 재산을 모두 몰수당했고, 심지어 자녀까지도 빼앗겼다. 사실 아내에게는 법적으로 아무런 권리가 없었다. 재산에 대한 권리도, 표현에 대한 권리도, 심지어 남편이 허락해주는 자유를 제외하면 사실상 아무런 자유도 없었다. 위대한 법 이론가 윌리엄 블랙스톤에 따르면, 여성은 결혼과 함께 "그 존재 또는 법적 실체"를 상실하게 되었다. 아내는 결국 아무런 법적 인격체도 아닌 셈이었다.

일부 국가는 다른 국가에 비해서 훨씬 더 자유로운 분위기였다. 특히 프랑스에서는 간통죄 하나만 가지고도 아내가 남편과 이혼할 수 있었다(물론 그 간통 행위는 부부가 함께 사는 집에서 일어나야 한다는 전제가 있었지만). 그러나 잉글랜드에서는 기준 자체가 무척 불공평했다. 한 유명한 사례로, 마사 로빈슨이라는 여성이 잔인하고 불안정한 성격인 남편에게 여러 해 동안이나 두들겨 맞고 신체적으로 학대를 받았다. 남편은 아내에게 임질을 옮겼고, 이후에 아내가 먹는 음식에 성병 치료제를 몰래 집어넣었다가, 급기야 아내가 그 약에 중독되어서 죽을 뻔한 일까지 벌어졌다. 건강과 정신 모두에 타격을 받은 아내는 이혼 소송을 제기했다. 판사는 부인의 주장을 유심히 들은 뒤에, 소송을 기각하고 좀더 인내해보라는 조언과 함께 로빈슨 여사를 가정으로 돌려보냈다.

혹시 일이 잘 풀린다고 하더라도, 여성이 된다는 것은 어려운 일이었다. 여성다움은 자동적으로 병적인 것으로 간주되었기 때문이다. 예를 들면, 사춘기 이후의 여성은 대개 몸이 아프거나, 또는 몸이 아플 위험에 영구적으로 노출되어 있다는 식의 믿음이 다소간 보편적이었다. 가슴과 자궁과 다른 번식 관련 기관들의 발달은 "각 개인이 보유한 유한한 자원으로부터 원기를 끌어와 써버린다"는 것이 그 당시의 한 권위자의 설명이었다. 의학 서적에서 월경은 마치 매달 벌어지는 의도적인 부주의의 산물인 것처럼 서술되었다. "한 달 주기의 어느 단계에서 실제로 고통이 느껴지는 경우, 이것은 옷이나 식단 또는 당사자의 개인적이거나 사회적인 습관에서 뭔가가 잘못되었기 때문이다." 한 (물론 '남성') 관찰자는 이렇게 썼다.

이 대목에서의 고통스러운 아이러니는, 여성들이 그토록 빈번하게 '정말' 아팠던 까닭은 워낙 예법에 얽매여 있어서 적절한 의료 조치를 받기가 어려웠기 때문이라는 것이다. 1856년에 보스턴에서 살던 어느 어엿한 집안의 젊은 주부가 의사를 찾아가서, 남편 이외의 다른 남자들을 자기도 모르게 생각하게 된다고 고백했다. 그러자 의사는 일련의 엄중한 긴급 조치를 실시했다. 냉수욕과 관장을 실시하고, 매운 음식 섭취와 가벼운 소설 읽기를 금지하고, 심지어 봉사로 그 여성의 음부를 철저히 닦아내기도 했다. 가벼운 소설은 불건전한 생각과 신경쇠약을 조장하는 원인으로 간주되었다. 한 저자가 엄숙하게 요약한 것처럼, "어린 소녀들의 로맨스 읽기는 신체기관을 흥분시킴으로써 조숙한 발달을 야기하고, 그런 아동은 마땅한 시기보다 수 개월에서 수 년까지 더 먼저 신체적으로 여성이 된다."

주디스 플랜더스에 따르면, 비교적 나중인 1892년에도 한 남자가 아내를 병원에 데려와서 눈 검사를 했는데, 자궁 탈수가 원인이라서 자궁 절제 수술을 하지 않으면 시력이 손상될 것이라는 말도 안 되는 진단을 받았다고 한다.

아무리 의사라고 하더라도 여성의 출산 관련 사항에 관해서는 기껏해야 포괄적 일반론밖에는 내놓을 수 없었다. 그 어떤 의사도 적절한 부인과 검진을 할 수 없었기 때문에, 이는 심각한 의학적 결과를 가져왔다. 극단적인 경우에는 조명도 침침한 방에서 이불을 뒤집어 쓴 환자를 조심스레 더듬어 볼 수밖에 없었지만, 이것조차도 매우 이례적인 일이었다. 대개는 목과 무릎 사이의 어느 부분에 의학적인 불편이 있는 여성은 인체 모형에서 해당 부분을 손으로 짚으며 얼굴을 붉히는 정도에 그쳤다.

1852년에 어느 미국인 내과의사는 다음과 같이 자랑스러운 말투로 언급했다. "여성들은 자신의 질환을 완전히 조사할 수 없도록 방해하는 그 민감한 도덕관념을 포기하느니, 차라리 극도의 위험과 고통을 감내하는 편을 선호한다." 일부 의사는 출산 시에 겸자(鉗子) 사용에 반대했다. 그렇게 하면 앞으로는 모든 여성들이 아이를 낳기에는 너무 작은 골반을 가지게 되고, 그리하여 이런 결함이 그 딸들에게도 유전될 수 있다는 이유에서였다.

이 모두로 인해서 여성의 해부구조 및 생리학에 관한 의사들의 무지가 거의 중세 수준인 것은 불가피한 일이었다. 이 당시의 의학 연보에 수록된 관련 기록들 중에서도 이 전문가 양반들의 어리석음을 보여주는 가장 좋은 사례로는 메리 토프트의 유명한 사건을 들 수 있다. 서리 주 고덜밍에서 토끼를 기르던 이 문맹의 여성은 1726년 가을의 여러 주일 동안에 걸쳐서 자신이 토끼를 낳았다고 의학 분야의 권위자들—그중 두 명의 내과의사는 왕족의 주치의였다—을 감쪽같이 속여 넘겼다. 이 사건은 국가적인 센세이션을 불러일으켰다. 의사들 중 몇 사람은 그녀가 토끼를 낳을 때에 동석했으며, 이 사건에 그야말로 놀라움을 표시했다. 그러다가 국왕의 주치의인 독일인 외과의사 키리아쿠스 알러스가 좀더 면밀히 관찰한 결과, 이 모두는 사기극에 불과하다고 단언했고, 토프트 역시 자신의 기만 행위를 자백했다. 그녀는 사기죄로 잠깐 감옥에 갇혔다가 다시 고향인 고덜밍으로 돌아갔으며, 이후의 행적은 전혀 알려지지 않았다.

그러나 여성의 해부구조와 생리학에 관한 이해가 이루어지기까지는 이후로도 한참이 더 걸렸다. 1878년에 『브리티시 메디컬 저널』에서는 생리 중인 여성의 손길이 닿은 햄이 정말로 변질되는지 아닌지 여부를 놓고 활발하고 지속적인 논의가 이루어졌다. 주디스 플랜더스의 말에 따르면, 영국의 한 의사는 수태 직후에 음부 주위의 색깔이 변화하는 현상을 임신 여부를 알아내는 유용한 지표로 삼을 수 있다는 요지의 글을 간행했다가 의사 면허를 박탈당했다. 그가 내린 결론은 전적으로 타당했다. 문제는 그런 변화를 확인하기 위해서는 직접 눈으로 들여다보는 수밖에 없다는 것이었다. 결국 이 의사는 두번 다시 진료를 할 수 없었다. 그 와중에 미국에서는 저명한 부인과 의사인 제임스 플랫 화이트가 학생들에게 출산하는 여성의 신체를—

물론 그 여성의 양해하에—관찰하도록 허락했다는 이유로 미국 의학협회에서 제명되었다.

이에 비하면, 아이작 베이커 브라운이라는 외과의사의 행동은 훨씬 더 이례적인 데가 있었다. 그때는 의사들이 여성의 생식기관 근처로는 팔 하나 길이 이내로 절대 접근하지 않던 시대였으며, 또 설령 접근한다고 하더라도 거기서 무엇을 발견할 수 있을지에 관해서 전혀 모르던 시대였음에도 불구하고, 베이커는 부인과 전문 외과의사로서 일종의 개척자가 되었다. 그런데 불행히도 그의 이런 열성은 전적으로 심각하게 잘못된 개념으로부터 유래한 것이었다. 특히 그는 거의 모든 여성들의 질환이 "클리토리스 한가운데 있는 정절 신경의 말초적 자극"에서 비롯된 결과라고 확신했다. 쉽게 말해서 그는 여성의 자위 행위가 정신 이상, 간질, 강경증, 히스테리, 불면증, 그리고 기타 수많은 신경성 질환의 원인이라고 보았던 것이다. 이에 대한 해결책은 문제의 클리토리스를 외과수술로 제거함으로써, 제멋대로 흥분이 일어날 가능성 자체를 없애는 것이었다. 그는 또한 난소가 매우 나쁜 기관이기 때문에, 가급적 제거하는 편이 낫다는 확신을 가지게 되었다. 그 이전까지는 어느 누구도 난소를 제거하고자 시도한 적이 없었기 때문에, 이것은 예외적이라고 할 정도로 민감하고 위험한 수술이었다. 베이커 브라운이 처음 수술한 환자 3명은 수술 도중에 사망했다. 그럼에도 불구하고 그는 자기 누이를 네 번째 환자로 삼아서 수술을 시도했다. 다행히도 그녀는 죽지 않았다.

그러다가 수 년간 그가 여성 환자들의 허락이나 사전 고지 없이 클리토리스를 제거해왔다는 사실이 밝혀지자, 의학계에서는 신속하고 단호한 조치를 취했다. 1876년에 베이커 브라운은 런던 산과학회에서 제명당했으며, 이와 동시에 사실상 진료 행위를 금지당했다. 다만 그와 관련해서 한 가지 긍정적인 결과가 있었다면, 마침내 의사들이 여성 환자들의 은밀한 부분을 과학적으로 주목해야 할 때가 도래했다는 것을 시인했다는 점이다. 무척이나 아이러니컬하게도, 그토록 솜씨 없는 의사이면서 지독한 인간이었던 베이커 브라운 덕분에, 여성 의료에 관한 연구와 시술이 현대적 수준으로 까지 향상될 수 있었던 셈이다.

II

근대 이전의 시대에 사람들이 성행위를 두려워한 데에는 상당히 타당한 이유가 있었다는 것을 분명히 언급해야겠다. 바로 매독 때문이었다. 이보다 더 무시무시한 질병은 없었으며, 이른바 매독 제3기로 알려진 단계까지 접어든 불운한 사람들에게는 특히 더 그랬을 것이다. 이것은 여러분이 결코 경험하고 싶어하지 않을 법한 중대한 사건이었다. 매독은 성행위를 진정 두려움의 대상으로 만들었다. 상당수의 사람들에게 이 질병은 결혼 관계의 범위 밖에서의 성행위는 천벌을 불러온다는 하느님의 분명한 메시지인 것처럼 보였다.

앞서 살펴본 것과 같이, 매독은 물론 오래 전부터 있었던 질병이다. 비교적 이른 시기인 1495년—크리스토퍼 콜럼버스의 항해를 통해서 매독이 유럽으로 전파된 지 겨우 3년 뒤—에도 이탈리아에서는 군인들이 "마치 좁쌀 같은" 농포가 얼굴과 몸에 잔뜩 나타나는 증상을 보였는데, 이것은 아마도 유럽에서 발생한 매독에 관한 최초의 의학적 기록일 것이다. 이 질병은 급속도로 번져나갔다. 너무 급속도로 번져나갔기 때문에, 사람들은 지금까지도 그 최초의 발생지가 과연 어디인지에 대해서 의견이 갈리는 실정이다. 1503년에 이 질병에 관해서 언급한 최초의 영어 기록은 '프랑스 발진병 (the French pox)'이었다. 다른 나라에서는 이 질병을 가리켜서 에스파냐 병, 켈트 병, 나폴리 발진병이라고 일컬었고, 그 외에도 '기독교인 병'이라는 제법 일리 있는 이름도 있었다.* '매독(syphilis)'이라는 이름은 이탈리아의 히에로

---

* 매독을 영국에서는 "프랑스 병"이라고 불렀고, 반대로 프랑스에서는 "영국 병"이라고 불렀던 것처럼, 다른 여러 나라들에서도 이 질병을 가리키는 명칭에 각별히 적대 관계에 있는 국

니무스 프라카스토리우스가 1530년에 발표한 시에서 처음 고안된 것이다 (이 작품에서 그 질병에 걸린 것으로 묘사된 어느 목자의 이름이 바로 '시 필리스[Syphilis]'였다). 이 명칭은 1718년에 처음 영어에 등장했다. 이보다 더 속된 명칭인 '철썩병(clap)'의 기원은 불확실하지만, 이것 역시 상당히 오래된 것이기는 하다. 영어에서는 무려 1587년부터 사용된 말이기 때문이다.

매독은 오랫동안 특히 무시무시한 질병으로 간주되었다. 세 단계를 거치는 그 진행과정—늘 먼저보다 더 증상이 악화되었다—때문이었다. 제1기는 대개 성기에 하감(下疳, 궤양의 일종)이 생겨나는 것인데, 비록 추하기는 하지만 고통은 없다. 그렇게 얼마가 지나면 제2기가 시작되는데, 이때는 아프고 따끔거리는 것에서부터 탈모까지의 여러 가지 증상이 나타난다. 제1기와 마찬가지로 제2기 역시 치료가 되건 되지 않건 간에 대략 1개월 내외면 사라진다. 매독 환자들 3분의 2에게는 이것이 끝이다. 여기서 질병이 사라지는 것이다. 그러나 불운하기 짝이 없는 나머지 3분의 1은 아직 진정한 두려움을 맛보지 못한 셈이 된다. 이 질환은 이후 최대 20년까지 잠복하다가 드디어 제3기로 접어든다. 어느 누구도 겪고 싶어하지 않을 만한 단계이다. 이때가 되면 이 질병이 신체를 좀먹어들어가고, 중단도 자비도 없이 뼈와 조직을 파괴한다. 코가 주저앉거나 없어지는 사례도 종종 나타난다(한때 런던에는 '코 없는 사람 클럽[No-Nose's Club]'이라는 것이 있었다). 입에서는 입천장이 없어질 수도 있었다. 신경세포가 죽는 바람에 환자들은 큰 신체 손상을 겪을 수도 있었다. 증상들은 여러 가지이지만 하나같이 끔찍한 것들이었다. 그 위험에도 불구하고 사람들은 정말 놀라울 정도로 그런 위험을 기꺼이 감수했다. 제임스 보즈웰은 30년 동안 무려 19회나 성병에 걸렸다.

매독은 그 치료법도 가혹했다. 초창기에는 요도를 통해서 방광에 납 용

가나 민족의 이름을 들먹이곤 했다. 예를 들면 네덜란드에서는 "에스파냐 병"이라고 불렀고, 러시아에서는 "폴란드 병"이라고 불렀고, 투르크에서는 "기독교인 병"이라고 불렀다. 이는 이 질병이 한편으로는 외국인과의 성 접촉으로 전파되었기 때문이며, 또 한편으로는 매우 지독하고 혐오스러운 것이었기 때문이다/역주

액을 주입했다. 그러다가 수은이 치료제로 각광을 받았으며, 20세기에 들어서도 최초의 항생제가 발명되기 전까지는 줄곧 사용되었다. 수은은 온갖 종류의 중독 증상—뼈가 해면질로 변하고, 치아가 빠진다—을 산출했지만, 그것 말고는 딱히 대안이 없었다. "베누스와의 하룻밤에 메르쿠리우스와의 한평생."* 이것이 이 시대의 금언이었다. 그러나 수은은 이 질환을 실제로 치료하는 것이 아니라, 최악의 증상까지는 나타나지 않도록—그리하여 다른 사람들에게 계속해서 병을 옮길 수 있도록—완화시켜주는 것에 불과했다.

오늘날의 우리가 과거의 사람들과 확실히 다른 한 가지는, 한때 유행하던 놀라울 정도로 비효율적인—그리고 종종 엄청나게 불유쾌한—치료법이 지금은 싹 사라졌다는 점이다. 의사들이 체면을 구기지 않고 충분히 치료할 수 있었던 질환은 극소수에 불과했다. 때로는 이들의 치료법이 오히려 문제를 악화시키기도 했다. 자기 혼자서 질병을 앓다가 의사의 개입 없이 혼자서 낫는 사람이 여러 면에서 볼 때에 가장 운 좋은 편에 속할 정도였다.

누가 봐도 당연한 이야기이지만, 그중에서도 최악의 결과는 수술을 받아야 할 때 생겨났다. 마취제가 나오기 이전의 시대에는 고통을 억제하는 갖가지 방법이 시도되었다. 그중 한 가지 방법은 환자가 거의 실신할 정도까지 피를 뽑는 것이었다. 또 한 가지 방법은 직장(直腸)에 담배 추출액을 주입하는 것이었다(이 경우에는 환자가 수술 대신 뭔가 다른 생각할 거리를 얻게 되었다). 가장 일반적인 치료법은 아편제를, 대개는 아편 팅크 형태로 투여하는 것이었지만, 제아무리 넉넉히 사용하더라도 그 어마어마한 고통을 덮을 수는 없었다.

절단 수술의 경우, 팔이나 다리를 떼어내는 작업은 기껏해야 1분도 걸리

---

* '베누스(Venus)'는 로마 신화에서 미의 여신인 동시에 '성애'의 상징이며, '메르쿠리우스(Mercurius)'는 로마 신화에서 신들의 사자이며 '수은(mercury)'의 어원이기도 하다 / 역주

지 않았으므로, 끔찍스러운 고통은 비교적 금세 끝나는 편이었다. 다만 혈관을 잡아 묶고 상처를 꿰매는 작업이 남아 있었기 때문에, 여전히 끈질긴 고통의 여지가 남은 셈이었다. 관건은 최대한 신속하게 작업하는 것이었다. 1658년에 새뮤얼 피프스가 절석술(切石術, lithotomy)—신장 결석을 제거하는 수술—을 받았을 때, 외과의사는 겨우 15초 만에 몸속을 파고 들어가서, 테니스공만 한 크기의 결석을 찾아서 꺼냈다(물론 17세기의 테니스공은 현대의 테니스공보다 더 작기는 했지만, 그것도 상당한 크기의 구체이다). 라이자 피카드가 지적한 것처럼, 피프스는 극도로 운이 좋은 편에 속했다. 그를 수술한 의사가 마침 개업 첫날이었기 때문에, 수술에 사용된 기구도 상당히 깨끗한 편이었기 때문이다. 수술이 신속하게 진행되었음에도 불구하고, 피프스가 건강을 완전히 회복하기까지는 무려 한 달이라는 시간이 걸렸다.

이보다 더 복잡한 수술은 거의 믿기 힘들 정도로 고생스러웠다. 이제 와서 그 내용을 다시 읽어보는 것도 고통스러울 정도이니, 그 당사자들이 그런 수술을 겪고 나서도 어떻게 살아남았는지는 정말이지 상상이 불가능하다. 1806년에 여성 소설가 패니 버니는 파리에 머물던 도중에 오른쪽 가슴에 통증을 느꼈다. 증상이 점점 더 심해지면서, 그녀는 왼팔을 들어올리지도 못할 지경에 이르렀다. 결국 유방암 진단이 나왔고, 유방 절제 수술을 실시하기로 했다. 수술을 담당한 인물은 라리 남작*이라는 저명한 외과의사였는데, 사실 그의 명성은 사람의 목숨을 많이 구해서가 아니라 번개 같은 속도 때문에 얻은 것이었다. 더 나중인 1812년에 그는 보로디노에서 벌어진 전투 직후, 24시간 동안 200건의 절단 수술을 수행한 것으로도 유명하다.

이 수술 경험에 대한 버니의 보고가 정말 참을 수 없이 고통스러운 까닭

---

* 프랑스의 의사 도미니크 장 라리(Dominique Jean Larrey, 1766-1842)는 나폴레옹의 휘하에서 군의관으로 활동하며 군 의료 체계의 개선에 기여한 인물이다 / 역주

은, 그 공포를 전달하는 그녀의 어조가 너무나도 차분하기 때문이다. 수술 못지않게 끔찍스러웠던 것은 수술을 기다리는 동안의 고통이었다. 수술 일자를 잡아놓고 며칠이 지나는 동안, 그녀의 걱정은 정말 견디기 힘든 지경에까지 이르렀다. 수술 당일 아침이 되자, 의사들이 수술 시간을 예정보다 몇 시간 뒤로 미루는 바람에 불안이 더욱 가중되었다. 그녀는 일기에 이렇게 적었다. "나는 흥분이 가라앉을 때까지 이리저리 거닐었고, 점차 거의 얼빠진—무감각한, 어떤 감정도 의식도 없는—상태가 되었으며, 그런 상태로 시계가 3시를 알릴 때까지 버텼다."

3시가 되자, 4대의 마차가 연이어 도착하는 소리가 들렸다. 잠시 후, 검은 옷을 입은 7명의 남자가 근엄한 표정을 하고 방 안으로 들어왔다. 이들은 버니를 진정시키기 위해서 마실 것—그녀는 무엇이라고 정확히 기록하지는 않았지만, 대개는 아편 팅크를 섞은 와인을 사용했다—을 주었다. 침대는 방 한가운데로 가져다놓았다. 그리고 좋은 매트리스나 리넨을 더럽히지 않으려고, 그 위에 낡은 침구를 깔았다.

"이제 나는 격렬하게 몸을 떨기 시작했다." 버니의 말이다. "질병의 고통 때문이라기보다는, 그 준비과정에 대한 혐오와 공포 때문이었다.⋯⋯나는 자발적으로 침대틀 위에 올라갔고, M. 뒤부아는 나를 매트리스 위에 눕히더니, 내 얼굴에 흰 삼베로 만든 손수건을 덮어주었다. 그러나 워낙 얇아서 훤히 다 비치는 천이었기 때문에, 그 너머 침대틀 주위에 서 있는 7명의 남자와 내 간호사가 빤히 보였다. 나는 보지 않으려고 했다. 그러나 손수건 너머로 번쩍이는 강철의 모습을 보고 말았다. 나는 눈을 감았다." 그들이 가슴 전체를 제거하려는 것을 알고, 그녀는 "차마 형언할 수 없는 공포"에 굴복할 수밖에 없었다. 칼날이 찌르고 들어오자 그녀는 비명을, "절개 작업 내내 간헐적으로 지속적인 비명을" 내질렀다. "그런데도 비명이 내 귀에 쩌렁쩌렁 울리지 않는다는 사실이 나로서는 놀랍기만 했다. 고통이 그토록 극심했기 때문이다. 절개가 끝나서 그 기구를 치웠을 때에도, 그 고통은 전혀 줄지가 않은 것 같았다.……그러나 그 기구—그러니까 굽은 칼을 말한다—가 조직을 자르기 시작했을 때, 그러니까 굳이 표현하면, 내 살이 워낙 강하게 저항하는 바람에 집도의도 손에 힘이 빠졌는지, 기구를 오른손에서 왼손으로 바꿔가며 사용할 수밖에 없었다. 그러자, 나는 정말로 죽는 것이 아닌가 하는 생각이 들었다. 더 이상은 감히 눈을 뜰 엄두조차 나지 않았다."

그러나 수술은 여전히 지속되었다. 외과의사들이 죽은 조직을 파내는 동안, 그녀는 칼날이 가슴뼈에 스치는 것을 느끼고 들었다. 수술 시간은 17분 30초가 걸렸으며, 환자가 완쾌하기까지는 몇 달이 걸렸다. 그러나 이 수술 덕분에 그녀는 목숨을 건질 수 있었다. 그녀는 29년을 더 살았고, 암은 재발하지 않았다.

그러니 한편으로는 고통 때문에, 또 한편으로는 의사를 향한 자연스러운 거부감 때문에 환자들이 종종 집에서 극단적인 처방을 시도했다는 사실은 어찌 보면 놀라울 것도 없는 일이다. 독립선언서의 서명자들 가운데 한 사람인 거버너 모리스는 요로폐색을 치료하기 위해서 자기 음경에 고래 수염을 억지로 쑤셔넣었다가 결국 사망했다.

1840년대에 수술용 마취제가 등장하기는 했지만, 그렇다고 해서 치료의 고통을 완전히 없애준 것은 아니었으며, 다만 지연시켜준 데에 불과했다. 외과의사들은 여전히 손을 씻지도 않았고, 기구를 깨끗이 처리하지도 않았다. 따라서 환자들 상당수는 수술을 견디고 살아난 이후에 결국 사망하거나, 아니면 감염으로 인해서 길고 힘겨운 고통을 겪어야 했다. 이는 종종 "패혈증" 때문이라고 설명된다. 제임스 A. 가필드 대통령이 1881년에 총에 맞을 때, 그의 사망 원인은 총알이 아니라 씻지 않은 손가락을 상처에 집어넣은 의사들이었다. 마취제 덕분에 수술이 더 늘어났다는 것을 고려하면, 마취제의 도래 **이후로** 고통과 괴로움의 총량은 아마도 상당히 늘어났을 것이다.

의사들의 섬뜩한 개입이 없는 상황에서도, 근대 이전의 세계에서 사람이 죽는 방법은 한두 가지가 아니었다. 런던 시의 경우, 1758년의 사망자 명부—또는 잉글랜드에서 사용하는 명칭에 따르면 사망자 목록—에는 1만7,576명이 기재되어 있으며, 그 사망 원인은 무려 80가지 이상으로 나와 있다. 충분히 예상 가능한 일이지만, 그 대부분은 천연두, 열병, 폐병, 노령 등이었다. 나머지 여러 원인들 가운데에는 대략 다음과 같은 것들이 있었다.

비만으로 인한 질식사	1명
옴	2명
동사(凍死)	2명
단독(丹毒)	4명
기면(嗜眠)	4명
후두염	5명
기생충병	6명
자살	30명
프랑스 발진병[매독]	46명
정신 이상	72명
익사	109명
괴저(壞疽)	154명
치아	644명

여기서 과연 "치아"가 어떻게 사람을 죽게 할 수 있었는지는 영원히 수수께끼로 남을 것이다. 실제 사망 원인이 무엇이었든지 간에, 죽음이라는 것이 비교적 흔한 일이었다는 것, 또 사람들은 언제 어디서라도 닥쳐올 죽음에 준비가 되어 있었다는 것이 분명해 보인다. 같은 시기에 보스턴의 사망

자 명부를 보면, "찬물을 마심", "액체의 부패", "신경성 열병", "공포" 같은 전혀 예상치 못한 이유로 사망한 사람들이 나타난다. 역시 흥미로운 점은 이보다 훨씬 더 예상 가능한 죽음의 방식은 의외로 드물었다는 사실이다. 1758년에 런던에서 기록된 1만7,600명의 사망자들 가운데 사형을 당한 사람은 14명, 피살된 사람은 5명, 굶어 죽은 사람은 4명에 불과했다.

이처럼 일찍 사망하는 경우가 많았기 때문에, 산업 이전 세계에서는 결혼 기간이 짧을 수밖에 없었다. 15세기와 16세기에는 배우자들 가운데 어느 한쪽이 사망하기 전까지의 평균 결혼 기간이 10년에 불과했다. 얼핏 생각하기로는, 이렇게 사람들이 일찍 사망했기 때문에 가뜩이나 짧은 인생을 최대한 많이 살기 위해서 결혼도 일찍 했을 것만 같다. 그러나 실제로는 그렇지 않았던 듯하다. 사람들이 여전히 인간의 평균 수명을—적어도 이론상으로는—성서에서 말한 것처럼 70-80년이라고 생각했기 때문이다.* 다만 문제는 거기까지 도달하는 사람들이 무척 드물 뿐이라고 생각했다. 사람들이 일찍 결혼을 했다는 주장의 근거로 종종 인용되는 것이 셰익스피어의 『로미오와 줄리엣(Romeo and Juliet)』에 등장하는 주인공들의 나이이다. 줄리엣은 13세였고 로미오는 그보다 조금 더 나이가 많은 정도였다는 것이다. 이 주인공들이 어디까지나 허구 속의 인물이라는 점은 논외로 치더라도, 사람들이 이런 이야기를 할 때마다 항상 간과하는 사실이 하나 있다. 바로 셰익스피어가 쓴 희곡에 나오는 이야기의 원작은 아서 브룩의 시이며, 원작에서는 두 주인공 모두가 16세라는 점이다. 그런데 왜 굳이 셰익스피어가 두 주인공의 나이를 더 줄여서 썼는지는—그의 행적들 대부분과 마찬가지로—아무도 알 수 없다. 나아가서 현실 세계의 기록들만 살펴보더라도, 셰익스피어의 희곡에 등장하는 두 주인공의 나이가 사실인 것 같지는 않다.

---

* 구약성서 「시편」에서 나온 표현이다. "인생은 기껏해야 칠십 년, 근력이 좋아야 팔십 년, 그나마 거의가 고생과 슬픔에 젖은 것, 날아가듯 덧없이 사라지고 맙니다."(90편 10절)/역주

1960년대에 스탠퍼드의 역사학자 피터 래슬릿은 영국의 결혼 기록을 면밀히 연구한 결과, 과거의 어느 시대에도 매우 어린 나이에 결혼하는 것이 일상적이었던 적은 없었다는 것을 알아냈다. 예를 들면, 1619년부터 1660년까지만 해도, 여성의 85퍼센트는 19세 이상의 나이에 결혼했다. 13세 이하의 신부는 대략 1,000명에 1명꼴이었다. 평균 결혼 연령은 여성이 23세 7개월이었고, 남성은 거의 28세였다. 다시 말해서 오늘날의 평균 결혼 연령과 크게 다르지 않았다. 윌리엄 셰익스피어는 18세에 결혼했기 때문에 상당히 이례적인 편이었으며, 그의 아내인 앤은 26세에 결혼했기 때문에 역시 이례적인 편이었다. 진짜로 어린 나이에 결혼을 하는 관습으로는 이른바 조혼(早婚, espousals de futuro)이라는 것이 있었지만, 어디까지나 미래에 두 사람이 결혼할 의향이 있다는 것을 선언하는 것이었지, 당장 두 사람이 동침해도 된다는 허락은 아니었다.

다만 배우자를 잃은 사람이 워낙 많다 보니, 이들이 사별 후에 더 자주, 더 빨리 재혼한 것은 사실이었다. 여성은 종종 경제적인 이유 때문이었다. 남성은 누군가 돌봐줄 사람이 필요했기 때문이었다. 한마디로 감정적인 고려뿐만 아니라 현실적인 고려도 충분히 있었다는 뜻이다. 래슬릿이 조사한 어느 마을에서는 72명의 기혼 남성 가운데 두 번 결혼한 사람이 13명, 세 번 결혼한 사람이 3명, 네 번 결혼한 사람이 3명, 다섯 번 결혼한 사람은 1명이었다. 하나같이 사별 때문이었다. 전체 결혼의 4분의 1가량이 사별로 인한 재혼이었으며, 그 비율은 20세기 초까지도 거의 변하지 않은 채로 남아 있었다.

많은 사람들이 사망했기 때문에, 남은 사람들의 삶에서는 애도가 중요한 부분을 차지하게 되었다. 애도의 달인은 역시 빅토리아 시대의 사람들이었다. 그토록 사람들이 죽음에 병적으로 집착하고, 또 죽음을 상징하는 훨씬 더 복잡한 방법을 찾아낸 시대는 또 없었다. 그중에서도 최고 달인은 바로 빅토리아 여왕 자신이었다. 1861년 12월에 사랑하는 남편 앨버트 공이 사망했을 때, 그의 침실 시계는 그의 사망 시간인 오후 10시 50분에 멈춰져 있었다. 여왕의 지시에 따라서 그의 방은 이전의 모습 그대로 남아 있었다. 마치 그 방의 주인이 저 멀리 있는 영묘에 안치된 것이 아니라 잠시 자리를 비운 것처럼 보일 정도였다. 시종 한 사람이 매일같이 방에 가서 입을 옷을 꺼내놓았으며, 정해진 시간이 되면 비누와 수건과 더운 물을 방으로 가져왔다가 도로 가져갔다.

사회의 어느 계층에서나 애도의 규범은 매우 엄격했으며, 지나칠 정도로 포괄적이었다. 가능한 친족 관계는 모조리 고려의 대상이 되었으며, 저마다의 원칙이 정해졌다. 고인이 내 배우자의 아저씨일 경우, 유족 중에 고인의 부인이 있을 경우에는 2개월간 애도해야 하지만, 만약 고인이 미혼이거나 부인이 이미 세상을 떠난 경우에는 1개월만 애도하면 그만이었다. 따라서 이런 규범은 친족 관계의 모든 영역에 걸쳐 있었다. 심지어 애도의 대상이 되는 사람을 직접 만난 적이 없어도 규범에 따라야 했다. 만약 누군가의 남편이 이미 한 번 결혼했다가 사별한 사람인데—그런 경우는 상당히 흔했다—마침 첫 번째 아내의 가까운 친척이 사망했을 경우, 두 번째 아내는 이른바 "보충 애도"를 해야 했다. 이것은 이미 세상을 떠난 첫 번째 아내를 대신하는 일종의 대리 애도인 셈이었다.

애도 시에 옷을 얼마나 오래, 또 어떤 식으로 입어야 하는지에 관해서도 사별의 정도에 따라서, 역시 지나치다 싶을 정도로 엄격한 규정이 존재했다. 미망인의 경우, 숨이 막힐 정도로 무거운 포플린 옷으로 온몸을 감싸는 것뿐만 아니라, 검은색 크레이프—일종의 주름진 비단—를 걸쳐야 했다. 크레이프는 가렵고, 버석거리고, 사람 환장할 만큼 유지관리가 어려웠다. 빗방울이라도 떨어지면 크레이프에는 흰색 얼룩이 졌으며, 그렇게 젖은 크레이프는 그 아래에 있는 다른 천이나 피부에 찰싹 달라붙기 일쑤였다. 크레이프에 스친 천에도 얼룩이 남았으며, 피부에 묻은 얼룩은 지우기가 거의 불가능했다. 몸에 걸친 크레이프의 분량은 애도 기간의 경과에 따라서 엄격하게 지정되어 있었다. 그런 까닭에 어떤 여자를 흘끗 보기만 해도, 그 여자가 양쪽 소매에 걸친 크레이프의 양을 토대로 미망인이 된 지 얼마나 되었는지를 알 수 있었다. 그렇게 2년이 지나면 미망인은 이른바 "반(半) 애도"를 하게 되는데, 이때부터는 회색이나 옅은 라벤더색 옷을 입을 수 있지만, 그렇다고 지나치게 갑자기 바꿔 입어서는 안 되었다.

고용주가 사망했을 경우에는 하인들도 애도를 할 의무가 있었으며, 군주가 사망했을 경우에는 국가적 애도 기간이 선포되었다. 1901년에 빅토리아 여왕이 서거하자 상당히 난처한 상황이 벌어졌는데, 가장 최근의 국왕 서거가 무려 60년 전의 일이다 보니, 이토록 오랫동안 왕위에 있었던 군주를 위해서는 과연 어느 정도 애도를 하는 것이 새로운 세기에도 적절한지를 어느 누구도 선뜻 결정할 수 없었기 때문이다.

이미 하고 있는 걱정조차도 부족하다는 듯이, 빅토리아 시대의 사람들은 죽음에 관한 몇 가지 기묘한 불안을 발전시켰다. 때 이른 매장에 대한 두려움이 널리 퍼졌던 것이다. 이 두려움으로 말하면 에드거 앨런 포가 동명의 단편 소설[「때 이른 매장(*Premature Burial*)」]에서 생생한 효과를 위해서 이용했었다. 덕분에 강경증(Catalepsy)—환자가 실제로는 완전히 의식이 있음에도 불구하고 마치 죽은 것처럼 보이는 마비 증상—은 이 당시에 사람들이 가장 두려워하는 질병이 되었다. 신문과 대중 잡지는 이 증상의 몸을 꼼짝 못하게 하는 효과로 인해서 고통을 겪은 사람들의 이야기로 넘쳐날 지경이었다. 한 가지 유명한 사례를 보면, 뉴욕 북부의 엘리너 마컴이라는 여성이 1894년 7월에 사망해서 매장되던 중이었는데, 갑자기 그녀의 관에서 요란한 소음이 들려왔다. 관 뚜껑을 열자 마컴 양은 이렇게 소리를 질렀다고 한다. "이런 세상에, 나를 산 채로 묻으려고 했다고요!"

그녀는 자신을 구출한 사람들에게 이렇게 말했다. "여러분이 나를 묻을 준비를 하는 내내, 나는 의식이 또렷한 상태였어요. 내 상황에 대한 두려움은 정말이지 형언할 수 없을 정도였죠. 무슨 일이 벌어지고 있는지 소리가 다 들렸어요. 심지어 문 밖의 속삭임까지도요." 그러나 소리를 지르고 싶은 마음은 간절했음에도 불구하고, 몸에 힘이 없어서 정말이지 찍 소리조차 낼 수 없었다고 그녀는 말했다. 한 보도에 따르면 1860년부터 1880년까지 뉴욕 시에서 이런저런 이유로 발굴된 시신 여섯 구에서 타격의 흔적이라든지 또는 매장 이후의 고통을 보여주는 흔적이 발견되었다고 한다. 런던에서는 앞에서 설명한 것처럼 박물학자 프랭크 버클랜드가 해부학자 존 헌터의 관을 찾으러 세인트 마틴 인 더 필즈 교회의 납골당에 들어갔을 때, 그중 3개의 관에서 내부의 동요가 있었다는 것을 보여주는 뚜렷한 흔적이 있었다고 (또는 그는 그렇다고 생각했다고) 한다. 때 이른 매장에 관한 일화는 너무나도 많다. 유명한 저널 『노츠 앤드 퀴어리스(*Notes and Queries*)』의 한 특파원은 1858년에 다음과 같은 기사를 보내왔다.

지금으로부터 15년 전에 오스트리아의 라이헨베르크에서 오펠트라는 이름의 부유한 제조업자가 사망하자, 그의 미망인과 자녀는 공동묘지에 지하 납골당을 하나 만들어서 시신을 안치했다. 지금으로부터 한 달 전에 그의 미망인이 사망해서 같은 곳에 안치하기로 했다. 그런데 납골당을 열어보니 그 남편의 관은 뚜껑이 열리고 텅 비어 있었으며, 납골당 한쪽 구석에서 쭈그리고 앉은 모습의 유골이 발견되었다.

무려 한 세대가량이나 이런 식의 이야기들이 심지어 진지한 정기간행물에도 등장했다. 많은 사람들이 이처럼 제때가 되기 전에 매장되는 일에 대한 두려움에 병적으로 집착한 까닭에, 급기야는 이런 두려움을 지칭하는 단어가 나오게 되었다. 바로 생매장공포증(taphetophobia)이라는 단어였다. 소설가 윌키 콜린스는 매일 밤마다 침대 곁 탁자에 편지를 한 장 놓아두었는데, 거기에는 자신이 혹시 시신 같은 상태로 발견되었을 경우, 정말 수면 중에 사망한 것이 맞는지를 확인하기 위해서 실시할 여러 가지 실험들에 대한 구체적인 지시가 적혀 있었다. 어떤 사람들은 아예 매장 전에 자기 머리를 자르거나 심장을 도려내달라고 요청하기도 했다. 그래야만 이 문제를 편안하게 (물론 이런 표현이 어울리는지는 잘 모르겠지만) 확실히 정리할 수 있을 것이기 때문이었다. 한 저자는 "대기 영안실"을 짓자고 제안하기도 했는데, 고인을 이곳에 며칠 놓아두고 정말 죽었는지, 아니면 그저 특이하게도 몸을 움직일 수 없는 상황인지를 확실히 알아보기 위해서였다. 이보다 더 사업 정신이 투철한 사람들은 아예 관 속에서 깨어난 사람이 줄을 잡아당기기만 하면 공기 튜브가 제공되고, 종이 울리고, 땅 위로 깃발이 솟아나게 해주는 장비를 고안했다. 영국에서는 1899년에 아예 '생매장 방지협회'라는 것이 설립되었으며, 미국에서도 이듬해에 유사한 단체가 설립되었다. 양쪽 단체는 한 사람이 사망했다고 단언하기 전에 주치의가 수행해야 할 여러 가지 엄밀한 확인 방법들을 제안했으며—뜨거운 쇠붙이를 고인의 피부에 가져다대고 부풀어오르는지 확인해보는 것도 그중 한 가지 방법이었다—그중 몇 가지는 실제로 의과대학의 교과과정에 한동안 포함되었다.

도굴 역시 또 한 가지 큰 걱정거리였다. 여기에는 이유가 있었다. 19세기에는 신선한 시신에 대한 수요가 상당히 많았기 때문이다. 런던 한곳에만 해도 의학이나 해부학을 가르치는 학교가 23개소에 달했으며, 이곳에서는 해부용 시신을 지속적으로 공급받아야 했다. 1832년의 해부 조례가 도입되기 이전까지, 오직 사형당한 범죄자의 시신만이 실험 및 해부의 용도로 사용될 수 있었다. 문제는 당시 잉글랜드에서는 사형 집행이 우리의 통념보다 훨씬 더 드물었다는 점이다. 1831년에 잉글랜드에서는 무려 1,600명이 사형 선고를 받았지만, 실제로 사형이 집행된 것은 52명에 불과했다. 따라서 시신에 대한 수요가 합법적인 공급의 수준을 훨씬 더 능가하는 상황이었다. 결국 도굴은 저항할 수 없을 정도로 유혹적인 사업이 되었다. 시신을 훔치는 일은, 이유를 알 수 없는 관련 법규상의 변덕으로 인해서 중죄가 아니라 경범죄로 처벌되었기 때문에, 특히 더 그러했다. 노동자 한 명이 일주일에 1파운드를 벌면 비교적 벌이가 좋은 편에 속했던 상황에서, 신선한 시신 한 구를 팔면 대략 8파운드에서 10파운드, 심지어 20파운드까지도 벌 수 있었다. 게다가 도굴꾼의 입장에서는 시신만 꺼내서 옮기도록 각별히 주의한다면 큰 위험도 없었다. 그 당시에는 수의나 관이나 유품 같은 것을 건드리는 경우에 한해서만 중죄로 기소당할 **가능성**이 있었기 때문이다.

시신 매매 시장을 이끌어가는 원동력은 단순히 해부에 대한 병적인 관심뿐만이 아니었다. 마취제가 없었던 상황에서 외과의사는 사람의 몸에 매우 친숙해져야 할 필요가 분명히 있었다. 가령 환자가 고통에 겨워서 비명을 지르고 사방팔방으로 피가 분출되는 상황에서 마냥 혈관이며 기관을 유심히 관찰할 수는 없었기 때문이다. 속도가 곧 생명이었고, 속도의 핵심은 곧 익숙함이었고, 그런 익숙함은 오직 죽은 사람을 대상으로 하는 상당한 연습을 통해서만 얻을 수 있었다. 그리고 냉장 기술이 없던 시절이라서 사람의 피부는 금세 부패되었으므로, 더더욱 신선한 시신의 공급이 지속적으로 이루어질 필요가 있었다.

도굴꾼을 물리치기 위한 방법은 여러 가지가 있었는데, 특히 가난한 사람은 부패가 시작되어서 상품 가치가 떨어지도록 고인의 시신을 한동안 매장하지 않고 그냥 놓아두는 방법을 택했다. 에드윈 채드윅의 『영국 노동 계급의 위생 상태에 관한 보고서(*Report on the Sanitary Condition of the Labouring Class of Great Britain*)』에는 이 관습에 얽힌 온갖 엽기적이고 충격적인 세부 내용이 수두룩하다. 그의 보고에 따르면, 일부 지역에서는 부패가 확실히 이루어지도록 시신을 일주일 이상 거실에 방치하는 집이 흔했다. 심지어 카펫 위에 구더기가 떨어져서 아이들이 그것을 가지고 노는 경우도 심심찮게 발견되었다. 당연한 이야기이지만, 그 악취는 이루 말할 수 없이 고약했다.

공동묘지 역시 감시를 강화해서, 야간에는 무장 경비원을 둘 정도였다. 이로써 체포나 폭행의 위험이 커지자, 일부 '부활자들'—당시에 대중 사이에서는 도굴꾼들이 이런 이름으로 통했다—은 아예 살인 쪽이 더 안전하다는 결론에 이르렀다. 이 가운데서도 가장 악명 높고 열심이었던 자들은 바로 윌리엄 버크와 윌리엄 헤어였다. 에든버러에서 살던 아일랜드계 이민자인 이들은 1827년 11월부터 시작해서 1년이 채 되지 않는 기간 동안 최소한 15명을 살해했다. 그들의 범행 방법은 엉성하게나마 효율적이었다. 우선 이들은 딱한 부랑자와 친해진 다음, 상대방에게 술을 먹이고 질식사시키는 방법을 택했다. 덩치가 큰 버크가 희생자의 가슴팍에 올라앉아서 꼼짝 못하게 만들면, 헤어가 입을 막는 방식이었다. 그렇게 만들어낸 신선한 시신을 곧바로 로버트 녹스 교수에게 가져가면, 이 의사는 아직 신선하고 살색인 시신을 한 구당 7파운드에서 14파운드까지 내고 구입했다. 녹스는 뭔가 극도로 의심스러운 일이 벌어지고 있다는 것을 분명히 알고 있었겠지만—알코올 중독자인 아일랜드인 두 사람이 연이어 신선한 시신을 들고 찾아왔는데, 그 시신들은 어딘가 매우 평온한 상태로 사망한 것 같았으니까—그것은 자신이 관여할 바가 아니라고 생각했는지 끝내 어찌된 일이냐고 묻지 않았다. 나중에 이 의사는 이 사건에 관여한 사실로 인해서 대대적인 비난을 받았지만, 결코 기소되거나 벌금을 물지는 않았다. 헤어는 공범 증인으로 돌아서서 자기 친구 겸 동업자에게 불리한 증언을 내놓은 덕분에 교수형을 면했다. 그러나 굳이 그럴 필요까지는 없었다. 버크가 범행을 이실직고하고 곧바로 교수형에 처해졌기 때문이다. 그의 시신은 또다른 해부학 교실로 운반되어서 해부가 실시되었으며, 그의 피부 조각 일부는 병에 넣고 표본으로 만들어져서 이후 유명한 손님이 찾아올 때마다 구경시켜주는 기념물이 되었다.

헤어는 겨우 두 달 동안 징역을 살고 석방되었지만, 그렇다고 그의 운명이 더 행복하지는 못했다. 그는 석회 굽는 가마에서 일자리를 얻었는데, 그곳 동료들이 그의 정체를 알아내고는 얼굴을 생석회 무더기에 처박아서 결국 두 눈이 멀고 말았다. 그는 말년을 떠돌이 거지가 되어서 보낸 것으로 추정된다. 일부에서는 그가 아일랜드로 돌아갔다고, 또 일부에서는 그가 미국으로 갔다고 보도했지만, 그가 언제까지 살았고, 어디에 묻혔는지는 알려지지 않았다.

이 모든 상황으로 인해서 시신을 처리하는 한 가지 대안이 나왔는데, 19세기 내내 이를 놓고 엄청난 논란이 비등했다. 그 대안은 바로 화장(火葬) 운동이었는데, 그 동기는 어떤 종교나 영성과도 무관했다. 다만 깨끗하고 효과적이고 환경오염을 덜 시키는 방식으로 다수의 시신을 처리하는 실용적인 방법을 만들어낸 것에 불과했다. 잉글랜드 화장협회의 설립자인 헨리 톰슨 경은 1874년에 워킹에서 죽은 말 한 마리를 화장함으로써 자기가 만든 화덕의 효율성을 입증해 보였다. 이 시범 행사는 완벽한 성공을 거두었지만, 말이나 다른 동물들을 불태운다는 생각 자체에 감정적으로 반대했던 사람들 사이에서는 원성이 자자했다. 도싯 주에서는 해넘 대위라는 사람이 자체 화장장을 만들어서, 법률에도 아랑곳하지 않고 자기 아내와 어머니의 시신을 처리하는 용도로 이용해서 큰 효과를 거두었다. 다른 사람들은 체포될 것을 두려워한 나머지, 고인의 시신을 화장이 합법화되어 있던 해외로 보냈다. 저술가이며 정치가이고, 조지프 팩스턴과 함께 「정원사 신문(Gardener's Chronicle)」의 공동 설립자들 가운데 한 사람인 찰스 웬트워스 딜키는 1874년에 출산 도중에 사망한 아내를 독일 드레스덴으로 보내서 화장했다. 초창기에 화장을 옹호한 또 한 사람으로는 19세기의 주도적인 고고학자들 가운데 한 사람인 오거스터스 피트 리버스가 있었는데, 그는 단순히 자신의 화장을 바란 것뿐만 아니라 아내까지도 훗날 화장되기를 바랐다. 물론 아내의 계속되는 항의에도 불구하고 그는 고집을 꺾지 않았다. "젠장, 이 여편네야, 당신도 '태워버릴' 거라니까." 그는 아내가 이 문제를 거론할 때마다 이렇게 면박을 주었다. 피트 리버스는 1900년에 사망해서 그의 소원대로 화장되었다. 물론 그 당시까지는 화장이 아직 합법적이지 않았음에도 불구하고 말이다. 그러나 그의 아내는 남편보다 더 오래 살다가, 마침내 자신이 항상 바라마지 않던 바대로 평화로이 매장되었다.

전반적으로 영국에서는 화장에 대한 반대가 한동안 지속되었다. 많은 사람들이 시신의 의도적인 훼손을 부도덕하다고 생각했다. 또 어떤 사람들은 현실적인 문제를 거론하기도 했다. 즉 살인의 경우에 증거를 말살하기 위한 의도로 화장을 이용할 수 있다는 것이었다. 게다가 화장의 주요 옹호자들 가운데 한 사람이 하필이면 기본적으로 미치광이라는 사실도 도움이 되지 않기는 마찬가지였다. 그의 이름은 윌리엄 프라이스였다. 웨일스의 시골 의사인 그는 정말 철저한 기벽(奇癖)으로 유명했다. 그는 드루이드 성직자였고, 채식주의자이며, 호전적인 차티스트였다. 그는 양말을 신지도 않았고, 동전을 만지지도 않았다. 80대에 들어서는 자기 가정부와의 사이에서 아들을 낳고 그 이름을 지저스 크라이스트*라고 지었다. 이 아기가 1884년 초에 사망하자, 프라이스는 자기 땅에 장작더미를 쌓고 직접 화장하기로 했다. 마을 사람들이 불길을 보고 무슨 일인지 알아보러 달려왔을 때, 프라이스는 드루이드 사제 복장을 하고 장작불 주위에서 춤을 추면서 이상한 찬송가를 부르고 있었다. 분격하고 당황한 사람들은 그의 행동을 중지시켰고, 프라이스는 어리둥절한 상태로 반쯤 타다 만 아기를 불길에서 도로 꺼내 집으로 가져가서는, 상자 안에 넣어서 침대 밑에 두었다가 며칠 만에 체포되었다. 프라이스는 재판에 회부되었지만, 판사는 그가 한 일 중에서 결정적으로 범죄라고 할 만한 것은 없다고 판결했다. 아기가 실제로 화장을 당한 것은 아니었기 때문이다. 아무튼 이 일로 프라이스는 화장 운동의 대의를 크게 손상시킨 셈이었다.

---

* '지저스 크라이스트'는 '예수 그리스도'라는 뜻인 동시에 일종의 욕설로도 사용되기 때문에, 신성모독적인 동시에 버젓하지 못한 이름일 수밖에 없었다 / 역주

다른 나라들에서는 대부분 화장이 합법화된 이후에도 영국에서는 여전히 화장이 불법으로 간주되었다. 그러다가 1902년에 와서 비로소 화장이 합법화되었기 때문에, 아마도 마셤 씨도 그 방법을 선택할 여지가 생겼을 것이다. 그러나 그는 그 방법을 선택하지 않았다.

· 제16장 ·

화장실

I

1961년에 간행된 루이스 멈퍼드의 고전적인 저서 『역사 속의 도시(*The City in History*)』를 보면 다음 대목이 등장한다. 위생에 관한 언급 중에서 이보다 더 잘못된, 또는 최소한 이보다 더 불완전한 것을 찾기는 쉽지 않을 듯하다.

수천 년 동안이나 도시 거주자들은 결함이 있는, 그리고 종종 상당히 심각하기까지 한 위생 상태에 놓여 있었으며, 충분히 치울 능력이 있음에도 불구하고 그냥 쓰레기와 오물 속에서 뒹굴었다. 가끔 한번씩 벌어지는 오물의 제거 업무는 힘들었던 반면, 그런 오물의 항상적인 존재 속에서 걷고 숨쉬는 것은 차라리 더 쉬웠기 때문이다. 심지어 돼지를 비롯한 여러 동물들조차도 그런 더러움과 악취를 싫어한 나머지 제 몸이며 제 보금자리를 깨끗이 하고자 애쓰는 상황에서, 오물과 악취에 대한 인간의 이런 무관심에 대한 다른 충분한 설명을 가진 사람이라면, 그 사람은 아마도 도시의 탄생 이후 5,000년이 흐르면서 기술 향상 그 자체의 느리고 단속적인 성격에 대해서도 아마 어떤 단서를 가지고 있을지 모르겠다.

우리는 앞에서 오크니의 스카라 브레이를 살펴보면서, 상당히 오래 전부터 사람들이 오물과 쓰레기와 폐기물을 잘 처리해왔다는 것을, 그것도 상당히 놀라울 정도로 효율적으로 해왔다는 것을 확인했다. 그리고 스카라 브레이만 유별난 것도 결코 아니었다. 지금으로부터 4,500년 전에 인더스 강 유역의 모헨조다로라는 곳에 있던 어느 주택에는 폐기물을 생활구역에서 쓰레기더미까지 운반하는 훌륭한 쓰레기 활강로 체계가 갖춰져 있었다. 고대 바빌로니아에도 배수로와 하수도 체계가 있었다. 미노아인은 지금으로부터 3,500년 전에 이미 수돗물과 욕조를 비롯해서 여러 가지 문명의 편의시설을 가지고 있었다. 한마디로 말해서, 청결함과 각자의 몸 가꾸기는 도대체 언제부터였는지 알 수 없을 정도로 아주 오래 전부터 수많은 문화들에서 중요한 요소였다.

고대 그리스인은 특히 목욕에 열심이었다. 이들은 벌거벗기도 좋아했고—'체육관(gymnasium)'의 어원은 '벌거벗다(gymnos)'라는 그리스어 단어이다—적당히 땀을 빼기도 좋아했으며, 하루의 마무리를 공동 목욕으로 장식하는 것이 이들의 습관이었다. 그러나 이때의 목욕은 주로 위생만을 목적으로 한 행위였다. 이들에게 목욕은 상쾌한 일이자, 재빨리 해치워야 하는 일이었다. 정말로 진지한 목욕—오래 지속되는 목욕—은 로마 시대에 와서 시작되었다. 세상의 어느 누구도 로마인이 했던 것처럼 헌신적이고 정확하게 목욕을 한 적은 없었다.

로마인은 전반적으로 물을 매우 좋아했고—폼페이의 한 집에는 수도꼭지가 무려 30개에 달했다—주요 도시에는 수도망이 신선한 물을 풍부하게 공급했다. 로마의 수돗물 공급량은 하루 1인당 300갤런에 달했는데, 이는 오늘날 로마 시민의 하루 평균 필요량의 7-8배는 되는 지극히 많은 양이었다.

로마인들에게는 목욕탕이 단순히 몸을 씻으러 가는 장소 이상이었다. 이곳은 매일의 휴식처, 놀이터, 그리고 삶의 방식이었다. 로마의 목욕탕에는 부대시설로 도서관, 상점, 운동실, 이발소, 미용실, 테니스장, 간이식당, 심지어 유곽까지 있었다. 사회의 온갖 계급 사람들이 그곳을 이용했다. "어떤 사람을 만나면 어느 목욕탕에 다니는지 물어보는 것이 일상적이었다." 캐서린 애셴버그는 청결의 역사에 관한 주목할 만한 저서 『목욕, 역사의 속살을 품다(*The Dirt on Clean*)』에서 이렇게 적었다. 로마의 목욕탕은 그야말로 궁궐 같은 규모로 지어졌다. 카라칼라의 대형 목욕탕은 1,600명이 한꺼번에 목욕할 수 있는 규모였다. 디오클레티아누스의 목욕탕은 3,000명이 들어갈 수 있었다.

목욕탕에 간 로마인은 다양한 온도의 일련의 욕조들을 철벅철벅 하고 헐떡헐떡 하면서 거쳐 가게 마련이었다. 즉 프리티다리움(fritidarium, 냉탕)처럼 추운 곳에서부터 칼리다리움(calidarium, 열탕)처럼 뜨거운 곳도 있었다. 그 와중에 목욕하는 사람은 운크토리움(unctorium) 또는 운크투아리움(unctuarium)이라는 곳에 잠시 멈춰 서서 냄새 좋은 기름을 바르고, 라코니움(laconium), 즉 한증탕으로 향했다. 거기서는 땀을 흠뻑 뺀 다음에, 스트리길(strigil, 때 긁개)이라는 기구를 가지고 몸에서 기름과 함께 때와 다른 불순물을 긁어내서 제거했다. 이 모두는 제의와 비슷한 순서에 따라서 이루어졌지만, 그 순서가 정확히 어떠했는지에 관해서는 역사학자들 간에도 완전한 의견의 일치가 이루어지지 않고 있다. 아마도 시기와 장소에 따라서 구체적인 내용이 서로 다르기 때문일 것이다. 로마인과 그들의 목욕 습관에 관해서라면 우리가 모르는 것이 훨씬 더 많다. 예를 들면 노예와 자유민이 함께 목욕을 했는지, 사람들이 과연 얼마나 자주, 그리고 얼마나 오래, 그리고 얼마나 열심히 목욕을 했는지 등이 그렇다. 로마인들도 물의 상태라든지, 또는 탕 안에 뭐가 떠 있는지에 대해서 불안을 표현했는데, 이것만 보아도 이들이 흔히 간주되는 것처럼 항상 아무 생각 없이 욕탕에 풍덩 하고 몸을 던지지는 않았다는 뜻으로 생각할 수 있을 것이다.

그러나 로마 시대의 상당 기간에 목욕에서는 상당히 엄격한 예법을 따르는 것이 특징이었으며, 따라서 건전한 상태가 유지될 수 있었다. 그러나 세월이 흐르면서 목욕탕에서의 생활은 점점 더 난잡해졌고, 나중에는 남성과 여성이 함께, 그리고—확실하지는 않지만 아마도—여성은 남성 노예와 함께 목욕을 하는 일이 일상화되었다. 당시에 로마인이 목욕탕에서 정확히 무엇을 했는지는 아무도 정확히 알 수 없지만, 초기 기독교인들이 보기에 이것은 영 마뜩치가 않았다. 이들은 로마의 목욕탕이 방탕하고 지저분한 곳이라고—위생적인 측면은 아니더라도, 최소한 도덕적인 측면에서는 그렇다고—간주했다.

기독교는 항상 청결에 대해서 일종의 거부감을 드러냈으며, 애초부터 더러움을 거룩함과 동등하게 바라보는 기묘한 전통을 발전시켰다. 1170년에 사망한 성 토마스 아 베케트는 자신의 속옷에 "이[蝨]가 끓어오른다"고 만족스러운 듯이 언급했다. 중세 내내, 수도사들이 지속적인 명예를 얻는 거의 확실한 한 가지 방법은 앞으로 절대 씻지 않겠다고 맹세하는 것이었다. 잉글랜드에서 성지[팔레스타인]까지 걸어간 사람들은 상당히 많았지만, 고드릭이라는 사람은 단 한번도 몸에 물을 묻히지 않은 상태에서 그렇게 함으로써 결국—거의 불가피하게—성(聖) 고드릭이 되었다.

그러다가 중세에 전염병이 퍼지면서 사람들은 위생에 대한 각자의 태도를 보다 면밀히 숙고한 다음, 전염병 창궐에 속수무책인 자신들의 상황을 개선해야겠다고 생각했다. 불행히도 사람들은 그 와중에 어디에서나 완전히 잘못된 결론에 이르고 말았다. 똑똑한 사람이라면 목욕이 피부의 땀구멍을 넓혀줌으로써 치명적인 수증기가 체내로 침입하게 된다는 것을 잘 알고 있었다. 따라서 최선의 방법은 이 땀구멍을 때로 막아버리는 것이라고 생각했다. 그리하여 이후 600년이 지나도록 대부분의 사람들은 가급적 씻지 않았으며, 심지어 몸에 물을 묻히지도 않았다. 결국에 그들은 어마어마한 대가를 치르게 되었다. 세균 감염이 일상생활의 일부가 되었던 것이다. 종기는 일상이 되었다. 발진과 부스럼도 흔한 일이었다. 거의 모든 사람들이 항상 옴에 시달렸다. 불편은 항상 있는 일이었고, 심각한 질환도 체념하듯이 받아들여졌다.

이 당시에는 파괴적인 질병이 갑자기 발생하여 수백만 명을 죽이고 종종 수수께끼처럼 갑자기 사라지곤 했다. 가장 악명 높은 것은 바로 페스트(plague)였다(이것은 사실 두 가지 질병으로 이루어져 있었다. 하나는 선[腺] 페스트[bubonic plague]로 그 질병에 걸린 희생자의 목과 사타구니와 겨드랑이에 부풀어오른 림프선종[bubo]이 생기기 때문에 붙여진 이름이다. 이보다 더 치명적이고 전염성 높은 질환은 호흡기 계통을 공격하는 폐[肺] 페스트[pneumonic plague]였다). 그러나 페스트 말고 다른 질환들도 많았다. 잉글랜드 발한병은 지금까지도 그 구체적인 내용이 거의 알려지지 않은 전염병으로 1485년, 1508년, 1517년, 1528년에 창궐해서 수천 명에 달하는 희생자를 낳고 사라졌으며, 이후로는 결코 (또는 최소한 지금까지는) 다시 모습을 드러내지 않았다. 1550년대에는 또다른 기이한 열병—이른바 "새로운 질환"—이 나타났는데, 당시의 기록에 따르면 "전국에서 무섭게 일어나서 온갖 계층의 수많은 사람들이 사망했으며, 특히 신사와 막대한 부의 소유자들이 주로 그러했다." 그 사이에 또는 그 와중에 맥각병(麥角病)이 유행했는데, 이것은 호밀 낱알의 곰팡이 감염에서 비롯되었다. 오염된 곡식을 섭취한 사람들은 정신 착란, 발작, 고열, 의식 불명 등의 증상을 보였으며, 대개의 경우에는 결국 목숨을 잃었다. 맥각병의 한 흥미로운 측면은 마치 개 짖는 소리와 비슷한 기침소리가 난다는 것이었다. 아마도 여기에서 "짖어대듯이 미쳤다(barking mad, 완전히 미쳤다)"라는 표현이 나온 것 같다.

그중에서도 최악의 질병—너무나 만연했고, 또 파괴적이었기 때문에—은 바로 천연두였다. 천연두에는 두 가지 주된 유형이 있다. 하나는 일반 천연두이고, 또 하나는 출혈성 천연두이다. 양쪽 모두 무서운 질병이지만, 그중 출혈성 천연두는 훨씬 더 고통스럽고 치명적이다. 출혈성 천연두의 환자는 90퍼센트가 사망하는데, 이 치사율만 해도 일반 천연두의 두 배 가까이 된다. 예방접종이 생겨난 18세기 이전까지 러시아 서부의 유럽에서는 천연두 사망자가 매년 40만 명에 달했다. 역사상 천연두만큼 많은 희생자를 낸 질병은 또 없을 것이다.

다행히 목숨을 건진 사람들에게도 천연두는 정말이지 잔인하고 변덕스러운 질병이었다. 그 생존자들의 상당수는 눈이 멀거나 끔찍하게 얼굴이 손상되었지만, 또 일부는 아주 멀쩡했기 때문이다. 이 질환은 수천 년 동안이나 지속되었지만, 유럽에서는 16세기 초부터 흔해졌다. 잉글랜드에서는 1518년에 최초로 천연두가 출현했다는 기록이 남아 있다. 천연두는 갑작스러운 고열로 시작해서 통증과 어마어마한 갈증이 따라온다. 사흘째가 되면 농포가 나타나기 시작해서 온몸으로 퍼져 나가는데, 그 숫자는 환자마다 다르다. 이 당시에 최악의 소식은 아마도 연인이 천연두에 걸려서 농포에 "완전히 뒤덮였다"는 것이었으리라. 최악의 경우에는 환자 자체가 커다란 농포 하나처럼 보이기도 했다. 이 단계에서는 더 높은 고열이 일어났고, 마침내 농포가 터지면서 냄새가 고약한 고름이 흘러나왔다. 이 단계까지도 살아 있는 환자는 대부분 목숨을 건졌다. 그러나 여기에서 문제가 끝나는 것은 결코 아니었다. 이제 농포가 있던 자리에는 딱지가 앉고, 그때부터는 엄청난 가려움이 시작되었다. 딱지가 떨어져나가기 전까지는 어느 누구도 흉터가 생길지, 또는 얼마나 심하게 생길지 알 도리가 없었다. 엘리자베스 여왕은 젊은 시절에 천연두로 거의 죽다 살아났지만, 다행히 완전히 회복되었고 흉터도 전혀 없었다. 그녀의 친구이자 간호를 맡았던 레이디 메리 시드니는 그만큼 운이 좋지 못했다. "내가 떠났을 때에만 해도 아내는 완전히 아름다운 숙녀였다." 그녀의 남편의 말이다. "그런데 내가 돌아와보니, 아내는 천연두가 만들어낼 수 있는 한, 가장 흉측한 숙녀가 되어 있었다." 잉글랜드 페니화에 나온 브리타니아*의 모델이었던

---

* '영국' 또는 '대영제국'을 상징하는 여성을 가리킨다/역주

리치먼드 공작부인 역시 그로부터 한 세기 뒤에 마찬가지로 얼굴이 흉측해지고 말았다.

천연두는 또한 다른 질병의 치료와 관련해서 상당한 답변을 내놓기도 했다. 고름이 분출된다는 사실로부터 사람들은 신체가 스스로 독소를 제거하기 위해서 노력한다는 확신을 얻었다. 그리하여 천연두 희생자를 대상으로 사혈, 관장, 절개, 한증 등 갖가지 치료법이 시도되었다. 다른 여러 질환들에도 이와 유사한 치료법이 적용되었지만, 거의 대부분은 오직 문제를 더 악화시키기만 했다. 영어에서 천연두를 "작은 발진병(smallpox)"이라고 부르는 까닭은 "큰 발진병(great pox)"인 매독과 구분하기 위해서였다.

이 끔찍스러운 질환 모두가 직접적으로 목욕과 연관이 있는 것은 아니었으므로, 건강을 위해서 목욕을 거부했다는 것은 영 잘못된 생각이었다. 그러나 사람들은 이런 사실을 전혀 몰랐으며, 심지어 여기에 관심조차도 없었다. 매독이 성 접촉을 통해서 전파된다는 것은 누구나 다 아는 사실이었다. 그런 성 접촉은 물론 어느 장소에서나 일어날 수 있었지만, 사람들은 이 질환이 특히 목욕탕과 밀접한 연관이 있다고 생각했다. 그리하여 매춘부는 목욕탕에서 100여 걸음 이내의 장소에는 접근하지 못하도록 금지되었고, 결국 유럽의 모든 목욕탕이 문을 닫았다. 목욕탕이 사라지자 사람들은 목욕 습관 자체를 포기했다. 물론 애초부터 많은 사람들이 몸을 씻은 것은 아니었지만 말이다. 목욕의 중요성을 아주 몰랐던 것은 아니었지만, 다만 부위에 따라 선택적으로 여겨졌을 뿐이었다. "손은 자주 씻고, 발은 가끔 씻고, 머리는 절대 감지 말라"는 것이 잉글랜드의 흔한 속담이었다. 엘리자베스 여왕의 경우, "자신이 필요하다고 생각하거나 말거나 간에," 한 달에 한 번씩 꼬박꼬박 목욕했다고 한다. 1653년에 일기 작가 존 에벌린은 시험 삼아 매년 한 번씩은 머리를 감기로 결심했다고 기록했다. 과학자 로버트 훅은 자기 발을 (더럽다고 생각해서) 자주 씻었지만, 발목 위쪽까지 물을 묻힐 시간은 많지 않았던 것으로 보인다. 새뮤얼 피프스는 무려 9년 반 동안 일기를 쓰면서도 아내의 목욕에 관해서는 단 한번밖에 언급하지 않았다. 프랑스의 루이 13세는 일곱 번째 생일인 1608년까지 한 번도 목욕하지 않았다.

이 당시에도 사람들은 목욕을 했지만, 그것은 어디까지나 치료를 목적으로 하는 것에 불과했다. 1570년대에 영국 바스와 벅스턴은 온천으로 유명했지만, 그때에도 사람들은 그 효과에 의구심을 가지고 있었다. "내 생각에는 그렇게 많은 사람들이 같은 물에서 목욕하는 것이 깨끗할 리가 없다." 피프스는 1668년에 온천에 한번 가볼까 궁리하면서 이렇게 적었다. 그러나 그는 온천이 마음에 들었는지 처음 갔을 때부터 물속에서 2시간이나 앉아 있었으며, 그를 이불에 싸서 방까지 데려다준 사람에게 사례를 지불했다.

많은 유럽인들이 신세계를 방문하게 되자, 그 습관적인 악취가 어찌나 심했던지, 이들과 만나는 인디언들마다 거의 항상 상대방의 고약한 냄새에 관해서 언급할 지경이었다. 게다가 인디언들은, 좋은 손수건에 코를 풀고 나서는 마치 소중한 기념물이라도 되는 듯이 도로 주머니에 집어넣는 유럽인의 습관을 보고 기겁할 수밖에 없었다.

물론 그 당시에도 청결에 어느 정도의 표준이 있었다는 것은 의심의 여지가 없다. 제임스 1세의 궁정에 출입한 한 사람이 상당히 혐오스럽다는 어조로 적은 바에 따르면, 이 국왕은 물을 적신 냅킨에 손끝을 닦는 경우를 제외하면 결코 물 근처에도 가지 않았다. 이 가운데서도 가장 지저분했던 사람들은 오히려 그런 사실 때문에 명성을 얻었다. 가령 제11대 노퍽 공작은 비누와 물을 사용하는 데에 격렬히 반대했기 때문에, 하인들은 주인이 술을 퍼마시고 완전히 뻗어버린 뒤에야 몸을 문질러서 씻겨야 했다. 팸플릿 저자로 유명한 토머스 페인은 피부에 때가 아주 덕지덕지 쌓여 있었다고 전한다. 저 세련된 제임스 보즈웰도—웬만한 더러움이라면 그냥 넘어갔을 법한 시대임에도 불구하고—많은 사람들이 깜짝 놀랄 만한 체취를 풍겼다. 그런 보즈웰조차도 동시대인인 아르장 후작 앞에서는 아무것도 아니었다. 이 귀족은 너무 오랫동안 입고 있던 속옷을 마침내 벗으려고 했을 때, 속옷이 아예 몸에 착 달라붙어서 "속옷과 함께 피부 조각도 벗겨졌다." 그러나 어떤 사람들에게는 지저분함이 일종의 자랑거리이기도 했다. 귀족이자 최초의 뛰어난 여성 여행가들 가운데 한 사람인 레이디 메리 워틀리 몬터규는 너무나 지저분해서, 그녀와 악수를 한 어느 새로운 친구는 상대방의 지저분한 손을 보고 깜짝 놀란 나머지 외마디 소리를 질렀다. "그럼 제 발을 보시면 뭐라고 하시려나요?" 레이디 메리는 재미있다는 듯이 말했다. 상당수의 사람들은 몸에 물을 많이 묻히는 일에 적응이 되지 않았기 때문에, 혹시 그래야 하는 경우가 생기면 진정으로 두려워했다. 저명한 필라델피아 시민 헨리 드링커는 비교적 나중인 1798년에 자기 집 마당에 샤워기를 설치했지만, 그의 아내 엘리자베스는 무려 1년이 넘도록 샤워기 사용을 미루었다. "지난 28년 동안 단 한번도 온몸을 물로 적신 적이 없었기 때문"이라는 것이 그녀의 설명이었다.

18세기까지 목욕을 하는 가장 확실한 방법은 정신 이상이 되는 것뿐이었다. 만약 여러분이 그렇게 되었다면, 사람들은 여러분에게 흠뻑 물을 뿌렸을 것이다. 1701년에 존 플로이어 경은 냉수욕을 여러 질환들에 대한 치료법으로 제안했다. 그의 이론에 따르면, 몸을 찬물에 담글 경우에 "충격과 공포"의 감정이 생겨서 무뎌지고 혹사당한 감각을 다시 일깨울 수 있다는 것이었다.

벤저민 프랭클린은 또다른 방법을 시도했다. 런던에 머무는 동안 그는 활짝 열린 위층 창문 앞에 벌거벗고 서서 바람을 쐬는 "공기욕"을 하는 습관을 들였다. 덕분에 그의 몸이 더 깨끗해지지는 않았겠지만, 그래도 최소한 아무런 해는 없었던 것으로 보인다. 물론 이웃 사람들에게는 뭔가 이야기할 거리도 함께 제공했을 것이고 말이다. 또 한 가지 기묘하게 인기가 있었던 방법은 "마른 세면"이라는 것이었다. 사람 몸을 솔로 문질러서 땀구멍을 열어주고, 가능하다면 이[蝨]까지 털어내는 것이었다. 많은 사람들은 리넨이 피부에 묻은 때를 흡수하는 특별한 효능을 가졌다고 믿었다. 캐서린 애셴버그의 말처럼, "그들은 셔츠를 갈아입음으로써 '몸을 씻는' 셈이었다." 그러나 대부분의 사람들은 더러움이나 냄새를 화장품이나 향수로 덮거나 아예 깡그리 무시했다. 모두가 냄새가 나는 상황이라면 결국 어느 누구도 냄새가 난다고 볼 수 없었을 테니까 말이다.

그러다가 갑자기 물 사용이 유행처럼 번졌다. 물론 아직까지는 치료와 연관되어서 그랬지만 말이다. 1702년에 앤 여왕이 통풍(痛風) 치료차 바스에 다녀옴으로써, 그곳 온천의 치료 효과에 대한 평판과 위신이 급상승했다. 물론 여왕의 질환은 그 물과는 아무런 관계가 없었으며, 오히려 과식과 분명한 관계가 있었지만 말이다. 머지않아 각지—해로게이트, 첼튼엄, 그리고 웨일스의 란드린도드 웰스—에 온천 마을이 생겨났다. 그러나 해안 지역 마을들은 진정으로 치료 효과가 있는 물은 오직 바닷물뿐이라고 주장했다. 당연한 이야기이지만 다른 어디도 아니고 바로 자신들의 마을 인근 지역에 있는 바닷물뿐이라고 말이다. 요크셔 해안의 스카보로 사람들은 그곳의 바닷물이 "뇌졸중, 간질, 강경증, 현기증, 황달, 심기성 우울증 그리고 헛배부름"의 치료제라고 주장했다.

물 치료의 선구자로 가장 유명한 인물은 리처드 러셀 박사였다. 그는 1750년에 바닷물의 치료 효과에 관한 책을 라틴어로 썼는데, 그로부터 4년 뒤에 『선(腺) 질환에 대한 바닷물의 이용에 관한 논고(*A Dissertation Concerning the Use of Sea-Water in Diseases of the Glands*)』라는 영어판이 나왔다. 러셀의 저서는 바닷물을 통풍과 류머티즘에서부터 두뇌의 울혈에 이르는 여러 가지 질환들에 대한 효과적인 치료법으로 추천했다. 환자들에게는 단순히 바닷물에 몸을 담그는 것뿐만 아니라 바닷물을 상당량 마시라고도 했다. 러셀은 서식스 해안에 있는 브라이템스톤(Brighthelmstone)이라는 어촌에서 개업을 했는데, 그의 사업이 큰 성공을 거두었기 때문에 이 마을이 커지고 또 커지고 한 끝에 브라이턴(Brighton), 그러니까 당시에 가장 각광받은 해안 휴양지로 변모했다. 러셀은 한때 "바다의 발명자"로 칭송을 받았다.

초기에는 상당수의 사람들이 벌거벗고 목욕을 했지만 (그리하여 멀리서 바라보는, 때로는 망원경의 도움까지 받아서 바라보는 사람들의 열광을 자아냈지만) 좀더 점잖은 사람들은 헐렁한 옷을 걸쳤고, 때로는 위험천만하게도 묵직한 가운을 걸치기도 했다. 더 가난한 사람들이 나타나기 시작하면서부터 사람들의 진정한 열광을 자아냈다. "무지막지하게 많은 숫자가" 바닷가에서 옷을 벗고 물속으로 뛰어들어서, 그들 대부분에게는 사실상 연중행사인 목욕을 했기 때문이다. 점잖은 사람들을 위한 목욕 장치도 발명되었다. 이것은 사실 마차를 물속에 집어넣은 다음, 그 안에 있는 사람들이 문을 열고 계단을 내려와서 바닷물 속에 안전하고 버젓하게 들어갈 수 있게 해준 것에 불과했다. 바닷물 목욕의 유익한 효과의 상당수는 단순히 물에 몸을 담근 것보다는, 그 다음에 마른 때밀이 천으로 구석구석을 열심히 문지른 것에서 유래했을 것이다.

브라이턴의 미래를 영원히 보장한 한 가지 사건은 1783년 9월에 일어났다. 미국 독립전쟁이 파리 조약의 체결로 끝을 맺고 나서, 영국 왕세자가 처음으로 이 휴양지를 방문했다. 그는 목에 있는 선(腺)이 부어올라서 치료차 이곳을 찾았는데, 다행히 효과가 있었다. 왕세자는 이곳을 무척이나 좋아하게 되어서, 이국적인 퍼빌리언을 한 채 지었다. 왕세자는 바닷물을 가득 채운 개인 욕조를 만들었고, 그리하여 목욕 치료를 하는 동안 평민들의 시선에 노출되지 않았다.

부왕인 조지 3세 역시 호젓한 해수욕장을 찾아서 도싯 주 서쪽에 있는 작은 항구도시인 웨이머스까지 갔지만, 막상 바닷가에 도착해보니 국왕 전하가 물에 들어가시는 장면을 구경하기 위해서 이미 수천 명의 구경꾼들이 몰려와 있었다. 그래도 국왕은 푸른색 서지 천으로 만든 넉넉한 가운을 걸치고 바닷물에 들어갔고, 그와 동시에 그 옆의 목욕 장치에 들어가 있던 악대가 국가(國歌)인 「하느님께서 국왕을 보우하소서(God Save the King)」를 연주하기 시작했다. 국왕은 웨이머스를 좋아해서 매년 한 번씩 행차했으며, 광기가 매우 심해져서 대중 앞에 모습을 드러내기가 어려워진 다음에야 그만두었다.

소설가이자 의사인 토비아스 스몰렛은 흉부 질환으로 고생한 끝에 지중해로 가서 바닷물 목욕을 했다. 그는 니스에 머물면서 매일같이 수영을 해서 그 동네 사람들을 깜짝 놀라게 했다. "그 사람들은 마치 폐병장이처럼 보이는 남자가 바다에 들어간다는 사실, 그것도 날씨가 아주 추운데도 그런다는 사실을 매우 기이하게 생각했다. 그리고 일부 의사들은 그가 그러다가 죽을 것이라고 공언하기도 했다." 그의 동시대인들 가운데 한 사람의 말이다. 그러나 스몰렛의 여행기인 『프랑스와 이탈리아 여행기(Travels through France and Italy)』(1766)는 지중해의 휴양도시 리비에라를 만드는 데에 혁혁한 공헌을 했다.

머지않아 돌팔이 의사들은 목욕 게임을 통해서 상당한 돈을 벌어들일 수 있다는 것을 깨달았다. 그중에서 가장 성공한 인물로 제임스 그레이엄(1745-1794)을 들 수 있다. 그는 내과의사를 자처했지만, 자신의 허세 이외에는 아무런 자격도 갖추지 못했다. 그레이엄은 18세기 후반에 바스와 런던에서 막대한 성공을 거두었다. 그는 자석과 배터리, 그리고 이런저런 덜덜거리는 장치를 이용해서 갖가지 질환이 있는 환자를 치료했으며, 특히 발기 불능과 불감증 같은 성적인 문제가 있는 환자를 주로 담당했다. 그는 치료 목적의 목욕을 더 높은, 그리고 매력적이고 에로틱한 수준까지 끌어올렸으며, 환자에게 우유 목욕, 마찰 목욕, 진흙 목욕—그의 표현으로는 대지(earth) 목욕—등의 서비스를 제공했다. 이런 목욕에는 음악, 고전 조상(彫像), 향수, 그리고 옷을 별로 걸치지 않은 접대부 등이 따라붙었다(일설에 따르면 그 접대부들 중에는 에마 라이언도 있었는데, 그녀는 훗날의 해밀턴 부인이며 넬슨 경의 애인이기도 하다). 이런 매력적인 봉사에도 반응하지 못할 정도로 문제가 심각한 환자들에게 그레이엄은 어마어마하고 강력하게 전기를 연결한 "하늘 침대"를 하룻밤에 50파운드씩 받고 제공했다. 이 침대의 매트리스는 장미꽃잎과 향료로 가득 채워져 있었다.

그레이엄은 성공에 도취된 나머지 그 이상의 허세를 부리기 시작했는데, 불행히도 이것은 그의 가장 헌신적인 추종자조차도 차마 지지할 수 없는 내용이었다. 그는 "아무것도 먹지 않고 여러 주, 여러 달, 여러 해를 살아가는 방법"이라는 강연회를 여는가 하면, 또 어떤 강연회에서는 150세까지 건강하게 사는 방법을 알려주겠다고 청중에게 장담했다. 그가 터무니없는 이야기를 할수록, 그의 사업은 흔들리고 가파른 내리막길로 접어들었다. 1782년에 그는 빚 청산 때문에 재산이 압류되었고, 제임스 그레이엄의 이야기는 그것으로 끝이었다.

그레이엄은 항상 우스꽝스러운 돌팔이 의사로 묘사되었으며, 물론 상당 부분은 정말 그러했다. 그러나 그가 견지한 상당수의 믿음들은 하늘의 중요성에 관한 그의 짧은 매료가 지나간 한참 뒤까지도 영국인의 삶에서 소중한 정착물로 오랫동안 남아 있었다.

이제는 때때로 몸을 물에 적셔도 안전하다는 생각에 사람들이 적응하게 되면서, 개인 위생에 관한 오랜 이론들이 갑자기 뒤바뀌었다. 연분홍 피부와 열린 땀구멍이 나쁘다던 과거의 믿음 대신에, 피부야말로 사실은 놀라운 통풍기라는 믿음이 생겨났다. 즉 이산화탄소와 다른 유독한 흡입물이 피부를 **통해서** 배출되며, 따라서 땀구멍이 먼지와 다른 유착물로 막혀 있으면 자연산 독소가 체내에 갇혀서 나중에는 위험할 정도로 누적된다는 것이었다. 지저분한 사람들—새커리의 말처럼, "엄청나게 불결한 자들"—이 종종 몸이 아픈 이유가 바로 여기에 있다고 보았다. 막힌 땀구멍 때문에 결국 죽는 것이라고 했다. 어느 그림에서는 한 의사가 나와서 말 한 마리의 전신에 타르를 칠했더니 그놈이 급속도로 쇠약해지고 불쌍하게도 죽어버렸다고 설명했다(사실 이 말은 피부를 통한 호흡이 아니라, 체온 조절이 사망 원인이었을 것이다. 물론 죽어가는 말의 입장에서 보면 어느 쪽이건 간에 탁상공론이긴 마찬가지였겠지만 말이다).

깨끗해지기 위해서, 또 좋은 냄새가 나기 위해서 몸을 씻는 행위는 놀라울 정도로 늦게 나타났다. 감리교의 설립자인 존 웨슬리는 1778년의 한 설교에서 "청결함은 경건함 다음가는 미덕"이라는 경구를 고안했다. 그러나 그것은 깨끗한 몸이 아니라 깨끗한 옷을 의미한 것에 불과했다. 몸의 청결에 관해서라면 그는 오직 "자주 면도하고 발을 씻도록 하라"는 조언만 남겼을 뿐이었다. 청년 칼 마르크스가 1830년대에 대학에 갔을 때, 걱정이 태산 같았던 그의 어머니는 아들에게 위생에 관한 엄격한 지시를 내렸고, 특히 "일주일에 한 번은 스펀지와 비누로 문질러 씻어야 한다"고 신신당부했다. 대박람회가 개최되었을 무렵, 상황은 분명히 달라졌다. 박람회에 출품된 비누와 향수만 해도 700종에 달했고, 이는 아마도 당시의 수요를 어느 정도 반영한 결과였을 것이다. 그로부터 2년 뒤에 청결함은 또 한번 시기적절하게 급부상했다. 마침내 오랫동안 지속되던 비누세가 폐지되었던 것이다. 그럼에도 목욕의 대중화까지는 여전히 시간이 걸렸으며, 따라서 꽤 시간이 흐른 1861년까지도 잉글랜드의 한 의사는 『목욕, 그리고 그 방법(Baths and How to Take Them)』이라는 책을 저술할 수 있었다.

빅토리아 시대의 사람들이 목욕 쪽으로 돌아서게 된 결정적인 계기는 이것이 훌륭하게 고통을 준다는 사실에 대한 깨달음이었다. 그들은 일종의 자학 본능이 있었으며, 물은 이런 성향을 드러내는 완벽한 방법이었던 것이다. 여러 일기 작가들은 사람들이 아침마다 세면대에 낀 얼음을 깨고 씻었다는 이야기를 기록했다. 프랜시스 킬버트 목사는 1870년 크리스마스 아침에 즐겁게 목욕을 하는 동안, 욕조 가장자리에 달라붙은 얼음이 톱니처럼 날카롭게 자기 몸을 찔렀다는 사실을 즐거운 듯이 언급했다. 샤워 역시 크나큰 고통의 가능성을 제공했으며, 종종 최대한 물줄기가 강력하게 분출될 수 있도록 설계되었다. 어느 초기 유형의 샤워기는 너무나 세찼기 때문에, 자칫 물줄기를 맞고 정신을 잃지 않기 위해서 일종의 보호장비를 머리에 쓰고 샤워를 해야 할 정도였다.

II

영어 단어들 가운데서 '토일렛(toilet)'보다 더 많이 의미의 변천을 겪은 단어는 아마 찾아보기 힘들 것이다. 원래 1540년경에 천의 일종을 가리키는 말로 사용되었는데, 그 축약형인 '토일(toile, 얇은 리넨)'은 지금도 리넨의 일종을 가리키는 말로 사용된다. 그러다가 이 단어는 화장대를 덮는 용도의 천을 가리키는 말로 사용되었다(바로 여기서 '토일레트리[toiletry, 세면용 화장품류]'라는 말이 나왔다). 그러다가 이 단어는 화장대를 가리키는 말이 되었고, 그러다가 화장이라는 행위를 가리키는 말이 되었으며, 그러다가 화장하는 방[탈의실]을 가리키는 말이 되었고, 그러다가 침실 근처의 온갖 사실(私室)을 가리키는 말이 되었으며, 그러다가 세면에 이용되는 방을 가리키는 말이 되었고, 그러다가 마침내 화장실을 가리키는 말이 되었다. 그런 까닭에 영어에서 '토일렛 워터(toilet water, 화장실 물)'라고 하면 여러분이 얼굴에 기꺼이 바르는 "화장수"를 의미하는 동시에, "화장실 변기 속의 물"을 의미하게 된 것이다.

지금은 사어가 된 '가드로브(garderobe, 측간)' 역시 이와 유사하지만 약간은 더 축약된 변모를 거쳤다. '가드(guard, 경계)'와 '로브(robe, 예복)'의 합성어인 이 단어는 원래 창고를 가리키는 말이었다. 그러다가 개인의 방은 무엇이든지 가리키는 말이 되었고, (잠깐 동안) 침실을 가리키는 말이 되었다가, 마침내 변소를 가리키는 말이 되었다. 그러나 변소(privy)라고 해서 애초부터 이름처럼 사적인(private) 공간이었던 것은 아니다. 로마인은 특히 배설과 대화의 조합에 집착하는 경향이 있었다. 로마의 공중 화장실은 대개 20

개 남짓의 좌석이 서로 상당히 가깝게 놓여 있어서, 그곳을 이용하는 로마인은 십중팔구 버스를 이용하는 현대인과 마찬가지로 전혀 남을 의식하지 않았을 것이다(여기서 불가피하게 제기될 법한 문제에 미리 답변하면, 각 좌석 앞의 바닥에는 수로를 따라 물이 흐르고 있어서, 사용자들은 막대기 끝에 달린 스펀지를 거기 담가서 뒤를 닦는 데에 사용했다). 화장실에서 낯선 사람과도 편하게 어울리는 관습은 현대에 와서도 한동안 지속되었다. 햄튼 코트에는 "대(大)해우소"라는 것이 있었는데, 무려 14명이 한꺼번에 이용할 수 있는 규모였다. 찰스 2세는 변소에 들어갈 때마다 2명의 수행원을 항상 대동했다. 조지 워싱턴의 저택 마운트 버논에는 2개의 좌석이 나란히 붙어 있는 변소가 멋지게 보존되어 있다.

영국인은 오래 전부터 화장실에서의 프라이버시에 관해서 무관심한 것으로 명성이 높았다. 이탈리아의 모험가 자코모 카사노바는 런던을 방문했을 때, 사람들이 남들이 다 보는 앞에서 길가나 건물 벽에 "물줄기를 방출하는 것"을 자주 보았다고 기록했다. 피프스는 아내가 "일을 보려고" 길에 쭈그리고 앉았던 것에 관해서 일기에 적기도 했다.

'수세식 변소(water closet)'라는 말은 1755년에 처음 나왔으며, 애초에는 국왕이 국무를 관장하던 장소를 가리켰다. 프랑스에서는 1770년부터 실내 화장실을 '운 리외 알랑글레세(un lieu à l'anglaise)', 즉 "영국식 장소"라고 불렀는데, 바로 이것이 영어의 '루(loo, 변소)'라는 단어의 유래일 가능성이 있다. 토머스 제퍼슨은 자택 몬티첼로에 실내 변소를 세 군데 만들었는데—아마도 미국 최초일 것이다—여기에는 냄새를 빼내기 위한 환기 구멍도 설치되었다. 제퍼슨의 기준에서 보면 (사실 어떤 기준에서 보아도) 이 변소는 딱히 기술적 진보는 아니었다. 배설물은 그냥 오물통에 떨어졌고, 그러면 노예들이 그 오물통을 가져다가 비우는 식이었다. 그러나 백악관—또는 당시의 명칭대로라면 대통령 관저—에서 제퍼슨은 1801년에 세계 최초의 수세식 변기를 3개나 설치했다. 이 변기는 다락에 설치된 빗물 탱크에 담긴 물을 이용해서 작동시켰다.

　도싯 주의 대리목사인 헨리 몰 목사는 19세기 중반에 흙 변기를 발명했다. 흙 변기는 기본적으로 좌식 변기에 마른 흙이 담겨 있는 탱크가 연결되어 있는 장치였다. 손잡이를 잡아당기면 적당한 양의 흙이 변기 속으로 흘러내려서, 오물의 냄새와 모습 모두를 덮는 식이었다. 흙 변기는 한때 인기를 누렸지만—특히 시골 지역에서 그러했다—머지않아 수세식 변기에 급속히 밀려났다. 수세식 변기는 오물을 단순히 덮는 식이 아니라, 강한 물살로 쓸어가는 식이었다. 물론 어디까지나 제대로 작동했을 때에나 그랬다는 것이다. 사실 초창기에 수세식 변기는 항상 제대로 작동하는 것은 아니었고, 심지어 자주 그러는 것도 아니었다.

　대부분의 사람들은 계속해서 요강을 이용했다. 대개 침실이나 사실(私室)에 있는 벽장에 보관했으며 (어째서인지는 도무지 알 수가 없지만) 조던(jordan)이라는 이름으로 불렀다. 외국인 방문객들은 요강을 식당의 벽장이나 찬장에 보관하는 영국인의 습관을 질색했다. 남자들은 여자들이 물러가고 나면 곧바로 그 물건을 꺼내 사용했다. 어떤 방에는 한쪽 구석에 "요강 의자"가 비치되어 있었다. 필라델피아를 찾은 프랑스인 방문객 모로 드 생 메리는 한 남자가 꽃병에서 꽃을 꺼내더니 그 안에 오줌을 싸는 모습을 보고 경악했다. 비슷한 시기의 또다른 프랑스인 방문객은 자기 침실로 요강을 가져다달라고 부탁했다가, 그냥 다른 사람들처럼 창밖에 대고 볼일을 보라는 답변을 들었다. 그래도 이 손님이 계속해서 볼일을 볼 수 있도록 **뭔가**를 가져다달라고 고집하자, 놀란 집주인은 마지못해 부엌에서 쓰는 솥을 하나 가져다주면서, 내일 아침 식사 때까지는 꼭 돌려주어야 한다고 그에게 신신당부했다.

　화장실의 관습과 관련된 일화들 중에서도 가장 주목할 만한 것은 항상—정말로 항상—어떤 나라 사람이 또다른 어떤 나라 사람의 습관을 보고 질색한 일과 관계된 것이다. 예를 들면, 프랑스인의 화장실 풍습에 대해서는 수많은 불만이 제기되었으며, 물론 프랑스인 역시 외국에 비슷한 만큼의 불만을 제기했다. 수 세기 동안 지속되었던 한 가지 풍습은 프랑스에서 "집 외벽에 나 있는 굴뚝에 오줌을 많이" 눈다는 것이었다. 또한 프랑스 사람들은 계단에 볼일을 본다는 이유로 종종 비난을 받았다. "이 관습은 18세기의 베르사유에서도 여전히 발견되었다." 마크 기로워드가 『프랑스 시골집의 생활(Life in the French Country House)』에서 한 말이다. 베르사유는 100개의 화장실과 300개의 변기가 있다는 사실을 자랑했지만, 이 시설은 기이하게도 잘 사용되지 않았다. 급기야 1715년에는 그곳의 거주민과 방문객 모두를 향해서 이제부터 일주일에 한 번씩은 복도에 쌓인 배설물을 치우게 하겠다는 칙령이 포고되었다.

대부분의 하수도는 분뇨 구덩이로 흘러들어갔지만, 제대로 관리가 되지 않다 보니 그 내용물이 인근의 상수도로 스며드는 일이 종종 벌어졌다. 최악의 경우에는 아예 오물이 흘러넘치기도 했다. 새뮤얼 피프스는 그런 사건을 일기에 기록했다. "우리 집 지하실로 내려갔더니……내 발이 엄청난 똥 더미에 푹 빠졌는데……알고 보니 터너 씨의 사무용 건물에서 가득 찬 것이 우리 집 지하실로 넘어온 것이어서, 참으로 골치가 아팠다."

분뇨 구덩이를 청소하는 사람은 야간 분뇨치기라고 불렸다. 혹시 이 세상에 이보다 더 바람직하지 못한 직업이 있다고 한다면, 아마 이 직업을 충분히 설명하지 못한 까닭이 아닐까? 이들은 서너 명씩 한 조를 이루어서 일했다. 우선 첫 번째 사람―짐작컨대 십중팔구 제일 신참이었으리라―이 구덩이 아래로 내려가서 오물을 양동이에 퍼 담는다. 두 번째 사람은 구덩이 옆에 서서 양동이를 들어서 올리고 내리고 한다. 세 번째와 네 번째 사람은 그 양동이를 옆에 세워놓은 수레로 가져가서 비운다. 야간 분뇨치기 일은 불쾌한 일일 뿐만 아니라 위험천만한 일이기도 했다. 일꾼들은 질식의 위험은 물론이고 폭발의 위험도 무릅써야 했다. 강력한 가스가 분출되는 상황에서 랜턴 불빛에 의존해서 작업을 해야 했기 때문이다. 1753년의

『젠틀맨스 매거진』에서는 야간 분뇨치기 한 사람이 런던의 한 술집의 변소 지하실에 들어갔다가 곧바로 독한 냄새에 압도된 사건을 보도했다. "그는 도움을 요청하더니, 곧바로 얼굴을 박고 쓰러졌다." 어느 증인은 이렇게 보고했다. 동료를 도우러 내려간 또 한 사람 역시 마찬가지로 당했다. 다른 두 사람이 더 내려갔지만, 독한 냄새 때문에 차마 들어갈 수가 없었다. 그러나 이들은 어찌어찌 해서 문을 약간 열고, 가스 중에서도 가장 독한 부분을 밖으로 내보냈다. 그리하여 두 사람을 간신히 끌어냈을 무렵, 한 사람은 이미 죽었고 또 한 사람도 이미 손을 쓸 수 없는 상황이었다.

야간 분뇨치기를 한 번 쓰려면 상당한 비용이 들었기 때문에, 더 가난한 지역의 분뇨 구덩이는 거의 비워지는 법이 없어서 종종 흘러넘치곤 했다. 일반적인 시내의 분뇨 구덩이에 가해지는 압력이 어느 정도였는지를 고려해보면 놀라운 일도 아니다. 당시 런던 여러 지구들의 인구 밀집도는 거의 상상이 불가능할 정도였다. 예를 들면 런던의 빈민굴 중에서도 최악이었던 세인트 자일스—호가스의 그림 「진 레인」*의 실제 무대—에는 불과 몇 개의 거리에 5만 4,000명의 사람들이 밀집해 있었다. 한 보고에 따르면, 골목길 하나에 있는 27채의 집에 1,100명이 살고 있었다고 한다. 결국 가구당 40명 이상이 살고 있었다는 뜻이다. 거기서 더 동쪽에 있는 스피털필즈에서는 한 집에 무려 64명이 살고 있다는 것을 조사관들이 발견하기도 했다. 그 집에는 9개의 침대가 있었다. 즉 7명당 침대 1개라는 뜻이었다. 이런 지역을 서술하기 위해서 그 기원조차 알 수 없는 새로운 단어가 하나 고안되었다. 바로 '슬럼(slum, 빈민굴)'이었다. 찰스 디킨스는—1851년에 한 편지에서—이

---

* 영국의 화가 윌리엄 호가스의 1751년작. 독한 술인 '진'의 소비가 늘어나자 이를 사회악의 근원으로 보는 의견이 대두했다. 호가스는 '진'의 소비를 억제하는 대신 약한 술인 '맥주'의 소비를 권장하는 의견에 동조하여 「비어 스트리트(Beer Street)」와 「진 레인(Gin Lane)」이라는 제목의 그림을 그렸다. 전자에서는 맥주를 마시는 사람들이 사는 거리를 보다 건전하게, 후자에서는 진을 마시는 사람들이 사는 거리를 보다 불건전하게 묘사한 것이 특징이다/역주

단어를 맨 처음 사용한 사람들 중 하나였다.

이처럼 인구가 밀집해 있으면 오물도 어마어마하게 많이 나오는 것이 당연했다. 그 어떤 분뇨 구덩이 체계도 감당하기 힘들 정도였다. 어느 전형적인 보고에 따르면, 한 조사관이 세인트 자일스에 있는 두 집을 방문했더니, 지하실에 인분이 3피트나 쌓여 있었다고 한다. 그 집에는 마당에도 배설물이 6인치나 쌓여 있었다. 결국 그 집의 거주자들은 마치 징검다리처럼 벽돌을 마당에 쌓아놓고 그 위를 밟고 지나다녔다.

1830년대에 리즈에서는 더 가난한 지역에 대한 조사가 이루어졌는데, 그중 상당수의 거리가 "오물이 넘쳐 있는" 상황이었다. 모두 176가구가 살고 있는 어느 거리는 분뇨 구덩이를 무려 15년이나 치우지 않고 있었다. 리버풀에서는 주민의 6분의 1이 어두컴컴한, 그리고 오물이 스며들기 쉬운 지하실에 살았다. 물론 인분은 인구가 북적이고 급속히 산업화되던 마을에서 생겨나는 어마어마한 분량의 오물들 가운데 극히 일부에 불과했다. 런던에서는 사람들이 원하지 않는 물건은 무엇이든지 간에 템스 강으로 흘러들어갔다. 상한 고기, 내장, 죽은 개와 고양이, 음식 쓰레기, 산업 폐기물, 인분, 그외에도 수많은 것들이. 매일같이 수많은 가축 떼가 스미스필드 시장으로 가서 쇠고기 스테이크와 양고기 갈비로 가공되었다. 이놈들만 해도 매년 4만 톤의 똥을 거기까지 가는 길에 흩뿌렸다. 그뿐만 아니라 각 가정에서 키우는 개와 말과 거위와 오리와 닭과 발정 난 돼지의 배설물도 있었다. 아교 제조업자, 제혁업자, 염색업자, 수지양초 제조업자, 각종 화학공장 등이 저마다의 부산물을 매일의 불순물더미에 더했다. 이 썩어가는 찌꺼기들은 결국 템스 강으로 향했다. 조류에 떠밀려서 바다로 흘러가리라고 기대했기 때문이다. 그러나 조류는 한쪽이 아니라 양쪽 방향 모두로 흐르게 마련이었다. 그리하여 오물을 바다로 가져가는 바로 그 조류가 그중 상당수를 도로 육지로 가져왔다. 한 관찰자의 표현대로, 강은 항상 "액체로 된 거름의 홍수"나 마찬가지였다. 스몰렛은 『험프리 클링커』에서 "인간의 배설물은 오히려 가장 덜 거슬리는 부분"이었다고 말했는데, 이 강에는 "기계 제작 및 제조에 사용되는 온갖 약품과 광물과 독극물, 짐승과 인간의 썩어가는 시체, 수많은 빨래통과 도랑과 하수구에서 쏟아져들어온 온갖 물질들"이 모두 포함되어 있었기 때문이다. 템스 강은 유독성이 너무 강해져서, 로서하이트에 터널을 뚫다가 균열이 생겼을 때, 가장 먼저 문제가 된 것은 강물이 아니라 농축된 가스였다. 인부들의 램프에서 이 가스로 불이 옮겨 붙는 바람에, 인부들은 강물이 밀려드는 '와중에' 불타오르는 공기까지 피해서 달아나야 하는 극도로 위험한 상황에 처했다.

템스 강으로 흘러드는 개울은 종종 템스 강 그 자체보다도 더 위험했다. 1831년에 플릿 강은 "단단해진 오물 때문에 거의 움직임이 없는" 것처럼 보였다. 하이드 파크에 있는 서펀타인조차도 점차적으로 부패가 진행되어서, 그 공원을 찾는 사람들은 바람이 불어가는 방면으로 서 있곤 했다. 1860년대에는 그 바닥에서 깊이 15피트의 오물 층을 퍼내기도 했다.

이런 혼란 상태에 추가된 또 한 가지는, 예상 외로 재난이나 다름없다는 것이 확인되었다. 바로 수세식 변기였다. 수세식 변기의 일종은 제법 오래 전부터 있었다. 그중에서도 최초는 엘리자베스 여왕의 대자(代子)인 존 해링턴이 만들었다. 해링턴이 1597년에 자기 발명품의 시범을 보이자, 여왕은 매우 기뻐하며 곧바로 리치먼드 궁전에 설치를 지시했다. 그러나 이는 시대를 너무 앞선 발명품이었고, 그로부터 거의 200년이 지나서야 가구목수이자 자물쇠공인 조지프 브라마가 최초의 현대식 수세식 변기를 가지고 1778년에 특허를 얻었다. 이 신제품의 인기는 그저 그런 정도였다. 다른 사람들도 그 뒤를 따라서 유사품을 내놓았다. 그러나 초창기의 변기는 그다지 잘 작동하지 않았다. 때로 역류가 일어나서 애초에 없애고자 했던 오물보다 더 많은 오물이 방 안을 채우는 바람에 사용자가 혼비백산하기도 했다. U자관과 워터트랩—그러니까 변기의 물을 내리고 나면 항상 맨 밑에 다시 조금씩 고이는 물을 말한다—이 개발되기 전까지, 화장실 변기는 분뇨 구덩이와 하수구의 냄새를 전달하는 도관 역할을 했다. 특히 날씨가 더울 때면 변기에서 역류하는 냄새는 정말이지 견딜 수 없을 정도였다.

이 문제를 해결한 인물인 토머스 크래퍼(Thomas Crapper, 1837-1910)는 잠시후에 밝혀지듯이 놀랄 만큼 그럴싸한 이름의 소유자였다. 요크셔의 가난한 집안에서 태어난 그는 열한 살 때에 걸어서 런던까지 왔다고 전한다. 그는 첼시에서 배관공의 도제가 되었다. 크래퍼는 고전적인, 그리고 영국에서는 지금도 흔히 볼 수 있는 모습의 변기를 발명했다.* 바로 쇠사슬을 잡아당겨서 작동시키는 수조가 위에 달린 방식의 변기였다. 말버러 무소음 수세식 오물 처리라는 이름이 붙은 이 장치는 깨끗하고, 누수가 없고, 냄새가 없고, 또한 믿을 만했다. 이 변기의 발명으로 크래퍼는 부자가 되었으며 매우 유명해졌기 때문에, 어쩌면 '크랩(crap, 똥)'이라는 속어와 그 온갖 파생어들이 그의 이름에서 비롯되지는 않았을까 하는 추측도 종종 나온다. 그러나 '크랩'이 화장실과 연관된 의미로 사용된 것은 상당히 오래 전부터이며, '크래퍼(crapper)'가 변기라는 의미로 사용된 것은 미국 영어가 먼저였기 때문에 1922년까지도 『옥스퍼드 영어사전』에는 아예 올라 있지 않았다. 결국 변기 발명가의 이름이 크래퍼였다는 사실은 재미있는 우연의 일치에 불과한 것이다.

수세식 변기의 역사에서 기념비적인 사건은 바로 대박람회였다. 이곳에서 수세식 변기는 가장 인기 있는 구경거리들 가운데 하나였다. 무려 80만명 이상의 사람들이 수세식 변기를 직접 체험하기 위해서 긴 줄을 서서 기다렸으며—대부분의 사람들에게 신제품이었다—그 작동소리라든지 씻어내려가는 물의 소용돌이에 매료된 나머지, 각자의 집에도 그 물건을 설치하러 달려갔다. 역사상 이처럼 값비싼 소비재가 이처럼 급속히 유행한 적

---

* 그러나 그 유명한 수세식 변기에 관한 특허는 크래퍼가 아니라 다른 사람의 명의로 되어 있기 때문에, 크래퍼는 이 변기의 발명가가 아니라 단지 이 변기를 대중화시킨 인물일 뿐이라는 지적도 있다/역주

은 아마 없었을 것이다. 1850년대 중반에 이르자, 이미 런던에서는 20만 개의 수세식 변기가 작동하고 있었다.

문제는 런던의 하수도가 오직 빗물만을 실어 나르기 위해서 설계된 것인 까닭에, 단단한 오물의 꾸준한 유입에 대처할 수가 없었다는 점이다. 이내 하수구에는 씻어낼 수도 없을 만큼 진하고 질척한 침전물이 잔뜩 쌓이게 되었다. 이른바 수채청소부(flushermen)라는 이름으로 알려진 사람들이 다니면서 막힌 부분을 찾아내서 뚫곤 했다. 하수구벌이(tosher)나 하수구주이(mudlark)를 비롯한 새로운 직업들도 생겨났으며, 이들은 하수구 속이나 냄새가 고약한 강둑을 따라 돌아다니며 오물 속을 뒤져서 잃어버린 보석이나 다른 값진 물건들을 찾아냈다. 전반적으로 보면, 하수구벌이는 제법 벌이가 괜찮았지만 상당히 위험한 직업이었다. 하수구 속의 공기는 자칫 치명적일 수 있었다. 하수구 망이 워낙 방대하고 또 제대로 기록조차 되어 있지 않아서, 하수구벌이들 가운데 길을 잃어버린 사람에 관한 보고가 상당히 많았다. 한편으로는 이들이 시궁쥐들의 공격을 받아서 먹이가 되었다는 소문도 들렸다.

위생이 철저하지도 않았고 항생제도 없었던 세계에서는 살인적인 전염병이 주기적으로 일어났다. 1832년에 있었던 콜레라의 창궐로 인해서 6만 명의 영국인이 사망했다. 곧이어 1847–1848년에는 강력한 인플루엔자가 창궐했으며, 1848년, 1854년, 1867년에는 다시 한번 콜레라가 창궐했다. 한 나라를 발칵 뒤집어놓은 이 대규모의 전염병 공격들 사이사이마다 장티푸스, 류머티즘열, 성홍열, 디프테리아, 천연두를 비롯한 다른 전염병의 공격들이 이어졌다. 1850년부터 1870년 사이에 장티푸스 하나만으로도 1,500명 이상이 사망했다. 1840년부터 1910년 사이에 백일해(百日咳)로 매년 1만 명의 어린이가 사망했다. 홍역으로 인한 사망자는 그보다 훨씬 더 많았다. 한마디로 19세기에는 사람이 죽을 수 있는 방법들이 엄청나게 다양했다.

콜레라의 경우, 애초에 사람들은 이 질환을 두려워하지 않았다. 이것이 어디까지나 가난한 사람들 사이에서만 유행한다는 완전히 잘못된 생각 때문이었다. 19세기에 가난한 사람들은 애초에 그렇게 될 운명을 타고났기 때문에 가난하다는 것이 상식처럼 되어 있었다. 비록 일부 가난한 사람들에게는 부당하게 그렇게 되었다고 너그럽게 묘사했지만, 어느 정부 보고서의 냉정한 요약에 나온 것처럼, 그들 대다수는 천성적으로 "씀씀이가 헤프고, 무모하고, 무절제하고, 호색적인 욕구에 대한 습관적인 갈망이 있다"고 인식되었다. 심지어 다른 대부분의 관찰자보다는 훨씬 더 동정적이었던 프리드리히 엥겔스조차도 『잉글랜드 노동계급의 상태(The Condition of the Working Class in England)』에서 이렇게 썼다. "아일랜드인의 단순한 성격, 기껏해야 야만인보다 조금 더 나을 정도의 미숙함, 자신의 조야함 때문에 차마 공유할 수가 없으므로 도리어 온갖 교양 있는 즐거움에 대해서 품는 경멸, 그의 더러움과 가난은 모두 음주로 귀결된다."

1832년에 인구가 밀집한 시내에서 많은 사람들이 인도에서 들어온 콜레라는 새로운 질환으로 인해서 쓰러지기 시작했을 때에도, 대개 이 사건을 오직 가난한 사람에게만 때때로 찾아오는 불운의 하나로 간주했다. 콜레라는 이른바 "빈민의 페스트"라는 이름으로 불렸다. 뉴욕 시에서는 희생자 가운데 40퍼센트 이상이 가난한 아일랜드계 이민자였다. 흑인 역시 이례적으로 많은 수가 이 질환에 걸렸다. 뉴욕 주 보건 당국은 이 질환이 방탕한 빈민에게만 한정된 것이며, "전적으로 그들의 삶의 방식에서부터 초래된다"고 실제로 선언했다.

그러나 콜레라가 비교적 유복한 지역에 사는 사람들까지 습격하기 시작하자, 이에 대한 공포가 급속히 퍼졌다. 흑사병 이래로 사람들이 어떤 질병 하나에 이처럼 혼비백산한 적은 또 없었다. 콜레라의 뚜렷한 한 가지 특징은 신속함이다. 콜레라의 증상―심한 설사와 구토, 고통스러운 복통, 강한 두통―은 일순간에 찾아왔다. 치사율은 50퍼센트에 달했고, 때로 그보다 더 높았다. 그러나 무엇보다도 사람들이 끔찍스럽게 여겼던 것은 바로 진행 속도였다. 완전히 멀쩡하던 사람이 갑자기 고통과 착란과 죽음을 겪게 될 정도로 무시무시하고 급속하게 진행되었다. 아침에만 해도 멀쩡하던 식구가 저녁에 세상을 떠나는 모습을 보는 것은 누구에게나 무시무시한 경험이었을 것이다.

다른 질환들은 말 그대로 사람들의 삶을 망쳐놓았다. 콜레라의 생존자는 대개 완전히 회복되었던 반면, 성홍열의 생존자는 종종 귀가 멀거나 두뇌에 손상을 입었고, 천연두의 생존자는 종종 끔찍한 얼굴 손상을 입었다. 그러나 한번 터졌다 하면 온 나라를 발칵 뒤집어놓는 전염병은 역시 콜레라였다. 1845년부터 1856년 사이에 잉글랜드에서는 콜레라에 관한 책이 무려 700권이나 쏟아져나왔다. 사람들이 특히 곤혹스러워했던 사실은 과연 그 질환의 원인이 무엇이고, 어떻게 하면 그 질환을 피할 수 있는지를 아무도 몰랐다는 점이다. "콜레라란 무엇인가?" 의학 저널인 『랜싯』에서는 1853년에 이렇게 질문을 제기했다. "과연 그것은 균류인가, 곤충인가, 독기인가, 전기적 교란인가, 오존의 부족인가, 장 통로에 있는 끔찍스러운 폐물인가? 우리는 아무것도 모른다."

가장 일반적인 믿음은 콜레라와 다른 끔찍한 질환들이 불결한 공기로부터 비롯된다는 것이었다. 폐기되거나 불결한 것들은 무엇이든지―하수구, 묘지의 시신, 썩어가는 식물, 사람이 내쉬는 숨―질병을 일으키는 동시에 치명적일 가능성이 있다고 믿었다. "모든 거리마다 독기어린 냄새가 보이지 않게 날뛰고 있다." 이 세기 중반의 어느 연대기 작가는 어딘가 선정적인 느낌으로 이렇게 썼다. "대기 중의 독소와 자극적인 요소와 기체화된 오물이 요란하게 피어오르고, 무척 많으며, 그곳을 지나가는 사람이 한번 숨을 들이쉴 때마다 썩어가는 하수구의 진흙과 부패물의 수증기가 양쪽 폐에 가득해진다." 리버풀의 보건국장은 1844년에 이로 인한 실제적인 손상 정도를 정확하게 계산하여 의회에 보고했다. "리버풀 주민의 폐 활동만으로도, 이 도시 전체의 표면을 3피트 깊이로 덮기에 충분한 양의 공기층이 매일같이 생기는데, 이것은 호흡의 목적에 부적절하다."

독기 이론에 관한 가장 헌신적이고 영향력 있는 신봉자는 에드윈 채드윅이었다. 그는 구빈법 위원회의 의장이자, 1842년에 의외의 베스트셀러가 된 『영국 노동계급의 위생 상태에 관한 보고서』의 저자이기도 했다. 채드윅의 근본적인 믿음은 일단 냄새가 없어지면 질병도 없어진다는 것이었다. "모든 냄새는 곧 질병이다." 그는 의회 조사에 출석해서 이렇게 설명했다. 그의 염원은 가난한 지역들을 깨끗이 하고, 심지어 그곳에 사는 가난한 주민들도 모두 깨끗이 하는 것이었다. 이는 그곳 주민들에게 더 나은 환경을 만들어주기 위해서라기보다는, 다만 냄새를 없애기 위해서였다.

채드윅은 격한 성격에 표정이 어두운 인물이었고, 쩨쩨한 질투와 지위 논쟁에 몰두하는 성격이었다. 변호사였던 그는 생애의 대부분을 여러 왕립 위원회에서 일하며 보냈다. 예를 들면 가난한 사람들을 위한 개선책에 관한, 공장의 근무조건에 관한, 도시의 위생 수준에 관한, 예방 가능한 사망 사건의 방지에 관한, 출생과 사망과 혼인 신고 재정비에 관한 위원회 등이었다. 그를 좋아했던 사람은 거의 없었던 듯하다. 1834년의 구빈법에 관한 일을 하면서 그는 국영 구빈원 제도를 도입했는데, 그곳은 사실상 형무소나 다름없었기 때문에 노동자들은 그를 몹시 경멸했다. 어느 전기 작가의 말에 따르면, 그는 "영국 전체를 통틀어서 가장 인기가 없는 인물"이었다. 심지어 가족조차도 그에게는 아무런 애정을 품지 않은 듯했다. 어머니는 그가 어렸을 때 사망했고, 아버지는 재혼해서 잉글랜드 서부에서 새로 가정을 꾸렸다. 나중에는 이 두 번째 가족이 미국 브루클린으로 이민을 갔고, 더 이상은 에드윈 채드윅과 아무런 관계도 맺지 않았던 것으로 보인다. 그의 아버지가 두 번째 결혼에서 낳은 자식 중에는 헨리 채드윅이 있었는데, 그의 이력은 전혀 다른 방향으로 나아갔다. 그는 스포츠 기자가 되었으며, 체계화된 야구의 보급을 위해서 노력한 최초의 인물이었다. 실제로 그를 가리켜서 현대 야구의 아버지라고 언급하는 것도 간혹 눈에 띈다. 그는 스코어 카드, 박스 스코어, 평균 타율, 평균 자책점을 비롯해서 야구의 열성 팬이라면 누구나 열을 올리는 온갖 복잡한 통계들의 상당수를 처음 고안한 인물이었다. 야구의 박스 스코어와 크리켓의 서머리가 그토록 유사한 까닭은, 그가 후자에 근거해서 전자를 만들었기 때문이다.*

그러나 독기 이론에는 한 가지 중대한 결함이 있었다. 즉 아무런 근거가 없다는 점이었다. 불행히도 이 사실을 간파한 사람은 단 한 사람뿐이었으며, 따라서 다른 사람들에게 이와 같은 사실을 직시하도록 설득할 수가 없었다. 그 사람의 이름은 바로 존 스노였다.

스노는 1813년에 뉴욕의 평범한 가정에서 태어났다. 그의 아버지는 일반 노동자였다. 이런 배경이 향후 그의 삶에 사회적으로는 어떤 영향을 끼쳤는지 모르지만, 적어도 통찰과 동정이라는 측면에서는 이득을 주었다. 그 당시의 의학계 권위자들 중에서 오직 그 한 사람만이 가난한 사람들의 질병을 그들의 탓으로 돌리고 비난하지 않았기 때문이다. 다만 그들의 생활환경이 매우 열악한 까닭에, 그런 질병의 영향력 앞에서 통제가 불가능할 정도로 취약하다는 것이 그의 생각이었다. 이전까지는 어느 누구도 역학(疫學, epidemiology) 연구에서 이와 같은 유형의 개방적인 사고방식으로 생각하지 못했다.

스노는 뉴캐슬에서 의학을 공부하고 런던에 정착했다. 이곳에서 그는 마취 분야의 최고 전문가 가운데 한 사람이 되었는데, 당시에 마취라는 것은 여전히 미지의 분야였다. 의사들의 시도에 관해서라면, 이른바 '진료

---

* 이것뿐만이 아니다. 이 두 사람의 아버지인 제임스 채드윅은 경력 초기에 맨체스터에서 교사로 일했는데, 훗날 원자를 발견한 것으로 유명한 존 돌턴에게 과학을 가르쳤다. 이후에는 급진 성향의 언론인이 되어서 파리로 갔으며, 그곳에서 토머스 페인과 한동안 함께 살았다. 따라서 비록 자신은 특별한 중요성이 없는 인물이면서도, 토머스 페인과 프랑스 혁명, 원자의 발견, 런던의 하수도와 프로 야구의 시작이라는 여러 가지 사건들을 하나로 이어주는 연결 고리 노릇을 했던 셈이다.

(practice)'라는 말보다 더 잘 어울리는 말이 없었다.[*] 오늘날에도 마취는 상당히 섬세한 업무이지만, 초기에만 해도 마취약의 투여 분량의 기준은 기껏해야 예감과 희망적 가정에 지나지 않았다. 그러다 보니 혼수상태나 사망이나 여타의 중대한 결과들이 너무나도 흔히 벌어졌다. 1853년에 스노는 왕궁으로 호출되었고, 여덟 번째 출산을 하는 빅토리아 여왕에게 클로로포름을 이용한 마취를 실시했다. 클로로포름의 사용은 상당히 의외였다. 단순히 이 물질이 새로웠기 때문만이 아니라—그로부터 불과 6년 전에 에든버러의 한 의사가 이 물질을 발견했다—극도로 위험했기 때문이다. 이미 그 마취제를 이용하다가 여러 사람들이 사망했었다. 따라서 대부분의 의사들은 여왕이 출산의 고통을 견딜 수 있도록 도와준다는 미명하에 클로로포름을 사용한다는 것은 너무 부주의한 일이라고 생각했다. 『랜싯』은 이 문제를 걱정스러운 소문처럼 보고하면서, 버젓한 의사가 왕족을 상대로 특별히 큰일도 아닌 상황에서 그런 위험을 무릅썼다는 사실에 놀라움을 표시했다. 그러나 스노는 그 이전이나 이후로도 클로로포름을 서슴없이 사용했던 것으로 보인다. 물론 마취 시술에서 벌어질 수 있는 위험에 관해서라면 자신도 생생하게, 그리고 지속적으로 상기하지 않을 수 없었을 테지만 말이다. 예를 들면, 1857년 4월에 그는 새로운 유형의 마취제인 아밀렌을 가지고 실험하다가 환자 한 명을 죽이고 말았다. 환자가 감내할 만한 분량이 어느 정도인지를 잘못 계산했던 것이다. 그로부터 불과 일주일 뒤에 그는 다시 한번 여왕에게 클로로포름 마취 시술을 했다.

수술에 대비해서 사람들이 의식을 잃도록 도와주는 일을 하지 않을 때면, 스노는 질병의 기원을 이해하는 일에 상당한 시간을 바쳤다. 그는 특히 콜레라가 어째서 한 지역은 황폐화시키는 반면에 다른 지역에서는 나타나지 않는지를 궁금하게 여겼다. 서더크에서는 콜레라로 인한 사망률

---

[*] 'practice'에는 "진료"라는 뜻 말고도 "실습"이라는 뜻이 있기 때문이다 / 역주

이 인근의 램버스보다 무려 여섯 배나 더 높았다. 콜레라가 단순히 오염된 공기에서 비롯되는 것이라면, 어째서 인근 지역에서는 똑같은 공기를 호흡하면서도 감염률 면에서 큰 차이를 보이는 것일까? 게다가 만약 콜레라가 냄새에 의해서 전파되는 것이라면, 남들보다 훨씬 더 뚜렷하게 고약한 냄새를 풍기는 사람들—가령 하수구벌이, 수채청소부, 야간 분뇨치기를 비롯해서 오물에 관련된 일에 종사하는 사람들—이 가장 빈번한 희생자가 되어야 하는 것이 아닐까? 그러나 실제로는 그렇지 않았다. 1848년의 전염병 창궐 이후, 콜레라로 사망한 수채청소부는 스노가 알기로 단 한 사람도 없었다.

스노의 길이 남을 업적은 단순히 콜레라의 원인을 알아낸 것이 아니라, 과학적으로 엄밀한 태도를 견지하며 증거를 수집했다는 데에 있었다. 그는 상당히 주의 깊게 지도를 만들어서, 콜레라 희생자의 정확한 분포를 보여주었다. 여기에는 뭔가 흥미로운 패턴이 드러났다. 예를 들면, 유명한 정신병원인 베들러엄 병원에서는 단 한 사람의 희생자도 나오지 않았던 반면, 그곳을 마주한 사방의 다른 거리에서는 희생자 수가 놀라울 정도로 많았다. 차이가 있다면 이 병원에서는 부지 내의 우물에서 물을 자체 조달했던 반면, 그 외부의 거리 사람들은 공동 우물에서 물을 길어왔다는 점이었다. 이와 마찬가지로 램버스 사람들은 시 외곽의 깨끗한 수원지에서 파이프를 통해서 끌어온 물을 마셨던 반면, 인근 서더크 사람들은 오염된 템스 강의 물을 그냥 마셨다.

스노는 『콜레라의 전염 방식에 관하여(On the Mode of Communication of Cholera)』라는 팸플릿을 1849년에 간행해서 자신의 발견을 알렸는데, 여기에서 인분에 오염된 물과 콜레라 사이에 뚜렷한 연관이 있다는 것을 증명했다. 이것은 공중보건뿐만 아니라 통계학, 인구학 그리고 법의학 분야에서도 역사상 가장 중요한 문서들 가운데 하나일 것이다. 한마디로 19세기에 나온 가장 중요한 문서들 가운데 하나일 것이다. 그러나 어느 누구도 그의 발견에 귀를 기울이지 않았으며, 그리하여 전염병은 계속해서 발생했다.

1854년에 소호에서 특히 강력한 콜레라가 유행했다. 브로드 스트리트 인근의 한 지역에서만 열흘 사이에 무려 500명 이상이 목숨을 잃었다. 스노의 말처럼, 이것은 갑작스러운 죽음이라는 점에서 역사상 가장 처참한 사건이었으며, 심지어 페스트 때보다도 훨씬 더 심각했다. 만약 그 지역에서 살던 상당수의 사람들이 피난을 가지 않았더라면, 전체 사망률은 훨씬 더 높았을 것이다.

그런데 이곳에서의 사망 패턴에는 뭔가 어리둥절한 변칙이 드러났다. 희생자 한 사람은 햄스테드에서 사망했고, 또 한 사람은 이즐링턴에서 사망했다. 양쪽은 서로 몇 마일이나 떨어져 있었다. 스노는 희생자들이 살던 곳까지 도보여행을 떠나서, 그들의 친척이며 이웃과 이야기를 나누었다. 알고 보니 햄스테드의 희생자는 브로드 스트리트에서 나오는 물을 좋아했던 여성으로—그래서 정기적으로 그곳의 물을 집으로 배달시켜 마셨다고 했다—그때도 물을 한 잔 마시고 나서 병이 났다고 했다. 그 여성의 조카딸이 바로 이즐링턴의 희생자였다. 햄스테드의 친척 집을 방문해서 그곳의 물을 한잔 마셨던 것이다.

스노는 교구회를 설득하여 브로드 스트리트의 물 펌프 손잡이를 떼어버리는 데에 성공했으며, 그때 이후로는 인근 지역에서 콜레라로 인한 사망 사건이 사라졌다(또는 그렇다고 일반적으로 보도되었다). 사실 그 지역 사람들이 너무 많이 피난을 갔기 때문에, 손잡이를 제거했을 무렵에는 이 전염병도 이미 소강 국면에 접어들어 있었다.

누적된 증거에도 불구하고 사람들은 여전히 스노의 결론을 거부했다. 스노가 의회의 특별위원회에 출석했을 때, 의장인 벤저민 홀 경은 그의 발견을 신뢰할 수 없다고 생각했다. 어이없어하는 말투로 홀은 스노에게 이렇게 물었다. "그렇다면 우리 위원회는 이렇게 이해해야 하는 겁니까? 그러니까 뼈를 삶는 사람을 예로 들 경우에, 귀하께서는 뼈를 끓이는 장치에서 나오는 악취가 후각에 얼마나 거슬리는지 여부가 그 지역 거주민의 건강에는 아무런 불이익이 없을 것이라고 간주한다는 말입니까?"

"그것이 바로 제 주장입니다." 스노가 대답했다. 그러나 불행히도 그의 태도는 늘 머뭇거리는 투였고, 자신이 내린 결론만큼 명확하지 못했다. 그리하여 당국은 계속해서 그의 의견을 거부했다.

오늘날에 와서는 그 당시에 스노의 견해가 얼마나 급진적이고 반갑지 않은 것이었는지를 이해하기가 도리어 어려워졌다. 여러 권위자들은 그를 무척 싫어했다. 『랜싯』에서는 그가 어느 세력의 사업적 이해관계에서 앞잡이 노릇을 하고 있다는 결론을 내렸다. 즉 "유해한 수증기, 독기와 온갖 불쾌한 것들"을 공기 중에 가득 채우고, 그것으로 인근 지역을 오염시킴으로써 자기 지역만 부유하게 만들려고 한다고 말이다. 의회 조사에서는 다음과 같은 결론을 내렸다. "신중한 조사 끝에 본 위원회는 그런 믿음을 받아들일 타당한 이유가 없다고 보았다."

마침내 불가피한 일이 벌어졌다. 1858년 여름에 런던에서는 혹서와 가뭄이 겹치면서 하수구에 오물이 누적되어서 씻겨 내려가지 않는 상황이 벌어졌다. 기온이 화씨 90도까지 오르고 그 상태로 지속되었는데, 이것만 해도 런던에서는 이례적인 상황이었다. 그 결과로 「타임스」의 보도처럼 "대악취" 현상이 벌어졌다. 템스 강은 어느 누구도 그 근처에 얼씬도 할 수 없을 정도로 유독성이 심각해졌다. "그 악취를 한번 들이마신 사람이라면 결코 잊을 수가 없을 것이다." 어느 신문에서는 이렇게 적었다. 템스 강변에 있는 국회의사당에서는 커튼까지 내리고, 표백분 용액을 뿌려서 냄새를 없애려고 했지만, 그로 인해서 오히려 공황에 가까운 상황이 벌어졌다. 결국 의회 일정을 연기해야 했다. 스티븐 핼리데이에 따르면, 일부 의원들은 강이 내려다보이는 도서관으로 올라가보기도 했지만 "곧바로 도로 후퇴할 수밖에 없었으며, 저마다 손수건으로 코를 막고 있었다."

스노는 이 사건을 직접 경험하지도 못했고, 자신의 생각이 옳았다는 것이 증명되는 것을 보지도 못했다. 대악취 사건 중에 뇌졸중으로 사망했기 때문이다. 그때만 해도 스노는 자기가 언젠가는 영웅으로 간주되리라고는 전혀 생각지도 못했다. 당시 그의 나이는 마흔다섯 살이었다. 그리고 그의 사망 소식은 거의 주목을 받지도 못했다. 다행히도 이때 마침 또 한 사람의 영웅적인 인물이 무대에 등장했다. 바로 조지프 바잘게트였다. 마침 바잘게트가 일하던 사무실은 스노의 사무실에서 모퉁이 하나만 돌면 나올 정도로 가까웠지만, 두 사람이 만난 적이 있다는 것을 보여주는 기록은 전혀 없다. 바잘게트는 매우 키가 작고 몸매가 날랬지만, 경마 기수 같은 이런 외모를 보상하기라도 하듯이 한쪽 귀에서 다른 한쪽 귀까지 이어지는 무성한 콧수염을 달고 있었다. 또 한 사람의 위대한 빅토리아 시대의 공학자인 이점바드 킹덤 브루넬과 마찬가지로 바잘게트의 조상 역시 프랑스인이었다. 그러나 그가 태어난 1819년에도 그의 가족은 잉글랜드에 무려 35년째 정착해서 살고 있었다. 그의 아버지는 영국 해군 중령이었다. 바잘게트는 특권층 가정에서 자라났으며, 개인 가정교사를 두고 공부하는가 하면, 삶의 여러 가지 이득을 마음껏 누렸다.

왜소한 체구로 인해서 군대 경력을 추구할 수 없게 되자, 그는 철도 공학자가 되기 위해서 공부를 했다. 그리고 1849년에 서른 살의 나이로 그는 런던 하수도 위원회에 들어가서 금세 선임 공학자의 자리까지 승진했다. 역사상 그보다 더 위생을 중시했던 인물은 또 없었을 것이다. 하수와 오물 처리에 관한 문제라면 그 무엇도 그의 날카로운 눈을 피해갈 수 없었다. 런던에는 공중 화장실이 거의 없다는 사실을 고민하던 그는 시 전역의 주요 지점에 공중 화장실을 만드는 계획을 고안했다. 소변을 수집해서 산업 원료로 판매할 경우 (가령 소변은 명반의 생산에서 중요한 원료로 사용된다) 소변기 하나당 매년 48파운드라는 상당한 수입을 올릴 수 있다는 것이 그의 계산이었다. 아쉽게도 이 계획은 채택되지 못했지만 대신 하수구 문제에 관한 한, 조지프 바잘게트야말로 누구보다 더 권위자라는 일반적인 확신을 심어주었다.

대악취 사건 이후에 런던의 하수도 체계를 다시 만들어야 한다는 점이 분명해지자, 바잘게트에게 그 임무가 떨어졌다. 이것은 정말 어마어마한 사업이었다. 가뜩이나 바쁜 도시 안에 길이 1만2,000마일의 터널을 만들어야 했다. 그것도 영구적으로 지속되고, 매일 300만 명의 시민이 양산하는 온갖 오물을 실어나르고, 이후로 얼마나 더 늘어날지 모르는 양까지도 감당할 수 있어야 했다. 부지를 확보해야 했고, 하수구 통과권을 교섭해야 했으며, 자재를 입수하고 배급해야 했고, 수많은 노동자를 감독해야 했다. 이 사업의 모든 국면은 생각을 하는 것만으로도 녹초가 될 만큼 대규모였다. 터널 공사에만 무려 3억1,800만 개의 벽돌이 사용되었고, 무려 350만 세제곱야드의 흙을 파내서 옮겨야 했다. 이 모두를 겨우 300만 파운드의 적은 예산으로 해치워야 했다.

바잘게트는 그야말로 모두의 예상을 뛰어넘는 명석함을 선보였다. 새로운 하수도 체계를 만드는 과정에서 그는 첼시, 앨버트, 빅토리아 제방을 만듦으로써 3마일 반에 걸친 강변지대의 모습을 싹 바꿔놓았다(그러니까 터널을 만들기 위해서 파낸 흙을 바로 여기 쌓아놓은 것이었다). 이 새로운 제방은 단순히 커다란 차단 하수구가 들어설 공간을 제공한 것만이 아니었다. 지하에는 새로운 지하철 노선과 가스관과 다른 지하 시설물이 들어설 넉넉한 공간을, 그리고 지상에는 새로운 우회로를 제공했다. 그는 모두 합쳐서 52에이커의 매립지를 만들었으며, 그 위에 공원과 산책로를 만들었다. 이 제방을 건설함으로써 생겨난 또다른 효과는 강폭이 줄어들어서 유속이 빨라지는 바람에, 그 자정 능력이 향상되었다는 것이다. 이보다 더 넓은 범위에 걸친—가령 공중보건, 운송, 교통관리, 여가와 강 유지관리 등—개선을 제공한 공학 프로젝트는 또 찾아보기 힘들 것이다. 지금도 런던은 이 하수도 체계를 이용해서 하수를 처리한다. 런던의 여러 공원을 제외

이스트 런던, 바우 로드, 올드 포드 인근의 하수구 터널 공사 광경

하면, 이 제방은 런던에서 가장 쾌적한 환경의 하나로 남아 있다.

예산 부족 때문에 바잘게트는 대도시 런던의 동쪽 가장자리까지만 하수구를 건설할 수 있었다. 바킹 리치라는 바로 그곳에서는 커다란 배출구를 통해서 1억5,000만 갤런의 정화되지 않은, 덩어리진, 냄새 나는 하수가 매일 템스 강으로 쏟아져 들어갔다. 바킹에서 열린 바다까지는—그 20마일 인근에 사는 불운한 사람들이 못마땅해하면서 계속 지적한 바와 같이—여전히 20마일이라는 거리가 남아 있었지만, 그래도 왕성한 조수 덕분에 강으로 배출된 하수는 대부분 안전하게 (물론 항상 냄새가 없지는 않았지만) 바다로 실려나갔다. 그때 이후로 런던에서는 하수 오물과 연관된 전염병이 다시는 창궐하지 않았다.

그러나 새로운 하수 배출구는 템스 강에서 벌어진 최악의 참사에서 불운한 역할을 담당했다. 1878년 9월, 프린세스 앨리스라는 이름의 유람선

이 바닷가에서의 즐거운 하루를 보낸 관광객들을 잔뜩 싣고 런던으로 돌아오던 중에 바킹에서 다른 배와 충돌했는데, 마침 그곳의 하수 배출구가 막 작동하던 참이었다. 프린세스 앨리스 호는 불과 5분 만에 완전히 가라앉았다. 이 사고로 800명 가까운 사람들이 정화되지 않은 하수에 빠져 죽었다. 수영을 할 수 있었던 사람들도 그 끈적거리는 오물 속에서는 앞으로 나아갈 수가 없었다. 이후 며칠 동안이나 강 수면에 시신들이 떠올랐다. 「타임스」의 보고에 따르면, 그중 상당수는 가스를 만들어내는 박테리아에 심하게 오염된 까닭에 너무 부풀어올라서 일반적인 형태의 관에는 집어넣을 수도 없었다.

1876년에 독일에 살던 무명의 시골 의사 로베르트 코흐가 탄저병을 일으키는 세균 바킬루스 안트라키스(*Bacillus anthracis*)를 발견했다. 그로부터 7년 뒤에 코흐는 또다른 세균 비브리오 콜레라에(*Vibrio cholerae*)를 발견했는데, 이것이 바로 콜레라의 원인이었다. 마침내 개별 미생물이 특정한 질병을 야기한다는 증거가 나타난 것이다. 우리가 전기와 전화를 사용할 수 있게 된 즈음에 와서야 비로소 세균이 사람을 죽일 수도 있다는 것을 깨닫게 되었다고 생각하면 정말 놀랍기 그지없다. 에드윈 채드윅은 결코 그런 사실을 믿지 않았으며, 평생 계속해서 사람들을 건강하게 만든다는 미명하에 냄새를 제거하는 갖가지 방법들을 제안했다. 그의 마지막, 그리고 가장 특이한 제안은 그 당시에 파리에 새로 세워진 에펠 탑을 모델로 한, 일련의 탑을 런던 전역에 세우자는 것이었다. 채드윅은 이 탑이 강력한 환기구 노릇을 할 수 있을 것이라고, 즉 신선하고 건강에 유익한 공기를 저 높은 곳에서 끌어와서 땅까지 펌프질해 보낼 수 있을 것이라고 보았다. 1890년 여름에 무덤으로 들어갈 때까지, 그는 전염병의 원인이 대기 중의 수증기라고 굳게 믿어 의심치 않았다.

그 와중에 바잘게트는 또다른 프로젝트를 진행하고 있었다. 그는 런던에서도 가장 멋진 다리 몇 개를 해머스미스, 배터시, 그리고 푸트니에 지었다. 또한 런던 중심부에 몇 군데 대담한 새 길을 뚫었다. 채링 크로스 로드와 섀프츠버리 애비뉴도 그중 하나였다. 그는 말년에 기사 작위를 받았지만, 정작 얻어야 마땅한 명성을 얻지는 못했다. 물론 하수구 전문 공학자가 명성을 얻는 일은 드물지만 말이다. 훗날 템스 강변의 빅토리아 제방에는 그를 기리는 수수한 조상이 하나 세워졌다. 그는 채드윅보다 몇 달 뒤에 세상을 떠났다.

III

미국은 잉글랜드보다 상황이 더 복잡했다. 북아메리카를 찾은 여행객들은 이곳에서는 전염병이 드물고, 그 위세도 덜하다는 사실에 종종 충격을 받았다. 거기에는 타당한 이유가 있었다. 미국의 지역사회는 비교적 깨끗한 편이었다. 단순히 미국인의 생활습관이 더 까다롭고 위생적이어서 그런 것은 아니었다. 이들의 지역사회가 비교적 탁 트이고 널찍하다 보니, 오염이나 교차 감염의 가능성이 적었기 때문이다. 이와 동시에 신세계에 온 사람들은 몇 가지 새로운 질병에 맞닥트려야 했으며, 그중 일부는 완전히 어리둥절한 것이었다. 예를 들면, '우유병(牛乳病)'도 그중 하나였다. 미국에서 우유를 마시는 사람들은 때때로 정신착란 증세를 보이고 순식간에 사망했다. 에이브러햄 링컨의 어머니도 바로 그 증세로 목숨을 잃었다. 그러나 감염된 우유는 그 냄새나 맛이 일반 우유와 별다를 바가 없었기 때문에, 과연 무엇이 감염의 원인인지는 아무도 알 수가 없었다. 19세기가 한참 지나고 나서야, 누군가가 암소들이 뜯어 먹는 식물들 가운데 하나인 흰뱀뿌리풀[서양등골나물]이 원인임을 추론해냈다. 이 풀은 암소들에게는 해가 없지만, 사람에게는 독성이 있는 우유를 만들어냈다.

이보다 더 치명적이고 널리 두려움의 대상이 되었던 것은 황열병(黃熱病)

이었다. 이 바이러스성 질병은 그 환자의 피부가 종종 누르스름한 색으로 변했기 때문에 황열병이라는 이름을 얻게 되었다. 그러나 이 병에 걸릴 경우의 실제 증상은 고열과 검은 구토물이었다. 황열병은 아프리카에서 노예선을 타고 아메리카로 들어왔다. 최초의 사례는 1647년에 서인도 제도의 바베이도스에서 일어났다. 이것은 상당히 무시무시한 질병이었다. 직접 이 질병을 앓았던 한 의사의 말을 빌리면, 이것은 "마치 서너 개의 갈고리가 내 눈구멍에 걸려 있고, 내 뒤에 서 있는 누군가가 눈에서 머리로 연결되는 안와(眼窩)를 통해서 그것을 세게 잡아당기는 듯한 느낌"이었다. 그 원인이 무엇인지는 아무도 몰랐지만, 적어도 썩은 물이 문제의 근원이라는 데에 관해서는—지적 확신보다는 본능에 의거하여—대체적으로 의견이 일치했다.

1790년대에 들어서 벤저민 러트로브라는 이름의 영웅적인 영국인 이민자가 물 공급을 깨끗이 하려는 긴 전투를 시작했다. 러트로브는 개인적인 불운 때문에 미국에 오게 되었다. 그는 원래 잉글랜드에서 건축가이자 공학자로 성공을 거두었지만, 1793년에 아내가 출산 중에 사망하고 말았다. 정신이 황폐해진 그는 결국 잉글랜드를 떠나, 어머니의 고국인 미국으로 와서 삶을 다시 시작했다. 한동안 그는 이 나라에서 유일무이하게 정규 교육을 받은 건축가이자 공학자였다. 따라서 여러 중요한 의뢰를 많이 받았는데, 예를 들면 필라델피아에 있는 펜실베이니아 은행 건물, 워싱턴에 있는 새로운 의회 건물이 바로 그의 작품이었다.

그러나 러트로브의 주요 관심사는 더러운 물 때문에 수천 명의 사람들이 불필요하게 목숨을 잃고 있다는 믿음과 관련이 있었다. 필라델피아에서 황열병이 창궐한 이후, 그는 이 도시의 늪지를 매립하고 시 외곽에서 깨끗하고 신선한 물을 끌어오자고 당국자들을 설득했다. 이 변화는 기적적인 효과를 불러왔으며, 이후 필라델피아에는 예전과 같이 황열병이 대규모로 창궐하는 일이 없어졌다. 러트로브는 다른 곳에서도 비슷한 노력을 하다가, 아이러니컬하게도 1820년에 뉴올리언스에서 황열병에 걸려서 사망했다.

도시가 물 공급을 개선하는 데에 실패한 곳에서는 큰 대가를 치러야 했다. 1800년까지 맨해튼의 모든 용수는 콜레트 연못이라는 맨해튼 남부의 지저분한 연못 한곳에서 나왔다. 당시 사람의 표현을 빌리면, 기껏해야 "공용 하수구"보다 조금 깨끗할 정도의 연못이었다. 그러나 이리 운하의 건설 이후, 인구가 크게 늘어나면서 문제가 점점 더 심각해졌다. 1830년대에 이 도시의 분뇨 구덩이에 쏟아지는 배설물의 양이 100톤에 달하게 되면서, 인근의 여러 우물에도 영향을 미치게 되었다. 뉴욕에서 나오는 물은 전반적으로, 그리고 종종 눈에 띄게 오염되어서 먹을 수가 없었다. 1832년에 뉴욕에서는 콜레라뿐만 아니라 황열병까지 창궐했다. 그로 인한 희생자 수는 더 깨끗한 물 공급 체계를 갖춘 필라델피아의 희생자 수보다 무려 네 배나 더 많았다. 런던이 대악취 사건으로 인해서 대대적인 위생 혁신에 나선 것처럼, 뉴욕은 이 두 가지 전염병의 창궐로 인해서 비슷한 과제에 박차를 가했다. 1837년에 크로톤 수도의 운영이 시작되었으며, 1842년에 마침내 완성되어서 깨끗하고 안전한 물을 도시에 공급할 수 있게 되었다.

그러나 미국이 세계의 다른 나라보다 월등히 앞서 있던 한 가지는 개인용 화장실의 보급이었다. 여기서의 주된 동력은 주택 소유주가 아니라 호텔이었다. 각 객실마다 화장실을 구비한 세계 최초의 호텔은 바로 뉴저지 주 케이프 메이 소재 휴양지에 있는 마운트 버논 호텔이었다. 이때가 1853년이었으므로, 그것만 해도 이미 시대를 훨씬 앞선 상황이었다. 다른 호텔들이 이와 같은 사치를 갖추기까지는 무려 반세기가 더 지나야 했다. 그러나 점차 화장실은 호텔의 수준을 보여주는 표준이 되었으며—처음에는 미국에서만 그랬지만, 나중에는 점차 유럽에서도 그렇게 되었다—이런 유행을 염두에 두지 않는 호텔 운영자는 상당한 대가를 치러야 했다.

이를 잘 보여주는 사례로는 런던의 세인트 팬크래스 역에 있는, 얼핏 보기에는 상당히 근사한 미들랜드 호텔을 들 수 있다. 앨버트 기념관의 설계자인 위대한 건축가 조지 길버트 스콧이 설계한 이 호텔은 1873년에 문을 열었을 때에만 해도, 전 세계에서 가장 위풍당당한 곳이 되리라고 기대를 모았다. 오늘날의 가치로 따지면 무려 3억 파운드 이상이 건설비로 들어갔으며, 거의 모든 면에서 경이가 아닐 수 없었다. 불행하게도—아니, 놀랍게도—스콧은 객실을 600개나 만들고도 화장실은 겨우 4개만 만들어서 공동으로 사용하게 했다. 결국 개장 첫 날부터 이 호텔은 실패할 수밖에 없었다.

개인 주택에서는 화장실 설비가 이보다 훨씬 더 들쭉날쭉했다. 19세기 말에 가서는 상당수의 일반 주택들의 부엌에 배관이 되어 있었고, 간혹 아래층의 화장실에도 배관이 되어 있었다. 그러나 수압이 부족한 까닭에 파이프를 통해서 물을 위까지 끌어올릴 수가 없었기 때문에, 위층에는 버젓한 화장실이 없었다. 유럽에서는 수압이 충분했음에도 불구하고, 부유한 사람들은 의외로 자기들의 삶에 화장실을 도입하기를 꺼리고 있었다. "화장실이야 하인들에게나 필요한 것이지." 잉글랜드의 어느 귀족은 이렇게 코웃음을 쳤다. 새로 지은 집에 배관을 할 생각인지 누군가가 물어보자, 프랑스의 두도빌 공작은 이렇게 대답했다. "나는 호텔을 짓는 게 아니랍니다." 반면 미국인들은 온수와 수세식 변기에서 비롯되는 만족감에 훨씬 더 애착을 보였다. 신문계의 거물 윌리엄 랜돌프 허스트가 웨일스의 성(城) 세인트 도나츠를 구입했을 때, 그가 맨 처음 한 일은 그 안에 32개의 화장실을 설치한 것이었다.

애초에 화장실은 오늘날의 보일러실과 별다를 바가 없을 정도로 장식이 전무했고, 따라서 철저하게 실용적인 공간이었다. 이미 지어진 집에 욕조를 새로 놓을 경우, 어딘지 남는 공간을 활용할 수밖에 없었다. 대개 남는 침실을 개조했지만, 때로는 감실(監室)이나 다른 한구석을 개조했다. 서퍽 소재 왓필드의 어느 목사관에서는 욕조를 아래층의 현관 홀에 만들고,

그 앞에 차양을 쳐서 가리기도 했다. 욕조와 변기와 세면대의 크기는 매우 다양한 경향이 있었다. 콘월 소재 랜히드록 하우스에 있는 욕조는 너무 커서 그 안에 들어가려면 사다리가 필요할 정도였다. 또 어떤 것들은 샤워기까지 설치되어 있는 모습만 보면, 말을 씻기기 위해서 만든 것인가 싶을 정도로 컸다.

화장실의 보급은 기술적인 문제 때문에라도 느릴 수밖에 없었다. 너무 두껍지도 않고 너무 얇지도 않은 욕조를 주조하는 일은 상당히 어려웠다. 욕조를 주조하는 것보다는 차라리 교량을 주조하는 것이 훨씬 더 쉬울 지경이었다. 또한 그렇게 만든 욕조가 부서지거나 녹슬거나 갈라지거나 닳지 않도록 마감을 하는 것도 문제였다. 뜨거운 물은 어마어마한 부식성 물질이라는 사실이 확인되었다. 아연, 구리, 주철 욕조는 새것일 때에는 멋져 보이지만, 그처럼 깔끔한 마감 상태를 계속 유지하지는 못했다. 1910년에 법랑이 발명되고 나서야 욕조도 내구성과 더불어 매력을 가질 수 있었다. 법랑을 만들려면 주철의 표면에 분말 혼합제를 뿌리고 거듭해서 구워서 마치 자기 같은 광택이 나게 해야 했다. 법랑(porcelain enamel)은 사실 자기(porcelain)도 아니고 에나멜(enamel)도 아니며, 다만 유리질 코팅—본질적으로 유리의 한 가지 유형—이다. 에나멜 욕조의 표면은 원래 상당히 투명한 편이고, 그 원료에 흰색이나 다른 색깔을 더해서 하얗게 보이는 것뿐이다.

마침내 이 세계는 보기 좋고, 오랫동안 보기 좋은 상태로 남아 있는 욕조를 가지게 되었다. 그러나 그것은 여전히 극도로 고가였다. 1910년에만 해도 욕조 하나에 200달러나 되었는데, 어지간한 가정에서는 감당할 수 없는 가격이었다. 그러나 제조업체들이 대량생산 과정을 향상시키면서 가격이 점점 떨어져서, 1940년에 미국인은 화장실 설비 전체—세면대, 욕조, 변기—를 70달러에 구입할 수 있었다. 그 정도면 거의 누구나 충분히 감당할 수 있는 금액이었다.

그러나 미국 이외의 다른 나라에서는 욕조 자체가 여전히 사치품이었다.

유럽에서는 화장실을 설치할 공간 자체가 없다는 것이 문제의 상당 부분을 차지했다. 1954년에만 해도 샤워기나 욕조를 구비한 가정은 열에 하나 꼴이었다. 언론인 캐서린 화이트혼의 언급에 따르면, 비교적 최근인 1950년대 말까지도 그녀가 일하던 『우먼스 오운(Woman's Own)』이라는 잡지에서는 화장실에 관한 기사를 싣지 못하게 했다. 아직 영국의 가정에는 화장실이 충분히 많지 않기 때문에, 그런 기사를 실으면 공연히 부러움만 조장할 것이라는 이유에서였다.

내가 사는 오래된 목사관의 경우, 1851년에는 화장실이 전혀 없었다. 당연한 일이니 놀랄 것도 없다. 그러나 원래 설계를 담당한 에드워드 툴—끝도 없이 매력적인 인물—은 수세식 변기를 하나 설치하려고 했다. 1851년 당시에 이것은 상당히 새로운 물건이었다. 이보다 더 새로운 점은 그가 이 변기를 설치하려고 골라놓은 장소였는데, 그곳은 바로 주 계단의 층계참이었고, 그는 그 앞에 얇은 파티션을 하나 놓아두려고 했다. 이 수세식 변기가 기묘하고 불편한 장소에 있다는 사실은 둘째 치고, 그 앞에 파티션을 놓으려다 보니 계단 창문을 딱 막아버리는 바람에, 결국 이 계단은 영구적인 어둠 속에 가려질 뻔했다.

이 집의 외관을 묘사한 설계도를 보면, 외부로 연결된 배관이 드러나지 않는 것으로 보아서, 어쩌면 툴은 이 모두를 진지하고 철저하게 생각한 것은 아니었는지도 모른다. 결론은, 어찌 되었건 간에 수세식 변기 같은 실용적이지 못한 물건은 결코 이 집에 설치되지 않았다는 것이다.

• 제17장 •

탈의실

I

1991년 9월 말, 뉘른베르크에서 온 두 명의 독일인 도보여행자 헬무트와 에리카 시몬 부부가 남부 티롤 알프스 높은 곳에 있는 빙하를 따라 걸어가고 있었다. 오스트리아와 이탈리아의 국경에 있는 티젠요흐 고갯길이라는 장소에 도착했을 때, 이들은 빙하 가장자리의 얼음 위로 솟아오른 사람의 시체를 목격했다. 피부는 가죽처럼 변했고 비쩍 말라붙었지만, 다른 손상은 없이 원래대로였다.

시몬 부부는 거기서부터 2마일을 돌아가서 지밀라운에 있는 유인 산장에 이 발견을 알렸다. 경찰이 달려왔지만, 현장에 도착하자마자 이것은 그들의 업무가 아니라 선사학자의 업무라는 것이 분명해졌다. 현장에서 함께 발견된 개인 소지품—구리 도끼, 부싯돌 칼, 화살과 화살통—은 그 소유주가 지금보다는 더 이른 시기, 즉 원시시대에 속했다는 것을 알려주었기 때문이다.

이후의 방사선탄소 연대측정 결과, 그 사람은 지금으로부터 5,000년 전에 사망했다는 것이 밝혀졌다. 그 사람에게는 외치(Ötzi)라는 별명이 붙었다. 가까운 곳에 있던 외츠탈(Ötztal)이라는 큰 계곡에서 따온 것이었다. 그러나 대중은 그를 얼음인간(Iceman)이라고 불렀다. 외치는 여러 가지 도구들뿐만이 아니라 옷도 가지고 있었다. 이보다 더 완벽하고 오래된 유물이 발견된 적은 이전까지 한번도 없었다.

빙하에 떨어진 시체가 정말 완벽하게 보존된 상태로 남아 있다가 오랜 세월 뒤에 그 끝부분에서 갑자기 솟아났다는 내용의 민담도 있지만, 실제로 그런 경우는 거의 없다. 빙하는 느리지만 강력한 힘으로 서로를 갈아대고 휘저어대기 때문에, 혹시 시체가 그 안에 떨어지더라도 십중팔구는 완전히 가루가 될 것이다. 대신 시체가 이상할 만큼 길게 늘어나는 경우—가령 만화에서 증기 롤러에 깔린 주인공이 납작해지듯이—는 아주 드물게나마 한번씩 있다고 한다. 산소가 시체에 닿지 않는 경우에는 비누화(saponification)라는 현상이 일어나는데, 사람의 살이 시체지방[屍脂, adipocere]이라는 밀랍 같고 냄새 고약한 물질로 변형되는 것이다. 이런 시체는 정말로 섬뜩해 보이는데, 마치 비누를 조각해 만든 듯한 느낌인데다가 인체의 뚜렷한 윤곽이 거의 없어진 상태이기 때문이다.

외치의 시체가 잘 보존된 까닭은 의외일 정도로 유리한 환경이 여러 가지로 조합된 결과였다. 우선 그는 건조한 날에 야외에서 사망했는데, 때마침 기온이 급격히 떨어졌다. 결국 그의 시체는 냉동건조된 셈이었다. 그런 뒤에 그는 건조하고 가벼운 눈에 뒤덮였고, 아마도 몇 년 동안이나 완전히 얼어버린 상태로 있다가 빙하 속에 천천히 삼켜졌을 것이다. 게다가 빙하에서도 바깥쪽의 소용돌이에 있었기 때문에 그의 시체는—아울러 그에 못지않게 중요한 그의 소지품도—흩어지거나 산산조각 나는 신세를 면했던 것이다. 만약 외치가 빙하 안쪽으로 몇 발짝만 더 가까이 간 상태로 사망했다면, 또는 비탈에서 좀더 아래로 간 상태로 사망했다면, 또는 비가 내리거나 햇볕이 쨍쨍한 날 사망했다면, 또는 그외의 다른 여러 가지 상황에서 사망했다면, 오늘날 우리가 그를 다시 발견하는 일은 없었을 것이다. 외치도 살아서는 여느 사람 못지않게 평범했는지 몰라도, 죽어서는 그야말로 가장 희귀한 시체들 가운데 하나가 되었다.

외치의 발견이 그토록 큰 흥분을 자아낸 것은, 일반적인 장례 때처럼 특별히 고른 개인 소지품을 시체와 함께 묻은 경우가 아니라, 방금 전까지만 해도 살아 있던 사람이 일상생활에서 사용하던 도구를 지닌 채로 죽은 경우이기 때문이다. 이전까지만 해도 이런 사례는 전혀 발견되지 않았기 때문에, 사람들은 흥분 속에서 나흘 동안의 발굴 작업을 거쳐 시체를 끄집어냈다. 지나가던 사람들과 관광객들이 번갈아가며 그 시체 주위의 얼음 깨트리는 일을 도와주었다. 한 자원봉사자는 막대기로 얼음을 파내려다가 그 막대기가 그만 뚝 분질러지고 말았다. 그런데 『내셔널 지오그래픽』의 보도에 따르면, "그 막대기는 바로 개암나무와 낙엽송으로 만든 얼음인간의 등짐 틀의 일부분이었던 것으로 밝혀졌다." 결국 그 자원봉사자는 그 시체가 지니고 있던, 값을 따질 수 없이 귀중한 유물로 그 시체를 파내려고 했던 것이다.

이 사건은 오스트리아 경찰이 담당했기 때문에, 발굴된 시체는 다시 얼린 다음, 인스부르크에 있는 냉동고 안에 보관되었다. 그러나 이후의 GPS 조사에 따르면, 외치는 사실 이탈리아 영토에서 발견되었기 때문에, 법적 공방 끝에 오스트리아 측은 그 귀중한 시체를 내놓아야 한다는 판결을 받았다. 그리하여 외치는 브렌너 고갯길을 지나서 이탈리아로 향했다.

오늘날 외치는 이탈리아 북부의 독일어 사용 도시인 볼차노 소재 고고학 박물관의 냉동실에 있는 안치대에 누워 있다. 그 피부는 마치 품질 좋은 가죽 같은 색깔과 결을 가지고 있으며, 뼈와 뼈 사이에 팽팽하게 걸쳐져 있다. 얼굴에는 마치 지친 듯한 체념과도 유사한 표정이 떠올라 있다. 지금으로부터 거의 20년 전에 산에서 내려온 이래, 외치는 역사상 가장 많은 법의학 연구의 대상이 된 인간이 되었다. 과학자들은 그의 삶의 세부사항들 상당수를 놀랄 만큼 정확하게 판정해냈다. 전자 현미경을 통해서 그가 죽던 날에 야생염소와 사슴 고기, 스펠트라는 밀의 일종으로 만든 빵, 그리고 무엇인지 정확히는 알 수 없는 채소를 먹었다는 사실도 알아냈다. 그의 결장(結腸)과 폐에서 발견한 꽃가루를 근거로 그가 사망한 계절이 봄이며, 사망 당일에는 계곡 아래에 있었다는 사실도 알아냈다. 그의 치아에서 발견된 동위 미량원소를 연구함으로써, 과학자들은 심지어 그가 어린 시절에 무엇을 먹었는지 알아냈고, 따라서 그가 어디서 자라났는지도 알아냈다. 즉 과학자들의 결론에 따르면, 그는 아이작 계곡에서 자라났으며, 나중에 거기서 서쪽으로 더 가서 오늘날의 스위스와의 국경 인근에 있는 핀슈가우라는 계곡으로 이주했다는 것이다. 그중에서도 가장 놀라운 점은 그의 나이였다. 최소한 40세이고 어쩌면 53세일 수도 있다고 추정되었는데, 그 당시로서는 대단히 나이가 많은 편이었다. 그러나 과학자들이 설명할 수 없는 것들도 상당히 많았다. 그가 어쩌다가 죽게 되었는지, 그리고 어쩌다가 해발 2마일 높이의 지점에서 죽게 되었는지 하는 것이 그렇다. 그의 활은 시위도 매겨져 있지 않았고, 그나마 반쯤 만들다 만 것이었다. 화살은 대부분 살깃이 없어서 실제로는 쓸모가 없었다. 그러나 무슨 이유에서인지 그는 이런 화살을 가지고 있었다.

외딴 시골 마을의 작은 고고학 박물관에 많은 사람들이 몰리는 경우는 드물다. 그러나 볼차노의 박물관은 연중 내내 방문객이 늘어섰으며, 기념품점에는 외치 관련 기념품이 쏠쏠히 팔렸다. 방문객은 작은 유리창을 통해서 그를 한번 보려고 줄을 선다. 그는 벌거벗은 채로 유리 안치대 위에 똑바로 누워 있다. 그의 갈색 피부는 그 위에 계속 뿌려지는 보존제로 인해서 반짝거린다. 사실 외치에게는 특별히 두드러지는 점이 전혀 없다. 비록 유별나게 나이가 많고 잘 보존된 시체이긴 하지만, 그는 전적으로 정상적인 인간이다. 다만 특별한 점이 있다면, 바로 그가 지닌 소지품이다. 이것이야말로 시간여행에 필적할 만한 물건들이었다.

외치는 상당히 많은 물건을 가지고 있었다. 신발, 옷, 자작나무 껍질로 만든 보관함 2개, 칼집, 도끼, 활 만들던 막대기, 화살통과 화살, 여러 가지

작은 도구, 장과 몇 개, 야생 염소 고기 한 조각, 자작나무 버섯의 동그란 덩어리—각각 호두알 크기였으며, 짐승 힘줄에 조심스럽게 꿰어 놓았던—2개 등이었다. 한 보관함에는 타다 남은 깜부기불을 단풍나무 잎사귀에 싸서 넣어두었다. 나중에 불을 피울 때 쓰기 위해서였다. 개인 소지품이 이렇게 많은 경우는 그야말로 진기한 편이었다. 그 가운데 일부 품목은 더더욱 진기한 것이었다. 거의 찾아볼 수가 없었음은 물론이고 상상조차 불가능한 물건들이었기 때문이다. 예를 들면, 자작나무 버섯이 그런 경우였다. 이 물건은 정말이지 수수께끼가 아닐 수 없었다. 분명히 그 소유주가 이 물건을 소중하게 간직했다는 것은 분명한데, 자작나무 버섯의 특별한 용도는 이제껏 전혀 알려진 바가 없기 때문이다.

외치의 장비를 만드는 데에 사용된 목재는 모두 18종에 달했다. 상당히 놀라운 다양성이었다. 그의 장비들 중에서도 가장 놀라운 것은 바로 도끼였다. 구리 날이 달렸고, 이른바 레메델로(Remedello)—그 최초 발견지인 이탈리아의 지명에서 따온 이름—라는 유형의 도끼였다. 그러나 외치의 도끼는 지금까지 발견된 가장 오래된 레메델로 도끼보다도 수백 년은 더 오래된 것이었다. 어느 관찰자는 이렇게 말했다. "그건 마치 중세 전사의 무덤에서 갑자기 현대식 소총이 출토되는 것과 마찬가지였다." 이 도끼는 유럽의 구리 시대의 시기를 최소한 1,000년가량 바꿔놓았다.

그러나 진정한 깨달음과 흥분을 제공한 물건은 바로 외치의 옷이었다. 그가 나타나기 전까지 우리는 석기시대 사람들의 옷차림이 어떠했는지를 전혀 알 길이 없었다. 아니, 보다 정확히 표현하면 어디까지나 추측만 해볼 뿐이었다. 의복은 파편 상태로만 전해지기 때문이었다. 그러다가 갑자기 출현한 한 벌의 완벽한 옷은 그야말로 놀라운 것투성이였다. 그의 옷은 놀랄 만큼 여러 종류의 짐승들—고라니, 곰, 샤무아, 염소, 소—가죽과 털가죽으로 만든 것이었다. 또한 그는 풀을 엮어 만든 길이 3피트에 달하는 직사각형 모양의 물건을 가지고 있었다. 이것은 어쩌면 우비의 일종일 수도 있고, 어쩌면 취침용 깔개일 수도 있다. 역시 하나같이 이전까지는 본 적도 없고, 상상한 적도 없는 물건들이었다.

외치는 털가죽 각반을 차고, 거기에 연결된 가죽 끈을 허리띠에 붙들어 매고 있었다. 그리하여 상당히 기묘하게도—그리고 거의 우스꽝스럽게도—그의 모습은 마치 제2차 세계대전 중에 할리우드의 핀업 걸들의 나일 론 스타킹과 가터벨트 차림을 연상시켰다. 이런 옷차림은 어느 누구도 전혀 예견하지 못했던 것이었다. 그는 염소 가죽으로 만든 아랫도리 가리개 와 불곰 털가죽—아마도 그의 사냥 전리품이었을 것이다—으로 만든 모 자를 쓰고 있었다. 그 정도 옷이면 상당히 따뜻하고, 남들이 부러워할 만 큼 멋있었으리라. 그의 의복의 나머지는 대부분 고라니의 가죽과 털가죽으 로 만든 것이었다. 흔히 예상되는 것과는 정반대로, 가축에서 나온 재료는 전혀 없었다.

그중에서도 가장 놀라웠던 물건은 바로 부츠였다. 얼핏 보기에는 딱딱 한 곰 가죽 밑창 위에 새 둥지가 하나씩 올라앉은 모양이어서, 어딘가 잘 못 디자인되고 쓸모가 없어 보였다. 이것에 흥미를 느낀 체코의 신발 전문 가 바슬라프 파텍은 똑같은 재료, 똑같은 디자인으로 복제품 신발을 만든 다음, 그것을 신고 직접 산을 걸어보았다. 그랬더니 자기가 지금까지 신어 본 그 어떤 현대식 부츠보다도 "훨씬 더 편안하고 유용했다"고, 그는 놀란 어조로 보고했다. 미끄러운 바위 위에서도 현대식 고무 밑창보다 덜 미끄 러졌으며, 오래 신고 있어도 결코 물집이 잡히지 않았다. 다른 무엇보다도 추위를 방지하는 데에 큰 효과가 있었다.

그 모든 법의학적 탐구에도 불구하고 무려 10년이 지나고 나서야 사람 들은 비로소 외치의 왼쪽 어깨에 화살촉이 하나 박혀 있다는 사실을 발견 했다. 면밀한 조사 끝에, 그의 옷과 무기에도 다른 네 사람의 혈액이 점점 이 묻어 있다는 것이 밝혀졌다. 알고 보니 외치는 일종의 치열한 결투 끝에 피살된 것이었다. 어째서 그 피살자들이 높은 산속 고갯길까지 그를 쫓아왔는지에 대해서는 어느 누구도 쉽게 대답할 수 없고, 추측조차도 불가능하다. 이보다 더 수수께끼인 것은, 어째서 그 피살자들이 그의 물건들을 훔쳐가지 않았느냐는 것이다. 외치의 개인 물품, 특히 도끼의 경우에는 상당히 가치가 높았을 텐데도 말이다. 그런데도 피살자들은 분명히 그를 상당히 멀리까지 뒤쫓아 와서, 상당히 피 튀기는 접전을 벌이고—네 사람의 피가 그 정도로 튀려면 칼에 맞은 상처가 상당히 많았을 것이다—상대방이 쓰러지자 그 소지품은 건드리지도 않은 채 그냥 물러갔던 것이다. 물론 우리에게는 피살자들이 그냥 물러간 것이 천만다행이다. 그의 소지품이, 다른 방식으로는 결코 답변이 불가능했을 여러 가지 질문들에 대한 답변을 제공하고 있기 때문이다. 그래도 한 가지 질문에 관해서는 우리도 아무런 답변을 얻지 못하고 영원히 감질나는 기분을 느껴야 할 것 같다. 그러니까 도대체 그 위에서 무슨 일이 벌어지고 있었던 것일까?

우리는 지금 탈의실에 들어와 있다. 아니, 최소한 에드워드 툴의 원래 설계도상에는 탈의실로 되어 있던 방에 들어와 있다고 해야 할지도 모르겠다. 건축가로서 툴이 보여준 수수께끼 같은 행동들 가운데 하나는 마섬 씨의 침실과 탈의실 사이에 바로 연결되는 문을 내지 않고, 양쪽 방 각각에 위층 통로로 연결되는 문을 따로따로 만들었다는 점이다. 따라서 마섬 씨가 옷을 입거나 벗으려면 일단 침실에서 나와서 복도를 따라 몇 걸음 걸어가서 탈의실로 들어가야 했다. 거기서 몇 걸음 더 가면 "여자 하인 침실"—즉 충성스러운 독신 가정부 웜 여사의 방—이 있었다는 것을 고려해보면, 상당히 돌아다니기가 어색했을 것이다. 이런 식으로 방이 배치되어 있다 보니, 때로 두 사람이 마주치는 일도 분명히 있었을 것이고, 짐작컨대 그런 상황은 상당히 어색했을 것이다. 물론 어쩌면 어색하지 않았을 수도 있다. 그 당시에 그들[즉 주인과 하인]의 영역이 얼마나 엄격하게 분리되어 있었는지를 고려해볼 때, 정말 이상한 점은 오히려 그들의 침실이 너무 가까이 붙어 있었다는 점이다. 참으로 알 수 없는 집안이다.

여하간 마섬 씨는 나중에 이 문제를 다시 한번 생각해본 것이 분명하다. 실제로 지어진 집에서는 탈의실과 침실이 서로 연결되어 있기 때문이다. 탈의실은 현재 욕실이 되어 있는데, 아마도 지난 100여 년 동안에 이 상태였을 것이다. 그러나 우리는 여전히 이곳에서 때때로 옷을 갈아입기 때문에 다행이라고 할까? 지금 이 장에서 우리가 이야기할 주제는 바로 옷 입기의 길고도 상당히 수수께끼 같은 역사이기 때문이다.

사람들이 옷을 입은 지가 과연 얼마나 오래되었는지 하는 것은 결코 쉽게 대답할 수 있는 질문이 아니다. 우리가 말할 수 있는 사실은 대략 4만 년 전부터라는 것뿐이다. 그 이전까지의 어마어마하게 긴 기간에 인간은 번식하고 생존하는 것을 제외하면 별로 하는 일이 없었다. 그러다가 갑자기 두뇌도 커다랗고 행동도 현대적인 인류, 이른바 크로마뇽인이라는 이름으로 알려진 인류가 무대에 등장했다(그 이름은 이 인류가 처음으로 발견된 프랑스 도르도뉴 지방의 한 동굴에서 따온 것이다). 이 새로운 인류는 상당히 천재적인 머리를 가지고 있었던 것이 분명하다. 역사상 가장 위대하면서도 가장 과소평가되는 발명품 하나를 만들었기 때문이다. 그 발명품이란 바로 '실'이다. 실은 놀랄 만큼 단순한 물건이다. 2개의 섬유를 나란히 놓고 서로 꼬아서 만든 것뿐이다. 이런 제작법에는 두 가지 장점이 있다. 하나는 강한 선을 만들 수 있다는 것이고, 또 하나는 짧은 섬유로 긴 선을 만들 수 있다는 것이다. 만약 실이 없었더라면, 지금 우리가 어떻게 되었을지 한번 상상해보시라. 실이 없다면, 옷과 옷감은 물론이고 낚시줄, 그물, 올가미, 밧줄, 끈, 투석기, 활을 비롯해서 인간에게 유용한 수천 가지 물건들이 없었을 것이다. 실을 가리켜서 "인류가 지구를 정복하게 해준 무기"라고 지칭한 직물 역사가 엘리자베스 웨일랜드 바버의 말은 결코 과장이 아니다.

역사적으로 가장 흔하게 사용된 섬유 두 가지는 리넨과 삼베였다. 리넨은 아마(亞麻)로 만들었는데 상당히 대중적이었다. 아마는 상당히 높이—최대 4피트—까지 자라났기 때문이다. 또 아마는 상당히 빨리 자라서, 가령 이번 달에 씨를 뿌려서 다음 달에 수확을 할 수 있었다. 단점이 있다면, 아마는 실을 만들기 위한 준비과정이 상당히 힘들었다는 것이다. 아마 줄기에서 섬유를 분리하는 것에서부터 물레질하기에 적당하도록 부드럽게 만드는 것까지의 과정에서만 대략 20가지의 서로 다른 일이 필요했다. 이 각각의 일은 가령 탈마(脫麻, braking), 침마(沈麻, retting), 타마(打麻, swingling 또는 scutching), 소마(梳麻, hackling 또는 heckling) 같은 불가사의한 이름을 가지고 있었다. 물론 알고 보면 아마의 줄기에서 털로 덮인 안쪽 섬유를 분리하기 위해서 방망이로 때리고, 물에 담그고 등등의 일을 한다는 의미에 불과하다. "어떤 연사를 삼빗으로 훑다(heckle a speaker, 지금은 "야유하다" 또는 "질문 공세를 퍼붓다"라는 의미)"라는 영어 표현은 이처럼 중세 초기부터 아마를 준비할 때 사용되던 용어에서 비롯된 것이다.

이 모든 노력의 결과로 나온 것이 바로 질기면서도 가공하기가 쉬운 천 리넨이었다. 리넨이라고 하면 우리는 순백색이라고 생각하기 쉽지만, 이 천의 원래 색깔은 갈색이다. 그것을 희게 만들려면 햇볕에 널어서 표백시켜야 하는데, 완성하려면 몇 달이 걸릴 정도로 느린 과정이다. 표백을 하지 않아서 품질이 나쁜 천은 범포나 부대를 만드는 데에 사용된다. 리넨의 가장 큰 단점은 염색이 잘 되지 않는다는 것이기 때문에, 이 천을 멋지게 써먹는 방법은 그리 많지가 않았다.

대마는 아마와 대체적으로 비슷하지만, 훨씬 더 거칠기 때문에 입기가 그리 편하지는 않았다. 따라서 밧줄이나 돛 같은 물건을 만드는 데에 주로 사용되는 경향이 있었다. 그러나 이 식물에는 이런 단점을 상쇄하는 상당한 이점이 있었다. 흡연을 할 경우에는 상당한 도취감을 맛볼 수 있다는 점이었다. 바버는 이것이 고대에 대마가 널리, 또 빠르게 보급된 이유라고 보고 있다. 솔직히 말해서, 고대 세계 전역에서 살던 사람들은 대마를 무척, 정말 무척 좋아했다. 이들이 기른 대마의 양은 밧줄이나 돛을 만드는 데에 필요한 것보다 훨씬 더 많았다.

그러나 중세의 주된 의복 재료는 양모였다. 양모는 리넨보다 훨씬 더 따뜻했고 더 오래갔다. 그러나 양모는 섬유가 짧아서 가공하기가 쉽지 않았으며, 초창기의 양은 놀라울 만큼 털이 많지 않은 짐승이었기 때문에 더더욱 쉽지 않았다. 원래 양모란 양의 뒤얽힌 털뭉치 아래에 있는 솜털 모양의 밑털을 일컫는 말이었다. 그랬던 양이 오늘날 우리가 아는, 북슬북슬한 털을 가진 짐승으로 변하기 위해서는 수 세기에 걸친 헌신적인 품종 개량이 필요했다. 더군다나 양모는 원래 칼이나 가위로 베어내는 것이 아니었다. 대신 고생스럽게도 일일이 잡아 뽑는 것이었다. 그러니 사람이 가까이 다가올 때마다 양떼가 그토록 겁을 내는 것도 놀랄 일은 아니다.

중세 사람들에게는, 일단 그렇게 해서 양모를 한 무더기 가져다 쌓아놓으면 일이 끝나기는커녕 오히려 시작되었다. 그것을 천으로 만들기 위해서는 세모(洗毛, washing), 소모(梳毛, combing 또는 carding), 기모(起毛, teaseling), 정경(整經, warping), 풀 먹이기(sizing), 축융(縮絨, fulling) 같은 여러 가지 과정이 필요했다. 축융은 때리기(beating)와 줄이기(shrinking)로 이루어졌다. 풀 먹이기는 윤내기(glaze)와 관련이 있었다. 섬유를 소모해서 납작하게 만들 경우, 내구성이 높아지는 반면에 비교적 뻣뻣한 천이 되었다. 그 천이 바로 '소모사(梳毛絲)'이다. 더 부드러운 양모를 만들기 위해서는 소모판을 이용해서 섬유를 더 북슬북슬하게 만들어야 했다. 때로 완성된 천을 더 광택 있게 만들기 위해서 족제비나 담비나 다른 짐승의 털을 한데 섞기도 했다.

네 번째의 주요 직물은 비단이었다. 비단은 보기 드문 사치품이었으며, 말 그대로 천금의 가치가 있는 물건이었다. 18세기와 19세기에 영국에서 일어난 범죄 관련 기록을 보면, 손수건이나 레이스 한 다발, 또는 그와 유사하게 비교적 하찮아 보이는 물건을 훔친 죄 때문에 투옥되거나 심지어

오스트레일리아로 유배되는 범죄자들이 많았다. 그러나 이 당시에 이런 물건들은 상당히 가치가 높았다. 비단 스타킹 한 켤레는 5파운드였고, 비단 레이스 한 다발은 20파운드나 했다. 그 당시에 20파운드면 웬만한 사람이 두어 해는 놀고먹을 수 있는 금액이었으며, 그것을 도둑맞는 상점 주인의 입장에서는 상당한 손실이었다. 비단 망토는 50파운드에 달했기 때문에, 가장 지체 높은 귀족이 아니면 누구도 감히 살 수 없는 물건이었다. 그외의 사람들은 대부분 비단을 가지고 있다고 해봐야 겨우 리본이나 다른 장식품의 형태뿐이었다. 중국은 비단 생산의 비결을 철두철미하게 함구했다. 혹시 뽕나무 씨앗을 하나 외국으로 내보내다가 발각되면 최대 사형에 처해졌다. 물론 중국에서도 북유럽을 크게 걱정할 필요는 없었을 것이다. 뽕나무는 서리에 예민한 식물이기 때문에 그곳의 기후에서는 잘 자라지 못했기 때문이다. 영국은 100년 동안이나 비단을 생산하기 위해서 열심히 노력했고, 때로 좋은 결과를 얻기도 했다. 그러나 궁극적으로는 주기적으로 찾아오는 가혹한 겨울이라는, 뽕나무 재배상의 약점을 극복할 수 없었다.

이런 몇 가지 재료에다가 깃털이나 담비 모피 같은 장식품을 가지고 사람들은 놀라운 의상을 만들었다. 하다못해 14세기에 이르자 통치자들은 사람들이 입는 옷을 제한하기 위해서, 사치금지법이라고 알려진 법률을 도입할 필요가 있다고 생각했을 정도였다. 사치금지법은 한 사람이 입을 수 있는 옷의 재료와 직물의 색깔에 관해서 광신적일 정도로 정확하게 규정했다. 셰익스피어의 시대에 연 수입 20파운드인 사람은, 공단 상의를 입을 수는 있어도 공단 가운을 걸칠 수는 없었다. 연 수입 100파운드인 사람은, 공단에 관해서는 아무런 제약도 없었으나, 벨벳은 상의만 입을 수 있었고 그나마도 벨벳이 진홍색이나 파란색—신분이 더 높은 사람들만이 입을 수 있는 색깔—이 아닌 경우에만 한했다. 특정 품목의 의복에 사용할 수 있는 직물의 양이라든지, 또는 주름을 잡아서 입느냐 곧게 펴서 입느냐 여부에 대해서도 역시 규제가 있었다. 셰익스피어와 그의 동료 배우들이 1603년에 국왕 제임스 1세로부터 후원을 받게 되었을 때, 그로 인한 특전 가운데 하나는 4야드 반 길이의 천으로 만든 진홍색 옷을 입을 수 있다는 허가였다. 배우라는 직업에 대한 평판이 좋지 않았다는 것을 생각해보면 상당한 영예가 아닐 수 없었다.

사치금지법을 제정한 까닭은 한편으로 사람들이 각자의 계급에 어울리는 분수를 지키게 하려는 것이었고, 또 한편으로 국내 산업의 유익을 위해서였다. 예를 들면, 이 법률이 외국 원료의 수입을 억제하는 방식으로 고안되었다는 점만 봐도 알 수 있다. 마찬가지 이유로 인해서 한동안은 챙 모자 법령이라는 것이 있었다. 이는 불황을 맞아서 국내 챙 모자 제조업자를 돕기 위함이었으며, 사람들에게 의무적으로 테 모자 대신에 챙 모자를 쓰고 다니게 했다. 어째서인지는 알 수 없지만 청교도는 이 법률에 분격해 마지않았고, 종종 이를 위반하다가 벌금을 물었다. 그러나 전반적으로 사치금지법은 그다지 엄격하게 강요되지는 않았다. 가령 1337년, 1363년, 1463년, 1483년, 1510년, 1533년, 1544년에 의복 규제에 관한 여러 가지 법령이 도입되었지만, 기록에 따르면 그 어떤 것도 엄격하게 강요되지는 않았다. 그리고 1604년에 이르러 모두 무효화되었다.

합리적인 사람이 보기에, 유행이란 종종 그 깊이를 측정하기가 거의 불가능할 정도이다. 역사상의 여러—아마도 대부분의—시기에 유행의 전반적인 목표는 뭔가 어마어마하게 우스꽝스럽게 보이는 것이 아니었을까 싶다. 아울러 불편해 보일 수 있다면, 그 위업은 더 커졌다.

실용적이지 못한 복장은 곧 그 옷을 입은 사람이 육체노동에 종사할 필요가 없다는 것을 보여주는 한 가지 방식이었다. 그 어느 시대에나, 그 어느 문화에서나, 이런 과시욕은 편안함보다 훨씬 더 중요하게 생각되었다. 한 가지 예를 들면, 16세기에는 풀 먹이기가 유행했다. 그로 인해서 피카딜이라는 이름의 커다란 주름 칼라가 나타났다. 진짜 큰 피카딜이 달린 옷을 입은 사람은 식사가 거의 불가능했기 때문에, 특수 제작한 자루 긴 숟가락을 사용해야만 간신히 음식을 입에 넣을 수 있었다. 그런 상황이라면 음식을 상당히 많이 흘리는 것은 물론이고, 상당수의 사람들이 제대로 먹지 못해서 배가 고팠을 것 같다.

가장 단순해 보이는 것도 원래는 엄청나게 쓸모없는 유행으로부터 시작되었다. 1650년경에 단추가 도입되었을 때, 사람들은 그것을 최대한 많이 구해서 외투의 뒤쪽과 목깃과 소매에 줄줄이 달았는데, 이것은 어디까지나 장식이었을 뿐이고 실제로 어떤 기능을 수행하지는 않았다. 지금까지도 양복 재킷을 보면 소맷부리에 아무런 쓸모도 없는 단추가 몇 개 달려 있는데, 이것 역시 과거의 유행이 남긴 흔적이다. 이것은 순전히 장식이고, 아무런 목적도 없다. 그러나 이후로 350년 동안이나 우리는 마치 그것이 반드시 필요한 것이라도 되는 양, 계속해서 거기에 붙여놓고 있다.

그중에서도 가장 비합리적인 유행은 아마도 150년이나 가발을 쓴 남성 특유의 습관이 아닐까 싶다. 새뮤얼 피프스는 다른 여러 가지 일들과 마찬가지로 이 유행에서도 첨단을 달린 인물이었다. 그는 1663년에 가발을 구입하고 나서, 이런 물건이 아직은 흔하지가 않다는 사실을 약간은 걱정스러운 어조로 덧붙였다. 너무 새로운 물건이다 보니, 혹시 그것을 쓰고 교회에 갔다가 사람들이 비웃지는 않을까 두려웠던 것이다. 그러나 그렇지 않다는 사실을 직접 확인하자, 그는 무척이나 안도했고 약간은 자부심이 들었다. 그는 또한 가발의 머리카락이 혹시 전염병으로 죽은 사람에게서 나온 것이 아닐까 하는 걱정을 품었는데, 이는 아주 허무맹랑한 걱정은 아니었다. 피프스가 가발 때문에 전염병에 걸려 죽지는 않을까 걱정하면서도 계속해서 그 물건을 쓰고 다녔다는 것은, 유행의 위력이 어느 정도인지를 무엇보다도 더 잘 보여준다.

가발은 그 어떤 재료—사람의 머리카락, 말총, 면실, 염소털, 비단 등—를 가지고도 충분히 만들 수 있었다. 한 제조업자는 가느다란 철사로 만든 가발을 선전하기도 했다. 가발은 모양도 여러 가지였다. 백(bag, 자루), 밥(bob, 단발), 캠페인(campaign), 그리즐(grizzle, 회색), 라밀리즈(Ramillies), 콜리플라워(cauliflower), 브라운 타이(brown tie), 라이딩 밥(riding bob) 이외에도 여러 가지가 있었는데, 이 모두는 땋은 머리의 길이나 고수머리의 탄력 등에서 몇 가지 중대한 차이가 나타났다. 완전한 형태의 가발 하나는 가격이 50파운드나 되었고, 워낙 가치가 높았기 때문에 유언장에 누구에게 물려주라고 언급되곤 했다. 더 높은 사회계층에 속할수록 가발도 더 풍성해졌다(영어에서 큰 가발[bigwig]이라는 단어가 곧 "높은 양반" 또는 "거물"을 뜻하는 것도 바로 그래서이다). 가발은 도둑이 제일 먼저 챙기는 물건 중에 하나이기도 했다. 터무니없이 큰 머리장식의 우스꽝스러움은 물론 희극적인 주목을 받지 않을 수 없었다. 밴브러의 희극 『타락』에서 등장인물 가운데 한 사람인 가발 제조업자는 이렇게 큰소리친다. 즉 가발 중에서도 "아주 길고 머리카락이 가득한 것은 날씨에 따라 모자와 망토 노릇을 모두 해줄 것"이라고 말이다.

가발을 쓰면 당연히 간지럽고 불편하고 더웠으며, 특히 여름에는 더했다. 따라서 가발을 좀더 편하게 쓰기 위해서, 상당수의 남자들은 머리를 밀어버렸다. 따라서 17세기와 18세기의 여러 저명인사들의 진짜 모습—그 배우자들이 매일 아침 눈을 뜨자마자 맨 처음 보는 모습—을 봤다면, 우리는 아마 몹시 놀랐을 것이다. 이것은 참으로 기묘한 상황이었다. 한 세기 반 동안이나 남자들은 자기 머리를 완전히 밀어서 그야말로 편안한 상태로 만든 다음, 그 위에 뭔가 이질적이고 전혀 안 편안한 물건을 덮어썼기 때문이다. 아예 자기 머리카락으로 가발을 만드는 사람도 종종 있었다. 가발을 살 여력이 없는 사람은 자기 머리카락을 마치 **가발처럼** 보이게 만들었다.

가발을 유지하고 관리하려면 품이 많이 들었다. 매주 한 번은 밖으로 보내서 버클(buckle)—프랑스어의 부클(boucle)에서 온 단어로 "곱슬머리"라는 뜻이다—을 뜨거운 롤러로 다시 매만져야 했다. 또는 오븐에 넣고 구울 수도 있었는데, 이 과정은 플럭싱(fluxing)이라고 했다. 1700년경부터는 딱히 어떤 상식이나 실용과도 전혀 관계가 없는 이유로 인해서, 머리 위에 매일 흰색 파우더를 눈처럼 뿌리는 것이 필수적인 유행처럼 되었다. 이런 파우더로 제일 많이 사용된 것은 일반 밀가루였다. 1770년대에 프랑스에서는 밀의 작황이 나빠지자 각지에서 굶주린 사람들의 폭동이 일어났는데, 가뜩이나 공급이 줄어든 밀가루의 상당량이 빵 만드는 데에 들어가는 것이 아니라 귀족들의 그 특권적인 머리에 파우더로 뿌려지는 데에 들어간다는 사실이 알려졌기 때문이었다. 18세기 말에 이르러서 두발용 파우더에는 색깔—파란색과 분홍색이 특히 인기였다—과 아울러 향기가 첨가되었다.

파우더를 뿌리려면 그냥 가발을 나무 받침대에 올려놓고 하면 되지만, 당시 사람들은 그보다는 가발을 쓴 상태에서 파우더를 뿌리는 것이 최고의 멋을 성취하는 방법이라고 입을 모았다. 그런 절차를 위해서는 일단 주인이 가발을 쓰고, 어깨와 상체를 천으로 덮고, (질식을 방지하기 위해서) 얼굴을 종이 깔때기 속에 박은 사이에 하인, 또는 '미용사'가 풀무를 들고서 주인의 머리에 파우더 구름을 뿌려야만 했다. 이보다 더 까탈스러운 사람들은 이 문제를 더 멀리까지 끌고 나갔다. 라우니츠 대공이라는 인물은 시종 4명을 동원해서 4개의 파우더 구름을 불어대게 했다. 그 4개의 구름은 각각 색깔이 달랐으며, 이 대공은 딱 알맞은 결과를 얻기 위해서 그 구름 속에서 이리저리 걸어다녔다. 이 소식을 전해들은 에핑엄 경은 5명의 프랑스인 미용사를 고용해서 자기 머리카락을 돌보게 했다. 스카보로 경은 아예 6명을 고용했다.

그러다가 갑자기 가발은 유행에 뒤떨어진 것으로 간주되었다. 앞날이 막막해진 가발 제조업자들은 남성의 가발 착용을 의무화해달라고 조지 3세에게 청원했지만, 국왕은 이를 거절했다. 1800년대 초에는 어느 누구도 가발을 새로 사지 않았고, 낡은 가발이 있으면 먼지털이로 사용했다. 오늘날에 가발은 오직 영국 및 연방의 특정한 법정에서만 남아 있다. 지금 사용되는 재판용 가발은 말총으로 만들며, 가격은 600파운드라고 한다. 그런가 하면 너무 새것처럼 보이지 않으려는 의도에서—상당수의 변호사들은 이것이 경험 미숙을 드러내는 증거가 될까봐 걱정한다—새 가발을 찻물에 담가서 적당히 낡아 보이게 만들기도 한다.

그 와중에 여성은 가발 쓰기를 말 그대로 또다른 수준으로 끌어올렸다. 즉 각자의 머리카락을 이른바 팰리세이드(pallisade) 또는 커모드(commode)라는 이름의 넓은 비계 위에 쌓아올렸다.* 기름 먹인 양모와 말총을 자기 머리카락과 뒤섞음으로써, 이들은 진정으로 기념비적인 높이를 성취할 수 있었다. 여성용 가발은 종종 2피트 반이나 높아져서, 평균적인 체구의 여성이 착용하면 졸지에 키가 7피트 반으로 커졌다. 혹시 약속이 있어서 외출할 경우, 이들은 종종 마차 바닥에 앉거나, 머리를 창밖으로 내밀고 있어야 했다. 여성의 머리카락이 샹들리에를 스치는 바람에 불이 붙어서 사망한 사례가 최소한 두 건 기록되어 있다.

여성의 머리카락은 시간이 갈수록 점차 복잡해졌기 때문에, 나중에 가서는 완전히 새로운 어휘가 필요해졌다. 그런 어휘는 너무 장식적이다 보니, 곱슬머리 하나하나 또는 곱슬머리의 한 부분조차도 특정한 이름을 가지게 되었다. 예를 들면, 프리볼리테(frivolité), 데 미그렌(des migraines), 랭쉬르장(l'insurgent), 몽틀라오(monte la haut), 소르티(sorti), 프렐랑즈(frelange), 플랑동(flandon), 뷔르주아뉴(burgoigne), 슈(choux), 크루슈(crouche), 베르제르(berger), 콩피당(confident) 등등이 있었다.** (뒤통수에 매달린 매듭을 가리키는 '시뇽

---

* '팰리세이드'는 머리카락을 지지해주는 철사를 말하고, '커모드'는 머리카락을 올려놓을 수 있도록 철사로 짠 틀(프레임)을 말한다/역주
** '몽틀라오'는 옷을 들어올리는 데에 이용하는 철사를 말하고, '소르티'는 앞치마와 보닛 사이에 다는 작은 리본을 말하며, '프렐랑즈'는 보닛과 앞치마 모두를 말하며, '플랑동'은 보닛과 함께 착용하는 앞치마를 말하고, '뷔르주아뉴'는 머리 바로 위에 쓰는 장식을 말한

극단적인 형태의 머리장식. 프래틀(Prattle, 혀짤배기) 양이 더블 피(Double Fee, 이중 요금) 박사에게 자신의 판테온 머리장식에 관해서 상담을 하고 있다.

[chignon, 뒷머리 쪽]'은 한때 무척이나 방대했던 어휘들 가운데 오늘날까지도 살아남은 거의 유일한 단어이다.)* 머리카락을 한번 매만지는 데에 들어가는 공이 무척 컸기 때문에, 일단 한번 하고 나면 몇 달 동안이나 그냥 내버려두는 여성도 드물지 않았다. 기껏해야 가끔 한번씩 모든 것이 제자리에 붙어 있도록 풀칠을 약간씩 더해줄 뿐이었다. 상당수의 여성들은 잠을 잘 때에 목 아래에 특수 제작된 나무 블록을 받쳐서 머리가 위로 들리게 했다. 그래야만 머리모양이 흐트러지지 않기 때문이었다. 이처럼 머리를 감지 않다 보니, 머리카락 속에 종종 해충, 특히 바구미가 들끓었다. 한 여성은 심지어 자기 머리카락 속에 생쥐가 여러 마리 둥지를 틀고 있는 것을 알고 놀란 나머지 유산을 했다고 전한다.

하늘 높이 치솟은 머리모양의 전성기는 1790년대였는데 이때로 말하면, 남성은 이미 가발을 포기한 다음이었다. 여성용 가발에는 종종 리본이며 깃털 장식이 달려 있었지만, 이보다 훨씬 더 정교한 장비가 달려 있었다. 사치의 역사를 연구한 존 우드퍼드가 언급한 어떤 사례에서는, 한 여성이 돛과 대포까지 완벽하게 장착한 모형 배를 머리 위에 얹고 다녔다고 한다. 그녀의 머리장식이 만들어낸 파도 위의 그 배는 마치 머리장식을 외부 침입에서 보호하려는 듯한 형상이었다.

이와 똑같은 시기에 가짜 사마귀, 즉 무셰(mouche)가 유행했다. 이 가짜 애교점은 점차 형태를 취하게 되어서, 별이나 초승달 모양이 되었으며, 얼굴이나 목이나 어깨에 붙였다. 한 귀부인은 뺨 위에 여섯 마리의 말이 끄는 사륜마차 한 대를 묘사해놓기도 했다는 기록도 있다. 이 유행의 전성기에는 사람들이 무셰를 어찌나 많이 붙였던지, 마치 얼굴이 파리 떼에 뒤덮인

다/역주
* 본문에 나오는 헤어스타일 관련 용어는 기본적으로 프랑스어에서 유래한 듯하지만, 영어로 넘어오면서 철자가 변질되는 바람에 원래의 프랑스어가 무엇인지 알 수 없는 것들도 있다. 가령 저자가 인용한 프렐랑즈, 플랑동, 뷔르주아뉴의 경우, 프렐랑(freland), 플랑당(flandan), 부르주아뉴(bourgoigne)로 표기된 경우도 있다/역주

것처럼 보였을 것이다. 애교점은 여자뿐만 아니라 남자도 붙였으며, 이것을 어느 쪽에 붙이느냐에 따라서 한 사람의 정치적 성향이 드러나기도 했다. 예를 들면, 왼쪽 뺨에 붙이면 휘그 당, 오른쪽 뺨에 붙이면 토리 당이라는 식이었다. 이와 유사하게 하트 모양을 오른쪽 뺨에 붙이면 기혼자라는 뜻이었고, 왼쪽 뺨에 붙이면 현재 약혼 상태라는 뜻이었다. 애교점은 매우 복잡하고 다양해서, 여기에서도 완전히 새로운 어휘가 생겨났다. 머리에 붙이는 애교점 중에서도 턱에 있는 것은 '실랑쇠즈(silencieuse, 얌전한)', 코에 있는 것은 '림퓌당트(l'impudente, 파렴치한 사람)'나 '레프롱테(l'effrontée, 뻔뻔한 사람)', 이마 한가운데 있는 것은 '마제스튀스(majestueuse, 위풍당당한)' 등이었다. 1780년대에는 창의적인 우스꽝스러움을 과시하기 위한 행동은 정말 한계를 모를 지경이어서, 심지어 생쥐 가죽으로 만든 가짜 속눈썹을 붙이는 것이 잠깐이나마 유행하기도 했다.

애교점은 최소한 독성이 없다는 장점이 있었다. 그리고 이것은 수 세기 사이에 나온 미용 재료들 가운데 유일하게 독성이 없는 것이었다. 잉글랜드에서는 미용이라는 미명하에 독극물 중독을 자초하는 오랜 전통이 있었다. 예를 들면, 벨라도나(belladonna)—일명 '독성 가지'—를 몇 방울 이용하면 동공이 넓어져서 눈이 매력적으로 보였다. 이런 방법들 중에서도 가장 위험했던 것은 백연(白鉛)과 그냥 "페인트"라는 이름으로만 알려진 물질로 만든 풀이었다. 백연은 매우 인기가 높았다. 천연두 상처가 있는 여성은 이를 일종의 회삼물(灰三物)로, 즉 움푹 팬 상처를 메우는 재료로 이용했다. 그러나 이런 흠집이 없는 많은 여성들도 유령처럼 창백하고 예쁘장한 얼굴을 만들기 위해서 이 재료를 사용했다. 백연은 오랜 세월 동안 인기가 높았다. 화장품으로서의 백연에 대한 최초의 언급은 1519년에 유행을 쫓는 여성들이 "얼굴과 목과 패피[pappies, 즉 '가슴'을 말한다 / 저자]를 하얗게 만든다"는 기록이었다. 1754년에 잡지 『카너서(Connoisseur)』에서는 "여러분이 만나는 모든 숙녀마다 연고 같은 백연과 회반죽을 처바르고 있다"면서 여전히 놀라워하고 있었다. 백연에는 세 가지 주된 단점이 있었다. 첫째, 미소를 짓거나 인상을 찡그리면 갈라졌다. 둘째, 바른 지 몇 시간이 지나면 회색으로 변했다. 셋째, 오래 사용하면 자칫 치명적인 결과를 가져올 수 있었다. 그나마 가벼운 증상이 눈이 잔뜩 부어올라 아프고, 치아가 흔들리며 결국 빠지는 것이었다. 백연 중독으로 인해서 결국 사망한 사람들 중에는 유명한 미녀도 두 사람이나 있었다. 바로 고급 창부인 키티 피셔와 사교계 인사인 코벤트리 백작부인 마리아 거닝이었는데, 모두 20대에 사망했다. 이들 이외에도 백연을 사용함으로써 생명이 단축되었거나, 건강이 위협을 받았던 사람이 과연 얼마나 되었을지는 상상할 수 없을 정도이다.

유독한 물약도 역시 인기가 있었다. 19세기가 한참 지나서까지도, 상당수의 여성들은 이른바 '파울러의 용액'이라는 조제약—사실은 비소를 희석시킨 것이다—을 마셨는데, 단지 안색을 더 돋보이게 하기 위해서였다. 댄티 개브리얼 로세티의 아내인 엘리자베스 시덜—존 에버릿 밀레이의 물에 빠진 오필리어 그림의 모델로 가장 유명하다—은 이 물질을 열심히 섭취했는데, 이것은 십중팔구 1862년에 그녀가 때 이른 죽음을 맞이한 데에 상당 부분 기여했을 것이다.[*]

당시에는 남자도 화장을 했고, 한 세기가량을 놀랄 만한 여성스러움을 드러내는 경향이 있었으며, 가끔은 정말 예기치 않은 상황에서도 그러했다. 낸시 미트퍼드의 솔직한 표현을 빌리면, 루이 14세의 동생인 오를레앙 공작은 "역사상 가장 유명한 남색가들 가운데 한 사람임에도 불구하고" 또한 용감한 군인이기도 했다. 그러나 군인치고는 뭔가 정통적이지 않은 인물이었다. 미트퍼드의 저서 『태양왕(The Sun King)』에 따르면, 그가 전장에 도착했을 때의 모습은 "연지를 바르고, 분을 바르고, 속눈썹은 모두 한데

---

[*] 슬픔에 사로잡힌 남편은 아내의 관 속에 자기가 쓴 시의 원고를 함께 넣어서 매장했는데, 미처 그 원고의 사본을 만들어놓지 못했다. 그로부터 7년 뒤에 그는 마음을 바꾸었고, 아내의 무덤을 파내서 그 원고를 도로 꺼냈다. 이듬해에 그는 이 원고를 바탕으로 한 시집을 정식으로 간행했다.

붙이고, 리본과 다이아몬드로 온몸을 장식한" 상태였다. "그는 결코 테 모자를 쓰지 않았는데, 혹시 가발이 찌그러질까 걱정한 까닭이었다. 일단 발동이 걸리면 그는 마치 사자처럼 용감했지만, 그때에도 혹시 햇빛과 먼지가 자기 얼굴에 무슨 해를 끼치지나 않을까 걱정했다." 여성은 물론이고 남성도 머리카락에 깃과 깃털 장식을 했고, 탄력 있는 고수머리 하나하나에 리본을 묶었다. 일부 남자들은 아예 굽 높은 구두—그것도 무거운 통굽이 아니라 높이가 6인치에 달하는 뾰족한 뒷굽이 달린 구두—를 신었으며 손을 따뜻하게 하기 위해서 털가죽 토시를 들고 다녔다. 어떤 남자들은 여름에 양산을 들고 다녔다. 거의 모두가 향수에 몸을 푹 담그다시피 했다. 나중에는 이런 멋쟁이들을 마카로니(macaroni)—사람들이 이탈리아 여행을 갔을 때 처음 접하게 되는 음식의 이름—라고 부르게 되었다.

따라서 이런 문제에 뭔가 규제를 도입한 당사자들—즉 마카로니와는 패션 경쟁자였던 댄디(dandy)—도 화려한 옷치장에 대한 대중적인 인식을 공유하게 되었다는 사실은 적잖이 기묘한 데가 있다. 이를 가장 잘 보여주는 것이 바로 남성의 복장이었으며, 1778년부터 1840년까지 살았던 조지 '보' 브럼멜은 그 점잖은 멋의 정수라고 할 만한 인물이었다. 브럼멜은 특별히 부유하거나, 재능이 있거나, 두뇌가 뛰어난 인물이 아니었다. 다만 이전의 어느 누구보다도 더 옷을 잘 입은 인물이었다. 단순히 더 화려하거나 터무니없게 입은 것이 아니라, 더 신경을 써서 입은 인물이었다.

브럼멜은 다우닝 스트리트라는 상당히 특권적인 환경에서 태어났으며, 그의 아버지는 당시의 수상 노스 경의 신임을 받는 조언자들 가운데 한 사람이었다. 브럼멜은 이튼 스쿨을 거쳐서 옥스퍼드에 잠시 다니다가, 영국 왕세자 휘하의 연대인 제10경기병대에 자리를 얻게 되었다. 그러나 그가 전투에서의 지휘에 소질이 있었는지 여부는 검증이 되지 못했다. 그의 역할은 단지 군복을 멋지게 보이게 하고, 공식 모임 때마다 왕세자의 말벗과 보조를 해주는 것뿐이었기 때문이다. 결국 그는 왕세자와 절친한 사이가 되었다.

브럼멜은 메이페어에서 살았으며, 몇 년 동안이나 그의 집은 런던의 역사상 가장 이례적인 하나의 의식의 진원지 노릇을 했다. 그 의식은 바로 매일 오후마다 여러 저명인사들이 이곳으로 찾아와서 브럼멜의 옷 입는 모습을 지켜보는 것이었다. 정기적으로 참석한 인물들 중에는 영국 왕세자, 공작 셋, 후작 하나, 백작 둘, 극작가 리처드 브린슬리 셰리던 등이 있었다. 브럼멜이 매일 목욕을 한다는 사실—그리고 한 목격자가 특히 놀랍다는 듯이 언급한 것처럼, "온몸을 구석구석 씻는다는" 사실—은 상당히 놀랍게 여겨졌다. 더군다나 그는 '더운' 물로 몸을 씻었다. 가끔은 우유를 목욕물에 섞기도 했는데, 이는 곧 유행이 되기는 했지만 항상 바람직한 결과를 낳지는 못했다. 이 소식이 전해지자 인근에 살던 늙고 인색했던 퀸스베리 후작도 우유로 목욕하는 습관을 들였다. 덕분에 이 지역의 우유 판매량은 뚝 떨어졌는데, 그가 각질투성이에 쭈글쭈글한 피부를 담갔던 바로 그 우유를 도로 내다 판다는 소문이 떠돌았기 때문이다.

댄디의 옷차림은 의도적으로 점잖은 편이었다. 브럼멜의 옷은 거의 전적으로 세 가지 평범한 색깔—흰색, 담황색, 남색—로 제한되어 있었다. 댄디가 유난히 돋보이게 된 까닭은 멋진 옷의 풍부함 때문이 아니라, 옷차림을 할 때의 신중함 때문이었다. 관건은 완벽한 선(line)을 성취하는 것이었다. 이들은 주름과 접힘 하나하나가 완벽한 상태가 되도록 몇 시간이나 공을 들였다. 브럼멜의 집을 찾은 방문객은 마룻바닥에 넥타이가 잔뜩 흩어져 있는 모습을 보고 시종에게 무엇이냐고 물었다. 그 집주인의 성향 때문에 오랫동안 고생한 시종 로빈슨은 한숨을 쉬며 대답했다. "낙제점을 받은 것들입니다." 댄디는 끝도 없이 옷을 입고 또 입었다. 하루에만 최소한 셔츠 3벌과 바지 2벌, 넥타이 너덧 개, 조끼 2벌, 양말 몇 켤레와 손수건 작은 더미 하나를 사용했다.

이런 유행 가운데 일부는 나날이 몸이 뚱뚱해지던 영국 왕세자—사람들

이 뒤에서 비웃은 것처럼 '고래 왕세자(Prince of Whales)'*—의 지시에 따른 것
이었다. 30대에 이르렀을 무렵, 왕세자는 너무 살이 쪄서 코르셋에 억지로
몸을 쑤셔넣어야 했다. 그 광경을 목격한 어떤 사람은 그 코르셋을 가리켜
서 '고래 수염의 바스티유'라고 표현했지만, 왕세자의 수행원들은 '허리띠'
라고 솜씨 좋게 에둘러 표현했다. 코르셋을 착용하면 왕세자의 상체에 있
는 살이 옷의 목구멍을 통해서—치약 튜브에서 치약이 구멍으로 삐져나오
듯이—삐져나왔기 때문에 그 당시에 유행했던 아주 높은 목깃은 일종의
추가적인 미니 코르셋 노릇을 하도록, 즉 왕세자의 턱이며 목에 늘어진 살
을 감춰주기 위해서 고안된 것이었다.

멋쟁이들이 특히 두각을 나타낸 의상 분야가 하나 있다면 바로 바지였
다. 이들은 바지를 아주 꽉 끼게 입었는데, 속옷을 입지 않았을 경우에는
그 아래에 있는 맨살이 다소간 노출되었다. 오르세이 백작을 만나고 온 날
밤, 제인 칼라일은 적잖이 놀란 듯이 일기장에 이렇게 적었다. 즉 백작의
바지는 "피부와 똑같은 색깔에 마치 장갑처럼 꽉 끼었다"고 말이다. 이런
옷차림은 브럼멜의 연대 병사들이 입던 승마복에 근거한 것이었다. 재킷을
재단할 때에는 뒤쪽에 꼬리가 달리고 앞쪽은 잘라내서 사타구니가 드러나
도록 했다. 남성복이 여성복보다 훨씬 더 섹시하도록 의도적으로 고안된
경우는 이때가 역사상 처음이었다.

브럼멜 정도였다면 어떤 여성이든—또는 남성이든—간에 원하는 사람
을 얼마든지 얻을 수 있었을 듯하지만, 과연 그가 실제로 그렇게 했는지
여부는 흥미롭게도 불분명하다. 증거상으로만 보면, 브럼멜은 아예 무성
(無性, asexual)이었던 듯하다. 그가 누군가와—남성이든지 여성이든지 간에
—정신적인 관계 이상의 육체적인 관계를 맺었는지 여부를 우리는 알지 못
한다. 또 한 가지 흥미로운 사실은, 비록 외모 덕분에 명성을 얻은 인물임

---

* '영국 왕세자(웨일스 공, Prince of Wales)'의 명칭에 빗댄 말장난으로, 워낙 뚱뚱해서 고래 수
  염으로 만든 코르셋을 차고 있어야 했던 사실을 조롱하는 것이다/역주

에도 불구하고, 정작 우리는 그가 어떻게 생겼는지조차 모른다는 것이다. 그와 외모가 유사하다는 평판을 얻은 사람이 넷이나 있었지만, 이들의 얼굴이 판이하기 때문에 과연 그중 누군가가 정말로 닮기는 했는지 여부조차도 알 길이 없다.

브럼멜은 갑작스럽고 돌이킬 수 없는 몰락의 길을 갔다. 왕세자와의 관계가 소원해지면서 결국 서로 말도 섞지 않게 되었다. 어느 사교행사에서 왕세자는 브럼멜을 깡그리 무시하고 대신에 그의 친구에게만 말을 걸었다. 곧이어 왕세자가 그 자리에서 떠나려는 참에, 브럼멜은 친구를 바라보며 사교계 역사상 가장 경솔한 말로 유명한 한마디를 뱉었다. "자네의 저 뚱뚱한 친구는 누군가?"

이런 모욕은 사회적 자살 행위나 마찬가지였다. 머지않아 브럼멜은 빚 독촉을 받고, 프랑스로 도망갈 수밖에 없었다. 그는 이후 사반세기 동안을 주로 칼레에서 가난 속에 살다가 죽었다. 시간이 흐르면서 점차 치매기가 찾아오기는 했지만, 그래도 항상 특유의 제한적이고 신중한 방식으로 센세이셔널한 옷차림이었다고 전한다.

II

보 브럼멜이 런던과 그 너머의 의상 분야를 지배하고 있을 바로 그 무렵, 또 한 가지 다른 직물이 세계를 변화시키기 시작했다. 이런 변화는 특히 그 제조를 담당하는 세계에서 더했다. 내가 말하는 직물이란 바로 면이다. 그 역사적인 지위로 말하면, 아무리 강조해도 지나침이 없다.

오늘날에는 매우 일상적인 재료이기 때문에, 우리는 한때 면이 극도로 비싼—심지어 비단보다도 더 가치가 높은—물건이었다는 것을 잊어버리고 말았다. 그러나 17세기에 들어서 동인도 회사가 인도에서 사라사[calico]를 수입하기 시작하면서(그 영어 이름은 이 직물의 주산지인 캘리컷[Calicut]에서 비롯되었다) 갑자기 면도 누구나 살 수 있는 물건이 되었다. 그 당시의 사라사는 친츠(chintz), 모슬린(muslin), 퍼케일(percale), 그외의 여러 화려한 직물을 통칭하는 용어였다. 서양의 소비자들은 이 직물에 상상이 불가능할 정도의 기쁨을 드러냈다. 가볍고 세탁이 용이하며 색이 번지지 않았기 때문이다. 면화들 가운데 일부는 이집트에서 재배되었지만, 면화 무역은 인도가 지배하다시피 했다. 이는 면화 무역으로 인해서 영어에 도입된 수많은 단어들만 생각해보아도 대번에 알 수 있다. '카키(khaki)', '덩가리(dungaree)', '깅엄(gingham)', '모슬린(muslin)', '파자마(pyjama)', '숄(shawl)', '시어서커(seersucker)' 등이 그렇다.

인도산 면의 급증 덕분에 소비자는 기뻐했지만 제조업자는 그렇지 않았다. 이 놀라운 직물과 경쟁하기가 불가능해지자, 유럽의 직조공들은 거의 어디서나 보호를 요청했고, 거의 어디서나 보호를 얻어냈다. 18세기 내내 유럽 전역의 상당 국가에서는 완성품 면직물의 수입이 금지되었다.

미가공 면화는 여전히 수입할 수 있었으며, 이를 원료로 한 영국의 직물 산업에는 강력한 유인이 되었다. 문제는 면화로 방적(紡績)과 직조(織造)를 하기가 매우 힘들다는 것이었다. 사람들은 이 두 가지 문제를 해결하는 방법을 모색했다. 그 해결 방법은 이른바 산업혁명이라는 모습으로 나타났다.

푹신푹신한 면화가 담긴 자루를 침대 시트나 청바지 같은 유용한 제품으로 바꿔놓는 과정에는 두 가지 기본적인 작업이 필요하다. 바로 방적과 직조였다. 방적은 짧은 면 섬유를 긴 실로 만드는 것이었는데, 매번 짧은 섬유를 약간씩 더하고 한 번씩 꼬아주었다(앞에서 실을 만드는 방법에 관해서 설명한 것과 똑같다). 직조는 2개의 실 또는 섬유를 직각으로 서로 얽히게 해서 망사를 만드는 것이다. 이런 작업을 하는 기계가 바로 직기(織機)였다. 베틀이 하는 일은 한 벌의 실을 단단히 붙잡은 상태에서, 또 한 벌의 실을 첫 번째에 먹여서 그 사이를 누비고 나아가게 하는 것이었다. 이처럼 단단히 붙잡힌 실을 날실(warp)이라고 했다. 두 번째 실, 그러니까 움직이는 실을 씨실(weft)이라고 했다(이 단어는 사실 "천을 짜다[weave]"라는 동사의 옛날 형태일 뿐이다). 수평과 수직 실을 서로 엮으면 직조물이 생겨났다. 지금까지도 가정에서 흔히 쓰는 천들—시트, 손수건 등등—은 바로 이처럼 기초적이고 단순한 유형의 직물로 만들어진다.

방적과 직조는 가내 수공업이었으며, 수많은 사람들이 이 분야에 종사했다. 전통적으로 방적은 여성의 일이었고, 직조는 남성의 일이었다. 그러나 직조보다는 방적 쪽이 훨씬 더 오랜 시간이 걸리는 일이었다. 그리고 이런 불일치가 더욱 커진 것은 1733년에 랭커셔 출신의 존 케이라는 청년이 플라잉 셔틀(flying shuttle)을 발명하면서부터였다. 이것은 산업이 필요로 했던 기념비적인 최초의 혁신이었다. 케이의 이동식 셔틀은 직조 작업의 속도를 두 배로 높였다. 가뜩이나 작업 속도를 따라가기 힘들었던 방적공은 훨씬 더 대책 없이 뒤에 처지고 말았다. 그리하여 공급선 전역에서 문제가 생겨남에 따라서, 이 일에 관련된 모두에게 어마어마한 경제적 압박이 가해졌다.

전해지는 바에 따르면, 직조공과 방적공 모두는 케이에게 화가 난 나머지 그의 집을 습격했고, 그는 결국 프랑스로 건너가서 거지가 되어 죽었다고 한다. 이 이야기는 대부분의 역사책에서 지금도 반복되고 있다. 그러나 산업혁명의 역사를 연구한 피터 윌리스는 마치 "교리 같은 열성으로" 반복되는 이 이야기가 사실이 아니라고 단언한다. 케이는 물론 가난한 상태로 죽기는 했지만, 그것은 어디까지나 자기 삶을 잘 운영하지 못했기 때문이었다. 그는 이 기계를 제조해서 공장주들에게 대여해주겠다고 제안했지만, 요금을 너무 비싸게 제시한 까닭에 어느 누구도 대여를 하려고 들지 않았다. 대신 사방팔방에서 그의 장비를 모방했으며, 그는 승산 없는 법정 싸움에 뛰어들어서 자금을 모조리 날리고 말았다. 결국 그는 프랑스로 건너갔는데, 혹시 그곳에서는 좀더 성공을 거둘 수 있을까 하는 기대—헛된 기대—때문이었다. 그는 이 유명한 발명품을 내놓고 나서도 50년을 더 살았다. 그러나 결코 습격을 당하거나 쫓겨난 일은 없었다.

그로부터 한 세대가 지나고 나서야 누군가가 비로소 방적 문제에 대한 해결책을 발견했는데, 이는 예기치 못했던 방면에서 나왔다. 1764년에 랭커셔 출신의 문맹 직조공 제임스 하그리브스가 정말이지 단순한 장치를 제작했다. 이른바 스피닝 제니(spinning jenny)라는 이름으로 알려진 이 장치는 여러 개의 방추(紡錘)를 조합함으로써 방적공 10명의 일을 혼자 할 수 있었다. 하그리브스에 관해서는 그가 랭커셔에서 태어나고 자랐으며, 젊은 나이에 결혼해서 12명의 자녀를 두었다는 것밖에는 알려진 것이 없다. 그의 생김새에 관해서도 알려진 것이 없다. 그는 초창기 산업혁명 당시의 주요 인물들 가운데서 가장 가난하고 불운한 인물이라고 할 만했다. 케이와는 달리 하그리브스는 **진짜로** 말썽을 겪었다. 격분한 지역 주민들이 폭도로 변해서 그의 집을 습격했고, 반쯤 완성된 제니 20대와 그의 장비 대부분을 불태웠다. 그렇게 가난한 사람에게는 잔인하고 결정적인 손실이 아닐 수 없었다. 그리하여 한동안 그는 제니 만들기를 그만두고 부기 일을 했다. 그나저나 제니라는 기계의 이름은 흔히 알려진 것처럼 그의 딸 이름에서 따온 것이 아니었다. 사실 '제니(jenny)'는 영국 북부에서 엔진(engine, 기관)을 일컫는 단어였다.

하그리브스의 기계를 묘사한 그림을 보면, 그다지 대단해 보이지는 않지만—기본적으로 나무 틀 안에 10개의 얼레가 들어 있고, 얼레를 돌리는 수레바퀴가 달린—그래도 이 기계는 영국의 산업 전망을 바꿔놓았다. 보다 부정적인 사실은, 이 기계가 아동 노동의 도입을 가속화시켰다는 점이다. 아이들은 어른들에 비해서 몸놀림은 더 민첩하고 체구는 더 작기 때문에, 쉽게 손이 닿지 않는 제니의 말단 부분에서 끊어진 실을 곧장 손보는 일 등에 훨씬 더 유리했기 때문이다.

이 발명이 나오기 전까지 잉글랜드에서는 가내 수공업자들이 매년 50만 파운드의 면을 생산했다. 1785년에 이르자 하그리브스의 기계, 그리고 뒤

따라 나온 보다 정련된 유사품 기계 덕분에 생산량이 무려 1,600만 파운드로 늘었다. 그러나 하그리브스는 자신의 발명품이 만들어낸 이런 부를 공유하지 못했다. 그 이유는 상당 부분 리처드 아크라이트의 간계 때문이었다. 하그리브스에 비하면, 덜 매력적이고, 덜 창의적인 인물이었지만, 아크라이트는 초창기 산업혁명의 여러 주역들 가운데서 가장 큰 성공을 거둔 인물이었다.

케이와 하그리브스와 마찬가지로 아크라이트는 랭커셔 출신—만약에 랭커셔가 없었다면 산업혁명의 주역들은 과연 어디에서 태어날 수 있었을까?—이었으며 1732년에 프레스턴에서 태어났다. 하그리브스보다는 열한 살이 어렸고, 케이보다는 거의 서른 살이 어렸다(여기서 한 가지 기억해야 할 것은, 산업혁명이 그 명칭처럼 어느 날 갑자기 터져나온 사건이 아니라, 여러 사람들의 생애 동안 여러 분야에서 점진적으로 이루어진 개선이었다는 사실이다). 실업가가 되기 전에 아크라이트는 술집 주인, 가발 제조업자, 이발사 겸 외과의사—이 당시에는 이발사와 외과의사를 대부분 겸업했는데, 그 전문 분야는 이빨 뽑기와 아픈 사람 사혈 해주기였다—로 일했다. 그는 또 한 사람의 동명이인 존 케이—이 사람은 시계 제조업자로, 플라잉 셔틀을 만든 존 케이와는 아무런 관계가 없다—와의 친교로 인해서 직물 생산에 관심을 가지게 되었다. 아크라이트는 친구의 도움을 받아서 기계를 이용한 옷감 생산과정 전체가 한 지붕 아래서 가능하도록, 거기에 필요한 기계와 구성요소를 한데 모으는 작업에 돌입했다. 아크라이트는 양심의 가책으로 인해서 괴로워할 만한 인물이 아니었다. 그는 하그리브스의 스피닝 제니의 기본 원리를 훔치면서도 (보상은 고사하고) 아무런 주저함이나 후회도 없었다. 사업을 해나가는 도중에 자신의 안전이나 수익을 위해서는 친구와 동업자도 서슴없이 내쳤다.

물론 기계를 개선시키는 데에 탁월한 솜씨가 있기는 했지만, 그의 진정한 천재성은 바로 가능성을 현실로 바꿔놓은 데에 있었다. 그는 조직가—

사실은 추진가—였고, 그것도 아주, 정말 아주 뛰어난 조직가였다. 근면과 행운과 기회주의와 냉랭한 무자비함이 조합된 결과, 그는 짧지만 엄청난 이익이 창출되던 한 시기에, 잉글랜드의 면직 사업에서 사실상의 독점을 성취했다.

아크라이트의 기계에 의해서 쫓겨난 사람들의 처지는 단순한 불편의 차원이 아니었다. 그들은 종종 절망의 맨 밑바닥까지 떨어졌다. 아크라이트는 분명히 이런 현상의 도래를 똑똑히 보았을 것이다. 그는 가뜩이나 외딴 지역인 더비셔의 외딴 한구석에 마치 요새와도 비슷한 최초의 공장을 지었기 때문이다. 게다가 그는 습격에 대비해서 이곳에 대포는 물론이고 500자루의 창까지 구비해놓았다. 그는 기계로 생산하는 옷감 시장을 독점했으며, 그 결과로 비록 사랑을 받거나 특별히 행복하지는 못했던 대신에 엄청나게 부자가 되었다. 1792년에 사망할 무렵, 그는 5,000명의 직원을 고용하고 50만 파운드 상당의 재산을 보유하고 있었다. 당시로서는 누가 벌었더라도 상당한 재산이었지만, 생애의 상당 기간을 가발 제조업자와 이발사 겸 외과의사로 일한 사람이 벌어들인 것으로는 특히 엄청난 재산이 아닐 수 없었다.

그러나 산업혁명은 이때까지만 해도 진정한 산업화가 된 상황은 아니었다. 진정한 산업화를 가져온 인물은 그 시대의—또는 다른 거의 어느 시대에도—가장 의외이면서도 중요한 인물이었다. 그의 이름은 에드먼드 카트라이트 목사(1743-1823)였다. 노팅엄셔 주의 부유하고 저명한 집안에서 태어난 카트라이트는 원래 시인이 되려고 했지만, 훗날 성직으로 진출하여 레스터셔 주에서 교구목사가 되었다. 그 지역의 어느 옷감 제조업자와 우연히 나눈 대화가 계기가 되어 그는 1785년에—정말이지 난데없이—역직기(力織機)를 고안했다. 카트라이트의 역직기는 세계 경제를 바꾸었고, 영국을 진짜 부자로 만들었다. 대박람회가 개최된 1851년에 잉글랜드에서는 무려

25만 대의 역직기가 가동되었다. 이 숫자는 이후 10년마다 평균 10만 대씩 증가해서, 1913년에는 80만 5,000대로 절정을 이루었다. 그즈음에 전 세계적으로는 약 300만 대의 역직기가 가동되고 있었다.

만약 카트라이트가 자신의 발명품이 이룩한 공적만큼의 보상을 받았다면, 그는 아마도 당대 최고의 부자—가령 훗날의 존 D. 록펠러나 빌 게이츠처럼—가 되고도 남았으리라. 그러나 그는 이 발명품으로부터 전혀 얻은 것이 없었으며, 오히려 특허를 보호하고 강제하려다가 빚더미에 올라앉았다. 1809년에 의회에서는 그에게 1만 파운드라는 얼마 되지 않는 돈을 지급했는데, 비록 아크라이트의 50만 파운드에 비하면 아무것도 아닌 금액이었지만, 그래도 덕분에 카트라이트는 말년을 편안하게 보낼 수 있었다. 그 와중에 그는 발명에 대한 취미를 발전시켜서 밧줄 제조와 소모(梳毛)에 쓰는 기계를 만들어서 양쪽 모두 성공을 거두었다. 그외에도 그는 새로운 유형의 인쇄기, 증기기관, 기와와 벽돌을 만들었다. 1823년에 사망하기 직전에 만든 그의 마지막 발명품은 손으로 크랭크를 돌리면 "말[馬] 없이 움직이는" 수레였다. 그는 특허 신청서에서 두 사람이 과도한 노동 없이 꾸준한 속도로 크랭크를 돌리기만 하면 하루 27마일의 거리를—그것도 가장 가파른 지역까지 포함해서—주파할 수 있다고 단언하고 있다.

역직기가 웅웅 소리를 내며 돌아가면서, 면 산업은 이륙할 준비를 갖춘 셈이었다. 공장에서는 기존의 생산지에서 공급할 수 있는 것보다도 훨씬 더 많은 면화를 필요로 했다. 면화를 기를 만한 최적의 장소는 바로 미국 남부였다. 다른 여러 가지 농작물들을 키우기에는 너무 덥고 건조한 그곳의 기후가 면화에는 아주 이상적이었기 때문이다. 불행히도 대부분의 남부 토양에서 잘 자라는 유일한 품종은 짧은 섬유 면화라는 다루기 힘든 종이었다. 이놈은 수확을 해도 수익을 얻기가 불가능했다. 각각의 꼬투리가 끈적끈적한 씨앗으로 가득했고—면 섬유 1파운드마다 이런 씨앗이 3파운드씩 나왔다—이것을 직접 손으로 하나하나 뜯어내야 했기 때문이다. 씨앗과 섬유를 분리하는 것 역시 노동집약적인 작업이었기 때문에, 노예 노동을 가지고도 경제적으로 수행할 수가 없었다. 제아무리 근면하게 수작업을 하더라도, 그로 인해서 생산되는 쓸모 있는 면의 양보다는 노예를 먹이고 입히는 데에 들어가는 비용이 더 많았기 때문이다.

이 문제를 해결한 장본인은 정작 플랜테이션과는 상당히 멀리 떨어진 지역에서 태어나고 자라났다. 그의 이름은 엘리 휘트니였으며, 매사추세츠 주 웨스트보로 출신이었다. 그리고 그와 관련된 이야기의 모든 요소들이 사실이라고 한다면(앞으로 살펴보게 되듯이, 어쩌면 아닐 가능성도 있기 때문이다) 그의 이름을 불멸로 만들어준 것은 우연 중에서도 가장 큰 행운이 아닐 수 없다.

그 이야기는 전통적으로 다음과 같이 전해진다. 1793년에 예일 대학교를 졸업한 휘트니는 사우스캐롤라이나 주의 어느 집에서 가정교사로 일하게 되었는데, 막상 그곳에 도착해보니 주인은 봉급을 애초에 약속했던 것보다 반이나 깎자고 제안했다. 화가 난 휘트니는 결국 이 자리를 거절했으며, 덕분에 명예는 지켰지만 졸지에 돈 한푼 없이 고향을 멀리 떠나온 셈이 되었다.

배를 타고 남쪽으로 향하던 그는 캐서린 그린이라는 이름의 쾌활한 미망인을 만났다. 그녀는 미국 독립전쟁의 영웅인 너대니얼 그린 장군의 아내였다. 그린은 독립전쟁 당시의 가장 암울했던 시기에 조지 워싱턴을 지원한 대가로 훗날 조지아에 있는 플랜테이션을 국가에서 하사받았다. 불행히도 뉴잉글랜드 출신이었던 그린은 조지아의 더위에 적응하지 못했으며, 그곳에서 보낸 첫 번째 여름에 일사병으로 쓰러졌다. 바로 그 그린의 미망인을 휘트니가 만났던 것이다.

당시 그린 여사는 또다른 예일 대학교 졸업생이며 자기 소유의 플랜테이션 관리인인 피니어스 밀러와 열정적인, 그리고 상당히 공개적인 동거 생활 중이었다. 두 사람은 휘트니를 기꺼이 자기 집에 맞이했다. 그곳에서 휘트니는 면화 씨앗의 문제를 처음 접했다. 그는 이 꼬투리를 살펴보자마자 해결책을 떠올리고는, 곧바로 플랜테이션 작업장에 들어가서 단순한 회전 드럼을 하나 만들었다. 드럼이 회전할 때마다 그 안에 솟아 있던 못들이 면 섬유를 잡아채서 나중에는 단단한 씨앗만 남게 되는 방식이었다. 그의 새로운 장비는 매우 효율적이었기 때문에 이것 한 대면 무려 노예 50명의 일을 할 수 있었다. 휘트니는 자신의 '진(gin)'—이것 역시 '엔진(engine)'의 약자였다—을 특허 신청했으며, 어마어마한 부자가 될 채비를 갖추었다.

전통적인 이야기는 이상과 같다. 그러나 이 가운데 상당 부분은 사실이 아닌 것으로 보인다. 오늘날의 추측에 따르면, 휘트니는 일찍이 밀러와 서로 아는 사이였으며—두 사람이 예일 동문이었다는 사실이 단순히 우연의 일치일 리는 없다—또한 미국의 토양에서 자라나는 면화의 문제점에 대해서도 이미 알고 있었다. 따라서 그가 남부로 갔을 때—아마도 밀러의 부탁에 의해서였을 것인데—진을 한번 만들어보려는 의도가 애초부터 있었다. 그 기계의 발명 역시 플랜테이션에서 두어 시간 머물다가 뚝딱 이루어진 것이 아니라, 웨스트보로에 있는 작업장으로 돌아온 이후로도 몇 주일이나 몇 달은 더 걸렸을 것이다. 그의 발명과 관련된 진실이 어쨌건 간에, 진은 그야말로 경이로운 물건이었다. 휘트니와 밀러는 부자가 되리라는 확신으로 동업자가 되었지만, 양쪽 모두 사업가로서는 영 낙제점이었다. 그들은 이 기계를 사용하는 사람들에게 수확량의 3분의 1을 내놓으라고 요구했다. 이것은 플랜테이션 소유주나 남부의 입법가들 모두에게는 지나치게 탐욕스러워 보인 사용료였다. 휘트니와 밀러 모두 양키였기 때문에 남부 사람들에게는 감정적으로도 도움이 되지 않았다. 두 사람은 요구조건을 완화해달라는 조언도 거절하고, 이처럼 혁신적인 기술 앞에서는 남부의 면화 재배업자들도 결코 저항하지 못할 것이라고 굳게 확신했다. 물론 저항하지 못할 것이라는 예측만큼은 정확했다. 그러나 이들은 진이 손쉽게 모방

될 수 있는 기계라는 점을 직시하지 못했다. 어지간히 눈썰미 있는 목수라면 불과 두어 시간 만에 그와 유사한 물건을 뚝딱 만들 수 있었다. 머지않아 플랜테이션 소유주들은 저마다 자체 제작한 진으로 면화를 수확했다. 휘트니와 밀러는 조지아 주와 다른 여러 지역들에서 60건의 소송을 제기했지만, 남부의 법정에서는 거의 공감을 얻지 못했다. 진이 발명된 지 불과 7년 뒤인 1800년에 밀러와 캐서린 그린은 경제적 어려움으로 인해서 결국 플랜테이션을 매각해야 했다.

그러나 남부는 점차 매우 부자가 되었다. 면화는 머지않아 전 세계에서 가장 많이 거래되는 일용품이 되었으며, 면화 가운데 3분의 2가량이 바로 이곳에서 생산되었다. 면화 진이 발명된 1793년 이전에만 해도 거의 전무했던 미국의 면화 수출량은 1860년 남북전쟁 발발 무렵에는 20억 파운드로 껑충 뛰었다. 그 절정기에 미국에서 수출한 면화의 84퍼센트는 영국이 가져갔다.

면화의 수요가 폭발적으로 늘어나기 이전까지만 해도 노예제도는 점차 쇠퇴하는 중이었다. 그러나 이제는 면화를 따기 위해서 막대한 양의 노동이 필요해졌다. 면화의 가공에 비하면 수확 작업은 훨씬 노동집약적이었기 때문이다. 휘트니의 발명품이 생겨났을 무렵에 미국에서 노예제가 실시되던 주는 겨우 여섯 군데뿐이었다. 그러다가 남북전쟁 발발 시기에는 무려 열다섯 곳의 주(州)에서 노예제도가 합법화되었다. 더 큰 문제는 버지니아와 메릴랜드 주처럼 노예제도가 실시되었지만 면화를 재배할 수가 없었던 주는, 자기네 주의 노예를 남부의 다른 주로 수출하는 역할을 담당하게 되었다는 점이었다. 그로 인해서 수많은 노예 가족들이 뿔뿔이 흩어짐으로써 수만 명의 고통이 더욱 가중되었다. 1793년부터 남북전쟁이 발발한 1860년 사이에 80만 명 이상의 노예가 남쪽으로 실려갔다.

같은 시기에 잉글랜드에서는 면화공장이 우후죽순으로 생겨나면서 노동자에 대한 수요가 폭발했으며—인구 증가로 자연스럽게 충당되는 것 이상

으로 수요가 높았다—따라서 대부분이 아동 노동을 도입했다. 아동은 적
응력이 좋고 가격이 저렴했으며, 기계 사이를 누비면서 실이 걸리거나 끊기
는 문제에 대응하는 속도가 전반적으로 더 빨랐다. 가장 계몽된 공장 소
유주라고 하더라도 서슴없이 아동을 노동자로 고용했다. 그러지 않을 도
리가 없었을 것이다.

　그리하여 휘트니의 진은 단순히 대서양 양쪽에서 많은 사람들을 부자로
만들어주는 데에만 그친 것이 아니라, 나아가 쇠퇴하던 노예제도를 소생시
키고, 아동 노동을 선택이 아니라 필수로 만들며, 결국 남북전쟁으로 나아
가는 길을 닦았던 셈이다. 엘리 휘트니와 그의 진을 제외하면, 이처럼 단순
하고 좋은 뜻으로 만든 발명품 하나가 그토록 크나큰 번영과 개인적 실망
과 뜻밖의 고통을 자아낸 사례가 과연 또 있을까 싶다. 무척이나 단순한
회전 드럼 하나에서 그런 모든 결과들이 나온 셈이기 때문이다.

　나중에 남부의 몇몇 주에서 휘트니에게 약간의 보상을 해주자는 합의가
도출되었다. 그가 벌어들인 돈은 모두 9만 달러쯤이었는데, 이 정도면 그가
이 기계를 만들기 위해서 들인 비용을 간신히 충당할 정도였다. 북부로 돌
아온 그는 코네티컷 주 뉴헤이븐에 정착했으며, 거기서 마침내 부자가 될
수 있는 아이디어를 하나 떠올렸다. 1798년에 그는 연방정부를 위해서 10만
자루의 머스켓 소총을 만들겠다는 계약서에 서명했다. 이 소총은 훗날 휘
트니 시스템(Whitney system) 또는 아메리칸 시스템(American system)이라는 이름
으로 불린 새 방법으로 제조하는 것이었다. 즉 각각의 부품을 무한정으로
만들 수 있는 기계를 설치한 다음, 거기서 나온 부품을 조립해서 완성품을
만드는 것이었다. 이런 식으로 하면 특별한 기술이 없는 노동자라도 얼마
든지 총을 제작할 수 있었다. 필요한 기술은 그 기계를 만드는 기술뿐이었
다. 이것은 상당히 탁월한 발상이었다. 대니얼 J. 부어스틴은 이를 가리켜서
미국을 부자로 만들어준 혁신이라고 일컬었다.

　그 당시에 소총이 다급하게 필요했던 까닭은 미국이 자칫하면 프랑스

와 전쟁을 벌일 찰나에 있었기 때문이다. 그런데 휘트니는 소총 제조와 관련된 기계나 경험조차도 갖추지 못한 상태에서 무려 13만4,000달러짜리 납품 계약을 따냈다(그 당시까지만 해도 미국 내에서 맺어진 정부 납품 계약으로는 가장 높은 금액이었다). 역사책에서 이후 여러 세대에 걸쳐 반복한 일화에 따르면, 그는 1801년에 대통령 존 애덤스와 대통령 당선자 토머스 제퍼슨 앞에서 탁자 위에 잔뜩 늘어놓은 여러 가지 부속들을 조립해서 총 한 자루를 완성하는 시범을 보여주었다. 그러나 막상 무대 뒤에서 휘트니는 온갖 문제를 겪었다. 이 제조방식이 제대로 가동하지 않았기 때문이다. 결국 소총이 완성되어서 납품된 것은 계약일로부터 8년 뒤였고, 그 제조를 시급히 독려했던 일촉즉발의 위기 상황은 이미 지나간 지 오래였다. 더군다나 현재까지 남아 있는 문제의 소총들을 점검해본 결과, 이는 사실 휘트니 방식으로 만든 것이 아니라 기존의 방식대로 공장에서 수작업으로 만든 부품을 조립한 것뿐이었다. 역대 대통령 두 사람을 앞에 놓고 보여준 시범 역시 수작업으로 만든 가짜 부품을 가지고 행한 것이었다. 알고 보니 휘트니는 8년 가운데 대부분을 소총 주문에 관련된 일은 전혀 하지 않고, 그 납품 계약에서 얻은 돈을 면화 진에 대한 보상금을 얻어내기 위해서 썼다.

III

이전의 그 어떤 것과 비교해도, 면은 놀랄 만큼 가볍고 시원한 재료였다. 그러나 이 재료조차도 우스꽝스러운 옷차림을 하고 싶은 충동을 억누르는 데에는 효과가 없었고, 여성의 경우에는 특히 그러했다. 19세기에 접어들면서 여성들은 점점 더 옷에 푹 파묻히게 되었다. 1840년대에 이르자, 웬만한 여성은 드레스 아래에 무릎 길이의 슈미즈 한 벌, 캐미솔 한 벌, 페티코트 최대 대여섯 벌, 코르셋 한 벌, 속바지 한 벌을 껴입고 다닐 지경이었다. 한 역사학자의 지적처럼, "몸매의 흔적을 최대한 없애려는" 생각을 한 것도 같았다. 이 모든 의상들의 하부구조는 어마어마하게 무거울 수 있었다. 어떤 여성은 무게 40파운드의 옷을 걸친 채로 일상 업무를 수행하기도 했다. 그나저나 이들이 소변에 관련된 일을 어떻게 처리할 수 있었는지는 역사적 탐구조차도 미처 주목하지 못한 질문 같다. 고래 수염이나 강철로 만든 크리놀린, 또는 버팀테 치마는 이처럼 속옷을 잔뜩 껴입지 않고서도 마치 그런 것 같은 외양을 제공해주기 위해서 도입된 방법이었다. 그러나 그 덕분에 덜어진 무게는 미미했던 반면, 그 덕분에 더해진 어색함은 지대했다. 라이자 피카드의 말처럼, "크리놀린을 차려 입은 빅토리아 시대의 숙녀들이 이런저런 가구와 장식품이 잔뜩 들어찬 거실을 지나갈 때 작은 탁자 몇 개를 싹 쓸어버리지 않았을지, 만약 아니라면 어떻게 그럴 수 있었을지 궁금하지 않을 수 없다." 마차에 올라타는 행위만 해도 상당한 주의와 숙련이 필요했다. 이 광경을 보고 매료된 한 사람은 자기 집에 보내는 편지에서 이렇게 썼다. "클라라 양은 마치 공작처럼 돌고 또 돌면서, 과연 어느 쪽으로 시도해야 할지 결정을 내리지 못하는 모양이었습니다. 마침내 그녀는 대담한 측면 돌진을 선택했고, 페티코트를 쥐어짜며 안으로 들어가자마자, 치마는 다시 원래 크기로 팽창했습니다. 그녀의 자매들도 따라 들어가자 소령이 들어갈 자리는 없어지고 말았습니다." (소령이 아니라 누가 들어가도 마찬가지였으리라.)

크리놀린은 그것을 입은 사람이 몸을 굽힐 때마다—가령 크로켓 공을 치려고 몸을 굽힐 때처럼—약간씩 위로 들리면서 주름 장식이 달린 속바지가 아찔하게 드러나곤 했다. 따라서 충분히 똑똑한 남자라면 누구나 이렇게 말했다. "먼저 하시죠." 지나친 긴장이 가해질 경우, 크리놀린은 마치 고장 난 우산처럼 확 뒤집어지면서 위로 뻗치는 당혹스러운 경향이 있었다. 고장 난 버팀테 속에 갇혀서 비틀거린 여성들에 관한 이야기는 널리고 널렸다. 레이디 엘리너 스탠리가 일기에 적은 내용에 따르면, 맨체스터 공작부인은 차단문*을 넘어가던 중에 그만 버팀테 속에 갇혔고—그나저나 버팀테 치마를 입은 상태에서 도대체 왜 차단문을 넘어가려고 했는지는 도무지 알 수 없는 일이다—결국 "전 세계 앞에, 그리고 특히 말래코프 공작 앞에서" 자신의 타탄 니커보커를 드러내고 말았다. 강한 바람은 이런 곤란의 대표적인 원인이었고, 계단 역시 위험 가능성이 높았다. 그러나 무엇보다 가장 큰 위험은 바로 불이었다. "크리놀린 착용자들의 상당수는 부주의하게 불에 가까이 갔다가 타죽었다." C. 윌렛과 필리스 커닝턴은 의외로 진지한 저서인 『속옷의 역사(*History of Underclothes*)』에서 이렇게 지적했다. 한 제조업자는 자신들의 크리놀린이 "사고를 일으키지도 않고, 검시에 등장하지도 않는다"고 자랑스레—비록 기겁하게 만들기는 했지만—광고했다.

크리놀린의 황금시대는 1857년부터 1866년까지였고, 그 이후로는 대부분 버려졌다. 단순히 위험하고 터무니없는 물건이었기 때문이 아니라, 점차 신분이 낮은 계층의 사람들도 입게 되어서 특유의 우월성이 사라졌기 때문이다. "이제는 댁의 부인의 하녀도 크리놀린을 입었을 것이다." 어느 잡지에서는 이렇게 혀를 차며 말했다. "이 복장은 공장 여공들에게도 필수가 되었다." 공장 기계의 분쇄용 톱니바퀴와 회전 벨트 사이에서 크리놀린을 입고 있으면 얼마나 위험할지는 누구나 쉽게 상상할 수 있을 것이다.

크리놀린의 포기가 곧 무의미한 불편의 시대의 종식을 의미하는 것은 아니었다. 종식은커녕 크리놀린 대신 코르셋이 각광을 받아서, 이후 몇 세기 동안이나 가장 괴로운 의복의 지위에 등극했다. 몇몇 권위자들은 이 물건이 이상스럽게도 믿음직하다고 생각했다. 바로 이것이 어떤 면에서는 희생과 순결의 상징이라는 근거 때문이었다. 비턴의 대중적인 잡지 『잉글리시

---

* 차단문(stile)이란 주로 농장에서 가축이 밖으로 나가지 못하도록 두른 울타리를 사람만 넘어다닐 수 있도록 만든 좁은 계단을 말한다. 대개 통나무 기둥을 울타리 앞뒤에 징검다리 모양으로 오르내리게 박아놓아서 그것을 밟고 울타리를 넘어갈 수 있게 했다/역주

우먼스 도메스틱 매거진』이 1866년에 사뭇 찬성하는 어조로 보도한 내용에 따르면, 어느 기숙학교의 여학생들은 월요일 아침에 코르셋을 착용하면 토요일까지 계속 그 상태로 있다가, 한 시간 동안 "세정 목적을 위해서만" 끈을 늦추도록 허락을 받았다고 한다. 이런 조치하에서라면 웬만한 여학생은 불과 2년 만에 허리 사이즈가 24인치에서 13인치로 줄어들 수 있다고, 이 잡지는 언급했다.

어떤 불편을 감수하는 한이 있더라도 허리 둘레를 줄이고야 말겠다는 강박이 있었던 것은 물론 사실이지만, 일부 여성들이 몸 한가운데를 더 잘 압축하기 위해서 수술로 갈비뼈까지 들어냈다는 이야기는 다행히도 헛소문에 불과하다. 발레리 스틸은 매력적이면서도 정확하고 학술적인 저서 『코르셋의 문화사(The Corset: A Cultural History)』에서 이런 수술이 실제로 벌어졌다는 증거를 단 하나도 발견할 수 없다고 지적했다. 그뿐만 아니라 19세기의 의학 기술로는 그런 수술을 감당할 수 없었다고 했다.

의학 전문가들의 입장에서 19세기 후반의 꽉 끼는 코르셋은 악몽이었다. 체내의 주요 기관들 가운데, 코르셋 끈과 고래 수염의 압박으로부터 고통과 파손을 당할 가능성이 크지 않은 것은 정말 하나도 없었다. 코르셋 때문에 심장이 자유롭게 뛰지 못하면 울혈이 생기곤 했다. 피가 느리게 움직이면 무려 100여 가지의 질환들이 생겼다. 요실금, 소화 불량, 간 기능부전, "자궁의 울혈성 비대," 정신 능력 상실 등이 대표적인 증상이었다. 『랜싯』에서는 종종 몸에 꽉 끼는 코르셋의 위험을 조사하여, 심장 박동이 심각한 방해를 받은 까닭에 그 착용자가 결국 사망한 사례도 최소한 1건이 있다는 결론을 내렸다. 아울러 일부 의사들은 끈으로 꽉 조인 속옷이 여성의 결핵 발병 가능성을 훨씬 더 높일 수 있다고 믿었다.

코르셋 착용에 성적인 차원이 수반된 것은 불가피한 일이었다. 여성의 코르셋에 반대하는 글에 드러나는 어조는 남성의 자위 행위에 반대하는 글에 드러나는 어조와 놀랄 만큼 유사하다. 코르셋은 피의 흐름을 제한하고, 생식 구역 인근의 기관을 압박함으로써, "호색적인 욕망"의 극적인 증가를 이끌어낼 수 있으며, 무의식적으로 "도발적인 충동"을 야기할 수도 있다는 것이었다. 나중에 가서는 몸에 걸치는 옷 가운데 딱 맞는 것이라면 무엇이든지 간에 이런 두려움의 대상이 되었다. 심지어 딱 맞는 신발조차도 뭔가 위험한 흥분—대대적이고 엄청난 충동까지는 아니더라도—을 가져올 수 있다고 간주되었다. 최악의 경우, 여성은 옷 때문에 말 그대로 정신에 혼란이 올 수도 있다는 주장까지 나왔다. 오슨 파울러라는 사람이 『생리학과 골상학에 의거하여 논하는, 꽉 끼는 끈 또는 동물의 생명기관을 압박함으로써 정신과 신체에 야기되는 악덕, 그로 인한 중요 기능의 지체와 쇠약(*Tight-Lacing, Founded on Physiology and Phrenology; or, the Evils Inflicted on the Mind and Body by Compressing the Organs of Animal Life, Thereby Retarding and Enfeebling the Vital Functions*)』이라는 어마어마한 제목의 저서에서 주장한 이론에 따르면, 혈액 순환의 부자연스러운 왜곡은 여성의 두뇌에 추가 혈액을 주입함으로써 그 인격에 영구적이고 불순한 변화를 야기할 수 있다는 것이었다.

몸에 꽉 끼는 코르셋의 착용이 참으로 위협을 가한 것은 바로 태아의 발달이었다. 상당수의 여성들은 임신 상태에서도 위험할 정도로 오랫동안 코르셋을 계속 착용했다. 자신들이 꼴사납게도 도발적인 충동의 격발을 겪은 장본인이라는 사실을 보여주는 노골적인 증거를 최대한 오랫동안 숨기기 위해서 심지어 끈을 더 세게 조이기까지 했다.

빅토리아 시대의 경직성이 이런 정도였기 때문에, 숙녀들은 남녀가 함께 있을 때에 촛불도 훅 불어 끌 수가 없었다. 그 과정에서 자신의 입술을 뭔가 암시적으로[외설적으로] 오므려야 했기 때문이다. 그들은 "침대에(to bed)" 간다는 말을 할 수 없었다. 그 표현은 너무 자극적인 이미지를 심어주기 때문이었다. 대신 이들은 그저 "물러간다(retiring)"는 표현을 썼다. 나중에 가서는 완곡어에 의존하지 않고서는 심지어 일상적인 의미의 의복에 관해서 이야기하는 것도 사실상 불가능해졌다. 가령 바지는 "하단 외피(nether integument)" 또는 그냥 "차마 말할 수 없는 것(inexpressible)"이라고 일컬어졌고, 속옷은 "리넨(linen)"이라고 불렀다. 여자들끼리만 있을 때에는 페티코트니, 스타킹이니 하는 말을 최대한 낮은 목소리로 할 수 있었지만, 맨살에 관해서는 거의 아무런 언급도 할 수가 없었다.

그러나 무대 뒤의 풍경은 우리가 종종 추측하는 것보다 훨씬 더 외설적이었다. 19세기 중반에 화학 염료들—그중 일부는 매우 색깔이 풍부하고 화려했다—이 개발되자마자 가장 먼저 사용된 몇 가지 분야들 중 하나가 바로 속옷이었다. 이 문제는 여러 사람들을 분노시켰는데, 그 모든 색깔들이 과연 누구의 즐거움을 위한 것이냐는 명백한 질문이 제기되었기 때문이다. 속옷의 자수 장식도 이와 유사하게 매우 인기가 있었고, 역시 많은 분노를 야기했다. 코르셋을 한번 채우면 일주일 내내 풀어주지 않는다는 어느 잉글랜드 여학교의 이야기가 게재된 바로 그해에, 『잉글리시우먼스 도메스틱 매거진』은 다음과 같은 폭언을 퍼부었다. "오늘날 속옷에 하는 자수 장식은 죄악이 아닐 수 없다. 한 젊은 여성은 무려 한 달이나 걸려서 속옷에 휘갑 장식이며 자수 장식을 했다지만, 그것은 세탁부를 제외하면 세상 어느 누구도 볼 가능성이 거의 없는 옷이 아닐까?"

당시까지 브래지어는 개발되지 않았다. 코르셋은 가슴을 아래에서 밀어 올려서 고정시켰지만, 그보다는 받침끈으로 받쳐주는 경우에 가슴이 진짜 편했다(물론 나도 들어서 아는 이야기이다). 이런 사실을 처음 깨달은 인물은 뉴저지 주 캠든의 속옷 제조업자인 루먼 채프먼이었다. 그는 1863년에 "가슴 부풀리개(breast puff)"로 특허를 따냈는데, 이것은 홀터 톱(halter top)의 초창기 형태라고 할 만했다. 1863년부터 1969년 사이에 미국 내에서, 브래지어에 관해서 부여된 특허만 무려 1,230건에 달했다. 원래 프랑스어로 "위팔[上腕]"이라는 뜻인 "브래지어(brassiere)"라는 말은 1904년에 찰스 R. 드 비보이스 사가 처음으로 사용했다.

그나저나 한 가지 사소한, 그러나 끈질긴 헛소문 하나를 여기서 확실히 짚고 넘어가자. 가끔 보면 브래지어가 오토 티츨링*이라는 인물의 발명품이라고 서술한 글들이 눈에 띈다. 그러나 그런 사람은 애초에 존재하지 않았으며, 설령 있었다고 하더라도 이 기본 의복의 발명에 아무런 역할도 하지 못했다. 약간은 실망스러운 이 한마디와 함께, 우리는 이제 육아실로 옮겨가야 할 때가 되었다.

---

* 오토 티츨링(Otto Titzling)에 관한 헛소문은 윌리스 레이번이라는 영국의 풍자 작가가 저술한 『가슴 올리기 : 오토 티츨링과 브래지어의 개발에 관한 이야기』(1972)라는 책에서 비롯되었다고 전한다. '오토 티츨링'이라는 이름 자체가 "젖 두 개 받침끈(a two-tits sling)"이라는 표현에서 비롯된 말장난이며, 결코 실존 인물이 아니다. 그런가 하면 레이번은 수세식 변기를 발명한 토머스 크래퍼의 전기도 썼는데, 빌 브라이슨도 앞에서 설명한 것처럼 크래퍼는 실존 인물이었다(물론 그가 정말로 수세식 변기를 발명하지 않았다는 주장도 있다)/역주

· 제18장 ·

육아실

I

1960년대 초에 간행되어서 큰 영향력을 발휘한 저서 『아동의 탄생(*Centuries of Childhood*)』에서 프랑스 저자 필리프 아리에는 한 가지 놀랄 만한 주장을 내놓았다. 즉 16세기—아무리 빨라 봐야—이전까지 아동기라는 개념은 아예 존재하지도 않았다는 것이다. 오늘날 아동이라고 불리는 덩치 작은 사람이야 그때도 물론 있었겠지만, 그들의 삶과 어른의 삶 사이에 뚜렷이 구분되는 점은 없었다는 것이다. "아동기라는 관념은 존재하지 않았다." 그는 단호하게 결론을 내린다. 즉 아동기란 기본적으로 빅토리아 시대의 발명품이라는 것이다.

아리에는 이 분야의 전문가가 아니었다. 따라서 그의 발상은 전적으로 간접 증거에 의존하고 있었으며, 그런 증거들 가운데 상당수는 오늘날 약간 의심스러운 것으로 간주된다. 그러나 그의 견해는 상당한 공감을 불러일으키며 널리 받아들여졌다. 곧이어 다른 역사학자들도 근대 시기 이전의 아동은 단순히 무시되었을 뿐만 아니라, 그리 애호되지도 않았다고 주장하기에 이르렀다. "전통 사회에서 어머니들은 두 살 미만의 유아의 발달과 행복에 그저 무관심했다." 에드워드 쇼터는 『근대 가족의 형성(*The Making of the Modern Family*)』(1976)에서 이렇게 말했다. 그 이유는 높은 유아 사망률 때문이었다. "언제든 자칫 죽음이 데려갈 수 있는 유아를 향한 애착을 자신도 용인할 수 없었기 때문이다." 바버라 터크먼 역시 그로부터 2년 뒤에 간행된 베스트셀러 『멀리 떨어진 거울(*A Distant Mirror*)』에서 이런 견해를 반복했다. "근대와는 다른 중세의 여러 가지 특징들 중에서도 가장 충격적인 것은 아동을 향한 관심이 상대적으로 결여되어 있었다는 점이다." 어린아이에게 사랑을 투자한다는 것은 너무 위험부담이 컸기 때문에—그녀의 묘한 표현에 따르면, "너무 보답이 없는" 일이었기 때문에—어디에서나 쓸모없는 에너지 허비라고 해서 억압을 당했다. 여기에는 감정이 전혀 개입되지 않았다. 그녀의 섬뜩한 시각에 따르면, 아이는 단지 "생산품"이었다. "한 아이가 태어났다가 죽으면, 또다른 아이가 그 자리를 채웠다." 아리에의 설명도 섬뜩하기는 마찬가지이다. "아이를 대여섯은 낳아야 한둘은 남는다는 것이 그 당시의 전반적인 정서였고, 이후로도 오랫동안 그런 정서가 남아 있었다." 이후로 역사가들 사이에서는 이런 견해가 표준처럼 받아들여졌고, 무려 20년이 지나고 나서야 비로소 누군가가 이의를 제기할 수 있었다. 어쩌면 그런 주장이 역사의 익히 알려진 사실은 물론이고, 인간의 본성을 뭔가 심각하게 오독한 것이 아닌가 하고 말이다.

한때 아동의 사망률이 매우 높았기 때문에 그 부모 역시 이에 맞춰서 기대를 조절해야 했다는 것은 의심의 여지가 없다. 근대 이전의 세계에는 아동을 매장하는 관이 압도적으로 많았다. 종종 인용되는 어느 집계에 따르면, 그 당시에는 전체 아동의 3분의 1이 태어난 지 1년을 넘기지 못하고 사망했으며, 전체 아동의 절반이 다섯 번째 생일이 되기 전에 사망했다. 가장 좋은 집에서도 죽음은 꼬박꼬박 찾아오는 손님이었다. 스티븐 인우드의 설명에 따르면, 역사가 에드워드 기번은 푸트니의 건강하고 풍족한 환경에서 자라났음에도 불구하고, 어린 시절에 형제자매를 여섯이나 잃었다. 그러나 그렇다고 해서 당시의 부모가 오늘날의 부모에 비해서 덜 괴로워했다는 뜻은 결코 아니다. 일기 작가 존 에벌린과 그의 아내는 자녀를 여덟이나 낳았지만 그중 여섯이 어려서 죽고 말았다. 그 부모의 마음은 매번 찢어지듯이 아팠던 것이 분명하다. "내 삶의 즐거움은 여기서 끝났다." 1658년에 자녀 중 맏이가 다섯 번째 생일을 맞이한 지 불과 사흘 뒤에 사망하자, 에벌린은 이렇게 썼다. 작가 윌리엄 브라운로는 4년간 연달아 매년 한 명씩 자녀를 떠나보내고서, 그 불운의 연속이 "나를 산산조각으로 깨트리고, 송두리째 흔들어놓았다"고 적었다. 그러나 이들 부부의 시련은 아직 끝난 것이 아니었다. 매년 벌어진 죽음은 이후 3년이나 계속되어 이들에게서 마지막 남은 자녀까지 앗아가고 말았다.

부모로서의 상실감을 그 누구보다도 더 잘 표현한 사람은 (물론 다른 어떤 감정 표현에서도 마찬가지이지만) 바로 윌리엄 셰익스피어였다. 『존 왕(King John)』에 나오는 다음 대사는 그의 아들 햄닛이 1596년에 열한 살의 나이로 사망한 직후에 쓴 것이라고 전한다.

> 슬픔이 내 잃은 아이의 방 안을 채우고,
> 침대에 눕고, 나와 함께 걸어오르내리고,
> 그 예쁜 표정을 짓고, 그 말을 따라하고,
> 그 예쁜 몸 구석구석을 내게 생각나게 하고,
> 텅 빈 옷을 그 형체로 채우는데.

이것은 결코 자녀를 생산품으로 간주하는 사람의 말이라고 할 수가 없다. 그리고 과거의 어느 한 시점에라도, 부모가 자녀의 행복과 안위에 일반적으로 무관심했다고 가정할 수 있는 이유는—상식적인 증거를 비롯해서 그 어떤 증거도—전혀 없다. 이에 관한 한 가지 단서는 지금 우리가 들

18세기의 출산 광경(그나마 품위를 유지하기 위해서 의사의 목 주위에 둘러놓은 천을 보라)

어와 있는 방의 이름에 나타나 있다.* 1330년에 "육아실(nursery)"이 영어에 처음 기록되었으며, 그때 이후로 줄곧 사용되어왔다. 이 방이 전적으로 아동의 필요와 편의를 위해서만 이용되었다는 사실은, 앞에서 설명한 것처럼 아동이 가정에서 아무런 중요성을 가지지 못했다는 믿음과는 전혀 일치하지 않는다. 이에 못지않게 중요한 사실은 "아동기(childhood)"라는 단어이다. 이 단어는 지금까지 무려 1,000년 넘게 영어에 존재했으므로 (최초의 사용 기록은 950년경에 린디스판 복음서에 나와 있다) 이 단어가 사람들에게 감정적으로 어떤 의미를 가졌든지 간에 존재의 상태로서나, 또는 개별 존재의 상황으로서나, 이 단어 자체가 오래되었음에는 의심의 여지가 없다. 따라서 아동이 무관심의 대상이었다거나, 사실상 개별의 존재가 아니었다는 주장은 기껏해야 지나친 단순화처럼 보인다.

물론 그렇다고 해서 과거의 아동기라는 것이 오늘날 우리가 즐겨 생각하는 것처럼 길고 근심걱정 없는 기간이었다는 뜻은 아니다. 오히려 그 반대가 정확했으리라. 삶이란 잉태의 바로 그 순간부터 갖가지 위험으로 가득했다. 어머니와 아이 모두에게, 가장 위험천만한 이정표는 바로 출산 그 자체였다. 일이 잘못될 경우, 산파나 의사가 할 수 있는 조치는 거의 없었다. 의사를 불러온다고 하더라도, 이들이 사용하는 치료법은 다만 고통과 위험만 증대시킬 뿐이었다. 즉 이들은 가뜩이나 지친 산모에게서 피를 뽑아내거나 (이러면 산모가 진정된다는 근거를 내세웠다. 그리고 결국 산모가 의식을 잃고 나면 그것을 성공의 표시로 받아들였다) 뜨거운 습포를 붙

---

* 그런데 지금 우리가 있는 이 방이 애초부터 육아실이었는지 여부는 딱 잘라 말할 수가 없다. 이것 역시 에드워드 툴의 원래 설계에는 포함되어 있지 않았다가 나중에 가서야 집어넣은 또 하나의 방이기 때문이다. 따라서 이 방에는 우리가 지침으로 삼을 만한 청사진상의 이름이 없다. 그러나 주 침실 바로 옆에 있는 적당한 규모와 위치의 방이라면, 이것이 또 하나의 침실이라기보다는 육아실로 의도되었다고 생각하는 편이 더 온당해 보인다. 다만 그렇게 생각할 경우에는 평생 독신이었던 마셜 씨의 기대와 의도가 과연 무엇이었는지에 대해서 누구도 대답할 수 없는 또 하나의 흥미로운 질문이 제기되지만 말이다.

이는 식의 방법을 통해서 가뜩이나 간당간당한 나머지 힘과 희망까지도 혹사시켰다.

아기가 중간에 꽉 끼어버리는 경우도 드물지 않았다. 이런 상황에서는 출산이 3주일 또는 그 이상까지 갈 수도 있었다. 결국 아기나 산모 또는 양쪽 모두가 회복 불가능한 상황까지 이를 수도 있었다. 아기가 자궁 안에서 죽을 경우, 그 아이를 꺼내는 과정은 차마 표현이 불가능할 정도로 매우 끔찍했다. 갈고리를 이용해서 조각난 아기를 끄집어낸다고 말하는 것으로 충분할 것이다. 그런 과정은 단순히 산모에게 차마 말로는 못할 고통을 불러오는 것뿐만 아니라, 자칫 자궁이 손상될 수도 있는 크나큰 위험, 그리고 감염이라는 훨씬 더 큰 위험도 있었다. 이런 상황을 고려해볼 때, 그 당시에 출산 중에 사망한 산모가 대략 100명당 한두 명꼴이었다는 보고는 정말 놀랍다. 그러나 대부분의 여성은 여러 번 출산을 했기 때문에 (평균 7회 내지 9회) 여성의 출산 경험 가운데 어떤 대목에 이르면, 사망률은 무려 8명당 1명꼴로 극적으로 상승한다.

아동의 경우에 출산은 겨우 시작에 불과했다. 삶의 첫 해는 모험의 또는 불운의 시기가 될 수도 있었으리라. 그 당시의 누구에게나 닥쳐왔던 끝도 없는 질병과 전염병의 파도는 물론이고, 갑작스러운 죽음[급사]은 지금보다 훨씬—정말 놀랄 만큼—더 흔했다. 13세기와 14세기 런던의 검시 명부를 살펴보면, 아동의 갑작스러운 사망 이유로 "웅덩이에 빠짐", "암퇘지에게 물림", "뜨거운 물이 든 냄비 속에 빠짐", "마차에 깔림", "뜨거운 엿기름 통에 빠짐", "군중에 짓밟힘" 그리고 이와 유사한 끔찍한 이유로 인한 사례가 나와 있다. 에밀리 코케인은 한 소년의 딱한 사례를 언급했다. 그 소년은 친구들을 놀라게 하려고 길에 누워서 짚을 몸 위에 덮어놓았다가, 지나가던 마차에 깔려 죽었다.

아리에와 그의 신봉자들은 이런 죽음을 부모의 무신경과 아동의 안위에 대한 관심 결여의 증거로 받아들이겠지만, 이것은 역사적 사실에 현대의 기준을 적용하는 오류이다. 과거의 자료를 보다 편견 없이 읽어보면, 중세에 살던 어머니의 삶은 매일 눈을 뜨는 바로 그 순간부터 온갖 신경쓸 일들로 가득하다는 점을 알 수 있으리라. 예를 들면 아프거나 죽어가는 자녀를 돌보고 있고, 자신도 열이 있어서 고통스러운 상황에서, 불을 지펴야만 (또는 불을 꺼야만) 하는 일에서부터 시작해서 1,000여 가지의 다른 일들이 산적해 있는 것이다. 오늘날 일반적인 가정에서 암퇘지에게 물리는 아이가 없는 까닭은 부모가 자녀를 더 잘 감독하기 때문이 아니다. 다만 오늘날 우리가 부엌에서 암퇘지를 키우지 않기 때문이다.

현대의 수많은 결론들은 과거의 사망률에 근거하는데, 이러한 집계도 항상 정확한 것은 아니다. 이 문제를 유심히 살펴본 최초의 인물은 약간 의외이게도 천문학자 에드먼드 핼리였는데, 오늘날 그의 이름을 따서 명명된 혜성 때문에 더 유명한 인물이다(사실 그는 이 혜성을 처음 발견한 사람이 아니라, 이 혜성이 과거에 사람들이 세 차례나 목격한 혜성과 똑같은 녀석이라는 사실을 처음 알아낸 인물이었다. 그러나 이 혜성이 결국 '핼리의 혜성'이라는 이름으로 알려지게 된 것은 그가 사망한 지 한참 뒤인 1758년의 일이었다). 핼리는 지칠 줄 모르고 온갖 종류의 과학 현상을 연구한 인물이었고, 자력에서 아편의 최면 효과에 이르기까지 온갖 문제에 대해서 논문을 써냈다. 1693년에 그는 슐레지엔 지방 브레슬라우(오늘날의 폴란드 브로츠와프)의 매년 출생 및 사망 통계를 우연히 접하게 되었는데, 그 통계가 이례적이다 싶을 정도로 완벽한 까닭에 그만 매료되었다. 그는, 이 통계를 바탕으로 차트를 작성할 수 있고, 그 차트를 가지고 어떤 사람의 생애 가운데 어떤 지점에서의 예상 수명을 알아낼 수 있다는 사실을 발견했다. 예를 들면, 25세인 어떤 사람이 이듬해에 사망할 확률은 80대 1이고, 또 30세에 도달한 어떤 사람은 앞으로 27년간 더 살 수 있을 것이라고 기대해도 타당하고, 또 40세의 남자가 7년을 더 살 수 있는 가능성은 아무리 많아야 5.5대 1이라고 말할 수 있었다. 이것은 최초의 보험 통계표였으며, 다른 무엇보다도 이후에 생명보험 산업이 생겨나게 만든 사건이었다.

핼리의 발견은 과학 잡지인 『왕립학회 철학 회보(*Philosophical Transactions of the Royal Society*)』에 수록되어서, 과학에 관심이 없는 사회사가(社會史家)에게는 제대로 주목을 받지 못했다. 이 발견에는 상당히 흥미로운 점이 많기 때문에, 이는 무척 아쉬운 일이다. 핼리의 통계는, 가령 브레슬라우에는 출산 연령의 여성이 7,000명인데, 매년 새로 태어나는 아동의 숫자는 1,200명에 불과하다는 것을 보여주었다. 핼리는 이 숫자가 "겨우 6분의 1을 조금 넘는 정도"라고 적었다. 분명히 이들 여성 대다수는 출산을 회피하기 위한 신중한 절차를 밟고 있었다는 것이 분명하다. 따라서 출산은—적어도 브레슬라우에서만큼은—단순히 여성이 반드시 받아들여야만 하는 불가피한 짐이 아니라, 대체적으로 자발적인 행위였다는 것이다.

핼리의 통계는 또한 유아 사망률이 오늘날 일반적으로 인용되는 통계 때문에 우리가 자연스레 추정하는 것만큼 높지는 않았다는 것을 보여준다. 브레슬라우의 경우, 태어난 첫 해에 사망하는 유아는 전체의 4분의 1을 약간 넘었으며, 그중 44퍼센트는 일곱 번째 생일을 맞이하기 전에 사망했다. 물론 여전히 높기는 하지만, 그래도 종종 인용되는 3분의 1과 절반의 사망률에 비하면 그나마 나은 편이다. 브레슬라우에서는 젊은이의 사망률이 절반에 도달하기 위해서는 17년이란 세월이 흘러야 했다. 이것도 핼리가 애초에 생각했던 것보다는 훨씬 더 심각했기 때문에, 그는 이 보고를 이용해서 사람들은 오래 살기를 기대해서는 안 되며, 수명을 다 채우기 전에 사망할 가능성을 직시해야 한다고 주장했다. "생애의 짧음을 불평하고, 노년에 도달하지 못하면 자신이 잘못되었다고 생각하다니, 얼마나 부당한 일인가? 여기에 나타난 것에 따르면, 태어난 사람들 중 절반은 17세가 되기 전에 사망했다.……따라서 우리가 때 이른 죽음이라고 부르는 것에 대해서 불평하는 대신, 우리는 인내심과 태연함을 가지고 그러한 사멸에 순응해야 한다. 그것이 우리 죽을 운명의 물질들에게는 불가피한 조건이니 말이다." 분명한 사실은 과거 사람들의 죽음에 관한 기대는, 우리가 결론을 내리는 데에 사용한 몇 가지 통계 숫자보다 훨씬 더 복잡했다는 것이다.

통계 숫자가 더욱 복잡한 이유—그리고 여성들이 임신을 조절할 만한 충분한 이유—는 이 당시에 유럽 전역에서 의사들도 차마 격퇴하거나 이해할 도리가 없었던 수수께끼의 새로운 질환에 의해서 여성들이 줄줄이 죽어나가는 사태가 벌어졌기 때문이었다. 이른바 산욕열(産褥熱, puerperal fever)—여기서 산욕이라는 단어는 "아이"를 뜻하는 라틴어에서 비롯되었다—이라고 불린 이 질환이 처음 기록된 것은 1652년에 라이프치히에서였다. 이후 250년 동안 의사들은 이 질환 앞에서 그야말로 무기력한 상태였다. 산욕열이 특히 두려움의 대상이었던 까닭은 갑자기 찾아왔기 때문이었는데, 종종 성공적으로 출산을 하고 산모도 완전히 건강한 상태에서 며칠 후에 발생했다. 불과 몇 시간 만에 희생자는 열이 심하게 나고 정신 착란을 일으키며, 그 상태로 일주일쯤 있다가 회복되거나 아니면 사망했다. 대개 사망하는 경우가 더 많았다. 최악의 창궐 때에는 희생자의 90퍼센트가 사망했다. 19세기 말까지도 대부분의 의사들은 산욕열을 나쁜 공기 또는 방종한 도덕 때문이라고 보았다. 그러나 실제로는 의사들의 지저분한 손가락 때문에 민감한 기관인 자궁이 세균에 감염된 것이 원인이었다. 비교적 일찍인 1847년에 빈의 의사 이그나츠 제멜바이스는 병원 직원들이 염소로 소독한 물에 손을 씻을 경우에는 어떤 유형의 사망률이든지 크게 줄어든다는 사실을 발견했지만, 그의 말에 귀를 기울인 사람은 거의 없었다. 그리하여 살균 습관이 보편화되기까지는 그로부터 수십 년이 더 지나야만 했다.

운 좋은 몇몇 여성의 경우, 최소한 조산용 겸자(鉗子)의 도입 덕분에 더 큰 안전이 보장되었다. 이 장치만 있으면 아기를 기계적으로 제자리에 돌려놓을 수 있었기 때문이다. 그러나 불행히도 그 발명가인 피터 체임벌린은 자기 발명품을 세계와 공유하지 않기로 작정하고, 계속 비밀을 유지하며 자기 시술에만 사용했다. 그리하여 그 후계자들 역시 이 통탄할 만한 전통을 무려 100년이나 더 이어갔고, 결국 다른 사람들이 독자적으로 겸자를 고안하기에 이르렀다. 그 사이에 수천 명의 이름 없는 여성들이 불필요한 고통 속에서 죽어갔다. 겸자도 물론 나름의 위험이 있었다는 것을 분명히 언급할 필요가 있다. 살균이 되지 않은데다가, 누가 봐도 인체로 침입하는 방식이었기 때문에, 극도로 세심하게 사용하지 않을 경우에는 아기와 어머니 모두가 쉽게 손상을 입을 수 있었다. 바로 이런 이유 때문에, 상당수의 의사들은 겸자 사용을 꺼렸다. 가장 유명한 사례로는 1817년에 영국의 왕위 계승 예정자인 샬럿 공주가 첫 아이를 낳다가 사망한 사건이 있었는데, 공주의 고통을 덜어주기 위해서 겸자를 쓰려는 의사들의 제안을 왕실의 시의(侍醫) 리처드 크로프트 경이 받아들이지 않았다. 결국 무려 50시간 이상의 힘들고 무의미한 자궁 수축 끝에 산모와 아이 모두가 사망했다. 샬럿의 사망은 영국 역사의 흐름을 바꿔놓았다. 만약 그녀가 살아 있었다면 빅토리아가 여왕에 등극하는 일은 없었을 것이며, 결국 빅토리아 시대는 없었을 것이기 때문이다. 온 나라가 충격에 빠졌고, 의사를 결코 용서할 수 없어했다. 자신이 얼마나 널리 욕을 먹고 있는지를 깨닫고 낙담한 크로프트는 자기 방에 들어가서 머리에 총을 쏘았다.

근대 이전까지, 대부분의 인간—아이든 어른이든 간에—의 삶에서 주된 걱정거리는 순전히 그리고 영원히 경제적인 것뿐이었다. 더 가난한 가정—물론 대부분의 가정이 그러했다—에서는 가족 모두가, 그것도 아주 어렸을 때부터, 하나의 생산 단위 노릇을 했다. 1697년에 상무원(商務院)을 위해서 쓴 논문에서 존 로크는 가난한 가정의 어린이는 무려 세 살 때부터 노동을 감당해야 하며, 어느 누구도 이런 일을 비현실적이거나 몰인정하다고 보지 않는다고 지적했다. 동요에 등장하는 파란 옷을 입은 소년—가축을 잘못 돌보는 바람에 양떼가 풀밭에 들어가고 소떼가 옥수수 밭에 들어가게 만들었다──은 기껏해야 네 살이 넘지 않았을 것이다. 더 나이 많은 일꾼은 그보다 더 힘든 일을 했기 때문이다.

최악의 환경에서는 때때로 어린이가 가장 등뼈가 휘어지는 일을 감당하기도 했다. 여섯 살밖에는 되지 않은 나이에, 남자아이와 여자아이 모두가 광산에서 일하기도 했다. 체구가 작아서 좁은 공간에도 얼마든지 들어갈 수 있다는 이유에서였다. 한편으로는 열기 때문에, 또 한편으로는 옷을 아끼기 위해서, 이런 아이들은 종종 벌거벗은 채로 일했다(성인 남성의 경우도 벌거벗고 일하는 것이 전통처럼 되어 있었다. 성인 여성의 경우는 옷통까지만 벗어젖히고 일했다). 광산에서 일하는 사람들 대부분은 1년 내내 햇빛을 거의 보지 못하고 살았으며, 그로 인해서 비타민 D 부족으로 발육 부진과 허약이 초래되었다. 비교적 가벼운 노동이라도 종종 위험했다. 잉글랜드 중부의 도자기 산지에 있는 요업공장에서 일하는 어린이는 납과 비소 성분이 남아 있는 항아리 안에 들어가서 청소를 했으며, 그로 인해서 천천히 중독된 끝에 마비나 중풍이나 발작을 일으키곤 했다.

아동 노동자들 가운데서도 가장 나빴던 것은 바로 굴뚝 소제부, 또는 이른바 "기어오르는 소년들(climbing boys)"이었다. 이 업종에서 일하는 아이들은 다른 업종에서 일하는 아이들보다 더 일찍 일을 시작했고, 더 일찍 사망했다. 대부분은 다섯 살 무렵부터 가뜩이나 짧은 경력을 시작했는데, 어떤 기록에 따르면 심지어 세 살 반에 이 일에 뛰어든 아이도 있었다고 한다. 그 나이면 사실 제아무리 간단한 임무도 혼란스럽고 무섭게 느껴질 텐데 말이다. 어린 소년들이 필요한 까닭은 연도(煙道)가 매우 좁은데다가, 종종 이리저리 구부러져 있었기 때문이다. 존 웨일러의 말에 따르면, 연도들 가운데 "일부는 직각으로 구부러지고, 수평이나 대각선으로 이어지고, 심지어 지그재그이거나 아래로 뚝 떨어지다가 비로소 굴뚝으로 이어지기도 했다. 런던의 어떤 굴뚝에 연결된 연도는 무려 열네 번이나 방향을 바꾸기도 했다." 굴뚝 소제는 또한 잔인무도한 일이었다. 소년들이 게으름을 피우지 않게 만드는 방법들 가운데 하나는, 쇠살대에 짚을 한 더미 가져다놓고 불을 붙여서 연도를 따라서 뜨거운 열기를 불어넣는 것이었다. 기어오르는 소년들 상당수는 열한 살이나 열두 살쯤에 그 짧은 경력을 마감하고 사망했다. 특히 고환에 생기는 암이 이들의 직업병이었던 것 같다.

이처럼 가혹하고 절망적인 세계에서 아이작 웨어의 사례는 행복한 기적이 아닐 수 없다. 웨어는 이 당시의 주도적인 건축 비평가였으며, 그의 의견은 상당한 무게가 있었기 때문에 웨어는 18세기의 건축사에 종종 등장하는 이름이다. (앞에서 우리가 지하실을 방문했을 때 잠깐 살펴보았듯이, 그는 18세기 중반에 붉은 벽돌을 가리켜서 "격렬하고 눈에 거슬리는" 물건이라고 지적함으로써 그 유행이 사라지는 데에 일조한 인물이었다.) 그러나 웨어가 애초부터 명성을 얻었던 것은 아니었다. 처음에는 거리의 부랑아이며 굴뚝 소제부로 경력을 시작했다가, 자신의 재능과 어떤 사람의 한 가지 특별한 호의로 인해서 성공을 거두었던 것이다. 1712년에 이름을 알 수 없는 어느 신사—그가 누구인지 확실히 밝혀진 것은 없지만, 일각에서는 치즈윅 하우스의 소유주이며 당대의 유행을 선도한 인물이었던 제3대 벌링턴 백작이 아닐까 추측한다—가 런던 화이트홀을 지나가던 중에, 어떤 굴뚝 소제부 소년이 보도에 앉아서 목탄 조각으로 뱅퀴팅 하우스의 스케치를 그리는 모습을 우연히 보게 되었다. 매우 뛰어난 재능이 엿보이는 그림이었기 때문에 벌링턴은 그것을 좀더 자세히 보기 위해서 그쪽으로 다가섰다. 소년은 자기가 잘못을 저질렀다고 생각한 나머지, 울음을 터트리며 그 그림을 지우려고 했다. 신사는 소년을 진정시키고 대화를 나누었으며 이 소년의 타고난 명석함에 크게 감명을 받고 그를 신사로 탈바꿈시키기 위한 오랜 과정을 시작했다. 신사는 소년에게 유럽 여행을 시켜주었으며, 이후 삶의 온갖 세련된 것들을 습득하도록 훈련시켰다.

이런 보호 감독하에서 웨어는 아주 탁월하지는 않아도 어느 정도 성공한 건축가가 되었다. 그러나 그는 비평가와 사상가로 더욱 큰 재능을 발휘했다. 그는 팔라디오의 저서 『건축 사서』의 훌륭한 번역서를 비롯한 여러 권의 영향력 있는 저서를 내놓았다. 그의 저서인 『완벽한 건축물(The Complete Body of Architecture)』은 전문가와 아마추어 모두에게 건축에 대한 취향과 식별의 성서 노릇을 해주었다. 그러나 그는 비천했던 과거를 완전히 떨치지는 못했을지도 모른다. 1766년에 사망했을 때, 그의 몸에는 굴뚝 소제부 시절에 얻은 검댕 자국이 지워지지 않고 여전히 남아 있었다고 전하기 때문이다.

웨어는 두말할 필요 없이 예외적인 경우였다. 대부분의 아동 노동자는 전적으로 그 고용주의 처분에 따를 수밖에 없었고, 가끔은 정말이지 충격적이라고 할 만한 처우를 받았다. 어느 짧고 악명 높은 사례에서, 윌트셔 주 맘스버리에 사는 어느 농부는 나이 어린 도제 둘을 거세해서 오페라 극단에 가수로 팔려는 계획을 떠올렸다. 그는 이 계획의 두 번째 단계(즉 극단과의 흥정)에서 그만 적발되고 말았지만, 안타깝게도 이 계획의 첫 번째 단계(즉 도제들의 거세)는 이미 그의 의도대로 성공한 다음이었다.

19세기에 들어서고 한참이 지나도록, 아동에 대한 법적 보호는 거의 없었다. 1814년 이전까지 아동 납치를 금지하는 법률도 없었다. 1802년에 미들섹스 주에서는 엘리자베스 샐먼이라는 여성이 엘리자베스 임피라는 여자아이를 납치하는 사건이 있었다. 그런데 훗날 붙잡힌 샐먼은 임피의 모자와 가운을 훔친 죄로만 기소되었다. 이 납치 사건에서 법적으로 인정되는 범죄는 단지 그 두 가지뿐이었기 때문이다. 납치를 시도해도 위험이 없었기 때문에, 집시가 아이들을 납치해서 팔아먹는다는 소문이 널리 퍼졌다. 물론 그런 소문에는 약간의 진실도 있었다. 그중 유명한 사례로는 1812년에 어느 좋은 집안에서 자라난 메리 데이비스라는 여성이 잃어버린 아들을 찾은 사건이 있었다. 마침 그녀가 머물던 어느 여관으로 그 소년이 굴뚝 소제부 일을 하러 왔던 것이다.

산업혁명은 오히려 문제를 더 악화시키기만 했으며, 그 초창기에는 확실히 그랬다. 1844년의 공장법이 도입되어서 아동의 근로 일수를 감축시키기 이전까지, 대부분의 공장에서는 매일 12시간 내지 14시간 근무를 매주 6일 간 실시했다. 대목을 맞이하여 늘어난 주문을 맞추기 위해서 어떤 아이들 은 이보다 더 오래 일하기도 했다. 1810년에 어느 공장에서 일하던 도제들 은 아침 5시 50분부터 밤 9시까지 꼼짝없이 기계 앞에 서 있어야 했다. 휴 식이라고는 30분 내지 45분간의 디너 시간이 전부였지만, 그나마도 여전히 기계 앞에 서서 먹어야 했다. 거의 어디서나 식단은 간신히 목숨을 부지할 정도에 불과했다. "그들은 묽은 죽을 아침과 저녁 식사로 먹는다. 그리고 점심의 디너로는 대개 귀리 비스킷에 당밀 또는 귀리 비스킷에 묽은 고깃국 을 먹는다." 어느 조사관은 이렇게 기록했다. 어떤 공장에서는 불편이 만성 적인데다가 상당한 정도까지 이르렀다. 아마 같은 원료는 작업 내내 젖어 있어야 했기 때문에, 일부 노동자들은 기계에서 흩뿌려지는 물보라를 계속 해서 맞을 수밖에 없었다. 겨울에는 정말이지 견디기가 힘들었을 것이다. 산업용 기계는 원래부터 매우 위험한 것이었는데, 가뜩이나 굶주리고 지친 채로 주위를 돌아다니는 아동 노동자들에게는 더욱 위험한 것이었으리라. 어떤 아이들은 너무 지친 나머지 뭔가를 먹을 힘조차 남아 있지 않았는지, 입에 음식을 넣은 채로 잠들어버리기도 했다고 전한다.

그래도 이들은 계속해서 일할 곳이라도 있는 셈이었다. 자유 노동에 종 사하는 아동 노동자에게 생존은 끝없는 제비뽑기나 다름없었다. 1750년의 집계에 따르면, 런던 중심가의 거주민 가운데 3분의 1은 매일 밤 "거의 땡 전 한 푼 벌지 못한" 상태로 잠자리에 들었으며, 시간이 흐를수록 그런 사 람들의 숫자는 점점 늘었다. 자유 노동자들은 아침에 눈을 떴을 때 그날 벌어먹을 가능성이 있을지 여부를 확신할 수가 없었다. 따라서 이들의 상 황은 전반적으로 비참하기 짝이 없었다. 헨리 메이휴는 모두 네 권으로 이 루어진 『런던의 노동자와 런던의 빈민』이라는 저서 가운데 한 권에서 이런 최하층 중에서도 최하에 속하는 넝마주이를 다루었는데, 이들은 절망 끝에 길가에 떨어진 것이라면 무엇이든지 뒤져서 가치 있는 물건을 찾으러 다녔다. 메이휴는 이렇게 썼다.

> 시골 마을에서는 한 푼의 가치도 없다고 버려질 물건도……런던에서는 가치 있는 물건으로 여겨져서 금방 낚아챘다. 돈으로서의 가치가 있기 때문이었다. 예를 들면, 찌그러지고 부서진 보닛 모자, 또는 운이 좋으면 낡은 챙 모자 같은 것이 있으면, 아무리 닳아서 해어지고, 찌그러지고, 꼭대기가 달아나고, 심지어 챙이 없어도, 누군가가 거리에서 주워서 자루 속에 조심스레 넣었다.

이들이 살아가는 환경은 때때로 너무 지저분했기 때문에, 어지간한 참상에는 눈 하나 깜짝 않는 조사관들도 가끔 기겁할 정도였다. 1830년대에 어느 주택 조사관은 이렇게 보고했다. "어떤 방에 들어가보니 남자 하나, 여자 둘, 아이 둘, 그리고 불쌍한 소녀의 시체가 하나 있었는데, 알고 보니 며칠 전에 아이를 낳다 죽은 것이었다." 가난한 부모일수록 자녀를 많이 낳았는데, 이는 일종의 연금 대책이었다. 즉 자신이 훗날 노망이 들더라도 자녀가 뒷바라지를 해주었으면 하는 바람이었던 것이다. 19세기 후반기에 잉글랜드의 가족들 가운데 3분의 1은 자녀가 8명 이상이었으며, 또다른 3분의 1은 자녀가 대략 5명 내지 7명이었고, 나머지 3분의 1—나머지 3분의 2에 비하면 압도적으로 더 부유한 3분의 1—은 자녀가 4명 미만이었다. 더 가난한 지역에서는 온 식구를 충분히 먹일 수 있는 가정이 드물었으므로, 어느 정도의 영양실조가 일종의 풍토처럼 되어 있었다. 당시 아동들의 15퍼센트는 다리가 굽고 구루병으로 골반이 뒤틀려 있었던 것으로 추정되는데, 이런 불운한 아이들은 빈민들 중에서도 극빈자들 사이에서 압도적으로 많이 나왔다. 빅토리아 시대 중반의 런던에 살던 어떤 의사는 부모가 유아에게 먹이는 음식들 가운데 자기가 직접 본 것들의 목록을 작성했다. 거기에는 송아지 족발 젤리, 기름에 적신 딱딱한 머핀, 심지어 아기가 씹을 수조차 없는 고기 연골도 있었다. 걸음마 단계의 유아 가운데 일부는 때때로 바닥에 떨어진 음식 또는 다른 방법으로 주운 음식을 먹고 살아야 했다. 그러다가 일곱 살 내지 여덟 살이 되면, 상당수의 어린이들은 거리로 나가서 혼자 힘으로 먹고 살아야 했다. 1860년대의 런던에는 10만 명의 "거리의 부랑아"가 있었던 것으로 추산된다. 이들에게는 아무런 교육도, 아무런 기술도, 아무런 목표도, 아무런 미래도 없었다. "이 아이들의 숫자는 정말이지 소스라칠 정도이다." 당시의 한 사람은 이렇게 기록했다.

그러나 이들을 교육시켜야 한다는 생각에는 대부분의 사람들이 혐오를 드러냈다. 교육을 받은 빈민들이 자칫 어울리지 않는—또는 솔직히 말해서 자격도 없는—야심을 가지게 될까 두려워한 까닭이었다. 1850년대에 정부의 교육 정책을 관장하던 찰스 애덜리 경은 이렇게 단호한 발언을 내놓았다. "적당한 노동을 시작할 나이가 되었음에도 불구하고 노동계급의 평범한 아동을 학교에 보내는 것은 분명히 잘못된 일이다." 그렇게 하는 것은 "명문 학교인 이튼이나 해로에 다니는 학생들에게 삽질 노동을 시키는 것만큼이나 터무니없고 부적절한 일이다."

이러한 믿음의 가혹한 측면을 누구보다 더 잘 드러낸 인물은 바로 토머스 로버트 맬서스 목사(1766-1834)였다. 그가 1798년에 익명으로 간행한 『인구의 원리와 미래의 사회 향상에 끼치는 영향에 관한 시론(*Essay on the Principle of Population as It Affects the Future Improvements of Society*)』은 곧바로, 그리고 널리 울려퍼지는 영향력을 행사하게 되었다. 맬서스는 빈민이 어려움을 자초하고 있다고 비난하는 한편, 빈민 구제는 단지 그들의 게으른 성향을 증대시킬 뿐이라며 반대했다. "저축할 기회가 있어도 그들은 거의 그렇게 하지 않는다. 당장의 필요에 들어가는 것을 제외한 나머지 돈은 한마디로 술집에 모조리 가져다가 바치기 때문이다. 따라서 잉글랜드의 구빈법은 일반인 사이에서 저축을 하려는 힘과 의지 모두를 감퇴시킬 것이고, 따라서 절주와 근면의, 나아가 행복의 가장 강력한 유인 가운데 하나를 약화시킬 것이다." 그는 특히 아일랜드인을 골칫거리로 여겼으며, 1817년에 어느 친구에게 쓴 편지에서처럼, "그들 대다수는 지상에서 싹 쓸어버려야 한다"고 믿었다. 그야말로 마음속에 기독교도로서의 자비심이라고는 하나도 없는 인물이었다.

결코 누그러지는 법이 없는 비참한 상황이 지속된 결과, 어디서나 빈민이 모인 곳에서는 사망률이 급증했다. 그 세기 중반에 영국 중부의 더들리에서는 출생 당시의 평균 기대수명이 18.5년이었는데, 이것은 청동기시대 이래로 영국에서는 전혀 찾아볼 수 없었던 수명이었다. 가장 건강한 도시에서도 평균 기대수명은 26세 내지 28세였으며, 영국 내 어떤 도시에서도 30세를 넘지는 못했다.

언제나 그렇듯이 그중에서도 가장 크게 고통을 받는 사람은 가장 나이가 어린 쪽이었지만, 이들의 복지와 안전에 관해서는 놀랄 만큼 주목이 되지 않았다. 19세기 영국의 삶이 과연 어떠했는지를 무엇보다도 더 잘 보여주는 사례는, 동물학대 방지위원회의 설립이 아동 보호를 위한 유사 기관의 설립보다 무려 60년이나 앞섰다는 점이다. 이에 못지않게 주목할 만한 사실은, 전자의 기관이 설립된 지 15년쯤 뒤인 1840년에는 무려 **왕립** 동물학대 방지위원회로 바뀌었다는 점이다. 이것은 국립 아동학대 방지위원회가 지금까지도 받지 못한 혜택이다.

II

잉글랜드의 빈민이 생각하기에 삶이 더 이상 나빠질 수 없어 보이던 바로 그 순간, 이들의 삶은 더 나빠졌다. 이러한 일격의 원인은 1834년에 시작된 새로운 구빈법의 도입과 엄격한 실시였다. 빈민 구제는 언제든지 매우 민감한 이슈였다. 그리고 유복한 빅토리아 시대의 사람들 가운데 상당수는 빈민의 딱한 곤경이 아니라 그 비용에만 관심을 쏟았다. 구빈법 자체는 엘리자베스 시대부터 있었지만, 이 법을 어떻게 적용할 것인지는 각 교구에서 자율적으로 결정했다. 일부 교구에서는 충분히 관대하게 적용했지만, 일부 교구에서는 매우 인색했기 때문에 병자나 여성 노동자를 다른 교구로 보내서 다른 관할 구역의 책임으로 떠넘겼다. 사생아 출산은 특히 공공의 격분을 자아낸 행위였다. 이런 범죄를 저지른 사람은 남녀 양쪽 모두 적절한 처벌을 받고, 자신들이 한 행동에 책임을 져야 한다는 생각 때문에, 각 지역 당국은 이에 대해서 거의 강박적인 집착을 보였다. 랭커서주의 어느 법정에서—때는 1600년대 말이었다—나온 전형적인 판결문은 다음과 같다.

라이팅턴의 독신녀 제인 소트워스는 페이저컬리의 농부 리처드 가스탠지가 자신의 사생아 딸인 앨리스의 아버지라고 증언했다. 별도의 요청이 없는 한, 그녀는 이 아이를 2년간 맡아서 길러야 하며, 이후로는 리처드가 이 아이를 12세 때까지 맡아서 길러야 한다. 리처드는 제인에게 암소 한 마리와 현금 6실링을 지불해야 한다. 남자와 여자 모두 오늘 옴스커키에서 태형에 처한다.

19세기 초에는 빈민 구제의 문제가 국가적 재난이 되었다. 우선 나폴레옹 전쟁에 들어간 비용 때문에 국가 재정이 극도로 압박을 받았다. 엎친 데 덮친 격으로 전쟁이 끝나면서 무려 30만 명에 달하는 육해군 병사가 사회로 복귀해서, 가뜩이나 침체된 경제 상황에서 일자리를 찾기 시작했다.

이에 대한 해결책은, 거의 모두가 동의한 것처럼, 전국적인 구빈원의 네트워크를 조직하여 단일한 국가 기준에 부응하는 규정을 일괄적으로 강제하는 것이었다. 지칠 줄 모르는 에드윈 채드윅이 의장으로 이끄는 위원회에서는 그 시대 특유의 (그리고 채드윅 특유의) 철저함을 발휘하며 이 문제를 다루었고, 마침내 13권에 달하는 보고서를 발간했다. 이 가운데 어느 시점에서 새로운 구빈원은 최대한 불유쾌하게 만들어야 한다는 합의가 도출되었다. 그래야만 빈민되기가 매력적으로 보이지 않을 것이라는 이유에서였다. 이 가운데 하나는 그 당시에 만연하던 생각의 징후를 잘 보여주는 경고가 드러난 증언이기 때문에, 굳이 이 자리에서 전문을 인용하도록 하겠다.

윈틀이라는 가족의 경우가 생각나는데, 그 가족은 아버지와 어머니 그리고 5명의 자녀가 있었다. 지금으로부터 2년 전에 아버지와 어머니, 그리고 자녀 중 2명이 몹시 아팠고, 가난에 시달리다 못해, 생계를 위해서 작은 가구를 내다 팔기에 이르렀다. 그들은 우리 지역에 살고 있었다. 우리는 그들이 극도의 가난을 겪는다는 소식을 듣고 구제를 위해서 직접 찾아갔다. 그러나 그들은 원조를 완강히 거절했다. 나는 이 사실을 교구위원에게 보고했고, 그는 나와 함께 이들을 찾아갔다. 우리는 구제를 받을 필요가 있다고 이들 가족에게 강권했다. 그러나 이들은 여전히 거절했고, 우리는 어떻게 해도 구제 제안을 받아들이도록 그들을 설득할 수가 없었다. 그러나 우리는 이 사건에 흥미를 느낀 까닭에, 봉투 속에 편지와 함께 4실링을 넣어서 보냈고, 혹시 이들이 계속 아프면 더 많은 돈을 보내려고 했다. 그들은 정말로 계속 아팠고, 그때부터 지금까지 (이제는 무려 2년 이상) 내 생각에 그 가족이 우리의 구제자 명부에서 3주일 이상 빠진 적은 없을 것이다. 심지어 가족 중에 아픈 사람이 거의 또는 전혀 없을 때에도 마찬가지였다. 따라서 이전까지 그들이 근면에서 얻은 습관을 결과적으로 우리가 못쓰게 만든 셈이다. 나는 장담한다. 교구의 보조금을 지속적으로 맛보게 되면 열에 아홉은 이런 결과가 된다.

위원장의 보고서는 "교구의 지원을 자신들의 특권으로 생각하는, 이것을 자신들의 권리로 요구하는 사람들"에 반대하는 경건한 천둥소리처럼 울려퍼졌다. 빈민 구제가 매우 보편적으로 가능하게 되었기 때문에, "거지들이 보기에는 정부가 그들을 위하여 자연의 일반 법칙을 폐지하는 일에 착수한 것처럼 보인다"고 위원들은 생각했다. "법률에 따르면, 부모의 잘못된 행실 때문에 그 자녀가 고통을 받아서는 안 된다고, 또는 남편 때문에 아내가, 아내 때문에 남편이 그래서는 안 된다고 하기 때문이다. 어느 누구도 편안한 생계 수단을 잃어서는 안 되며, 자신의 게으름이나 낭비나 악덕과는 무관하게 그래서는 안 된다고 하기 때문이다." 심지어 위험할 정도로 편집증에 가까운 열성을 발휘하여, 이 보고서는 심지어 가난한 노동자가 "교구에 직접 복수를 가하려는" 악의를 품고 결혼하여 자녀를 낳아서 "그 지역의 인구 과잉을 가중시킴으로써, 자신을 비롯한 교구 내의 다른 노동자들을 먹고 살 수 있게 해주는 자금을 점차적으로 잠식한다"고 주장하기에 이르렀다. 일단 자녀는 집에서 수공업으로 일을 시킬 수 있기 때문에 가난한 노동자는 그런 전략을 실시해도 잃을 것이 전혀 없었다. "장사가 잘 되면 부모에게는 자녀가 곧 이득의 원천이고, 장사가 망할 경우에는 어차피 교구가 먹여 살린다."

빈민이 게으름 덕분에 이득을 얻는 일이 결코 없도록 하기 위해서, 새로운 구빈원은 최대한 엄격하고 즐겁지 않게 만들어졌다. 남편과 아내를 갈라놓았고, 부모와 자녀를 갈라놓았다. 일부 구빈원에서는 입원자들에게 죄수 비슷한 복장을 입어야 한다고 요구했다. 음식은 의도적으로 맛이 없게 만들었다("인근의 노동 계층의 일반적인 생계보다 더 나은 또는 거기에 준하는 식단이 반드시 제공되어야 할 필요는 전혀 없다"고 위원장은 주장했다). 식사나 근로 중에는 대화가 금지되었다. 행복을 향한 희망은 무엇이든지 간에 깡그리 사라졌다.

입원자들은 식사와 잠자리를 제공받는 대가로 매일 몇 시간씩 노동을 해야 했다. 가장 흔한 한 가지 일은 빈민과 죄수의 대표적인 노역인 뱃밥 뜯기(picking oakum)였다. 뱃밥은 낡은 밧줄에 타르를 잔뜩 묻혀서 배의 틈새를 메우는 데에 사용하는 재료였다. 따라서 뱃밥 뜯기는 단단하게 꼬여 있는 밧줄을 풀어서 다시 쓸 수 있게 만드는 일이었다. 매우 힘들고 불유쾌한—뻣뻣한 섬유 때문에 손이 베이기 일쑤였다—일이었으며 괴로울 정도로 느린 일이었다. 런던 동부의 포플러 구빈원에서는 남성 입원자들이 매일 5파운드 내지 6파운드의 뱃밥을 뜯도록 정해져 있었는데, 그 정도면 당시에 웬만한 감옥에서 죄수들에게 할당하는 분량의 두 배쯤 되었다. 이 목표치를 달성하지 못한 사람에게는 빵이나 물 배급량을 줄였다. 1873년에 포플러의 입원자들 가운데 3분의 2가 기준보다 더 적은 배급을 받았다. 햄프셔 주의 앤도버 구빈원에서는 입원자들에게 뼈를 빻아서 비료로 만드는 임무를 맡겼는데, 이들은 어찌나 굶주렸던지 작업용 뼈에 남아 있는 골수를 빨아 먹을 정도였다.

의료는 어디에서나 드물었고, 그나마도 마지못해서 허락되었다. 구빈원 내의 환자들은 비용을 절약하기 위해서 종종 마취제도 없이 수술을 받았다. 갖가지 질환이 일종의 풍토처럼 되어 있었다. 두 가지 유형의 결핵—폐결핵(또는 소진병), 그리고 뼈와 근육과 피부에 해를 끼치는 연주창(連珠瘡)—은 특히 많이 유행했고, 발진티푸스는 항상 두려움의 대상이었다. 아이들은 전반적으로 매우 약한 상태였기 때문에, 지금은 사소한 불편 정도에 그치는 질환도 그 당시에는 큰 파괴력을 발휘했다. 19세기에는 홍역이 그 어떤 질환보다 더 많은 아이들의 목숨을 앗아갔다. 백일해(百日咳)와 크루프로 인한 사망자도 수십만 명에 달했고, 지저분하고 북적이는 구빈원은 이런 질병의 전파에 더욱 전도력을 발휘했다.

일부 구빈원은 너무 상황이 나쁜 나머지, 고유의 질환을 만들기도 했다. 예를 들면, "가려움"이라고만 지칭된 어떤 모호하고 만성적인 질환이 있었는데, 지금은 아마도 여러 가지 피부 감염이 혼합된 결과가 아닐까 추정된다. 이는 십중팔구 위생의 결여 때문이었을 것이며, 빈약한 식단도 기여했을 것이다. 불충분한 식사와 나쁜 위생 상태 때문에 선충과 촌충을 비롯한 다른 끔찍한 기생충들이 다소간 보편적으로 생겨났다. 맨체스터의 어느 특허받은 제약회사에서는 하제를 하나 생산했는데, 이 제품은 복용자의 장 내부에 있는 반갑지 않은 기생충을 하나도 남김없이 충실하게—아울러 약간 폭발적으로—배출시킬 것이라고 보장했다. 어떤 복용자는 "흔치 않을 정도로 굵은 놈들"을 포함한 300마리의 기생충을 배출했다며 자랑삼아 말했다. 그러나 구빈원의 입원자들에게는 이런 구제의 희망조차도 그저 꿈에 불과했다.

백선(白癬)과 다른 균상종 감염 역시 일종의 풍토처럼 되어 있었다. 이(蝨)는 항상 문제였다. 이의 퇴치법 중 하나는 시트와 베갯잇을 염화제2수은과 표백분 용액에 담그는 것이었지만, 이럴 경우에는 이에게만이 아니라 잠자는 사람에게도 독성을 끼쳤다. 입원자들은 종종 구빈원에 도착하자마자 거칠게 위생 조치를 당했다. 영국 중부의 어느 구빈원에서는 헨리 카트라이트라는 소년의 몸 냄새가 고약하다고 생각한 어느 여성 직원이 그 냄새를 없애기 위해서 소년에게 황산칼리 용액 통에 몸을 담그라고 지시했다. 그러나 그녀는 냄새뿐만 아니라 그 불쌍한 소년까지도 없앤 셈이 되었다. 밖으로 끌려나왔을 때, 소년은 이미 질식사해 있었다. 당국에서도 이런 학대에 아주 무관심했던 것은 아니었다. 에식스 주 브렌트우드에서는 엘리자베스 길레스피라는 유모가 한 소녀를 계단에서 밀어 떨어트려서 죽게 만든 죄로 재판에 회부되어서 5년형을 선고받았다. 그럼에도 불구하고—특히 젊은이들을 겨냥한—물리적이고 성적인 학대가 널리 퍼져 있었다.

실제로 구빈원의 기능은 그저 많은 사람들을 한곳에 모아놓는 것밖에는 없었다. 그리고 거기 수용된 인원도 당시 잉글랜드의 거지들 가운데 5분의 1을 넘는 경우는 한번도 없었다. 전국에 있는 나머지 빈민들은 "원외구제"—집세와 식비에 보탤 약간의 현금—에 의존해서 살아갔다. 때로는 이 돈을 받는 것도 거의 불가능할 정도로 어려웠다. C. S. 필이 인용한 어느 사례에 따르면, 켄트 주의 한 양치기—"정직하고 근면한 사람으로, 자기 잘못이 아닌데도 일자리를 잃었다"—는 매일 26마일을 걸어가서 받는 1

실링 6펜스의 돈을 가지고 자신과 아내, 그리고 다섯 아이의 생계를 해결해야 했다. 이 양치기는 무려 9주일 동안 매일같이 그 먼 거리를 걸어다니다가, 끝내 쇠약과 굶주림으로 인해서 쓰러지고 말았다. 런던에서는 애니 캐플런이라는 이름의 여성이 남편 사후에 여섯 아이를 키우고 있었다. 그런데 그녀가 받게 될 빈약한 구제금만으로는 여섯 아이를 다 키울 수 없으니, 최소한 두 아이는 고아원에 보내라는 지적을 받았다. 케이플런은 거절했다. "어차피 넷이서 굶으나 여섯이서 굶으나죠." 그녀는 이렇게 잘라 말했다. "넷이 먹을 빵을 제가 구할 수 있다면, 여섯이 먹을 빵도 제가 구할 수 있을 겁니다.……한 녀석도 포기하지 않을 거예요." 당국에서는 그녀에게 다시 생각해보라고 위협했지만, 그녀는 마음을 바꾸지 않았다. 결국 당국에서는 그녀에게 아무것도 주지 않았다. 이후 그녀와 여섯 아이에게 무슨 일이 일어났는지는 알려지지 않았다.

당시에 빈민의 곤경에 진정으로 공감했던 얼마 되지 않는 사람들 가운데 한 사람은, 흥미롭게도 가장 의외의 인물이었다. 프리드리히 엥겔스는 스물한 살 때인 1842년에 맨체스터에 있는 부친의 직물공장 운영을 돕기 위해서 잉글랜드로 건너왔다. 에르멘 앤드 엥겔스라는 이 회사는 재봉실을 제조했다. 젊은 시절의 엥겔스는 충실한 아들인 동시에 상당히 양심적인 사업가였지만—그는 훗날 이 공장의 동업자가 되었다—런던에 사는 자기 친구이자 동료 칼 마르크스를 지원하기 위해서, 상당한 시간을 들여가면서 회사의 자금을 조금씩, 그러나 지속적으로 횡령했다.

　공산주의처럼 금욕적인 운동의 창시자로서 이 두 사람보다도 더 의외인 인물은 상상하기 힘들 것이다. 자본주의의 몰락을 진심으로 열망했음에도 불구하고, 정작 엥겔스 자신은 자본주의의 혜택 덕분에 부유하고 편안하게 살고 있었다. 마구간에서는 명마를 길렀고, 주말마다 말을 타고 사냥개를 앞장세웠으며, 최고의 와인을 즐기고, 애인을 두고, 앨버트 클럽이라는 사교장에서 맨체스터의 엘리트들과 술잔을 기울였다. 한마디로 신사계급의 성공적인 구성원이 되리라고 기대되는 모든 일을 했던 인물이었다. 마르크스도 부르주아의 모든 것을 항상 비판하면서도, 정작 자신은 최대한 부르주아로서의 삶을 살았다. 딸들을 사립학교에 보내고, 기회가 있을 때마다 아내의 출신 배경이 귀족이라는 것을 자랑했다.

마르크스를 향한 엥겔스의 꾸준한 지원은 경이로울 지경이다. 1851년이라는 기념비적인 해에 마르크스는 「뉴욕 데일리 트리뷴(*New York Daily Tribune*)」의 해외 특파원 일자리를 받아들였지만, 사실 기사를 쓰고자 하는 의향이라고는 털끝만큼도 없었다. 일단 그의 영어 솜씨가 기사를 쓸 만큼 훌륭하지 않았다. 다만 자기는 원고료를 챙기고 엥겔스에게 대신 기사를 쓰게 하려는 의도였고, 실제로도 그렇게 했다. 그러나 그 수입만 가지고는 부주의하고 낭비벽이 심한 생활을 지탱하기가 어려웠기 때문에, 결국 마르크스의 부탁을 받은 엥겔스가 아버지의 회사에서 횡령한 돈을 건네줄 수밖에 없었다. 엥겔스는 여러 해 동안이나 그런 일을 했는데, 그에게는 상당한 위험 부담이 아닐 수 없었다.

공장을 운영하고 마르크스를 지원하는 등의 일을 하는 사이마다, 엥겔스는 맨체스터의 빈민들의 곤경에 진정한 관심을 보였다. 그는 항상 극도로 개방적인 마음을 가지고 있지는 못했다. 이전의 장에서 살펴보았듯이, 그는 아일랜드인을 좋게 생각하지 않았으며, 또한 가난한 사람들의 서글픈 운명은 일면 자초한 데가 있다고 믿을 준비가 언제든지 되어 있었다. 그러나 빅토리아 시대의 빈민가 생활에 관해서 그보다 더한 동정심을 품고 글을 쓴 사람은 없었다. 『잉글랜드 노동계급의 상태』에서 그는 사람들이 "쓰레기와 썩은 고기와 메스꺼운 오물더미" 속에서 "헤아릴 수 없을 정도의 오물과 악취"와 함께 살아간다고 묘사했다. 그는 홀어머니 밑에서 자라던 두 소년이 추위에 시달리고 자칫 굶어 죽을 지경에 처하자, 음식을 훔치다가 붙잡힌 사례를 언급한다. 그 아이들을 앞장세우고 경찰관이 집으로 찾아가보니, 그 어머니는 6명의 다른 아이들과 함께 "작은 뒷방에서 그야말로 뒤죽박죽인 채로 살고 있었는데, 세간이라고는 시트가 떨어져나간 낡은 골풀 바닥 의자 둘, 다리 두 개가 떨어져 나간 작은 탁자 하나, 깨진 컵하나와 작은 접시 하나가 전부였다. 아궁이에는 불씨 하나 보이지 않았으며, 한쪽 구석에는 앞치마 하나 정도 분량의 누더기가 놓여 있었는데, 그것이 아마도 온 가족의 침대 노릇을 하는 모양이었다."

엥겔스의 묘사는 의문의 여지 없이 감동적이고 오늘날 종종 인용되지만, 여기서 한 가지 잊혀진 사실은 이 책이 원래 1845년에 독일어로만 출간되었으며, 영어 번역본은 그로부터 23년 뒤에 나왔다는 것이다. 영국의 제도에 대한 개혁이라는 측면에서 볼 때, 엥겔스는 실제로 그런 개혁이 시작된 지한참 뒤까지도 아무런 영향을 끼치지 못했다.

그러나 다른 곳에서는 빈민들의 상황이 점차 주목을 끌기 시작했다. 1860년대에 언론인들 사이에서는 마치 부랑자인 것처럼 가장하고 임시 구빈원—이때부터는 쉼터(shelter)라는 이름으로 불리게 되었다—에 들어가서, 그곳의 상황을 취재하여 보도하는 것이 일종의 유행이 되었다. 그렇게 함으로써 독자들이 가정의 안락함을 벗어나지 않고도 그곳의 끔찍한 상황을 경험하는 스릴을 겪게 하려는 것이었다. 예를 들면 독자들은 램베스 구빈원의 입원자들이 홀딱 벗은 채로 더러운 목욕탕에 들어가야 하는데, 그곳의 물은 "마치 묽은 양고기 수프 같은 색깔"이며, 앞서 목욕한 사람들의 때와 거품으로 가득하다는 사실을 알 수 있었다. 그 너머에 있는 우중충한 숙소에서는 남자 어른들과 아이들이 "모두 완전히 벌거벗은 채" 사실상깔판에 불과한 침대에서 한데 엉켜 잠을 잤다. "아이들은 어른들의 품에안겨 잤으며, 어른들은 서로를 끌어안고 잤다. 난방도 없고, 조명도 없고, 감독도 없었기 때문에, 약하고 유순한 사람들은 강하고 포악한 사람들에게 꼼짝도 못했다. 공기 중에는 고약한 악취가 떠돌았다."

이런 보고에 깜짝 놀란 새로운 유형의 자선가들은 경이로울 정도로 다양한 단체를 구성했다. '노동계급을 위한 목욕탕 및 세면장 설립 촉진위원회', '청소년 부랑 방지협회', '웨스트민스터 노동계급 창턱 화분 가꾸기 촉진협회', 심지어 '아직 아무런 유죄 선고를 받지 않은 청소년 구조협회'라는 단체도 있었다. 이런 단체들은 거의 항상 빈민들을 원조함으로써 그들이 술을 끊고, 기독교인이 되고, 근면해지고, 깔끔해지고, 법을 준수하고, 부모로서의 의무를 다하고, 기타 등등의 덕이 함양된 상태로 만들려는, 또는 그런 상태로 계속 유지하려는 바람을 품었다. 한편 다른 사람들은 빈민들의 주택 상황을 개선하려는 노력을 했다. 그중에서도 가장 너그러운 인물들 가운데 하나인 조지 피바디는 1837년에 잉글랜드에 정착한 미국인 사업가였는데 (기억하겠지만 이 사람은 대박람회에 출품할 미국산 전시품의 수송에 필요한 긴급 자금을 제공한 장본인이었다) 막대한 재산의 상당 부분을 털어서 런던 전역에 빈민들을 위한 아파트 단지를 건설했다. 피바디는 깨끗하고 비교적 널찍한 아파트에 약 1만5,000명을 살게 해준 것으로 추정되지만, 그래도 온정주의의 압제는 여전히 고통스러울 정도로 뚜렷했다. 세입자는 자기가 사는 집 벽에 페인트칠이나 도배를 할 수 없었고, 커튼을 칠 수도 없었고, 내 집으로서의 개성을 드러낼 만한 조치를 무엇이든지 간에 할 수 없었다. 결국 이곳에서의 삶이 감방보다 아주 더 유쾌한 것은 아니었다.

진정한 변화는 바로 국내 선교의 갑작스러운 성장이었다. 이것은 가난한 아동을 돕기 위해서 이전의 어느 누구보다도 더 많은 일을 했던 (대개 상대방이 원하건 말건 무관하게 그렇게 했던) 한 사람의 노력이 반영된 결과였다. 그의 이름은 토머스 바나도였다. 아일랜드 출신으로 1860년 초에 런던에 도착한 이 청년은 이 대도시의 무기력한 청소년들의 상황을 보고 놀란 나머지, 조직을 하나 만들었다. 공식 명칭은 '빈곤층 부랑아를 위한 전국 합동연합회'였지만, 사람들은 누구나 '바나도 박사회'라고 불렀다.

바나도는 이국적인 출신 배경을 가지고 있었다. 그의 가문은 에스파냐의 세파르디 유대인 혈통이었지만, 처음에는 독일로 갔다가 나중에는 아일랜드에 정착했다. 토머스가 태어난 1845년에 이르러서 이 가문의 종교는 유대교에서 프로테스탄트로, 그것도 가장 열성적인 극단으로 옮겨갔다. 바나도는 근본주의 성향의 플리머스 형제단에 속해 있었으며, 그런 까닭에 의사 자격증을 따서 중국 선교를 나가기 위해서 1860년대에 런던으로 온 것이었다. 그러나 그는 결코 중국에 가지 못했다. 게다가 결코 의사가 되지도 못했다. 대신에 그는 집 없는 소년들(그리고 나중에는 소녀들)을 위한 선교를 시작했다. 빌린 돈을 가지고 그는 런던 동부의 스테프니에 최초의 쉼터를 열었다.

바나도는 뛰어난 선전가였으며, 자신이 구한 아이들의 이전 모습과 이후 모습을 비교하는 사진을 이용한 캠페인으로 어마어마한 성공을 거두었다. '이전' 모습 사진에서는 찡그린 표정의 지저분한 (그리고 옷이라고는 거의 걸치지 않은) 부랑아를 보여주고, '이후' 모습 사진에서는 깨끗이 씻고 정신이 말짱하며 기독교인으로서의 구원의 기쁨이 가득한 표정을 지은 아이를 보여주는 식이었다. 이 캠페인은 매우 성공을 거두었기 때문에, 훗날 바나도는 자기 관심을 여러 방면으로 확장해서 병원을 세우고, 농아 어린이를 위한 쉼터와 집 없는 구두닦이를 위한 쉼터를 열고, 그 외에도 훨씬 더 많은 일을 했다. 스테프니의 쉼터 전면에는 다음과 같은 구호가 걸려 있었다. "빈곤층 아동은 누구라도 대환영." 이것은 보기 드물게 고귀한 감정이었고, 바로 그런 이유 때문에 바나도를 증오한 사람들이 상당히 많았다. 문제는 이처럼 소년들을 무조건적으로 수용하는 것은 1834년의 신(新)구빈법의 조항에 정면 배치된다는 점이었다.

바나도의 무한정한 포부는 결국 동료 선교사인 프레더릭 채링턴과의 갈등을 불러일으켰다. 이스트엔드에 사는 부유한 양조업자 가문의 상속자인 채링턴이 갑자기 선교 일에 뛰어든 계기는 이러했다. 하루는 그의 가문이 운영하는 한 술집 밖에서 웬 주정뱅이가 자기 부인을 두들겨 패는 장면을 보았다. 그 부인은 방금 술을 먹고 나온 남편에게 굶주린 아이들을 먹이는 데에 필요한 돈을 달라고 애원했을 뿐이었다. 바로 이 순간 채링턴은 금주의 대의를 받아들였고, 상속을 포기하고, 빈민을 위해서 일하기 시작했다. 그는 마일 엔드 로드를 자신의 개인 영지로 간주했다. 따라서 바나도가 그곳에 금주 카페를 열려는 의향을 발표하자, 이에 불쾌감을 느낀 채링턴은 상대방을 인격적으로 말살하려는 끈질긴 캠페인을 시작했다. 조지 레이놀즈라는 이름의 순회 전도사(얼마 전까지만 해도 기차역의 짐꾼으로 일했던 인물)의 지원을 받아서, 채링턴은 바나도에 대한 여러 가지 소문을 퍼트렸다. 바나도가 자신의 배경을 허위로 주장했고, 쉼터를 잘못 운영하며, 집주인 여자와 동침을 하고, 거짓 광고를 통해서 대중을 기만한다는 등의 이야기였다. 아울러 그는 바나도의 쉼터가 남색과 음주와 협박을 비롯한 가장 타락한 종류에 속하는 악덕의 전초지라는 암시까지 곁들였다.

바나도에게는 불운하게도, 이런 소문들의 상당수는 의심의 여지가 없는 사실이었다. 그는 애초부터 거짓말쟁이 기질이 있었기 때문에, 이런 비난 앞에서 어설픈 거짓말로 상황을 모면하려다가 문제를 더 악화시켰다. 바나도는 의사를 사칭하면서—1858년의 의료법에 따르면 이것만 해도 상당한 중죄였다—어느 독일 대학교에서 받았다는 졸업장을 제시했는데, 이것은 누가 보더라도 단박에 어설픈 위조품인 것을 알 수 있었다. 알고 보니 그가 구했다는 아이들의 이전과 이후 사진들의 상당수도 조작된 것이었고, 아이들을 실제보다도 훨씬 더 빈곤해 보이도록 조작한 상태에서 촬영한 것이었다. 특히 이런 조작 사진들 가운데 상당수는 아이들에게 인위적으로 찢어놓은 옷을 입혀서 맨살을 많이 드러내게 했는데, 이쯤 되자 그것도 근본적으로 호색적인 관심에 호소하려는 의향이었던 것으로 해석되기에 이르렀다. 바나도의 가장 충실한 지지자들도 결국 등을 돌렸다. 그의 성격과 정직성에 대한 문제와는 별개로, 그의 개인 부채 수준을 우려하는 사람들도 많았다. 플리머스 형제단의 기본 원칙 가운데 하나는 청빈이었지만, 바나도는 선교 일을 한다는 명목하에 여기저기서 마음껏 돈을 빌리고 다녔던 것이다.

결국에 바나도는 사진 조작과 의사 사칭 혐의에 대해서 유죄를 선고받았지만, 그보다 훨씬 더 심각한 다른 범죄에 대해서는 무죄를 선고받았다. 아이러니컬하게도 바나도의 쉼터에서의 생활은, 사실상 가장 끔찍한 구빈원에서의 생활과 비교해도 그다지 더 매력적인 것이 아니었다. 입원자들은 아침 5시 30분에 기상해서 저녁 6시 30분까지 작업을 해야 했고, 식사와 기도와 약간의 공부 시간에만 짧은 휴식을 취할 수 있었다. 도망치려다가 붙잡힌 소년은 독방 처벌을 받았다. 바나도는 단순히 아이들을 받아들이기만 한 것이 아니라, "박애적인 납치"의 정신을 발휘해 거리에서 강제로 끌고 오기도 했다. 심지어 쉼터에 다른 아이들을 수용하기 위한 자리를 만들기 위해서 매년 1,500명의 아이들을 배에 태워서 캐나다로 보내버리기까지 했다.

1905년에 사망했을 무렵, 바나도는 25만 명의 아이들을 쉼터에 수용했다. 그리고 자기가 만든 조직에 무려 25만 파운드의 부채를 남겨놓았다. 그 당시로서는 정말 어마어마한 금액이었다.

III

지금까지는 가난한 집 아이들에 대해서 이야기했지만, 사실은 유복한 집 아이들에게도 나름대로 감내해야 할 고통이 있었다. 물론 그것은 굶주리고 가난한 아이들의 입장에서는 기꺼이 감내하고도 남을 만한 고통이 분명했지만, 그래도 고통은 어디까지나 고통이었다. 그런 고통은 대개 감정적 적응과 애정 없는 세상에서 살아가는 법을 배우는 것이다. 빅토리아 시대의 중상류층의 아동은 대부분 엄마 뱃속에서 나온 바로 그 시간부터 순종적이고, 충실하고, 정직하고, 근면하고, 꿋꿋하고, 감정적으로 독립적이어야 한다고 생각되었다. 유아기 이후로 자녀가 기대할 수 있는 부모의 따뜻한 손길은 가끔 한번씩 있는 악수가 전부였다. 어느 동시대인의 표현을 빌리면, 빅토리아 시대 영국의 부유한 계층의 전형적인 가정은, "어디서나 가족 관계를 상징해야 마땅한 친근하고, 인정 많고, 공감적인 교제 같은 것은 모조리 배제하는 냉랭하고, 가혹하고, 뚜렷이 비인간적인 억제의 전초지"였다.

유복한 집 아이들은 종종 인격 형성의 어려움을 견뎌야 했다. 이사벨라 비턴의 이복자매의 남편인 월리 스마일스는 자녀를 11명 두었지만, 아침 식사 때에는 10명의 몫만 차려놓았다. 식사 시간에 늦는 사람에게 불이익을 주기 위해서였다. 케임브리지 대학교의 한 학자의 딸인 그웬 래버랫이 훗날 회고한 것에 따르면, 그녀는 매일 먹는 포리지에 소금만 칠 수 있었고 부모님이 즐기는 반짝이는 설탕 덩어리는 손도 댈 수 없었으며, 맛있는 것을 먹으면 도덕적 자질에 해가 간다는 근거를 들어서 빵에 잼도 바를 수 없었다. 이와 유사한 배경을 가진 어느 동시대인은 자기네 자매가 먹은 음식에 관해서 분개한 듯한 어조로 이렇게 썼다. "우리는 크리스마스에 오렌지를 먹었다. 마멀레이드는 한번도 본 적이 없었다."

미각 기관을 무시하는 것과 아울러 이 당시의 또다른 특색은 두려움과 공포의 인격 형성 능력에 대한 기묘한 존경이었다. 심지어 어린 독자들을 향해서 언제라도 죽음이 너희들에게 닥칠 수 있으며, 죽음이 너희들의 엄마나 아빠나 형제자매에게 닥칠 수 있다고 미리 일러주는 내용의 책이 극도로 인기를 얻었다. 이런 책들은 항상 천국이 얼마나 멋진 곳인지를 (물론 거기에도 잼은 없을 것 같지만) 강조했다. 외관상으로는 어린이가 죽음을 두려워하지 않도록 도와준다는 명목이었지만, 이런 조기교육의 결과는 그와 정반대였다.

그런가 하면 어른에게 불순종하는 것은 어리석은데다가 결코 용서받지 못할 범죄라는 사실을 아이들에게 납득시키기 위해서 만들어진 문학 작품들도 있었다. 「폴린과 성냥의 무시무시한 이야기(The Dreadful Story of Pauline and the Matches)」는 성냥을 가지고 장난치지 말라는 어머니의 부드러운 경고를 듣지 않은 어느 소녀의 이야기이다. 그 시의 한 대목을 보자.

폴린은 그렇지만 조언을 듣지 않고,
성냥을 켜봤다네, 얼마나 멋지던지!
탁 소리 나더니만 환하게 타올랐네,
여기에 나와 있는 그림과 똑같았네
아이는 기뻐하며 뛰면서 달려갔네,
어찌나 기쁘던지 성냥도 끄지 않고.

보아라! 보라니까! 얼마나 끔찍한지
앞치마 끈에 붙은 불길이 타오르며
폴린의 앞치마와 두 팔과 머리카락
정말로 순식간에 온몸이 타버렸네

혹시 잘못 이해할 가능성을 없애기 위해서, 이 시에서는 어린 소녀가 타오르는 불길에 완전히 삼켜지는 모습을, 그 얼굴에 나타난 끔찍스러운 당혹감과 아울러서 생생하게 묘사한다. 이 시는 다음과 같이 끝난다.

온몸이 타버렸네, 아이가 입은 옷과
두 팔과 두 손이며 두 눈과 코까지도.
이제는 더 탈 것이 남지를 않았다네
바닥에 놓여 있는 진홍색 구두밖엔.
나중에 그 아래서 발견된 것이라곤
땅 위에 쌓여 있는 소복한 잿더미뿐.

「폴린과 성냥의 무시무시한 이야기」는 독일의 의사 하인리히 호프만이 쓴 일련의 시들 가운데 하나로, 원래는 자기 자녀에게 매우 신중하게 살아가도록 권장하려는 의도로 쓴 것이었다. 호프만의 책은 매우 인기가 높아서 여러 나라 언어로 번역되었다(그중 하나는 마크 트웨인이 번역했다). 그의 작품은 똑같은 패턴을 따랐다. 아이들이 차마 거부할 수 없는 유혹을 하나 제시한 다음, 그 유혹에 굴복하는 것이 얼마나 돌이킬 수 없이 고통스러운지를 보여주는 식이었다. 아동기의 활동이라면 거의 하나도 예외 없이 호프만이 휘두르는 펜 끝에서 교정(矯正)이라는 미명하에 잔인무도한 묘사의 대상이 되었다. 그의 시들 가운데 또 한 편인 「엄지손가락을 빤 꼬마의 이야기(The Story of Little Suck-a-Thumb)」에서는 콘래드라는 소년이 손가락을 빨지 말라고 꾸짖음을 당한다. 그렇게 하는 아이들에게는 키 큰 재단사라는 이름의 잔인한 괴물이 찾아올 수 있기 때문이다.

손가락 빨아대는 자그만 소년들이
무엇을 하려는지 생각도 하기 전에
재단사 날카로운 가위를 꺼내들고
소년들 손가락을 싹둑이 자른다네
잘려진 손가락은 다시는 안 생기네.

아아, 엄지손가락을 빤 소년은 어른들의 충고를 듣지 않은 까닭에, 결국 호프만의 세계에서는 처벌이 매우 신속하고 돌이킬 수 없다는 사실을 알게 된다.

문 활짝 열리면서, 그 사람 들어온다,
커다란 붉은 다리 가위 든 사람이다.
얘들아! 저것 봐라! 재단사 나타났다

엄지를 빨아대던 아이가 붙잡혔네.

싸악둑! 싹둑! 싹둑! 가위질 이어진다
콘래드 소리치네, 아야야! 아야! 아야!
싸악둑! 싹둑! 싹둑! 참으로 빠르구나
양쪽의 엄지 모두 마침내 잘라졌네.

엄마가 집에 오니 콘래드 서 있었네
서글픈 표정으로 자기 손 보여줬네.
"그럴 줄 알았단다." 엄마가 하는 말이,
"엄지를 빨아대니 재단사 다녀갔지."

더 나이 많은 아이들에게는 이런 시가 그냥 재미있게 느껴졌을지 모르지만, 더 어린 아이들에게는—애초에 저자가 의도했던 것처럼—끔찍스럽게 느껴졌을 것이다. 특히 놀란 아이들이 돌이킬 수 없이 불에 타버리거나, 또는 자기 몸의 쓸모 있던 한 부분이 달아난 곳에서 피가 펑펑 쏟아지는 생생한 묘사까지 곁들인 시였으니 말이다.

더 부유한 집 아이들은 종종 하인들의 손에, 그리고 이들의 특이한 변덕에 맡겨지곤 했다. 더비셔 주의 어느 교구목사의 아들로 태어난 미래의 커즌 경은 어린 시절에 반(半)정신병자 같은 여자 가정교사에게 몇 년 동안 고초를 겪었다. 이 가정교사는 아이를 의자에 묶어놓고, 몇 시간씩 벽장에 가두었으며, 아이의 식사 쟁반에서 디저트를 빼앗아 먹고, 아이에게 결코 저지르지 않은 죄를 고백하는 편지를 쓰게 했으며, "거짓말쟁이"나 "도둑놈" 같은 푯말—물론 아이는 이런 비난을 들을 만한 일은 전혀 하지 않았음에도 불구하고—을 아이의 목에 걸고 우스꽝스러운 겉옷을 입힌 다음에 마을을 한 바퀴 돌고 오게 했다. 이 경험이 어찌나 충격적이었던지, 아이는 훗날 어른이 될 때까지 차마 아무에게도 이 사실을 털어놓을 수가 없었다. 이 정도까지는 아니었지만 역시 당황스러웠던 것은 제6대 뷰챔프 백작의 경험인데, 그는 종교적 광신자였던 어느 여자 가정교사의 손아귀에 붙잡혀 있었다. 그녀는 주일마다 아이에게 일곱 번씩 예배를 드리게 했으며, 그 사이마다 하느님의 선하심에 대한 에세이를 쓰게 했다.

상당수의 사람들에게는 이와 같은 유년 초기의 시련이 공립학교 생활의 스트레스를 대비하는 가벼운 준비운동이라고 할 만했다. 19세기의 영국 공립학교만큼 고난을 기꺼이 받아들인 장소는 또 없었을 것이다. 학교에 도착하는 바로 그 순간부터 입학생들은 찬물 목욕, 빈번한 매질, 식사—그다지 식욕을 돋운다고는 말할 수 없는—금지 등의 가혹한 대우를 당했다. 옥스퍼드 인근의 래들리 칼리지에 다니던 남학생들은 어찌나 만성적인 굶주림에 시달렸던지, 학교 정원에서 꽃 구근을 캐내서 자기 방의 촛불에 구워 먹었다. 다른 학교에서는 그런 구근조차 없어서 학생들이 그냥 초를 먹었다. 소설가 앨릭 워—역시 소설가인 에벌린 워의 형—은 펀덴이라는 예비학교에 다녔는데, 이곳은 아마도 사디즘의 이상에 전적으로 충실했던 학교인 모양이다. 도착 첫날부터 그는 손톱 깨무는 버릇을 방지하기 위해서 황산 용액이 담긴 통에 손가락을 집어넣어야 했다. 곧이어 그는 세몰리나 푸딩 그릇에 담긴 내용물을 모두 먹어 치우라는 명령을 받았는데, 문제의 그릇에는 방금 전에 그가 토한 내용물이 고스란히 담겨 있었다. 충분히 이해할 만하게도, 이때의 경험 덕분에 그는 남은 평생 세몰리나 푸딩을 거들떠보지도 않게 되었다.

사립학교의 생활환경 역시 항상 가혹했다. 19세기의 학교 기숙사를 보여주는 삽화를 보면 형무소나 구빈원의 유사한 공간과 그다지 구분이 가지 않는다. 기숙사는 어찌나 추운지 주전자와 그릇에 담아놓은 물이 밤새 얼어버렸다. 침대는 기껏해야 판자때기에 불과했으며, 따뜻함이나 푹신함을 느낄 만한 침구는 고사하고 기껏해야 거친 이불 두어 장뿐이었다. 웨스트민스터와 이튼에서는 매일 밤마다 50명의 학생을 커다란 홀에 한꺼번에 집어넣고 다음 날 아침까지 교사가 감독조차 하지 않았기 때문에, 그중에서 가장 약한 학생은 가장 강한 학생의 밥이 될 수밖에 없었다. 하급생은 종종 한밤중에 자다 말고 일어나야 했다. 아침 식사 전까지 해치워야 하는 구두 닦기, 물 길어오기 같은 갖가지 잡일을 그때부터 시작해야 했기 때문이다. 그러니 루이스 캐럴이 훗날 자기 학창 시절을 회고하며, 세상에 무슨 일이 있어도 두번 다시는 그때와 같은 경험을 하고 싶지 않다고 단언했던 것도 이상한 일은 아니다.

상당수의 소년들은 매일 한 번씩 매질을 당했고, 심지어 하루에 두 번씩도 당했다. 매질을 당하지 않는 것은 축하할 만한 이유가 되었다. "이번 주에는 산수를 잘해서 회초리를 한 대도 안 맞았습니다." 1800년대 초에 윈체스터 재학생이던 한 소년은 집에 보낸 편지에서 이렇게 자랑스레 적었다. 매질은 자작나무 회초리로 3대에서 6대씩 맞는 것이 일반적이었지만, 때로는 이보다 더 엄청난 폭력이 자행되기도 했다. 1682년에 이튼의 어느 교장은 매질을 하다가 학생 하나를 죽이고 나서 결국 사임해야 했다. 학생들 중에서는 매질을 당할 때마다 들리는 바람 가르는 소리와 느끼는 아픔을 오히려 애호하게 된 사람들이 놀랄 만큼 많았다. 어찌나 많았던지 나중에는 성적 즐거움을 위해서 채찍질을 당하는 것을 가리켜서 "르 비세 앙글레스(le vice anglais, 영국인의 악덕)"라고 부를 정도였다. 19세기의 영국 수상들 가운데 두 사람―멜버른과 글래드스턴―은 매질 당하는 것을 좋아하는 변태적인 성향을 가지고 있었으며, 코벤트 가든에서는 성행위와 매질을 함께 제공하는 것으로 유명한 콜릿 여사의 유곽이 성업 중이었다.

다른 무엇보다도 자녀는 부모가 시키는 대로 해야 한다는, 성년이 되고 나서도 한참 동안 그래야 한다는 기대가 팽배해 있었다. 부모는 자녀의 결혼 상대, 직업, 생활방식, 정치 성향, 복장, 그리고 여타의 모든 중요한 문제들에 대한 선택권을 가지고 있다고 자처했으며, 혹시 자녀가 명령을 거부할 경우에는 경제적 폭력을 행사하는 경우가 종종 있었다. 사회개혁가인 헨리 메이휴는 변호사가 되라는 아버지의 지시에 순응하지 않았기 때문에 절연당했다. 그의 일곱 형제 가운데 위의 여섯이 마찬가지 방식으로 차례차례 절연당했다. 결국 변호사가 되기를 열렬히 바랐던 (또는 재산 물려받기를 열렬히 바랐던) 막내아들만이 아버지의 바람대로 변호사가 되어서 재산을 모두 물려받았다. 시인 엘리자베스 배럿은 부모의 뜻을 거스르고 결혼을 했다가 절연당했다. 그녀의 남편이 된 로버트 브라우닝은 땡전 한 푼 없는 시인일 뿐만 아니라—배럿의 부모가 보기에는 끔찍스럽게도—여관집 손자였기 때문이다. 앨리스 로버츠가 부모에게 절연당한 까닭도 이와 유사했는데, 딸이 고른 결혼 상대가 하필이면 로마 가톨릭 피아노 조율사의 아들인 가난뱅이였기 때문이다. 그러나 로버츠 양의 부모로서는 천만다행히도 문제의 가난뱅이 청년이 훗날 저명한 작곡가가 된 에드워드 엘가였다. 어쨌거나 로버츠 양은 남편 덕분에 부자가 되었다.

때로는 사소한 이유 때문에 절연이 벌어지기도 했다. 제2대 타운센드 경은 아들의 나약함 때문에 오랫동안 짜증을 품고 있었다. 그러던 어느 날, 구두에 분홍 리본을 달고 방에 들어와서 돌아다니는 아들의 모습을 본 아버지는 결국 이 불운한 청년의 이름을 유언장에서 빼버렸다. "오만한 공작"이라는 별명을 가진 제6대 서머싯 공작의 유명한 사례도 있다. 그는 항상 딸들에게 자기 면전에서는 서 있으라고 명령했는데, 하루는 낮잠을 자고 일어나보니 딸 하나가 괘씸하게도 자리에 앉아 있는 모습을 발견하고는 격분한 나머지 절연했다고 한다.

종종 충격적이었던—그리고 실제로 낙담스러웠던—사실은 부모가 단순히 돈만이 아니라 애정마저도 삽시간에 거두어들일 수 있었다는 점이었다. 엘리자베스 배럿은 아버지와 정말로 끈끈한 사이였지만, 그녀가 로버트 브라우닝과 결혼하겠다는 의사를 표시하자마자 배럿 씨는 곧바로 딸과의 모든 접촉을 끊어버렸다. 딸이 재능 있고 버젓한 남자와 깊은 사랑으로 맺어진 것이 사실이었지만, 배럿 씨는 이후로 두번 다시 딸에게 말도 걸지 않았고 편지도 쓰지 않았다. 빅토리아 시대의 부모자식 관계라는 신비로운 세계에서는 애정이나 행복에 대한 고려보다 순종이 우선이었으며, 최소한 제1차 세계대전 때까지 대부분의 부유한 가정에서는 이런 기묘하고 고통스러운 확신이 여전히 사실로 남아 있었다.

그리하여 외관상으로는 빅토리아 시대 사람들이 아동기를 발명했다기보다는 오히려 **폐지했다**고 보는 것이 맞을 것 같다. 그러나 실제로는 이보다 훨씬 더 상황이 복잡했다. 자녀가 어릴 때에 애정을 쏟지 않았을 뿐만 아니라, 자녀가 성인이 되고 나서도 일거수일투족을 통제하려고 듦으로써, 빅토리아 시대의 사람들은 유년기를 억압하는 **동시에** 유년기를 영원히 지속되게 만드는 아주 기묘한 상황이었다. 빅토리아 시대 말기에 이르러서 때마침 정신 분석이 창안된 것도 결코 이상한 일은 아닌 셈이다.

부모의 명령을 거역한다는 것은 너무 용납되기 어려운 일이었기 때문에, 대부분의 자녀들은 심지어 어른이 되고 나서도 차마 그렇게 할 엄두를 내지 못했다. 이를 보여주는 완벽한 사례는 바로 찰스 다윈이다. 젊은 시절에 다윈은 영국 해군 소속 비글 호의 원정에 동행할 기회를 얻었다. 그는 우선 아버지에게 보낸 감동적인 편지에서 이 원정에 따라나서고 싶은 이유와 열망을 자세히 설명한 다음, 그래도 혹시 아버지께서 약간이라도 "불편한" 느낌이 드신다면 곧바로 지원을 취소할 터이니 걱정하지 마시라고 애써 납득시켰다. 다윈 씨는 이 문제를 곰곰이 생각해본 끝에, **실제로** 불편한 느낌이 든다고 답장했다. 그러자 찰스는 일언반구의 항변도 없이 지원을 취소해버렸다. 찰스 다윈이 비글 호 원정에 나서지 않을 뻔했다니, 정말이지 지금으로서는 상상도 못할 일이다. 반면 다윈에게는 아버지의 뜻을 거스른다는 것이 상상도 못할 일이었으리라.

물론 모두들 아시다시피 다윈은 결국 원정을 다녀왔는데, 그의 아버지가 마음을 바꾸게 된 이유 중 많은 부분은 당시 상류층 사람들 가운데 상당수의 삶에서 벌어지는 기묘하지만 중대한 요인과 관련이 있었다. 그 요인은 바로 근친결혼이었다. 19세기에만 해도 사촌끼리 결혼하는 일은 놀랄 만큼 흔했으며, 다윈 가문과 그 이종사촌인 웨지우드 가문(도자기 생산으로 유명하다) 사이의 통혼이 이를 잘 보여주는 사례이다. 찰스는 이종사촌 누나인 에마 웨지우드와 결혼함으로써, 평소 존경하던 조사이어 이모부의 사위가 되었다. 다윈의 친누나 캐롤라인은 역시 이종사촌 오빠인 조사이어 웨지우드 3세와 결혼했다. 조사이어는 에마의 친오빠인 동시에 다윈의 이종사촌 형이었다. 에마의 또다른 오빠 헨리는 다윈 가문은 아니지만 웨지우드 가문의 또다른 사촌과 결혼했다. 마지막으로 찰스 랭턴은 양쪽 가문과 원래 아무런 혈연 관계가 아니었지만, 처음에는 다윈의 이종사촌 누나이며 조사이어 이모부의 딸인 샬럿 웨지우드와 결혼했다가, 샬럿이 사망한 후에는 다윈의 친동생인 에밀리와 재혼했다. 그리하여 랭턴은 졸지에 처가의 사돈의 남편이 되었으며, 그가 초혼과 재혼에서 얻은 자녀들은 졸지에 친형제자매이면서 이종사촌이 될 가능성이 생겼다. 한마디로 이 사촌들이 낳은 다음 세대의 조카와 조카딸들 사이에서는 촌수 계산이 상당히 복잡하게 되리라는 뜻이다.

　약간은 의외일지도 모르겠지만, 이 복잡한 결혼의 결과로 탄생한 것은 19세기를 통틀어서 가장 행복한 가문들 가운데 하나였다. 다윈 가문과 웨지우드 가문 사람들은 거의 모두가 서로를 진심으로 아끼고 사랑했던 모양이다. 이는 후세의 우리를 위해서도 참으로 다행스러운 일이었던 것이, 다윈의 아버지가 아들의 비글 호 원정 지원에 대해서 걱정했던 반면, 다윈의 이모부인 조사이어는 조카를 위해서 매형 로버트를 설득했던 것이다. 그리하여 로버트 역시 처남 조사이어를 향한 존중과 애정 때문에 결국 마음을 바꾸었다.

결국 찰스 다윈이 이후 5년 동안 바다 여행을 할 수 있었던 것, 그리하여 세계를 변화시키게 될 사실들을 수집할 수 있었던 것은 모두 그의 이모부 덕분이며, 또한 가문 내에서 유전자를 교환하는 근친결혼의 전통 덕분이라고 할 수 있을 것이다. 약간 의외일지도 모르겠지만, 바로 이 대목에서 우리는 이 집의 맨 꼭대기, 즉 우리가 지나갈 마지막 장소로 향하게 된다.

· 제19장 ·

다락

I

참으로 많은 일들이 벌어진 1851년 여름, 그러니까 런던에서는 대박람회에 군중이 모여들고, 노퍽 주에서는 새로 지은 목사관에 토머스 마셤 씨가 입주하던 무렵, 찰스 다윈은 지난 8년간 몰두해온 조개삿갓의 생태와 습성에 관한 연구의 결과인 두툼한 원고를 출판사에 넘겼다. 『화석 조개삿갓, 또는 영국의 육경성(肉莖性) 만각류에 관한 모노그래프(*A Monograph of the Fossil Lepadidae, or, Pedunculated Cirripedes of Great Britain*)』라는 제목만 보면 그다지 재미있어 보이지는 않는, 그리고 실제로도 재미있지는 않은 책이었다. 그러나 덕분에 그는 박물학자로서 명성을 얻게 되었고, 어느 전기 작가의 말을 빌리면, "때가 무르익었을 때 변이성과 변형에 관해서 말할 수 있는 권위를" 얻게 되었다. 다시 말해서 진화론을 말할 수 있는 권위를 얻게되었다는 뜻이다. 주목할 만한 사실은 다윈의 조개삿갓 연구가 여기서 끝나지는 않았다는 점이다. 이로부터 3년 뒤, 그는 684쪽에 달하는 고착성 만각류에 관한 연구서, 그리고 첫 저서에서 미처 언급되지 못한 조개삿갓 화석에 관한 더 얇은 자매편 저서를 펴냈다. "이제 나는 세상 그 누구보다도 더 조개삿갓을 싫어하는 사람이 되고 말았다." 그는 이 책의 결론에서 이렇게 말했는데, 무슨 뜻인지 충분히 이해하고도 남는 말이다.

『화석 조개삿갓』은 결코 많이 팔린 책은 아니었지만, 1851년에 영국에서 나온 또다른 책에 비하면 그나마 나은 편에 속했다. 그 기묘하고 신비스럽게 산만하기 짝이 없는 우화는 포경업을 소재로 했으며, 그래서 제목도 그냥 『고래(The Whale)』였다. 그 당시에 전 세계에서 포경으로 인해서 고래가 멸종 위기까지 몰렸기 때문에 이것은 시기적절한 책이었다. 그러나 비평가와 책을 구매하는 대중 모두는 이 책에 열광하지도 않았고, 심지어 이 책을 이해하지도 못했다. 지나치게 문장이 치밀하고 혼란스럽고, 내적 성찰과 딱딱한 사실들이 너무 많이 들어 있었다. 한 달 뒤에 이 소설은 미국에서 다른 제목으로 출간되었다. 바로 『모비 딕(Moby-Dick)』이었다. 물론 결과는 더 나을 것도 없었다. 그 저자인 당시 서른두 살의 허먼 멜빌은 2년 전에 바다 모험을 그린 『타이피(Typee)』와 『오무(Omoo)』라는 소설로 큰 성공을 거두었기 때문에 이 소설의 실패는 상당히 놀라운 일이었다. 그러나 『모비 딕』은 그의 생전에는 결코 인기를 끌지 못했다. 그가 쓴 다른 작품들도 사정은 마찬가지였다. 멜빌은 1891년에 세간에서 잊혀진 채로 사망했다. 그의 마지막 작품 『빌리 버드(Billy Budd)』는 그의 사후 30년이 넘도록 출판사를 찾지 못했다.

마섬 씨가 『모비 딕』이나 『화석 조개삿갓』에 관해서 알았을 가능성은 없어 보이지만, 이 두 권의 책은 당시 사상계에 불어닥친 근본적인 변화를 반영하는 것이었다. 그 변화란 식별 가능한 사실을 마지막 하나까지 찾아낸 다음, 그 결과를 책으로 간행해서 영속적인 인정을 받게 하는 것이었다. 과학적 소질이 있는 신사들 사이에서는 현장 연구가 유행했다. 어떤 사람은 지질학과 자연과학 쪽으로 진출했다. 다른 사람은 골동품 연구 쪽으로 진출했다. 그중에서도 가장 모험심이 강한 사람들은 가정의 안락함과 심지어 인생의 여러 해를 희생해가면서 세계의 가장 먼 구석구석을 탐험했다. 1834년에 이르러서 고안된 신조어로 표현하면, 이들은 결국 '과학자

(scientist)'가 되었던 셈이다.

이들의 호기심과 헌신은 정말이지 지칠 줄을 몰랐다. 이들에게는 너무 멀거나 너무 불편한 장소도 없었고, 고려할 만한 가치가 없는 대상도 없었다. 이때는 식물 사냥꾼인 로버트 포천이 중국인으로 변장하고 중국 전역을 돌아다니며 차의 재배와 가공에 관한 정보를 수집한 시기였으며, 데이비드 리빙스턴이 잠베지 강을 거슬러올라가 아프리카의 오지 중에서도 오지로 들어갔던 시기였고, 식물학 분야의 모험가들이 남북 아메리카의 내륙을 이 잡듯이 뒤지며 흥미롭고 새로운 표본을 찾아다니던 시기였으며, 당시 스물두 살에 불과한 찰스 다윈이 박물학자가 되어서 장차 누구도 상상하지 못했던 방식으로 자신의, 그리고 우리의 삶을 바꿔놓을 기념비적인 항해를 떠났던 시기였다.

다윈은 그 5년 동안 본 것들에 대해서 거의 하나도 빠짐없이 주의를 기울였다. 그는 많은 사실들을 기록했고, 많은 표본들을 입수했기 때문에, 조개삿갓 하나에 대한 연구조차도 무려 10년 반이 걸려서야 간신히 마무리할 수 있었다. 다른 무엇보다도 그는 수백 개의 새로운 식물 종을 수집했으며, 여러 중요한 화석을 찾아내고 지질학적 발견을 이루었으며, 환초(環礁)의 형성에 관해서 널리 인정받은 가설을 발전시켰고, 생명에 관한 혁명적인 이론을 만드는 데에 필수적인 자료와 통찰을 얻었다. 여차 하면 아버지의 바람대로 마섬 씨와 비슷한 시골 교구목사가 될 뻔한 젊은이―물론 다윈은 그런 미래를 끔찍스러워했다―의 경력으로는 그다지 나쁜 편이 아니었다.

비글 호의 아이러니 가운데 하나는 로버트 피츠로이 선장이 다윈을 동행자로 선택한 이유가 바로 그의 신학적인 배경 때문이었다는 점이다. 선장은 이 동행자가 원정 중에 성서의 역사 해석을 지지하는 증거를 찾아내기를 기대했다. 조사이어 웨지우드 역시 매형인 로버트 다윈에게 찰스를 원정에 보내라고 설득하는 과정에서 다음과 같이 강조했다. "박물학 연구는……성직자와도 잘 어울리는 일"이라고 말이다. 그러나 다윈은 이 세계를 더 많이 돌아보면 돌아볼수록, 지구의 역사와 역학은 전통적인 사고방식에서 허락되는 것 이상으로 길고 복잡하다는 사실을 더 굳게 확신하게 되었다. 예를 들면, 그의 환초 이론만 해도 성서의 연대보다 훨씬 더 오랜 시간을 가정한 까닭에 신앙이 독실하면서도 격한 성품의 피츠로이 선장을 분노하게 만들었다.

물론 결국에 다윈은 이론을 하나 실제로 만들었는데—흔히 말하듯이 적자생존, 또는 그의 말처럼 변위를 수반한 세습의 이론—이 이론은 신의 간섭이 굳이 필요하지 않은 방식을 택해서 생물의 놀라운 복잡성을 설명했다. 원정을 다녀오고 6년 뒤인 1842년에 그는 이 이론의 주요 요소를 개괄하는 230쪽짜리 요약문을 썼다. 그리고 그는 한 가지 이례적인 일을 했다. 그 원고를 책상 서랍에 넣고 잠가두었던 것이다. 이 원고는 이후 16년 동안 그 자리에 있었다. 그는 이것이 공개 논의에 회부하기에는 지나치게 민감한 주제라고 생각했기 때문이다.

그러나 다윈이 등장하기 훨씬 전부터 사람들은 이미 정통파의 믿음과는 어울리지 않는 사실들을 발견하는 중이었다. 그러한 최초의 사실 하나는 이 오래된 목사관에서 길을 따라 몇 마일쯤 간 곳에 있는 혹스니 마을에서 발견되었다. 1790년대 말에 부유한 지주이자 골동품 연구가 존 프리어는 어느 땅굴에서 부싯돌 도구와 오래 전에 멸종된 동물의 뼈가 나란히 묻혀 있는 것을 발견했는데, 그때까지 이 두 가지의 공존은 결코 일어난 적이 없었다고 인식되어 있었다. 런던의 골동품협회에 보낸 편지에서 그는 그 도구가 "금속을 사용하지 않은" 사람들이 만든 것이며, "우리는 그들이 아주 먼 시대의 사람이라고 간주하고 싶은 마음을 느낄 수도 있다"고 보고했다. 이것은 그 당시로서는 상당히 날카로운 통찰이었다. 아니, 지나치게 날카로운 통찰이었기 때문에 거의 완전히 잊혀지고 말았다. 즉 협회의 회장은 "신기하고 매우 흥미로운 정보"를 보내줘서 고맙다는 답장을 했지만, 이후 40년 동안이나 이 문제에 대해서 아무런 논의도 없었다.[*]

그러나 나중에는 다른 사람들도 이상할 정도로 서로 가깝게 묻혀 있는 도구와 오래된 뼈를 발견하기 시작했다. 예를 들면 데번 주 토케이 인근의 한 동굴에서 가톨릭 사제이자 아마추어 고고학자인 존 매케너리 신부가 발굴한 증거를 보면, 한때 인간이 매머드와 다른 멸종 동물을 사냥했다는 것이 논란의 여지 없이 확실했다. 그러나 맥너리는 이런 생각이 너무 터무니없는데다가 성서의 가르침과도 맞지 않는다는 생각에, 이 발견을 그냥 혼자만 알고 세상에 공개하지 않았다. 곧이어 프랑스의 세관원 자크 부셰르 드 페르트가 솜의 평야에서 나란히 묻힌 뼈와 도구를 발견하고, 상당히 길고 영향력 있는 저서 『켈트와 대홍수 이전의 유물(*Celtic and Antediluvian Antiquities*)』을 펴내서 국제적인 주목을 받았다. 거의 동시에 영국의 교장인 윌리엄 펜젤리는 맥너리의 동굴을 다시 조사하고 인근 브릭 섬에 있는 또 다른 동굴까지 조사한 다음, 맥너리가 너무 괴로운 나머지 아무에게도 말하지 않았던 발견을 비로소 세상에 공개했다. 그리하여 19세기 중반에 이르자 지구에는 단순히 수많은 역사(history)만 있는 것이 아니라, 이른바 선사(prehistory)도 있다는 사실이 점점 더 분명해졌다. '선사'라는 단어는 1871년에서야 고안되었다. 너무 혁신적인 생각이다 보니 그것을 표현할 단어조차도 없었던 셈이다.

그러다가 1858년 초여름에 아시아에서 앨프리드 러셀 월리스가 다윈의 무릎 위에 폭탄을 하나 떨어뜨리는 그 유명한 사건이 벌어졌다. 그는 「원래의 유형으로부터 무한정 이탈하는 변화의 경향에 관하여(*On the Tendency of Varieties to Depart Indefinitely from the Original Type*)」라는 논문의 초고를 보내

---

[*] 그로부터 100년 뒤에야 이 발견의 중요성이 확인됨으로써, 그 유물이 비롯된 지질학적 시기는 혹스니기(Hoxnian)라고 명명되었다. 바로 프리어가 그것을 발견한 장소인 혹스니의 이름을 딴 명칭이었다.

왔다. 다윈이 이미 떠올렸던 그 이론에, 월리스는 아무것도 모른 상태에서 독자적인 길을 따라서 도달했던 것이다. "이보다 더 충격적인 우연의 일치는 한번도 본 적이 없었다." 다윈의 말이다. "1842년에 내가 쓴 원고 요약본을 만약 월리스가 미리 보았더라면, 그는 결코 이처럼 더 훌륭한 요약문을 쓰지 못했을 것이다."

규약에 따르면 이런 경우에는 다윈이 옆으로 물러서고 월리스에게 이 이론의 창안에 대한 공을 모두 돌리는 것이 옳았을 것이다. 그러나 다윈은 이런 고귀한 행동을 할 수가 없었다. 그 이론은 그에게 너무 많은 의미가 있었기 때문이다. 상황을 더 복잡하게 만든 요인은 이제 겨우 태어난 지 18개월 된 그의 아들 찰스가 성홍열로 심하게 아팠다는 점이다. 그럼에도 불구하고 다윈은 짬을 내어 과학계의 가장 저명한 친구들에게 편지를 써서 보내면서, 이 문제를 해결할 대책을 생각해달라고 부탁했다. 조지프 후커와 찰스 라이엘은 런던의 린네 학회에서 다윈과 월리스의 논문 모두에 대한 요약문을 발표하겠다고, 그리하여 새로운 이론에 대한 공동 선취권을 양쪽 모두에게 부여하겠다고 답해왔다. 1858년 7월 1일, 이들은 말한 바를 그대로 실천에 옮겼다. 저 멀리 아시아에 있던 월리스는 이런 음모에 관해서 전혀 몰랐다. 다윈은 학회 모임에 참석하지 못했다. 이날 그들 부부는 사랑하는 아들을 땅속에 묻어야 했기 때문이다.

다윈은 곧바로 자신의 초고를 단행본 분량의 책으로 확장하는 일에 뛰어들었고, 1859년 11월에 『자연선택의 방법에 의한 종의 기원, 또는 생존투쟁에서 혜택을 받은 종의 보존에 관하여(*On the Origin of Species by Means of Natural Selection, or the Preservation of Favoured Races in the Struggle for Life*)』를 간행했다. 이 책은 곧바로 베스트셀러가 되었다. 그 당시에 다윈의 이론 때문에 지성계가 얼마나 요동을 쳤는지, 이 주장이 틀렸으면 하고 간절히 바란 사람들이 얼마나 많았는지는 오늘날 정말 상상이 불가능할 정도이다. 다윈 자신은 이 책을 쓴 경험이 "살인죄를 자백하는 것"과도 같았다고 한 친구에게 말했다.

상당수의 독실한 기독교인들은 이 새로운 생각이 가리키는 것처럼 지구가 오래되었다는, 또한 우연에 의해서 활기를 띤다는 사실을 받아들일 수 없어했다. 저명한 박물학자 필립 헨리 고스는 절망적인 마음에 이른바 "기시착오론(記時錯誤論)"이라는 일종의 대안 이론을 만들었다. 즉 지구는 실제로 오래된 것이 아니라 단지 오래된 것처럼 보일 뿐이며, 이는 과학적 호기심이 풍부한 사람들에게 뭔가 생각할 거리를 선물하려는 하느님의 뜻에 불과하다는 주장이었다. 심지어 화석이라는 것조차도 하느님께서 가득이나 바쁜 창조의 과정에서 바위 사이에 심어놓으신 것뿐이라고 주장했다.

그러나 교양 있는 사람들은 점차 이 세계가 성서에서 말하는 것보다 더 오래된 것은 물론이고, 심지어 훨씬 더 복잡하고 불완전하고 혼란스럽기까지 하다는 사실을 받아들였다. 자연히 이 모든 사실들은 마셤 씨 같은 성직자들이 기대고 있던 확실한 근거를 잠식해 들어갔다. 그들의 명성에는 이제 종말의 시작이 다가온 셈이었다.

보물 발굴을 향한 열성이 지나친 까닭이었는지, 이 새로운 종류의 연구자들은 심지어 어마어마한 손실 몇 가지를 끼치기도 했다. 당시의 어느 관찰자의 말을 빌리면, "마치 감자처럼" 유물을 흙 속에서 마구 파냈던 것이다. 노퍽 주에서는 새로 결성된—마셤 씨가 우리 교구를 담당하기 바로 직전이었다—노퍽 앤드 노리치 고고학협회의 회원들이 100여 개의 고분을 완전히 파헤쳐놓았다. 그 지역의 전체 고분들의 상당수를 함부로 건드렸으면서도—후세 학자들로서는 통탄할 만하게도—과연 거기서 발견된 유물이 무엇이었는지는 물론이고, 과연 그 고분이 어떻게 배열되었는지에 관해서는 아무런 기록도 남기지 않았다.

영국인이 자신의 과거를 발견하려고 할 때마다 그 증거들 가운데 상당수를 이와 유사하게 파손하고 만다는 사실을 생각해보면, 이토록 분명하고 고통스러운 아이러니는 또 없을 것이다. 이런 새로운 종류의 욕심 많은 수집가들 중에서도 전형적인 인물로는 더럼 대성당의 참사회원이었던 윌리엄 그린웰(1820-1918)을 들 수 있다. 그는 이미 앞에서 살펴본 것과 같이 송어 낚시용 미끼인 '그린웰의 영광'을 발명함으로써 격찬을 (물론 어디까지나 그런 물건을 격찬할 만한 사람들 사이에서) 받은 인물이다. 긴 경력 동안 그린웰은 어느 역사가의 말처럼 "선물로 받거나, 직접 구입하거나, 심지어 중죄를 지어가면서" 수집한 유물들로 이루어진 비범한 컬렉션을 보유하고 있었다. 그는 잉글랜드 전역에 흩어져 있는 443개소의 고분을 단독으로 발굴했다. (물론 "게걸스레 삼켜버렸다"는 표현이 더 잘 어울리겠지만.) 그의 방법은 상당히 예리한 데가 있었지만, 동시에 무모했다고도 할 수 있겠다. 그는 아무런 메모나 기록을 해두지 않았기 때문에, 어떤 유물이 어디에서 나온 것인지를 알 수 없는 경우가 종종 있었다.

이를 보상하는 그린웰의 한 가지 미덕은 오거스터스 헨리 레인 폭스 피트 리버스라는 휘황찬란한 이름을 가진 인물에게 고고학의 매력을 전염시켰다는 데에 있었다. 피트 리버스는 두 가지 면에서 특히 기억할 만한 인물이다. 초창기의 고고학자들 중에서도 가장 중요한 인물들 가운데 한 사람이기 때문이고, 또 한편 모든 인간들 중에서도 가장 비열한 작자들 가운데 한 사람이기 때문이다. 이 책에서도 이미 그에 관한 일화를 잠깐 살펴본 적이 있다. 즉 그는 자신과 마찬가지로 부인도 화장되어야 한다고 주장했던 만만찮은 인물이었다. ("젠장, 이 여편네야, 당신도 '태워버릴' 거라니까." 그는 종종 입버릇처럼 이렇게 말했다.) 그의 가문에서는 상당히 흥미로운 사람들이 많이 배출되었는데, 그중 일부는 우리도 이미 앞에서 만나봤다. 그의 대고모들 가운데 두 분은 그야말로 폭죽이라는 표현이 딱 어울릴 만한 인물이었다. 그중 한 사람인 피넬러피는 클론멜의 리고니어 자작과 결혼했다. 앞에서 설명한 것처럼, 이탈리아의 어느 백작과 바람을 피우다가 결국 자기 종복과 함께 달아났다는 자작부인이 바로 그녀였다. 또 한 사람은 피터 벡퍼드라는 사람과 결혼하자마자 남편의 사촌인 윌리엄, 그러니까 폰트힐 애비의 소유주와 눈이 맞아버렸다. 이 피트 가문의 두 여자는 제1대 리버스 남작 조지 피트의 딸들이었다. 지금 우리가 이 대목에서 언급하는 '피트 리버스'의 이름은 바로 그 선조의 이름과 작위에서 절반씩 가져온 셈이다.

오거스터스 피트 리버스는 덩치가 크고 위협적인 외모에, 격하고 불붙기 쉬운 성질을 가지고 있었다. 또한 그는 솔즈베리 인근 러시모어라는 지역에 2만 7,000에이커의 사유지를 소유하고 있는 오만한 지주이기도 했다. 언젠가 그의 부인은 크리스마스 파티를 열고 인근의 마을 사람들을 초청한 일이 있었는데, 막상 당일에 누구 하나 모습을 나타내지 않은 것을 보고 크게 상심했다. 그녀는 미처 몰랐지만, 아내의 계획을 안 남편 쪽에서 하인 한 사람을 시켜서 사유지의 문마다 자물쇠를 걸어 잠갔기 때문이었다.

그는 정말이지 갑작스럽고 터무니없이 과도한 폭력을 휘두를 수 있는 인물이었다. 정확히 무엇인지 알 수도 없는 어떤 위반 행위를 이유로 들어서 아들 하나를 쫓아냈고, 나머지 자녀들에게도 그 아들과의 접촉을 절대 금지시켰다. 그런데 딸들 가운데 하나인 앨리스가 쫓겨난 형제를 딱하게 여겨 사유지 외곽에서 만나 돈을 약간 건네주었다. 이 사실을 알게 된 피트 리버스는 집으로 돌아오던 딸을 중도에서 붙잡았고, 말채찍을 빼앗아 들고 딸을 두들겨 팼다.

피트 리버스의 주특기―일종의 취미처럼 보인다―는 나이 많은 입주자들을 내쫓는 것이었다. 언젠가 한번은 한 남자와 장애인인 아내가 있었는데, 모두 80대였다. 의지할 만한 친지도 없고, 딱히 갈 곳도 없다면서 제발 다시 한번 생각해달라고 노부부가 간청하자, 그는 퉁명스럽게 답했다. "당신의 편지를 받아보고, 당신이 힌턴을 떠나기를 얼마나 싫어하는지 알고 너무 안타까운 생각이 들었소이다. 간단히 말해서 나는 당신이 차지하고 있는 그 집을 최대한 빨리 돌려받는 것이 재산을 향한 내 의무라고 생각하고 있소이다." 노부부는 결국 곧바로 집에서 쫓겨났지만, 피트는 정작 그 집에 들어가서 살지도 않았고, 그의 전기 작가인 마크 보든의 판단에 따르면, 애초부터 들어갈 의향조차 없었다고 한다.*

여러 가지 개인적인 단점에도 불구하고, 피트 리버스는 주목할 만한 고고학자였다. 이것만큼은 분명한 사실이며, 그는 근대 고고학의 아버지라고 할 만한 인물이었다. 그는 이 분야에 체계적인 방법과 엄격성을 도입했다. 그는 도자기 파편이며 여러 가지 단편 하나하나에 꼼꼼하게 라벨을 붙였는데, 이는 그 당시에 의례적으로 하는 일이 아니었다. 고고학적 발견을 체계적인 순서로 배열하는 것—이른바 형식론이라는 절차—은 바로 그의 발명이었다. 한 가지 특이한 점은 그가 반짝이는 보물보다는 오히려 일상적인 물건들—가령 컵, 빗, 장식용 구슬 등등—에 더욱 많은 관심을 보였다는 것이다. 이런 물건들로 말하면 이전까지 대부분 가치가 낮다고 평가된 것들이었다. 그는 또한 정확성에 대한 헌신을 고고학에 도입했다. 그는 두개 측정기라는 장비를 발명했는데, 이것은 인간 두개골을 아주 정확하게 측정할 수 있는 장치였다. 사후에 그의 유물 컬렉션을 토대로 하여 설립된 것이 옥스퍼드의 그 유명한 피트 리버스 박물관이다.

피트 리버스의 엄격한 방법론에 상당 부분 힘입어, 19세기 후반의 고고학은 이제 과학에 좀더 가까워지는 한편, 단순한 보물 사냥에서는 좀더 멀어졌다. 그리고 초창기 골동품 연구가들이 자행했던 것과 같은 부주의한

---

* 피트 리버스의 장남 알렉산더는 아마도 입주자들을 괴롭히는 아버지의 성격을 고스란히 물려받은 모양이다. 한 입주자—이전까지만 해도 온화한 성품이었다—는 나이도 어린 알렉산더에게 쫓겨난 것에 분격한 나머지, 러시모어의 어느 풀밭에다가 제초제를 이용해서 "깡패 지주(BLACKGUARD LANDLORD)"라는 단어를 적어놓았다. 알렉산더는 명예훼손 소송을 걸어서 1실링의 배상금을 받아냈으며, 상대방이 소송 비용 때문에 파산에 이르렀다는 사실을 전해 듣고 희희낙락했다. 피트 리버스의 다른 자녀들 8명의 경우에는 비교적 상당히 버젓한 삶을 살아갔다. 이 가운데 조지—아버지에게 쫓겨났으며, 졸지에 누이까지 두들겨 맞게 만들었던 장본인—는 성공한 발명가가 되었으며, 특히 전기 조명에 관심을 가졌다. 그는 1881년에 파리 박람회에서 백열등을 선보여서 에디슨이나 스완의 백열등 못지않다는 평가를 받았다.

발굴 작업은 이제 옛날이야기가 되었다. 그러나 더 넓은 견지에서는 파괴가 한층 더 악화되었다고 할 수 있었다. 영국 내의 고대 유적은 사실상 모두가 개인 소유였지만, 소유주에게 그 관리를 의무화하는 법률은 전혀 없었다. 사람들이 이런 유물을 파괴했다는 이야기는 숱하게 전해진다. 일부는 이것을 성가신 물건으로 간주해서 없애버렸고, 또다른 일부는 그 희소성을 미처 깨닫지 못해서 없애버렸다. 오크니 제도의 스카라 브레이에서 멀지 않은 스테니스에서는 한 농부가 이른바 오딘의 돌이라고 불리는 선사시대의 거석(巨石)을 없앴는데, 쟁기질을 하는 데에 걸리적거린다는 이유 때문이었다. 오늘날 유명해진 스테니스 거석군도 이 농부가 파괴하려던 찰나, 깜짝 놀란 섬 주민들이 설득해서 간신히 못하게 만들었다.

심지어 스톤헨지처럼 비할 데 없는 고대 유적조차도 한동안은 노출되어서 불안정한 상황에 있었다. 방문객들이 종종 돌에다가 자기 이름을 새기거나 기념으로 한 조각씩 떼어갔기 때문이다. 한 남자는 그중 하나인 사르센석을 커다란 쇠망치로 때리다가 발각되기도 했다. 1870년대 초에 런던 앤드 사우스웨스턴 철도회사에서는 스톤헨지 유적지의 한가운데를 가로지르는 철도를 건설하겠다는 계획을 발표했다. 사람들이 이에 항의하자, 이 철도회사 간부는 스톤헨지를 가리켜서 "고칠 수도 없는 폐허인데다가, 이제는 어느 누구에게도 쓸모없는 것"이라고 도리어 반박했다.

말하자면 영국의 고대 유적지를 보호할 구세주가 간절히 필요한 상황이었다. 바로 이때 등장한 인물은, 가뜩이나 특이한 시대에 가장 특이한 인물들 가운데 한 사람이었다. 그의 이름은 존 러벅이었는데, 오늘날 그의 이름이 더 잘 알려지지 않았다는 사실이 오히려 놀라울 정도이다. 이 사람처럼 남보다 더 많은 분야에서 남보다 더 많이 유용한 일을 하고도 남보다 더 적게 명성을 남긴 인물은 또 찾아보기 힘들 것 같다.

부유한 은행가의 아들로 태어난 러벅은 켄트 주에서 찰스 다윈의 옆집에서 살았다. 그는 어린 시절에 다윈의 자녀와 함께 놀았고, 종종 다윈의 집에 드나들었다. 그는 박물학에 대한 재능을 가지고 있었으며, 그런 까닭에 그 위대한 과학자에게 귀여움을 받았다. 두 사람은 다윈의 집 서재에서 현미경을 나란히 놓고 표본들을 들여다보며 많은 시간을 보냈다. 언젠가는 우울증을 앓는 다윈이 다른 손님들은 모두 사절해도 오직 러벅만은 반겨 맞았을 정도였다.

성인이 된 러벅은 아버지의 뒤를 이어서 금융계로 진출했지만, 사실 그는 과학 쪽에 마음이 있었다. 그는 지칠 줄 모르는―비록 약간 괴짜 기질이 있기는 했지만―실험가였다. 한번은 자기가 기르던 개에게 글 읽는 법을 가르치겠다며 3개월이나 실험을 실시하기도 했다. 고고학에 대한 관심이 생기면서 그는 덴마크어를 배웠다. 그 당시에는 덴마크가 이 분야에서 전 세계를 선도했기 때문이다. 그는 특히 곤충에 관심을 가져서, 자기 집 접객실에 벌집을 놓고 길렀다. 그래야만 그놈들의 습성을 연구하기에 더 좋다는 이유에서였다. 1886년에 그는 소각류(少脚類)를 발견했다. 이놈들은 오래 전부터 집 안에 살고 있었지만, 이전까지는 사람들이 그 존재조차도 몰랐던 작은 진드기 종류의 하나였다. 이미 앞에서도 살펴보았지만, 이런 진드기들 가운데 상당수는 20세기 중반에 와서야 비로소 과학계의 주목을 받게 되었다. 그러니 무려 1886년에 그중 한 과(科)를 발견했다는 것은 대단한 업적이었고, 그것도 저녁 시간이나 주말 시간을 이용해서 과학 연구를 해야 하는 은행가가 그랬다는 것은 더욱 대단한 업적이었다. 이에 못지않게 중요한 사실은 곤충의 신경계의 변이성에 관한 그의 연구였다. 이는 변위를 수반한 세습에 관한 다윈의 생각을 뒷받침하는 데에 정말 시기적절하게 중요한 역할을 해주었다.

은행가이며 열성 곤충학자인 동시에 러벅은 고고학자로도 두각을 나타냈다. 그뿐만 아니라 그는 영국 박물관 이사, 하원의원, 런던 대학교 부총장을 역임했고 몇 권의 책을 펴내서 인기를 얻은 저술가이기도 했다. 고고학자로서 그는 "구석기시대의(palaeolithic)", "중석기시대의(mesolithic)", "신

『펀치』에 수록된 존 러벅의 캐리커처. 그는 은행 공휴일 조례와 고대 유적 보호 조례의 제정을
이끌어낸 장본인이었다.

석기시대의(neolithic)"라는 단어를 고안한 장본인인 동시에, "선사시대의(prehistoric)"라는 편리하고 새로운 단어를 사용한 최초의 인물들 가운데 한 사람이었다. 정치가이자 자유당 소속 하원의원으로서 그는 근로자의 대변자였다. 그는 상점의 점원 근무시간을 하루 10시간으로 제한하는 법률을 제정했으며, 1871년에는 은행 공휴일 조례를—사실상 단독으로—관철시켰다. 이는 종교와 무관한 유급 휴일을 근로자들에게 허락하자는 놀라울 정도로 급진적인 발상을 담고 있었다.* 이 법률의 제정이 가져온 기쁨이 어느 정도였는지는 오늘날 상상이 불가능하다. 러벅의 새로운 법률이 제정되기 전까지만 해도, 대부분의 근로자들은 1년 중에 오직 성 금요일, 크리스마스나 그 다음 날인 박싱 데이(Boxing Day) 가운데 하루—어디까지나 이틀 중 하루뿐이지, 이틀 다 쉬는 법은 없었다—그리고 일요일에만 업무에서 해방되었기 때문이다. 그런데 이제는 추가로 휴가를 얻게 되었다고—그것도 여름에 그렇다고—생각하니, 정말 참을 수 없을 정도로 흥분했던 것이다. 러벅은 당시에 잉글랜드에서 가장 인기 있는 사람이었고, 이후로 오랫동안 은행 공휴일은 "성 러벅의 날(St. Lubbock's days)"로 일컬어지게 되었다. 아마 그의 동시대인들만 해도 러벅의 이름이 언젠가는 잊혀지리라고는 꿈에도 몰랐을 것이다.

그러나 아까 우리가 하던 이야기와 관련되는 러벅의 또 한 가지 중요한 혁신이 있다. 바로 고대 유적의 보호였다. 1872년에 러벅은 월트셔 주의 어느 시골에 있는 교구목사로부터 편지를 한 통 받았는데, 내용인즉 에이브버리에 있는 커다란 바위더미, 즉 스톤헨지보다도 훨씬 더 큰 (그러나 그만큼 멋지게 배열되지는 못한) 고대의 열석(列石)이 주택 신축 공사로 인해서

---

* 그런데 "은행 공휴일(bank holiday)"이라는 이름은 어딘가 조금 기묘한 데가 있다. 러벅은 어째서 "국가 공휴일(national holiday)"이나 "근로자 공휴일(worker's holiday)" 또는 그와 유사한 다른 표현 대신에 굳이 이 표현을 사용했는지에 대해서 설명을 내놓지는 않았다. 일각에서는 그가 애초에 오직 은행 근로자를 위한 휴일만을 생각했기 때문이라고 주장하지만, 실제로 그렇지는 않았다. 애초부터 모든 근로자들을 위한 휴일을 의도한 것이었다.

철거될 예정이라는 내용이었다. 러벅은 철거 위기에 놓인 그 부지와 인근의 다른 두 군데 고대 유적지―웨스트 케네트 롱 배로와 실베리 힐(사람이 만든 거대한 둔덕으로, 같은 종류로는 유럽에서 가장 거대한 유적)―를 직접 매입했다. 그러나 점점 더 위기로 내몰리는 값진 유적지를 혼자 힘으로 모두 보호할 수는 없다는 사실이 명확해지자, 그는 역사적 보물을 보호할 수 있는 법률을 제정하기 위해서 노력했다. 상식적으로 마땅히 그래야 하는 일처럼 보일지도 모르겠지만, 러벅이 이런 야심을 성취하기까지의 과정은 결코 순탄치 않았다. 일단 벤저민 디즈레일리가 이끄는 집권 토리 당은 그런 법안이 재산권에 대한 중대한 침해라고 생각했다. 이들이 보기에, 가령 지체 높은 누군가의 사유지에 정부 관리가 마음대로 들어와서, 그 소유물을 이렇게 해라 저렇게 해라 간섭한다는 것은 정말이지 얼토당토않아 보였다. 그야말로 터무니없어 보였다. 그러나 러벅은 반대파의 공세를 꿋꿋이 버텨냈고, 윌리엄 이워트 글래드스턴이 이끄는 자유당 정부 치하인 1882년에 고대 유적 보호 조례를 하원에서 통과시켰다. 이 법률은 입법 분야에서 그야말로 '기념비적인' 사례라고 해야 마땅할 것이다.

고대 유적의 보호라는 것은 매우 민감한 이슈였기 때문에, 처음에만 해도 고대 유적 조사관은 어디까지나 해당 유적이 있는 땅의 소유주가 신뢰할 만한 사람이 되어야 마땅하다는, 그리고 소유주 자신이면 더욱 바람직하다는 합의가 있었다. 그리하여 러벅은 장차 그의 새로운 장인이 될 사람과 처음 만나게 되었다. 그 사람은 다름 아닌 오거스터스 헨리 레인 폭스 피트 리버스였다.

두 사람이 사위와 장인 관계를 맺게 되었다는 사실은 우리 못지않게 양쪽 당사자에게도 놀라운 일이었을 것이다. 일단 두 사람은 거의 비슷한 나이였기 때문이다. 사건의 시작은 1880년대 초의 어느 날, 상처한 지 얼마되지 않은 러벅이 캐슬 하워드에 갔다가, 주말을 맞아 그곳을 찾은 피트 리버스의 딸 앨리스를 만난 일이었다. 러벅은 거의 쉰 살이 다 되었고, 앨리스는 이제 겨우 열여덟 살이었다. 두 사람이 첫눈에 반하게 된 이유가 무엇이었는지는 상상이 가지 않지만, 이들은 머지않아 결혼했다. 아쉽게도 매우 행복한 결혼생활은 아니었는데, 아내가 남편이 전처에게서 낳은 자녀들 중 몇몇보다도 나이가 어렸기 때문에 일단 가족 사이의 관계가 서먹할 수밖에 없었다. 게다가 아내는 남편의 일에 대해서 거의 관심을 가지지 않았다. 그러나 아버지에게 말채찍으로 두들겨 맞는 것보다야 러벅과 함께 살아가는 편이 훨씬 더 나았음은 두말할 나위가 없었으리라.

일찍이 피트 리버스가 친딸 앨리스에게 자행한 잔인무도한 행위를 러벅이 전혀 몰랐는지 또는 알고도 그냥 모른 척하고 넘어갔는지는 누구도 단언할 수 없는 일이다. (어느 쪽이든지 가능했다는 것은 이 시대에 관해서 상당히 많은 것을 이야기해주는 셈이다.) 여하간 러벅과 피트 리버스는 매우 원만한 업무 관계를 유지했는데, 이는 두 사람이 여러 가지 면에서 공통된 관심사를 가진 탓이었음은 의심의 여지가 없다. 고대 유적 조사관으로서 피트 리버스의 권력은 그다지 대단할 것도 없었다. 그의 임무는 일단 중요한 유적들 가운데 위험에 처할 가능성이 있는 것들을 확인하고, 그 소유주가 원할 경우에는 정부의 관리하에 두겠다고 제안하는 것뿐이었다. 소유주 입장에서는 그것으로 유적의 관리 비용이 경감되는 셈이었지만 대부분은 이를 회피하려고 했다. 자기 사유지의 일부를 순순히 정부에 내놓는 사례는 이전까지 전혀 없었기 때문이다. 심지어 러벅 자신도 실베리 힐을 정부에 양도하기 전에 상당히 주저했을 정도였다. 이 법령에서는 주택, 성, 교회 건축물 등은 신중하게도 제외시켰다. 결국 남은 것은 선사시대 유적뿐이었다. 현장원에서는 피트 리버스에게 예산도 거의 배정해주지 않았고—그나마 있는 1년 예산이라고 해야 어느 고분 주위에 야트막한 울타리를 치면 절반이 날아갈 정도로 적었다—1890년에는 그의 봉급도 완전히 없앴기 때문에, 그때 이후로는 자비로 충당해야 했다. 그때 이후로도 더 많은 유적에 대한 "염탐"을 그만두라는 요청이 종종 있었다.

피트 리버스는 1900년에 사망했다. 18년 동안 그가 작성한 목록(또는 흔히 하는 말로는 "일람표")에는 겨우 43종의 유적만 기재되어 있어서, 대략 1년에 2종 꼴이었다. (오늘날 일람표로 작성된 고대 유적의 숫자는 무려 1만9,000종 이상이다.) 그러나 그는 두 가지 비할 데 없이 중요한 선례를 만드는 데에 기여했다. 하나는 고대 유물이 충분히 보호할 만한 가치가 있다는 것이었고, 또 하나는 고대 유적의 소유주는 반드시 그 유적을 보호할 의무가 있다는 것이었다. 그의 생전에 이런 정책은 항상 엄격하게 강제되지는 않았지만, 그 안에 담겨 있는 원칙만큼은 중요했으며, 나중에 가서는 다른 사람들이 추가적인 보호 조치를 취하는 데에 영향을 주었다. 1877년에는 디자이너 윌리엄 모리스가 주도하는 고대 건축물 보호협회가 설립되었고, 1895년에는 내셔널 트러스트(National Trust)가 설립되었다. 적어도 영국 내의 유적에 대해서만큼은 어느 정도 체계적인 보호가 시작되었던 셈이다.

그러나 위험은 여전했다. 스톤헨지는 여전히 사유재산으로 남아 있었으며, 그 소유주인 에드먼드 앤트로버스 경은 정부의 조언에 귀를 기울이지도 않았고, 심지어 조사관을 자기 사유지에 들여보내지도 않았다. 19세기 말부터 20세기 초 사이에 한번은 누군가가 스톤헨지를 구입해서 미국으로 보낸 다음, 서부 어딘가에 다시 세워서 관광객을 끌어들일 생각을 하고 있다는 이야기가 나오기도 했다. 만약 앤트로버스가 이런 제안을 받아들였더라도, 당시의 법률로는 이를 저지할 방도가 전혀 없었다. 게다가 이를 저지하기 위해서 앞장설 사람조차 없었다. 피트 리버스가 사망한 이후로 10년 동안이나, 고대 유적 조사관 직책은 예산 절감을 이유로 공석으로 남아 있었기 때문이다.

II

이런 일들이 벌어지던 중에 영국의 시골 풍경은 상당히 달라지고 있었다. 이런 변화를 가져온 원인은, 오늘날 기억하는 사람이 거의 없는, 그러나 영국 근대사에서는 가장 큰 경제적 재난인 한 사건이었다. 바로 1870년대의 농업 불황이었다. 이때는 10년 중 무려 7년이나 지독한 흉년을 겪었다. 그러나 농부나 지주는 과거에 종종 그랬던 것처럼, 가격을 올려서 손해를 벌충할 생각을 감히 하지 못했다. 이때는 해외 농산물과의 치열한 경쟁에 직면했기 때문이다. 특히 미국은 거대한 농업 생산 기계나 다름없었다. 맥코믹 수확기를 비롯해서 온갖 종류의 큼지막하고 덜그럭거리는 장비를 이용한 덕분에 미국의 평원은 무시무시할 정도로 생산성이 높아졌다. 1872년부터 1902년 사이에 미국의 밀 생산량은 무려 700퍼센트나 증가했다. 같은 시기에 영국의 밀 생산량은 무려 40퍼센트나 폭락했다.

가격도 마찬가지로 폭락했다. 19세기의 마지막 사반세기 동안에는 밀, 보리, 귀리, 베이컨, 돼지고기, 양고기와 새끼 양고기 모두의 가치가 대략 절반으로 줄어들었다. 양모의 가격도 무게 14파운드 한 묶음이 28실링이었던 것이 졸지에 12실링으로 떨어졌다. 소작농 수천 명이 파산 위기에 처했다. 1만 명 이상의 농부와 농촌 일꾼들이 토지를 떠나야 했다. 이후 토지는 내버려진 채로 방치되었다. 토지 대금도 제대로 지불되지 않았다. 구원의 가능성은 어디에도 없었다. 교인 명단이 줄어들면서 시골 교회는 눈에 띄게 텅 비게 되었다. 남아 있는 교인들도 그 어느 때보다 더 가난한 형편이었다. 시골 성직자에게는 결코 좋은 시절이 아니었다. 그리고 예전 같은 좋은 시절은 두번 다시 찾아오지 않았다.

농업 위기의 절정기에 자유당 치하의 영국 정부는 한 가지 야릇한 조치를 내놓았다. 이미 가뜩이나 고초를 겪고 있던 사람들, 그러면서도 현행의 이 문제가 야기된 데에는 아무런 책임도 없었던 사람들을 처벌하기 위해서 한 가지 법률을 고안한 것이었다. 그 사람들이란 바로 대지주 계층이었다. 그리고 그 세금이란 유산 상속세였다. 바야흐로 수천 명의 인생이 완전히 바뀌어버릴 찰나였다. 우리의 주인공 마셥 씨도 예외는 아니었다.

새로운 세금의 창안자는 재무장관인 윌리엄 조지 그랜빌 베너블스 버논 하코트 경이었다. 그는 생애의 어느 시점에서도 다른 사람들로부터, 심지어 가족으로부터도 사랑을 받은 적이 없었던 듯한 인물이었다. 그는 엄청나게 비만한 체구 때문에 "점보(Jumbo)"라는 별명으로 통했지만, 결코 애정이 깃든 친근한 별명은 아니었다. 하코트 자신도 지주였기 때문에, 그가 지주 계층의 박해자가 되었다는 사실은 적잖이 의외였다. 옥스퍼드셔 주에 있는 하코트 가문의 저택 누니엄 파크에 관해서는 이미 앞에서 설명했다. 기억하다시피 이곳에서는 초대 하코트 백작이 사유지를 개축하는 와중에 마을 하나를 아예 없애버렸다가, 나중에 실수로 산책 도중에 그 마을의 옛 우물에 빠져서 운명을 달리했었다. 하코트 가문은 오래 전부터 토리 당을 지지했기 때문에, 윌리엄이 졸지에 자유당에 가담한 것이 가문 내에서는 최악의 배신행위로 간주되던 참이었다. 심지어 같은 자유당원들도 하코트의 세금에 경악해 마지않았다.　당시 수상이었던 (그리고 역시 대지주였던) 로즈베리 경은, 가령 상속인 두 사람이 연이어 사망할 경우에는 뭔가 경감 조치를 적용해주어야 하지 않느냐고 의문을 제기했다. 유산 상속인이 가산을 회복할 기회조차 주지 않고 한 사유지에 연이어 두 번 상속세를 물린다는 것은 어딘가 가혹해 보였기 때문이었다. 그러나 하코트는 모든 양보 안을 거부했다.

　아마도 하코트가 장차 가문의 재산을 상속할 가능성이 전혀 없었다는 사실이 그의 원칙에 적잖은 영향을 끼쳤을 것이다. 그러던 하코트에게도 뜻밖에 유산을 **실제로** 상속할 기회가 생겼다. 1904년 봄에 그의 형의 아들이 갑자기, 그리고 후계자도 없이 사망했기 때문이다. 그러나 하코트는 이런 행운을 오래 즐기지는 못했다. 그가 불과 6개월 뒤에 사망했기 때문이다. 이는 결국 그의 상속자들이 일찍이 로즈베리 경이 지적했던 것과 똑같은 방식으로 연이어 두 번이나 상속세를 물어야 하는 최초의 피해자가 되었다는 뜻이다. 자업자득이라는 말이 이보다 더 잘 어울리는 경우가 있을까?

하코트 당시의 유산 상속세는 시가 100만 파운드 이상의 사유지에 대해서 8파운드로 정해져 있었기 때문에 비교적 낮은 편이었다. 그러나 막상 실시해보니 상당히 안정적인 세입원이었고, 이 세금을 내지 않아도 되는 수백만 명의 사람들 사이에서는 칭찬이 자자했다. 그리하여 세율이 점차 오르고 또 올라서, 제2차 세계대전 발발 직전에는 무려 60퍼센트에 달했다. 한마디로 영국 최고의 부자조차도 눈물이 맺힐 만한 수준이었던 셈이다. 그와 동시에 소득세율도 계속해서 올랐으며, 다른 여러 가지 세금들—미개발 토지세, 증분세, 부가세—도 도입되었는데 불공평하게도 이 모든 세금은 소유한 토지가 많고 상류층 억양을 가진 사람들에게만 부과되었다. 데이비드 캐너다인의 말을 빌리면, 영국의 상류 계층에게는 20세기야말로 온통 "우울에 감싸인" 시기였다.

이들 대부분은 반(半)영구적인 위기 상황에서 살아갔다. 혹시 상황이 정말로 잘못될 경우—가령 지붕을 수리해야 하거나, 막대한 세금을 내야 하는 경우—에는 상속한 동산을 매각함으로써 상황을 모면할 수 있었다. 예를 들면, 회화, 태피스트리, 보석, 서적, 도자기, 은그릇, 희귀 우표를 비롯해서 상당한 가격을 받을 만한 물건들이 영국의 시골 저택에서 쏟아져나와 박물관으로, 또는 외국인의 손으로 넘어갔다. 이 시기는 헨리 클레이 폴저가 셰익스피어의 초판 2절판을 모조리 사들일 수 있었던 시대이며, 조지 워싱턴 밴더빌트가 방 250개짜리 빌트모어 저택에 채울 보물들을 사들일 수 있었던 시대였다. 앤드루 멜런, 헨리 클레이 프릭, J. P. 모건 등이 옛 거장들의 미술품을 궤짝으로 사들일 수 있었던 시대였고, 윌리엄 랜돌프 허스트가 아무거나 막무가내로 사들일 수 있었던 시대였다.

영국의 대저택들 가운데 어느 시점에 들어서 무엇인가를 하나쯤 내놓지 않은 곳은 거의 없다시피 했다. 캐슬 하워드의 하워드 가문에서는 옛 거장들의 작품 110점과 희귀본 도서 1,000권을 내놓아야 했다. 블레넘 궁전에서는 말버러 공작부부가 루벤스의 작품 18점과 반다이크의 작품 대여섯 점을 비롯한 회화를 무더기로 팔다가, 뒤늦게 돈 많은 미국인과 결혼을 함으로써 얻을 수 있는 경제적 이익의 가능성을 떠올렸다. 어마어마하게 부자였던 해밀턴 공작은 휘황찬란한 갖가지 물건을 40만 파운드어치나 팔아치웠고, 몇 년 뒤에는 또다시 25만 파운드어치나 팔아치웠다. 많은 사람들이 보기에 런던에 있는 대형 경매장은 일종의 전당포나 다름없었다.

저택 소유주들은 벽에 걸린, 또는 마루에 놓인 물건들 중에 가치가 있는 것이라면 무엇이든지 내다 팔았고, 심지어 벽과 마루 자체를 내다 팔기도 했다. 예를 들면, 더비셔 주의 윙어워스 홀에 있던 어떤 방은 그 내부설비 그대로 세인트루이스 미술관으로 들어갔다. 저명한 조각기술자 그린링 기번스가 만든 계단은 원래 있던 하트퍼드셔 소재 캐시어베리 파크에서 뉴욕 메트로폴리탄 박물관으로 옮겨져 다시 조립되었다. 가끔은 랭커셔 주의 멋진 튜더 시대 저택인 에이지크로프트 홀처럼, 집 전체가 팔려나가기도 했다. 조각조각으로 분해되어서 숫자가 매겨진 수많은 상자에 담긴 다음, 배에 실려 버지니아 주 리치먼드로 운반되어서, 그곳에서 다시 조립되어 지금까지도 여전히 그대로 서 있다.

아주 가끔은 이런 모든 어려움에 좋은 일도 있었다. 예를 들면, 에드먼드 앤트로버스 경의 상속자는 그 영지를 차마 다 관리할 수가 없었던 까닭에, 결국 1915년에 시장에 내놓았다. 그 지역의 사업가이며 경주마 사육업자인 세실 처브 경이 스톤헨지를 6,600파운드—오늘날의 시세로 대략 30만 파운드에 달하므로 결코 적은 금액은 아니다—에 구입했고, 정말 관대하게도 이를 국가에 헌납하여 마침내 안전하게 만들어주었다.

그러나 이런 행복한 결과는 물론 예외적이었다. 수백 채의 시골 저택에서는 이런 구제가 이루어지지 않았으며, 그리하여 퇴락과 결과적인 해체라는 서글픈 운명을 맞이했다. 이러한 상실들 가운데 거의 모두는 불운하기 짝이 없었다. 일부는 스캔들 일보 직전까지 갔다. 한때 더럼 카운티에서 가장 좋은 집 중 하나였던 스트리틀럼 캐슬은 국방의용군에서 인수해서 사용했는데, 놀랍게도 포격의 '과녁'으로 써먹었다. 한때 로스차일드 가문의 소유이기도 했던, 넓고 상당히 매력적인 19세기의 저택 애스턴 클린턴의 경우, 버킹엄셔 카운티 의회에서 구입 즉시 철거하고 그 자리에 멋없는 직업 훈련 센터를 세웠다. 이처럼 시골 저택의 운명은 그야말로 바닥을 쳤기 때문에, 심지어 링컨셔 주에 있는 한 저택은 어느 영화사에서 매입하자마자 영화의 한 장면을 촬영하기 위해서 불태웠다는 일화가 전한다.

안전한 곳은 어디에도 없는 듯했다. 어떤 면에서 보나 기념비적인 건축물이었던 치즈윅 하우스도 하마터면 거의 사라질 뻔했다. 이곳은 한동안 정신병원으로 사용되다가, 1950년대에 들어서 텅 비게 되자, 철거 대상 목록에 올라갔다. 다행히 이 건물을 살리자는 주장이 나오면서 지금은 공익단체인 잉글리시 헤리티지의 안전한 보호를 받고 있다. 내셔널 트러스트 역시 20세기 내내 200여 채의 다른 주택을 구출한 바 있다. 또 일부 저택은 관광 명소로 변모했다. 물론 이런 변모가 애초부터 자연스러웠던 것은 아니었다. 사이먼 젠킨스의 말에 따르면, 한 시골 저택에서는 어느 할머니가 텔레비전에서 경마 중계가 나올 때면 방 안에 들어앉아서 꼼짝도 하지 않고 있었다. "조사 결과 이 할머니야말로 최고의 구경거리로 선정되었다." 다른 여러 대저택들은, 가령 학교로, 병원으로, 또는 다른 기관으로 변신하여 새로운 생명을 얻었다. 윌리엄 하코트 경의 누니엄 파크는 20세기의 상당 기간에 영국 공군의 훈련 센터로 사용되었다. (지금은 종교 수련장으로 사용된다.)

그러나 수백 채가 넘는 집들은 갑작스럽게 종적을 감추었다. 이런 파괴의 절정기인 1950년대에는 시골 저택이 일주일에 2채 정도의 속도로 사라졌다. 과연 이런 대저택들 가운데 몇 채가 사라졌는지 여부조차 정확히 알 수 없을 정도이다. 1974년에 런던의 빅토리아 앤드 앨버트 박물관은 "시골 저택의 파괴"라는 제목의 전시회를 열어서 격찬을 얻었다. 이전 세기에 있었던 시골 저택의 엄청난 상실을 조사한 내용이었다. 그곳의 큐레이터인 마커스 비니와 존 해리스가 조사한 바에 따르면, 모두 1,116채의 대저택이 상실되었지만 이후의 조사에 따르면 이 전시회가 끝날 무렵을 기준으로 그 숫자는 1,600채로 늘어났고, 지금은 대략 2,000채에 달하는 것으로 추정된다. 그 가운데 일부는 지금까지 지구상에 지어진 것들 가운데서 가장 멋지고, 아름답고, 놀랍고, 야심만만하고, 영향력 있고, 특히 소중한 주택이었음을 생각한다면, 그야말로 많은 숫자가 아닐 수 없다.

III

마섬 씨와 그가 살았던 한 세기가 이제 나란히 마지막을 향해서 달려갈 때의 상황은 대략 이러했다. 가정생활의 관점에서 보면, 이보다 더 흥미롭고 많은 사건들이 펼쳐졌던 시기는 또 없었다. 사생활은 19세기에 들어서면서 완전히 달라졌다. 사회적인 면으로나, 지적인 면으로나, 기술적인 면으로나, 위생적인 면으로나, 의상적인 면으로나, 성적인 면으로나, 그외의 다른 거의 모든 면에서도 마찬가지였다. 마섬 씨는 (1822년생이었으므로) 여전히 본질적으로는 중세적이던 시대에 태어났다. 예를 들면, 촛불, 의료용 거머리, 도보여행, 그리고 몇 주일 심지어 몇 달이 지나서야 멀리서 일어났던 어떤 소식을 듣게 되는 세계였다. 그리고 그는 수많은 경이들이 하나하나 도입되는 것을 직접 목격하고 세상을 떠났다. 예를 들면, 증기선과 고속 열차, 전신, 사진, 마취제, 실내 배관, 가스 조명, 의료 분야의 방부제, 냉장고, 전화, 전기 조명, 녹음된 음악, 자동차와 비행기, 마천루, 영화, 라디오, 그외에도 비누와 수동식 잔디 깎는 기계를 비롯해서 수만 가지나 되는 사소한 것들까지도.

19세기, 특히 그 후반기에 들어서 사람들이 얼마나 급격한 매일매일의 변화에 노출되었는지를 깨닫기는 오늘날에는 거의 불가능해졌다. 가령 '주말'처럼 지금은 지극히 기본적인 단어조차도 그 당시에는 상당히 새로운 것이었다. 이 단어가 영어에서 처음 기록된 것은 1879년에 『노츠 앤드 퀴어리스』의 다음과 같은 구절에서였다. "스태퍼드셔 주에서는 한 사람이 한 주일의 일을 끝내고 토요일 오후에 집을 떠나, 토요일 저녁과 다음 날인 일요일을 친구들과 함께 먼 곳에서 즐길 경우, 그 사람은 **주말**(weekend)을 보냈다고 운운한다." 심지어 그때도 주말은 단지 토요일 오후와 일요일 하루만을 의미했으며, 그것도 일부 사람들에게만 해당되었다. 1890년대에 들어서야 이 단어는 보편적으로 이해되었다. 물론 그때도 누구나 주말을 즐겼던 것은 아니었지만, 휴식할 자격은 의심의 여지없이 누구에게나 다가오는 중이었다.

이 모두에 담겨 있는 아이러니는 대부분의 사람들에게는 이 세계가 보다 바람직한 것처럼 여겨졌던 반면—가령 더 밝은 조명, 더 믿을 만한 배관, 더 많은 여가와 만족, 그리고 더 현란한 재미—마셤 씨 같은 사람들의 입장에서는 조용히 무너져내리는 것처럼 여겨졌다는 점이다. 1870년대에 시작되어서 이후로도 거의 끝도 없이 지속된 농업 위기는 부유한 지주는 물론이고, 그들에게 의존하던 시골 교구목사에게도 눈에 띄게 위협적이었다. 가문의 부가 토지와 연관된 사람들은 두 배로 더 힘들었는데, 마셤 씨도 딱 그러했다.

1900년에 교구목사의 수입은 그로부터 50년 전에 받던 것에 비하면 채 절반도 되지 않을 정도였다. 1903년에 간행된 『크록포드 성직자 명부 (Crockford's Clerical Directory)』를 보면 성직자들 가운데 "상당수"가 "부족한 생계"의 수준에서 살고 있다고 쓸쓸하게 적어놓았다. 예를 들면, F. J. 블리스비 목사라는 사람은 부목사 자리를 얻기 위해서 무려 470번이나 지원했지만 처참하게도 실패한 끝에 결국 구빈원에 들어갈 수밖에 없었다고 한다. 부유한 교구목사라는 이야기는 추억을 일깨우는, 그리고 돌이킬 수 없는 옛날 이야기에 불과했다.

한때는 시골 성직자의 생활을 편리하고 바람직하게 만들어주었던 널찍한 목사관도 이제는 대부분 단순히 넓기만 하고 비용만 많이 드는 짐이 되었다. 20세기의 성직자들의 상당수는 중산층 출신인데다가, 상당히 줄어든 수입만으로 살아가야 했기 때문에, 이처럼 넓은 부동산을 유지할 수가 없었다. 요크셔 주의 한 시골 대리목사 부인이었던 루시 버넷 여사라는 사람은 자기가 관리해야 하는 목사관이 얼마나 넓은지 모르겠다며, 1933년에 교회 위원회에 솔직하게 설명했다. "누가 부엌에서 브라스밴드를 데리고 연주해도, 거실에서는 들릴까 말까 한 정도라니까요." 실내 보수의 책임은 현직 목사의 몫이었지만, 이들 역시 점점 가난해진 까닭에 엄두를 내지 못했다. "상당수의 목사관은 20년, 30년, 심지어 50년 동안이나 아무런 실내장식 없이 유지되었다." 앨런 새비지는 1964년에 목사관의 역사에서 이렇게 적었다.

교회의 입장에서 가장 간단한 해결책은 골치 아픈 목사관을 모조리 팔아치우고, 인근에 더 작은 목사관을 새로 하나 짓는 것이었다. 이런 목사관의 처리를 담당한 영국 국교회 위원회의 구성원들로 말하면 항상 빈틈없는 사업가들은 아니었다. 앤서니 제닝스가 『오래된 목사관(The Old Rectory)』(2009)에서 지적한 바에 따르면, 1983년에 이 위원회에서는 300채의 목사관을 평균 6만4,000파운드의 가격에 매각했으며, 그보다는 훨씬 못한 대체물을 새로 건축하는 데에 평균 7만6,000파운드의 비용을 들였기 때문이다.

1900년 당시에 현존하던 1만3,000채의 목사관들 가운데 오늘날까지도 영국 국교회의 소유로 남아 있는 것은 겨우 900채에 불과하다. 우리가 살고 있는 목사관은 1978년에 개인에게 매각되었다. (가격이 얼마였는지는 나도 모르겠다.) 목사관으로서 이곳의 역사는 127년이나 지속되었으며, 그 시기 동안 모두 8명의 교구목사가 이곳에서 살았다. 흥미로운 사실은 그들 가운데 나중의 7명은 애초에 이 집을 지은 수수께끼 같은 인물보다 하나같이 더 오래 이 집에 머물렀다는 점이다. 토머스 마셤은 부임한 지 겨우 10년 만인 1861년에 이곳을 떠나 색슬링엄에서 교구목사의 직책을 새로 맡았다. 그러나 이곳에서 북쪽으로 20마일쯤 떨어진 바다와 가까운 그 마을에서도 그는 여전히 무명의 성직자로 남았다.

어째서 그가 이렇게 큰 집을 지었는지는 누구도 대답할 수 없는 문제이다. 어쩌면 알고 지내던 한 멋진 젊은 여성에게 좋은 인상을 주고 싶어서 그랬는지도, 그러나 아쉽게도 그 여성은 목사 대신 다른 남자와 결혼한 것인지도 모른다. 아니면 그 여성이 결국 목사를 선택하기는 했지만, 안타깝게도 결혼 직전에 사망한 것인지도 모른다. 양쪽 모두 19세기 중반에는 충분히 흔한 일이었으므로, 어쩌면 이 목사관의 설계를 둘러싼 수수께끼 가운데 일부를 해결해줄지도 모른다. 가령 독신인 목사의 집에 육아실이 있는 이유라든지, 또는 보라색 방의 여성스러움의 이유 같은 것 말이다. 물론 지금에 와서 우리가 제시할 수 있는 답변이야 어디까지나 추측에 불과하다. 그나마 확실한 것 하나는, 이 목사가 인생에서 찾아낸 행복이 무엇이건 간에, 결혼의 울타리 안에서 찾은 것은 분명히 아니라는 점이다.

최소한 우리는 이 목사와 헌신적인 가정부 웜 여사 사이의 관계가 그나마 약간이라도 온정과 애정을 담고 있었으리라고—비록 어설프게 표현되었다고 하더라도—기대는 할 수 있다. 이들의 관계는 양쪽 모두에게 다른 누군가와 맺은 가장 오랜 관계였기 때문이다. 1899년에 일흔여섯의 나이로 사망했을 당시, 웜 여사는 이미 반세기 넘게 마셤 씨의 가정부 노릇을 하고 있었다. 바로 그해에 스트래턴 스트롤리스에 있는 마셤 가문의 사유지가 열다섯 필지씩 해서 뿔뿔이 매각되었다. 아마도 그 영지를 한꺼번에 구매할 사람이 나타나지 않았기 때문일 것이다. 영지 매각으로 인해서 그 지역에서 400년간 이어졌던 마셤 가문의 명성도 끝났다. 오늘날 과거의 명성을 되새겨주는 것이라고는, 인근의 헤빙엄 마을에 있는 마셤 암스(Marsham Arms)라는 이름의 술집뿐이다.

마섬 씨는 그때로부터 불과 6년도 더 살지 못했다. 그는 1905년에 인근의 어느 요양원에서 사망했다. 당시 그의 나이는 여든세 살이었다. 타지에서 학교를 다니던 시기를 제외하면, 그는 평생 노퍽 주에서 살았던 셈이었다. 그것도 반경 20마일 이내의 지역에서 말이다.

IV

우리는 바로 이곳 다락에서 이야기를 시작했다. 그러고 보니 상당히 시간이 오래 흐른 것도 같다. 나는 물이 새는 곳이 어딘지 찾아보기 위해서 고미다락 뚜껑 문을 통해서 이리로 올라왔다. (알고 보니 타일이 하나 빠진 자리로 빗물이 새어 들어왔다.) 여러분도 기억하겠지만, 나는 바로 이 장소에서 작은 문을 하나 발견했다. 그 문을 통해서 밖으로 나가면 인근 시골 풍경이 한눈에 보이는 지붕 위의 한 장소가 나왔다. 얼마 전에 나는 이 책을 쓰기 시작한 이래 처음으로 다시 한번 다락의 전망대로 올라가보았다. 이제는 마섬 씨라든지, 그가 살았던 환경에 대해서 조금이라도 아는 것이 있으니, 혹시 저 아래에 펼쳐진 세상이 좀더 다르게 보일까 하는 궁금증이 슬며시 들기도 했다.

그러나 실제로는 그렇지 않았다. 나에게는 마섬 씨의 시대로부터 지금까지 저 아래의 세상이 얼마나 많이 변했는지가 아니라, 얼마나 적게 변했는지가 더 놀라울 지경이었다. 만약 마섬 씨가 지금 다시 살아난다면, 물론 몇 가지 새로운 물건들—가령 길을 따라 빠르게 지나가는 자동차라든지, 요란한 소리를 내며 머리 위를 날아가는 헬리콥터라든지—을 보고 놀라겠지만, 전반적으로는 마치 시간을 초월한 듯하고 전적으로 친숙해 보이는 풍경을 물끄러미 바라볼 것이다.

이런 영구성의 분위기는 물론 눈속임에 불과하다. 풍경이 전혀 변하지 않은 것은 아니며, 다만 160여 년이라는 시간에도 불구하고 그 변화가 매우 느리기 때문에 선뜻 눈치채지 못할 뿐이다. 충분히 뒤로 돌아가본다면, 여러분은 수많은 변화를 알아볼 수 있을 것이다. 지금으로부터 500년 전으로 거슬러올라갈 경우, 이곳에는 교회 말고는 우리 눈에 친숙한 것이 전혀 없을 것이다. 기껏해야 몇 군데 산울타리와 농경지, 그리고 구불구불한 길 몇 군데뿐이었을 테니까. 거기서 좀더 거슬러올라가면, 이 책의 서두에서 언급한 것처럼 어느 로마인이 남근 모양의 펜던트를 하나 떨어트렸을 것이다. 거기서 다시 거슬러올라가면—그러니까 지금으로부터 40만 년 전으로—사자며 코끼리의 모습, 그리고 다른 이국적인 짐승들이 건조한 평원에서 풀을 뜯고 있는 모습이 보일 것이다. 이놈들은 인근의 혹스니에서 존 프리어와 같은 초창기 골동품 연구가들을 그토록 매혹시킨 뼈를 남겨놓은 녀석들일 것이다. 그가 뼈를 발굴한 현장은 너무 멀기 때문에 우리 집 지붕에서는 보이지가 않지만, 그가 수집한 뼈를 남긴 짐승들은 십중팔구 우리 땅에서 한때 풀을 뜯었을 것이 분명하다.

주목할 만한 사실은 이 짐승들이 전 세계에서도 하필 이 지역에 머물렀던 이유가 오늘날보다 겨우 섭씨 3도 더 높은 기후 때문이었다는 점이다. 현재 살아 있는 사람들 중에서도 영국이 다시 그만큼 더워질 때까지 살아 있을 사람이 있을 것이다. 그때쯤 이곳이 바싹 말라붙은 세렝게티처럼 될지, 아니면 수제 와인과 연중 재배되는 과일이 가득한 푸릇푸릇한 낙원이 될지, 그 여부를 추측하는 일은 이 책의 범위를 뛰어넘는 일이다. 분명한 사실은 언젠가 이 지역이 지금과는 전혀 다른 장소가 되리라는, 그리고 미래의 사람들은 지질학적 속도보다 훨씬 더 빠른 뭔가에 반드시 적응해야 되리라는 것이다.

우리 집 지붕에서 보이지 않는 또 한 가지는, 오늘날 우리 모두가 생활에서 기대하는 편의와 편리를 산출하기 위해서 투입해야 할 에너지와 다른 자원이 과연 얼마나 될까 하는 점이다. 상당히 많다. 그야말로 놀라울 정도의 분량이다. 산업혁명이 시작된 이래 지구상에서 생산된 전체 에너지의 절반가량을 우리는 불과 지난 20년 사이에 다 소모하고 말았다. 게다가 무척 불균형하게도 우리 부유한 나라들이 다 사용했다. 우리는 극도로 혜택을 받은 극소수인 셈이다.

오늘날 탄자니아에 사는 한 사람의 연간 탄소 배출량은 유럽에 사는 한 사람이 아무렇지도 않게 이틀 반 동안 내뿜는 탄소 배출량과 맞먹고, 미국인 한 사람이 불과 28시간 동안 내뿜는 탄소 배출량과 맞먹는다. 한마디로 우리가 지금처럼 편리하게 살아갈 수 있는 것은, 이 지구상의 다른 시민들 대부분보다 수백 배나 더 많은 자원을 이용하기 때문인 것이다. 어느 날엔가—그 어느 날이 아주 먼 미래일 것이라고 기대하지는 마시라—60억 명가량의 사람들이 오늘날 우리가 가지고 있는 것들을 똑같이 가지고 싶어한다면, 그리고 오늘날 우리가 얻은 것처럼 손쉽게 얻고 싶어한다면 어떻게 될까? 분명 그때는 이 지구가 손쉽게, 또는 애써 산출할 수 있는 것보다도 더 많은 자원을 요구하는 셈이 될 것이다.

이것이야말로 가장 큰 아이러니가 아닐 수 없다. 우리의 삶을 편리함과 행복으로 가득 채우고자 하는 끝없는 노력의 결과, 우리는 결국 편리함도 행복도 없는 세상을 만들게 될지도 모른다. 그러나 그 이야기는 물론 이 책이 아니라 또다른 책에서 다루어야 마땅하리라.

감사의 말

언제나 그렇듯이, 이 책을 준비하는 과정에서도 많은 분들의 전문가적인 도움을 받았다. 특히 다음 분들께 감사드린다.

우선 영국 분들. 더럼 대학교의 팀 버트 교수, 모리스 터커 교수, 마크 화이트 교수. 런던 세인트마틴인더필즈 교회의 니컬러스 홀텀 목사, 더럼 대성당의 마이클 새드그로브 부주교, 「더 타임스」의 키스 블랙모어, 잉글리시 헤리티지의 베스 매캐티와 필립 데이비스, 왕립학회의 아오사프 아프잘, 도미니크 라이드, 키스 무어. 런던 도서관과 더럼 대학 도서관의 직원 여러분.

다음으로 미국 분들. 몬티첼로의 엘리자베스 추, 밥 셀프, 수전 스타인, 리처드 길더, 빌 바이스웡어, 마운트 버논의 데니스 포그, 매사추세츠 소재 웨넘 공립도서관의 잰 뎀시, 조지타운 대학 부설 로잉어 도서관과 디모인 소재 드레이크 대학교 도서관의 직원 여러분.

아울러 다음 분들에게 이루 말할 수 없는 여러 가지 신세를 졌다. 캐롤 히턴, 프레드 모리스, 게리 하워드, 매리언 벨먼스, 데버러 애덤스, 실라 리, 댄 맥클린, 앨리슨 배로, 래리 핀리, 앤드루 오미, 대니얼 월스, 톰과 낸시 존스. 아울러 상당히 영웅적이고 훌륭한 도움을 제공한 우리 딸과 아들, 캐서린과 샘에게도 특히 고마움을 전하고 싶다. 늘 그렇듯이 사랑스럽고 무한히 인내심이 많은 아내 신시아에게 가장 큰 고마움을 전하고 싶다.

참고 문헌

Abse, Joan, *John Ruskin: The Passionate Moralist*, London: Quartet Books, 1980.

Ackroyd, Peter, *Albion: The Origins of the English Imagination*, London: Chatto & Windus, 2002.

Acton, Eliza, *Modern Cookery for Private Families*, London: Longman, Brown, Green and Longmans, 1858.

Adams, William Howard (ed.), *The Eye of Thomas Jefferson*, Washington: National Gallery of Art, 1976.

Addison, Sir William, *Farmhouses in the English Landscape*, London: Robert Hale, 1986.

Alcabes, Philip, *Dread: How Fear and Fantasy Have Fueled Epidemics from the Black Death to Avian Flu*, New York: Public Affairs, 2009.

Allen, Edward, *How Buildings Work: The Natural Order of Architecture*, New York: Oxford University Press, 1980.

Amato, Ivan, *Stuff: The Materials the World Is Made Of*, New York: Basic Books, 1997.

Andrade, E. N. da C., *A Brief History of the Royal Society*, London: Royal Society, 1960.

Ariès, Philippe, *Centuries of Childhood: A Social History of Family Life*, London: Jonathan Cape, 1962.

Arnstein, Walter L., *Britain Yesterday and Today: 1830 to the Present*, Lexington, Mass.: D. C. Heath and Co., 1971.

Ashenburg, Katherine, *The Dirt on Clean: An Unsanitized History*, New York: North Point Press/Farrar, Straus and Giroux, 2007.

Ashton, Rosemary, *Thomas and Jane Carlyle: Portrait of a Marriage*, London: Chatto & Windus, 2001.

Aslet, Clive, *The American Country House*, New Haven: Yale University Press, 1990.

Ayres, James, *Domestic Interiors: The British Tradition 1500-1850*, New Haven: Yale University Press, 2003.

Baer, N. S., and R. Snethlage (eds), *Saving Our Architectural Heritage: The Conservation of Historic Stone Structures*, Chichester: John Wiley & Sons, 1997.

Baird, Rosemary, *Mistress of the House: Great Ladies and Grand Houses 1670-1830*, London: Weidenfeld & Nicolson, 2003.

Bakalar, Nicholas, *Where the Germs Are: A Scientific Safari*, New York: John Wiley & Sons, 2003.

Baker, Hollis S., *Furniture in the Ancient World: Origins and Evolution 3100-475 BC*, New York: Macmillan, 1966.

Baldon, Cleo, and Ib Melchior, *Steps and Stairways*, New York: Rizzoli International, 1989.

Ball, Philip, *Bright Earth: The Invention of Colour*, London: Viking, 2001.

Balter, Michael, *The Goddess and the Bull: Çatalhöyük: An Archaeological Journey to the Dawn of Civilization*, New York: Free Press, 2005.

Barber, E. J. W., *Prehistoric Textiles: The Development of Cloth in the Neolithic and Bronze Ages, with Special Reference to the Aegean*, Princeton, N.J.: Princeton University Press, 1991.

———, *Women's Work: The First 20,000 Years; Women, Cloth and Society in Early Times*, New York: W. W. Norton, 1994.

Barker, Graeme, *The Agricultural Revolution in Prehistory: Why Did Foragers Become Farmers?* Oxford: Oxford University Press, 2006.

Bascomb, Neal, *Higher: A Historic Race to the Sky and the Making of a City*. New York: Broadway Books, 2003.

Bates, Elizabeth Bidwell, and Jonathan L. Fairbanks, *American Furniture 1620 to the Present*. New York: Richard Marek Publishers, 1981.

Baugh, Albert C., and Thomas Cable, *A History of the English Language (5th edn)*. Upper Saddle River, N.J.: Prentice Hall, 2002.

Bax, B. Anthony, *The English Parsonage*. London: John Murray, 1964.

Beard, Geoffrey, *The Work of Robert Adam*. Edinburgh: John Bartholomew & Son, 1978.

Beauchamp, K. G., *Exhibiting Electricity*. London: The Institution of Electrical Engineers, 1997.

Beebe, Lucius, *The Big Spenders*. Garden City, New York: Doubleday, 1966.

Beeton, Mrs Isabella, *The Book of Household Management*. London: S. O. Beeton, 1861.

Belanger, Terry, *Lunacy and the Arrangement of Books*. New Castle, Delaware: Oak Knoll Press, 2003.

Bentley, Peter J., *The Undercover Scientist: Investigating the Mishaps of Everyday Life*. London: Random House, 2008.

Berenbaum, May R., *Bugs in the System: Insects and Their Impact on Human Affairs*. Reading, Mass.: Helix Books, 1995.

Beresford, John (ed.), *The Diary of a Country Parson: The Reverend James Woodforde (5 vols)*. Oxford: Clarendon Press, 1924.

Bernstein, William, *A Splendid Exchange: How Trade Shaped the World*. London: Atlantic Books, 2008.

Berry, R. J. (ed.), *Biology of the House Mouse*. London: Zoological Society of London, 1981.

Best, Gary Dean, *The Dollar Decade: Mammon and the Machine in 1920s America*. Westport, Conn.: Praeger Publishers, 2003.

Binney, Marcus, *SAVE Britain's Heritage, 1975-2005: Thirty Years of Campaigning*. London: Scala Publishers, 2005.

Boardman, Barrington, *From Harding to Hiroshima*. New York: Dembner Books, 1985.

Bodanis, David, *The Secret Garden*. New York: Simon & Schuster, 1992.

———, *Electric Universe: The Shocking True Story of Electricity*. New York: Crown Publishers, 2005.

Boorstin, Daniel J., *The Americans: The National Experience*. New York: Random House, 1965.

———, *The Discoverers*. London: Penguin, 1983.

Boucher, Bruce, *Palladio: The Architect in His Time*. New York: Abbeville Press, 1994.

Bourke, Joanna, *Fear: A Cultural History*. London: Virago Press, 2005.

Bourne, Jonathan, and Vanessa Brett, *Lighting in the Domestic Interior: Renaissance to Art Nouveau*. London: Sotheby's, 1991.

Bourne, Russell, *Cradle of Violence: How Boston's Waterfront Mobs Ignited the American Revolution*. Hoboken, N.J.: John Wiley & Sons, 2006.

Bowers, Brian, *A History of Electric Light and Power*. London: Science Museum, 1982.

Brady, Patricia, *Martha Washington: An American Life*. New York: Viking, 2005.

Brand, Stewart, *How Buildings Learn: What Happens After They're Built*. New York: Viking, 1994.

Brands, H. W., *The First American: The Life and Times of Benjamin Franklin*. London: Doubleday, 2000.

Breen, T. H., *The Marketplace of Revolution: How Consumer Politics Shaped American Independence*. Oxford: Oxford University Press, 2004.

Brett, Gerard, *Dinner Is Served: A History of Dining in England, 1400-1900*. London: Rupert Hart-Davis, 1968.

Bridenbaugh, Carl, *Early Americans*. New York: Oxford University Press, 1981.

Briggs, Asa, *Victorian People: Some Reassessments of People, Institutions, Ideas and Events, 1851-1867*. London: Odhams Press, 1954.

Brimblecombe, Peter, *The Big Smoke: A History of Air Pollution in London Since Medieval Times*. London: Methuen, 1987.

Brittain-Catlin, Timothy, *The English Parsonage in the Early Nineteenth Century*. Reading: Spire Books, 2008.

Brodie, Fawn M., *Thomas Jefferson: An Intimate History*. New York: W.W. Norton, 1974.

Brooke, Iris, *English Costume of the Seventeenth Century*. London: Adam & Charles Black, 1934.

Brooks, John, *Once in Golconda: A True Drama of Wall Street 1920-1938*. New York: Harper & Row, 1969.

Brothwell, Don and Patricia, *Food in Antiquity: A Survey of the Diet of Early Peoples*. Baltimore: Johns Hopkins University Press, 1969.

Brown, Kevin, *The Pox: The Life and Near Death of a Very Social Disease*. Stroud, Gloucestershire: Sutton Publishing, 2006.

Brunskill, Ian, and Andrew Sanders, *Great Victorian Lives: An Era in Obituaries*. London: Times Books, 2007.

Brunskill, Ronald, *Brick Building in Britain*. London: Victor Gollancz, 1990.

———, and Alec Clifton-Taylor, *English Brickwork*. London: Hyperion/Ward Lock, 1977.

Burchard, John, and Albert Bush-Brown, *The Architecture of America: A Social and Cultural History*. Boston: Little, Brown, 1961.

Burkhardt, Frederick, and Sydney Smith (eds), *The Correspondence of Charles Darwin, 1821-1836*. Cambridge: Cambridge University Press, 1985.

Burns, Ric, and James Sanders, *New York: An Illustrated History*. New York: Knopf, 1999.

Bushman, Richard L., *The Refinement of America: Persons, Houses, Cities*. New York: Vintage Books, 1992.

Busvine, James R., *Insects and Hygiene: The Biology and Control of Insect Pests of Medical and Domestic Importance in Britain*. London: Methuen, 1951.

Byles, Jeff, *Rubble: Unearthing the History of Demolition*. New York: Harmony Books, 2005.

Cadbury, Deborah, *Seven Wonders of the Industrial World*. London: Harper Perennial, 2004.

Calman, Sir Kenneth C., *Medical Education: Past, Present and Future*. Edinburgh: Churchill Livingstone, 2007.

Cannadine, David, *The Pleasures of the Past*. London: Collins, 1989.

———, *Aspects of Aristocracy: Grandeur and Decline in Modern Britain*. New Haven: Yale University Press, 1994.

———, *The Decline and Fall of the British Aristocracy*. London: Penguin, 2005.

Carpenter, Kenneth J., *The History of Scurvy and Vitamin C*. Cambridge: Cambridge University Press, 1986.

Carson, Gerald, *The Polite Americans*. New York: William Morrow, 1966.

Carter, Gwendolen M., *The Government of the United Kingdom*. New York: Harcourt Brace Jovanovich, 1972.

Carter, W. Hodding, *Flushed: How the Plumber Saved Civilization*. New York: Atria Books, 2006.

Carver, Martin, *Sutton Hoo: Burial Ground of Kings*. London: British Museum Press, 1998.

Caspall, John, *Fire and Light in the Home pre-1820*. Woodbridge, Suffolk: Antique Collectors Club, 1987.

Cassidy, Tina, *Birth: A History*. London: Chatto & Windus, 2007.

Catchpole, Antonia, *David Clark and Robert Peberdy, Burford: Buildings and People in a Cotswold Town*. London: Phillimore, 2008.

Catling, Harold, *The Spinning Mule*. Newton Abbot: David & Charles, 1970.

Chadwick, Edwin, *Report from His Majesty's Commissioners for Inquiring into the Administration and Practical Operation of the Poor Laws*. London: B. Fellowes, 1834.

Chadwick, George F., *The Works of Sir Joseph Paxton*. London: Architectural Press, 1961.

Chadwick, Owen, *The Victorian Church*. London: Adam & Charles Black, 1970.

Chandos, John, *Boys Together: English Public Schools 1800-1864*. London: Hutchinson, 1984.

Chisholm, Kate, *Fanny Burney: Her Life, 1752-1840*. London: Chatto & Windus, 1998.

Churchill, Allen, *The Splendor Seekers*. New York: Grosset & Dunlap, 1974.

Cieraad, Irene (ed.), *At Home: An Anthropology of Domestic Space*. Syracuse, New York: Syracuse University Press, 1999.

Clark, H. F., *The English Landscape Garden*. London: Pleiades Books, 1948.

Cleland, Liza, Mary Harlow and Lloyd Llewellyn-Jones (eds), *The Clothed Body in the Ancient World*. London: Oxbow Books, 2005.

Clifton-Taylor, Alec, *The Pattern of English Building*. London: Faber and Faber, 1987.

Cloudsley-Thompson, J. L., *Spiders, Scorpions, Centipedes and Mites*. London: Pergamon Press, 1968.

Cockayne, Emily, *Hubbub: Filth, Noise and Stench in England 1600-1770*. New Haven: Yale University Press, 2007.

Cohen, Deborah, *Household Gods: The British and Their Possessions*. New Haven: Yale University Press, 2006.

Coleridge, Arthur, *Chippendale Furniture, Circa 1745-1765*. New York: Clarkson N. Potter, 1968.

Colley, Linda, *Britons: Forging the Nation 1707-1837*. London: Pimlico, 1992.

Collingwood, W. G., *The Life of John Ruskin*. London: Methuen and Co., 1900.

Collins, Irene, *Jane Austen: The Parson's Daughter*. London: Hambledon Press, 1998.

Colquhoun, Kate, *A Thing in Disguise: The Visionary Life of Joseph Paxton*. London: Harper Perennial, 2004.

———, *Taste: The Story of Britain Through Its Cooking*. London: Bloomsbury, 2007.

Corson, Richard, *Fashions in Hair: The First Five Thousand Years*. London: Peter Owen, 1965.

———, *Fashions in Makeup from Ancient to Modern Times*. London: Peter Owen, 2003.

Cossons, Neil (ed.), *The Making of the Modern World: Milestones of Science and Technology*. London: John Murray, 1992.

Cowan, Henry J., *The Master Builders: A History of Structural and Environmental Design from Ancient Egypt to the Nineteenth Century*. New York: John Wiley & Sons, 1977.

Cowan, Ruth Schwartz, *More Work for Mother: The Ironies of Household Technology from the Open Hearth to the Microwave*. New York: Basic Books, 1983.

Coward, Barry, *The Stuart Age: England, 1603-1714 (2nd edn)*. London: Longman, 1980.

Cox, Margaret, *Life and Death in Spitalfields, 1700 to 1850*. York: Council for British Archaeology, 1996.

Crinson, Mark, and Jules Lubbock, *Architecture, Art or Profession? Three Hundred Years of Architectural Education in Britain*. Manchester: Prince of Wales Institute of Architecture, 1994.

Crompton, Frank, *Workhouse Children*. London: Sutton Publishing, 1997.

Crossley, Fred H., *Timber Building in England: From Early Times to the End of the Seventeenth Century*. London: B. T. Batsford, 1951.

Crowfoot, Elisabeth, Frances Pritchard and Kay Staniland, *Textiles and Clothing c. 1150-c. 1450*. London: HMSO, 1992.

Cruickshank, Dan, *The Story of Britain's Best Buildings*. London: BBC, 2002.

Crystal, David, *The Stories of English*. London: Allen Lane, 2004.

Cullwick, Hannah, *The Diaries of Hannah Cullwick, Victorian Maidservant*. London: Virago, 1984.

Cummings, Richard Osborn, *The American and His Food: A History of Food Habits in the United States*.

Chicago: University of Chicago Press, 1970.

Cunningham, Hugh, *The Children of the Poor: Representations of Childhood Since the Seventeenth Century*. Oxford: Blackwell, 1991.

Cunnington, C. Willett, and Phillis Cunnington, *The History of Underclothes*. London: Faber and Faber, 1951.

Curl, James Stevens, *The Victorian Celebration of Death*. London: Sutton Publishing, 2000.

Dale, Antony, *James Wyatt: Architect, 1746-1813*. Oxford: Basil Blackwell, 1936.

Dalzell, Robert F., and Lee Baldwin Dalzell, *George Washington's Mount Vernon: At Home in Revolutionary America*. Oxford: Oxford University Press, 1998.

Daniels, Jonathan, *The Time Between the Wars: Armistice to Pearl Harbor*. New York: Doubleday, 1966.

Daumas, Maurice (ed.), *A History of Technology and Invention: Progress Through the Ages (3 vols)*. New York: Crown Publishing, 1979.

David, Saul, *The Indian Mutiny: 1857*. London: Viking, 2002.

Davidson, Marshall B., *The American Heritage History of Colonial America*. Boston: American Heritage, 1967.

Davies, Norman, *The Isles: A History*. London: Macmillan, 1999.

Davies, Stevie, *A Century of Troubles: England 1600-1700*. London: Pan Macmillan/Channel 4, 2001.

Davin, Anna, *Growing Up Poor: Home, School and Street Life in London, 1870-1914*. London: Rivers Oram Press, 1996.

Davis, Dorothy, *A History of Shopping*. London: Routledge & Kegan Paul, 1966.

Davis, Pearce, *The Development of the American Glass Industry*. Cambridge, Mass.: Harvard University Press, 1949.

De Botton, Alain, *The Architecture of Happiness*. New York: Pantheon, 2006.

Deetz, James, *In Small Things Forgotten: The Archaeology of Early American Life*. New York: Doubleday, 1977.

DeLaine, J., and D. E. Johnston (eds), *Roman Baths and Bathing*. Portsmouth, Rhode Island: Journal of Roman Archaeology, 1999.

Desmond, Adrian, and James Moore, *Darwin*. London: Michael Joseph, 1991.

de Sola Pool, Ithiel, *Forecasting the Telephone: A Retrospective Technology Assessment*. Norwood, N. J.: Ablex Publishing, 1983.

Díaz-Andreu, Margarita, *A World History of Nineteenth-Century Archaeology: Nationalism, Colonialism, and the Past*. Oxford: Oxford University Press, 2007.

Dillon, Francis, *The Pilgrims*. Garden City, N.Y.: Doubleday, 1975.

Dirks, Nicholas B., *The Scandal of Empire: India and the Creation of Imperial Britain*. Cambridge, Mass.: Belknap Press, 2006.

Dolan, Eric J., *Leviathan: The History of Whaling in America*. New York: W.W. Norton, 2007.

Douglas, Ann, *Terrible Honesty: Mongrel Manhattan in the 1920s*. New York: Noonday Press/Farrar, Straus and Giroux, 1995.

Downes, Kerry, *Sir John Vanbrugh: A Biography*. London: Sidgwick & Jackson, 1987.

Dutton, Ralph, *The English Country House*. London: B. T. Batsford, 1935.

Dyer, Christopher, *Making a Living in the Middle Ages: The People of Britain 850-1520*. New Haven: Yale University Press, 2002.

Ede, Janet, and Norma Virgoe, *Religious Worship in Norfolk: The 1851 Census of Accommodation and Attendance at Worship*. Norwich: Norfolk Record Society, 1998.

Eden, Mary, and Richard Carrington, *The Philosophy of the Bed*. London: Hutchinson, 1961.

Ekirch, A. Roger, *At Day's Close: A History of Nighttime*. London: Phoenix, 2006.

Elliott, Charles, *The Transplanted Gardener*. New York: Lyons & Burford, 1995.

Emsley, John, *The Elements of Murder: A History of Poison*. Oxford: Oxford University Press, 2005.

Evans, G. Blakemore (ed.), *The Riverside Shakespeare*. Boston: Houghton Mifflin Co., 1974.

Evenson, A. Edward, *The Telephone Patent Conspiracy of 1876: The Elisha Gray-Alexander Bell Controversy and Its Many Players*. Jefferson, N.C.: McFarland and Co., 2000.

Fagan, Brian, *The Long Summer: How Climate Changed Civilization*. London: Granta, 2004.

Farrell-Beck, Jane, and Colleen Gau, *Uplift: The Bra in America*. Philadelphia: University of Pennsylvania Press, 2002.

Felstead, Alison, Jonathan Franklin and L. Pinfield, *Directory of British Architects, 1834-1900*. London: Mansell, 1993.

Fernández-Armesto, Felipe, *Food: A History*. London: Pan, 2001.

Filby, Frederick A., *A History of Food Adulteration and Analysis*. London: George Allen & Unwin, 1934.

Flanders, Judith, *The Victorian House: Domestic Life from Childbirth to Deathbed*. London: HarperCollins, 2003.

——, *Consuming Passions: Leisure and Pleasure in Victorian Britain*. London: Harper Perennial, 2007.

Flannery, Tim, *The Weather Makers: The History and Future Impact of Climate Change*. Melbourne: Text Publishing, 2005.

Fletcher, Anthony, *Growing Up in England: The Experience of Childhood, 1600-1914*. New Haven: Yale University Press, 2008.

Forbes, Esther, *Paul Revere and the World He Lived In*. Boston: Houghton Mifflin, 1942.

Fort, Tom, *The Grass Is Greener: Our Love Affair with the Lawn*. London: HarperCollins, 2000.

Fortey, Adrian, *Objects of Desire: Design and Society Since 1750*. London: Thames & Hudson, 1995.

Foss, Michael, *The Age of Patronage: The Arts in Society 1660-1750*. London: Hamish Hamilton, 1971.

Fowler, Brenda, *Iceman: Uncovering the Life and Times of a Prehistoric Man Found in an Alpine Glacier*. London: Macmillan, 2001.

Fraser, Antonia, *King Charles II*. London: Weidenfeld & Nicolson, 1979.

——, *The Weaker Vessel: Woman's Lot in Seventeenth-Century England*. London: Phoenix Press, 1984.

Freedman, Paul, *Out of the East: Spices and the Medieval Imagination*. New Haven: Yale University Press, 2008.

Gardiner, Juliet, *Wartime: Britain 1939-1945*. London: Headline, 2004.

Garrett, Elisabeth Donaghy, *At Home: The American Family 1750-1870*. New York: Henry N. Abrams, 1990.

Garrett, Laurie, *The Coming Plague: Newly Emerging Diseases in a World Out of Balance*. New York: Farrar, Straus and Giroux, 1994.

Gascoigne, John, *Joseph Banks and the English Enlightenment: Useful Knowledge and Polite Culture*. Cambridge: Cambridge University Press, 1994.

Gayle, Margot, and Carol Gayle, *Cast-Iron Architecture in America: The Significance of James Bogardos*. New York: W. W. Norton & Co., 1998.

Gelis, Jacques, *History of Childbirth: Fertility, Pregnancy and Birth in Early Modern Europe*. Boston: Northeastern University Press, 1991.

George, Wilma, *Biologist Philosopher: A Study of the Life and Writings of Alfred Russel Wallace*. London: Abelard-Schuman, 1964.

Gerin, Winifred, *Charlotte Brontë: The Evolution of Genius*. Oxford: Clarendon Press, 1967.

Gilbert, Christopher, *The Life and Works of Thomas Chippendale*. London: Christie's, 1978.

Girouard, Mark, *Life in the English Country House: A Social and Architectural History*. New Haven: Yale University Press, 1978.

———, *Life in the French Country House*. New York: Alfred A. Knopf, 2000.

Gloag, John, and Derek Bridgwater, *A History of Cast Iron in Architecture*. London: George Allen & Unwin, 1948.

Glynn, Ian, and Jennifer Glynn, *The Life and Death of Smallpox*. London: Profile Books, 2004.

Godfrey, Eleanor S., *The Development of English Glassmaking 1560-1640*. Oxford: Clarendon Press, 1975.

Goodwin, Lorine Swainston, *The Pure Food, Drink, and Drug Crusaders, 1879-1914*. Jefferson, N. C.: McFarland & Co., 1999.

Gosnell, Mariana, *Ice: The Nature, the History, and the Uses of an Astonishing Science*. New York: Alfred A. Knopf, 2005.

Gotch, J. Alfred, *The Growth of the English House: From Early Feudal Times to the Close of the Eighteenth Century (2nd edn)*. London: Batsford, 1909.

Gray, Charlotte, *Reluctant Genius: Alexander Graham Bell and the Passion for Invention*. New York: Arcade Publishing, 2006.

Green, Charles, *Sutton Hoo: The Excavation of a Royal Ship-Burial*. London: Merlin Press, 1963.

Green, Harvey, *The Light of the Home: An Intimate View of the Lives of Women in Victorian America*. New York: Pantheon, 1983.

Green, Sally, *Prehistorian: A Biography of Vere Gordon Childe*. Bradford-on-Avon, Wiltshire: Moonraker Press, 1981.

Grenville, Jane, *Medieval Housing*. London: Leicester University Press, 1997.

Grohskopf, Bernice, *The Treasure of Sutton Hoo: Ship-Burial for an Anglo-Saxon King*. London: Robert Hale, 1971.

Grosvenor, Edwin S., and Morgan Wesson, *Alexander Graham Bell: The Life and Times of the Man Who Invented the Telephone*. New York: Harry N. Abrams, 1997.

Guinness, Desmond, and Julius Trousdale Sadler, Jr, *The Palladian Style in England, Ireland and America*. London: Thames & Hudson, 1976.

Halliday, Stephen, *The Great Stink of London: Sir Joseph Bazalgete and the Cleansing of the Victorian Capital*. Stroud, Gloucesstershire: Sutton Publishing, 1999.

Halperin, John, *The Life of Jane Austen*. Baltimore: Johns Hopkins University Press, 1984.

Hanson, Neil, *The Dreadful Judgement: The True Story of the Great Fire of London, 1666*. London: Doubleday, 2001.

———, *The Confident Hope of a Miracle: The True History of the Spanish Armada*. London: Doubleday, 2003.

Hardyment, Christina, *From Mangle to Microwave: The Mechanization of Household Work*. Cambridge: Polity Press, 1985.

———, *Home Comfort: A History of Domestic Arrangements*. London: Viking, 1992.

Harris, Eileen, *Going to Bed*. London: HMSO, 1981.

———, *Keeping Warm*. London: Victoria & Albert Museum, 1982.

———, *The Genius of Robert Adam: His Interiors*. New Haven: Yale University Press, 2001.

Hart-Davis, Adam, *What the Tudors and Stuarts Did for Us*. London: Boxtree/Pan Macmillan, 2002.

Hartley, Sir Harold, *The Royal Society: Its Origins and Founders*. London: Royal Society, 1960.

Harvey, John, *English Medieval Architects: A Biographical Dictionary Down to 1550*. London: B. T. Batsford, 1954.

Headley, Gwyn, and Wim Meulenkamp, *Follies: A National Trust Guide*. London: Jonathan Cape, 1986.

Heffer, Simon, *Moral Desperado: A Life of Thomas Carlyle*. London: Weidenfeld & Nicolson, 1995.

Hemlow, Joyce (ed.), *The Journals and Letters of Fanny Burney (Ma-dame d'Arblay), vol. 6.* Oxford: Clarendon Press, 1975.

Henderson, W. O., *The Life of Friedrich Engels.* London: Frank Cass, 1976.

Herbert, Victor, *Nutrition Cultism: Facts and Fictions.* Philadelphia: George F. Sticley Co., 1980.

Hibbert, Christopher, *London: The Biography of a City.* New York: William Morrow & Co., 1969.

———, *The Court at Windsor: A Domestic History.* London: Penguin, 1982.

———, *Redcoats and Rebels: The War for America, 1770-1781.* London: Grafton Books, 1990.

———, *Queen Victoria: A Personal History.* London: HarperCollins, 2000.

———, *Elizabeth I: A Personal History of the Virgin Queen.* London: Penguin, 2001.

Hill, Rosemary, *Stonehenge.* London: Profile Books, 2008.

———, *God's Architect: Pugin and the Building of Romantic Britain.* London: Penguin, 2008.

Hirst, Francis W., *Life and Letters of Thomas Jefferson.* London: Macmillan, 1926.

Hix, John, *The Glass House.* London: Phaidon, 1974.

Hobsbawm, E. J., *Industry and Empire.* London: Penguin, 1968.

Hodder, Ian, *The Leopard's Tale: Revealing the Mysteries of Çatalhöyük.* London: Thames & Hudson, 2006.

Holderness, B. A., *Pre-Industrial England: Economy and Society from 1500 to 1750.* London: J. M. Dent & Sons, 1976.

Holme, Thea, *The Carlyles at Home.* London: Persephone, 2002.

Horn, Pamela, *The Rise and Fall of the Victorian Servant.* Dublin: Gill and Macmillan, 1975.

———, *Pleasures and Pastimes in Victorian Britain.* Stroud, Gloucestershire: Sutton Publishing, 1999.

Howarth, Patrick, *The Year Is 1851.* London: William Collins Publishers, 1951.

Hoyt, William G., and Walter B. Langbein, *Floods.* Princeton, N.J.: Princeton University Press, 1955.

Hughes, Kathryn, *The Short Life and Long Times of Mrs Beeton.* London: Fourth Estate, 2005.

Hunt, Tristram, *Building Jerusalem: The Rise and Fall of the Victorian City.* London: Phoenix, 2005.

Hutchinson, Horace G., *Life of Sir John Lubbock, Lord Avebury.* London: Macmillan, 1914.

Hyam, Ronald, *Britain's Imperial Century, 1815-1914: A Study of Empire and Expansion.* Basingstoke: Palgrave/Macmillan, 2002.

Inwood, Stephen, *A History of London.* London: Macmillan, 1998.

———, *City of Cities: The Birth of Modern London.* London: Macmillan, 2005.

Israel, Paul, *Edison: A Life of Invention.* New York: John Wiley & Sons, 1998.

Jackson—Stops, Gervase, *The Country House in Perspective.* London: Pavilion, 1990.

Jacobs, Jane, *The Economy of Cities.* London: Jonathan Cape, 1970.

Jenkins, David (ed.), *The Cambridge History of Western Textiles (2 vols).* Cambridge: Cambridge University Press, 2003.

Jenkins, Simon, *England's Thousand Best Houses.* London: Penguin, 2004.

Jennings, Anthony, *The Old Rectory: The Story of the English Parsonage.* London: Continuum, 2009.

Jespersen, Otto, *Growth and Structure of the English Language (9th edn).* Garden City, N.Y.: Doubleday, 1956.

John, Eric, *Reassessing Anglo-Saxon England.* Manchester: Manchester University Press, 1996.

Johnson, Malcolm, *St Martin-in-the-Fields.* Chichester, West Sussex: Phillimore & Co., 2005.

Johnson, Matthew, *Housing Culture: Traditional Architecture in an English Landscape.* London: UCL, 1993.

Johnston, Shirley, *Palm Beach Houses.* New York: Rizzoli International, 1991.

Jokilehto, Jukka, *A History of Architectural Conservation.* Oxford: Butterworth—Heinemann, 1999.

Jones, Maldwyn Allen, *American Immigration.* Chicago: University of Chicago Press, 1960.

Jupp, Peter C., and Clare Gittings, *Death in England.* Manchester: Manchester University Press, 1999.

Kay, Jane Holtz, *Lost Boston*, Boston: Houghton-Mifflin, 1980.

Keay, John, *The Spice Route: A History*, London: John Murray, 2005.

Kelly, Alison, *The Book of English Fireplaces*, London: Country Life Books, 1968.

——, *Mrs Coade's Stone*, Upton-upon-Severn: Self-Publishing Association/Georgian Group, 1999.

Kelly, Ian, *Beau Brummell: The Ultimate Dandy*, London: Hodder & Stoughton, 2005.

Keneally, Thomas, *The Great Shame and the Triumph of the Irish in the English-Speaking World*, New York: Nan Talese/Doubleday, 1999.

King, Ross, *The Judgment of Paris: The Revolutionary Decade That Gave the World Impressionism*, New York: Walker & Co., 2006.

Kipple, Kenneth F., and K. C. Ornelas (eds), *The Cambridge World History of Food*, Cambridge: Cambridge University Press, 2000.

Kisseloff, Jeff, *You Must Remember This: An Oral History of Manhattan from the 1890s to World War II*, New York: Harcourt Brace Jovanovich, 1989.

Kostof, Spiro, *America by Design*, New York: Oxford University Press, 1987.

Koven, Seth, *Slumming: Sexual and Social Politics in Victorian London*, Princeton, N.J.: Princeton University Press, 2004.

Kronenberger, Louis (ed.), *Atlantic Brief Lives: A Biographical Companion to the Arts*, Boston: Atlantic Monthly Press, 1965.

Kurlansky, Mark, *Salt: A World History*, London: Vintage, 2003.

——, *The Big Oyster: New York in the World, a Molluscular History*, London: Jonathan Cape, 2006.

Kyvig, David E., *Daily Life in the United States, 1920-1939*, Westport, Conn.: Greenwood Press, 2002.

Lacey, Robert, *Sir Walter Ralegh*, London: History Book Club, 1973.

——, and Danny Danziger, *The Year 1000: What Life Was Like at the Turn of the First Millennium*, London: Abacus, 2003.

Laing, Alastair, *Lighting: The Arts and Living*, London: Victoria & Albert Museum, 1982.

Laing, Lloyd, *The Archaeology of Late Celtic Britain and Ireland, c. 400-1200 AD*, London: Methuen, 1975.

Lamb, H. H., *Historic Storms of the North Sea, British Isles and Northwest Europe*, Cambridge: Cambridge University Press, 1991.

Lambton, Lucinda, *Vanishing Victoriana*, London: Elsevier/Phaidon, 1976.

——, *Lucinda Lambton's A to Z of Britain*, London: HarperCollins, 1996.

Lancaster, John, *Engineering Catastrophes: Causes and Effects of Major Accidents*, Cambridge: Abington Publishing, 1997.

Larwood, Jacob, *The Story of London's Parks*, London: Chatto & Windus, 1881.

Lasdun, Susan, *The English Park: Royal, Private and Public*, London: Andre Deutsch, 1991.

Laslett, Peter, *The World We Have Lost: England Before the Industrial Age (2nd edn)*, New York: Scribner, 1993.

Leahy, Kevin, *Anglo-Saxon Crafts*, London: Tempus, 2003.

Leapman, Michael, *The World for a Shilling: How the Great Exhibition of 1851 Shaped a Nation*, London: Headline, 2001.

——, *Inigo: The Troubled Life of Inigo Jones, Architect of the English Renaissance*, London: Headline, 2003.

Lees-Milne, James, *Earls of Creation: Five Great Patrons of Eighteenth Century Art*, London: Hamish Hamilton, 1962.

Levi, Peter, *The Life and Times of William Shakespeare*, London: Macmillan, 1998.

Lewis, R. A., *Edwin Chadwick and the Public Health Movement, 1832-1854*, London: Longmans, Green and Co., 1952.

Lind, Carla, *The Lost Buildings of Frank Lloyd Wright*. London: Thames & Hudson, 1996.

Lindsay, Jack, *1764: The Hurlyburly of Daily Life Exemplified in One Year of the Eighteenth Century*. London: Frederick Muller, 1959.

Lingeman, Richard, *Small Town America: A Narrative History 1620-The Present*. New York: G. P. Putnam's Sons, 1980.

Little, Lester D. (ed.), *Plague and the End of Antiquity: The Plague of 541-750*. Cambridge: Cambridge University Press, 2007.

Littlejohn, David, *The Fate of the English Country House*. Oxford: Oxford University Press, 1997.

Lofts, Norah, *Domestic Life in England*. London: Weidenfeld & Nicolson, 1976.

Longford, Elizabeth, *Wellington: A New Biography*. Stroud, Gloucestershire: Sutton Publishing, 2001.

Loudon, Mrs, *Practical Instructions in Gardening for Ladies*. London: John Murray, 1841.

Lovill, Justin (ed.), *Ringing Church Bells to Ward Off Thunderstorms and Other Curiosities from the Original Notes and Queries*. London: Bunbury Press, 2009.

Lubbock, Jules, *The Tyranny of Taste: The Politics of Architecture and Design in Britain 1550-1960*. New Haven: Yale University Press, 1995.

Lucie–Smith, Edward, *Furniture: A Concise History*. New York: Oxford University Press, 1979.

Luyrette, Henri, *Gustave Eiffel*. New York: Rizzoli International, 1985.

Lynes, Russell, *The Domesticated Americans*. New York: Harper & Row, 1963.

McCurdy, Howard E., *Space and the American Imagination*. Washington: Smithsonian Institution Press, 1997.

McCusker, John J., and Russell R. Menard, *The Economy of British America, 1607-1789*. Chapel Hill: University of North Carolina Press, 1985.

McGee, Harold, *On Food and Cooking: The Science and Lore of the Kitchen*. London: Unwin Hyman, 1986.

Macinnis, Peter, *The Killer Beans of Calabar and Other Stories*. Sydney: Allen & Unwin, 2004.

Mackay, James A., *Sounds Out of Silence: A Life of Alexander Graham Bell*. Edinburgh: Mainstream Publishing, 1997.

McLaughlin, Jack, *Jefferson and Monticello: The Biography of a Builder*. New York: Henry Holt, 1988.

McPhee, John, *In Suspect Terrain*. New York: Noonday Press/Farrar, Straus & Giroux, 1987.

McWilliams, James E., *A Revolution in Eating: How the Quest for Food Shaped America*. New York: Columbia University Press, 2005.

Mann, Charles C., *1491: New Revelations of the Americas Before Columbus*. New York: Vintage, 2005.

Margetson, Stella, *The Long Party: High Society in the Twenties and Thirties*. Farnborough: D. C. Heath, 1974.

Mark, Robert, *Light, Wind and Structure: The Mystery of the Master Builders*. Cambridge, Mass.: MIT Press, 1990.

Marsden, Christopher, *The English at the Seaside*. London: Collins, 1947.

Marston, Maurice, *Sir Edwin Chadwick*. London: Leonard Parsons, 1925.

Mathias, Peter, *The First Industrial Nation: An Economic History of Britain, 1700-1914 (2nd edn)*. London: Methuen, 1983.

Matthews, Leonard H. (ed.), *The Whale*. London: George Allen & Unwin, 1968.

Meacham, Standish, *Life Apart: The English Working Class 1880-1914*. London: Thames & Hudson, 1977.

Melosi, Martin V., *Garbage in the Cities: Refuse, Reform and the Environment 1880-1980*. College Station: Texas A&M University Press, 1981.

——, *The Sanitary City: Urban Infrastructure in America from Colonial Times to the Present*. Baltimore: Johns Hopkins University Press, 2000.

Mennim, Michael, *Hall Houses*. York: William Sessions, 2005.

Mercer, David, *The Telephone: The Life Story of a Technology*. Westport, Conn.: Greenwood Press, 2006.

Mercer, Eric, *Furniture 700-1700*. London: Weidenfeld & Nicolson, 1969.

Miles, David, *The Tribes of Britain*. London: Weidenfield & Nicolson, 2005.

Miller, Ross, *American Apocalypse: The Great Fire and the Myth of Chicago*. Chicago: University of Chicago Press, 1990.

Mingay, G. E. (ed.), *The Agricultural Revolution: Changes in Agriculture 1650-1880*. London: Adam & Charles Black, 1997.

Mitchell, James K., and Kenichi Soga, *Fundamentals of Soil Behavior*. New York: John Wiley & Sons, 2005.

Mitford, Nancy, *The Sun King: Louis XIV at Versailles*. London: Sphere, 1969.

Moran, Joe, *Queuing for Beginners: The Story of Daily Life from Breakfast to Bedtime*. London: Profile Books, 2007.

Mordant Crook, J., *The Rise of the Nouveaux Riches: Style and Status in Victorian and Edwardian Architecture*. London: John Murray, 1999.

Morley, John, *Death, Heaven and the Victorians*. London: Studio Vista, 1971.

Morris, Richard, *Churches in the Landscape*. London: J. M. Dent & Sons, 1989.

Mowl, Timothy, *William Beckford: Composing for Mozart*. London: John Murray, 1998.

Moxham, Roy, *Tea: Addiction, Exploitation, and Empire*. London: Constable, 2003.

Mumford, Lewis, *The City in History: Its Transformations and its Prospects*. London: Sector & Warburg, 1961.

Nasaw, David, *Going Out: The Rise and Fall of Public Amusements*. New York: Basic Books, 1993.

Newman, Lucile F. (ed.), *Hunger in History: Food Shortage, Poverty and Deprivation*. Oxford: Basil Blackwell, 1990.

Newton, Norman T., *Design on the Land: The Development of Landscape Architecture*. Cambridge, Mass.: Belknap Press, 1971.

Oakley, J. Ronald, *God's Country: America in the Fifties*. New York: Dembner Books, 1986.

Oliphant, Margaret, *The Curate in Charge (2nd edn)*. London: Macmillan, 1876.

Olmsted, Frederick Law, *Walks and Talks of an American Farmer in England*. London: David Bogue, 1852.

Olson, Sherry H., *Baltimore: The Building of an American City*. Baltimore: Johns Hopkins University Press, 1980.

Ordish, George, *The Great Wine Blight*. London: Sidgwick & Jackson, 1987.

Owen, David, *The Walls Around Us: The Thinking Person's Guide to How a House Works*. New York: Villard, 1992.

——, *Sheetrock & Shellac: A Thinking Person's Guide to the Art and Science of Home Improvement*. New York: Simon & Schuster, 2006.

Owen–Crocker, Gale R., *Dress in Anglo-Saxon England*. London: Boydell Press, 1986.

Palladio, Andrea, *The Four Books of Architecture (facsimile edn)*. London: Isaac Ware, 1738.

Palmer, Arlene, *Glass in Early America*. New York: W. W. Norton, 1993.

Parissien, Steven, *Adam Style*. London: Phaidon, 1992.

——, *Palladian Style*. London: Phaidon, 1994.

——, *The Georgian House*. London: Aurum Press, 1995.

Paston–Williams, Sara, *The Art of Dining: A History of Cooking and Eating*. London: National Trust, 1993.

Patton, Mark, *Science, Politics and Business in the Work of Sir John Lubbock: A Man of Universal Mind*. Aldershot: Ashgate, 2007.

Peatross, C. Ford (ed.), *Historic America: Buildings, Structures and Sites*. Washington, D.C.: Library of Congress, 1983.

Petersen, Christian, *Bread and the British Economy, circa 1770-1870*. Aldershot: Scolar Press, 1995.

Petroski, Henry, *The Evolution of Useful Things*. New York: Vintage Books, 1994.

Pettigrew, Jane, *Tea: A Social History*. London: National Trust, 2001.

Picard, Liza, *Elizabeth's London: Everyday Life in Elizabethan London*. London: Orion Books, 2003.

———, *Restoration London*. London: Weidenfeld & Nicolson, 1997.

———, *Dr Johnson's London: Life in London, 1740-1770*. London: Weidenfeld & Nicolson, 2000.

———, *Victorian London: The Life of a City 1840-1870*. London: Phoenix, 2005.

Piponnier, Françoise, and Perrine Mane, *Dress in the Middle Ages*. New Haven: Yale University Press, 1997.

Planel, Philippe, *Locks and Lavatories: The Architecture of Privacy*. London: English Heritage, 2000.

Platt, Colin, *The Architecture of Medieval Britain: A Social History*. New Haven: Yale University Press, 1990.

Plumridge, Andrew, and Wim Meulenkamp, *Brickwork: Architecture and Design*. New York: Harry N. Abrams, 1993.

Pollan, Michael, *The Omnivore's Dilemma: A Natural History of Four Meals*. London: Penguin Books, 2007.

Pollard, Justin, *Seven Ages of Britain*. London: Hodder & Stoughton, 2003.

Porter, Roy, *Flesh in the Age of Reason*. London: Allen Lane, 2003.

Postgate, Raymond, *Story of a Year: 1848*. London: Jonathan Cape, 1955.

Pryce, Will, *Buildings in Wood: The History and Traditions of Architecture's Oldest Building Material*. New York: Rizzoli International, 2005.

Pullar, Philippa, *Consuming Passions: A History of English Food and Appetite*. London: Book Club Associates, 1977.

Quiney, Anthony, *Town Houses of Medieval Britain*. New Haven: Yale University Press, 2003.

Raby, Peter, *Alfred Russel Wallace: A Life*. London: Chatto & Windus, 2001.

Rackham, Oliver, *The History of the Countryside*. London: J. M. Dent & Sons, 1986.

Rapport, Mike, *1848: Year of Revolution*. New York: Basic Books, 2008.

Rathje, William, and Cullen Murphy, *Rubbish! The Archaeology of Garbage*. Tucson: University of Arizona Press, 2001.

Reader, John, *Cities*. London: William Heinemann, 2004.

———, *Propitious Esculent: The Potato in World History*. London: William Heinemann, 2008.

Reynolds, Andrew, *Later Anglo-Saxon England: Life and Landscape*. Stroud, Gloucestershire: Sutton Publishing, 1999.

Reynolds, Reginald, *Beds, With Many Noteworthy Instances of Lying On, Under or About Them*. London: Andre Deutsch, 1952.

Ribeiro, Aileen, *Dress in Eighteenth-Century Europe, 1715-1789*. London: B.T. Batsford, 1984.

Richardson, Tim, *The Arcadian Friends: Inventing the English Landscape*. London: Bantam Press, 2007.

Riis, Jacob A., *How the Other Half Lives: Studies Among the Poor*. London: Sampson Low, Marston, Searle & Rivington, 1891.

Rivers, Tony, Dan Cruickshank, Gillian Darley and Martin Pawley, *The Name of the Room: A History of the British House and Home*. London: BBC, 1992.

Roach, Mary, *Bonk: The Curious Coupling of Sex and Science*. New York: W. W. Norton & Co., 2008.

Romer, John, *The History of Archaeology*. New York: Facts on File, 2001.

Root, Waverley, and Richard de Rochemont, *Eating in America: A History*. New York: William Morrow, 1976.

Rose, Michael, *The English Poor Law 1780-1930*. Newton Abbot: David & Charles, 1971.

Rosenthal, Joel T. (ed.), *Essays on Medieval Childhood: Responses to Recent Debates*. Donington, Lincolnshire: Shaun Tyas, 2007.

Roth, Leland M., *American Architecture: A History*. Boulder, Colorado: Westview Press, 2001.

Roueché, Berton, *Curiosities of Medicine: An Assembly of Medical Diversions 1552-1962*. London: Victor Gollancz, 1963.

Russell, E. John, *A History of Agricultural Science in Great Britain: 1620-1954*. London: George Allen & Unwin, 1966.

Rybczynski, Witold, *Home: A Short History of an Idea*. London: Pocket Books, 1987.

———, *Waiting for the Weekend*. New York: Viking, 1991.

———, *City Life: Urban Expectations in a New World*. London: Scribner, 1995.

———, *A Clearing in the Distance: Frederick Law Olmsted and America in the Nineteenth Century*. New York: Scribner, 1999.

———, *The Look of Architecture*. New York: Oxford University Press, 2001.

———, *The Perfect House: A Journey with the Renaissance Master Andrea Palladio*. New York: Scribner, 2002.

Salmon, Frank, *Building on Ruins: The Rediscovery of Rome and English Architecture*. Aldershot: Ashgate Press, 2000.

Salvadori, Mario, *Why Buildings Stand Up: The Strength of Architecture*. New York: W. W. Norton, 1980.

———, and Matthys Levy, *Structural Design in Architecture*. Englewood Cliffs, N.J.: Prentice–Hall, 1967.

Sambrook, Pamela A., *The Country House Servant*. Stroud, Gloucestershire: Sutton Publishing/ National Trust, 2004.

Savidge, Alan, *The Parsonage in England: Its History and Architecture*. London: SPCK, 1964.

Scheller, William G., *Barons of Business: Their Lives and Lifestyles*. Los Angeles: Beaux Arts Editions, 2002.

Schlereth, Thomas J., *Victorian America: Transformations in Everyday Life, 1876-1915*. New York: HarperCollins, 1991.

Schneer, Jonathan, *The Thames: England's River*. London: Little, Brown, 2005.

Schofield, John, *Medieval London Houses (2nd edn)*. New Haven: Yale University Press, 2003.

Scott, Geoff, *Building Disasters and Failures: A Practical Report*. London: The Construction Press Ltd, 1976.

Scott, George Ryley, *The Story of Baths and Bathing*. London: T. Werner Laurie Ltd, 1939.

Selinus, Olle, *Essentials of Medical Geology: Impacts of the Natural Environment on Public Health*. Amsterdam: Elsevier, 2005.

Shapiro, Laura, *Something from the Oven: Reinventing Dinner in 1950s America*. New York: Viking, 2004.

Shorter, Edward, *The Making of the Modern Family*. London: Collins, 1976.

Simmons, I. G., *An Environmental History of Great Britain from 10,000 Years Ago to the Present*. Edinburgh: Edinburgh University Press, 2001.

———, *Global Environmental History: 10,000 BC to AD 2000*. Edinburgh: Edinburgh University Press, 2008.

Simo, Melanie L., *Loudon and the Landscape: From Country Seat to Metropolis*. New Haven: Yale University Press, 1988.

Sinclair, David, *The Pound: A Biography*. London: Century, 2000.

Skaggs, Jimmy M., *The Great Guano Rush: Entrepreneurs and American Overseas Expansion*. New York: St Martin's Press, 1994.

Smith, Anthony, *The Body*. London: George Allen & Unwin, 1968.

Smith, Bernard J., and Patricia A. Warke (eds), *Processes of Urban Stone Decay*. London: Donhead, 1995.

Smollett, Tobias, *The Expedition of Humphry Clinker*. Athens, Georgia: University of Georgia Press, 1990.

Sokolov, Raymond, *Why We Eat What We Eat*. New York: Summit Books, 1991.

Solnit, Rebecca, *Wanderlust: A History of Walking*. London: Verso, 2002.

Southern, R. W., *The Making of the Middle Ages*. London: Hutchinson's University Library, 1953.

Spann, Edward K., *The New Metropolis: New York City, 1840-1857*. New York: Columbia University Press, 1981.

Sproule, Anna, *Lost Houses of Britain*. Newton Abbot: David & Charles, 1982.

Standage, Tom, *A History of the World in Six Glasses*. New York: Walker & Co., 2005.

Starkey, David, *Elizabeth: The Struggle for the Throne*. London: HarperCollins, 2001.

Steele, Valerie, *Fashion and Eroticism: Ideals of Feminine Beauty from the Victorian Era to the Jazz Age*. New York: Oxford University Press, 1985.

———, *The Corset: A Cultural History*. New Haven: Yale University Press, 2001.

Steinbach, Susie, *Women in England, 1760-1914: A Social History*. London: Weidenfeld & Nicolson, 2004.

Steingarten, Jeffrey, *The Man Who Ate Everything: And Other Gastronomic Feats, Disputes, and Pleasurable Pursuits*. New York: Alfred A. Knopf, 1998.

Stenton, F. M., *Anglo-Saxon England*. Oxford: Clarendon Press, 1971.

Stern, Robert A. M., *Pride of Place: Building the American Dream*. Boston: Houghton–Mifflin, 1986.

Stewart, Amy, *The Earth Moved: On the Remarkable Achievements of Earthworms*. London: Frances Lincoln, 2004.

Stewart, Rachel, *The Town House in Georgian London*. New Haven: Yale University Press, 2009.

Strasser, Susan, *Never Done: A History of American Housework*. New York: Pantheon, 1982.

Stringer, Chris, *Homo Britannicus: The Incredible Story of Human Life in Britain*. London: Allen Lane, 2006.

Strong, Roy, *Tudor and Jacobean Portraits*. London: HMSO, 1960.

———, *A Little History of the English Country Church*. London: Vintage Books, 2008.

Stroud, Dorothy, *Capability Brown*. London: Faber and Faber, 1999.

Sullivan, Robert, *Rats: A Year with New York's Most Unwanted Inhabitants*. London: Granta, 2005.

Summerson, John, *Architecture in Britain 1530 to 1830*. London: Penguin, 1963.

———, *The Unromantic Castle and Other Essays*. London: Thames & Hudson, 1990.

———, *The Life and Work of John Nash, Architect*. London: Allen & Unwin, 1980.

Sutherland, Daniel E., *The Expansion of Everyday Life, 1860-1876*. New York: Harper & Row, 1986.

Tannahill, Reay, *Food in History*. London: Eyre Methuen, 1973.

———, *Sex in History*. London: Abacus, 1981.

Taylor, Christopher, *Village and Farmstead: A History of Rural Settlement in England*. London: George Philip & Son, 1983.

Taylor, Derek, *Ritzy: British Hotels 1837-1987*. London: Milman Press, 2003.

Templer, John A., *The Staircase: Studies of Hazards, Falls and Safer Design*. Cambridge, Mass.: MIT Press, 1992.

Thane, Elswyth, *Potomac Squire*. New York: Duell, Sloan and Pearce, 1963.

Thomas, Charles, *Celtic Britain*. London: Thames & Hudson, 1936.

Thompson, E. P., *The Making of the English Working Class*. London: Penguin, 1968.

Thompson, F. M. C. (ed.), *The Cambridge Social History of Britain 1750-1950 (vol. 2)*. Cambridge: Cambridge University Press, 1990.

Thompson, M. W., *General Pitt-Rivers: Evolution and Archaeology in the Nineteenth Century*. Bradford–on–Avon: Moonraker Press, 1977.

Thornton, Peter, *Seventeenth-Century Interior Decoration in England, France and Holland*. New Haven: Yale University Press, 1979.

Thurber, James, *The Years with Ross*. New York: Ballantine Books, 1972.

Thurley, Simon, *Hampton Court: A Social and Architectural History*. New Haven: Yale University Press, 2003.

——, *Lost Buildings of Britain*. London: Viking, 2004.

Tinniswood, Adrian, *The Polite Tourist: A History of Country House Visiting*. London: National Trust, 1989.

Tipper, Jess, *The Grubenhaus in Anglo-Saxon England: An Analysis and Interpretation of the Evidence from a Most Distinctive Building Type*. Yedingham, North Yorkshire: Landscape Research Centre, 2004.

Tomalin, Claire, *Samuel Pepys: The Unequalled Self*. London: Viking, 2002.

Toy, Edward T., *Getting Dressed*. London: Victoria & Albert Museum, 1981.

Traill, David A., *Schliemann of Troy: Treasure and Deceit*. London: John Murray, 1995.

Trevelyan, G. M., *Illustrated English Social History, Volume 3: The Eighteenth Century*. London: Penguin, 1966.

Trigger, Bruce G., *Gordon Childe: Revolutions in Archaeology*. London: Thames & Hudson, 1980.

Trollope, Frances, *Domestic Manners of the Americans*. New York: Alfred A. Knopf, 1949.

Tuchman, Barbara, *A Distant Mirror: The Calamitous Fourteenth Century*. New York: Knopf, 1978.

Tunis, Edwin, *Colonial Living*. Cleveland, Ohio: World Publishing, 1957.

Turner, Jack, *Spice: The History of a Temptation*. London: Vintage, 2005.

Turner, Roger, *Capability Brown and the Eighteenth-Century English Landscape*. London: Phillimore, 1999.

Uglow, Jenny, *A Little History of British Gardening*. London: Chatto & Windus, 2004.

Upton, Dell, and John Michael Vlatch (eds), *Common Places: Readings in American Vernacular Architecture*. Athens, Georgia: University of Georgia Press, 1986.

Vanderbilt II, Arthur, *Fortune's Children: The Fall of the House of Vanderbilt*. London: Michael Joseph, 1990.

Van Dulken, Stephen, *Inventing the Nineteenth Century: The Great Age of Victorian Inventions*. London: British Library, 2001.

Vidal, Gore, *The Last Empire: Essays 1992-2000*. New York: Doubleday, 2001.

Vinten–Johansen, Peter, Howard Brody, Nigel Paneth, Stephen Rachman and Michael Rip, *Cholera, Chloroform, and the Science of Medicine: A Life of John Snow*. Oxford: Oxford University Press, 2003.

Vitruvius (translated by Morris Hicky Morgan), *The Ten Books of Architecture*. Cambridge, Mass.: Harvard University Press, 1914.

Wagner, Gillian, *Barnardo*. London: Weidenfeld & Nicolson, 1979.

Waller, John, *The Real Oliver Twist: Robert Blincoe: A Life That Illuminates an Age*. Cambridge: Icon Books, 2005.

Ware, Susan (ed.), *Forgotten Heroes*. New York: Free Press, 1998.

Warner, Jessica, *Craze: Gin and Debauchery in an Age of Reason*. New York: Four Walls Eight Windows, 2002.

Watkin, David, *Regency: A Guide and Gazetteer*. London: Barrie & Jenkins, 1982.

Watts, Sheldon, *Epidemics and History: Disease, Power and Imperialism*. New Haven: Yale University Press, 1997.

Waugh, Alexander, *Fathers and Sons*. London: Review Books, 2004.

Webster, Robin G. M. (ed.), *Stone Cleaning and the Nature, Soiling and Decay Mechanisms of Stone*. London: Donhead, 1992.

Weightman, Gavin, *The Frozen-Water Trade: A True Story*. New York: Hyperion, 2003.

——, *The Industrial Revolutionaries: The Creation of the Modern World, 1776-1914*. London: Atlantic Books,

2007.

Weinreb, Ben, and Christopher Hibbert, *The London Encyclopaedia*, London: Macmillan, 1985.

Weisman, Alan, *The World Without Us*, London: Virgin Books, 2007.

West, Anthony James, *The Shakespeare First Folio: The History of the Book (2 vols)*, Oxford: Oxford University Press, 2001.

Wharton, Edith, and Ogden Codman, Jr, *The Decoration of Houses*, New York: W. W. Norton, 1998.

Wheen, Francis, *Karl Marx*, London: Fourth Estate, 1999.

White, Gilbert, *The Natural History of Selborne*, London: Penguin, 1977.

Wilbur, Marguerite Eyer, *The East India Company and the British Empire in the Far East*, New York: Richard R. Smith, 1945.

Wilkinson, Philip, *The Shock of the Old: A Guide to British Buildings*, London: Channel 4 Books, 2001.

Willes, Margaret, *Reading Matters: Five Centuries of Discovering Books*, New Haven: Yale University Press, 2008.

Wilson, Bee, *Swindled: From Poison Sweets to Counterfeit Coffee - the Dark History of the Food Cheats*, London: John Murray, 2008.

Winkle, Kenneth J., *The Young Eagle: The Rise of Abraham Lincoln*, Dallas: Taylor Trade Publishing, 2001.

Wise, Sarah, *The Italian Boy: Murder and Grave-Robbery in 1830s London*, London: Jonathan Cape, 2004.

Wolmar, Christian, *Fire and Steam: How the Railways Transformed Britain*, London: Atlantic Books, 2007.

Wood, Margaret, *The English Medieval House*, London: Bracken Books, 1983.

Wood, Peter, *Poverty and the Workhouse in Victorian Britain*, Stroud, Gloucestershire: Sutton Publishing, 1991.

Woodforde, John, *The History of Vanity*, London: St Martin's Press, 1992.

Woolf, Virginia, *The London Scene*, London: Snow Books, 1975.

Worsley, Giles, *England's Lost Houses from the Archives of Country Life*, London: Aurum Press, 2002.

Wright, Lawrence, *Warm and Snug: The History of the Bed*, London: Routledge & Kegan Paul, 1962.

——, *Clean and Decent: The Fascinating History of the Bathroom and the Water-Closet*, London: Penguin, 2000.

Wright, Ronald, *A Short History of Progress*, Toronto: Anansi Press, 2004.

Yafa, Stephen, *Cotton: The Biography of a Revolutionary Fiber*, New York: Penguin, 2006.

Yarwood, Doreen, *The Architecture of England: From Prehistoric Times to the Present Day*, London: B. T. Batsford, 1963.

Yergin, Daniel, *The Prize: The Epic Quest for Oil, Money, and Power*, New York: Simon & Schuster, 1991.

Youings, Joyce, *Sixteenth Century England*, London: Penguin, 1984.

역자 후기

『거의 모든 사생활의 역사(*At Home: A Short History of Private Life*)』는 미국에서 태어나서 영국에서 활동 중인 언론인 겸 저술가 빌 브라이슨이 2010년에 내놓은 최신작이다. 1990년대 말 어느 날에 그는 비행기 안에서 저 아래 펼쳐진 태평양을 바라보던 도중, 자신이 이 지구에 관해서 모르는 것이 너무 많다는 것을 새삼스레 깨달은 바 있었다. 이를 계기로 수 년 동안의 자료 조사와 집필 끝에 나온 책이 우주와 지구와 생명현상과 원자세계에 이르는 자연과학의 전 분야를 망라하여 서술한 세계적인 베스트셀러 『거의 모든 것의 역사』였다.

그로부터 10여 년 뒤, 브라이슨은 다시 한번 이전과 비슷한 경험을 하게 된다. 이번에는 영국 노퍽 주의 작은 마을에 있는 오래된 목사관을 개조한 그의 자택이 무대였다. 어느 날 그는 부엌 식탁에 놓인 소금병과 후추병을 한가로이 만지작거리다가 문득 한 가지 의문을 떠올린다. "왜 하필 소금과 후추지?" 여기에서 시작해서 그는 지극히 친숙하고 당연한 것처럼 여겨지는 집 안의 갖가지 물건, 즉 우리 일상의 도구들이며 사생활의 주무대에 관해서 역시 모르는 것이 너무 많다는 것을 깨닫는다.

빌 브라이슨은 지금 자기가 사는 오래된 집의 방이며 정원이며 화장실이며 지하실이며 다락방을 오가며 그 각각의 장소, 그곳에 놓인 물건들의 기원과 발전과 의의를 하나하나 고찰한다. 알고 보니 집이야말로 인류 역사에서 가장 중요한 발명과 발견이 모조리 집약된 공간이었다. 가령 집에 '위층'이 생기게 된 계기부터, 난방과 조명의 도구의 발전 과정, 계단의 높이와 넓이와 길이에 이르기까지, 어느 것 하나 우연히 이루어진 경우는 없다는 것이 그의 지적이다.

이 책의 내용은 시간상으로는 그가 현재 살고 있는 노퍽 주의 목사관이 건축된 1851년을 중심으로 삼고, 공간상으로는 이 목사관이 위치한 잉글랜드를 중심으로 삼는다. 결국 최근 150년 사이에 서양 세계를 무대로 한 인간과 집의 역사(저자의 말마따나 "인간이 점차적으로 편안해지는 과정")를 다각도로 살펴보는 것이 이 책의 내용이다. 그 시기의 잉글랜드는 진정한 의미에서 근대를 탄생시킨 주역이었으며, 훗날 전 세계가 그 영향을 받게 되었다고 해도 과언이 아닐 것이다.

비록 영미 유럽권의 사례에 편중된 내용이지만 의외로 우리에게 낯설지 않은 까닭도 그래서일 것이다. 오늘날 우리의 생활방식은 전통적인 것보다는 오히려 서구적인 것이 지배적이다. 가령 양복(말 그대로 "서양 옷")이며 수돗물, 수세식 변기만 보아도 더 이상은 낯설지 않은 우리 생활의 일부분이 되었다. 이처럼 너무나도 친숙하기 때문에 마치 처음부터 있었던 것처럼 느껴지는 상당수의 물건이나 설비조차도 수많은 시행착오를 거쳐 근래에 유래했음을 보여주는 것이 빌 브라이슨의 의도이다.

오늘날 우리가 누리는 물질적 풍요는 최근 150년 사이에 완성되었다. 그러나 이것으로 끝은 아니다. 브라이슨의 지적처럼 우리는 편안함을 도모하는 과정에서 수많은 자원을 낭비하고 환경을 손상시킨 것이 사실이다. 그는 편리함과 행복을 추구한 끝에 결국 편리함과 행복 모두를 손상시키는 아이러니에 이르렀다고 지적한다. 이 책을 통해서 우리가 어떤 계기와 과정을 거쳐 여기까지 왔는지를 살펴보는 것이야말로 "앞으로 어떻게 살 것인가?"라는 질문에 대한 숙고의 첫걸음이 되지 않을까.

『거의 모든 것의 역사』의 인기 때문에 빌 브라이슨은 종종 '과학 저술가'로 오해를 받는데, 사실 그는 한 분야의 전문가가 아니라 다양한 분야를 망라하는 저술가이다. 그의 관심 분야는 대략 세 가지로 나눠볼 수 있다.

첫째는 여행 분야인데, 우리나라에도 2008년부터 "발칙한"이라는 제목으로 소개된 여러 작품이 그 대표작이다. (아마도 브라이슨의 유머 감각을 강조하려는 의미였던 모양인데, 이후로 다른 번역서 제목으로도 차용되면서 그가 "발칙한" 이미지로만 굳어진 것은 아쉽다). 『미국 횡단기(*The Lost Continent*)』(1989)는 1987년과 1988년에 했던 자동차 여행기이며, 『유럽 산책(*Neither Here Nor There*)』(1991)은 1990년에 했던 유럽 여행기이다. 『영국 산책(*Notes from a Small Island*)』(1995)은 그가 20년간의 영국 생활을 마치면서 다시 한번 돌아본 영국 여행기이며, 『미국학(*Notes from a Big Country*, 다른 제목은 *I'm Stranger Here Myself*)』(1999)은 그가 20년간의 영국 생활을 마치고 돌아온 미국의 낯선 모습에 관한 칼럼집이다. 그 외에도 구호단체 CARE 인터내셔널의 의뢰로 이루어진 케냐 여행기 『아프리칸 다이어리(*Bill Bryson's African Diary*)』(2002)가 있고, 우리나라에는 아직 출간되지 않은 『호주 여행기(*Down Under*, 다른 제목은 *In a Sunburned Country*)』(2000)도 있다. 그의 또다른 대표작 『나를 부르는 숲(*A Walk into the Woods*)』(1998)은 애팔래치아 트레일 체험기인 동시에, 역사와 환경 등의 다양한 주제에 관한 풍부한 지식을 유머러스하게 엮어내는 그의 능력이 매우 잘 발휘된 작품이다.

둘째는 언어 분야인데, 이는 아마도 브라이슨이 미국 출신으로 영국의 언론사에서 근무한 특별한 경험 덕분에 양국의 언어적 차이를 절감한 까닭이 아니었을까 생각된다. 이 분야의 대표작은 영어의 역사를 서술한 『모국어(*Mother Tongue*)』(1990)와 미국 영어의 역사를 서술한 후속편 『미국산(*Made in America*)』(1998)이다(후자는 우리나라에서 '발칙한 영어 산책'이라고 나왔는데 사실은 『모국어』의 속편으로 미국 영어에만 집중된 내용이므로 그리 적절한 제목은 아니라고 생각한다). 언어 분야에 대한 관심에서 파생된 최초의 작품인 『골치 아픈 영어 사전(*Bryson's Dictionary of Troublesome Words*)』(1984; 2002)은 제목 그대로 영어 사용자들도 종종 철자나 용법을 틀리기 쉬운 단어를 골라서 수록한 소사전이다. 『빌 브라이슨의 셰익스피어 순례(*Shakespeare: The World as Stage*)』(2007) 역시 같은 맥락의 저술인데, 영문학 최고의 작가로 손꼽히는 셰익스피어를 둘러싼 수많은 찬사와 수수께끼를 특유의 재치와 풍부한 정보와 함께 설명해서 일반인도 쉽게 읽을 수 있는 전기이다.

셋째 범주에 속하는 백과사전적 저술이 『거의 모든 것의 역사』(2003)와 이번에 출간되는 『거의 모든 사생활의 역사』(2010)이다. (그리고 두 작품의 교량 역할에 해당하는 편저서 『거인들의 생각과 힘 : 과학과 왕립학회 이야기』[2010]도 있다.) 자서전인 『재밌는 세상(*The Life and Times of the Thunderbolt Kid*)』(2006) 역시 저자가 유년기를 보낸 20세기 중반 미국의 다양한 풍속도를 묘사한다는 점에서 백과사전적 저술이라고 해도 무방하리라 본다. 그의 작품에서 드러나는 뚜렷한 특징은 풍부한 지식과 뛰어난 유머 감각, 그리고 무엇보다도 따뜻한 인간성이다. 심지어 "발칙한" 시리즈에서도 인간의 우둔과 탐욕을 향한 특유의 독설과 비아냥 밑에는 인간과 자연, 그리고 소박한 삶에 대한 깊은 애정과 아쉬움이 들어 있다.

빌 브라이슨의 책 번역은 곧 간행될 『모국어』에 이어서 두 번째이다. 그의 책을 옮길 때마다 느끼는 점이지만, 읽기는 재미있어도 번역하기는 영 쉽지가 않다. 무엇보다도 그는 상당히 의뭉스러운 인물이다. 그의 은근한 유머를 손상시키지 않고 고스란히 옮기는 것이야말로 쉽지 않은 일이었다. 다만 같은 주제를 다룬 책 중에서도 이만큼 독자들의 흥미와 관심을 일깨우는 유능한 저자를 찾아보기 힘들다는 것이, 브라이슨의 책이 꾸준히 사랑받는 이유일 것이다.

이 번역서는 2010년 5월에 간행된 영국 초판본을 대본으로 사용하고, 그해 10월에 간행된 미국 초판본을 참고했다. 영국판과 미국판은 시차 덕분에 내용 가운데 오류 수정 및 표현 변경이 약간씩 이루어졌지만, 다행히 큰 변경은 없었다. 서술 가운데 의문이 드는 부분은 인터넷과 참고 문헌을 통해서 확인했고 필요한 경우에는 각주로 설명했지만, 혹시 미진한 부분이 있을지도 모르겠다. 박종만 사장님과 까치 편집부 여러분의 변함없는 관심과 조언에 깊이 감사드린다.

박중서

인명 색인

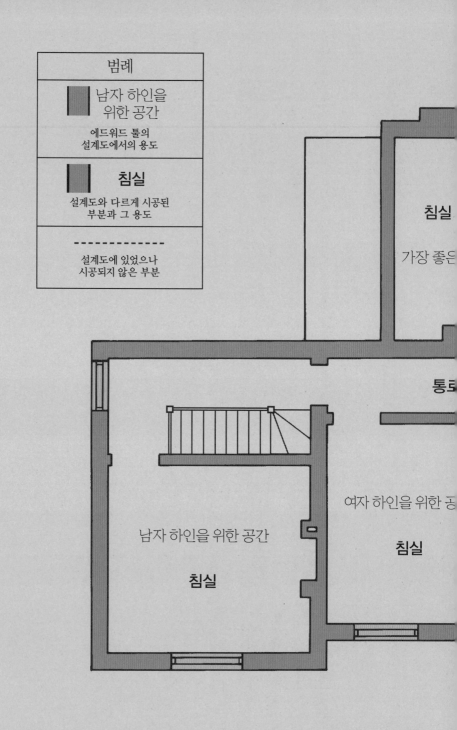

범례

남자 하인을
위한 공간

에드워드 툴의
설계도에서의 용도

침실

설계도와 다르게 시공된
부분과 그 용도

- - - - - - - - - - - - - -

설계도에 있었으나
시공되지 않은 부분

침실

가장 좋은

통로

여자 하인을 위한 공

남자 하인을 위한 공간

침실

침실

0   10   20   30피트

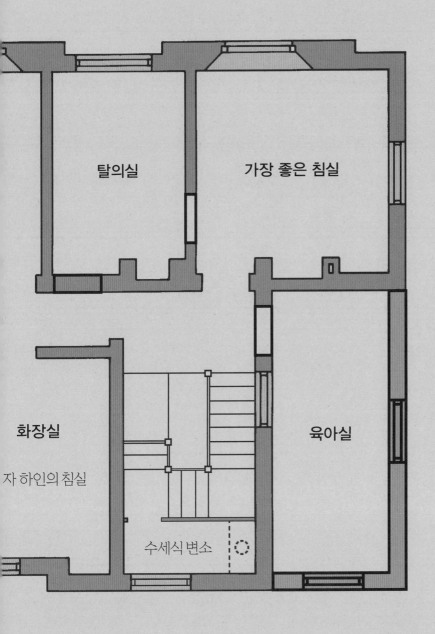

탈의실

가장 좋은 침실

화장실

자 하인의 침실

육아실

수세식 변소

2층 평면도